情報処理技術者試験対策書

令和6年 秋期

応用情報技術者

2024 秋 AP

総仕上げ問題集

●アイテックIT人材教育研究部［編著］

内容に関するご質問についてのお願い

この度は本書籍をご購入いただき誠にありがとうございます。弊社では本書の内容に関するご質問を受け付けております。書籍内の記述に，誤りと思われる箇所がございましたら，お問い合わせください。正誤のお問い合わせ以外の，学習相談，受験相談にはご回答できかねますので，ご了承ください。恐れ入りますが，質問される際には下記の事項を確認してください。

● ご質問の前に

弊社 Web サイトで「正誤表」をご確認ください。
最新の正誤情報を掲載しております。

● ご質問の際の注意点

弊社ではテレワークを中心とした新たな業務体制への移行に伴い，全てのお問い合わせを Web 受付に統一いたしました。お電話では承っておりません。ご質問は下記のお問い合わせフォームより，書名（第○版第△刷），ページ数，質問内容，連絡先をご記入いただきますようお願い申し上げます。

アイテック Web サイト　お問い合わせフォーム

https://www.itec.co.jp/contact

回答まで，1 週間程度お時間を要する場合がございます。
あらかじめご了承ください。

● 本書記載の情報について

本書記載の情報は 2024 年 5 月現在のものです。内容によっては変更される可能性もございますので，試験に関する最新・詳細な情報は，「独立行政法人 情報処理推進機構」の Web サイトをご参照ください。

https://www.ipa.go.jp/shiken/index.html

刊行にあたって

AI，IoT，ビッグデータ関連技術の進化に伴い，政府が策定したSociety 5.0（ソサエティ 5.0）によるスマート社会の実現やデジタルトランスフォーメーションの実施が具体的に進んでいます。この動向に合わせて，情報処理技術者試験の出題内容も毎回新しくなり，また難易度も一昔前と比べてかなり上がってきています。情報処理技術者試験は，全体で 13 試験が現在実施されています。それぞれの試験ごとに定められた対象者像，業務と役割，期待する技術水準を基に出題内容が決められ，必要な知識と応用力があるかどうか試験で判定されます。

情報処理技術者試験に合格するためには，午前試験で出題される試験に必要な知識をまず理解し，午後試験の事例問題の中で，学習した知識を引き出し応用する力が必要です。特に午後の試験は，出題された問題を読んで解答に関連する記述や条件を把握し，求められている結果や内容を導いたり，絞り込んだりする力が必要で，これは問題演習と復習を繰り返す試験対策学習を通じて，身に付けていくことが最短の学習方法といえます。

この総仕上げ問題集は，試験対策の仕上げとして，実際に出題された直近の試験問題で出題傾向を把握しながら問題演習を行い，試験に合格できるレベルの実力をつけることを目的としています。非常に詳しいと好評を頂いている本試験問題や模擬試験の解説をそのまま生かし，知識確認と実力診断も行えるように内容を充実させた，合格に向けての実践的な問題集です。

具体的な内容として，まず，基礎知識を理解しているかを Web 上で問題を解いて確認できる，分野別 Web 確認テストを実施します。基本的な内容を出題していますが，応用情報技術者試験で求められる知識を理解するには，基礎となる基本情報技術者の知識を十分に理解する必要があります。解答できなかった問題がある分野は理解度が不足していると考えて確実に復習をしてください。

次に，過去の試験で実際に出題された問題で演習をします。「徹底解説 本試験問題シリーズ」の特長を継承し直近 10 期分の本試験問題を収録（ダウンロードでの提供含む）していますので，分野を絞って問題演習したり，模擬試験のように時間を決めて解いたりしながら，実力を上げてください。できなかった問題は復習した後，時間をおいて再度解きなおすことが大切です。

最後に，総合的に合格できる実力があるかを試すために，本試験 1 期分に相当する実力診断テストを実際の試験時間に合わせて受験します。本番の試験までに最後の追込み学習に活用してください。

合格を目指す皆さまが，この総仕上げ問題集を十分に活用して実力を付け，栄冠を勝ち取られますことを，心から願っております。

2024 年 5 月

アイテック IT 人材教育研究部

本書の使い方

本書は，試験に合格できる実力を身に付けていただくための，総仕上げの学習を目的とした実践的な問題集です。次の三つの部で構成されています。

第１部　分野別 Web 確認テスト（学習前実力診断）＋本試験の分析
※Web コンテンツあり

第２部　本試験問題（直近の過去問題 10 期分（ダウンロードでの提供含む））
※ダウンロードコンテンツあり

第３部　実力診断テスト（学習後実力診断）
※ダウンロードコンテンツあり

第１部　分野別 Web 確認テスト

総仕上げ学習を進めるに当たって，まず午前試験レベルの基礎知識が理解できているか，分野別の代表的な問題で確認しましょう。

（学習方法）

①　分野別 Web 確認テストの URL に Web ブラウザからアクセスし（アクセス方法は p.10 参照），受験したい分野をクリックしてください。

②　「開始」ボタンを押した後に，選択した分野について，最低限抑えておくべき午前試験レベルの知識確認問題（各分野数問）の選択式問題が出題されます。基本的で必須知識といえる内容を出題していますので，基礎知識が定着しているかを確認しましょう。

③　テストの結果，知識に不安が残る分野があれば，午前試験の学習に戻って理解を深めた上で，再度，該当分野のテストを受験しましょう。テストは繰り返し何度でも受験することができます。

④　該当分野を復習後，第２部・第３部の本試験を想定した問題演習に進みましょう。

本試験の分析

第１部第２章（「第２部　本試験問題」に取り組む前に）では，本試験問題の分析結果を，統計資料を交えてご紹介しています。アイテック独自の徹底した分析を通して，試験対策のツボを見つけましょう。

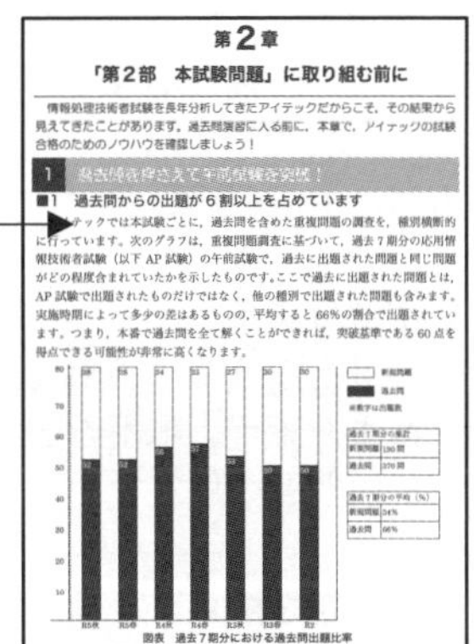

第2章

「第2部　本試験問題」に取り組む前に

情報処理技術者試験を長年分析してきたアイテックだからこそ，その結果から見えてきたことがあります。過去問演習に入る前に，本章で，アイテックの試験合格のためのノウハウを確認しましょう！

■1　過去問からの出題が６割以上を占めています

テックでは本試験ごとに，過去問を含めた重複問題の調査を，種別横断的に行っています。次のグラフは，重複問題調査に基づいて，過去７期分の応用情報技術者試験（以下 AP 試験）の午前試験で，過去に出題された問題と同じ問題がどの程度含まれていたかを示したものです。ここで過去に出題された問題とは，AP 試験で出題されたものだけではなく，他の種別で出題された問題も含みます。実施時期によって多少の差はあるものの，平均すると 66%の割合で出題されています。つまり，本番で過去問を全て解くことができれば，突破基準である 60 点を得点できる可能性が非常に高くなります。

図表　過去７期分における過去問出題比率

様々な観点から本試験を分析！

「過去問題」，「分野」，「頻出度」，「重点テーマ」などの観点から，本試験問題を午前，午後それぞれに徹底的に分析しています。長年に渡る IT 教育の実績に基づいたプロの視点と，蓄積された膨大な試験問題の資料に基づいています。

Web コンテンツ for 第１部

◎分野別 Web 確認テスト

午前試験レベルの知識確認問題（選択式問題）を Web 上で受験することで，基礎知識の定着度が確認できます。

※受験結果は保存できませんので，ご注意ください。

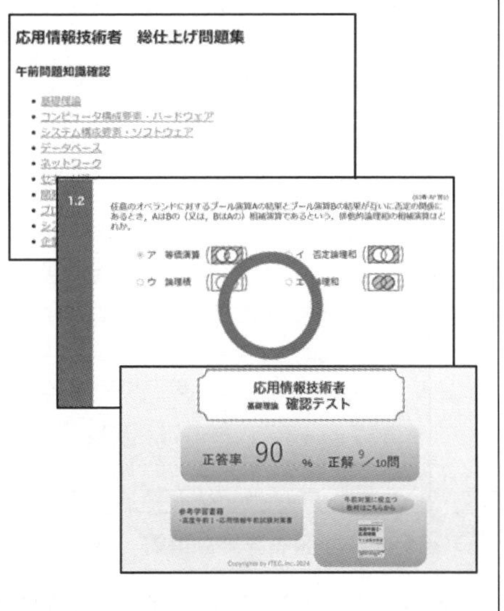

第2部　本試験問題

本書では，最近の出題傾向を理解するために重要な直近 10 期分の本試験問題と，その詳細な解答・解説を提供しています（1 期前の解答・解説，4～10 期前の本試験問題と解答・解説は，ダウンロードしてご利用いただけます。アクセス方法は P.10 参照）。

（学習方法）

① 最初のうちは制限時間を気にせずにじっくりと問題に向き合うように解き進めましょう。本番を想定する段階になったら，ダウンロードコンテンツの「本試験問題の解答シート」（アクセス方法は P.10 参照）を有効活用しましょう。

② 問題を解いた後は，解説をじっくりと読んで，出題内容と関連事項を理解してください。特に午後問題は，解説を読み込み，問題を実際の事例として捉えるようにしましょう。解答を導く過程と根拠を組み立てられるようになります。

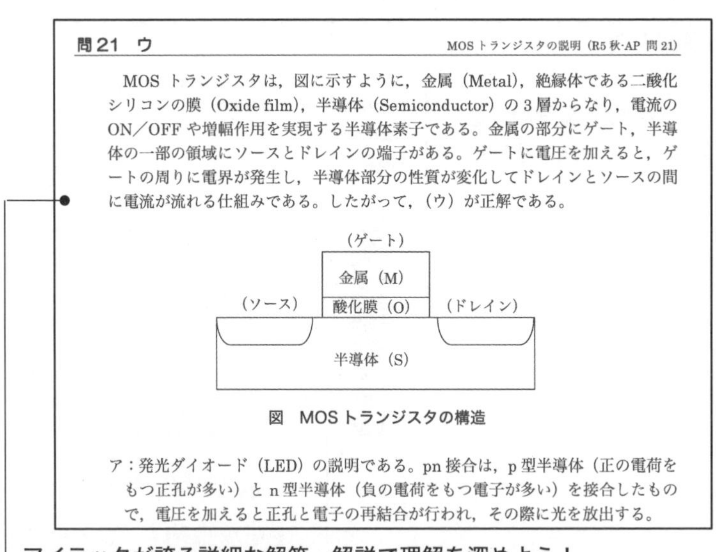

問 21　ウ　　MOS トランジスタの説明（R5 秋-AP 問 21）

MOS トランジスタは，図に示すように，金属（Metal），絶縁体である二酸化シリコンの膜（Oxide film），半導体（Semiconductor）の 3 層からなり，電流の ON／OFF や増幅作用を実現する半導体素子である。金属の部分にゲート，半導体の一部の領域にソースとドレインの端子がある。ゲートに電圧を加えると，ゲートの周りに電界が発生し，半導体部分の性質が変化してドレインとソースの間に電流が流れる仕組みである。したがって，（ウ）が正解である。

図　MOS トランジスタの構造

ア：発光ダイオード（LED）の説明である。pn 接合は，p 型半導体（正の電荷をもつ正孔が多い）と n 型半導体（負の電荷をもつ電子が多い）を接合したもので，電圧を加えると正孔と電子の再結合が行われ，その際に光を放出する。

アイテックが誇る詳細な解答・解説で理解を深めよう！

正解についての説明に加え，関連する技術やテーマ，正解以外の選択肢についても解説しているので，問われている内容についてより深く理解できます。

③ 合格水準に到達できるまで，繰り返し問題を解くようにしてください。

④ 試験本番が近づいたら，制限時間を意識して解き進めるようにしましょう。

充実のダウンロードコンテンツ for 第2部

◎本試験問題の解答シート

直近 10 期分の本試験問題の解答シートです。受験者の情報を基に本試験さながらの解答用紙を再現しました。

解答をマークしたり，書き込んだりしながら，問題を解いてみましょう。特に，「午後問題解答シート」は，手書きで解答を記入することで，制限時間内に解答を書き込む感覚を，本番前に身に付けるのに有効です。

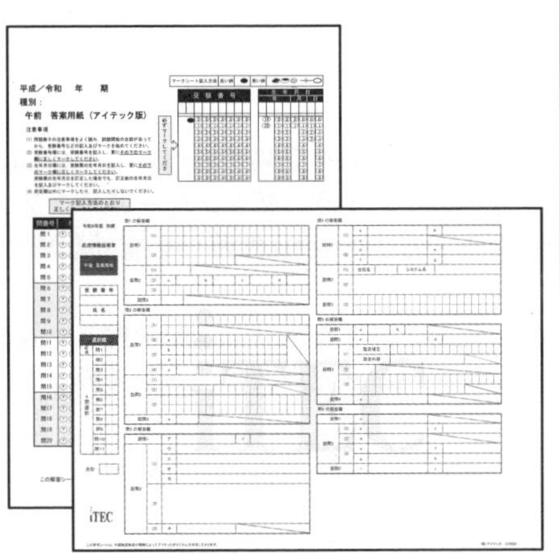

◎本試験問題（平成 31 年度春～令和 4 年度秋）の問題と解答・解説

- 平成 31 年度春期試験
- 令和元年度秋期試験
- 令和２年度秋期試験
- 令和３年度春期試験
- 令和３年度秋期試験
- 令和４年度春期試験
- 令和４年度秋期試験

上記の問題と解答・解説がダウンロードできます。

※令和６年度春期試験の解答・解説は，2024 年７月末にリリース予定です。

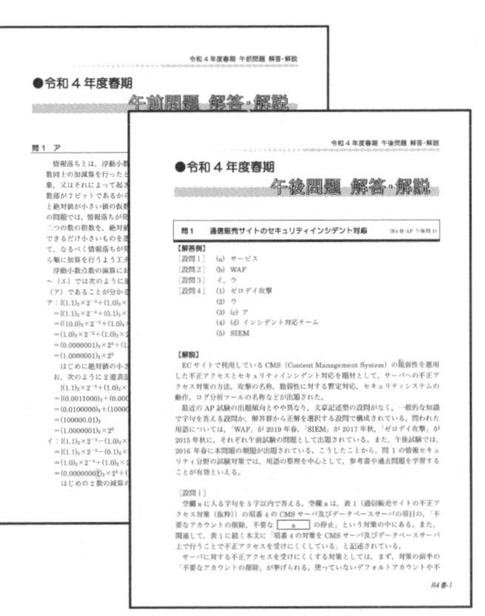

第３部　実力診断テスト

過去の出題傾向から分析して作問した，アイテックオリジナルの実力診断テストにチャレンジしましょう。本試験を想定した問題演習を通じて，合格レベルまで確実に実力をアップするための総仕上げを行います。

(学習方法)

① 本番の試験を受験するつもりで，問題にチャレンジ。制限時間を意識して解き進めましょう。ダウンロードコンテンツの「実力診断テストの解答用紙」(アクセス方法は P.10 参照）を有効活用しましょう。

② 問題を解いた後は，本書の解答一覧，及び，午後試験の解答例の後ろに掲載されている，配点表で採点してみましょう。

問番号	設問番号	配点	小計
問１	［設問１］	(1) a，b：1点×2，(2) c：2点，(3) 3点	1問解答 20点
	［設問２］	(1) 3点，(2) 1点	
	［設問３］	(1) d：2点，(2) 3点，(3) 2点（完答)，(4) e：2点	
問２	［設問１］	(1) a：2点，(2) b：2点	4問解答 80点 (1問 20点)
	［設問２］	(1) 2点，(2) c〜f：2点（完答)，(3) 2点，(4) g：2点 (5) 2点，(6) 2点，(7) 2点，(8) h：2点	
問３	［設問１］	ア，イ：1点×2	
	［設問２］	ウ，エ：2点×2	
	［設問３］	オ〜キ：2点×3	
	［設問４］	ク：1点，ケ：3点，コ，サ：2点×2	
問４	［設問１］	3点	
	［設問２］	(1) a：2点，(2) b〜d：2点×3	
	［設問３］	(1) e，f：2点×2，(2) g：2点，(3) 3点	
問５	［設問１］	2点	
	［設問２］	a〜d：2点×4	
	［設問３］	(1) e〜g：2点×3，(2) 4点	
問６	［設問１］	a〜d：1点×4	
	［設問２］	e〜i：2点×5	
	［設問３］	(1) あ〜え：1点×4，(2) 2点	
問７	［設問１］	(1) 2点，(2) a：3点	
	［設問２］	(1) b：2点，(2) 3点	
	［設問３］	(1) c〜f：1点×4，(2) g：3点，(3) 3点	

配点表を活用すれば，現在の自分の実力を把握できます。

③ ダウンロードコンテンツとして提供している解答・解説（アクセス方法は P.10 参照）をじっくりと読んで，出題内容と関連事項を理解してください。知識に不安のある分野があれば，基礎知識の学習に戻って復習をしましょう。

第２部・第３部の問題を繰り返し解くことで，学習した知識が合格への得点力に変わります。総仕上げ問題集を十分に活用し，合格を目指しましょう。

充実のダウンロードコンテンツ for 第３部

◎実力診断テストの解答用紙

本書に掲載している実力診断テストの午後問題の解答用紙です。アイテックオリジナルの実力診断テストを解く際，本番に近い状況を作り出すのに，お役立てください。

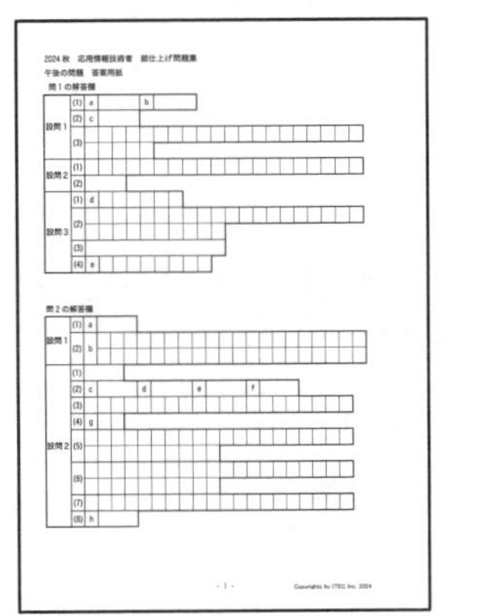

◎実力診断テストの解答・解説

問題を解き終わったら，解答・解説でしっかりと復習しましょう。

不正解だった問題の復習はもちろん，正解した問題も，正解までのプロセスや誤答選択肢の解説を読むことで，問題を解くための知識を増やすことができます。

※実力診断テストの解答は本書（問題の直後）にも掲載されています。

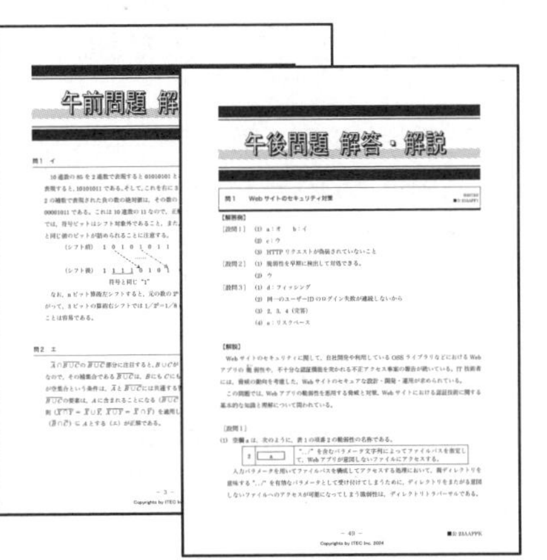

Web・ダウンロードコンテンツのアクセス方法

① 下記の URL に Web ブラウザからアクセスしてください。
https://www.itec.co.jp/support/download/soshiage/answer/2024aap/index.html

② ユーザー名とパスワードを入力すると，ダウンロードページを開くことができます。

【ユーザー名】
soshiageap

【パスワード】
本書の次のページに，前半と後半に **2 分割して記載**されています。組み合わせて入力してください。

①前半４文字：第２部　本試験問題の最初のページ
（色付きのページ，R5 春-1 の前）
②後半４文字：第３部　実力診断テストの最初のページ
（色付きのページ，実-1 の前）

例：以下の場合は，「abcd1234」と入力

パスワード前半：abcd	パスワード後半：1234

※令和６年春期試験の分析結果と，解答・解説も，上記のページからダウンロードできるようになります（分析結果は 2024 年７月 20 日頃，解答・解説は 2024 年７月末リリース予定）。
※Web・ダウンロードコンテンツのご利用期限は **2025 年５月末日**です。

目次

■第３部　実力診断テスト

総仕上げ問題集

試験制度解説編

試験制度とはどのようなものなのか，解説します。

- 試験制度の概要，試験の時期・時間，出題範囲，出題形式などの情報をまとめてあります。
- 受験の際のガイドとして活用してください。

1　応用情報技術者試験の概要

1-1　情報処理技術者試験

情報処理技術者試験は，「情報処理の促進に関する法律」に基づき経済産業省が，情報処理技術者としての「知識・技能」が一定以上の水準であることを認定している国家試験です。独立行政法人 情報処理推進機構（以下，IPA）によって実施されています。

情報処理技術者試験の目的は次のとおりです。

- 情報処理技術者に目標を示し，刺激を与えることによって，その技術の向上に資すること。
- 情報処理技術者として備えるべき能力についての水準を示すことにより，学校教育，職業教育，企業内教育等における教育の水準の確保に資すること。
- 情報技術を利用する企業，官庁などが情報処理技術者の採用を行う際に役立つよう客観的な評価の尺度を提供し，これを通じて情報処理技術者の社会的地位の確立を図ること。

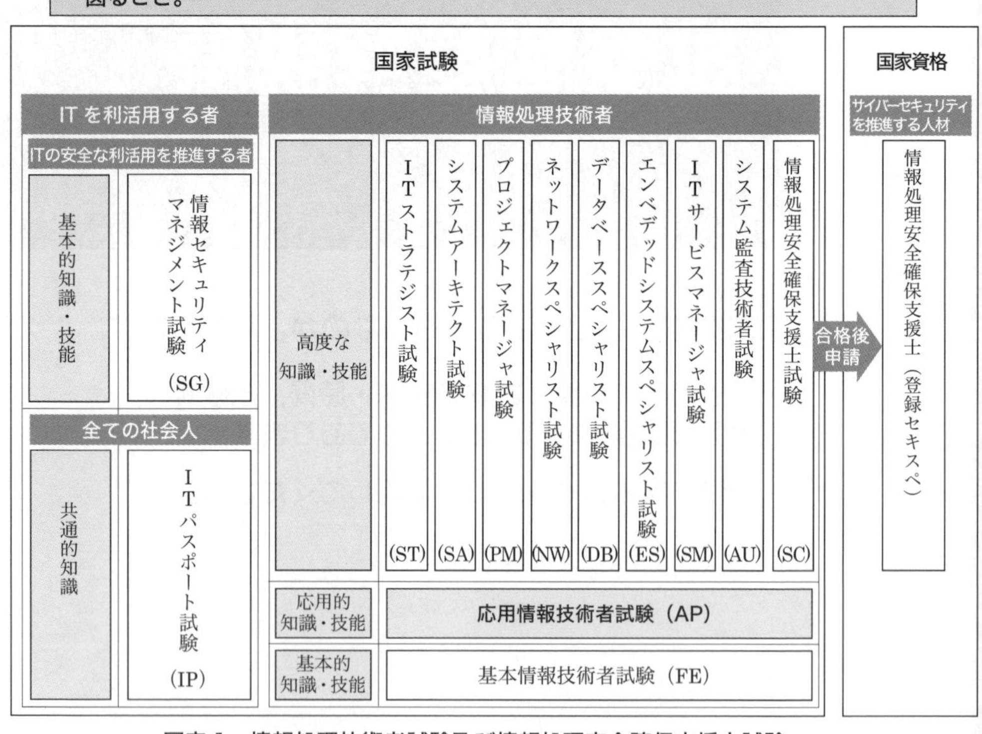

図表1　情報処理技術者試験及び情報処理安全確保支援士試験

1-2　応用情報技術者試験の概要

(1)　応用情報技術者試験の対象者像

応用情報技術者試験の対象者像は，次のように規定されています。業務と役割，期待する技術水準，レベル対応も示されています。

対象者像	ITを活用したサービス，製品，システム及びソフトウェアを作る人材に必要な応用的知識・技能をもち，高度IT人材としての方向性を確立した者
業務と役割	独力で次のいずれかの役割を果たす。 ①　組織及び社会の課題に対する，ITを活用した戦略の立案，システムの企画・要件定義を行う。 ②　システムの設計・開発，汎用製品の最適組合せ（インテグレーション）によって，利用者にとって価値の高いシステムを構築する。 ③　サービスの安定的な運用を実現する。
期待する技術水準	ITを活用した戦略の立案，システムの企画・要件定義，設計・開発・運用に関し，担当する活動に応じて次の知識・技能が要求される。 ①　経営戦略・IT戦略の策定に際して，経営者の方針を理解し，経営を取り巻く外部環境を正確に捉え，動向や事例を収集できる。 ②　経営戦略・IT戦略の評価に際して，定められたモニタリング指標に基づき，差異分析などを行える。 ③　システム又はサービスの提案活動に際して，提案討議に参加し，提案書の一部を作成できる。 ④　システムの企画・要件定義，アーキテクチャの設計において，システムに対する要求を整理し，適用できる技術の調査が行える。 ⑤　運用管理チーム，オペレーションチーム，サービスデスクチームなどのメンバーとして，担当分野におけるサービス提供と安定稼働の確保が行える。 ⑥　プロジェクトメンバーとして，プロジェクトマネージャ（リーダー）の下でスコープ，予算，工程，品質などの管理ができる。 ⑦　情報システム，ネットワーク，データベース，組込みシステムなどの設計・開発・運用・保守において，上位者の方針を理解し，自ら技術的問題を解決できる。
レベル対応(*)	共通キャリア・スキルフレームワークの 5人材像（ストラテジスト，システムアーキテクト，サービスマネージャ，プロジェクトマネージャ，テクニカルスペシャリスト）のレベル3に相当

(*) レベルは，人材に必要とされる能力及び果たすべき役割（貢献）の程度によって定義するとされており，レベル3では，「応用的知識・スキルを有し，要求された作業について全て独力で遂行できる」と定義されています。

図表2　応用情報技術者試験の対象者像

(2)　試験時間と出題形式

応用情報技術者試験の試験時間と出題形式は次のとおりです。

	午前	午後
試験時間	9:30～12:00（150分）	13:00～15:30（150分）
出題形式	多肢選択式（四肢択一）	記述式
出題数と解答数	80問出題　80問解答	11問出題　5問解答

図表3　応用情報技術者試験

<table>
<tr><th>分野</th><th>問1</th><th>問2～11</th></tr>
<tr><td>経営戦略</td><td></td><td rowspan="3">選択解答問題</td></tr>
<tr><td>情報戦略</td><td></td></tr>
<tr><td>戦略立案・コンサルティング技法</td><td></td></tr>
<tr><td>システムアーキテクチャ</td><td></td><td>選択解答問題</td></tr>
<tr><td>ネットワーク</td><td></td><td>選択解答問題</td></tr>
<tr><td>データベース</td><td></td><td>選択解答問題</td></tr>
<tr><td>組込みシステム開発</td><td></td><td>選択解答問題</td></tr>
<tr><td>情報システム開発</td><td></td><td>選択解答問題</td></tr>
<tr><td>プログラミング（アルゴリズム）</td><td></td><td>選択解答問題</td></tr>
<tr><td>情報セキュリティ</td><td>必須解答問題</td><td></td></tr>
<tr><td>プロジェクトマネジメント</td><td></td><td>選択解答問題</td></tr>
<tr><td>サービスマネジメント</td><td></td><td>選択解答問題</td></tr>
<tr><td>システム監査</td><td></td><td>選択解答問題</td></tr>
<tr><td>出題数</td><td>1</td><td>10</td></tr>
<tr><td>解答数</td><td>1</td><td>4</td></tr>
</table>

図表4　応用情報技術者試験の必須解答問題と選択解答問題

(3)　午前試験の出題範囲

図表5で示されているように，応用情報技術者試験では，全ての出題分野から出題されることになっています。午前試験が合格点に達しない場合は，午後試験が採点されないので，まんべんなく学習する必要があります。

分野	大分類		中分類		情報セキュリティマネジメント試験（参考）	基本情報技術者試験（科目A）	応用情報技術者試験	高度試験・支援士試験 午前I（共通知識）	午前II（専門知識） ITストラテジスト試験	システムアーキテクト試験	プロジェクトマネージャ試験	ネットワークスペシャリスト試験	データベーススペシャリスト試験	エンベデッドシステムスペシャリスト試験	ITサービスマネージャ試験	システム監査技術者試験	情報処理安全確保支援士試験
テクノロジ系	1	基礎理論	1	基礎理論		○2	**○3**	○3									
			2	アルゴリズムとプログラミング													
	2	コンピュータシステム	3	コンピュータ構成要素						○3		○3	○3	◎4	○3		
			4	システム構成要素	○2					○3		○3	○3	○3	○3		
			5	ソフトウェア										◎4			
			6	ハードウェア										◎4			
	3	技術要素	7	ユーザーインタフェース						○3				○3			
			8	情報メディア													
			9	データベース	○2					○3			◎4		○3	○3	○3
			10	ネットワーク	○2					○3		◎4		○3	○3	○3	◎4
			11	セキュリティ [1]	◎2	◎2	**◎3**	◎3	◎4	◎4	◎3	◎4	◎4	◎4	◎4	◎4	◎4
	4	開発技術	12	システム開発技術		○2	**○3**	○3		◎4	○3	○3	○3	◎4		○3	○3
			13	ソフトウェア開発管理技術						○3	○3	○3	○3	○3			○3
マネジメント系	5	プロジェクトマネジメント	14	プロジェクトマネジメント	○2						◎4				◎4		
	6	サービスマネジメント	15	サービスマネジメント	○2						○3				◎4	○3	○3
			16	システム監査	○2										○3	◎4	○3
ストラテジ系	7	システム戦略	17	システム戦略	○2				◎4	○3							
			18	システム企画	○2				◎4	◎4	○3			○3			
	8	経営戦略	19	経営戦略マネジメント					◎4					○3		○3	
			20	技術戦略マネジメント					○3					○3			
			21	ビジネスインダストリ					◎4					○3			
	9	企業と法務	22	企業活動	○2				◎4							○3	
			23	法務	◎2				○3		○3				○3	◎4	

（表頭左上：試験区分／出題分野／共通キャリア・スキルフレームワーク）

（注1）○は出題範囲であることを，◎は出題範囲のうちの重点分野であることを表す。
（注2）2，3，4は技術レベルを表し，4が最も高度で，上位は下位を包含する。
注[1]　“中分類 11：セキュリティ”の知識項目には技術面・管理面の両方が含まれるが，高度試験の各試験区分では，各人材像にとって関連性の強い知識項目をレベル4として出題する。

図表5　試験区分別出題分野一覧表

(4) 午後試験の出題範囲

午後試験では，次の出題範囲に基づいて技能が問われます。

応用情報技術者試験（記述式）

1　経営戦略に関すること
マーケティング，経営分析，事業戦略・企業戦略，コーポレートファイナンス・事業価値評価，事業継続計画（BCP），会計・財務，リーダシップ論　など

2　情報戦略に関すること
ビジネスモデル，製品戦略，組織運営，アウトソーシング戦略，情報業界の動向，情報技術の動向，国際標準化の動向　など

3　戦略立案・コンサルティングの技法に関すること
ロジカルシンキング，プレゼンテーション技法，バランススコアカード・SWOT 分析　など

4　システムアーキテクチャに関すること
方式設計・機能分割，提案依頼書（RFP），要求分析，信頼性・性能，Web 技術（Web サービス・SOA を含む），仮想化技術，主要業種における業務知識，ソフトウェアパッケージ・オープンソースソフトウェアの適用，その他の新技術動向　など

5　サービスマネジメントに関すること
サービスマネジメントシステム（構成管理，事業関係管理，サービスレベル管理，供給者管理，サービスの予算業務及び会計業務，容量・能力管理，変更管理，サービスの設計及び移行，リリース及び展開管理，インシデント管理，サービス要求管理，問題管理，サービス可用性管理，サービス継続管理，サービスの報告，継続的改善ほか），サービスの運用（システム運用管理，仮想環境の運用管理，運用オペレーション，サービスデスクほか）　など

6　プロジェクトマネジメントに関すること
プロジェクト全体計画（プロジェクト計画及びプロジェクトマネジメント計画），スコープの管理，資源の管理，プロジェクトチームのマネジメント，スケジュールの管理，コストの管理，リスクへの対応，リスクの管理，品質管理の遂行，調達の運営管理，コミュニケーションのマネジメント，見積手法　など

7　ネットワークに関すること
ネットワークアーキテクチャ，プロトコル，インターネット，イントラネット，VPN，通信トラフィック，有線・無線通信　など

8　データベースに関すること
データモデル，正規化，DBMS，データベース言語（SQL），データベースシステムの運用・保守　など

9　組込みシステム開発に関すること
リアルタイム OS・MPU アーキテクチャ，省電力・高信頼設計・メモリ管理，センサー・アクチュエーター，組込みシステムの設計，個別アプリケーション（携帯電話，自動車，家電ほか）　など

10　情報システム開発に関すること
外部設計，内部設計，テスト計画・テスト，標準化・部品化，開発環境，オブジェクト指向分析（UML），ソフトウェアライフサイクルプロセス（SLCP），個別アプリケーションシステム（ERP，SCM，CRM ほか）　など

11　プログラミングに関すること
アルゴリズム，データ構造，プログラム作成技術（プログラム言語，マークアップ言語），Web プログラミング　など

12　情報セキュリティに関すること
情報セキュリティポリシー，情報セキュリティマネジメント，リスク分析，データベースセキュリティ，ネットワークセキュリティ，アプリケーションセキュリティ，物理的セキュリティ，アクセス管理，暗号・認証，PKI，ファイアウォール，マルウェア対策（コンピュータウイルス，ボット，スパイウェアほか），不正アクセス対策，個人情報保護　など

13　システム監査に関すること
IT ガバナンス及び IT 統制と監査，情報システムや組込みシステムの企画・開発・運用・保守・廃棄プロセスの監査，プロジェクト管理の監査，アジャイル開発の監査，外部サービス管理の監査，情報セキュリティ監査，個人情報保護監査，他の監査（会計監査，業務監査，内部統制監査ほか）との連携・調整，システム監査の計画・実施・報告・フォローアップ，システム監査関連法規，システム監査人の倫理　など

図表6　午後の試験の出題範囲

(5) 採点方式・配点・合格基準

① 採点方式については，素点方式が採用されます。

② 各時間区分（午前，午後の試験）の得点が全て基準点以上の場合に合格となります。

③ 配点（満点）及び基準点は図表7のとおりです。

④ 試験結果に問題の難易差が認められた場合には，基準点の変更を行うことがあります。

時間区分	配点	基準点
午前	100点満点	60点
午後	100点満点	60点

図表7　配点及び基準点

⑤ 問題別配点割合は，次のとおりです。

試験区分	午前			午後		
	問番号	解答数	配点割合	問番号	解答数	配点割合
応用情報技術者	1～80	80	各1.25点	1 2～11	1 4	20点 各20点

図表8　問題別配点割合

⑥ 「多段階選抜方式」が採用されています。

・午前試験の得点が基準点に達しない場合には，午後試験の採点が行われずに不合格とされます。

(6) 情報公開

① 試験問題

問題冊子は持ち帰ることができます。また，IPAのホームページでも公開されます。

② 解答例

多肢選択問題……正解が公開されます。

記述式問題……解答例又は解答の要点，出題趣旨が公開されます。

③ 個人成績

合格者の受験番号がホームページに掲載されます。また，成績照会ができます。

④ 統計情報

得点別の人数分布など，試験結果に関する統計資料一式が公開されます。

⑤　採点講評

午後試験を対象とし，受験者の解答の傾向，解答状況に基づく出題者の考察などをまとめた採点講評が公開されます。

⑥　シラバス

IPA が発表している最新シラバスは下記から確認できます。最新版に目を通しておきましょう。

https://www.ipa.go.jp/shiken/syllabus/gaiyou.html
「応用情報技術者試験（レベル 3）」シラバス（Ver. 7.0）
2023 年 12 月 25 日掲載

(7)　試験で使用する用語・プログラム言語など

試験で使用する情報技術に関する用語の定義及び表記は，原則として，一般に広く定着しているものを用いることを優先するとされています。ただし，専門性が高い用語であって日本産業規格（JIS）に制定されているものについては，その規定に従うとされています。また，次に示された以外のものについては，問題文中で定義されることになります。

記号・図など		
	情報処理用流れ図など	JIS X 0121
	決定表	JIS X 0125
	計算機システム構成の図記号	JIS X 0127
	プログラム構成要素及びその表記法	JIS X 0128
データベース言語		
	SQL	JIS X 3005 規格群

図表 9　試験で使用する情報技術に関する用語など

2 受験ガイド

2-1 試験を実施する機関

「独立行政法人 情報処理推進機構　デジタル人材センター　国家資格・試験部」が試験を実施します。

〒113-8663　東京都文京区本駒込 2-28-8
文京グリーンコートセンターオフィス
ホームページ https://www.ipa.go.jp/shiken/index.html

2-2 試験制度の運用時期

春期は 4 月中旬の日曜日，秋期は 10 月中旬の日曜日に試験が実施されます。案内書公開と出願，解答例発表，合格発表の時期はいずれも予定です。

実施時期	出願 （予定）	解答例発表 （予定）	合格発表 （予定）
春期 4 月 中旬の日曜日	案内書公開 1 月中旬 ～ 受付終了 2 月上旬	多肢選択式 は即日 午後試験は 7 月上旬	7 月上旬
秋期 10 月 中旬の日曜日	案内書公開 7 月上旬 ～ 受付終了 7 月下旬	多肢選択式 は即日 午後試験は 12 月下旬	12 月下旬

図表 10　試験制度の運用時期

2-3 案内書公開から合格発表まで

(1) 個人申込み

・インターネットの利用

IPA のホームページから，申込受付ページへアクセスし，受験の申込みができます（初回利用時はマイページアカウントの取得が必要）。受験手数料の支払い方法は，クレジットカードによる支払いの他に，ペイジーやコンビニエンスストアでの支払いも可能です。

(2) 障害をお持ちの方などへの対応

希望者は特別措置を受けることができます。その際，申請が必要となります。

(3) 合格発表方法

合格者の受験番号は次のようにして発表されます。

・IPA のホームページに掲載

・官報に公示

また，合格発表日は事前に IPA のホームページに掲載されます。

(4) 合格証書の交付

経済産業大臣から情報処理技術者試験合格証書が交付されます。

(5) 受験手数料

受験手数料は，7,500 円（消費税込み）です。

詳しくは，IPA のホームページで確認してください。

3 試験に向けて

令和5年秋期試験をアイテックが分析しました。
※令和6年度春期試験の分析結果は，p.10で案内しているダウンロードページより，2024年7月20日頃から確認できます。

3-1 試験について

応用情報技術者試験の応募者数，受験者数，合格者数は次のとおりでした。

年　度	応募者数	受験者数	合格者数（合格率）
平成23年度秋	56,085	36,498	8,612（23.6%）
平成24年度春	55,253	35,072	7,945（22.7%）
平成24年度秋	57,609	38,826	7,941（20.5%）
平成25年度春	52,556	33,153	6,354（19.2%）
平成25年度秋	54,313	34,314	6,362（18.5%）
平成26年度春	47,830	29,656	5,969（20.1%）
平成26年度秋	51,647	33,090	6,686（20.2%）
平成27年度春	47,050	30,137	5,728（19.0%）
平成27年度秋	50,594	33,253	7,791（23.4%）
平成28年度春	44,102	28,229	5,801（20.5%）
平成28年度秋	52,845	35,064	7,511（21.4%）
平成29年度春	49,333	31,932	6,443（20.2%）
平成29年度秋	50,969	33,104	7,216（21.8%）
平成30年度春	49,223	30,435	6,917（22.7%）
平成30年度秋	52,219	33,932	7,948（23.4%）
平成31年度春	48,804	30,710	6,605（21.5%）
令和元年度秋	50,440	32,845	7,555（23.0%）
令和2年度10月	42,393	29,024	6,807（23.5%）
令和3年度春	41,415	26,185	6,287（24.0%）
令和3年度秋	48,270	33,513	7,719（23.0%）
令和4年度春	49,171	32,189	7,827（24.3%）
令和4年度秋	54,673	36,329	9,516（26.2%）
令和5年度春	49,498	32,340	8,805（27.2%）
令和5年度秋	56,073	37,763	8,753（23.2%）

図表11　応募者数・受験者数・合格者数の推移

応募者数は，平成23年度春期まで60,000人台で推移してきました。その後，徐々に減少し，平成28年度春期には44,102人にまで減りましたが，その後は春期，秋期の平均 50,000 人前後で推移していました。その後，令和 4 年度から少し応募者が増加し，春期が約 50,000 人，秋期は約 55,000 人です。一方，合格率については，この試験が開始されて以来ほぼ 20%台前半で推移してきましたが，令和 5 年度春期の合格率は 27.2%と，これまでの最高であった令和 4 年度秋期の 26.2%を超えました。令和 5 年度秋期は合格率が 23.2%と，例年並みに戻りました。

午前試験には，四肢択一の問題が 80 問出題されますが，出題範囲の各分野からの出題数は，テクノロジ系 50 問，マネジメント系 10 問，ストラテジ系 20 問が標準になっています。また，各中分類からほぼ均等に出題されることが基本ですが，出題が強化されている情報セキュリティ分野の問題は例年どおり 10 問出題されました。

分野	大分類	中分類	分野別出題数	R5 春出題数		R5 秋出題数	
テクノロジ系	基礎理論	基礎理論	50	7	4	7	3
		アルゴリズムとプログラミング			3		4
	コンピュータシステム	コンピュータ構成要素		17	5	16	4
		システム構成要素			4		4
		ソフトウェア			4		4
		ハードウェア			4		4
	技術要素	ヒューマンインタフェース		21	0	22	1
		マルチメディア			1		1
		データベース			5		5
		ネットワーク			5		5
		セキュリティ			10		10
	開発技術	システム開発技術		5	2	5	3
		ソフトウェア開発管理技術			3		2
マネジメント系	プロジェクトマネジメント	プロジェクトマネジメント	10	4	4	4	4
	サービスマネジメント	サービスマネジメント		6	3	6	3
		システム監査			3		3
ストラテジ系	システム戦略	システム戦略	20	6	3	6	3
		システム企画			3		3
	経営戦略	経営戦略マネジメント		7	2	7	3
		技術戦略マネジメント			2		1
		ビジネスインダストリ			3		3
	企業と法務	企業活動		7	4	7	4
		法務			3		3
合計			80	80		80	

図表 12　令和 5 年度春期，令和 5 年度秋期の分野別出題数

中分類ごとに出題数を集計すると図表 12 のようになります。今後もほぼ同じ構成で出題されると考えられます。なお，令和 6 年度秋期試験以降は，図表 12 の「ヒューマンインタフェース」は「ユーザーインタフェース」に，「情報メディア」は「マルチメディア」になります。

最近の試験では，新傾向問題といえる新しいテーマの問題が 15 問前後，それ以外の新作問題が 10 問前後という出題が続いていますが，令和 5 年度秋期の試験では，新傾向の問題が令和 5 年度春期の試験から 2 問減って 14 問，既出のテーマについての新作問題が 6 問多い 16 問出題されました。過去問題やその改題については，応用情報技術者試験の問題が 31 問，他の種別の問題が 19 問という構成で，応用情報技術者試験の問題が増え，他の種別の問題が減りました。他の種別の過去問題としては，基本情報技術者試験から 7 問，IT ストラテジストと情報処理安全確保支援士がそれぞれ 2 問，その他の種別からは 1 問ずつ 8 問出題されました。また，過去 3 年間の応用情報技術者試験の問題としては，令和 4 年度春期が 5 問，令和 3 年度は春期，秋期ともに 3 問ずつ，令和 2 年度は 2 問出題されました。また，平成 31 年度春期が 5 問，平成 30 年度から平成 26 年度までの問題が 1，2 問ずつ，平成 23 年秋期が 1 問，平成 18 年秋期のソフトウェア開発技術者試験から 1 問ずつ出題されています。

問題の難易度については，高度試験の午前 II レベルのやや難しい問題が 12 問，基本情報技術者試験レベルのやや易しい問題が 8 問出題されました。ただし，実際に試験を受けた人にとっての難易度は，問題の本質的な難易度だけではなく，学習状況などにもよりますから，受験者が感じた難易度は，各人によって異なります。

午後問題については，必須問題である問 1 の情報セキュリティ分野の問題と，選択問題である問 2～11 の 10 問から 4 問を選択し，合計 5 問の問題に解答します。そして，選択した問題がそれぞれ 20 点満点で採点され，100 点満点中 60 点以上が合格の条件です。難易度については，合格のための一つの目安である 7 割程度の得点を目指すという観点で考えると，例年並みであったと考えます。

問	主題分野	テーマ	分類	選択
1	情報セキュリティ	電子メールのセキュリティ対策	T	必須
2	経営戦略	バランススコアカードを用いたビジネス戦略策定	S	10問中 4問選択
3	プログラミング	2分探索木	T	
4	システムアーキテクチャ	システム統合の方式設計	T	
5	ネットワーク	メールサーバの構築	T	
6	データベース	在庫管理システム	T	
7	組込みシステム開発	トマトの自動収穫を行うロボット	T	
8	情報システム開発	スレッド処理	T	
9	プロジェクトマネジメント	新たな金融サービスを提供するシステム開発プロジェクト	M	
10	サービスマネジメント	サービスレベル	M	
11	システム監査	情報システムに係るコンティンジェンシー計画の実効性の監査	M	

※ 分類 S：ストラテジ系，T：テクノロジ系，M：マネジメント系

図表 13　午後問題の出題テーマ

3-2　午前試験

午前試験に出題された新傾向問題は，前述のとおり 14 問でしたが，具体的な内容は次のとおりです。テクノロジ系が 8 問，マネジメント系が 1 問，ストラテジ系が 5 問です。

問	テーマ
08	異なる目的に適した複数の種類のコアを搭載したプロセッサ
14	IaC に関する記述
15	フェールオーバーに要する時間を考慮した稼働率の計算
21	MOS トランジスタの説明
24	アイコンの習得性の説明（JIS X 9303-1）
43	ランサムウェア感染による被害の低減に効果があるもの
47	開発環境上でソフトウェアを開発する手法
49	アジャイルソフトウェア開発宣言における“別のことがら”
51	スコープ記述書に記述する項目（PMBOK®ガイド第 7 版）
61	バックキャスティングの説明
65	成果物が利害関係者の要件を満たしている証拠を得る検証手法
68	顧客からの同意を段階的に広げるマーケティング手法
73	AI を用いたマシンビジョンの目的
75	コンティンジェンシー理論の特徴

図表 14　新傾向問題

3-3　午後試験

必須問題の問１と，それ以外の10問から４問を選択して５問の問題に解答します。最近の午後試験の傾向として，問題文の量が多くなってきたことが挙げられます。以前は，４ページの問題が標準でしたが，最近は５ページの問題が標準になっています。令和５年度秋期の試験では，４ページの問題が５問，５ページ以上の問題が６問という構成でした。また，最近の試験では，文字数の多い記述を求める設問がほとんど出題されていませんでしたが，令和５年度秋期の試験では，40字以内という文字数の多い設問が，全体で６問ありました。なお，それぞれの問題のテーマと内容は次のとおりです。

（問１　必須問題）

問１　電子メールのセキュリティ対策（情報セキュリティ）

電子メールのセキュリティ対策という題材で，パスワード付きで圧縮してファイルを送信する場合の問題点と対策，暗号化と電子署名の鍵の使い方，S/MIMEにおける電子証明書について問われました。一部に，最近は出題されていなかった文字数の多い記述を求める設問がありましたが，その他は，午前試験レベルの基本的な内容でした。

（問２～11から４問選択）

問２　バランススコアカードを用いたビジネス戦略策定（経営戦略）

バランススコアカードを用いたビジネス戦略策定とSECIモデルを使ったアクションの推進について問われました。バランススコアカード中の空欄を埋める問題は比較的容易でしたが，SECI モデルについては正しい理解が必要で少し難しかったと思われます。午前試験にも出題されるテーマですから理解しておきましょう。また，この分野では頻出の財務諸表の計算問題も出題されましたが，解答を得るために幾つかのステップを踏む必要があるので各指標の計算式を理解しておきましょう。

問３　２分探索木（プログラミング）

２分探索木というテーマで，２分探索木の探索，挿入処理の計算量，平衡２分探索木を構成するためのアルゴリズムについて問われました。平衡２分探索木を構成するための手法の回転操作が説明されていて，難しく感じたと思いますが，そのアルゴリズム中には空欄はなく，アルゴリズムに従ったトレース問題が出題されました。空欄のあるアルゴリズムは比較的容易で，計算量についても午前試験レベルのものでした。

問４　システム統合の方式設計（システムアーキテクチャ）

企業合併に伴うシステム統合を題材とした，システムの方式設計の問題でした。具体的には，システム間で連携するデータの種類，統合後に廃止されるシステムと移植する必要がある機能，SaaS とオンプレミスの違いについて出題されていますが，いずれも問題文をよく読めば正解できる内容でした。

問５　メールサーバの構築（ネットワーク）

メールサーバの構築を題材として，メール転送に関わる技術的な知識が問われました。具体的には，SMTP や HTTP，HTTPS 通信で使用されるポート番号，DNS サーバに登録するリソースレコード，メール受信のための設定内容，不正メールの中継を防止する対策などが出題されています。なお，一部に，メール転送に関する専門知識が必要な設問がありました。

問６　在庫管理システム（データベース）

日用品を扱うネットショップの在庫管理の問題を解決するためのシステム改修を題材に，E-R 図，SQL 文，商品個数に対する処理内容について問われました。SQL 文は，在庫数の移動平均を求めるためのもので，データ分析に利用されるウィンドウ関数が使われていました。ただし，構文については問題文に示されていて，それが理解できれば解答できる内容でした。また，E-R 図と処理内容についても空欄を埋めるもので，問題文をよく読めば解答できる内容でした。

問７　トマトの自動収穫を行うロボット（組込みシステム開発）

トマトの自動収穫を行うロボットという題材で，ロボットの状態遷移，タスクが通知すべき情報，パルス制御によるサーボモーターの動き，超音波センサーによる障害物検知に必要な時間について問われました。パルス制御については，デューティ比とサーボモーターの回転角度の関係が明確でないため，理解しにくかったかもしれません。また，障害物検知に必要な時間は，計算力が必要な問題でした。

問８　スレッド処理（情報システム開発）

スマートフォン向けサービスのためのアプリケーションソフトウェア開発を題材に，スマートフォン向けアプリケーションの種類やスレッド処理について問われました。3 回続けて設計以外の問題で，テーマに関する一定の知識を必要とする内容でした。モバイル機器向けアプリケーションや Web アプリケーションの開発経験のある人にとっては比較的容易であったと思いますが，開発経験のない人には難しかったと思います。

問９　新たな金融サービスを提供するシステム開発プロジェクト（プロジェクトマネジメント）

機械学習技術を採用した新たな金融サービスの開発プロジェクトを題材に，プロジェクトの立ち上げ，ベンダー選定，プロジェクトメンバーの役割分担について問われました。具体的には，アジャイル型開発アプローチ，業務委託，ベンダー，プロダクトオーナーの選択（選定）理由，PoC の特性について出題されています。全般的に素直な問題で，ほとんどで問題文にヒントが記述されていました。

問 10　サービスレベル（サービスマネジメント）

利用者部門からの要望に基づく新サービスの提供を題材に，サービスレベル項目，社内及び外部との SLA，外部委託によるサービスデスクの運用について問われました。解答しやすい素直な問題がほとんどでしたが，外部委託によるサービスデスクについては，処理量に合わせた要員の増減が難しい点に注意が必要でした。また，例年よりも文字数が多い 40 字以内の記述を求める設問が三つありました。

問 11　情報システムに係るコンティンジェンシー計画の実効性の監査（システム監査）

東西の二つの拠点（センター）で情報システムを運用する事業者のコンティンジェンシー計画（CP）の実効性の監査を題材に，監査手続について問われました。既存の CP や CP の訓練の実効性に対する監査手続に加え，CP 策定後の環境の変化に応じた監査手続についても出題されています。監査に関する専門的な知識は必要とせず，問題文をよく読めば正解できる問題でした。

3-4 令和6年度秋期の試験に向けて

(1) 午前試験

多くの過去問題に取り組んで，正解を暗記すれば合格できるというような話を耳にすることがあります。しかし，新作問題が毎回出題されますし，表現を調整して選択肢の順番を変えるような改題も増えていますから，正解の暗記だけでは午前試験をクリアすることは難しいでしょう。シラバスに沿ったテキストや専門書などを利用して試験範囲を一通り学習し，その後，問題演習を行って試験に備えるという一般的な学習スタイルが理想ですが，そのような時間が取れないという方も多いのではないでしょうか。そのような方には，過去問題を教材とした学習が効果的です。試験に合格するという目的だけからすると，試験範囲で重要なところは，試験問題としてよく出題されるところです。また，広い試験範囲の内容を漫然と学習するのではなく，問題ごとに学習範囲を絞り込むことによって，集中して学習することができます。ただし，過去問題に取り組んで正解すれば終わりということではなく，正解以外の選択肢が誤りである理由や，各選択肢の用語の意味まで調べて知識として身に付けるようにしなければなりません。このとき，年度別に過去問題に取り組むのではなく，分野別にまとめて取り組み，問題を教材として関連知識まで学習します。そうすることで，過去に出題されたことのあるテーマの新作問題にも対応可能になります。また，新傾向問題の半数以上は，正解以外の選択肢が，既出問題で問われた用語や記述になっています。既出問題に正解できる知識があれば，消去法によって正解を導くこともできるようになります。なお，弊社ではこうした学習のための教材として，分野別に学習効果の高い過去問題を選び，知識を体系的に整理できるよう配慮した「高度午前Ⅰ・応用情報 午前試験対策書」という書籍を用意しておりますので，ぜひご活用ください。

ただし，このような学習方法は，基本情報技術者試験の午前試験合格レベルの知識を体系的に学習済みであることが前提です。情報処理技術者試験の受験経験のない方が，いきなり応用情報技術者試験にチャレンジするということも増えているようですが，基本情報技術者試験レベルの体系的な知識がないと，午前試験の問題は何とか正解できるようになっても，午後試験向けの学習でつまずくことになります。午前試験の学習が一通り終わったと思っても，午後試験の問題の演習で知識が不足していると感じている方は，まず，不足している知識を充足することが合格への近道です。また，この試験の出題範囲は広く，学習のためにはかなりの時間を必要とします。得意な分野と不得意な分野を交互に学習するなど，自身のやる気の維持にも気を遣って，学習意欲を継続する工夫をしましょう。

(2) 午後試験

選択する分野に関わらず，問題発見能力，抽象化能力，問題解決能力などが，“知識の応用力”として問われます。具体的には，問題文に記述されている事例や，技術や概念の説明などに対する設問について，自分の能力と知識を応用して解答する力が試されます。合格のために必要となる“知識の応用力”を身に付けるためには，まず，過去に出題された問題を知ることが大切です。特に，記述式の設問に対しては，解答が安易すぎたり，難しく考えすぎたりしないように，解答の適切なレベルとはどの程度なのかを正しく理解してください。IPA のホームページには，過去に出題された問題と解答例が掲載されています。これらを活用して，まず，試験問題を知るということを心がけてください。

午後問題では，時間が足りないという感想を多く聞きます。制限時間を決めて，過去問題に挑み，時間内で解答できるようにするための問題文の読み方，ヒントや解答の根拠の見いだし方を身に付けるようにしましょう。IPA から発表されている解答例を見ると，制限字数を超えない限り，それほど字数にこだわる必要はないように思われます。また，表現などについても，あまり神経質になる必要はありません。解答のポイントとなるキーワードが記述されていれば，正解になる可能性が高いので，自分が考えついた解答内容を短時間で正しく記述できるように練習しておきましょう。

午後試験では国語力が重要になりますが，それだけでは合格することはできません。その前提として，午前試験レベルの内容に対する正しい理解が必要になります。いくら午後問題の演習を繰り返しても，午前試験レベルの正しい理解がないと，解答のポイントを見いだせるようになりません。また，問題文も一定の知識を有していることを前提に記述されているので，正しく読み取ることはできません。こうしたことから，午前試験に向けた学習は，午前試験をクリアするためだけではなく，午後試験をクリアするためにも重要になります。

午前試験の学習を一通り行ってから，午後試験の学習に移る方が多いと思います。午後問題の学習に移っても，問題中に不安なところがあれば，関連する午前問題を利用して知識を確実にするようにします。また，毎日，10 問程度の午前問題に取り組むようにして，知識を維持，定着させるようにすると良いでしょう。

午後試験向けの学習が進まない原因のほとんどが，午前試験レベルの知識に対する理解不足です。午後試験の学習が進まないと感じたら，その分野の午前試験レベルの復習をするようにしましょう。

実際の試験では，馴染みのないテーマ，形式の問題が出題されると，混乱してしまって必要以上に難しく感じてしまいがちです。このような混乱を避けるためには，選択する 4 分野の他に 2 分野程度の問題に対処できるように学習しておく必要があります。また，止むを得ず馴染みのないテーマの問題を選択せざるを得ないときには，正解できる設問で確実に得点できるように落ち着いて取り組めるようにしておきましょう。そのためには，自分が十分に学習したという自信が大切です。

総仕上げ問題集

第1部

分野別Web確認テスト

テストの出題分野，問題リスト，復習ポイントを確認しましょう。

第 1 章

分野別 Web 確認テスト

1 分野別 Web 確認テストとは？

本書の使い方（P.4）でもご紹介したように，第 2 部，第 3 部の問題演習の前に基礎知識を理解しているか確認するために，Web ブラウザ上で実施いただくテストです。テストを受けた結果，基礎知識に不足がある場合は，復習をしてから再度テストを受けるようにしましょう。全ての分野で十分得点できるようになったら，本書の第 2 部，第 3 部に進みましょう。

使い方は P.4～5，アクセス方法は P.10 をご確認ください。

2 出題分野

出題分野は次のとおりです。

分野 No.	分野名	中分類
1	基礎理論	1，2
2	コンピュータ構成要素・ハードウェア	3，6
3	システム構成要素・ソフトウェア	4，5
4	データベース	9
5	ネットワーク	10
6	セキュリティ	11
7	開発技術・ユーザーインタフェース・情報メディア	7，8，12，13
8	プロジェクトマネジメント・サービスマネジメント・システム監査	14，15，16
9	システム戦略・経営戦略	17～21
10	企業と法務	22，23

※中分類は，「第 2 部　出題分析(2) 午前の出題範囲」に記載されています。

3　分野別 Web 確認テスト　問題リスト

【1】基礎理論

No.	問題タイトル	出典
1	10 進小数	H26 春 AP01
2	排他的論理和の相補演算	R03 春 AP01
3	符号化に要するビット列の長さ	H28 春 AP04
4	BNF で記述されたプログラム言語の構文	H30 秋 AP04
5	逆ポーランド表記法による表現	R02 秋 AP03
6	機械学習における教師あり学習の説明	H31 春 FE04
7	スタックのデータ出力順序	R03 春 AP05
8	バブルソートの説明	R03 秋 AP05
9	ハッシュ表によるデータの衝突条件	R01 秋 AP07
10	定義された再帰関数の実行結果	H30 春 AP05

【2】コンピュータ構成要素・ハードウェア

No.	問題タイトル	出典
1	CPU のスタックポインタが示すもの	R02 秋 AP08
2	プロセッサの高速化技法	H30 春 AP09
3	命令ミックスによる処理性能の計算	R03 春 AP09
4	キャッシュメモリの書込み動作	R03 春 AP12
5	メモリインタリーブの目的	H28 秋 AP10
6	メモリの誤り制御方式	H30 秋 AP09
7	DRAM の説明	H28 春 AP21
8	RFID の活用事例	H30 春 AP20
9	半加算器の論理回路	R03 秋 AP22
10	アクチュエータの機能	H31 春 AP21

【3】システム構成要素・ソフトウェア

No.	問題タイトル	出典
1	PC をシンクライアント端末として利用する際の特徴	H30 春 AP13
2	コンテナ型仮想化の説明	R03 秋 AP14
3	スケールアウトが適しているシステム	R01 秋 AP13

4	システムの信頼性設計	R04 秋 AP13
5	稼働率の計算	H29 春 AP15
6	タスクの状態遷移	R03 春 AP17
7	LRU 方式でのページフォールトの回数	H28 秋 AP18
8	仮想記憶システムにおいて処理能力が低下する現象	R03 秋 AP16
9	プログラム実行時の主記憶管理	R03 春 AP18
10	OSS におけるディストリビュータの役割	R02 秋 AP19

【4】データベース

No.	問題タイトル	出典
1	データモデルの解釈	R02 秋 AP27
2	正規形の条件を満足する表	H29 春 AP27
3	与えられた結果を求める関係演算	R03 秋 AP26
4	第 1，第 2，第 3 正規形とリレーションの特徴の組合せ	R04 春 AP28
5	クラス名と平均点数の一覧を取得する SQL 文	H31 春 AP28
6	GRANT 文の説明	R02 秋 AP26
7	テーブル更新時のデッドロック	H29 春 AP29
8	媒体障害発生時のデータベースの回復法	R01 秋 AP29
9	NoSQL に分類されるデータベース	H30 春 AP30
10	ビッグデータの利用におけるデータマイニング	H29 春 AP30

【5】ネットワーク

No.	問題タイトル	出典
1	パケットに含まれる音声ペイロードの計算	R01 秋 AP31
2	CSMA/CD の説明	R01 秋 AP32
3	スイッチングハブの機能	R02 秋 AP33
4	ネットワークアドレス	H31 春 AP34
5	ブロードキャストアドレスを計算する方法	R03 秋 AP35
6	リアルタイム性が重視されるトランスポート層のプロトコル	H31 春 FE33
7	ARP の説明	R03 秋 AP32
8	OpenFlow を使った SDN の説明	H31 春 FE35
9	リクエストを Web サーバに中継する仕組み	H31 春 AP35
10	該当するポート番号になる TCP パケット	R01 秋 FE34

【6】セキュリティ

No.	問題タイトル	出典
1	暗号方式に関する記述	H29 秋 AP41
2	メッセージの送受信における署名鍵の使用	R04 春 AP39
3	クリプトジャッキングに該当するもの	R02 秋 AP41
4	CRL に関する記述	R02 秋 AP36
5	JIS Q 27000 の情報セキュリティ特性	R01 秋 AP40
6	サイバーセキュリティ経営ガイドラインの説明	H29 春 AP39
7	マルウェアの動的解析に該当するもの	R01 秋 FE36
8	WAF の説明	H31 春 AP45
9	クロスサイトスクリプティング対策に該当するもの	H30 秋 AP41
10	メール本文を含めて暗号化するプロトコル	R02 秋 AP45

【7】開発技術・ユーザーインタフェース・情報メディア

No.	問題タイトル	出典
1	アクセシビリティを高める Web ページの設計例	H28 秋 AP24
2	コンピュータグラフィックス	R03 秋 AP25
3	UML のアクティビティ図の特徴	R02 秋 AP46
4	モジュール結合度が最も弱いモジュール	R01 秋 FE46
5	分岐網羅の最小テストケース数	H29 春 FE49
6	有効なテストケース設計技法	H30 秋 AP49
7	スタブ又はドライバの説明	H29 秋 AP47
8	アジャイル開発手法のスクラムの説明	R02 秋 AP49
9	アジャイル開発プラクティスを実践する考え方	R01 秋 AP49
10	アジャイル開発で“イテレーション”を行う目的	H29 春 AP49

【8】プロジェクトマネジメント・サービスマネジメント・システム監査

No.	問題タイトル	出典
1	日程管理	H28 秋 AP52
2	プレシデンスダイアグラム法（PDM）	H31 春 FE52
3	ファンクションポイント法の見積りで必要な情報	H30 秋 AP54
4	アクティビティの所要時間を短縮する技法	R01 秋 AP53
5	サービスレベル管理プロセスの活動	H30 秋 AP56
6	サービスデスク組織のフォロー・ザ・サンの説明	H30 秋 AP57

7	インシデント発生後に要する時間を表す用語	R01 秋 FE57
8	サービスマネジメントシステムにおける問題管理の活動	R03 秋 AP54
9	事業継続計画の監査結果で適切な状況と判断されるもの	R04 春 AP58
10	可用性に該当するシステム監査項目	R03 春 AP59

【9】システム戦略・経営戦略

No.	問題タイトル	出典
1	情報戦略の投資効果を評価するもの	R02 秋 AP61
2	SOA の説明	R02 秋 AP63
3	非機能要件項目	H28 秋 AP65
4	コアコンピタンスに該当するもの	H31 春 AP67
5	バランススコアカードの四つの視点	R03 春 AP70
6	技術進化過程を表すもの	H28 春 AP70
7	販売機会の少ない商品の割合が無視できない状況	H30 春 AP73
8	SEO の説明	H31 春 AP73
9	IoT 活用におけるディジタルツインの説明	H31 春 AP71
10	チャットボットの説明	H30 秋 AP72

【10】企業と法務

No.	問題タイトル	出典
1	CIO が経営から求められる役割	H30 秋 AP74
2	会議におけるファシリテータの役割	R04 春 AP74
3	マクシミン原理	H29 春 AP76
4	OC 曲線（検査特性曲線）に関する記述	H30 春 AP74
5	ROI の説明	R01 秋 FE77
6	変動費の計算	H30 秋 AP77
7	プログラム著作権の原始的帰属	R04 春 AP77
8	偽装請負とされる事象	R02 秋 AP80
9	特定電子メールに該当する広告宣伝メールの送信	R03 秋 AP79
10	不正競争防止法で禁止されている行為	R03 春 AP78

4　分野別 Web 確認テスト　習熟度目安と復習ポイント

分野別 Web 確認テストを解き終わったら，解答結果ページに表示される正答率を下記の表にメモしておきましょう。

分野 No.	正答率
1	%
2	%
3	%
4	%
5	%
6	%
7	%
8	%
9	%
10	%

【習熟度目安】

●正答率 80%以上●
この分野の基本事項はほぼ理解できていると思われます。正解できなかった問題についてしっかり復習しておきましょう。

●正答率 50%以上 80%未満●
この分野の基本事項について，理解できていない内容がいくつかあります。理解不足と思われる内容については，**次のページにある復習ポイント**を他のテキストなどで復習の上，分野別 Web 確認テストに再挑戦しましょう。

●正答率 50%未満●
この分野の基本事項について，理解できていない内容が多くあります。応用情報技術者試験の問題は，基本情報技術者レベルの内容が理解できていないと解答できない場合が多いので，まずは**次のページの復習ポイント**の基礎知識を確実に理解してください。その後，分野別 Web 確認テストに再挑戦しましょう。

全ての分野で 80%以上の正答率になったら，第 1 部第 2 章を読んで本試験の傾向と学習ポイントをつかみ，第 2 部，第 3 部に進みましょう。

—分野別復習ポイント—

分野 No.	復習ポイント
1	情報の表現（2進，10進，16進），論理演算，誤り検出，BNF，逆ポーランド記法，AIの機械学習・ディープラーニング，確率・統計，待ち行列理論，データ構造（配列，リスト，スタック，キュー，木），アルゴリズム（整列，探索）
2	・コンピュータ構成要素…CPUの動作，パイプライン，CPUの高速化，キャッシュメモリ，入出力インタフェース ・ハードウェア…論理回路，フリップフロップ，記憶素子（DRAM，SRAM），センサ，IoT（省電力）
3	・システム構成要素…システム構成，バックアップ方式，性能計算，稼働率，信頼性設計，仮想化 ・ソフトウェア…タスク管理，割込み（外部割込み，内部割込み），仮想記憶（FIFO，LRU），OSS
4	E-R図，クラス図，正規化，関係演算（射影・選択・結合），SQL（CREATE文，SELECT文），トランザクション処理，障害回復処理，ビッグデータ，ブロックチェーン，NoSQL
5	LAN間接続（ゲートウェイ，ルータ，ブリッジ，リピータ），無線通信，LPWA，伝送時間・伝送量の計算，TCP/IP関連プロトコル（SMTP，POP，IMAP，DHCP，FTP，MIME，ARP，RARP，NTP，IPアドレス，サブネットマスク
6	脅威，暗号化（共通鍵暗号，公開鍵暗号），認証方式，各種マルウェアと対策，各種サイバー攻撃（ブルートフォース，クロスサイトスクリプティング，SQLインジェクションほか），不正アクセス，ISMS，リスク分析，リスク対応，ファイアウォール，IDS/IPS，バイオメトリクス認証
7	・開発技術…開発プロセス，オブジェクト指向（カプセル化，クラス，継承，UML），レビュー・テスト技法，アジャイル（XP，ペアプログラミング，スクラム，イテレーション） ・ユーザーインタフェース…コード設計，ユーザビリティ，アクセシビリティ ・情報メディア…データ形式（JPEG，MPEGほか），コンピュータグラフィックス，VR，AR）

8	・プロジェクトマネジメント･･･スコープ，WBS，アローダイアグラム（クリティカルパス，終了時刻)，見積り（ファンクションポイント法) ・サービスマネジメント･･･ サービスレベル合意書（SLA)，インシデント管理，変更管理，問題管理，サービスデスク，DevOps ・システム監査･･･監査人の立場・責任，予備・本調査，監査手続，監査証跡，内部統制
9	・システム戦略･･･エンタープライズアーキテクチャ，BPM，SOA，SaaS，BCP（事業継続計画)，AI・IoT・ビッグデータの活用 ・システム企画･･･投資対効果，要件定義，非機能要件，調達，情報提供依頼書（RFI)，提案依頼書（RFP)，グリーン調達 ・経営戦略マネジメント･･･ 競争戦略，PPM，マーケティング戦略，バランススコアカード，CSF，CRM，SCM，ERP ・技術戦略マネジメント･･･イノベーションのジレンマ，リーンスタートアップ，デザイン思考，技術進化過程，ロードマップ ・ビジネスインダストリ･･･MRP，ファブレス，EDI，eビジネス(ロングテール，コンバージョン，SEO，フィンテック)，RFID，IoT，RPA
10	・企業活動･･･グリーンIT，BCP，クラウドファウンディング，組織形態，線形計画法，ゲーム理論，QC七つ道具，デルファイ法，損益分岐点，営業利益，経常利益，財務指標 ・法務･･･著作権，不正競争防止法，労働者派遣法，請負，個人情報保護法，不正アクセス禁止法，刑法，製造物責任法

第2章
「第2部　本試験問題」に取り組む前に

情報処理技術者試験を長年分析してきたアイテックだからこそ，その結果から見えてきたことがあります。過去問演習に入る前に，本章で，アイテックの試験合格のためのノウハウを確認しましょう！

1　過去問を押さえて午前試験を突破！

■1　過去問からの出題が6割以上を占めています

アイテックでは本試験ごとに，過去問を含めた重複問題の調査を，種別横断的に行っています。次のグラフは，重複問題調査に基づいて，過去7期分の応用情報技術者試験（以下 AP 試験）の午前試験で，過去に出題された問題と同じ問題がどの程度含まれていたかを示したものです。ここで過去に出題された問題とは，AP 試験で出題されたものだけではなく，他の種別で出題された問題も含みます。実施時期によって多少の差はあるものの，平均すると66%の割合で出題されています。つまり，本番で過去問を全て解くことができれば，突破基準である60点を得点できる可能性が非常に高くなります。

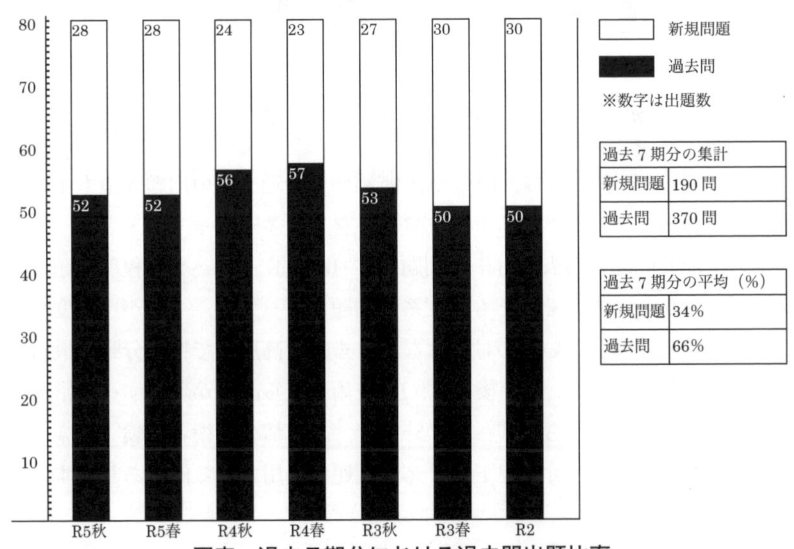

過去7期分の集計	
新規問題	190問
過去問	370問

過去7期分の平均（%）	
新規問題	34%
過去問	66%

図表　過去7期分における過去問出題比率

■2　試験レベルを超えて出題される過去問も！

さて，前述の■1 にて，「過去に出題された問題とは，AP 試験で出題されたものだけではなく，他の種別で出題された問題も含みます」と紹介しましたが，実際の AP 試験では，どの程度の問題が，他種別の過去問から出題されているのでしょうか。

次のグラフは，AP 試験に出題された過去問の中で，過去問の出典種別ごとの出題数を示したものです。

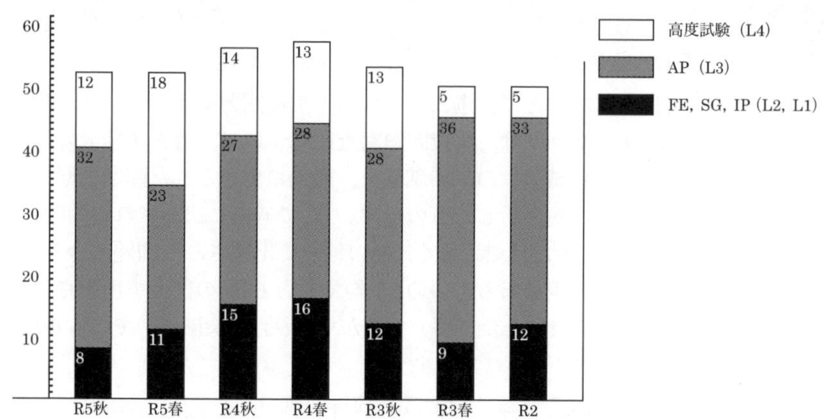

※注　旧試験制度における同レベルの種別の問題を含む。

図表　過去問題の出典種別

このように，AP 試験では，同じ AP 試験からの過去問の出題が最も多い一方で，データベーススペシャリスト，プロジェクトマネージャ・・・といった高度系種別の午前Ⅱ問題の過去問も午前問題全体（80 問）の 1〜2 割程度出題されていることが分かります。そもそも高度系の問題であっても，全問が「高度な専門知識を要求する難問」というわけではなく，また，高度系で特定分野の最新知識として出題された問題が，数年後には，IT 技術者なら誰もが理解すべき常識になっているケースも多いからです。その一方で，基本情報技術者試験（FE）など，より基礎的な試験から，オーソドックスな問題が流用される例もあります。

■3　試験範囲と出題比率を確認！

最後に，過去問の重要性とは直接の関係はありませんが，AP 試験における出題範囲を改めて確認しておきましょう。P.17 の図表 5「試験区分別出題分野一覧表」をご覧ください。これは，情報処理技術者試験の午前の出題範囲です。「○」は出題範囲を，「◎」は出題範囲の中でも重点分野であることを示しています。また，「◎」，「○」の横にある数字は技術レベルを示しており，例えば，AP 試験の欄にある「○3」や「◎3」とは，表中の全分野においてレベル 3（L3）の内容が出題される，という意味になります。なお，このレベル表記は「試験制度解説編」で説明した共通キャリア・スキルフレームワークと連動しており，「応用的知識・スキルを有するレベル 3」を指しています。

この表から分かるように，AP 試験ではあらゆる分野の応用的な問題が出題されます。では，AP 試験の出題範囲が多岐にわたるといって，全ての分野を同じような比重で学習しなければいけないのでしょうか。

P.24 の図表 12 は，令和 5 年春と秋の AP 午前試験における分野ごとの出題数を示したものです。これを見ると，「セキュリティ」をはじめ，数多くの問題が出題されている分野がある一方で，ほとんど出題のない分野もあることが分かります。したがって，午前試験で合格点をとるためには，全ての分野を均一に学習するのではなく，出題数の高い分野から，重点的に学習を進めるのが効率的といえるでしょう。

午前試験突破のポイント！

① 過去問の出題は6割以上

午前試験では，過去問の出題率が6割を超えています。過去問を制するものは試験を制す！　演習問題を繰返し解いて実力を身に付けましょう。

② 狙いを絞るなら3〜6期前の試験問題

AP試験の場合は3〜6期前の過去問が比較的多く出題されています。試験直前に復習するなら，本書籍のダウンロードコンテンツを活用して，この年度の過去問に取り組むのがよいでしょう。

③ 午前の総仕上げとして第2部に挑戦しよう！

AP試験では，FE試験や，高度試験の過去問も1〜2割出題されます。苦手分野は，FE試験の過去問演習から始めることも効果的です。第2部でAP試験レベルの過去問演習を十分にこなした方は，「第3部　実力診断テスト」に挑戦しましょう。

④ 分野の比重を理解して学習効率を上げよう！

出題割合の多い分野と少ない分野があることを理解しましょう。分野を理解して，午後試験でも活用できるような知識力を身に付けましょう。

2 午後試験を突破するために

■1 午後問題の出題テーマ

午後問題は，IPA 発表の「試験要綱」に基づき，次のカテゴリに分けられます。

設問番号	出題分野	出題テーマ
必須 問 1	情報セキュリティ	情報セキュリティポリシー，情報セキュリティマネジメント，リスク分析，データベースセキュリティ，ネットワークセキュリティ，アプリケーションセキュリティ，物理的セキュリティ，アクセス管理，暗号・認証，PKI，ファイアウォール，マルウェア対策（コンピュータウイルス，ボット，スパイウェアほか），不正アクセス対策，個人情報保護　など
選択 問 2 ～ 問 11	経営戦略，情報戦略，戦略立案・コンサルティングの技法	マーケティング，経営分析，事業戦略・企業戦略，コーポレートファイナンス・事業価値評価，事業継続計画（BCP），会計・財務，リーダーシップ論，ビジネスモデル，製品戦略，組織運営，アウトソーシング戦略，情報業界の動向，情報技術の動向，国際標準化の動向，ロジカルシンキング，プレゼンテーション技法，バランススコアカード・SWOT 分析　など
	プログラミング	アルゴリズム，データ構造，プログラム作成技術（プログラム言語，マークアップ言語），Web プログラミング　など
	システムアーキテクチャ	方式設計・機能分割，提案依頼書（RFP），要求分析，信頼性・性能，Web 技術（Web サービス・SOA を含む），仮想化技術，主要業種における業務知識，ソフトウェアパッケージ・オープンソースソフトウェアの適用，その他の新技術動向　など
	ネットワーク	ネットワークアーキテクチャ，プロトコル，インターネット，イントラネット，VPN，通信トラフィック，有線・無線通信　など
	データベース	データモデル，正規化，DBMS，データベース言語（SQL），データベースシステムの運用・保守　など
	組込みシステム開発	リアルタイム OS・MPU アーキテクチャ，省電力・高信頼設計・メモリ管理，センサー・アクチュエーター，組込みシステムの設計，個別アプリケーション（携帯電話，自動車，家電ほか）　など
	情報システム開発	外部設計，内部設計，テスト計画・テスト，標準化・部品化，開発環境，オブジェクト指向分析（UML），ソフトウェアライフサイクルプロセス（SLCP），個別アプリケーションシステム（ERP，SCM，CRM ほか）　など
	プロジェクトマネジメント	プロジェクト全体計画（プロジェクト計画及びプロジェクトマネジメント計画），スコープの管理，資源の管理，プロジェクトチームのマネジメント，スケジュールの管理，コストの管理，リスクへの対応，リスクの管理，品質管理の遂行，調達の運営管理，コミュニケーションのマネジメント，見積手法 など
	サービスマネジメント	サービスマネジメントシステム（構成管理，事業関係管理，サービスレベル管理，供給者管理，サービスの予算業務及び会計業務，容量・能力管理，変更管理，サービスの設計及び移行，リリース及び展開管理，インシデント管理，サービス要求管理，問題管理，サービス可用性管理，サービス継続管理，サービスの報告，継続的改善ほか），サービスの運用（システム運用管理，仮想環境の運用管理，運用オペレーション，サービスデスクほか）　など
	システム監査	IT ガバナンス及び IT 統制と監査，情報システムや組込みシステムの企画・開発・運用・保守・廃棄プロセスの監査，プロジェクト管理の監査，アジャイル開発の監査，外部サービス管理の監査，情報セキュリティ監査，個人情報保護監査，他の監査（会計監査，業務監査，内部統制監査ほか）との連携・調整，システム監査の計画・実施・報告・フォローアップ，システム監査関連法規，システム監査人の倫理　など

また，平成 26 年春期から令和 5 年秋期までの本試験出題実績は，次表のとおりです。

午後試験テーマ別出題分析表　(H26 春～R5 秋)

設問番号	出題分野	出題テーマ	出題回数	出題率(%)	年度																		
					H26		H27		H28		H29		H30		H31	R1	R2	R3		R4		R5	
					春	秋	春	秋	春	秋	春	秋	春	秋	春	秋		春	秋	春	秋	春	秋
必須 問 1	情報セキュリティ	① 暗号化技術，認証技術	4	22			○			○		○			○								
		② ネットワークセキュリティ	4	22	○	○								○				○					
		③ アプリケーションセキュリティ	0	0																			
		④ 情報セキュリティ対策(マルウェア・不正アクセス対策)	10	56				○	○		○		○			○	○		○	○	○	○	○
選択 問 2～問 11	経営・情報戦略，戦略立案 コンサルティング技法	① マーケティング	3	17			○			○									○				
		② 事業・経営戦略，販売戦略，アウトソーシング戦略など	7	39								○			○			○		○	○	○	○
		③ 会計・財務，原価計算，キャッシュフロー分析	2	11		○		○															
		④ 分析技法（バランススコアカード・SWOT 分析など）	5	28	○						○		○			○	○						
		⑤ その他(業務改善，ビジネスモデル，EA など)	1	6					○					○									
	プログラミング	① 探索アルゴリズム	3	17				○			○												○
		② 文字列処理アルゴリズム	0	0																			
		③ その他アルゴリズム（ソート，探索，ゲームなど）	12	67	○	○	○		○			○			○	○	○	○	○	○	○	○	
		④ データ構造	3	17						○			○	○									
	システムアーキテクチャ	① 信頼性・性能(復旧対策)，キャパシティプランニング	8	44	○	○			○	○				○	○			○		○		○	
		② 仮想化技術	5	28			○				○		○						○		○		
		③ 要件定義・要求分析，提案依頼書など	5	28				○				○				○	○						○
	ネットワーク	① プロトコルとインタフェース	6	33	○	○					○		○			○		○					
		② ネットワーク方式（インターネット技術，有線・無線 LAN など）	6	33			○		○			○			○				○	○		○	
		③ 通信トラフィック，負荷分散など	3	17				○		○				○									
		④ ネットワーク応用（VPN,モバイル通信，エクストラネットなど）	3	17													○				○		○
	データベース	① データベース言語（SQL)，データベース操作	12	44			○		○		○			○	○	○	○	○	○	○	○	○	○
		② 正規化・スキーマ設計，データベース設計	13	48				○		○		○	○	○	○	○	○	○	○	○	○	○	○
		③ トランザクション処理（排他制御など）	2	7	○	○																	
	組込みシステム開発	① リアルタイム OS・MPU アーキテクチャ	3	17	○		○				○												
		② 組込みシステムの設計	13	72		○		○	○	○			○	○		○	○	○	○	○	○	○	○
		③ 割込み，タスクの状態遷移，タスク間通信など	2	11								○			○								
	情報システム開発	① オブジェクト指向分析（UML)	4	20	○		○		○									○					
		② システム設計(外部・内部設計など)	7	35				○		○						○		○	○	○			○
		③ テスト・レビュー関連	6	30		○					○	○	○	○							○	○	
		④ その他の設計（CSS など)，開発方法論（アジャイル)	3	15											○		○		○				
	プロジェクトマネジメント	① プロジェクト計画	3	18				○						○			○					○	
		② プロジェクト管理(スケジュール管理,移行含)	5	29	○						○	○			○								○
		③ プロジェクトリスク管理	5	29		○				○			○							○	○		
		④ プロジェクトコスト管理（EVM など)	2	12												○		○					
		⑤ プロジェクトコミュニケーションマネジメント	1	6			○																
		⑥ その他プロジェクト関連項目	1	6					○														
	サービスマネジメント	① サービスマネジメントプロセス（問題管理，変更管理など)	8	44		○		○	○	○	○								○	○	○		
		② サービスレベル管理，サービス継続・可用性管理	6	33	○										○	○	○	○				○	○
		③ サービスの運用	4	22			○					○	○	○									
	システム監査	① IT 統制，内部統制	3	17				○	○	○													
		② 情報システムの企画・開発・運用・保守の監査	8	44	○						○		○	○		○	○	○					○
		③ 業務システムの監査	6	33		○	○					○			○				○	○		○	
		④ 情報セキュリティ監査	1	6																	○		

■2　必須問題と選択問題を理解しよう！

AP 試験では，前記のようなテーマの中で，問 1 の情報セキュリティは必須問題となっています。したがって，情報セキュリティ分野の知識確認と問題演習は，必ず行ってください。

そのほかの問題は選択問題で，問 2～問 11 の中から 4 問を選んで解答します。

テクニカル系の分野が得意な方は，「問 3，問 4，問 5，問 6，問 7，問 8」の中から，マネジメント・ストラテジ分野が得意な方は，「問 2，問 9，問 10，問 11」の 4 問を選択することが多いようですが，もちろん特定の組合せで選ぶ必要はありませんので，解きやすい問題を選択しましょう。

ただし，試験本番にいくつか問題を解いてみて簡単そうなものを選ぼうとすると，十分な時間はありませんので，自分が選択する分野はあらかじめ決めて，十分な対策をしておくことが大切です。今の時点で選択問題を迷っている方は，本書の問題をいくつか解いてみて，安定して得点できる分野を見つけておくとよいでしょう。

■3　午後試験の学習ポイントとは！

午後試験の対策には，何よりも時間が必要です。AP の午後試験では，大問 5 問（必須：問 1 情報セキュリティ＋選択問題 4 問）を解答する必要があります。過去問の 1 期分を演習するだけでも，150 分（2.5 時間）かかります。分からなかった問題の解説をしっかり読んで理解を深めようと思ったら，さらに時間がかかります。さらにいうと，午後試験は「記述式」です。つまり，実際に解答を手で書いて学習する必要があるので，午後対策はまとまった時間を学習時間として確保しなければいけないといえるでしょう。

だからといって，午前試験の対策をおろそかにしてしまうと，午前試験で問われる知識の習得が十分にできず，午後試験には太刀打ちできなくなってしまいます。午後試験に解答するための知識は，午前試験で身に付けるべきものだからです。午前試験の学習は早い段階で終わらせ，午後試験の学習を早めに開始することが望まれます。

それでは，このように長い時間が必要とされる午後問題に，どのように取り組めばよいのでしょうか。やはりここでも，過去問に触れることが重要です。そして過去問に取り組む際には，次の三つのポイントを意識しましょう。

①文章問題に慣れる

まずは文章問題に慣れることが大事です。AP の午後問題においては，純粋な知識を問う設問は少なく，問題文に書かれた「根拠」を探して，解答を導くという設問が大半を占めます。したがって，日頃の演習から，与えられた問題文や図表を読んで，解答の根拠となる記述を素早く見つける訓練が必要です。また問題を解いた後は，ただ答え合わせをして正答率に一喜一憂するのではなく，解説をよく読んで，「解答を導くためにどこに着目しなければいけないか」を理解するようにしてください。

②手を動かして解答を作る

次に，午後試験ならではの「記述式」問題の解き方を身に付けましょう。設問文で定められた字数内で解答をまとめるには，解答のポイントを明確にして，簡潔に表現する力が必要になります。なんとなく解答を思い浮かべて，すぐに解説を読んでしまうと，この「自分で解答をまとめる表現力」はなかなか身に付きません。日頃から，手を動かして，解答を作る練習をしておきましょう。

また，「手を動かす」という意味では，計算問題においても，単純な計算ミスが，失点につながるおそれがあります。試験本番では電卓などは使えませんから，日頃から筆算などを正確に行う練習をしておきましょう。

③制限時間を意識する

最後は，制限時間内に解答するトレーニングを行うことです。どんなに正しい答えを導くことができても，制限時間内に解答できなければ意味がありません。演習時には，実際の試験時間を意識して，制限時間内に手書きで解答をまとめる，という学習方法を実践してみてください。

午後試験突破のポイント！

①　重要テーマのポイントをつかむ

午後試験は，午前試験と違って全く同じ過去問が出題されることはありませんが，繰り返し出題されている重要なテーマはあります。本書掲載の問題を解いて，テーマごとの出題のポイントを理解しましょう。

②　必須問題と選択問題を攻略

AP 試験の午後問題には必須問題と選択問題がありますから，必須の情報セキュリティの知識を十分に習得するとともに，その他の選択問題は，どの分野の問題を解くかをあらかじめ決めて，十分な対策を行いましょう。

③　問題演習による学習

問題を解くに当たっては，問題文をよく読んで，自分自身で考えていくことが必要です。正解だけを求めるのではなく，設問で問われていることに注意し，制限時間を守りながら，考える姿勢を身に付けるようにしてください。そして，本書では，本試験の過去問題の詳細な解説が 10 期分提供されています。必ず解説をじっくり読み，理解を深めましょう。

パスワード前半：r3kN

総仕上げ問題集

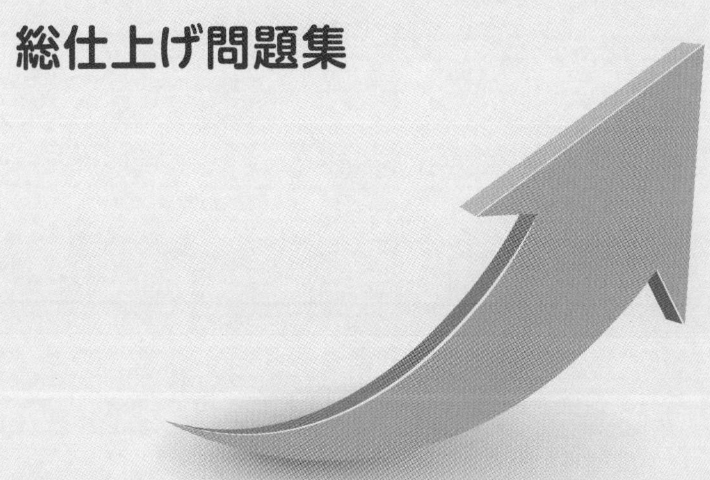

第2部

本試験問題

令和５年度春期試験　問題と解答・解説編

令和５年度秋期試験　問題と解答・解説編

令和６年度春期試験　問題と解答・解説編

出題分析

★平成 31 年度春期試験～令和４年度秋期試験の問題と解答・解説，令和６年度春期試験の解答・解説，解答シートはダウンロードコンテンツです（令和６年度春期試験の解答・解説は2024年７月末にリリース予定）。アクセス方法は P.10 をご覧ください。

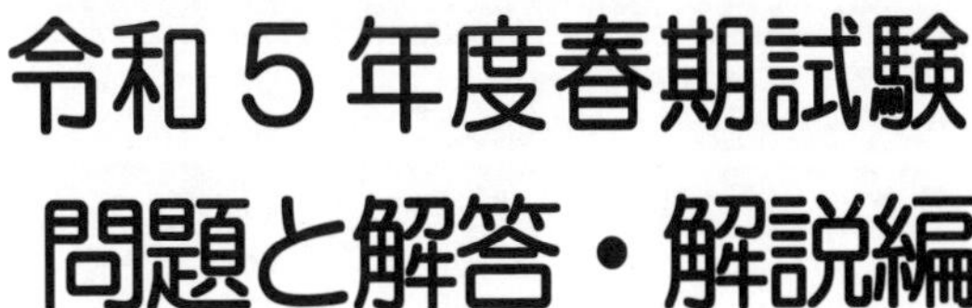

令和５年度春期試験
問題と解答・解説編

問題を解き，**解答・解説**でポイントを確認してください

令和５年度　春期
応用情報技術者試験
午前　問題

試験時間	9:30 ～ 12:00（2 時間 30 分）

注意事項

1. 試験開始及び終了は，監督員の時計が基準です。監督員の指示に従ってください。
2. 試験開始の合図があるまで，問題冊子を開いて中を見てはいけません。
3. 答案用紙への受験番号などの記入は，試験開始の合図があってから始めてください。
4. 問題は，次の表に従って解答してください。

問題番号	問 1 ～ 問 80
選択方法	全問必須

5. 答案用紙の記入に当たっては，次の指示に従ってください。

(1) 答案用紙は光学式読取り装置で読み取った上で採点しますので，B 又は HB の黒鉛筆で答案用紙のマークの記入方法のとおりマークしてください。マークの濃度がうすいなど，マークの記入方法のとおり正しくマークされていない場合は，読み取れないことがあります。特にシャープペンシルを使用する際には，マークの濃度に十分注意してください。訂正の場合は，あとが残らないように消しゴムできれいに消し，消しくずを残さないでください。

(2) 受験番号欄に受験番号を，生年月日欄に受験票の生年月日を記入及びマークしてください。答案用紙のマークの記入方法のとおりマークされていない場合は，採点されないことがあります。生年月日欄については，受験票の生年月日を訂正した場合でも，訂正前の生年月日を記入及びマークしてください。

(3) 解答は，次の例題にならって，解答欄に一つだけマークしてください。答案用紙のマークの記入方法のとおりマークされていない場合は，採点されません。

〔例題〕　春期の情報処理技術者試験が実施される月はどれか。

ア 2　　イ 3　　ウ 4　　エ 5

正しい答えは“ウ　4”ですから，次のようにマークしてください。

例題	㋐ ㋑ ● ㋓

注意事項は問題冊子の裏表紙に続きます。
こちら側から裏返して，必ず読んでください。

6. 退室可能時間中に退室する場合は，手を挙げて監督員に合図し，答案用紙が回収されてから静かに退室してください。

退室可能時間	10:30 ～ 11:50

7. **問題に関する質問にはお答えできません**。文意どおり解釈してください。
8. 問題冊子の余白などは，適宜利用して構いません。ただし，問題冊子を切り離して利用することはできません。
9. 試験時間中，机上に置けるものは，次のものに限ります。
   なお，会場での貸出しは行っていません。
   受験票，黒鉛筆及びシャープペンシル（B 又は HB），鉛筆削り，消しゴム，定規，時計（時計型ウェアラブル端末は除く。アラーム など時計以外の機能は使用不可），ハンカチ，ポケットティッシュ，目薬
   これら以外は机上に置けません。使用もできません。
10. 試験終了後，この問題冊子は持ち帰ることができます。
11. 答案用紙は，いかなる場合でも提出してください。回収時に提出しない場合は，採点されません。
12. 試験時間中にトイレへ行きたくなったり，気分が悪くなったりした場合は，手を挙げて監督員に合図してください。
13. 午後の試験開始は 13:00 ですので，12:40 までに着席してください。

試験問題に記載されている会社名又は製品名は，それぞれ各社又は各組織の商標又は登録商標です。
なお，試験問題では，™ 及び ® を明記していません。

問題文中で共通に使用される表記ルール

各問題文中に注記がない限り，次の表記ルールが適用されているものとする。

1．論理回路

図記号	説明
	論理積素子（AND）
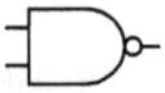	否定論理積素子（NAND）
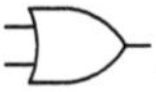	論理和素子（OR）
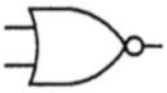	否定論理和素子（NOR）
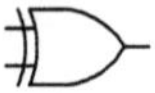	排他的論理和素子（XOR）
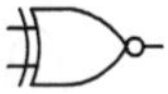	論理一致素子
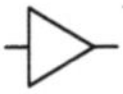	バッファ
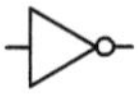	論理否定素子（NOT）
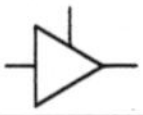	スリーステートバッファ
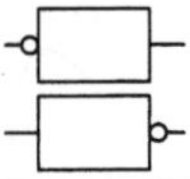	素子や回路の入力部又は出力部に示される○印は，論理状態の反転又は否定を表す。

2．回路記号

図記号	説明
	抵抗（R）
	ダイオード（D）
	接地

問1　0 以上 255 以下の整数 n に対して，

$$\text{next}(n) = \begin{cases} n+1 & (0 \leqq n < 255) \\ 0 & (n = 255) \end{cases}$$

と定義する。next(n)と等しい式はどれか。ここで，x AND y 及び x OR y は，それぞれ x と y を 2 進数表現にして，桁ごとの論理積及び論理和をとったものとする。

ア　(n+1) AND 255　　　　イ　(n+1) AND 256

ウ　(n+1) OR 255　　　　エ　(n+1) OR 256

問2　平均が 60，標準偏差が 10 の正規分布を表すグラフはどれか。

ア
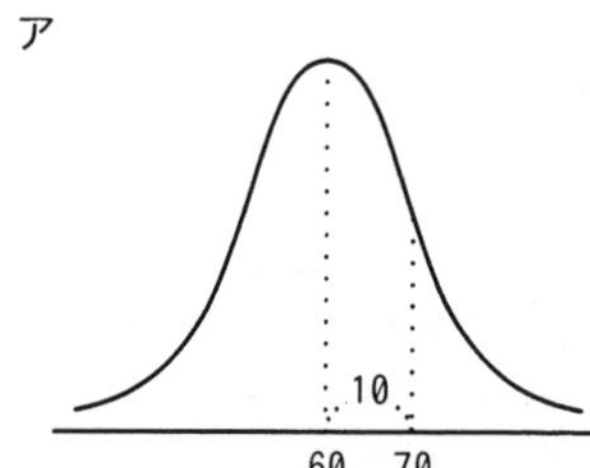

イ
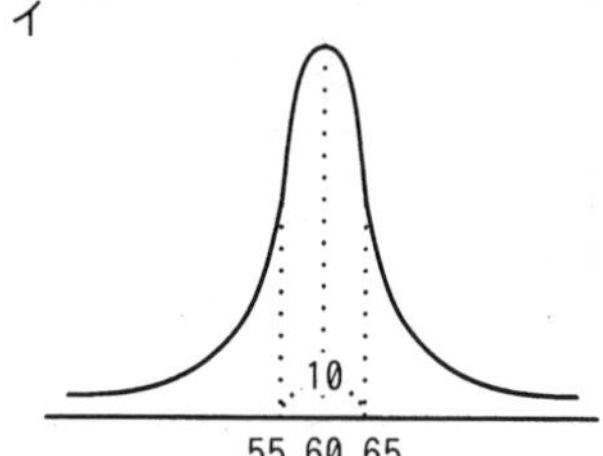

ウ
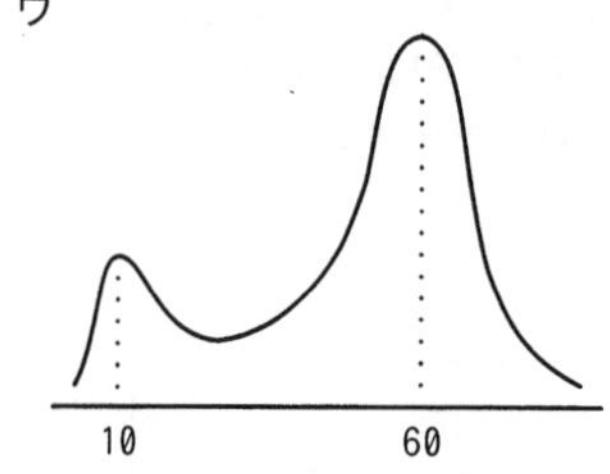

エ
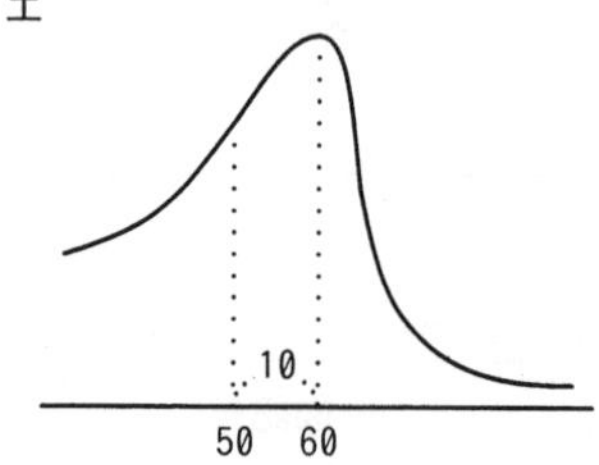

問３　AI における機械学習で，２クラス分類モデルの評価方法として用いられる ROC 曲線の説明として，適切なものはどれか。

ア　真陽性率と偽陽性率の関係を示す曲線である。

イ　真陽性率と適合率の関係を示す曲線である。

ウ　正解率と適合率の関係を示す曲線である。

エ　適合率と偽陽性率の関係を示す曲線である。

問４　ドップラー効果を応用したセンサーで測定できるものはどれか。

ア　血中酸素飽和度　　イ　血糖値

ウ　血流量　　エ　体内水分量

問５　要求に応じて可変量のメモリを割り当てるメモリ管理方式がある。要求量以上の大きさをもつ空き領域のうちで最小のものを割り当てる最適適合（best-fit）アルゴリズムを用いる場合，空き領域を管理するためのデータ構造として，メモリ割当て時の平均処理時間が最も短いものはどれか。

ア　空き領域のアドレスをキーとする２分探索木

イ　空き領域の大きさが小さい順の片方向連結リスト

ウ　空き領域の大きさをキーとする２分探索木

エ　アドレスに対応したビットマップ

問6　従業員番号と氏名の対がn件格納されている表に線形探索法を用いて，与えられた従業員番号から氏名を検索する。この処理における平均比較回数を求める式はどれか。ここで，検索する従業員番号はランダムに出現し，探索は常に表の先頭から行う。また，与えられた従業員番号がこの表に存在しない確率をaとする。

ア　$\frac{(n+1)na}{2}$

イ　$\frac{(n+1)(1-a)}{2}$

ウ　$\frac{(n+1)(1-a)}{2}+\frac{n}{2}$

エ　$\frac{(n+1)(1-a)}{2}+na$

問7　配列に格納されたデータ 2, 3, 5, 4, 1 に対して，クイックソートを用いて昇順に並べ替える。2回目の分割が終わった状態はどれか。ここで，分割は基準値より小さい値と大きい値のグループに分けるものとする。また，分割のたびに基準値はグループ内の配列の左端の値とし，グループ内の配列の値の順番は元の配列と同じとする。

ア　1, 2, 3, 5, 4

イ　1, 2, 5, 4, 3

ウ　2, 3, 1, 4, 5

エ　2, 3, 4, 5, 1

問8　動作周波数1.25GHzのシングルコアCPUが1秒間に10億回の命令を実行するとき，このCPUの平均CPI (Cycles Per Instruction) として，適切なものはどれか。

ア　0.8　　イ　1.25　　ウ　2.5　　エ　10

問９　全ての命令が５ステージで完了するように設計された，パイプライン制御のCPUがある。20 命令を実行するには何サイクル必要となるか。ここで，全ての命令は途中で停止することなく実行でき，パイプラインの各ステージは１サイクルで動作を完了するものとする。

ア　20　　イ　21　　ウ　24　　エ　25

問10　キャッシュメモリへの書込み動作には，ライトスルー方式とライトバック方式がある。それぞれの特徴のうち，適切なものはどれか。

ア　ライトスルー方式では，データをキャッシュメモリだけに書き込むので，高速に書込みができる。
イ　ライトスルー方式では，データをキャッシュメモリと主記憶の両方に同時に書き込むので，主記憶の内容は常にキャッシュメモリの内容と一致する。
ウ　ライトバック方式では，データをキャッシュメモリと主記憶の両方に同時に書き込むので，速度が遅い。
エ　ライトバック方式では，読出し時にキャッシュミスが発生してキャッシュメモリの内容が追い出されるときに，主記憶に書き戻す必要が生じることはない。

問11　フラッシュメモリにおけるウェアレベリングの説明として，適切なものはどれか。

ア　各ブロックの書込み回数がなるべく均等になるように，物理的な書込み位置を選択する。
イ　記憶するセルの電子の量に応じて，複数のビット情報を記録する。
ウ　不良のブロックを検出し，交換領域にある正常な別のブロックで置き換える。
エ　ブロック単位でデータを消去し，新しいデータを書き込む。

問12　有機 EL ディスプレイの説明として，適切なものはどれか。

ア　電圧をかけて発光素子を発光させて表示する。

イ　電子ビームが発光体に衝突して生じる発光で表示する。

ウ　透過する光の量を制御することで表示する。

エ　放電によって発生した紫外線で，蛍光体を発光させて表示する。

問13　スケールインの説明として，適切なものはどれか。

ア　想定される CPU 使用率に対して，サーバの能力が過剰なとき，CPU の能力を減らすこと

イ　想定されるシステムの処理量に対して，サーバの台数が過剰なとき，サーバの台数を減らすこと

ウ　想定されるシステムの処理量に対して，サーバの台数が不足するとき，サーバの台数を増やすこと

エ　想定されるメモリ使用率に対して，サーバの能力が不足するとき，メモリの容量を増やすこと

問14 CPU と磁気ディスク装置で構成されるシステムで，表に示すジョブ A，B を実行する。この二つのジョブが実行を終了するまでの CPU の使用率と磁気ディスク装置の使用率との組合せのうち，適切なものはどれか。ここで，ジョブ A，B はシステムの動作開始時点ではいずれも実行可能状態にあり，A，B の順で実行される。CPU 及び磁気ディスク装置は，ともに一つの要求だけを発生順に処理する。ジョブ A，B とも，CPU の処理を終了した後，磁気ディスク装置の処理を実行する。

単位 秒

ジョブ	CPU の処理時間	磁気ディスク装置の処理時間
A	3	7
B	12	10

	CPU の使用率	磁気ディスク装置の使用率
ア	0.47	0.53
イ	0.60	0.68
ウ	0.79	0.89
エ	0.88	1.00

問15 コンピュータシステムの信頼性を高める技術に関する記述として，適切なものはどれか。

ア フェールセーフは，構成部品の信頼性を高めて，故障が起きないようにする技術である。

イ フェールソフトは，ソフトウェアに起因するシステムフォールトに対処するための技術である。

ウ フォールトアボイダンスは，構成部品に故障が発生しても運用を継続できるようにする技術である。

エ フォールトトレランスは，システムを構成する重要部品を多重化して，故障に備える技術である。

問16　3 台の装置 X ～ Z を接続したシステム A，B の稼働率に関する記述のうち，適切なものはどれか。ここで，3 台の装置の稼働率は，いずれも 0 より大きく 1 より小さいものとし，並列に接続されている部分は，どちらか一方が稼働していればよいものとする。

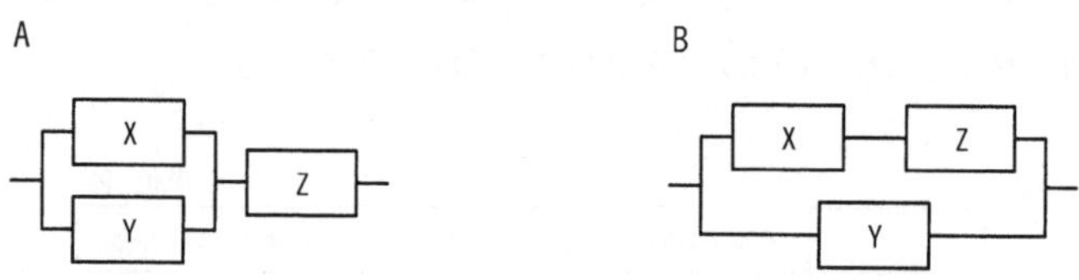

ア　各装置の稼働率の値によって，A と B の稼働率のどちらが高いかは変化する。

イ　常に A と B の稼働率は等しい。

ウ　常に A の稼働率は B より高い。

エ　常に B の稼働率は A より高い。

問17　仮想記憶システムにおいて，ページ置換えアルゴリズムとして FIFO を採用して，仮想ページ参照列 1，4，2，4，1，3 を 3 ページ枠の実記憶に割り当てて処理を行った。表の割当てステップ“3”までは，仮想ページ参照列中の最初の 1，4，2 をそれぞれ実記憶に割り当てた直後の実記憶ページの状態を示している。残りを全て参照した直後の実記憶ページの状態を示す太枠部分に該当するものはどれか。

割当てステップ	参照する仮想ページ番号	実記憶ページの状態		
1	1	1	−	−
2	4	1	4	−
3	2	1	4	2
4	4			
5	1			
6	3	（太枠）		

ア | 1 | 3 | 4 |

イ | 1 | 4 | 3 |

ウ | 3 | 4 | 2 |

エ | 4 | 1 | 3 |

問18　仮想記憶方式に関する記述のうち，適切なものはどれか。

ア　LRU アルゴリズムは，使用後の経過時間が最長のページを置換対象とするページ置換アルゴリズムである。

イ　アドレス変換をインデックス方式で行う場合は，主記憶に存在する全ページ分のページテーブルが必要になる。

ウ　ページフォールトが発生した場合は，ガーベジコレクションが必要である。

エ　ページングが繰り返されるうちに多数の小さな空きメモリ領域が発生することを，フラグメンテーションという。

問19　ハッシュ表の理論的な探索時間を示すグラフはどれか。ここで，複数のデータが同じハッシュ値になることはないものとする。

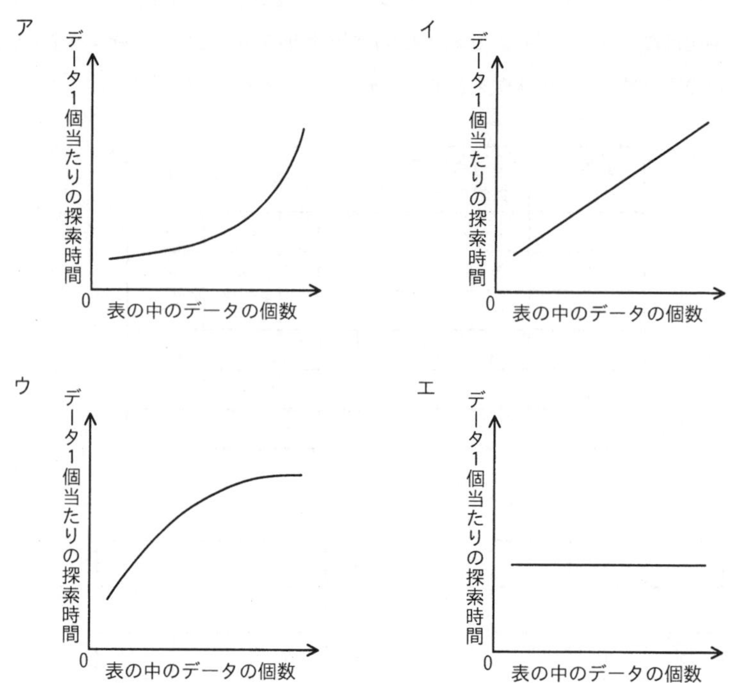

問20　コンテナ型仮想化の環境であって，アプリケーションソフトウェアの構築，実行，管理を行うためのプラットフォームを提供するOSSはどれか。

ア　Docker　　イ　KVM　　ウ　QEMU　　エ　Xen

問21　NAND 素子を用いた次の組合せ回路の出力 Z を表す式はどれか。ここで，論理式中の“・”は論理積，“＋”は論理和，“$\overline{X}$”は X の否定を表す。

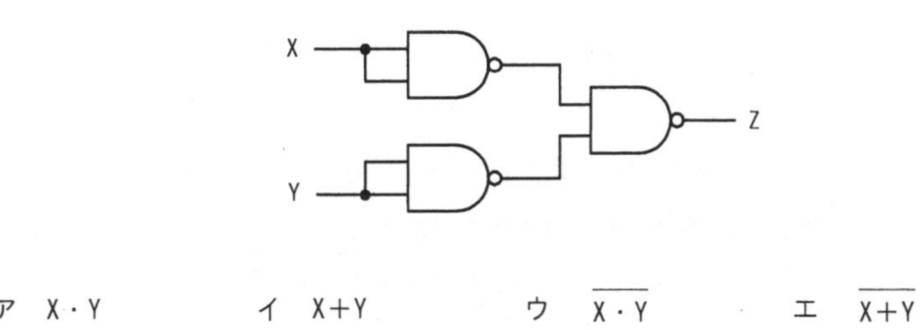

ア　X・Y　　イ　X＋Y　　ウ　$\overline{X \cdot Y}$　　エ　$\overline{X+Y}$

問22　図１の電圧波形の信号を，図２の回路に入力したときの出力電圧の波形はどれか。ここで，ダイオードの順電圧は 0V であるとする。

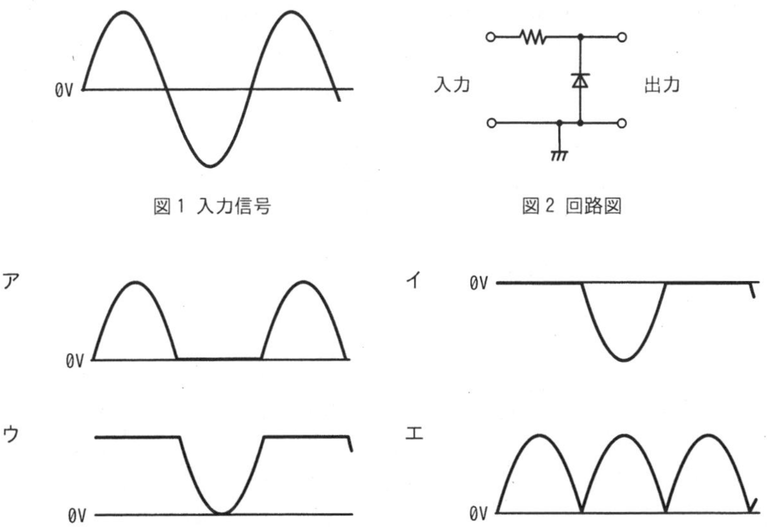

問23　車の自動運転に使われるセンサーの一つであるLiDARの説明として，適切なものはどれか。

ア　超音波を送出し，その反射波を測定することによって，対象物の有無の検知及び対象物までの距離の計測を行う。

イ　道路の幅及び車線は無限遠の地平線で一点（消失点）に収束する，という遠近法の原理を利用して，対象物までの距離を計測する。

ウ　ミリ波帯の電磁波を送出し，その反射波を測定することによって，対象物の有無の検知及び対象物までの距離の計測を行う。

エ　レーザー光をパルス状に照射し，その反射光を測定することによって，対象物の方向，距離及び形状を計測する。

問24　NFC（Near Field Communication）の説明として，適切なものはどれか。

ア　静電容量式のタッチセンサーで，位置情報を検出するために用いられる。

イ　接触式ICカードの通信方法として利用される。

ウ　通信距離は最大10m程度である。

エ　ピアツーピアで通信する機能を備えている。

問25　コンピュータグラフィックスに関する記述のうち，適切なものはどれか。

ア　テクスチャマッピングは，全てのピクセルについて，視線と全ての物体との交点を計算し，その中から視点に最も近い交点を選択することによって，隠面消去を行う。

イ　メタボールは，反射・透過方向への視線追跡を行わず，与えられた空間中のデータから輝度を計算する。

ウ　ラジオシティ法は，拡散反射面間の相互反射による効果を考慮して拡散反射面の輝度を決める。

エ　レイトレーシングは，形状が定義された物体の表面に，別に定義された模様を張り付けて画像を作成する。

問26　JSON 形式で表現される図 1，図 2 のような商品データを複数の Web サービスから取得し，商品データベースとして蓄積する際のデータの格納方法に関する記述のうち，適切なものはどれか。ここで，商品データの取得元となる Web サービスは随時変更され，項目数や内容は予測できない。したがって，商品データベースの検索時に使用するキーにはあらかじめ制限を設けない。

```
{
  "_id":"AA09",
  "品名":"47 型テレビ",
  "価格":"オープンプライス",
  "関連商品 id": [
    "AA101",
    "BC06"
  ]
}
```

図 1　A 社 Web サービスの商品データ

```
{
  "_id":"AA10",
  "商品名":"りんご",
  "生産地":"青森",
  "価格":100,
  "画像 URL":"http://www.example.com/apple.jpg"
}
```

図 2　B 社 Web サービスの商品データ

ア　階層型データベースを使用し，項目名を上位階層とし，値を下位階層とした 2 階層でデータを格納する。

イ　グラフデータベースを使用し，商品データの項目名の集合から成るノードと値の集合から成るノードを作り，二つのノードを関係付けたグラフとしてデータを格納する。

ウ　ドキュメントデータベースを使用し，項目構成の違いを区別せず，商品データ単位にデータを格納する。

エ　関係データベースを使用し，商品データの各項目名を個別の列名とした表を定義してデータを格納する。

問27　クライアントサーバシステムにおけるストアドプロシージャの記述として，誤っているものはどれか。

ア　アプリケーションから一つずつ SQL 文を送信する必要がなくなる。
イ　クライアント側の CALL 文によって実行される。
ウ　サーバとクライアントの間での通信トラフィックを軽減することができる。
エ　データの変更を行うときに，あらかじめ DBMS に定義しておいた処理を自動的に起動・実行するものである。

問28　データベースシステムの操作の説明のうち，べき等（idempotent）な操作の説明はどれか。

ア　同一の操作を複数回実行した結果と，一回しか実行しなかった結果が同一になる操作
イ　トランザクション内の全ての処理が成功したか，何も実行されなかったかのいずれかの結果にしかならない操作
ウ　一つのノードへのレコードの挿入処理を，他のノードでも実行する操作
エ　複数のトランザクションを同時に実行した結果と，順番に実行した結果が同一になる操作

問29　UML を用いて表した図のデータモデルの a，b に入れる多重度はどれか。

〔条件〕

(1) 部門には 1 人以上の社員が所属する。

(2) 社員はいずれか一つの部門に所属する。

(3) 社員が部門に所属した履歴を所属履歴として記録する。

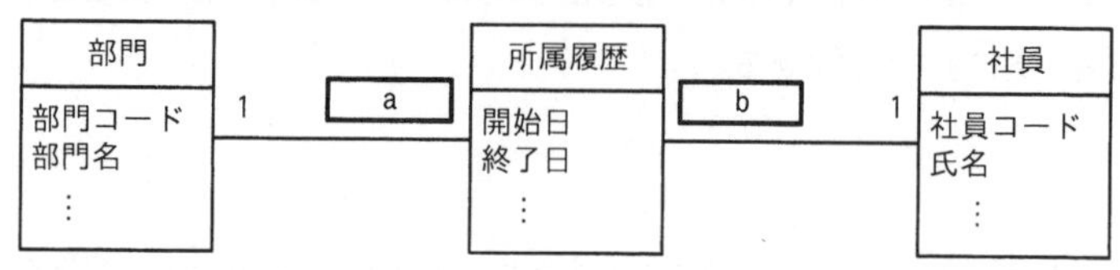

	a	b
ア	0..*	0..*
イ	0..*	1..*
ウ	1..*	0..*
エ	1..*	1..*

問30　図のような関係データベースの“注文”表と“注文明細”表がある。“注文”表の行を削除すると，対応する“注文明細”表の行が，自動的に削除されるようにしたい。参照制約定義の削除規則（ON DELETE）に指定する語句はどれか。ここで，図中の実線の下線は主キーを，破線の下線は外部キーを表す。

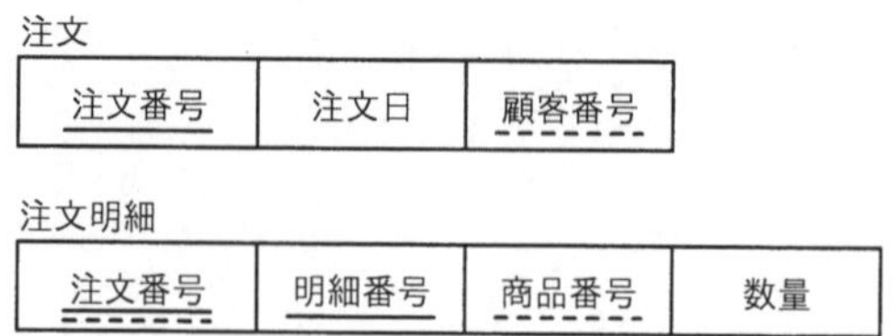

ア　CASCADE　　イ　INTERSECT　　ウ　RESTRICT　　エ　UNIQUE

問31　通信技術の一つであるPLCの説明として，適切なものはどれか。

ア　音声データをIPネットワークで伝送する技術
イ　電力線を通信回線として利用する技術
ウ　無線LANの標準規格であるIEEE 802.11シリーズの総称
エ　無線通信における暗号化技術

問32　100Mビット／秒のLANと1Gビット／秒のLANがある。ヘッダーを含めて1,250バイトのパケットをN個送付するときに，100Mビット／秒のLANの送信時間が1Gビット／秒のLANより9ミリ秒多く掛かった。Nは幾らか。ここで，いずれのLANにおいても，パケットの送信間隔（パケットの送信が完了してから次のパケットを送信開始するまでの時間）は1ミリ秒であり，パケット送信間隔も送信時間に含める。

ア　10　　イ　80　　ウ　100　　エ　800

問33　1個のTCPパケットをイーサネットに送出したとき，イーサネットフレームに含まれる宛先情報の，送出順序はどれか。

ア　宛先IPアドレス，宛先MACアドレス，宛先ポート番号
イ　宛先IPアドレス，宛先ポート番号，宛先MACアドレス
ウ　宛先MACアドレス，宛先IPアドレス，宛先ポート番号
エ　宛先MACアドレス，宛先ポート番号，宛先IPアドレス

問34　IP ネットワークのプロトコルのうち，OSI 基本参照モデルのトランスポート層に位置するものはどれか。

ア　HTTP　　イ　ICMP　　ウ　SMTP　　エ　UDP

問35　モバイル通信サービスにおいて，移動中のモバイル端末が通信相手との接続を維持したまま，ある基地局経由から別の基地局経由の通信へ切り替えることを何と呼ぶか。

ア　テザリング　　イ　ハンドオーバー
ウ　フォールバック　　エ　ローミング

問36　ボットネットにおいて C&C サーバが担う役割はどれか。

ア　遠隔操作が可能なマルウェアに，情報収集及び攻撃活動を指示する。
イ　攻撃の踏み台となった複数のサーバからの通信を制御して遮断する。
ウ　電子商取引事業者などへの偽のデジタル証明書の発行を命令する。
エ　不正な Web コンテンツのテキスト，画像及びレイアウト情報を一元的に管理する。

問37　セキュアOSを利用することによって期待できるセキュリティ上の効果はどれか。

ア　1回の利用者認証で複数のシステムを利用できるので，強固なパスワードを一つだけ管理すればよくなり，脆(ぜい)弱なパスワードを設定しにくくなる。

イ　Webサイトへの通信路上に配置して通信を解析し，攻撃をブロックすることができるので，Webアプリケーションソフトウェアの脆弱性を悪用する攻撃からWebサイトを保護できる。

ウ　強制アクセス制御を設定することによって，ファイルの更新が禁止できるので，システムに侵入されてもファイルの改ざんを防止できる。

エ　システムへのログイン時に，パスワードのほかに専用トークンを用いて認証が行えるので，パスワードが漏えいしても，システムへの侵入を防止できる。

問38　メッセージにRSA方式のデジタル署名を付与して２者間で送受信する。そのときのデジタル署名の検証鍵と使用方法はどれか。

ア　受信者の公開鍵であり，送信者がメッセージダイジェストからデジタル署名を作成する際に使用する。

イ　受信者の秘密鍵であり，受信者がデジタル署名からメッセージダイジェストを取り出す際に使用する。

ウ　送信者の公開鍵であり，受信者がデジタル署名からメッセージダイジェストを取り出す際に使用する。

エ　送信者の秘密鍵であり，送信者がメッセージダイジェストからデジタル署名を作成する際に使用する。

問39　“政府情報システムのためのセキュリティ評価制度（ISMAP）”の説明はどれか。

ア　個人情報の取扱いについて政府が求める保護措置を講じる体制を整備している事業者などを評価して，適合を示すマークを付与し，個人情報を取り扱う政府情報システムの運用について，当該マークを付与された者への委託を認める制度

イ　個人データを海外に移転する際に，移転先の国の政府が定めた情報システムのセキュリティ基準を評価して，日本が求めるセキュリティ水準が確保されている場合には，本人の同意なく移転できるとする制度

ウ　政府が求めるセキュリティ要求を満たしているクラウドサービスをあらかじめ評価，登録することによって，政府のクラウドサービス調達におけるセキュリティ水準の確保を図る制度

エ　プライベートクラウドの情報セキュリティ全般に関するマネジメントシステムの規格にパブリッククラウドサービスに特化した管理策を追加した国際規格を基準にして，政府情報システムにおける情報セキュリティ管理体制を評価する制度

問40　ソフトウェアの既知の脆(ぜい)弱性を一意に識別するために用いる情報はどれか。

ア　CCE (Common Configuration Enumeration)

イ　CVE (Common Vulnerabilities and Exposures)

ウ　CVSS (Common Vulnerability Scoring System)

エ　CWE (Common Weakness Enumeration)

問41　TPM（Trusted Platform Module）に該当するものはどれか。

ア　PC などの機器に搭載され，鍵生成，ハッシュ演算及び暗号処理を行うセキュリティチップ

イ　受信した電子メールが正当な送信者から送信されたものであることを保証する送信ドメイン認証技術

ウ　ファイアウォール，侵入検知，マルウェア対策など，複数のセキュリティ機能を統合したネットワーク監視装置

エ　ログデータを一元的に管理し，セキュリティイベントの監視者への通知及び相関分析を行うシステム

問42　デジタルフォレンジックスの手順は収集，検査，分析及び報告から成る。このとき，デジタルフォレンジックスの手順に含まれるものはどれか。

ア　サーバとネットワーク機器のログをログ管理サーバに集約し，リアルタイムに相関分析することによって，不正アクセスを検出する。

イ　サーバのハードディスクを解析し，削除されたログファイルを復元することによって，不正アクセスの痕跡を発見する。

ウ　電子メールを外部に送る際に，本文及び添付ファイルを暗号化することによって，情報漏えいを防ぐ。

エ　プログラムを実行する際に，プログラムファイルのハッシュ値と脅威情報を突き合わせることによって，プログラムがマルウェアかどうかを検査する。

問43　公衆無線LANのアクセスポイントを設置するときのセキュリティ対策とその効果の組みとして，適切なものはどれか。

	セキュリティ対策	効果
ア	MAC アドレスフィルタリングを設定する。	正規の端末の MAC アドレスに偽装した攻撃者の端末からの接続を遮断し，利用者のなりすましを防止する。
イ	SSIDを暗号化する。	SSID を秘匿して，SSID の盗聴を防止する。
ウ	自社がレジストラに登録したドメインを，アクセスポイントの SSID に設定する。	正規のアクセスポイントと同一のSSIDを設定した，悪意のあるアクセスポイントの設置を防止する。
エ	同一のアクセスポイントに無線で接続している端末同士のアクセスポイント経由の通信を遮断する。	同一のアクセスポイントに無線で接続している他の端末に，公衆無線 LAN の利用者がアクセスポイントを経由してアクセスすることを防止する。

問44　スパムメール対策として，サブミッションポート（ポート番号 587）を導入する目的はどれか。

ア　DNSサーバにSPFレコードを問い合わせる。

イ　DNSサーバに登録されている公開鍵を使用して，デジタル署名を検証する。

ウ　POP before SMTPを使用して，メール送信者を認証する。

エ　SMTP-AUTHを使用して，メール送信者を認証する。

問45　次に示すような組織の業務環境において，特定のIPセグメントのIPアドレスを幹部のPCに動的に割り当て，一部のサーバへのアクセスをそのIPセグメントからだけ許可することによって，幹部のPCだけが当該サーバにアクセスできるようにしたい。利用するセキュリティ技術として，適切なものはどれか。

〔組織の業務環境〕

・業務ではサーバにアクセスする。サーバは，組織の内部ネットワークからだけアクセスできる。
・幹部及び一般従業員は同一フロアで業務を行っており，日によって席が異なるフリーアドレス制を取っている。
・各席には有線LANポートが設置されており，PCを接続して組織の内部ネットワークに接続する。
・ネットワークスイッチ1台に全てのPCとサーバが接続される。

ア　IDS
イ　IPマスカレード
ウ　スタティックVLAN
エ　認証VLAN

問46　モジュールの独立性を高めるには，モジュール結合度を低くする必要がある。モジュール間の情報の受渡し方法のうち，モジュール結合度が最も低いものはどれか。

ア　共通域に定義したデータを関係するモジュールが参照する。
イ　制御パラメータを引数として渡し，モジュールの実行順序を制御する。
ウ　入出力に必要なデータ項目だけをモジュール間の引数として渡す。
エ　必要なデータを外部宣言して共有する。

問47　値引き条件に従って，商品を販売する。決定表の動作指定部のうち，適切なものはどれか。

〔値引き条件〕

① 上得意客（前年度の販売金額の合計が 800 万円以上の顧客）であれば，元値の 3%を値引きする。

② 高額取引（販売金額が 100 万円以上の取引）であれば，元値の 3%を値引きする。

③ 現金取引であれば，元値の 3%を値引きする。

④ ①～③の値引き条件は同時に適用する。

〔決定表〕

上得意客である	Y	Y	Y	Y	N	N	N	N
高額取引である	Y	Y	N	N	Y	Y	N	N
現金取引である	Y	N	Y	N	Y	N	Y	N
値引きしない	動作指定部							
元値の 3%を値引きする								
元値の 6%を値引きする								
元値の 9%を値引きする								

ア

—	—	—	—	—	—	—	X
—	—	X	X	—	X	—	—
—	X	—	—	—	—	X	—
X	—	—	—	X	—	—	—

イ

—	—	X	—	—	—	—	X
—	X	—	—	—	X	X	—
—	—	—	X	X	—	—	—
X	—	—	—	—	—	—	—

ウ

—	—	—	—	—	—	—	X
—	—	—	X	—	X	X	—
—	X	X	—	X	—	—	—
X	—	—	—	—	—	—	—

エ

—	—	—	X	—	—	—	X
—	X	—	—	—	X	—	—
—	—	X	—	—	—	X	—
X	—	—	—	X	—	—	—

問48　スクラムでは，一定の期間で区切ったスプリントを繰り返して開発を進める。各スプリントで実施するスクラムイベントの順序のうち，適切なものはどれか。

〔スクラムイベント〕

1：スプリントプランニング	2：スプリントレトロスペクティブ
3：スプリントレビュー	4：デイリースクラム

ア　1 → 4 → 2 → 3　　イ　1 → 4 → 3 → 2

ウ　4 → 1 → 2 → 3　　エ　4 → 1 → 3 → 2

問49　日本国特許庁において特許Aを取得した特許権者から，実施許諾を受けることが必要になる場合はどれか。

ア　特許Aと同じ技術を家庭内で個人的に利用するだけの場合

イ　特許Aと同じ技術を利用して日本国内で製品を製造し，その全てを日本国外に輸出する場合

ウ　特許Aの出願日から25年を越えた後に，特許Aと同じ技術を新たに事業化する場合

エ　特許Aの出願日より前に特許Aと同じ技術を独自に開発し，特許Aの出願日に日本国内でその技術を用いた製品を製造販売していたことが証明できる場合

問50　サーバプロビジョニングツールを使用する目的として，適切なものはどれか。

ア　サーバ上のサービスが動作しているかどうかを，他のシステムからリモートで監視する。
イ　サーバにインストールされているソフトウェアを一元的に管理する。
ウ　サーバを監視して，システムやアプリケーションのパフォーマンスを管理する。
エ　システム構成をあらかじめ記述しておくことによって，サーバを自動的に構成する。

問51　プロジェクトマネジメントにおける“プロジェクト憲章”の説明はどれか。

ア　プロジェクトの実行，監視，管理の方法を規定するために，スケジュール，リスクなどに関するマネジメントの役割や責任などを記した文書
イ　プロジェクトのスコープを定義するために，プロジェクトの目標，成果物，要求事項及び境界を記した文書
ウ　プロジェクトの目標を達成し，必要な成果物を作成するために，プロジェクトで実行する作業を階層構造で記した文書
エ　プロジェクトを正式に認可するために，ビジネスニーズ，目標，成果物，プロジェクトマネージャ，及びプロジェクトマネージャの責任・権限を記した文書

問52　クリティカルチェーン法に基づいてスケジュールネットワーク上にバッファを設ける。クリティカルチェーン上にないアクティビティが遅延してもクリティカルチェーン上のアクティビティに影響しないように，クリティカルチェーンにつながっていくアクティビティの直後に設けるバッファはどれか。

ア　合流バッファ　　　　イ　資源バッファ
ウ　フレームバッファ　　エ　プロジェクトバッファ

問53　過去のプロジェクトの開発実績に基づいて構築した作業配分モデルがある。システム要件定義からシステム内部設計までをモデルどおりに進めて 228 日で完了し，プログラム開発を開始した。現在，200 本のプログラムのうち 100 本のプログラムの開発を完了し，残りの 100 本は未着手の状況である。プログラム開発以降もモデルどおりに進捗すると仮定するとき，プロジェクトの完了まで，あと何日掛かるか。ここで，プログラムの開発に掛かる工数及び期間は，全てのプログラムで同一であるものとする。

〔作業配分モデル〕

	システム要件定義	システム外部設計	システム内部設計	プログラム開発	システム結合	システムテスト
工数比	0.17	0.21	0.16	0.16	0.11	0.19
期間比	0.25	0.21	0.11	0.11	0.11	0.21

ア　140　　イ　150　　ウ　161　　エ　172

問54　プロジェクトのリスクマネジメントにおける，リスクの特定に使用する技法の一つであるデルファイ法の説明はどれか。

ア　確率分布を使用したシミュレーションを行う。
イ　過去の情報や知識を基にして，あらかじめ想定されるリスクをチェックリストにまとめておき，チェックリストと照らし合わせることによってリスクを識別する。
ウ　何人かが集まって，他人のアイディアを批判することなく，自由に多くのアイディアを出し合う。
エ　複数の専門家から得られた見解を要約して再配布し，再度見解を求めることを何度か繰り返して収束させる。

問55　JIS Q 20000-1:2020（サービスマネジメントシステム要求事項）によれば，サービスマネジメントシステム（SMS）における継続的改善の説明はどれか。

ア　意図した結果を得るためにインプットを使用する，相互に関連する又は相互に作用する一連の活動

イ　価値を提供するため，サービスの計画立案，設計，移行，提供及び改善のための組織の活動及び資源を，指揮し，管理する，一連の能力及びプロセス

ウ　サービスを中断なしに，又は合意した可用性を一貫して提供する能力

エ　パフォーマンスを向上するために繰り返し行われる活動

問56　JIS Q 20000-1:2020（サービスマネジメントシステム要求事項）によれば，組織は，サービスレベル目標に照らしたパフォーマンスを監視し，レビューし，顧客に報告しなければならない。レビューをいつ行うかについて，この規格はどのように規定しているか。

ア　SLA に大きな変更があったときに実施する。

イ　あらかじめ定めた間隔で実施する。

ウ　間隔を定めず，必要に応じて実施する。

エ　サービス目標の未達成が続いたときに実施する。

問57 A 社は，自社がオンプレミスで運用している業務システムを，クラウドサービスへ段階的に移行する。段階的移行では，初めにネットワークとサーバを IaaS に移行し，次に全てのミドルウェアを PaaS に移行する。A 社が行っているシステム運用作業のうち，この移行によって不要となる作業の組合せはどれか。

〔A 社が行っているシステム運用作業〕
① 業務システムのバッチ処理のジョブ監視
② 物理サーバの起動，停止のオペレーション
③ ハードウェアの異常を警告する保守ランプの目視監視
④ ミドルウェアへのパッチ適用

	IaaS への移行によって不要となるシステム運用作業	PaaS への移行によって不要となるシステム運用作業
ア	①	②，④
イ	①，③	②
ウ	②，③	④
エ	③	②，④

問58 システム監査基準（平成 30 年）における予備調査についての記述として，適切なものはどれか。

ア 監査対象の実態を把握するために，必ず現地に赴いて実施する。
イ 監査対象部門の事務手続やマニュアルなどを通じて，業務内容，業務分掌の体制などを把握する。
ウ 監査の結論を裏付けるために，十分な監査証拠を入手する。
エ 調査の範囲は，監査対象部門だけに限定する。

問59　システム監査基準（平成 30 年）における監査手続の実施に際して利用する技法に関する記述のうち，適切なものはどれか。

ア　インタビュー法とは，システム監査人が，直接，関係者に口頭で問い合わせ，回答を入手する技法をいう。

イ　現地調査法は，システム監査人が監査対象部門に直接赴いて，自ら観察・調査する技法なので，当該部門の業務時間外に実施しなければならない。

ウ　コンピュータ支援監査技法は，システム監査上使用頻度の高い機能に特化した，しかも非常に簡単な操作で利用できる専用ソフトウェアによらなければならない。

エ　チェックリスト法とは，監査対象部門がチェックリストを作成及び利用して，監査対象部門の見解を取りまとめた結果をシステム監査人が点検する技法をいう。

問60　金融庁“財務報告に係る内部統制の評価及び監査の基準（令和元年）”における，内部統制に関係を有する者の役割と責任の記述のうち，適切なものはどれか。

ア　株主は，内部統制の整備及び運用について最終的な責任を有する。

イ　監査役は，内部統制の整備及び運用に係る基本方針を決定する。

ウ　経営者は，取締役及び執行役の職務の執行に対する監査の一環として，独立した立場から，内部統制の整備及び運用状況を監視，検証する役割と責任を有している。

エ　内部監査人は，モニタリングの一環として，内部統制の整備及び運用状況を検討，評価し，必要に応じて，その改善を促す職務を担っている。

問61　情報化投資計画において，投資効果の評価指標である ROI を説明したものはどれか。

ア　売上増やコスト削減などによって創出された利益額を投資額で割ったもの

イ　売上高投資金額比，従業員当たりの投資金額などを他社と比較したもの

ウ　現金流入の現在価値から，現金流出の現在価値を差し引いたもの

エ　プロジェクトを実施しない場合の，市場での競争力を表したもの

問62　B. H. シュミットが提唱した CEM（Customer Experience Management）における，カスタマーエクスペリエンスの説明として，適切なものはどれか。

ア　顧客が商品，サービスを購入・使用・利用する際の，満足や感動

イ　顧客ロイヤルティが失われる原因となる，商品購入時のトラブル

ウ　商品の購入数・購入金額などの数値で表される，顧客の購買履歴

エ　販売員や接客員のスキル向上につながる，重要顧客への対応経験

問63　ビッグデータの利活用を促す取組の一つである情報銀行の説明はどれか。

ア　金融機関が，自らが有する顧客の決済データを分析して，金融商品の提案や販売など，自らの営業活動に活用できるようにする取組

イ　国や自治体が，公共データに匿名加工を施した上で，二次利用を促進するために共通プラットフォームを介してデータを民間に提供できるようにする取組

ウ　事業者が，個人との契約などに基づき個人情報を預託され，当該個人の指示又は指定した条件に基づき，データを他の事業者に提供できるようにする取組

エ　事業者が，自社工場における IoT 機器から収集された産業用データを，インターネット上の取引市場を介して，他の事業者に提供できるようにする取組

問64　システム要件定義プロセスにおいて，トレーサビリティが確保されていることを説明した記述として，適切なものはどれか。

ア　移行マニュアルや運用マニュアルなどの文書化が完了しており，システム上でどのように業務を実施するのかを利用者が確認できる。

イ　所定の内外作基準に基づいて外製する部分が決定され，調達先が選定され，契約が締結されており，調達先を容易に変更することはできない。

ウ　モジュールの相互依存関係が確定されており，以降の開発プロセスにおいて個別モジュールの仕様を変更することはできない。

エ　利害関係者の要求の根拠と成果物の相互関係が文書化されており，開発の途中で生じる仕様変更をシステムに求められる品質に立ち返って検証できる。

問65　情報システムの調達の際に作成されるRFIの説明はどれか。

ア　調達者から供給者候補に対して，システム化の目的や業務内容などを示し，必要な情報の提供を依頼すること

イ　調達者から供給者候補に対して，対象システムや調達条件などを示し，提案書の提出を依頼すること

ウ　調達者から供給者に対して，契約内容で取り決めた内容に関して，変更を要請すること

エ　調達者から供給者に対して，双方の役割分担などを確認し，契約の締結を要請すること

問66　組込み機器の開発を行うために，ベンダーに見積りを依頼する際に必要なものとして，適切なものはどれか。ここで，システム開発の手順は共通フレーム 2013 に沿うものとする。

ア　納品書　　イ　評価仕様書　　ウ　見積書　　エ　要件定義書

問67 Web で広告費を 600,000 円掛けて，単価 1,500 円の商品を 1,000 個販売した。ROAS (Return On Advertising Spend) は何％か。

ア 40　　イ 60　　ウ 250　　エ 600

問68 バランススコアカードで使われる戦略マップの説明はどれか。

ア 切り口となる二つの要素を X 軸，Y 軸として，市場における自社又は自社製品のポジションを表現したもの

イ 財務，顧客，内部ビジネスプロセス，学習と成長という四つの視点を基に，課題，施策，目標の因果関係を表現したもの

ウ 市場の魅力度，自社の優位性という二つの軸から成る四つのセルに自社の製品や事業を分類して表現したもの

エ どのような顧客層に対して，どのような経営資源を使用し，どのような製品・サービスを提供するのかを表現したもの

問69 新規ビジネスを立ち上げる際に実施するフィージビリティスタディはどれか。

ア 新規ビジネスに必要なシステム構築に対する IT 投資を行うこと

イ 新規ビジネスの採算性や実行可能性を，調査・分析し，評価すること

ウ 新規ビジネスの発掘のために，アイディアを社内公募すること

エ 新規ビジネスを実施するために必要な要員の教育訓練を行うこと

問70　企業と大学との共同研究に関する記述として，適切なものはどれか。

ア　企業のニーズを受け入れて共同研究を実施するための機関として，各大学に TLO (Technology Licensing Organization) が設置されている。

イ　共同研究で得られた成果を特許出願する場合，研究に参加した企業，大学などの法人を発明者とする。

ウ　共同研究に必要な経費を企業が全て負担した場合でも，実際の研究は大学の教職員と企業の研究者が対等の立場で行う。

エ　国立大学法人が共同研究を行う場合，その研究に必要な費用は全て国が負担しなければならない。

問71　IoT を支える技術の一つであるエネルギーハーベスティングを説明したものはどれか。

ア　IoT デバイスに対して，一定期間のエネルギー使用量や稼働状況を把握して，電力使用の最適化を図る技術

イ　周囲の環境から振動，熱，光，電磁波などの微小なエネルギーを集めて電力に変換して，IoT デバイスに供給する技術

ウ　データ通信に利用するカテゴリ 5 以上の LAN ケーブルによって，IoT デバイスに電力を供給する技術

エ　必要な時だけ，デバイスの電源を ON にして通信を行うことによって，IoT デバイスの省電力化を図る技術

問72　アグリゲーションサービスに関する記述として，適切なものはどれか。

ア　小売販売の会社が，店舗や EC サイトなどあらゆる顧客接点をシームレスに統合し，どの顧客接点でも顧客に最適な購買体験を提供して，顧客の利便性を高めるサービス

イ　物品などの売買に際し，信頼のおける中立的な第三者が契約当事者の間に入り，代金決済等取引の安全性を確保するサービス

ウ　分散的に存在する事業者，個人や機能への一括的なアクセスを顧客に提供し，比較，まとめ，統一的な制御，最適な組合せなどワンストップでのサービス提供を可能にするサービス

エ　本部と契約した加盟店が，本部に対価を支払い，販売促進，確立したサービスや商品などを使う権利を受け取るサービス

問73　各種センサーを取り付けた航空機のエンジンから飛行中に収集したデータを分析し，仮想空間に構築したエンジンのモデルに反映してシミュレーションを行うことによって，各パーツの消耗状況や交換時期を正確に予測できるようになる。このように産業機器などに IoT 技術を活用し，現実世界や物理的現象をリアルタイムに仮想空間で忠実に再現することを表したものはどれか。

ア　サーバ仮想化　　　イ　スマートグリッド

ウ　スマートメーター　　　エ　デジタルツイン

問74　事業部制組織の特徴を説明したものはどれか。

ア　ある問題を解決するために一定の期間に限って結成され，問題解決とともに解散する。

イ　業務を機能別に分け，各機能について部下に命令，指導を行う。

ウ　製品，地域などで構成された組織単位に，利益責任をもたせる。

エ　戦略的提携や共同開発など外部の経営資源を積極的に活用することによって，経営環境に対応していく。

問75　ビッグデータ分析の手法の一つであるデシジョンツリーを活用してマーケティング施策の判断に必要な事象を整理し，発生確率の精度を向上させた上で二つのマーケティング施策 a，b の選択を行う。マーケティング施策を実行した場合の利益増加額（売上増加額－費用）の期待値が最大となる施策と，そのときの利益増加額の期待値の組合せはどれか。

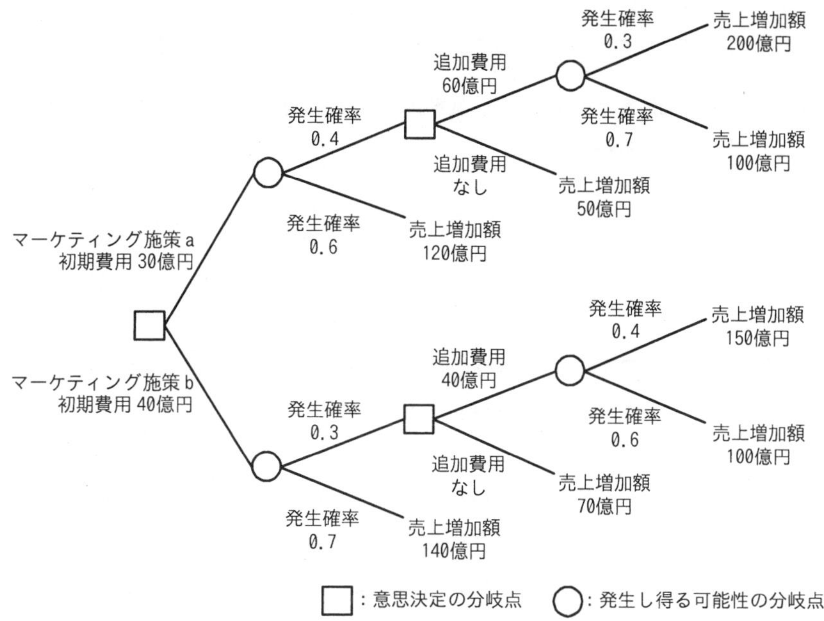

	施策	利益増加額の期待値（億円）
ア	a	70
イ	a	160
ウ	b	82
エ	b	162

問76　原価計算基準に従い製造原価の経費に算入する費用はどれか。

ア　製品を生産している機械装置の修繕費用

イ　台風で被害を受けた製品倉庫の修繕費用

ウ　賃貸目的で購入した倉庫の管理費用

エ　本社社屋建設のために借り入れた資金の支払利息

問77　会社の固定費が150百万円，変動費率が60%のとき，利益50百万円が得られる売上高は何百万円か。

ア　333　　イ　425　　ウ　458　　エ　500

問78　ソフトウェア開発を，下請法の対象となる下請事業者に委託する場合，下請法に照らして，禁止されている行為はどれか。

ア　継続的な取引が行われているので，支払条件，支払期日などを記載した書面をあらかじめ交付し，個々の発注書面にはその事項の記載を省略する。

イ　顧客が求める仕様が確定していなかったので，発注の際に，下請事業者に仕様が未記載の書面を交付し，仕様が確定した時点では，内容を書面ではなく口頭で伝える。

ウ　顧客の都合で仕様変更の必要が生じたので，下請事業者と協議の上，発生する費用の増加分を下請代金に加算することによって仕様変更に応じてもらう。

エ　振込手数料を下請事業者が負担する旨を発注前に書面で合意したので，親事業者が負担した実費の範囲内で振込手数料を差し引いて下請代金を支払う。

問79 労働者派遣法において，派遣元事業主の講ずべき措置等として定められているものはどれか。

ア 派遣先管理台帳の作成

イ 派遣先責任者の選任

ウ 派遣労働者を指揮命令する者やその他関係者への派遣契約内容の周知

エ 労働者の教育訓練の機会の確保など，福祉の増進

問80 技術者倫理の遵守を妨げる要因の一つとして，集団思考というものがある。集団思考の説明として，適切なものはどれか。

ア 自分とは違った視点から事態を見ることができず，客観性に欠けること

イ 組織内の権威に無批判的に服従すること

ウ 正しいことが何かは知っているが，それを実行する勇気や決断力に欠けること

エ 強い連帯性をもつチームが自らへの批判的思考を欠いて，不合理な合意へと達すること

令和５年度　春期
応用情報技術者試験
午後　問題

試験時間	13:00 ～ 15:30（2 時間 30 分）

注意事項

1. 試験開始及び終了は，監督員の時計が基準です。監督員の指示に従ってください。
2. 試験開始の合図があるまで，問題冊子を開いて中を見てはいけません。
3. **答案用紙への受験番号などの記入は，試験開始の合図があってから始めてください。**
4. 問題は，次の表に従って解答してください。

問題番号	問１	問２～問 11
選択方法	必須	４問選択

5. 答案用紙の記入に当たっては，次の指示に従ってください。
   (1) B 又は HB の黒鉛筆又はシャープペンシルを使用してください。
   (2) **受験番号欄**に**受験番号**を，**生年月日欄**に**受験票の生年月日**を記入してください。正しく記入されていない場合は，採点されないことがあります。生年月日欄については，受験票の生年月日を訂正した場合でも，訂正前の生年月日を記入してください。
   (3) **選択した問題**については，右の例に従って，**選択欄**の**問題番号**を**○印**で囲んでください。○印がない場合は，採点されません。問 2～問 11 について，5 問以上○印で囲んだ場合は，はじめの 4 問について採点します。
   (4) 解答は，問題番号ごとに指定された枠内に記入してください。
   (5) 解答は，丁寧な字ではっきりと書いてください。読みにくい場合は，減点の対象になります。

〔問３，問４，問６，問８を選択した場合の例〕

注意事項は問題冊子の裏表紙に続きます。
こちら側から裏返して，必ず読んでください。

6. 退室可能時間中に退室する場合は，手を挙げて監督員に合図し，答案用紙が回収されてから静かに退室してください。

退室可能時間	13:40 ～ 15:20

7. <u>問題に関する質問にはお答えできません</u>。文意どおり解釈してください。
8. 問題冊子の余白などは，適宜利用して構いません。ただし，問題冊子を切り離して利用することはできません。
9. 試験時間中，机上に置けるものは，次のものに限ります。

   なお，会場での貸出しは行っていません。

   受験票，黒鉛筆及びシャープペンシル（B 又は HB），鉛筆削り，消しゴム，定規，時計（時計型ウェアラブル端末は除く。アラームなど時計以外の機能は使用不可），ハンカチ，ポケットティッシュ，目薬

   これら以外は机上に置けません。使用もできません。
10. 試験終了後，この問題冊子は持ち帰ることができます。
11. 答案用紙は，いかなる場合でも提出してください。回収時に提出しない場合は，採点されません。
12. 試験時間中にトイレへ行きたくなったり，気分が悪くなったりした場合は，手を挙げて監督員に合図してください。

〔問題一覧〕

●問１（必須）

問題番号	出題分野	テーマ
問１	情報セキュリティ	マルウェア対策

●問２～問11（10問中４問選択）

問題番号	出題分野	テーマ
問２	経営戦略	中堅の電子機器製造販売会社の経営戦略
問３	プログラミング	多倍長整数の演算
問４	システムアーキテクチャ	IT ニュース配信サービスの再構築
問５	ネットワーク	Web サイトの増設
問６	データベース	KPI 達成状況集計システムの開発
問７	組込みシステム開発	位置通知タグの設計
問８	情報システム開発	バージョン管理ツールの運用
問９	プロジェクトマネジメント	金融機関システムの移行プロジェクト
問10	サービスマネジメント	クラウドサービスのサービス可用性管理
問11	システム監査	工場在庫管理システムの監査

次の問1は必須問題です。必ず解答してください。

問1　マルウェア対策に関する次の記述を読んで，設問に答えよ。

R社は，全国に支店・営業所をもつ，従業員約150名の旅行代理店である。国内の宿泊と交通手段を旅行パッケージとして，法人と個人の双方に販売している。R社は，旅行パッケージ利用者の個人情報を扱うので，個人情報保護法で定める個人情報取扱事業者である。

〔ランサムウェアによるインシデント発生〕

ある日，R社従業員のSさんが新しい旅行パッケージの検討のために，R社からSさんに支給されているPC（以下，PC-Sという）を用いて業務を行っていたところ，PC-Sに身の代金を要求するメッセージが表示された。Sさんは連絡すべき窓口が分からず，数時間後に連絡が取れた上司からの指示によって，R社の情報システム部に連絡した。連絡を受けた情報システム部のTさんは，PCがランサムウェアに感染したと考え，①PC-Sに対して直ちに実施すべき対策を伝えるとともに，PC-Sを情報システム部に提出するようにSさんに指示した。

Tさんは，セキュリティ対策支援サービスを提供しているZ社に，提出されたPC-S及びR社LANの調査を依頼した。数日後にZ社から受け取った調査結果の一部を次に示す。

- PC-Sから，国内で流行しているランサムウェアが発見された。
- ランサムウェアが，取引先を装った電子メールの添付ファイルに含まれていて，Sさんが当該ファイルを開いた結果，PC-Sにインストールされた。
- PC-S内の文書ファイルが暗号化されていて，復号できなかった。
- PC-Sから，インターネットに向けて不審な通信が行われた痕跡はなかった。
- PC-Sから，R社LAN上のIPアドレスをスキャンした痕跡はなかった。
- ランサムウェアによる今回のインシデントは，表1に示すサイバーキルチェーンの攻撃の段階では［　a　］まで完了したと考えられる。

表１　サイバーキルチェーンの攻撃の段階

項番	攻撃の段階	代表的な攻撃の事例
1	偵察	インターネットなどから攻撃対象組織に関する情報を取得する。
2	武器化	マルウェアなどを作成する。
3	デリバリ	マルウェアを添付したなりすましメールを送付する。
4	エクスプロイト	ユーザーにマルウェアを実行させる。
5	インストール	攻撃対象組織の PC をマルウェアに感染させる。
6	C&C	マルウェアと C&C サーバを通信させて攻撃対象組織の PC を遠隔操作する。
7	目的の実行	攻撃対象組織の PC で収集した組織の内部情報をもち出す。

〔セキュリティ管理に関する評価〕

T さんは，情報システム部の U 部長に Z 社からの調査結果を伝え，PC-S を初期化し，初期セットアップ後に S さんに返却することで，今回のインシデントへの対応を完了すると報告した。U 部長は再発防止のために，R 社のセキュリティ管理に関する評価を Z 社に依頼するよう，T さんに指示した。T さんは，Z 社に R 社のセキュリティ管理の現状を説明し，評価を依頼した。

R 社のセキュリティ管理に関する評価を実施した Z 社は，ランサムウェア対策に加えて，特にインシデント対応と社員教育に関連した取組が不十分であると指摘した。Z 社が指摘した R 社のセキュリティ管理に関する課題の一部を表 2 に示す。

表２　R 社のセキュリティ管理に関する課題（一部）

項番	種別	指摘内容
1	ランサムウェア対策	PC 上でランサムウェアの実行を検知する対策がとられていない。
2	インシデント対応	インシデントの予兆を捉える仕組みが整備されていない。
3		インシデント発生時の対応手順が整備されていない。
4	社員教育	インシデント発生時の適切な対応手順が従業員に周知されていない。
5		標的型攻撃への対策が従業員に周知されていない。

U 部長は，表 2 の課題の改善策を検討するように T さんに指示した。T さんが検討したセキュリティ管理に関する改善策の候補を表 3 に示す。

表3　Tさんが検討したセキュリティ管理に関する改善策の候補

項番	種別	改善策の候補
1	ランサムウェア対策	②PC上の不審な挙動を監視する仕組みを導入する。
2	インシデント対応	PCやサーバ機器，ネットワーク機器のログからインシデントの予兆を捉える仕組みを導入する。
3		PCやサーバ機器の資産目録を随時更新する。
4		新たな脅威を把握して対策の改善を行う。
5		インシデント発生時の対応体制や手順を検討して明文化する。
6		脆(ぜい)弱性情報の収集方法を確立する。
7	社員教育	インシデント発生時の対応手順を従業員に定着させる。
8		標的型攻撃への対策についての社員教育を行う。

〔インシデント対応に関する改善策の具体化〕

Tさんは，表3の改善策の候補を基に，インシデント対応に関する改善策の具体化を行った。Tさんが検討した，インシデント対応に関する改善策の具体化案を表4に示す。

表4　インシデント対応に関する改善策の具体化案

項番	改善策の具体化案	対応する表3の項番
1	R社社内に③インシデント対応を行う組織を構築する。	5
2	R社の情報機器のログを集約して分析する仕組みを整備する。	2
3	R社で使用している情報機器を把握して関連する脆弱性情報を収集する。	[b]，[c]
4	社内外の連絡体制を整理して文書化する。	[d]
5	④セキュリティインシデント事例を調査し，技術的な対策の改善を行う。	4

検討したインシデント対応に関する改善策の具体化案をU部長に説明したところ，表4の項番5のセキュリティインシデント事例について，特にマルウェア感染などによって個人情報が窃取された事例を中心に，Z社から支援を受けて調査するように指示を受けた。

〔社員教育に関する改善策の具体化〕

Tさんは，表3の改善策の候補を基に，社員教育に関する改善策の具体化を行った。Tさんが検討した，社員教育に関する改善策の具体化案を表5に示す。

表５ 社員教育に関する改善策の具体化案

項番	改善策の具体化案	対応する表３の項番
1	標的型攻撃メールの見分け方と対応方法などに関する教育を定期的に実施する。	8
2	インシデント発生を想定した訓練を実施する。	7

R 社では，標的型攻撃に対応する方法やインシデント発生時の対応手順が明確化されておらず，従業員に周知する活動も不足していた。そこで，標的型攻撃の内容とリスクや標的型攻撃メールへの対応，インシデント発生時の対応手順に関する研修を，新入社員が入社する４月に全従業員に対して定期的に行うことにした。

また，R 社でのインシデント発生を想定した訓練の実施を検討した。図１に示す一連のインシデント対応フローのうち，⑤全従業員を対象に実施すべき対応と，経営者を対象に実施すべき対応を中心に，ランサムウェアによるインシデントへの対応を含めたシナリオを作成することにした。

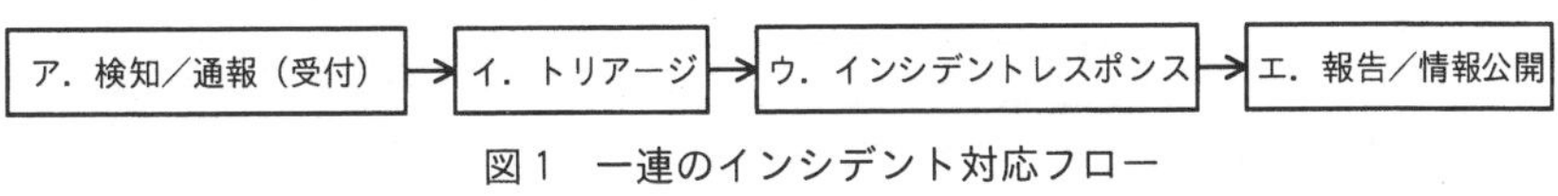

図１ 一連のインシデント対応フロー

T さんは，今回のインシデントの教訓を生かして，ランサムウェアに感染した際に PC 内の重要な文書ファイルの喪失を防ぐために，取り外しできる記録媒体にバックアップを取得する対策を教育内容に含めた。検討した社員教育に関する改善策の具体化案を U 部長に説明したところ，⑥バックアップを取得した記録媒体の保管方法について検討し，その内容を教育内容に含めるように T さんに指示した。

設問１ 〔ランサムウェアによるインシデント発生〕について答えよ。

(1) 本文中の下線①について，PC-S に対して直ちに実施すべき対策を解答群の中から選び，記号で答えよ。

解答群

ア 怪しいファイルを削除する。 イ 業務アプリケーションを終了する。

ウ ネットワークから切り離す。 エ 表示されたメッセージに従う。

(2) 本文中の［ a ］に入れる適切な攻撃の段階を表 1 の中から選び，表 1 の項番で答えよ。

設問 2 〔セキュリティ管理に関する評価〕について答えよ。

(1) 表 2 中の項番 3 の課題に対応する改善策の候補を表 3 の中から選び，表 3 の項番で答えよ。

(2) 表 3 中の下線②について，PC 上の不審な挙動を監視する仕組みの略称を解答群の中から選び，記号で答えよ。

解答群

ア APT　　イ EDR　　ウ UTM　　エ WAF

設問 3 〔インシデント対応に関する改善策の具体化〕について答えよ。

(1) 表 4 中の下線③について，インシデント対応を行う組織の略称を解答群の中から選び，記号で答えよ。

解答群

ア CASB　　イ CSIRT　　ウ MITM　　エ RADIUS

(2) 表 4 中の［ b ］～［ d ］に入れる適切な表 3 の項番を答えよ。

(3) 表 4 中の下線④について，調査すべき内容を解答群の中から全て選び，記号で答えよ。

解答群

ア 使用された攻撃手法　　イ 被害によって被った損害金額

ウ 被害を受けた機器の種類　　エ 被害を受けた組織の業種

設問 4 〔社員教育に関する改善策の具体化〕について答えよ。

(1) 本文中の下線⑤について，全従業員を対象に訓練を実施すべき対応を図 1 の中から選び，図 1 の記号で答えよ。

(2) 本文中の下線⑥について，記録媒体の適切な保管方法を 20 字以内で答えよ。

次の問２～問 11 については ４ 問を選択し，答案用紙の選択欄の問題番号を○印で囲んで解答してください。
なお，５問以上○印で囲んだ場合は，はじめの４問について採点します。

問２　中堅の電子機器製造販売会社の経営戦略に関する次の記述を読んで，設問に答えよ。

Q 社は，中堅の電子機器製造販売会社で，中小のスーパーマーケット（以下，スーパーという）を顧客としている。Q 社の主力製品は，商品管理に使用するバーコードを印字するラベルプリンター，及びバーコードを印字する商品管理用のラベル（以下，バーコードラベルという）などの消耗品である。さらに，技術を転用してバーコード読取装置（以下，バーコードリーダーという）も製造販売している。

顧客がバーコードラベルを使用する場合は，商品に合った大きさ，厚さ，及び材質のバーコードラベルが必要になり，これに対応してラベルプリンターの設定が必要になる。商品ごとに顧客の従業員がマニュアルを見ながら各店舗でラベルプリンターの画面から操作して設定しているが，続々と新商品が出てくる現在，この設定のスキルの習得は，慢性的な人手不足に悩む顧客にとって負担となっている。

〔現在の経営戦略〕

Q 社では，ラベルプリンターの機種を多数そろえるとともに，ラベルプリンター及びバーコードリーダーと連携して商品管理や消耗品の使用量管理などを支援するソフトウェアパッケージ（以下，Q 社パッケージという）を業界で初めて開発して市場に展開し，①競合がない市場を切り開く経営戦略を掲げ，次に示す施策に基づき積極的に事業展開して業界での優位性を保っている。

・顧客の従業員がQ社パッケージのガイド画面から操作して，接続されている全ての店舗のラベルプリンターの設定を一度に変更することで，これまでと比べて負担を軽減できる。さらに②顧客の依頼に応じて，ラベルプリンターの設定作業を受託する。
・ラベルプリンターの販売価格は他社より抑え，バーコードラベルなどの消耗品の料金体系は，Q社パッケージで集計した使用量に応じたものとする。
・毎年，従来機種を改良したラベルプリンターを開発し，ラベルプリンターが有する様々な便利な機能を最大限活用できるように，Q社パッケージの機能を拡充する。

これらの施策の実施によって，Q 社は，［ a ］ビジネスモデルを実現し，価格設定や顧客への対応などが受け入れられて，リピート受注を確保でき，業界平均以上の収益性を維持している。

〔現在の問題点〕

一方で，今後も業界での優位性を維持するには次の問題もある。

・最近開発したラベルプリンターで，設置される環境や操作性などについて，顧客ニーズの変化を十分に把握しきれておらず，顧客満足度が低い機種がある。
・ラベルプリンターは定期的に予防保守を行い，部品を交換しているが，交換する前に故障が発生してしまうことがある。故障が発生した場合のメンテナンスは，顧客の担当者から故障連絡を受けて，高い頻度で発生する故障の修理に必要な部品を持って要員が現場で対応している。しかし，故障部位の詳細な情報は事前に把握できず，修理に必要な部品を持っていない場合は，1 回の訪問で修理が完了せず，顧客の業務に影響が出たことがある。また，複数の故障連絡が重なるなど，要員の作業の繁閑が予測困難で，要員が計画的に作業できずに苦慮している。
・多くの顧客では，消費期限が近くなった商品の売れ残りが発生しそうな場合には，消費期限と売れ残りの見通しから予測した時刻に，値引き価格を印字したバーコードラベルを重ねて貼っている。食品の取扱いが多い顧客からは，顧客の戦略目標の一つである食品廃棄量削減を達成するために，値引き価格を印字したバーコードラベルを貼る適切な時刻を通知する機能を情報システムで提供するよう要望を受けているが，現在のQ社パッケージで管理するデータだけでは対応できない。
・ラベルプリンターの製造コストは業界では平均的だが，バーコードリーダーは，開発に多くの要員を割かれていて製造コストは業界での平均よりも高い。バーコードリーダーの製造販売において，他社と差別化できておらず，販売価格を上げられないので利益を確保できていない。
・ラベルプリンターでは，スーパーを顧客とする市場が飽和状態になりつつある中で，大手の事務機器製造販売会社のS社がラベルプリンターを開発して，スーパーを顧客とする事務機器の商社を通して大手のスーパーに納入した。S 社は，スーパーとの直接的な取引はないが，今後，Q 社が事業を展開している中小のスーパーを顧客とする市場にも進出するおそれが出てきた。

将来に備えて経営戦略を強化することを考えたQ社のR社長は，外部企業へ依頼して，Q社が製造販売する製品と提供するサービスに関する調査を行った。

〔経営戦略の強化〕

調査の結果，R 社長は次のことを確認した。

・ラベルプリンターの開発において，顧客ニーズの変化に素早く対応して他社との差別化を図らなければ，顧客満足度が下がり業界での優位性が失われる。
・メンテナンス対応において，故障による顧客業務への影響を減らせば顧客満足度が上がる。顧客満足度を上げれば，既存顧客からのリピート受注率が高まる。
・顧客満足度を上げるためには，製品開発力及びメンテナンス対応力を強めることに加えて，顧客が情報システムに求める機能の提供力を強めることが必要である。
・バーコードリーダーは，Q 社のラベルプリンターや Q 社パッケージの製造販売と競合せず，POS 端末及び中小のスーパーで定評のある販売管理ソフトウェアパッケージを製造販売する U 社から調達できる。

そして，Q 社及び S 社の現状に対して，競争要因別の顧客から見た価値の相対的な高さと，R 社長が強化すべきと考えた Q 社の計画を図 1 に示す戦略キャンバス（抜粋）にまとめた。

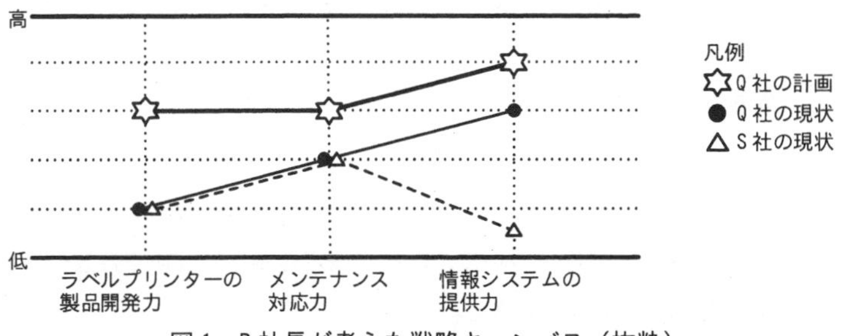

図 1　R 社長が考えた戦略キャンバス（抜粋）

R 社長は戦略キャンバス（抜粋）に基づいて，業界での優位性を維持するために社内の幹部と次に示す重点戦略をまとめた。

(1)　ラベルプリンターの製品開発力

ラベルプリンターの製品開発において，顧客のニーズを聞き，迅速にラベルプリンターの試作品を開発して顧客に確認してもらうことで，従来よりも的確にニーズを取り込めるようにする。

ラベルプリンターの試作や顧客確認などの開発段階での業務量が増えることになるが，［ b ］。これによって，開発要員を増やさないことと製品開発力を強化することとの整合性を確保する。

(2) メンテナンス対応力

R 社長は，メンテナンス対応の要員数を変えず，③メンテナンス対応力を強化して顧客満足度を上げることを考えた。具体的には，④Q 社パッケージが，インターネット経由で，Q 社のラベルプリンターの稼働に関するデータ，及びモーターなどの部品の劣化の兆候を示す電圧変化などのデータを収集して適宜 Q 社に送信する機能を実現する。

(3) 情報システムの提供力

Q 社の業界での優位性を更に高めるために，⑤SDGs の一つである“つくる責任，つかう責任”に関して，顧客が食品の廃棄量の削減を達成するための支援機能など，Q 社パッケージの機能追加を促進する。このために，U 社と連携して，Q 社パッケージと U 社の販売管理ソフトウェアパッケージとを連動させる。

設問 1 〔現在の経営戦略〕について答えよ。

(1) 本文中の下線①について，Q 社が実行している戦略を解答群の中から選び，記号で答えよ。

解答群

ア コストリーダーシップ戦略　　イ 市場開拓戦略

ウ フォロワー戦略　　エ ブルーオーシャン戦略

(2) 本文中の下線②について，Q 社が設定作業を受託する背景にある顧客の課題は何か。25 字以内で答えよ。

(3) 本文中の [a] に入れる適切な字句を解答群の中から選び，記号で答えよ。

解答群

ア Q 社パッケージの販売利益でバーコードラベルなどの消耗品の赤字を補填する

イ バーコードラベルなどの消耗品で利益を確保する

ウ バーコードラベルなどの消耗品を安く販売し，リピート受注を確保する

エ ラベルプリンターの販売利益でバーコードラベルなどの消耗品の赤字を補填する

設問２　〔経営戦略の強化〕について答えよ。

(1)　本文中の　b　に入れる適切な字句を解答群の中から選び，記号で答えよ。

解答群

ア　Q 社パッケージの販売を中止し，開発要員をラベルプリンターの開発に振り向ける

イ　バーコードリーダーの開発を中止し，開発要員をラベルプリンターの開発に振り向ける

ウ　メンテナンス要員をラベルプリンターの開発に振り向ける

エ　ラベルプリンターの機種を減らし，開発要員を減らす

(2)　本文中の下線③について，R 社長の狙いは何か。〔経営戦略の強化〕中の字句を用い，15 字以内で答えよ。

(3)　本文中の下線④について，顧客の業務への影響を減らすために，Q 社において可能となることを二つ挙げ，それぞれ 15 字以内で答えよ。また，それらによって，Q 社にとって，どのようなメリットがあるか。〔現在の問題点〕を参考に，15 字以内で答えよ。

(4)　本文中の下線⑤の支援機能として，情報システムで提供する機能は何か。35 字以内で答えよ。

問３　多倍長整数の演算に関する次の記述を読んで，設問に答えよ。

コンピュータが一度に処理できる整数の最大桁には，CPU が一度に扱える情報量に依存した限界がある。一度に扱える桁数を超える演算を行う一つの方法として，10 を基数とした多倍長整数（以下，多倍長整数という）を用いる方法がある。

〔多倍長整数の加減算〕

多倍長整数の演算では，整数の桁ごとの値を，1 の位から順に 1 次元配列に格納して管理する。例えば整数 123 は，要素数が 3 の配列に{3, 2, 1}を格納して表現する。

多倍長整数の加算は，“桁ごとの加算”の後，“繰り上がり”を処理することで行う。456＋789 を計算した例を図 1 に示す。

```
桁ごとの加算：{6, 5, 4} ＋ {9, 8, 7} → {6+9, 5+8, 4+7} → {15, 13, 11}
繰り上がり　：{⑮, 13, 11} → {5, ⑭, 11} → {5, 4, ⑫ } → {5, 4, 2, ①}
              1の位の繰り上がり　10の位の繰り上がり　100の位の繰り上がり
```

図 1　456＋789 を計算した例

“桁ごとの加算”を行うと，配列の内容は{15, 13, 11}となる。1 の位は 15 になるが，15 は 10×1＋5 なので，10 の位である 13 に 1 を繰り上げて{5, 14, 11}とする。これを最上位まで繰り返す。最上位で繰り上がりが発生する場合は，配列の要素数を増やして対応する。減算も同様に“桁ごとの減算”と“繰り下がり”との処理で計算できる。

〔多倍長整数の乗算〕

多倍長整数の乗算については，計算量を削減するアルゴリズムが考案されており，その中の一つにカラツバ法がある。ここでは，桁数が 2 のべき乗で，同じ桁数をもった正の整数同士の乗算について，カラツバ法を適用した計算を行うことを考える。桁数が 2 のべき乗でない整数や，桁数が異なる整数同士の乗算を扱う場合は，上位の桁を 0 で埋めて処理する。例えば，123×4 は 0123×0004 として扱う。

〔ツリー構造の構築〕

カラツバ法を適用した乗算のアルゴリズムは，計算のためのツリー構造（以下，ツリーという）を作る処理と，ツリーを用いて演算をする処理から成る。ツリーは，多倍長整数の乗算の式を一つのノードとし，一つのノードは 3 個の子ノードをもつ。

M 桁×M 桁の乗算の式について，乗算記号の左右にある値を，それぞれ M/2 桁ずつに分けて A，B，C，D の四つの多倍長整数を作る。これらの整数を使って，①A×C，②B×D，③(A＋B)×(C＋D)の 3 個の子ノードを作り，M/2 桁×M/2 桁の乗算を行う層を作る。(A＋B)，(C＋D)は多倍長整数の加算の結果であるが，ここでは“桁ごとの加算”だけを行い，“繰り上がり”の処理はツリーを用いて行う演算の最後でまとめて行う。生成した子ノードについても同じ手順を繰り返し，1 桁×1 桁の乗算を行う最下層のノードまで展開する。

1234×5678 についてのツリーを図 2 に示す。図 2 の層 2 の場合，①は 12×56，②は 34×78，③は 46×134 となる。③の(C＋D)は，“桁ごとの加算”だけの処理を行うと，10 の位が 5＋7＝12，1 の位が 6＋8＝14 となるので，12×10＋14＝134 となる。

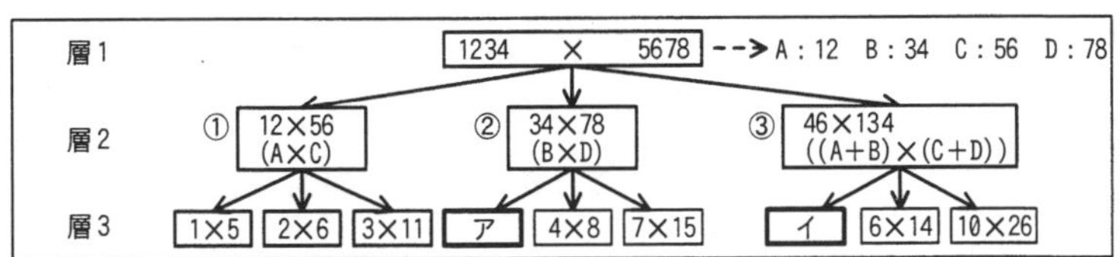

注記　この例では層 3 が最下層となる。

図 2　1234×5678 についてのツリー

〔ツリーを用いた演算〕

ツリーの最下層のノードは，整数の乗算だけで計算できる。最下層以外の層は，子ノードの計算結果を使って，次の式で計算できることが分かっている。ここで，α，β，γは，それぞれ子ノード①，②，③の乗算の計算結果を，K は対象のノードの桁数を表す。

$$\alpha \times 10^{K} + (\gamma - \alpha - \beta) \times 10^{K/2} + \beta \quad \cdots\cdots(1)$$

図 2 のルートノードの場合，K＝4，α＝672，β＝2652，γ＝6164 なので，計算結果は次のとおりとなる。

672×10000＋(6164－672－2652)×100＋2652＝7006652

〔多倍長整数の乗算のプログラム〕

桁数が 2 のべき乗の多倍長整数 val1，val2 の乗算を行うプログラムを作成した。

プログラム中で利用する多倍長整数と，ツリーのノードは構造体で取り扱う。構造体の型と要素を表 1 に示す。構造体の各要素には，構造体の変数名.要素名でアクセスできる。また，配列の添字は 1 から始まる。

表 1　構造体の型と要素

構造体の型	要素名	要素の型	内容
多倍長整数	N	整数	多倍長整数の桁数
	values	整数の配列	桁ごとの値を管理する 1 次元配列。1 の位の値から順に値を格納する。配列の要素は，必要な桁を全て格納するのに十分な数が確保されているものとする。
ノード	N	整数	ノードが取り扱う多倍長整数の桁数。図 2 の 1234×5678 のノードの場合は 4 である。
	val1	多倍長整数	乗算記号の左側の値
	val2	多倍長整数	乗算記号の右側の値
	result	多倍長整数	乗算の計算結果

多倍長整数の操作を行う関数を表 2 に，プログラムで使用する主な変数，配列及び関数を表 3 に，与えられた二つの多倍長整数からツリーを構築するプログラムを図 3 に，そのツリーを用いて演算を行うプログラムを図 4 に，それぞれ示す。表 2，表 3 中の p，q，v1，v2 の型は多倍長整数である。また，図 3，図 4 中の変数は全て大域変数である。

表 2　多倍長整数の操作を行う関数

名称	型	内容
add(p, q)	多倍長整数	p と q について，“桁ごとの加算”を行う。
carry(p)	多倍長整数	p について“繰り上がり”・“繰り下がり”の処理を行う。
left(p, k)	多倍長整数	p について，values の添字が大きい方の k 個の要素を返す。 p の values が{4, 3, 2, 1}，k が 2 であれば，values が{2, 1}の多倍長整数を返す。
right(p, k)	多倍長整数	p について，values の添字が小さい方の k 個の要素を返す。 p の values が{4, 3, 2, 1}，k が 2 であれば，values が{4, 3}の多倍長整数を返す。
lradd(p, k)	多倍長整数	add(left(p, k), right(p, k))の結果を返す。
shift(p, k)	多倍長整数	p を 10^k 倍する。
sub(p, q)	多倍長整数	p と q について，“桁ごとの減算”を行い p−q を返す。

表３ 使用する主な変数，配列及び関数

名称	種類	型	内容
elements[]	配列	ノード	ツリーのノードを管理する配列。ルートノードを先頭に，各層の左側のノードから順に要素を格納する。図 2 の場合は，{1234×5678，12×56，34×78，46×134，1×5，2×6，…}の順で格納する。
layer_top[]	配列	整数	ルートノードから順に，各層の左端のノードの，elements 配列上での添字の値を格納する。図 2 の場合は 1234×5678，12×56，1×5 の添字に対応する{1，2，5}が入る。
mod(m, k)	関数	整数	m を k で割った剰余を整数で返す。
new_elem(k,v1,v2)	関数	ノード	取り扱う多倍長整数の桁数が k で，v1×v2 の乗算を表すノード構造体を新規に一つ作成して返す。
pow(m, k)	関数	整数	m の k 乗を整数で返す。k が 0 の場合は 1 を返す。
t_depth	変数	整数	ツリーの層の数。図 2 の場合は 3 である。
val1, val2	変数	多倍長整数	乗算する対象の二つの値。図 2 の場合，ルートノードの二つの値で，val1 は 1234，val2 は 5678 である。
answer	変数	多倍長整数	乗算の計算結果を格納する変数

```
// ツリーの各層の，elements配列上での先頭インデックスを算出する
layer_top[1] ← 1                                    // ルートノードは先頭なので1を入れる
for (iを1からt_depth － 1まで1ずつ増やす)
  layer_top[i ＋ 1] ← layer_top[i] ＋ [  ウ  ]
endfor

// ツリーを構築する
elements[1] ← new_elem(val1.N, val1, val2)      // ルートノードを用意。桁数はval1の桁数を使う
for (dpを1からt_depth － 1まで1ずつ増やす)      // ルートノードの層から，最下層以外の層を順に処理
  for (iを1からpow(3, dp － 1)まで1ずつ増やす)  // 親ノードになる層の要素数だけ繰り返す
    pe ← elements[layer_top[dp] ＋ (i － 1)]    // 親ノードの要素を取得
    cn ← pe.N / 2                               // 子ノードの桁数を算出
    tidx ← layer_top[dp ＋ 1] ＋ [  エ  ]       // 子ノード①へのインデックス
    elements[tidx     ] ← new_elem(cn, left([  オ  ], cn), left([  カ  ], cn))
    elements[tidx ＋ 1] ← new_elem(cn, right([  オ  ], cn), right([  カ  ], cn))
    elements[tidx ＋ 2] ← new_elem(cn, lradd([  オ  ], cn), lradd([  カ  ], cn))
  endfor
endfor
```

図３ 与えられた二つの多倍長整数からツリーを構築するプログラム

```
// 最下層の計算
for (iを1からpow(3, t_depth − 1)まで1ずつ増やす)          // 最下層の要素数は3のt_depth−1乗個
  el ← elements[layer_top[t_depth] + (i − 1)]             // 最下層のノード
  mul ← el.val1.values[1] * el.val2.values[1]             // 最下層の乗算
  el.result.N ← 2                                         // 計算結果は2桁の多倍長整数
  el.result.values[1] ← [    キ    ]                      // 1の位
  el.result.values[2] ← mul / 10                          // 10の位
endfor

// 最下層以外の計算
for (dpをt_depth − 1から1まで1ずつ減らす)                 // 最下層より一つ上の層から順に処理
  for (iを1からpow(3, dp − 1)まで1ずつ増やす)             // 各層の要素数だけ繰り返す
    el ← elements[layer_top[dp] + (i − 1)]                // 計算対象のノード
    cidx ← layer_top[dp + 1] + [    エ    ]               // 子ノード①へのインデックス
    s1 ← sub( [    ク    ].result, [    ケ    ].result )
    s2 ← sub(s1, elements[cidx + 1].result)               // γ−α−βを計算
    p1 ← shift(elements[cidx].result, el.N)               // α×10^Kを計算
    p2 ← shift(s2, el.N / 2)                              // (γ−α−β)×10^(K/2)を計算
    p3 ← elements[cidx + 1].result                        // βを計算
    el.result ← add(add(p1, p2), p3)
  endfor
endfor

// 繰り上がり処理
answer ← carry(elements[1].result)                        // 計算結果をanswerに格納
```

注記　図4中の［　エ　］には，図3中の［　エ　］と同じ字句が入る。

図4　ツリーを用いて演算を行うプログラム

設問1　図2中の［　ア　］，［　イ　］に入れる適切な字句を答えよ。

設問2　図2中の層2にある46×134のノードについて，本文中の式(1)の数式は具体的にどのような計算式になるか。次の式の①～④に入れる適切な整数を答えよ。

$$(\ ①\ )\times 100 + ((\ ②\ )-(\ ③\ )-84)\times 10 + (\ ④\ )$$

設問3　図3中の［　ウ　］～［　カ　］に入れる適切な字句を答えよ。

設問4　図4中の［　キ　］～［　ケ　］に入れる適切な字句を答えよ。

設問5　N桁同士の乗算をする場合，多倍長整数の構造体において，配列 values に必要な最大の要素数は幾つか。Nを用いて答えよ。

問４　IT ニュース配信サービスの再構築に関する次の記述を読んで，設問に答えよ。

H 社は，IT 関連のニュースを配信するサービスを提供している。このたび，OS や開発フレームワークの保守期間終了を機に，システムを再構築することにした。

〔現状のシステム構成と課題〕

IT ニュース配信サービスでは，多くの利用者にサービスを提供するために，複数台のサーバでシステムを構成している。配信される記事には，それぞれ固有の記事番号が割り振られている。現状のシステム構成を図１に，ニュースを表示する画面一覧を表１に示す。

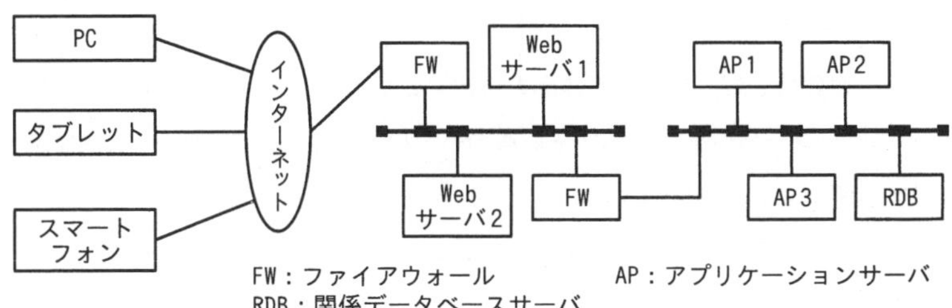

図１　現状の IT ニュース配信サービスのシステム構成

表１　画面一覧

画面名	概要
IT ニュース一覧	記事に関連する画像，見出し，投稿日時を新しいものから順に一覧形式で表示する。一覧は一定の記事数ごとにページを切り替えることで，古い記事の一覧を閲覧することができる。
IT ニュース記事	IT ニュース一覧画面で記事を選択すると，この画面に遷移し，選択された記事の見出し，投稿日時，本文及び本文内の画像を表示する。さらに，選択された記事と関連する一定数の記事の画像と見出しを一覧形式で表示する。

現状のシステム構成では，PC，タブレット，スマートフォン，それぞれに最適化した Web サイトを用意している。AP では，RDB とのデータ入出力と HTML ファイルの生成を行っている。また，関連する記事を見つけるために，夜間に Web サーバのアクセスログを RDB に取り込み，URL 中の記事番号を用いたアクセス解析を RDB 上のストア

ドプロシージャによって行っている。

最近，利用者の増加に伴い，通勤時間帯などにアクセスが集中すると，応答速度が遅くなったり，タイムアウトが発生したりしている。

〔新システムの方針〕

この課題を解消するために，次の方針に沿った新システムの構成とする。

・[a]の機能を用いて，一つの Web サイトで全ての種類の端末に最適な画面を表示できるようにする。
・AP での動的な HTML の生成処理を行わない，SPA (Single Page Application) の構成にする。HTML，スクリプトなどのファイルは Web サーバに配置する。動的なデータは AP から Web API を通して提供し，データ形式は各端末の Web ブラウザ上で実行されるスクリプトが扱いやすい[b]とする。
・RDB への負荷を減らし，応答速度を短縮するために，キャッシュサーバを配置する。
・IT ニュース一覧画面に表示する記事の一覧のデータと，IT ニュース記事画面に表示する関連する記事に関するデータは，キャッシュサーバに格納する。キャッシュサーバには，これらのデータを全て格納できるだけの容量をもたせる。その上で，記事のデータは，閲覧されたデータをキャッシュサーバに設定したメモリの上限値まで格納する。
・RDB のデータベース構造と，関連する記事を見つける処理は現状の仕組みを利用する。

AP で提供する Web API を表 2 に示す。

表 2　AP で提供する Web API

Web API 名	概要
ITNewsList	表示させたい IT ニュース一覧画面のページ番号を受け取り，そのページに含まれる記事の記事番号，関連する画像の URL，見出し，投稿日時のリストを返す。データは，キャッシュサーバから取得する。
ITNewsDetail	IT ニュース記事画面に必要な見出し，投稿日時，本文，本文内に表示する画像の URL，関連する記事の記事番号のリストを返す。1 件の記事に対して関連する記事は 6 件である。データは，キャッシュサーバに格納されている場合はそのデータを，格納されていない場合は，RDB から取得してキャッシュサーバに格納して利用する。キャッシュするデータは①LFU 方式で管理する。
ITNewsHeadline	IT ニュース記事画面に表示する，関連する記事 1 件分の記事に関する画像の URL と見出しを返す。データは，キャッシュサーバから取得する。

次に，Web ブラウザ上で実行されるスクリプトの概要を表３に示す。

表３ Web ブラウザ上で実行されるスクリプトの概要

画面名	概要
IT ニュース一覧	表示させたい IT ニュース一覧画面のページ番号を指定して Web API “ITNewsList” を呼び出し，取得したデータを一覧表として整形する。
IT ニュース記事	表示させたい記事の記事番号を指定して Web API “ITNewsDetail” を呼び出し，対象記事のデータを取得する。次に，表示させたい記事に関連する記事の記事番号を一つずつ指定して Web API “ITNewsHeadline” を呼び出し，関連する記事の表示に必要なデータを取得する。最後に，取得したデータを文書フォーマットとして整形する。

〔キャッシュサーバの実装方式の検討〕

キャッシュサーバの実装方式として，次に示す二つの方式を検討する。

(1) 各 AP の内部にインメモリデータベースとして実装する方式

(2) １台の NoSQL データベースとして実装する方式

AP の OS のスケジューラーが５分間隔で，IT ニュース一覧画面に表示する記事の一覧と，各記事に関連する記事の一覧のデータを更新する処理を起動する。(1)の場合，各 AP 上のプロセスが内部のキャッシュデータを更新する。(2)の場合，特定の AP 上のプロセスがキャッシュデータを更新する。

なお，AP の CPU 使用率が高い場合，Web API の応答速度を優先するために，更新処理は行わない。

〔応答速度の試算〕

新システムにおける応答速度を試算するために，キャッシュサーバの二つの方式をそれぞれテスト環境に構築して，本番相当のテストデータを用いて処理時間を測定した。その結果を表４に示す。

表4　テストデータを用いて処理時間を測定した結果

No.	測定内容	測定結果	
		方式(1)	方式(2)
1	Web サーバが IT ニュース一覧画面又は IT ニュース記事画面のリクエストを受けてから，HTML やスクリプトなどのファイルを全て転送するまでの時間	80ms	80ms
2	AP が Web API "ITNewsList" のリクエストを受けてから，応答データを全て転送するまでの時間	100ms	200ms
3	AP が Web API "ITNewsDetail" でリクエストされた対象記事のデータがキャッシュサーバに格納されている割合	60%	90%
4	AP が Web API "ITNewsDetail" のリクエストを受けてから，キャッシュサーバにある対象記事のデータを全て転送するまでの時間	60ms	120ms
5	AP が Web API "ITNewsDetail" のリクエストを受けてから，RDB にある対象記事のデータを全て転送するまでの時間	300ms	300ms
6	AP が Web API "ITNewsHeadline" のリクエストを受けてから，応答データを全て転送するまでの時間	15ms	20ms

注記　ms：ミリ秒

インターネットを介した転送時間や Web ブラウザ上の処理時間は掛からないと仮定して応答時間を考える。その場合，IT ニュース一覧画面を初めて表示する場合の応答時間は，方式(1)では 180ms，方式(2)では [c] ms である。IT ニュース一覧画面のページを切り替える場合の応答時間は，方式(1)では 100ms，方式(2)では [d] ms である。次に，記事をリクエストした際の平均応答時間を考える。Web API "ITNewsDetail" の平均応答時間は，方式(1)では 156ms，方式(2)では [e] ms である。したがって，Web API "ITNewsHeadline" の呼び出しも含めた IT ニュース記事画面を表示するための平均応答時間は，方式(1)では [f] ms，方式(2)では 258ms となる。

以上の試算から，方式(1)を採用することにした。

〔不具合の指摘と改修〕

新システムの方式(1)を採用した構成についてレビューを実施したところ，次の指摘があった。

(1)　IT ニュース記事画面の応答速度の不具合

IT ニュース記事画面を生成するスクリプトが実際にインターネットを介して実行された場合，試算した応答速度より大幅に遅くなってしまうことが懸念される。

Web API “[g]” 内から，Web API “[h]” を呼び出すように処理を改修する必要がある。

(2) AP の CPU 使用率が高い状態が続いた場合の不具合

AP に処理が偏って CPU 使用率が高い状態が続いた場合，②ある画面の表示内容に不具合が出てしまう。

この不具合を回避するためには，各 AP の CPU 使用率を監視して，しきい値を超えた状態が一定時間以上続いた場合，AP をスケールアウトして負荷を分散させる仕組みをあらかじめ用意する。

(3) 関連する記事が取得できない不具合

関連する記事を見つける処理について，③現状の仕組みのままでは関連する記事が見つけられない。Web サーバのアクセスログを解析する処理を，AP のアクセスログを解析する処理に改修する必要がある。

以上の指摘を受けて，必要な改修を行った結果，新システムをリリースできた。

設問１ 〔新システムの方針〕について答えよ。

(1) 本文中の [a] に入れる適切な字句を解答群の中から選び，記号で答えよ。

解答群

ア CSS　　イ DOM　　ウ HREF　　エ Python

(2) 本文中の [b] に入れる適切な字句を答えよ。

(3) 表 2 中の下線①の方式にすることで，どのような記事がキャッシュサーバに格納されやすくなるか。15 字以内で答えよ。

設問２ 本文中の [c] ～ [f] に入れる適切な数値を答えよ。

設問３ 〔不具合の指摘と改修〕について答えよ。

(1) 本文中の [g]，[h] に入れる適切な字句を，表 2 中の Web API 名の中から答えよ。

(2) 本文中の下線②にある不具合とは何か。35 字以内で答えよ。

(3) 本文中の下線③の理由を，40 字以内で答えよ。

問5　Web サイトの増設に関する次の記述を読んで，設問に答えよ。

F 社は，契約した顧客（以下，顧客という）にインターネット経由でマーケット情報を提供する情報サービス会社である。F 社では，マーケット情報システム（以下，M システムという）で顧客向けに情報を提供している。M システムは，Web アプリケーションサーバ（以下，WebAP サーバという），DNS サーバ，ファイアウォール（以下，FW という）などから構成される Web サイトと F 社の運用 PC から構成される。現在，Web サイトは，B 社のデータセンター（以下，b-DC という）に構築されている。

現在の M システムのネットワーク構成（抜粋）を図 1 に，DNS サーバ b に登録されている A レコードの情報を表 1 に示す。

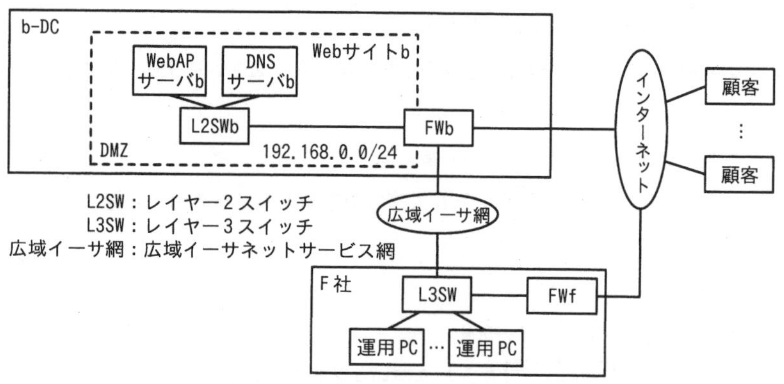

図 1　現在の M システムのネットワーク構成（抜粋）

表 1　DNS サーバ b に登録されている A レコードの情報

項番	機器名称	サーバの FQDN	IP アドレス
1	DNS サーバ b	nsb.example.jp	200.a.b.1/28
2	WebAP サーバ b	miap.example.jp	200.a.b.2/28
3	DNS サーバ b	nsb.f-sha.example.lan	192.168.0.1/24
4	WebAP サーバ b	apb.f-sha.example.lan	192.168.0.2/24

注記 1　200.x.y.z（x，y，z は，0～255 の整数）の IP アドレスは，グローバルアドレスである。
注記 2　各リソースレコードの TTL（Time To Live）は，604800 が設定されている。

〔M システムの構成と運用〕

・M システムを利用するにはログインが必要である。

・FWb には，DMZ に設定されたプライベートアドレスとインターネット向けのグローバルアドレスを１対１で静的に変換する NAT が設定されており，表１に示した内容で，WebAP サーバｂ及び DNS サーバｂの IP アドレスの変換を行う。

・DNS サーバｂは，インターネットに公開するドメイン example.jp とＦ社の社内向けのドメイン f-sha.example.lan の二つのドメインのゾーン情報を管理する。

・Ｆ社の L3SW の経路表には，b-DC の Web サイトｂへの経路と①デフォルトルートが登録されている。

・運用 PC には，②優先 DNS サーバとして，FQDN が nsb.f-sha.example.lan の DNS サーバｂが登録されている。

・Ｆ社の運用担当者は，運用 PC を使用してＭシステムの運用作業を行う。

〔Ｍシステムの応答速度の低下〕

最近，顧客から，Ｍシステムの応答が遅くなることがあるという苦情が，Ｍシステムのサポート窓口に入ることが多くなった。そこで，Ｆ社の情報システム部（以下，システム部という）の運用担当者のＤ主任は，運用 PC を使用して次の手順で原因究明を行った。

(i) 顧客と同じ URL である https://[a]/ で WebAP サーバｂにアクセスし，顧客からの申告と同様の事象が発生することを確認した。

(ii) FWb のログを検査し，異常な通信は記録されていないことを確認した。

(iii) SSH を使用し，③広域イーサ網経由で WebAP サーバｂにログインして CPU 使用率を調べたところ，設計値を超えた値が継続する時間帯のあることを確認した。

この結果から，Ｄ主任は，WebAP サーバｂの処理能力不足が応答速度低下の原因であると判断した。

〔Web サイトの増設〕

Ｄ主任の判断を基に，システム部では，これまでのシステムの構築と運用の経験を生かすことができる，現在と同一構成の Web サイトの増設を決めた。システム部のＥ課長は，Ｃ社のデータセンター（以下，c-DC という）に Web サイトｃを構築してＭシステムを増強する方式の設計を，Ｄ主任に指示した。

D主任は，c-DCにb-DCと同一構成のWebサイトを構築し，DNSラウンドロビンを利用して二つのWebサイトの負荷を分散する方式を設計した。

D主任が設計した，Mシステムを増強する構成を図2に示す。

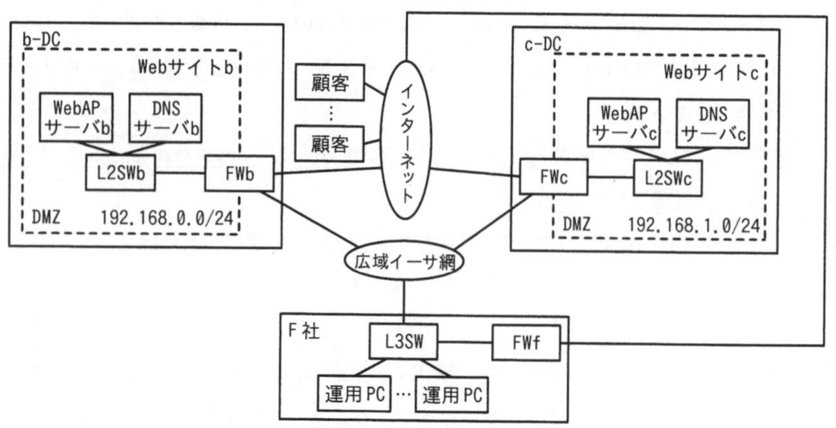

図2　Mシステムを増強する構成

図2の構成では，DNSサーバbをプライマリDNSサーバ，DNSサーバcをセカンダリDNSサーバに設定する。また，運用PCには，新たに[b]を代替DNSサーバに登録して，[b]も利用できるようにする。

そのほかに，L3SWの経路表にWebサイトcのDMZへの経路を追加する。

DNSサーバbに追加登録するAレコードの情報を表2に示す。

表2　DNSサーバbに追加登録するAレコードの情報

項番	機器名称	サーバのFQDN	IPアドレス
1	DNSサーバc	nsc.example.jp	200.c.d.81/28
2	WebAPサーバc	miap.example.jp	200.c.d.82/28
3	DNSサーバc	nsc.f-sha.example.lan	192.168.1.1/24
4	WebAPサーバc	apc.f-sha.example.lan	192.168.1.2/24

注記　各リソースレコードのTTLは，表1と同じ604800を設定する。

表2の情報を追加登録することによって，WebAPサーバb，cが同じ割合で利用されるようになる。DNSサーバb，cには[c]転送の設定を行い，DNSサーバbの

情報を更新すると，その内容が DNS サーバ c にコピーされるようにする。

WebAP サーバのメンテナンス時は，作業を行う Web サイトは停止する必要があるので，次の手順で作業を行う。④メンテナンス中は，一つの Web サイトでサービスを提供することになるので，M システムを利用する顧客への影響は避けられない。

（ⅰ） 事前に DNS サーバ b のリソースレコードの［ d ］を小さい値にする。

（ⅱ） メンテナンス作業を開始する前に，メンテナンスを行う Web サイトの，インターネットに公開するドメインの WebAP サーバの FQDN に対応する A レコードを，DNS サーバ b 上で無効化する。

（ⅲ） この後，一定時間経てばメンテナンス作業が可能になるが，作業開始が早過ぎると顧客に迷惑を掛けるおそれがある。そこで，⑤手順(ⅱ)で A レコードを無効化した WebAP サーバの状態を確認し，問題がなければ作業を開始する。

D 主任は，検討結果を基に作成した Web サイトの増設案を，E 課長に提出した。増設案が承認され実施に移されることになった。

設問１ 〔M システムの構成と運用〕について答えよ。

(1) 本文中の下線①について，デフォルトルートのネクストホップとなる機器を，図１中の名称で答えよ。

(2) 本文中の下線②の設定の下で，運用 PC から DNS サーバ b にアクセスしたとき，パケットが DNS サーバ b に到達するまでに経由する機器を，図１中の名称で全て答えよ。

設問２ 〔M システムの応答速度の低下〕について答えよ。

(1) 本文中の［ a ］に入れる適切な FQDN を答えよ。

(2) 本文中の下線③について，アクセス先サーバの FQDN を答えよ。

設問３ 〔Web サイトの増設〕について答えよ。

(1) 本文中の［ b ］～［ d ］に入れる適切な字句を答えよ。

(2) 本文中の下線④について，顧客に与える影響を 25 字以内で答えよ。

(3) 本文中の下線⑤について，確認する内容を 20 字以内で答えよ。

問6　KPI 達成状況集計システムの開発に関する次の記述を読んで，設問に答えよ。

G 社は，創立 20 年を迎えた従業員 500 人規模のソフトウェア開発会社である。G 社では，顧客企業や業種業界の変化に応じた組織変更を行ってきた。また，スキルや業務知識に応じた柔軟な人事異動によって，人材の流動性を高めてきた。

G 社の組織は，表 1 の例に示すように最大三つの階層から構成されている。

従業員の職務区分には管理職，一般職の二つがあり，1 階層から 3 階層のそれぞれの組織には 1 名以上の従業員が所属している。なお，複数階層，複数組織の兼務は行わない規定であり，従業員は一つの組織だけに所属する。

表 1　G 社の組織の例

1階層	2階層	3階層	組織の説明
監査室	―	―	単独階層の組織
総務部	人事課	―	全社共通のスタッフ組織
技術開発部	オープンソース推進課	―	全社共通の開発組織
金融システム本部	証券システム部	証券開発課	業種業界ごとの開発組織

〔KPI の追加〕

G 社では，仕事にメリハリを付け，仕事の質を向上させることが，G 社の業績向上につながるものと考え，従来の KPI に加え，働き方改革，従業員満足度向上に関する KPI の項目を今年度から追加することにした。追加した KPI の項目を表 2 に示す。

表 2　追加した KPI の項目

KPI項目名	定量的成果目標	評価方法
年間総労働時間	1,980時間以内／人	・一般職従業員の個人実績を組織単位で集計し，平均値の達成状況を評価する。 ・年度途中入社，年度途中退職した従業員は，評価対象外とする。 ・個人実績の集計は，集計日時点で従業員の所属している直属の組織に対して行う。所属組織の上位階層，又は下位階層の組織の集計には含めない。
年次有給休暇取得日数	16日以上／人	
年間研修受講日数	6日以上／人	

追加した KPI の達成状況を把握し，計画的な目標達成を補助するために KPI 達成状況集計システム（以下，K システムという）を開発することになり，H 主任が担当と

なった。

Ｋシステムでは，次に示す仕組みと情報を提供する。

・従業員各人が，月ごとの目標を設定する仕組み

・日々の実績を月次で集計し，各組織がKPI達成状況を評価するための情報

〔データベースの設計〕

Ｇ社では，組織変更と人事異動を管理するためのシステムを以前から運用している。Ｈ主任は，このシステムのためのE-R図を基に，KPIとその達成状況を把握するために，KPI，月別個人目標，及び日別個人実績の三つのエンティティを追加して，Ｋシステムのための E-R図を作成することにした。

作成したE-R図（抜粋）を図１に示す。Ｋシステムでは，このE-R図のエンティティ名を表名に，属性名を列名にして，適切なデータ型で表定義した関係データベースによってデータを管理する。

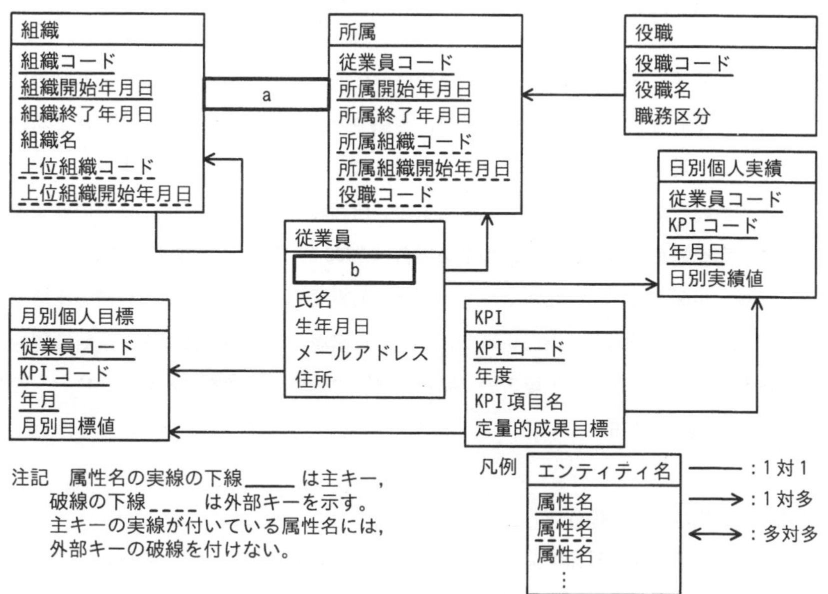

図１　Ｋシステムのための E-R図（抜粋）

追加した三つのエンティティを基に新規に作成された表の管理内容と運用方法を表3に示す。

表3　表の管理内容と運用方法

表	管理内容	運用方法
KPI	KPI項目と定量的成果目標を管理する。	・参照だけ（更新は行わない）。
月別個人目標	個人ごとの月別目標値を管理する。	・年度開始時点で在籍している全従業員に対して，当該年度分のレコードを，目標値を0として初期作成する。 ・初期作成したレコードに対して，各人で定量的成果目標を意識した月別目標値を入力し，定期的に見直し，更新する。 ・年度途中入社の従業員については，初期作成レコードが存在しない。月別目標値の入力も行わない。 ・管理職従業員はKPI評価対象外であるが，月別目標値の入力は一般職従業員と同様に行う。
日別個人実績	個人ごとの日別実績値を管理する。	・勤怠管理システム，研修管理システムで管理している追加したKPI項目に関する全従業員の実績値を基に，日次バッチ処理によってレコードを作成する。 ・日別実績のない従業員のレコードは作成しない。

組織，所属，従業員，及び役職の各表は，以前から運用しているシステムから継承したものである。組織表と所属表では，組織や所属に関する開始年月日と終了年月日を保持し，現在を含む，過去から未来に至るまでの情報を管理している。

組織表の“組織終了年月日”と所属表の“所属終了年月日”には，過去の実績値，又は予定を設定する。終了予定のない場合は9999年12月31日を設定する。

なお，組織表の“上位組織コード”，“上位組織開始年月日”には，1階層組織ではNULLを，2階層組織と3階層組織では一つ上位階層の組織の組織コード，組織開始年月日を設定する。また，役職表の“職務区分”の値は，管理職の場合に'01'，一般職の場合に'02'とする。

〔達成状況集計リストの作成〕

H主任は，各組織がKPI達成状況を評価するための情報として，毎月末に達成状況集計リスト（以下，集計リストという）を作成し，提示することにした。

集計リスト作成は，オンライン停止時間帯の日次バッチ処理終了後の月次バッチ処理によって，処理結果を一時表に出力して後続処理に連携する方式で行うことにした。

集計リスト作成処理の概要を表４に示す。

表４　集計リスト作成処理の概要

項番	入力表	出力表	集計日における処理内容
1	所属，役職	従業員_所属_一時	一般職従業員と所属組織の対応表を作成する。
2	月別個人目標	従業員ごと_目標集計_一時	年度開始年月から集計月までの従業員，KPI項目ごとの目標個人集計値を求める。
3	日別個人実績	従業員ごと_実績集計_一時	年度開始年月日から集計日までの従業員，KPI項目ごとの実績個人集計値を求める。
4	項番1～3の出力表	組織ごと_目標実績集計_一時	組織，KPI項目ごとの目標集計値，実績集計値，従業員数を求める。
5	項番4の出力表	－	組織，KPI項目ごとの目標集計値，実績集計値，従業員数，目標平均値，実績平均値を一覧化した集計リストを作成する。

集計リスト作成処理の SQL 文を図 2 に示す。ここで，TO_DATE 関数は，指定された年月日を DATE 型に変換するユーザー定義関数である。関数 COALESCE(A,B)は，A が NULL でないときは A を，A が NULL のときは B を返す。また，“:年度開始年月日”，“:年度開始年月”，“:集計年月日”，“:集計年月”は，該当の値を格納する埋込み変数である。

H 主任は，図 2 の項番 4 の SQL 文の設計の際に，次に示す考慮を行った。

- 表 2 の評価方法に従い，管理職の従業員データは対象に含めず，年度途中入社と，年度途中退職の従業員データについては出力しないように，抽出日に退職している従業員データを出力しない“従業員_所属_一時表”と，年度開始時点で入社していない従業員データを出力しない“従業員ごと_目標集計_一時表”を［ c ］によって結合しておく。
- ［ c ］による結合結果と，実績がある場合だけレコードの存在する“従業員ごと_実績集計_一時表”を［ d ］によって結合しておく。また，①実績個人集計が NULL の際は，0 を設定しておく。

項番	SQL文
1	INSERT INTO 従業員_所属_一時(従業員コード, 組織コード) SELECT A.従業員コード, A.所属組織コード FROM 所属 A, 役職 B WHERE TO_DATE(:集計年月日) [e] A.所属開始年月日 AND A.所属終了年月日 AND A.役職コード = B.役職コード AND [f]
2	INSERT INTO 従業員ごと_目標集計_一時(従業員コード, KPIコード, 目標個人集計) SELECT 従業員コード, KPIコード, SUM(月別目標値) FROM 月別個人目標 WHERE 年月 [e] :年度開始年月 AND :集計年月 [g]
3	INSERT INTO 従業員ごと_実績集計_一時(従業員コード, KPIコード, 実績個人集計) SELECT 従業員コード, KPIコード, SUM(日別実績値) FROM 日別個人実績 WHERE 年月日 [e] TO_DATE(:年度開始年月日) AND TO_DATE(:集計年月日) [g]
4	INSERT INTO [h] (組織コード, KPIコード, 目標組織集計, 実績組織集計, 対象従業員数) SELECT A.組織コード, B.KPIコード, SUM(B.目標個人集計), SUM(COALESCE(C.実績個人集計, 0)), [i] FROM 従業員_所属_一時 A [c] 従業員ごと_目標集計_一時 B ON A.従業員コード = B.従業員コード [d] 従業員ごと_実績集計_一時 C ON B.従業員コード = C.従業員コード AND B.KPIコード = C.KPIコード GROUP BY A.組織コード, B.KPIコード
5	SELECT A.*, A.目標組織集計/A.対象従業員数, A.実績組織集計/A.対象従業員数 FROM [h] A ORDER BY A.組織コード, A.KPIコード

図2　集計リスト作成処理

設問1　図1中の [a], [b] に入れる適切なエンティティ間の関連及び属性名を答え，E-R図を完成させよ。

なお，エンティティ間の関連及び属性名の表記は，図1の凡例及び注記に倣うこと。

設問2　〔達成状況集計リストの作成〕について答えよ。

(1)　本文及び図2中の [c] ～ [i] に入れる適切な字句を答えよ。

(2)　本文中の下線①に示す事態は，年度開始年月日から集計年月日までの間に，どのデータがどのような場合に発生するか。40字以内で答えよ。

問７　位置通知タグの設計に関する次の記述を読んで，設問に答えよ。

E 社は，GPS を使用した位置情報システムを開発している。今回，超小型の位置通知タグ（以下，PRT という）を開発することになった。

PRT は，ペンダント，ブレスレット，バッジなどに加工して，子供，老人などに持たせたり，ペット，荷物などに取り付けたりすることができる。利用者はスマートフォン又は PC（以下，端末という）を用いて，PRT の現在及び過去の位置を地図上で確認することができる。

PRT の通信には，通信事業者が提供する IoT 用の低消費電力な無線通信回線を使用する。また，PRT は本体内に小型の電池を内蔵しており，ワイヤレス充電が可能である。長時間の使用が要求されるので，必要な時間に必要な構成要素にだけ電力を供給する電源制御を行っている。

〔位置情報システムの構成〕

PRT を用いた位置情報システムの構成を図１に示す。

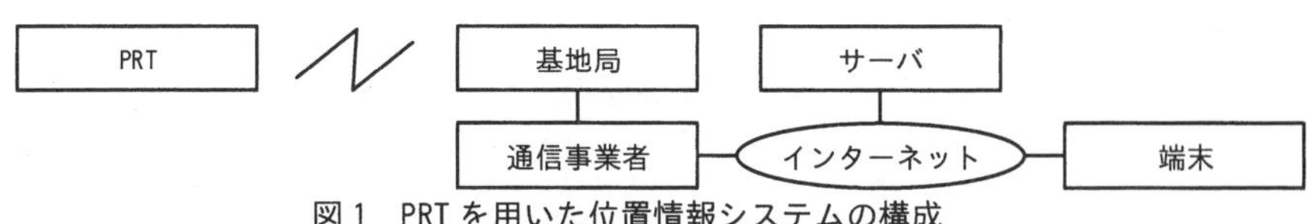

図１　PRT を用いた位置情報システムの構成

端末が PRT に位置情報を問い合わせたときの通信手順を次に示す。

① 端末は，PRT の最新の位置を取得するための位置通知要求をサーバに送信する。サーバは端末からの位置通知要求を受信すると，通信事業者を介して，PRT と通信可能な基地局に位置通知要求を送信する。

② PRT は電源投入後，基地局から現在時刻を取得するとともに，サーバからの要求を確認する時刻（以下，要求確認時刻という）を受信する。以降の要求確認時刻はサーバから受信した要求確認時刻から 40 秒間隔にスケジューリングされる。PRT は要求確認時刻になると，基地局からの情報を受信する。

③ 基地局は要求確認時刻になると，PRT への位置通知要求があればそれを送信する。

④ PRT は基地局からの情報に位置通知要求が含まれているかを確認する処理（以下，

確認処理という）を行い，位置通知要求が含まれていると，基地局，通信事業者を介して，PRT の最新の位置情報をサーバに送信する。

⑤ サーバは PRT から位置情報を受信し，管理する。サーバは端末と通信し，PRT の最新の位置情報，指定された時刻の位置情報を地図情報とともに端末に送信する。端末は，受信した位置情報及び地図情報を基に，PRT の位置を地図上に表示する。

〔PRT のハードウェア構成〕

PRT のハードウェア構成を図 2 に，PRT の構成要素を表 1 に示す。

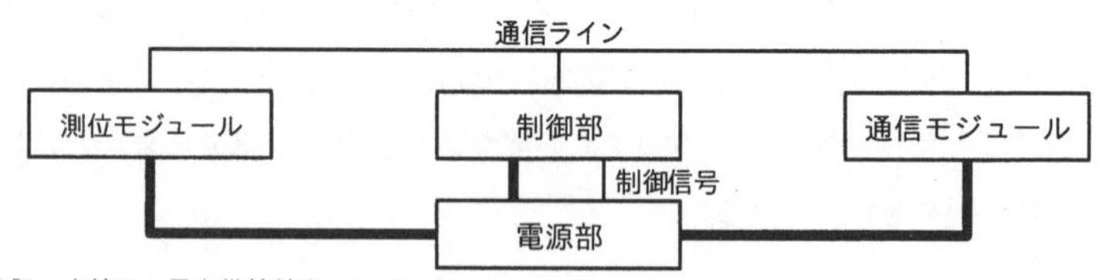

注記　太線は，電力供給線を示している。

図 2　PRT のハードウェア構成

表 1　PRT の構成要素

構成要素	説明
制御部	・タイマー，CPU，メモリなどから構成され，PRT 全体の制御を行う。 ・CPU の動作モードには，実行モード及び休止モードがある。実行モードでは命令の実行ができる。休止モードでは命令の実行を停止し，消費電流が最小となる。 ・CPU は休止モードのとき，タイマー，測位モジュール，通信モジュールからの通知を検出すると実行モードとなり，必要な処理が完了すると休止モードとなる。
測位モジュール	・GPS 信号を受信（以下，測位という）して PRT の位置を取得し，位置情報を作成する。 ・電力が供給され，測位可能になると制御部に測位可能通知を送る。 ・制御部からの測位開始要求を受け取ると測位を開始する。測位の開始から 6 秒経過すると測位が完了して，測位結果（PRT の位置取得時の位置情報又は PRT の位置取得失敗）を測位結果通知として制御部に送る。
通信モジュール	・基地局との通信を行う。 ・電力が供給され，通信可能になると制御部に通信可能通知を送る。 ・制御部から受信要求を受け取ると，確認処理を行い，制御部へ受信結果通知を送る。 ・制御部から送信要求を受け取ると，該当するデータをサーバに送信する。データの送信が完了すると，送信結果通知を制御部に送る。
通信ライン	・制御部と測位モジュールとの間，又は制御部と通信モジュールとの間の通信を行うときに使用する。 ・通信モジュールとの通信と，測位モジュールとの通信が同時に行われると，そのときのデータは正しく送受信できずに破棄される。
電源部	・制御部からの制御信号によって，測位モジュール及び通信モジュールへの電力の供給を開始又は停止する。

〔PRT の動作仕様〕

・40 秒ごとに確認処理を行い，基地局から受信した情報に位置通知要求が含まれている場合，測位中でなければ，測位を開始する。測位の完了後，PRT の位置を取得したら位置情報を作成する（以下，測位の開始から位置情報の作成までを測位処理という）。測位処理完了後，位置情報をサーバに送信する。また，測位の完了後，PRT の位置取得に失敗したときは，失敗したことをサーバに送信する。

・120 秒ごとに測位処理を行う。失敗しても再試行しない。

・600 秒ごとに未送信の位置情報をサーバに送信する（以下，データ送信処理という）。

〔使用可能時間〕

電池を満充電後，PRT が機能しなくなるまでの時間を使用可能時間という。その間に放電する電気量を電池の放電可能容量といい，単位はミリアンペア時（mAh）である。PRT は放電可能容量が 200mAh の電池を内蔵している。

使用可能時間，放電可能容量，PRT の平均消費電流の関係は，次の式のとおりである。

使用可能時間　＝　放電可能容量　÷　PRT の平均消費電流

PRT が基地局と常に通信が可能で，測位が可能であり，基地局から受信した情報に位置通知要求が含まれていない状態における各処理の消費電流を表 2 に示す。表 2 の状態が継続した場合の使用可能時間は［ a ］時間である。

なお，PRT はメモリのデータの保持などで，表 2 の処理以外に 0.01mA の電流が常に消費される。

表 2　各処理の消費電流

処理名称	周期（秒）	処理時間（秒）	処理中の消費電流（mA）	各処理の平均消費電流（mA）
確認処理	40	1	4	0.1
測位処理	120	6	10	0.5
データ送信処理	600	1	120	0.2

〔制御部のソフトウェア〕

最初の設計ではタイマーを二つ用いた。初期化処理で，120 秒ごとに通知を出力する測位用タイマーを設定し，初期化処理完了後，サーバからの要求確認時刻を受信すると，40 秒ごとに通知を出力する通信用タイマーを設定した。しかし，この設計では不具合が発生することがあった。

不具合を回避するために，タイマーを複数用いず，要求確認時刻を用いて 40 秒ごとに通知を出力するタイマーだけを設定した。このタイマーを用いて，図 3 に示すタイマー通知時のシーケンス図に従った処理を実行するようにした。

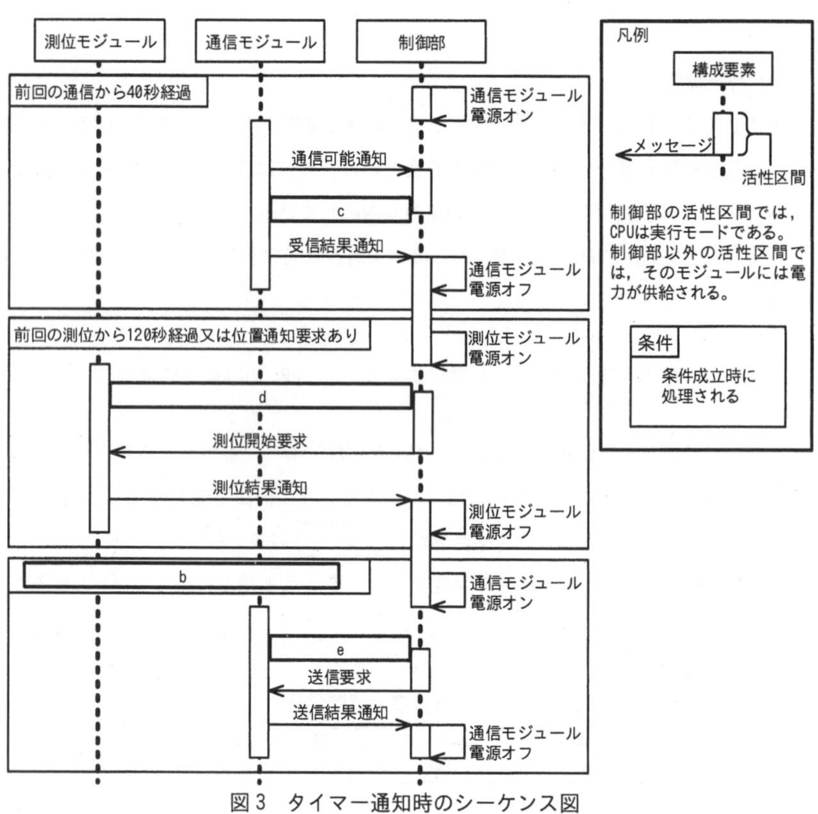

図 3　タイマー通知時のシーケンス図

設問1　休止モードは最長で何秒継続するか答えよ。ここで，各処理の処理時間は表2に従うものとし，通信モジュール及び測位モジュールの電源オンオフの切替えの時間，通信モジュールの通信時間は無視できるものとする。

設問2　〔使用可能時間〕について，本文中の［ a ］に入れる適切な数値を，小数点以下を切り捨てて，整数で答えよ。

設問3　〔制御部のソフトウェア〕のタイマー通知時のシーケンス図について答えよ。

(1) 図3中の［ b ］に入れる適切な条件を答えよ。

(2) 図3中の［ c ］～［ e ］に入れる適切なメッセージ名及びメッセージの方向を示す矢印をそれぞれ答えよ。

設問4　〔制御部のソフトウェア〕について，タイマーを二つ用いた最初の設計で発生した不具合の原因を40字以内で答えよ。

問８　バージョン管理ツールの運用に関する次の記述を読んで，設問に答えよ。

A 社は，業務システムの開発を行う企業で，システムの新規開発のほか，リリース後のシステムの運用保守や機能追加の案件も請け負っている。A 社では，ソースコードの管理のために，バージョン管理ツールを利用している。

バージョン管理ツールには，1 人の開発者がファイルの編集を開始するときにロックを獲得し，他者による編集を禁止する方式（以下，ロック方式という）と，編集は複数の開発者が任意のタイミングで行い，編集完了後に他者による編集内容とマージする方式（以下，コピー・マージ方式という）がある。また，バージョン管理ツールには，ある時点以降のソースコードの変更内容の履歴を分岐させて管理する機能がある。以降，分岐元，及び分岐して管理される，変更内容の履歴をブランチと呼ぶ。

ロック方式では，編集開始時にロックを獲得し，他者による編集を禁止する。編集終了時には変更内容をリポジトリに反映し，ロックを解除する。ロック方式では，一つのファイルを同時に 1 人しか編集できないので，複数の開発者で開発する際に変更箇所の競合が発生しない一方，①開発者間で作業の待ちが発生してしまう場合がある。

A 社では，規模の大きな改修に複数人で取り組むことも多いので，コピー・マージ方式のバージョン管理ツールを採用している。A 社で採用しているバージョン管理ツールでは，開発者は，社内に設置されているバージョン管理ツールのサーバ（以下，サーバという）のリポジトリの複製を，開発者の PC 上のローカル環境のリポジトリとして取り込んで開発作業を行う。編集時にソースコードに施した変更内容は，ローカル環境のリポジトリに反映される。ローカル環境のリポジトリに反映された変更内容は，編集完了時にサーバのリポジトリに反映させる。サーバのリポジトリに反映された変更内容を，別の開発者が自分のローカル環境のリポジトリに取り込むことで，変更内容の開発者間での共有が可能となる。

コピー・マージ方式では，開発者間で作業の待ちが発生することはないが，他者の変更箇所と同一の箇所に変更を加えた場合には競合が発生する。その場合には，ソースコードの変更内容をサーバのリポジトリに反映させる際に，競合を解決する必要がある。競合の解決とは，同一箇所が変更されたソースコードについて，それぞれの変更内容を確認し，必要に応じてソースコードを修正することである。

A 社で使うバージョン管理ツールの主な機能を表 1 に示す。

表１　A 社で使うバージョン管理ツールの主な機能

コマンド	説明
ブランチ作成	あるブランチから分岐させて，新たなブランチを作成する。
プル	サーバのリポジトリに反映された変更内容を，ローカル環境のリポジトリに反映させる。
コミット	ソースコードの変更内容を，ローカル環境のリポジトリに反映させる。
マージ	ローカル環境において，あるブランチでの変更内容を，他のブランチに併合する。
プッシュ	ローカル環境のリポジトリに反映された変更内容を，サーバのリポジトリに反映させる。
リバート	指定したコミットで対象となった変更内容を打ち消す変更内容を生成し，ローカル環境のリポジトリにコミットして反映させる。

注記　A 社では，ローカル環境での変更内容を，サーバのリポジトリに即時に反映させるために，コミット又はマージを行ったときに，併せてプッシュも行うことにしている。

〔ブランチ運用ルール〕

開発案件を担当するプロジェクトマネージャの M 氏は，ブランチの運用ルールを決めてバージョン管理を行っている。取り扱うブランチの種類を表 2 に，ブランチの運用ルールを図 1 に，ブランチの樹形図を図 2 に示す。

表２　ブランチの種類

種類	説明
main	システムの運用環境にリリースする際に用いるソースコードを，永続的に管理するブランチ。 このブランチへの反映は，他のブランチからのマージによってだけ行われ，このブランチで管理するソースコードの直接の編集，コミットは行わない。
develop	開発の主軸とするブランチ。開発した全てのソースコードの変更内容をマージした状態とする。 main ブランチと同じく，このブランチ上で管理するソースコードの直接の編集，コミットは行わない。
feature	開発者が個々に用意するブランチ。担当の機能についての開発とテストが完了したら，変更内容を develop ブランチにマージする。その後に不具合が検出された場合は，このブランチ上で確認・修正し，再度 develop ブランチにマージする。
release	リリース作業用に一時的に作成・利用するブランチ。develop ブランチから分岐させて作成し，このブランチのソースコードで動作確認を行う。不具合が検出された場合には，このブランチ上で修正を行う。

- 開発案件開始時に，main ブランチから develop ブランチを作成し，サーバのリポジトリに反映させる。
- 開発者は，サーバのリポジトリの複製をローカル環境に取り込み，ローカル環境で develop ブランチから feature ブランチを作成する。ブランチ名は任意である。
- feature ブランチで機能の開発が終了したら，開発者自身がローカル環境でテストを実施する。
- 開発したプログラムについてレビューを実施し，問題がなければ feature ブランチの変更内容をローカル環境の develop ブランチにマージしてサーバのリポジトリにプッシュする。
- サーバの develop ブランチのソースコードでテストを実施する。問題が検出されたら，ローカル環境の feature ブランチで修正し，変更内容を develop ブランチに再度マージしサーバのリポジトリにプッシュする。テスト完了後，feature ブランチは削除する。
- 開発案件に関する全ての feature ブランチがサーバのリポジトリの develop ブランチにマージされ，テストが完了したら，サーバの develop ブランチをローカル環境にプルしてから release ブランチを作成し，テストを実施する。検出された問題の修正は release ブランチで行う。テストが完了したら，変更内容を［ a ］ブランチと［ b ］ブランチにマージし，サーバのリポジトリにプッシュして，release ブランチは削除する。

図 1　ブランチの運用ルール

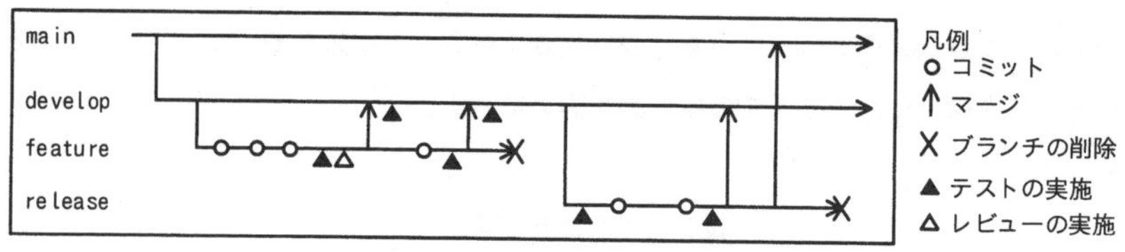

図 2　ブランチの樹形図

〔開発案件と開発の流れ〕

A 社が請け負ったある開発案件では，A，B，C の三つの機能を既存のリリース済のシステムに追加することになった。

A，B，C の三つの追加機能の開発を開始するに当たり，開発者 2 名がアサインされた。機能 A と C は I 氏が，機能 B は K 氏が開発を担当する。開発の流れを図 3 に示す。

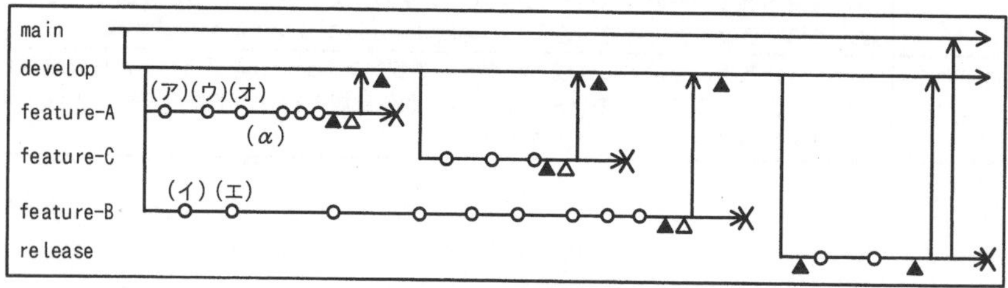

図 3　開発の流れ

Ｉ氏は，機能 A の開発のために，ローカル環境で［ a ］ブランチから feature-A ブランチを作成し開発を開始した。Ｉ氏は，機能 A について(ア)，(ウ)，(オ)の３回のコミットを行ったところで，(ウ)でコミットした変更内容では問題があることに気が付いた。そこでＩ氏は，(α)のタイミングで，②(ア)のコミットの直後の状態に滞りなく戻すための作業を行い，編集をやり直すことにした。プログラムに必要な修正を加えた上で［ c ］した後，③テストを実施し，問題がないことを確認した。その後，レビューを実施し，［ a ］ブランチにマージした。

機能 B は機能 A と同時に開発を開始したが，規模が大きく，開発の完了は機能 A，C の開発完了後になった。K 氏は，機能 B についてのテストとレビューの後，ローカル環境上の［ a ］ブランチにマージし，サーバのリポジトリにプッシュしようとしたところ，競合が発生した。サーバのリポジトリから［ a ］ブランチをプルし，その内容を確認して競合を解決した。その後，ローカル環境上の［ a ］ブランチを，サーバのリポジトリにプッシュしてからテストを実施し，問題がないことを確認した。

全ての変更内容を develop ブランチに反映後，release ブランチを develop ブランチから作成して④テストを実施した。テストで検出された不具合を修正し，release ブランチにコミットした後，再度テストを実施し，問題がないことを確認した。修正内容を［ a ］ブランチと［ b ］ブランチにマージし，［ b ］ブランチの内容でシステムの運用環境を更新した。

〔運用ルールについての考察〕

feature-B ブランチのように，ブランチ作成からマージまでが長いと，サーバのリポジトリ上の develop ブランチとの差が広がり，競合が発生しやすくなる。そこで，レビュー完了後のマージで競合が発生しにくくするために，随時，サーバのリポジトリから develop ブランチをプルした上で，⑤ある操作を行うことを運用ルールに追加した。

設問１　本文中の下線①について，他の開発者による何の操作を待つ必要が発生するのか。10 字以内で答えよ。

設問２　図１及び本文中の［ a ］～［ c ］に入れる適切な字句を答えよ。

設問３　本文中の下線②で行った作業の内容を，表１中のコマンド名と図３中の字句を用いて 40 字以内で具体的に答えよ。

設問４　本文中の下線③，④について，実施するテストの種類を，それぞれ解答群の中から選び記号で答えよ。

解答群

ア　開発機能と関連する別の機能とのインタフェースを確認する結合テスト

イ　開発機能の範囲に関する，ユーザーによる受入れテスト

ウ　プログラムの変更箇所が意図どおりに動作するかを確認する単体テスト

エ　変更箇所以外も含めたシステム全体のリグレッションテスト

設問５　本文中の下線⑤について，追加した運用ルールで行う操作は何か。表２の種類を用いて，40 字以内で答えよ。

問９　金融機関システムの移行プロジェクトに関する次の記述を読んで，設問に答えよ。

P 社は，本店と全国 30 か所の支店（以下，拠点という）から成る国内の金融機関である。P 社は，土日祝日及び年末年始を除いた日（以下，営業日という）に営業をしている。P 社では，金融商品の販売業務を行うためのシステム（以下，販売支援システムという）をオンプレミスで運用している。

販売支援システムは，営業日だけ稼働しており，拠点の営業員及び拠点を統括する商品販売部の部員が利用している。販売支援システムの運用・保守及びサービスデスクは，情報システム部運用課（以下，運用課という）が担当し，サービスデスクが解決できない問合せのエスカレーション対応及びシステム開発は，情報システム部開発課（以下，開発課という）が担当する。

販売支援システムのハードウェアは，P 社内に設置されたサーバ機器，拠点の端末，及びサーバと端末を接続するネットワーク機器で構成される。

販売支援システムのアプリケーションソフトウェアのうち，中心となる機能は，X 社のソフトウェアパッケージ（以下，X パッケージという）を利用しているが，X パッケージの標準機能で不足する一部の機能は，X パッケージをカスタマイズしている。

販売支援システムのサーバ機器及び X パッケージはいずれも来年 3 月末に保守契約の期限を迎え，いずれも老朽化しているので以後の保守費用は大幅に上昇する。そこで，P 社は，本年 4 月に，クラウドサービスを活用して現状のサーバ機器導入に関する構築期間の短縮やコストの削減を実現し，さらに X パッケージをバージョンアップして大幅な機能改善を図ることを目的に移行プロジェクトを立ち上げた。X 社から，今回適用するバージョンは，OS やミドルウェアに制約があると報告されていた。

開発課の Q 課長が，移行プロジェクトのプロジェクトマネージャ（PM）に任命され，移行プロジェクトの計画の作成に着手した。Q 課長は，開発課の R 主任に現行の販売支援システムからの移行作業を，同課の S 主任に移行先のクラウドサービスでのシステム構築，移行作業とのスケジュールの調整などを指示した。

〔ステークホルダの要求〕

Q 課長は，移行プロジェクトの主要なステークホルダを特定し，その要求を確認することにした。

経営層からは，保守契約の期限前に移行を完了すること，顧客の個人情報の漏えい防止に万全を期すこと，重要なリスクは組織で迅速に対応するために経営層と情報共有すること，クラウドサービスを活用する新システムへの移行を判断する移行判定基準を作成すること，が指示された。

商品販売部からは，5 拠点程度の単位で数回に分けて切り替える段階移行方式を採用したいという要望を受けた。商品販売部では，過去のシステム更改の際に，全拠点で一斉に切り替える一括移行方式を採用したが，移行後に業務遂行に支障が生じたことがあった。その原因は，サービスデスクでは対応できない問合せが全拠点から同時に集中した際に，システム更改を担当した開発課の要員が新たなシステムの開発で繁忙となっていたので，エスカレーション対応する開発課のリソースがひっ迫し，問合せの回答が遅くなったことであった。また，切替えに伴う拠点での営業日の業務停止は，各拠点で特別な対応が必要になるので避けたい，との要望を受けた。

運用課からは，移行後のことも考えて移行プロジェクトのメンバーと緊密に連携したいとの話があった。

情報システム部長は，段階移行方式では，各回の切替作業に 3 日間を要するので，拠点との日程調整が必要となること，及び新旧システムを並行して運用することによって情報システム部の負担が過大になることを避けたいと考えていた。

〔プロジェクト計画の作成〕

Q 課長は，まず，ステークホルダマネジメントについて検討した。Q 課長は経営層，商品販売部及び情報システム部が参加するステアリングコミッティを設置し，移行プロジェクトの進捗状況の報告，重要なリスク及び対応方針の報告，最終の移行判定などを行うことにした。

次に，Q 課長は，移行方式について，全拠点で一斉に切り替える<u>①一括移行方式</u>を採用したいと考えた。そこで，Q 課長は，商品販売部に，サービスデスクから受けるエスカレーション対応のリソースを拡充することで，移行後に発生する問合せに迅速に回答することを説明して了承を得た。

現行の販売支援システムのサーバ機器及び X パッケージの保守契約の期限である来年 3 月末までに移行を完了する必要がある。Q 課長は，移行作業の期間も考慮した上で，切替作業に問題が発生した場合に備えて，年末年始に切替作業を行うことにした。

Q課長は，移行の目的や制約を検討した結果，IaaS型のクラウドサービスを採用することにした。IaaSベンダーの選定に当たり，Q課長は，S主任に，新システムのセキュリティインシデントの発生に備えて，セキュリティ対策をP社セキュリティポリシーに基づいて策定することを指示した。S主任は，候補となるIaaSベンダーの技術情報を基に，セキュリティ対策を検討すると回答したが，Q課長は，②具体的なセキュリティ対策の検討に先立って実施すべきことがあるとS主任に指摘した。S主任は，Q課長の指摘を踏まえて作業を進め，セキュリティ対策を策定した。

最後に，Q課長は，これまでの検討結果をまとめ，IaaSベンダーに③RFPを提示し，受領した提案内容を評価した。その評価結果を基にW社を選定した。

Q課長は，これらについて経営層に報告して承認を受けた。

〔移行プロジェクトの作業計画〕

R主任とS主任は協力して，移行手順書の作成，移行ツールの開発，移行総合テスト，営業員の教育・訓練及び受入れテスト，移行リハーサル，本番移行，並びに移行後の初期サポートの各作業の検討を開始した。各作業は次のとおりである。

(1) 移行手順書の作成

移行に関わる全作業の手順書を作成し，関係するメンバーでレビューする。

(2) 移行ツールの開発

移行作業の実施に当たって，データ変換ツール，構成管理ツールなどのX社提供の移行ツールを活用するが，Xパッケージをカスタマイズした機能に関しては，X社提供のデータ変換ツールを利用することができないので，移行に必要なデータ変換機能を開発課が追加開発する。

(3) 移行総合テスト

移行総合テストでは，移行ツールが正常に動作し，移行手順書どおりに作業できるかを確認した上で，移行後のシステムの動作が正しいことを移行プロジェクトとして検証する。R主任は，より本番移行に近い内容で移行総合テストを実施する方が検証漏れのリスクを軽減できると考えた。ただし，P社のテスト規定では，個人情報を含んだ本番データはテスト目的に用いないこと，本番データをテスト目的で用いる場合には，その必要性を明らかにした上で，個人情報を個人情報保護法及び関連ガイドラインに従って匿名加工情報に加工する処置を施して用いること，と定められている。そこで，R 主任は本番データに含まれる個人情報を匿名加工情報に加工して移行総合テストに用いる計画を作成した。Q 課長は，検証漏れのリスクと情報漏えいのリスクのそれぞれを評価した上で，R 主任の計画を承認した。その際，PM である Q 課長だけで判断せず，④ある手続を実施した上で対応方針を決定した。

(4)　営業員の教育・訓練及び受入れテスト

商品販売部の部員が，S 主任及び拠点の責任者と協議しながら，営業員の教育・訓練の内容及び実施スケジュールを計画する。これに沿って，営業日の業務後に受入れテストを兼ねて，商品販売部の部員及び全営業員に対する教育・訓練を実施する。

(5)　移行リハーサル

移行リハーサルでは，移行総合テストで検証された移行ツールを使った移行手順，本番移行の当日の体制，及びタイムチャートを検証する。

(6)　本番移行

移行リハーサルで検証した一連の手順に従って切替作業を実施する。本番移行は本年 12 月 31 日～来年 1 月 2 日に実施することに決定した。

(7)　移行後の初期サポート

移行後のトラブルや問合せに対応するための初期サポートを実施する。初期サポートの実施に当たり，Q 課長は，移行後も，システムが安定稼働して拠点からサービスデスクへの問合せが収束するまでの間，⑤ある支援を継続するよう S 主任に指示した。

Q 課長は，これらの検討結果を踏まえて，⑥新システムの移行可否を評価する上で必要な文書の作成に着手した。

〔リスクマネジメント〕

Q 課長は，R 主任に，主にリスクの定性的分析で使用される [a] を活用し，分析結果を表としてまとめるよう指示した。さらに，リスクの定量的分析として，移行作業に対して最も影響が大きいリスクが何であるかを判断することができる [b] を実施し，リスクの重大性を評価するよう指示した。

リスクの分析結果に基づき，R 主任は，各リスクに対して，対応策を検討した。Q 課長は，来年 3 月末までに本番移行が完了しないような重大なリスクに対して，プロジェクトの期間を延長することに要する費用の確保以外に，現行の販売支援システムを稼働延長させることに要する費用面の⑦対応策を検討すべきだ，と R 主任に指摘した。

R 主任は，指摘について検討し，Q 課長に説明をして了承を得た。

設問１　〔プロジェクト計画の作成〕について答えよ。

(1)　本文中の下線①について，情報システム部にとってのメリット以外に，どのようなメリットがあるか。15 字以内で答えよ。

(2)　本文中の下線②について，実施すべきこととは何か。最も適切なものを解答群の中から選び，記号で答えよ。

解答群

ア　過去のセキュリティインシデントの再発防止策検討

イ　過去のセキュリティインシデントの被害金額算出

ウ　セキュリティ対策の訓練

エ　セキュリティ対策の責任範囲の明確化

(3)　本文中の下線③について，Q 課長が重視した項目は何か。25 字以内で答えよ。

設問２　〔移行プロジェクトの作業計画〕について答えよ。

(1)　本文中の下線④について，Q 課長が実施することにした手続とは何か。35 字以内で答えよ。

(2)　本文中の下線⑤について，どのような支援か。25 字以内で答えよ。

(3)　本文中の下線⑥について，どのような文書か。本文中の字句を用いて 10 字以内で答えよ。

設問３　〔リスクマネジメント〕について答えよ。

(1)　本文中の［ a ］，［ b ］に入れる適切な字句を解答群の中から選び，記号で答えよ。

解答群

ア　感度分析	イ　クラスタ分析
ウ　コンジョイント分析	エ　デルファイ法
オ　発生確率・影響度マトリックス	

(2)　本文中の下線⑦について，来年 3 月末までに本番移行が完了しないリスクに対して検討すべき対応策について，20 字以内で具体的に答えよ。

問 10　クラウドサービスのサービス可用性管理に関する次の記述を読んで，設問に答えよ。

L 社は，大手の自動車部品製造販売会社である。2023 年 4 月現在，全国に八つの製造拠点をもち，L 社の製造部は，昼勤と夜勤の 2 交替制で部品を製造している。L 社の経理部は，基本的に昼勤で経理業務を行っている。L 社のシステム部では，基幹系業務システムを，L 社本社の設備を使って，オンプレミスで運用している。また，会計系業務システムは，2023 年 1 月に，オンプレミスでの運用からクラウド事業者 M 社の提供する SaaS（以下，S サービスという）に移行した。L 社の現在の業務システムの概要を表 1 に示す。

表 1　L 社の現在の業務システムの概要

項番	業務システム名称	業務システムの運用形態
1	基幹系 1)	自社開発のアプリケーションソフトウェアをオンプレミスで運用
2	会計系 2)	S サービスを利用

注 1)　対象は，販売管理，購買管理，在庫管理，生産管理，原価管理などの基幹業務
注 2)　対象は，財務会計，管理会計，債権債務管理，手形管理，給与計算などの会計業務

〔L 社の IT サービスの現状〕

システム部は，L 社内の利用者を対象に，業務システムを IT サービスとして提供し，サービス可用性やサービス継続性を管理している。

システム部では，ITIL を参考にして，サービス可用性として異なる 3 種の特性及び指標を表 2 のとおり定めている。

表 2　サービス可用性の特性及び指標

特性	説明	指標
可用性	あらかじめ合意された期間にわたって，要求された機能を実行する IT サービスの能力	サービス稼働率
[a] 性	IT サービスを中断なしに，合意された機能を実行できる能力	MTBF
保守性	IT サービスに障害が発生した後，通常の稼働状態に戻す能力	MTRS

基幹系業務の IT サービスは，生産管理など事業が成功を収めるために不可欠な重要事業機能を支援しており，高可用性の確保が必要である。基幹系業務システムでは，L 社本社建屋内にシステムを 2 系統用意してあり，本番系システムのサーバの故障や定期保守などの場合は，予備系のサーバに切り替えて IT サービスの提供を継続できるシステム構成を採っている。また，ストレージに保存されているユーザーデータファイルがマルウェアによって破壊されるリスクに備え，定期的にユーザーデータファイルのフルバックアップを磁気テープに取得している。バックアップを取得する磁気テープは 2 組で，1 組は本社建屋内に保存し，もう 1 組は災害に対する脆弱性を考える必要があるので，遠隔地に保管している。

〔S サービスのサービス可用性〕

システム部の X 氏は，会計系業務システムに S サービスを利用する検討を行った際，M 社のサービスカタログを基にサービス可用性に関する調査を行い，その後，L 社と M 社との間で SLA に合意し，2023 年 1 月から S サービスの利用を開始した。M 社が案内している S サービスのサービスカタログ（抜粋）を表 3 に，L 社と M 社との間で合意した SLA のサービスレベル目標を表 4 に示す。

表 3　S サービスのサービスカタログ（抜粋）

サービスレベル項目	説明	サービスレベル目標
サービス時間	サービスを提供する時間	24 時間 365 日（計画停止時間を除く）
サービス稼働率	（サービス時間 － サービス停止時間[1]）÷ サービス時間 × 100（%）	月間目標値 99.5%以上
計画停止時間	定期的なソフトウェアのバージョンアップや保守作業のために設ける時間。サービスは停止される。	毎月 1 回 午前 2 時～午前 5 時

注[1]　インシデントの発生などによって，サービスを提供できない時間（計画停止時間を除く）。

表 4　L 社と M 社との間で合意した SLA のサービスレベル目標

サービスレベル項目	合意した SLA のサービスレベル目標
サービス時間	L 社の営業日の午前 6 時～翌日午前 2 時（1 日 20 時間）
サービス稼働率	月間目標値 99.5%以上
計画停止時間	なし

2023 年 1 月は，S サービスでインシデントが発生してサービス停止した日が 3 日あったが，サービス停止の時間帯は 3 日とも表 4 のサービス時間の外だった。よって，表 4 のサービス稼働率は 100%である。仮に，サービス停止の時間帯が 3 日とも表 4 のサービス時間の内の場合，サービス停止の月間合計時間が［ b ］分以下であれば，表 4 のサービス稼働率のサービスレベル目標を達成する。ここで，1 月の L 社の営業日の日数を 30 とする。

3 月は，表 4 のサービス時間の内に S サービスでインシデントが発生した日が 1 日あった。復旧作業に時間が掛かったので，表 4 のサービス時間の内で 90 分間サービス停止した。3 月の L 社の営業日の日数を 30 とすると，サービス稼働率は 99.75%となり，3 月も表 4 のサービスレベル目標を達成した。しかし，このインシデントは月末繁忙期の日中に発生したので，L 社の取引先への支払業務に支障を来した。

X 氏は，サービス停止しないことはもちろんだが，サービス停止した場合に迅速に対応して回復させることも重要だと考えた。そこで，X 氏は M 社の責に帰するインシデントが発生してサービス停止したときの①サービスレベル項目を表 4 に追加できないか，M 社と調整することにした。

また，今後，経理部では，勤務時間を製造部に合わせて，交替制で夜勤を行う勤務体制を採って経理業務を行うことで，業務のスピードアップを図ることを計画している。この場合，会計系業務システムのサービス時間を見直す必要がある。そこで，X 氏は，表 4 のサービスレベル目標の見直しが必要と考え，表 3 のサービスカタログを念頭に，②経理部との調整を開始することにした。

〔基幹系業務システムのクラウドサービス移行〕

2023 年 1 月に，L 社は BCP の検討を開始し，システム部は地震が発生して基幹系業務システムが被災した場合でもサービスを継続できるようにする対策が必要になった。X 氏が担当になって，クラウドサービスを利用して BCP を実現する検討を開始した。

X 氏は，まず M 社が提供するパブリッククラウドの IaaS（以下，I サービスという）を調査した。I サービスのサービスカタログでは，サービスレベル項目としてサービス時間及びサービス稼働率の二つが挙げられていて，サービスレベル目標は，それぞれ 24 時間 365 日及び月間目標値 99.99%以上になっていた。I サービスでは，物理サーバ，ストレージシステム，ネットワーク機器などの IT 基盤のコンポーネント

（以下，物理基盤という）は，それぞれが冗長化されて可用性の対策が採られている。また，ハイパーバイザー型の仮想化ソフト（以下，仮想化基盤という）を使って，1台の物理サーバで複数の仮想マシン環境を実現している。

次に，X 氏は，I サービスを利用した災害対策サービスについて，M 社に確認した。災害対策サービスの概要は次のとおりである。

・M 社のデータセンター（DC）は，同時に被災しないように東日本と西日本に一つずつある。通常時は，L 社向けの I サービスは東日本の DC でサービスを運営する。東日本が被災して東日本の DC が使用できなくなった場合は，西日本の DC で I サービスが継続される。

・西日本の DC の I サービスにもユーザーデータファイルを保存し，東日本の DC の I サービスのユーザーデータファイルと常時同期させる。東日本の DC の仮想マシン環境のシステムイメージは，システム変更の都度，西日本の DC にバックアップを保管しておく。

M 社の説明を受け，X 氏は次のように考えた。

・地震や台風といった広範囲に影響を及ぼす自然災害に対して有効である。

・災害対策だけでなく，物理サーバに機器障害が発生した場合でも業務を継続できる。

・西日本の DC の I サービスのユーザーデータファイルは，東日本の DC の I サービスのユーザーデータファイルと常時同期しているので，現在行っているユーザーデータファイルのバックアップの遠隔地保管を廃止できる。

X 氏は，上司に M 社の災害対策サービスを採用することで効果的にサービス可用性を高められる旨を報告した。しかし，上司から，③X 氏の考えの中には見直すべき点があると指摘されたので，X 氏は修正した。

さらに，上司は X 氏に，M 社に一任せずに，M 社と協議して実質的な改善を継続していくことが重要だと話した。そこで，X 氏は，サービス可用性管理として，サービスカタログに記載されているサービスレベル項目のほかに，④可用性に関する KPI を設定することにした。また，基幹系業務システムの災害対策を実現するに当たって，コストの予算化が必要になる。X 氏は，災害時のサービス可用性確保の観点でサービス継続性を確保するコストは必要だが，コストの上昇を抑えるために災害時に基幹系業務システムを一部縮退できないか検討した。そして，事業の視点から捉えた機能ごとの⑤判断基準に基づいて継続する機能を決める必要があると考えた。

設問1　〔L社のITサービスの現状〕について答えよ。

(1)　表2中のMTBF及びMTRSについて，適切なものを解答群の中から選び，記号で答えよ。

解答群

ア　MTBFの値は大きい方が，MTRSの値は小さい方が望ましい。

イ　MTBFの値は大きい方が，MTRSの値も大きい方が望ましい。

ウ　MTBFの値は小さい方が，MTRSの値は大きい方が望ましい。

エ　MTBFの値は小さい方が，MTRSの値も小さい方が望ましい。

(2)　表2中の［　a　］に入れる適切な字句を，5字以内で答えよ。

設問2　〔Sサービスのサービス可用性〕について答えよ。

(1)　本文中の［　b　］に入れる適切な数値を答えよ。なお，計算結果で小数が発生する場合，答えは小数第1位を四捨五入して整数で求めよ。

(2)　本文中の下線①について，X氏は，M社の責に帰するインシデントが発生してサービス停止したときのサービスレベル項目を追加することにした。追加するサービスレベル項目の内容を20字以内で答えよ。

(3)　本文中の下線②について，経理部と調整すべきことを，30字以内で答えよ。

設問3　〔基幹系業務システムのクラウドサービス移行〕について答えよ。

(1)　Iサービスを使ってL社が基幹系業務システムを運用する場合に，M社が構築して管理する範囲として適切なものを，解答群の中から全て選び，記号で答えよ。

解答群

ア　アプリケーションソフトウェア　　イ　仮想化基盤

ウ　ゲストOS　　エ　物理基盤

オ　ミドルウェア

(2)　本文中の下線③について，上司が指摘したX氏の考えの中で見直すべき点を，25字以内で答えよ。

(3)　本文中の下線④について，クラウドサービスの可用性に関連するKPIとして適切なものを解答群の中から選び，記号で答えよ。

解答群

ア　M 社が提供するサービスのサービス故障数

イ　M 社起因のインシデントの問題を解決する変更の件数

ウ　M 社の DC で実施した災害を想定した復旧テストの回数

エ　M 社のサービスデスクが回答した問合せ件数

オ　SLA のサービスレベル目標が達成できなかった原因のうち，ストレージ容量不足に起因する件数

(4)　本文中の下線⑤の判断基準とは何か。本文中の字句を用いて，15 字以内で答えよ。

問 11　工場在庫管理システムの監査に関する次の記述を読んで，設問に答えよ。

Y 社は製造会社であり，国内に 5 か所の工場を有している。Y 社では，コスト削減，製造品質の改善などの生産効率向上の目標達成が求められており，あわせて不正防止を含めた原料の入出庫及び生産実績の管理の観点から，情報の信頼性向上が重要となっている。このような状況を踏まえ，内部監査室長は，工場在庫管理システムを対象に工場での運用状況の有効性についてシステム監査を実施することにした。

〔予備調査の概要〕

監査担当者が予備調査で入手した情報は，次のとおりである。

(1)　工場在庫管理システム及びその関連システムの概要を，図 1 に示す。

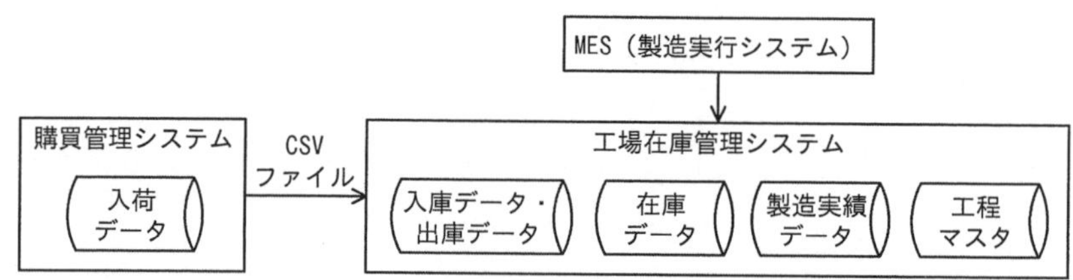

図 1　工場在庫管理システム及びその関連システムの概要

① 工場在庫管理システムは，原料の入庫データ・出庫データ，原料・仕掛品の在庫データ，仕掛品の工程別の製造実績データ及び工程マスタを有している。また，工程マスタには，仕掛品の各製造工程で消費する原料標準使用量などが登録されている。

② 原料の入庫データは，購買管理システムの入荷データから入手する。また，製造実績データは，製造工程を制御・管理している MES の工程実績データから入手する。

③ 工程マスタ，入庫データ・出庫データなどの入力権限は，工場在庫管理システムの個人別の利用者 ID とパスワードで制御している。過去の内部監査において，工場の作業現場の PC が利用後もログインされたまま，複数の工場担当者が

利用していたことが指摘されていた。

④ 工場在庫管理システムの開発・運用業務は，本社のシステム部が行っている。

(2) 工場在庫管理システムに関するプロセスの概要は，次のとおりである。

① 工場担当者が購買管理システムの当日の入荷データを CSV ファイルにダウンロードし，件数と内容を確認後に工場在庫管理システムにアップロードすると，入庫データの生成及び在庫データの更新が行われる。工場担当者は，作業実施結果として，作業実施日及びエラーの有無を入庫作業台帳に記録している。

② 製造で消費された原料の出庫データは，製造実績データ及び工程マスタの原料標準使用量に基づいて自動生成（以下，出庫データ自動生成という）される。このため，実際の出庫実績を工場在庫管理システムに入力する必要はない。また，工程マスタは，目標生産効率を考慮して，適宜，見直しされる。

③ 仕掛品については，MES から日次で受信した工程実績データに基づいて，日次の夜間バッチ処理で，製造実績データ及び在庫データが更新される。

④ 工場では，本社管理部の立会いの下で，原料・仕掛品の実地棚卸が月次で行われている。工場担当者は，保管場所・在庫種別ごとに在庫データを抽出し，実地棚卸リストを出力する。工場担当者は，実地棚卸リストに基づいて実地棚卸を実施し，在庫の差異があった場合には実地棚卸リストに記入し，在庫調整入力を行う。この入力に基づいて，原料の出庫データ及び原料・仕掛品の在庫データの更新が行われる。

⑤ 工場では，工場在庫管理システムから利用者 ID，利用者名，権限，ID 登録日，最新利用日などの情報を年次で利用者リストに出力し，不要な利用者 ID がないか確認している。この確認結果として，不要な利用者 ID が発見された場合は，利用者 ID が削除されるように利用者リストに追記する。

〔監査手続の作成〕

監査担当者が作成した監査手続案を表 1 に示す。

表1　監査手続案

項番	プロセス	監査手続
1	原料の入庫	①　CSV ファイルのアップロードが実行され，実行結果としてエラーの有無が記載されているか入庫作業台帳を確かめる。
2	原料の出庫	①　出庫データ自動生成の基礎となる工程マスタに適切な原料標準使用量が設定されているか確かめる。
3	仕掛品の在庫	①　工程マスタの工程の順番が MES と一致しているか確かめる。 ②　当日に MES から受信した工程実績データに基づいて，仕掛品の在庫が適切に更新されているか確かめる。
4	実地棚卸	①　実地棚卸リストに実地棚卸結果が適切に記載されているか確かめる。 ②　実地棚卸で判明した差異が正確に在庫調整入力されているか確かめる。
5	共通（アクセス管理）	①　工場内 PC を観察し，作業現場の PC が [a] されたままになっていないか確かめる。 ②　利用者リストを閲覧し，長期間アクセスのない工場担当者を把握し，利用者 ID が適切に削除されるように記載されているか確かめる。

内部監査室長は，表1をレビューし，次のとおり監査担当者に指示した。

(1)　表1項番1の①は，[b] を確かめる監査手続である。これとは別に不正リスクを鑑み，アップロードした CSV ファイルと [c] との整合性を確保するためのコントロールに関する追加的な監査手続を作成すること。

(2)　表1項番2の①は，出庫データ自動生成では [d] が発生する可能性が高いので，設定される工程マスタの妥当性についても確かめること。

(3)　表1項番3の②は，[e] を確かめる監査手続なので，今回の監査目的を踏まえて実施の要否を検討すること。

(4)　表1項番4の①の前提として，[f] に記載された [g] の網羅性が確保されているかについても確かめること。

(5)　表1項番4の②は，在庫の改ざんのリスクを踏まえ，差異のなかった [g] について在庫調整入力が行われていないか追加的な監査手続を作成すること。

(6)　表1項番5の②は，不要な利用者 ID だけでなく，[h] を利用してアクセスしている利用者も検出するための追加的な監査手続を作成すること。

設問１　〔監査手続の作成〕の［ a ］に入れる適切な字句を５字以内で答えよ。

設問２　〔監査手続の作成〕の［ b ］，［ c ］に入れる最も適切な字句の組合せを解答群の中から選び，記号で答えよ。

解答群

	b	c
ア	自動処理の正確性・網羅性	工場在庫管理システムの在庫データ
イ	自動処理の正確性・網羅性	工場在庫管理システムの入庫データ
ウ	自動処理の正確性・網羅性	購買管理システムの入荷データ
エ	手作業の正確性・網羅性	工場在庫管理システムの在庫データ
オ	手作業の正確性・網羅性	工場在庫管理システムの入庫データ
カ	手作業の正確性・網羅性	購買管理システムの入荷データ

設問３　〔監査手続の作成〕の［ d ］に入れる最も適切な字句を解答群の中から選び，記号で答えよ。

解答群

ア　工程間違い　　イ　在庫の差異

ウ　製造実績の差異　　エ　入庫の差異

設問４　〔監査手続の作成〕の［ e ］に入れる最も適切な字句を解答群の中から選び，記号で答えよ。

解答群

ア　自動化統制　　イ　全社統制

ウ　手作業統制　　エ　モニタリング

設問５　〔監査手続の作成〕の［ f ］～［ h ］に入れる適切な字句を，それぞれ10字以内で答えよ。

●令和５年度春期 午前問題 解答・解説

問1 ア

定義された関数と等しい式（R5 春-AP 問 1）

next(*n*)と等しい式の結果は，$0 \leqq n < 255$ のとき $n+1$，$n=255$ のとき 0 となる。したがって，まず $n=0$ のときは 1 となり，$n<255$ の間は n に 1 加算した答えが求められるものでなくてはいけない。選択肢の論理式は全て，論理演算子（AND や OR）の左側が $(n+1)$であり，$0 \leqq n < 255$ のときには，この左側の値がそのまま演算結果となる論理式である必要がある。一方，論理演算子の右側は 255，256 であるが，これらは，2 進数表現でそれぞれ 011111111，100000000 であり，AND や OR を取ったときに左側の値（$0 \leqq n < 255$）がそのまま演算結果となるのは，x AND 255 だけである。

255 を 9 ビットで表現すると 011111111 で，先頭の 0 に続いて 1 が 8 ビット並ぶ。よって，$n+1$ が 8 ビットで表現できる 255 以下であれば，$(n+1)$ AND 255 $=n+1$ となり，$n+1$ が 256 になると$(n+1)$ AND $255=0$ となる。したがって，（ア）の$(n+1)$ AND 255 は，$0 \leqq n < 255$ のとき $n+1$，$n=255$ のとき 0 となり，正解であることが分かる。

n として，0（$=(000000000)_2$）や 255（$=(011111111)_2$）という特徴的な値を選んで，論理式の結果を調べても正解を求めることができる。なお，論理式の左側は，n ではなく，$n+1$ であることに注意。

① $n=0$ のとき，$n+1=1$ となるような論理式を選ぶ。

ア：$(000000001)_2$ AND $(011111111)_2=(000000001)_2=\underline{(1)_{10}}$

イ：$(000000001)_2$ AND $(100000000)_2=(000000000)_2=(0)_{10}$

ウ：$(000000001)_2$ OR $(011111111)_2=(011111111)_2=(255)_{10}$

エ：$(000000001)_2$ OR $(100000000)_2=(100000001)_2=(257)_{10}$

② $n=255$ のとき，$n+1$（$=256$）との論理演算の結果が 0 になるかを確認する。

ア：$(100000000)_2$ AND $(011111111)_2=(000000000)_2=\underline{(0)_{10}}$

イ：$(100000000)_2$ AND $(100000000)_2=(100000000)_2=(256)_{10}$

ウ：$(100000000)_2$ OR $(011111111)_2=(111111111)_2=(511)_{10}$

エ：$(100000000)_2$ OR $(100000000)_2=(100000000)_2=(256)_{10}$

以上からも，（ア）が正解であることが確認できる。

問2　ア

正規分布のグラフ（R5 春-AP 問 2）

正規分布を表すグラフは，左右対称の山が一つで，裾は滑らかに横軸に近付く形をとる。また，標準偏差は個々のデータが平均からどの程度離れているかを表した統計の指標で，正規分布のグラフにおける平均と標準偏差の関係は次図のようになる。したがって，（ア）が正しいグラフである。

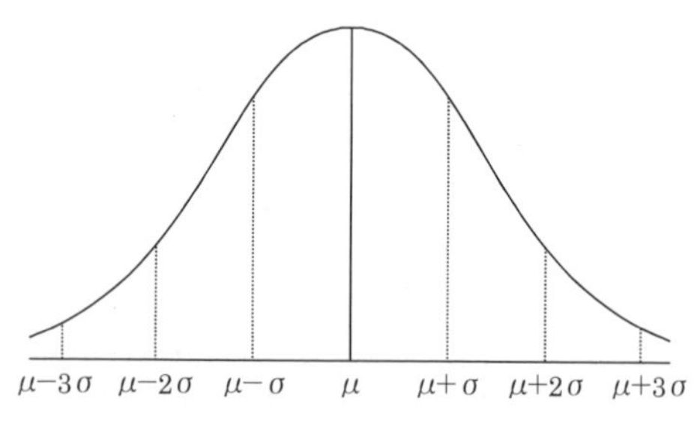

正規分布曲線（μ は平均，σ は標準偏差）

イ：標準偏差は中央の平均からの個々のデータの離れ具合を示すので，誤りである。

ウ，エ：左右対称の曲線ではないため，正規分布とはいえない。

問3　ア

機械学習の 2 クラス分類モデル評価方法で用いられる ROC 曲線（R5 春-AP 問 3）

AI における機械学習において，入力したデータから予測を行い，二つのグループ（クラスという）に分類することを 2 クラス分類という。例えば，動物の顔のデータを入力して，それが「犬の顔」か「犬の顔以外」であるかを予測し，二つのクラスに分類する例などが該当する。なお，AI の機械学習では，入力から出力（結果）を得るための仕組みを「モデル」と呼ぶので，2 クラス分類モデルとは，2 クラス分類を行うための仕組みというような意味である。

2 クラス分類モデルの評価を行うために正解率（予測結果の何%が正解であるか）などの評価指標を用いるが，評価指標の値は，次の四つの値のいずれかを組み合せて計算する。なお，「犬の顔」の 2 クラス分類の例では，「陽性」とは「犬の顔」，「陰性」とは「犬の顔以外」が該当する。

① 真の値が陽性で予測結果が陽性（TP；True Positive）
② 真の値が陽性で予測結果が陰性（FN；False Negative）
③ 真の値が陰性で予測結果が陽性（FP；False Positive）
④ 真の値が陰性で予測結果が陰性（TN；True Negative）

この四つの値からなる行列を混同行列といい，その内容と例を表に示す。

表　混同行列

		予測結果	
		陽性 [犬の顔]	陰性 [犬の顔以外]
真の値	陽性 [犬の顔]	①真陽性（TP） 犬の顔なので正解	②偽陰性（FN） 犬の顔以外と予測したが，犬の顔だったので不正解
	陰性 [犬の顔以外]	③偽陽性（FP） 犬の顔と予測したが，犬の顔以外だったので不正解	④真陰性（TN） 犬の顔以外だったので正解

評価指標は混同行列の値を用いて次のように定義される。

・真陽性率＝$\frac{TP}{TP+FN}$　（真の値が「犬の顔」であったとき，「犬の顔」と予測した割合）

・偽陽性率＝$\frac{FP}{FP+TN}$　（真の値が「犬の顔以外」であったとき，「犬の顔」と予測した割合）

・正解率＝$\frac{TP+TN}{TP+FP+TN+FN}$　（真の値と予測結果が一致（正解）した割合）

・適合率＝$\frac{TP}{TP+FP}$　（予測結果が「犬の顔」のとき，真の値も「犬の顔」だった割合）

2 クラス分類モデルの評価方法に用いられる ROC 曲線（Receiver Operating Characteristic curve；受信者動作特性曲線）は，縦軸に真陽性率，横軸に偽陽性率をとり，二つの値の関係を示す曲線なので，（ア）が正解である。

陽性と陰性の判断基準を変えながら図に示すようなグラフを作成する。このとき，ROC 曲線の下の AUC（Area Under the ROC Curve）と呼ばれる部分の面積は全体を 1.0 として 0.0～1.0 の範囲の値になるが，偽陽性率が低く真陽性率が高いものほど予測性能が高いと評価するので，1.0 に近づくほど予測性能が高いと判断することができる。

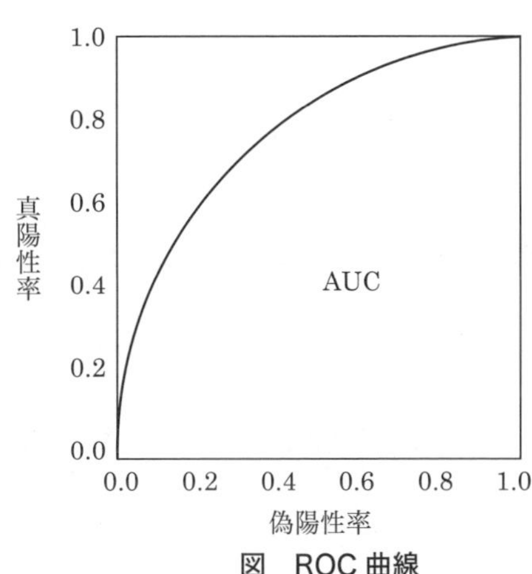

図　ROC 曲線

問4　ウ

ドップラー効果を応用したセンサーで測定できるもの（R5 春-AP 問 4）

ドップラー効果は，音源や光源などの波の発生源が移動したり，観測者が移動したりすると，観測される周波数が実際と異なる現象をいう。音源の移動に関する身近な例として，走行中の救急車のサイレンの音が挙げられる。救急車のサイレンは近づいてくると高い音になり，遠ざかっていくと低い音になる。これは，音源（救急車のサイレン）が近づいてくると周波数が高くなって高い音に聞こえ，遠ざかっていくと周波数が低くなって低い音に聞こえるためである。光にもドップラー効果による現象があり，発生源と観測者が近づいてくると周波数が高くなり，遠ざかっていくと低くなる。この性質を利用して，皮膚表面近くの毛細血管中を流れる血液にレーザー光を当て，血液当が移動する速度に応じて変化した周波数を基に血流量を測定することができる。したがって，（ウ）が正解である。

ア：血中酸素飽和度…血液中の酸素の割合を表す。具体的には，心臓から全身に運ばれる血液（動脈血）中の赤血球に含まれるヘモグロビンのうち酸素と結合しているものの割合を示す数値で，二つの異なる波長の LED 光を指などの測定部位に当て，光の吸収度から酸素飽和度を算出する。測定機器であるパルスオキシメーターは，コロナ禍において広く利用されることとなった。

イ：血糖値…血液中のグルコース（ブドウ糖）の量のことで，食べ物が消化される過程で作られたグルコースが腸から吸収されて血液中に取り込まれるとその値が上昇する。一般的な測定方法では，採取した少量の血液にグルコースに反応する酵素を加え，物質の変化とともに発生した電子に電圧をかけ，流れる電流の量によってグルコースの量を算出する。

エ：体内水分量…体内にある水分の量のことで，血液，リンパ液，細胞内外の液などの合計である。年齢や性別によって若干の差はあるが，健康な成人の体重に対する体内水分量は 6 割程度である。簡便な測定方法として，人体に弱い電流を流すと発生する抵抗値から，体内水分量を算出する。これは，水分量が多いと電流が流れやすく，少ないと流れにくいという性質を利用したものである。

問5　ウ

最適適合アルゴリズムのメモリ割当て時の処理時間（R5 春-AP 問 5）

最適適合（best-fit）アルゴリズムによる可変量メモリの割当てには，要求量以上の大きさがあり，かつ最小の空き領域を最も早く検索できる管理方法が適している。したがって，空き領域の大きさ（サイズ）をキーとして効率的に検索できる 2 分探索木がメモリ割当て時の平均処理時間が最も短いといえる。したがって，（ウ）が正解である。

ア：「空き領域のアドレスをキーとする 2 分探索木」は，空き領域の大きさによる検索には適さない。

イ：「空き領域の大きさが小さい順の片方向連結リスト」は，小さな空き領域の検索には適しているが，大きな空き領域が必要な場合には，後方まで検索する必要があり，効率的とはいえない。

エ：「アドレスに対応したビットマップ」は，空き領域の大きさとは無関係なので，不適切である。

問6　エ

線形探索法の平均比較回数（R5 春-AP 問 6）

「検索する従業員番号はランダムに出現し，探索は常に表の先頭から行う」という条件が与えられている。まず，表に存在する場合について考えると，1 件目で見つかる場合から，最後の n 件目で見つかる場合までの平均を求めなくてはならない。平均値は，(1＋2＋……＋n)／n であるが，分子の(1＋2＋……＋n) は 1＋n＝n＋1，2＋(n－1)＝n＋1，…というように，先頭と末尾からそれぞれ同じだけ離れた位置になる 2 数の和が n＋1 になることに着目すると，n(n＋1)／2 と変形できる。平均比較回数は，この値を n で割ったものなので (n＋1)／2 となる。

次に，表に存在しない場合については，必ず n 件を検索するから，平均比較回数は，n である。ここで，表に存在する確率は(1－a)であり，表に存在しない確率は a であるので，全体の平均比較回数はそれぞれの発生確率と回数を掛けて合計すればよい。したがって，次のようになり，（エ）が正解である。

$$\frac{(n+1)(1-a)}{2}+na$$

問7　ア

クイックソートによる分割（R5 春-AP 問 7）

クイックソートは，対象となるデータ列を基準に従って分割し，分割されたデータ列に対して同様の処理を繰り返してソートを行う方法である。分割統治法によるアルゴリズムの一つで，グループの分け方や基準値の選び方には幾つか方法があり，通常の場合，プログラムでは再帰呼出しが用いられる。

配列に格納されたデータ列を昇順に並べ替えるために，問題文にある次の三つの条件に従って分割を進めたときの様子を図に示す。

・分割は基準値より小さい値と大きい値のグループに分ける。
・基準値は分割のたびにグループ内の配列の左端の値とする。
・グループ内の配列の値の順番は元の配列と同じとする。

(初めの配列)	2　3　5　4　1	：基準となる値
(1回目の分割終了)	1｜2｜3　5　4	基準値2より小さい値（1）と大きい値（3, 5, 4）のグループに分ける。
(2回目の分割開始)	1｜2｜3　5　4	1, 2は分割を終了し,（3, 5, 4）のグループに対して基準値を3として分割を行う。
(2回目の分割終了)	1｜2｜3｜5　4	基準値3より小さい値はなく, 大きい値（5, 4）のグループだけを分ける。
(3回目の分割開始)	1｜2｜3｜5　4	1, 2, 3は分割を終了し,（5, 4）のグループに対して基準値を5として分割を行う。
(3回目の分割終了)	1｜2｜3｜4｜5	基準値5より小さい値（4）を分けると, 全てのデータに対する分割が終了し, 昇順に並べ替えられた。

図　分割の様子

図の（2回目の分割終了）の状態をみると, データ列は1, 2, 3, 5, 4となっているので,（ア）が正解である。

問8　イ

シングルコアCPUの平均CPI（R5春-AP 問8）

動作周波数1.25GHzのシングルコアCPUとは, 1秒間の動作回数（1秒間のクロック数）が1.25G＝1.25×10^9回で, CPUに内蔵された処理の中枢部分（コア）が1セットであるようなCPUということである。シングルコアは, 中枢部分を複数セット内蔵するマルチコアと対比して用いられる用語で, シングルコアCPUは命令を逐次に実行し, マルチコアCPUが行う命令の並行処理は行わない。

このCPUが1秒間に10億＝1.0×10^9回の命令を実行するときの平均CPIを求める。CPI（Cycles Per Instruction）とは, 1命令を実行するのに必要なクロック数のことで, 求めるクロック数をxとし, クロック数と命令数の比を考えると次の式が成り立つ。

（CPUのクロック数）（実行する命令数）　（必要なクロック数）（1命令）

$$1.25\times10^9 : 1.0\times10^9 = x : 1$$

この式を解くと,

$$1.0\times10^9\times x = 1.25\times10^9\times1$$

$$x = 1.25$$

となるので,（イ）が正解である。

問９　ウ

命令実行に必要なサイクル数の計算（R5 春-AP 問 9）

全ての命令が５ステージで完了し，１ステージは１サイクルで動作を完了するという条件なので，５サイクルで完了する命令と考えればよい。なお，20 命令の実行イメージを図に示すと次のようになるが，五つの命令ステージとして，命令フェッチ（IF），命令デコード（ID），オペランドアドレス計算（OA），オペランドフェッチ（OF），実行（EX）を想定し，命令 1〜20 を網掛け部分で表している。

ステージ↓ \ サイクル	1	2	3	4	5	……	20	21	22	23	24	
IF	1	2	3	4	5	……	20					
ID		1	2	3	4	……	19	20				
OA			1	2	3	……	18	19	20			
OF				1	2	……	17	18	19	20		
EX					1	……	16	17	18	19	20	←完了

この表から分かるように，実行サイクル数である５サイクル目に命令１の実行（EX）が完了し，その後，１サイクルごとに残りの 19 個（命令 2〜20）の命令が一つずつ完了していく。したがって，20 命令を実行するためには，24 サイクル必要となる（ウ）。

なお，全ての命令が n サイクルで完了する場合，n サイクル目に最初の命令の実行が完了し，その後，１サイクルごとに一つずつ実行が完了していく。つまり，最初の n−1 サイクル目までは命令の実行が完了していないが，その後は１サイクルごとに１命令ずつ実行が完了していくので，n サイクルの命令 m 個の実行に要するサイクル数は，$(n-1)+m$ と一般化できる。この問題の場合，$(5-1)+20=24$ である。

問 10　イ

キャッシュメモリの書込み動作（R5 春-AP 問 10）

キャッシュメモリへの書込みを行った場合，その内容をどこかのタイミングで主記憶へも反映しなくてはいけないが，その反映のタイミングには，ライトスルー方式とライトバック方式がある。前者のライトスルー方式は，キャッシュメモリへの書込みが行われたタイミングで同時に主記憶にも書き込む方式であり，主記憶の内容は常にキャッシュメモリの内容と一致する。したがって，（イ）が適切である。なお，後者のライトバック方式は，書込みをキャッシュメモリだけに行い，キャッシュメモリ中の該当の部分が追い出される時点で，主記憶に反映する方式である。

ア：ライトバック方式の特徴である。

ウ，エ：ライトスルー方式の特徴である。ライトバック方式の場合，（エ）のようにキャッシュミスが発生し，新たなデータをキャッシュにロードするためにデータが追い出されるタイミングで，主記憶への反映（書戻し）が必要になる。

問11　ア

フラッシュメモリにおけるウェアレベリングの説明（R5春-AP 問11）

フラッシュメモリは，電源を切ってもデータが失われない不揮発性メモリで，USBメモリやスマートフォンなど身の回りの製品に広く使われている。フラッシュメモリは，書込みや消去を繰り返すと劣化が進み，やがて使用できなくなる。一般的なフラッシュメモリでは，各ブロックは数千から最大10万回程度の書込みと消去を繰り返すと寿命がくるといわれ，製品によって差があるが，いずれにしても回数に制限がある。同じブロックへの書込みが集中すると，その部分だけが劣化して使用できなくなるため，フラッシュメモリ全体の寿命を少しでも延ばすために，ウェアレベリングという方法で，各ブロックの書込み回数がなるべく均等になるように，物理的な書込み位置を選択する方法が採用されている。したがって，（ア）が正解である。

イ：MLC（Multi Level Cell）の説明である。MLCは，データを記憶する最小単位のセルの電子量に応じた情報を表すことで，複数のビット情報を記録できるセルの総称である。例えば，図Aのようにセルの電子量（網掛部分）を変化させると，4通りの状態を作ることができるので，それぞれ値に対応させて4値2ビットの情報を記録できる。電子の量をさらに多段階に分け，8値3ビット，16値4ビットの情報を記録することも可能である。しかし，多段階にすると，寿命が短くなるというデメリットもある。

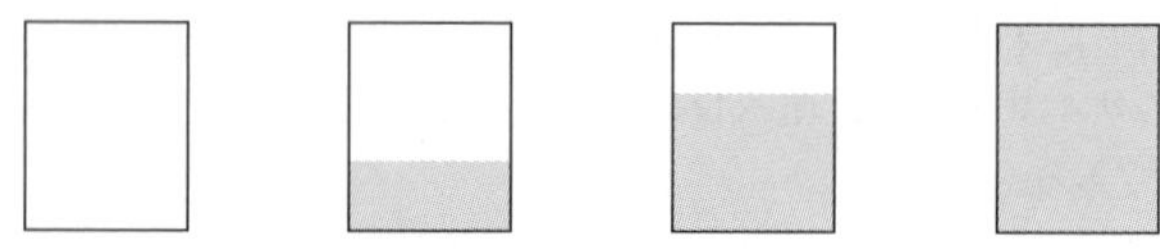

図A　MLC

一方，SLC（Single Level Cell）は，図Bのように各セルの電子の有無で0と1の2値を表し，1ビットの情報を記録する。図AのMLCは，セルにSLCの2倍の情報を記録することができる。

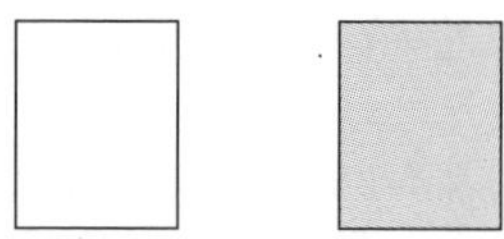

図B　SLC

なお，通常は4値2ビットのものをMLCと呼び，8値3ビットのものはTLC（Triple Level Cell），16値4ビットのものはQLC（Quad Level Cell）と呼ばれる。

ウ：不良ブロック置換の説明である。ブロックは書込みを繰り返すと劣化が進むので，不良ブロックの検出と置換の機能をもつ。
エ：フラッシュメモリ上のデータを「書き換える」方式の説明である。フラッシュメモリ上のデータの「書換え」は，ブロック単位でデータを消去してから，新しいデータを書き込むブロックアクセス方式で行うので，データを記憶する最小単位であるセルごとに消去や書込みをすることはできない。

問12 ア

有機ELディスプレイの説明（R5春-AP 問12）

有機EL（Electro Luminescence）ディスプレイは，電圧を加えると自ら発光する発光素子としての有機化合物をガラス基板に挟んだ構造の表示装置であり，（ア）が正解である。液晶ディスプレイとは異なりバックライトを必要としないので，その分消費電力が小さく，画面表示に必要な電圧も低い。スマートフォン，携帯電話，TV用の大型ディスプレイなどで利用されている。
イ：CRT（Cathode Ray Tube；陰極線管又はブラウン管）ディスプレイに関する説明である。
ウ：液晶自体が発光しない液晶ディスプレイに関する説明である。透過する光は，バックライトによって得る。液晶ディスプレイでは，外光やフロントライトを用いるものもあるが，バックライトを用いるものが主流である。
エ：プラズマディスプレイに関する説明である。照明用の蛍光管の原理と同じものである。

問13 イ

スケールインの説明（R5春-AP 問13）

スケールインは，システムが使用するサーバの処理能力を，負荷状況に応じて調整する方法の一つである。想定されるシステムの処理量に対して，システムを構成するサーバの台数が過剰であるとき，サーバの台数を減らし，システムのリソースの最適化・無駄なコストの削減を図る方法を，スケールインと呼ぶ。したがって，（イ）が正解である。

スケールインと対義語の関係にあるスケールアウトは，（ウ）の説明にあるように，想定されるシステムの処理量に対して，サーバの台数が不足するとき，サーバの台数を増やすことである。なお，スケールインとスケールアウトは，サーバの台数に着目した方法で，複数のサーバに処理を分散できる分散システムを前提とした手法である。また，（ア）はスケールダウン，（エ）はスケールアップの説明である。この二つも対義語の関係にあり，こちらは，CPUやメモリなどのスペックに着目して，装置単体の性能を調整する手法である。

問14　イ

CPUと磁気ディスクの使用率（R5春-AP 問14）

この問題の条件は，次のとおりである。

① ジョブA，Bはいずれも実行可能であり，A，Bの順で実行される。

② CPU及び磁気ディスク装置は，ともに一つの要求だけを発生順に処理する。

③ ジョブA，Bとも，CPUの処理を終了した後，磁気ディスク装置の処理を実行する。

これらの条件を基に，ジョブA，Bの処理状況を図示すると，次のようになる。

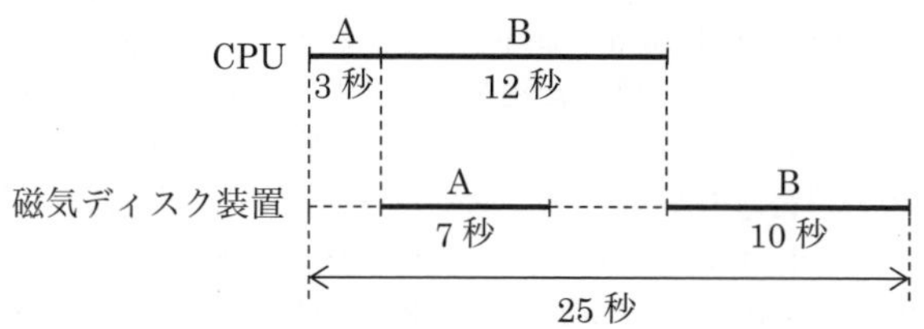

図から，二つのジョブの実行終了までの時間は25秒である。このうち，CPUの処理時間は15秒なので，CPUの使用率は，15／25＝0.60，また，磁気ディスク装置の処理時間は17秒なので，磁気ディスク装置の使用率は，17／25＝0.68となる。したがって，（イ）が正しい。

問15　エ

コンピュータシステムの信頼性を高める技術（R5春-AP 問15）

フォールトトレランスとは，故障（フォールト；fault）に対する耐性（トレランス；tolerance）という意味で，システムを構成する重要部品を多重化して故障に備え，部品の故障が発生しても全体としては正しく動作するように設計する技術なので，（エ）が適切である。なお，フォールトトレランスなシステムでは，部品の多重化だけでなく，システムを停止させずに故障した部品の修理や交換ができるような工夫がされている。また，この問題では，フォールトトレランスを，フェールソフトやフェールセーフなどの技術と同列の一つの技術として扱っているが，フェールソフトなどを含めた広い意味での障害に対する耐性を表す用語として使われることもあるので，注意する必要がある。

ア：フェールセーフは，システムの一部に故障や障害が発生したとき，その影響が安全（セーフ；safe）側に作動するように設計する技術である。例えば，交通信号であれば，故障時に全て赤信号にするなど，安全な状態にしてからシステムを停止する。なお，この記述は，フォールトアボイダンスに関するものである。

イ：フェールソフトは，ソフトウェアだけでなくハードウェアを含めて，故障が発生した要素を切り離すなどして，機能や処理能力の低下はあるものの，システムの全面停止とはならない状態で運転を維持できるように設計する技術である。なお，フェールソフトのソフト（soft）とは，ソフトウェアのことではなく，柔軟というような意味でである。

ウ：フォールトアボイダンスは，故障を避ける（アボイダンス；avoidance）という意味で，(ア)の記述のように，構成部品の信頼性を高めて，故障が起きないようにする技術である。なお，この記述は，フェールソフトに関するものである。

問16 エ

システムの稼働率の比較（R5春-AP 問16）

装置X，Y，Zの稼働率をそれぞれx，y，zとして，システムA，Bの稼働率を求めると次のようになる。

システムA＝｛1－(1－x)(1－y)｝×z＝｛1－(1－x－y＋xy)｝×z
＝(x＋y－xy)×z
＝xz＋yz－xyz

システムB＝1－(1－xz)(1－y)＝1－(1－xz－y＋xyz)
＝xz＋y－xyz

二つの稼働率を比較するためには，一方から他方を引き，その正・負で稼働率の大小を判断すればよい。ここでは，次のようになる。

システムA－システムB＝(xz＋yz－xyz)－(xz＋y－xyz)＝yz－y＝y(z－1)

yとzはいずれも0より大きく1より小さいので，次のようになる。

y(z－1)＜0　（(z－1)＜0であるため）

システムA－システムB＜0

したがって，システムBの稼働率の方がシステムAの稼働率よりも必ず大きくなるので，正解は（エ）である。

なお，この問題のように，試験対策として暗記した稼働率の公式だけでは正解が導けないような問題の場合，個々の装置の状態を稼働（○），故障（×）とした組合せで考えてみてもよい。この問題では，どちらも3台の装置で構成されるシステムであり，各装置の状態の組合せは次のように8通りとなる。

	X	Y	Z	システムA	システムB
①	○	○	○	○	○
②	○	○	×	×	○
③	○	×	○	○	○
④	○	×	×	×	×
⑤	×	○	○	○	○
⑥	×	○	×	×	○
⑦	×	×	○	×	×
⑧	×	×	×	×	×

この8通りの状態について，問題の図を見ながらシステムA，Bそれぞれの稼働可否を考えると，システムAは①，③，⑤のときだけ稼働できるが，システムBはこの三つの場合に加えて②と⑥のときも稼働可能なので，システムBの稼働率の方が常に高いことが分かる。

問17 ウ

FIFOによるページ置換えアルゴリズム（R5春-AP 問17）

FIFO（First In First Out）によるページ置換えアルゴリズムは，いつ参照されたかではなく，最も古いページ（最初に読み込まれたページ）を置き換える方式である。問題の表は，ステップ“4”〜“6”を含めて次のようになる。

割当てステップ	参照する仮想ページ番号	実記憶ページの状態			備　考
1	1	1	−	−	1ページ参照（実記憶ページに入る）
2	4	1	4	−	4ページ参照（実記憶ページに入る）
3	2	1	4	2	2ページ参照（実記憶ページに入る）
4	4	1	4	2	4ページ参照（既に実記憶ページにある）
5	1	1	4	2	1ページ参照（既に実記憶ページにある）
6	3	3	4	2	3ページ参照(最も古い1ページ目が置き換えられる)

よって，（ウ）が該当する。

問18 ア

仮想記憶方式に関する記述（R5春-AP 問18）

仮想記憶方式における代表的なページ置換アルゴリズムには，FIFO（First In First Out），LRU（Least Recently Used），LFU（Least Frequently Used）アルゴリズムがあり，LRUアルゴリズムは，（ア）にあるように，使用後の経過時間が最長のページを置換対象とするものである。ちなみに，FIFOはページイン後の経過時間が最長のページが，LFUでは直前の一定時間の間の参照回数が最も少ないページが置換対象となる。

イ：仮想記憶方式におけるページテーブルとは，仮想アドレスから主記憶上の実アドレスへ変換するために参照するテーブルで，仮想記憶のページごとに，主記憶に存在するか否か，主記憶上のページ番号などの情報をもつ。主記憶の全ページ数分ではなく，基本的に，仮想空間の全ページ数分必要である。なお，アドレス変換の「インデックス方式」というのは，一般的な用語ではないが，仮想記憶のページ番号を検索キー（インデックス）としたテーブルを使う方式というように解釈できる。

ウ：ページフォールトが発生した場合には，必要なページを主記憶に読み込む。また，ガーベジコレクションは，メモリリークによって未解放になっている主記憶領域を解放する操作であり，ページフォールトとは無関係である。

エ：メモリの獲得や解放を繰り返すことによって，多数の小さな空きメモリ領域が発生し，メモリ領域が断片化する現象をフラグメンテーションと呼ぶが，ページングの繰返しによって発生するわけではない。なお，ページサイズが大き過ぎるような場合，多くのページ内に未使用領域を含むことがあるが，この現象を内部フラグメンテーションと呼ぶ。また，この内部フラグメンテーションに対して，一般的なフラグメンテーションを外部フラグメンテーションと呼ぶことがある。

問19　エ

ハッシュ表の探索時間を示すグラフ（R5 春-AP 問 19）

ハッシュ表探索では，データの値そのものから計算して格納位置を決め（計算に用いる関数をハッシュ関数という），探索するときも同じ計算方法でデータの値から格納位置を求めてアクセスする。

この問題では，「複数のデータが同じハッシュ値になることはない」（シノニムが発生しない）とあるため，表の中のデータの個数に関わらず，データの値からハッシュ関数で格納位置が一意に決まる。したがって，探索時間は一定となり，正解は（エ）となる。

問20　ア

コンテナ型仮想化環境のプラットフォームを提供する OSS（R5 春-AP 問 20）

コンテナ型仮想化は，システムの仮想化技術の一つである。図に示すように，アプリケーションの起動に必要なプログラムやライブラリーなどをコンテナと呼ばれる単位にまとめ，ホスト OS 上で動作する仮想化ソフトウェアによって，独立性を保ちながら複数動作させる。この環境において，アプリケーションソフトウェアの構築，実行，管理を行うためのプラットフォーム（図のコンテナ型仮想化ソフトウェアに該当）を提供する OSS（オープンソースソフトウェア）として Docker が挙げられる。したがって，（ア）が正解である。なお，Docker は 2013 年に公開され，広く利用されている仮想化ソフトウェアの一つである。

図　コンテナ型仮想化

その他の選択肢は，いずれも Linux 上で仮想化の環境を構築するためのプラットフォームを提供する OSS である。

イ：KVM（Kernel-based Virtual Machine）…コンテナ型仮想化ではなく，ハイパバイザ型仮想化のソフトウェアである。ハイパバイザ上に複数の仮想サーバを生成し，ゲスト OS と呼ばれる OS を稼働させる。

ウ：QEMU（Quick Emulator）…KVM とセットで用いられることが多く，本来の環境とは異なる環境で動作できるように（エミュレート）することによって，アプリケーションがゲスト OS 上で動作できるようにする機能をもつ。

エ：Xen（ゼン）…KVM と同様にハイパバイザ型仮想化のソフトウェアで，提供する機能や領域が，KVM より柔軟で広いとされている。

問21 イ

NAND 素子を用いた組合せ回路（R5 春-AP 問 21）

次の図において，①の NAND 素子の二つの入力の値が同じ値となり，また，②の NAND 素子の二つの入力の値も同じになるので，混乱してしまいがちだが，冷静に真理値表を書いていけば解答を導き出せる。なお，真理値表の作成に当たっては，NAND とは，NOT AND，つまり，AND 演算と逆の真理値をとること，また，①が X NAND X，②が Y NAND Y であり，X NAND Y ではないことに注意する。

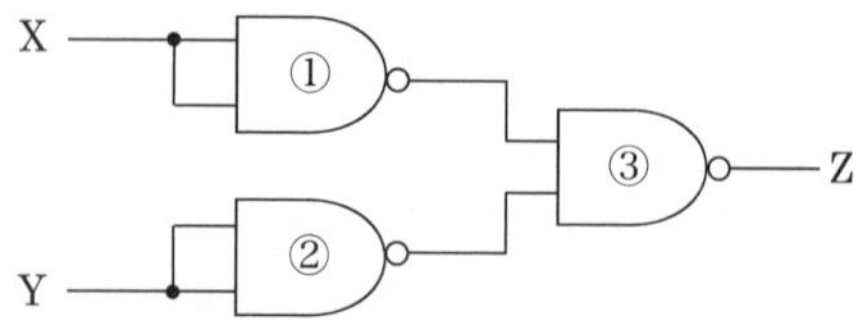

X	Y	①（X NAND X ）	②（Y NAND Y ）	Z：③（① NAND ②）
0	0	1	1	0
0	1	1	0	1
1	0	0	1	1
1	1	0	0	1

ここで，選択肢の出力結果が Z と同じものを探してみる。

X	Y	（ア） $X \cdot Y$	（イ） $X+Y$	（ウ） $\overline{X \cdot Y}$	（エ） $\overline{X+Y}$
0	0	0	0	1	1
0	1	0	1	1	0
1	0	0	1	1	0
1	1	1	1	0	0

この結果，Z と X+Y が同じなので，（イ）が正解になることが分かる。

なお，X NAND X (=$\overline{\text{X AND X}}$)=$\overline{\text{X}}$ なので，①は $\overline{\text{X}}$，②は $\overline{\text{Y}}$ である。よって，③の結果は，$\overline{\text{X}}$ NAND $\overline{\text{Y}}$ = $\overline{\overline{\text{X}}\text{ AND }\overline{\text{Y}}}$ = $\overline{\overline{\text{X}}}$ OR $\overline{\overline{\text{Y}}}$ = X OR Y = X +Y と変形でき（ド・モルガンの法則を利用），（イ）の正解を導くこともできる。

問22 ア

回路に信号を入力したときの出力電圧の波形（R5 春-AP 問 22）

図１として示された電圧波形の信号は交流電流と呼ばれ，一定時間ごとに電流の流れる向きや電圧が変化する。この信号を図２の回路に入力したときの出力電圧の波形を考える。なお，図２の回路図に使われている回路記号については，本試験の問題冊子 P.2 に説明されているが，機能などの説明と合わせて表に示す。

表　回路記号

図記号	名称	説明
	抵抗（R）	電流の流れを制御する。回路に流れる電流を一定に保ったり，他の部品に大きな電流が流れないよう制限したりする役割をもつ。
	ダイオード（D）	順方向の電圧だけを取り出し，電流が一方向に流れるようにする（整流作用）。
	接地	機器を構成する部品の電位を調整するために筐体に接続する。

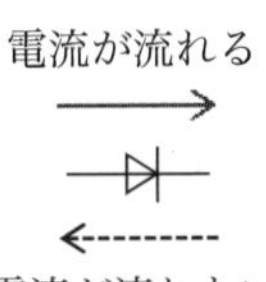

図Ａ　ダイオードの記号と性質

回路図中のダイオードには，順方向には電流が流れるが，逆方向には電流が流れないという整流作用がある。このため，図１の入力信号を回路図の入力側に接続すると，順方向のときは電流が流れ，逆方向のときは電流が流れないので，図Ｂに示すように，出力側の電圧は順方向（＋）の部分だけ入力信号と同じ波形が出力され，逆方向（－）の部分は 0V になる。したがって，（ア）が正解である。

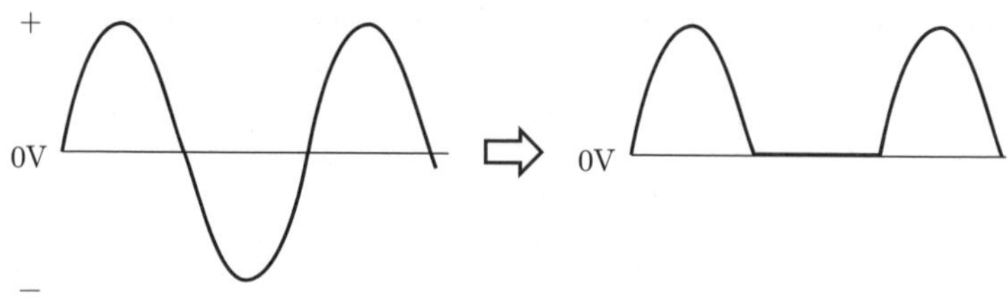

図B　出力電圧の波形

問23　エ

車の自動運転に使われるセンサーLiDARの説明（R5春-AP 問23）

電波（電磁波）を利用して航空機や雨雲などを探索するレーダー（RADAR；RAdio Detecting And Ranging（電波検出と測距））は一般的に知られているが，LiDAR（ライダー）とは，Light Detection And Ranging（光検出と測距）の略で，電波の代わりにレーザー光などの光（Light）を利用して，対象物までの距離を計測する技術である。照射面の奥行の変化を格子状に検出することができるので，距離以外にも対象物の向きや形状を特定できることが特徴であり，(ア)～(ウ)のような手法と比べて測定精度が高く，車の自動運転のセンサーとして利用されている。したがって，（エ）が正解である。

なお，LiDARは，スマートフォンにも搭載され，撮影する被写体までの距離測定や，アプリを利用した3Dスキャナなど，身近なところでも利用されている。

ア：「超音波を送出し，その反射波を測定することによって，対象物の有無の検知及び対象物までの距離の計測を行う」方法は，超音波による計測技術であり，魚群探知器などで利用されており，車では車体近くの障害物検出に利用されている。

イ：「道路の幅及び車線は無限遠の地平線で一点（消失点）に収束する，という遠近法の原理を利用して，対象物までの距離を計測する」方法は，カメラ画像の視野平面を解析することで被写体までの距離を算出する技術であり，写真測量などに利用されており，車では単眼カメラを用いた距離測定方式の一つとして利用されている。

ウ：「ミリ波帯の電磁波を送出し，その反射波を測定することによって，対象物の有無の検知及び対象物までの距離の計測を行う」方法は，ミリ波レーダーと呼ばれる計測技術であり，車の自動運転用のセンサーにも利用されているが，電磁波を使うので，LiDARではない。

問24　エ

NFC（Near Field Communication）の説明（R5春-AP 問24）

NFC（Near Field Communication）は，電波による近距離無線通信技術で，

IC カード型乗車券の Suica などに利用されており，非接触通信とも呼ばれる。NFC には次の三つの動作モードがあり，ピアツーピア（peer to peer，P2P）通信が可能なので，（エ）が正解である。

・カードエミュレーションモード：IC タグや IC カードの代替
・リーダ／ライタモード：IC タグや IC カードの読み書き
・ピアツーピアモード：NFC 端末同士の１対１の通信

ア，イ：上記の説明にあるように，NFC は電波を利用した近距離無線通信技術であり，接触型のタッチセンサーや接触式 IC カードには利用されない。

ウ：通信範囲は，周数帯や規格によるが，純粋な近距離はおおむね数 cm から数 m 程度ある。なお，よく似た通信技術の Bluetooth では，数 10m～100m 程度までの通信が可能である。

問25　ウ

コンピュータグラフィックスに関する記述（R5 春-AP 問 25）

ラジオシティ法は，３次元の数値情報からグラフィック画像を表示（生成）するための計算方法の一つであり，光の相互反射を利用して物体表面の光のエネルギーを算出することで，物体表面の輝度を決める。また，物体の表面で様々な方向に反射光が拡散していくことで，このような反射が多い粗く光沢のない素材の表面を拡散反射面と呼ぶ。ラジオシティ法は，拡張反射面だけを対象とした手法ではないが，拡張反射面に対する輝度計算においては，拡張反射面の相互反射による効果が考慮されるので，（ウ）が正しい。

ア：Z バッファ法に関する記述である。なお，隠面消去とは，立体の底や裏など，隠れて見えない面を消去して表示しないようにすることである。また，Z バッファ法の Z は，２次元の XY 軸に対して，奥行（視点からの距離）が Z 軸であることに由来する。

イ：ボリュームレンダリング法に関する記述である。メタボールは，物体を球や楕円体の集合として擬似的にモデル化する手法である。

エ：テクスチャマッピングに関する記述である。レイトレーシングは，光源からの光線の経路を計算することで，光の反射や透過などを表現して物体の形状を描画する手法である。

問26　ウ

JSON 形式で表現されるデータのデータベース格納方法（R5 春-AP 問 26）

JSON（JavaScript Object Notation）は，テキスト形式の構造化されたデータの記述方式で，XML（Extensible Markup Language）よりもシンプルで軽量という特徴がある。図 1，図 2 の商品データは，"項目名"："内容"という形式でデータが記述されていて，{ } で囲まれた範囲が１件の商品データである。また，１件の商品データは，項目数や項目名は一定ではなく，一つの項目に複数の値が含まれることもある。

ドキュメントデータベースは，JSON や XML のような不定形のデータをドキュメントとして格納する。そのため，項目構成の違いがあっても，1 件の商品データを 1 件のドキュメントとして扱うことができる。また，検索時に使用するキーにも制限がなく，任意の項目を使用できる。したがって，問題の商品データベースとして蓄積する際のデータ格納方法としては，（ウ）が正しい。

その他の格納方法には，次のような問題がある。

ア：階層型データベースは，木構造のような階層構造によってデータを格納する。この記述のように，項目名を上位階層とし，値を下位階層とした 2 階層の場合，1 件の商品データが異なる複数の木に分けて格納されるが，1 件の商品データとしてのまとまりを示すものがないので，検索時に，1 件の商品データとして抽出することができない。

イ：グラフとは，ノード間を線分で結んだものであり，この構造によるデータベースがグラフデータベースである。この記述のように，商品データの項目名の集合から成るノードと値の集合から成るノードを作り，二つのノードを関係付けたグラフでは，（ア）と同様に，1 件の商品データとしてのまとまりを示すものがないので，検索時に，1 件の商品データとして抽出することができない。

エ：関係データベースは，列名とデータ型などで定義した表にデータを格納する。データを格納する前に表の定義が必要になるため，「項目数や内容が予測できない」データを格納するためには適さない。また，図 1 の関連商品 ID のような，一つの項目に複数の値を含むようなデータを格納することはできない。

問 27　エ

ストアドプロシージャ（R5 春-AP 問 27）

通常，クライアント側からサーバに，関係データベースの処理を依頼する場合，クライアントとサーバの間で SQL 文と結果のやり取りが発生する。ストアドプロシージャは，よく利用される SQL 文をあらかじめサーバに登録しておき，クライアントからは，プロシージャを指定した CALL 文によって実行する。

ストアドプロシージャによって，「クライアントとサーバ間のトラフィックの軽減」，「誤った SQL の発行防止」，「SQL によるデータベース操作権限の強化」などが期待できる。（ア）～（ウ）は，ストアドプロシージャの記述として適切であるが，（エ）は，トリガーの説明であり，ストアドプロシージャの記述としては誤っているので，（エ）が正解である。なお，トリガーとは，データの変更など，あらかじめ指定したイベントが発生した場合に，プロシージャ（一連の SQL 文）を自動的に実行する仕組みである。

問 28　ア

べき等（idempotent）な操作の説明（R5 春-AP 問 28）

データベースシステムの操作のうち，同一の操作を複数回実行しても，一回しか実行しなかった場合の結果と同一になるものを，べき等（idempotent）な操作という。したがって，（ア）が正解である。例えば，処理の途中でエラーが起きたり，誤った操作を行ったりした結果，同一の操作を何度も行い，システムに対して同一の要求を複数回出してしまった場合でも，受信側では１回だけ処理を行い，その他の要求を破棄するなどの方法で実現する。

イ：データベースシステムの操作を行う上で重要な四つの性質である ACID 特性のうちの原子性（Atomicity）に該当する操作の説明である。

ウ：レプリケーション（replication；複製）の説明である。

エ：ACID 特性のうちの独立性（Isolation）に該当する操作の説明である。

問29 エ

UML を用いて表した図のデータモデルの多重度（R5 春-AP 問 29）

UML クラス図の多重度は，関連を示す線の両端に「最小値..最大値」の形式で記述する。最小値は，対応するがインスタンス（実現値）が存在しないことが許される場合は 0，一つ以上の場合は１である。最大値に制限がない場合，*と表記する。また，最大，最小値がなく固定値の場合には，その固定値を表記する。

空欄 a は，条件(1)に「部門には１人以上の社員が所属する」とあり，人数の上限は条件にないので，部門から見た多重度は「1..*」である。空欄 b は，条件(3)に「社員が部門に所属した履歴を所属履歴として記録する」とあり，社員には最低一つの所属履歴があり，一般に複数の所属履歴があるので，社員から見た多重度は「1..*」である。したがって，（エ）が正解である。なお，１件の所属履歴と関連をもつ部門，社員はそれぞれ一つなので，空欄の反対にある多重度は，それぞれ「1」になっている。

部門と社員は，一般に多対多の関連があるが，多対多の関連をもつデータは，そのままでは関係データベースに格納できないので，その関連を示す新たなエンティティ（連関エンティティと呼ばれる）を作成して，１対多と多対１の二つの関連に分解する。

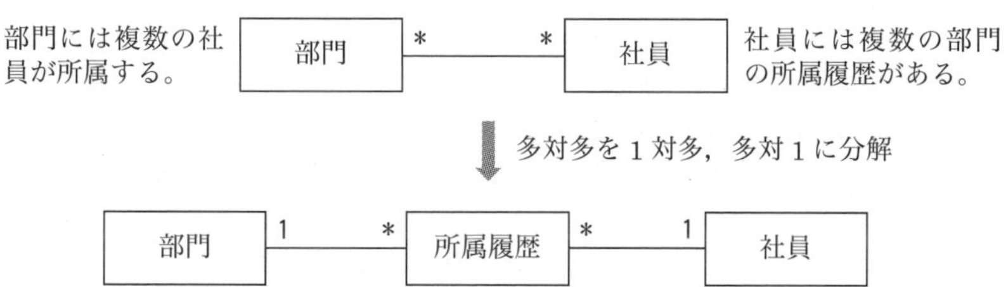

問30 ア

SQL 文の ON DELETE 句に指定する語句（R5 春-AP 問 30）

“注文明細”の注文番号のように，その値によって参照する“注文”に対する外部キーとして定義すると，参照関係を維持するために表の間の制約（参照制約）

が生じる。そして，参照される表“注文”の行を削除したときなどの，参照表“注文明細”の行の扱いは参照制約動作と呼ばれ，テーブル作成時に，削除であればON DELETE句のオプションとして指定する。オプションには次のものがある。

CASCADE……参照表の対応する行（外部キーの値が同じ）を削除する。

NO ACTION……参照表に対応する行があるときにはエラーにする。

RESTRICT……NO ACTIONと同じ。

SET NULL……参照表の対応する行の外部キーの値をNULLにする。

SET DEFAULT……参照表の対応する行の外部キーの値をあらかじめ指定されているデフォルト値にする。

主キー側の表“注文”の行を削除すると，参照する側の表“注文明細”の対応する行が自動的に削除されるようにする指定は，CASCADEなので（ア）が正解である。

イ：複数の SELECT 文の間をつなぐ演算子として，問合せ結果を統合（和）するUNIONと同様に，問合せ結果の共通部分（積）を求める場合に指定するのがINTERSECTである。

ウ：RESTRICTは，参照する側の表に対応する行があるとき，削除操作をエラーにする指定である。

エ：UNIQUEは，表中の項目の値に対する制約として，複数の行で値の重複を許さないときに指定する。なお，NULL値による重複は認められる。

問31　イ

PLCの説明（R5春-AP 問31）

PLC（Power Line Communication）とは，その名のとおり，電力線（Power Line）を通信回線として利用する技術のことである。したがって，（イ）が正しい。電力線は，データ伝送に使うことを想定したケーブルではないことから，通信に使える帯域が10 kHz～450 kHzに制限され，10 kビット／秒程度の低速なデータ通信に限定されていた。その後，家庭内の電力線をLAN用の回線としても利用できるように総務省令が改正され，屋内に限り2 MHz～30 MHzの帯域を使用した高速な通信が可能になっている。

その他の記述が示すものは，次のとおりである。

ア：音声データをIPネットワークで伝送する技術は，VoIP（Voice over IP）である。

ウ：IEEE 802.11シリーズ（無線LANの標準規格の総称）

エ：無線通信における暗号化技術には，WEP（Wired Equivalent Privacy）やTKIP（Temporal Key Integrity Protocol），CCMP（Counter mode with CBC-MAC Protocol）などがある。

問32 ウ

パケット送付個数の計算（R5春-AP 問32）

LANにおける送信時間は，

（1パケットの送信時間）×（パケット数）＋（パケット送信間隔の合計）

で算出される。この問題のようにパケット送信間隔が1ミリ秒で，パケット数がN個のときのパケット送信間隔の合計は $1\times10^{-3}\times(N-1)$（秒）になる。そのため，100Mビット／秒のLANにおいて，ヘッダーを含めて1,250バイトのパケットN個の送信時間（秒）は，

$$\frac{1{,}250\text{（バイト）}\times8\text{（ビット／バイト）}}{100\times10^{6}\text{（ビット／秒）}}\times N + 1\times10^{-3}\times(N-1)\quad\cdot\cdot①$$

になる。同様に，1Gビット／秒のLANにおける送信時間（秒）は，

$$\frac{1{,}250\text{（バイト）}\times8\text{（ビット／バイト）}}{1\times10^{9}\text{（ビット／秒）}}\times N + 1\times10^{-3}\times(N-1)\quad\cdot\cdot②$$

になる。そして，①の送信時間は，②の送信時間よりも9ミリ秒多く掛かったことから，①−②$=9\times10^{-3}$（秒）になるので次の等式が成り立つ。

$$\left(\frac{1{,}250\times8}{100\times10^{6}}-\frac{1{,}250\times8}{1\times10^{9}}\right)\times N=9\times10^{-3}\quad\cdot\cdot③$$

ここで，$1{,}250\times8=10{,}000=1\times10^{4}$なので，③の左辺は次のように変形できる。

$$\left(\frac{1\times10^{4}}{100\times10^{6}}-\frac{1\times10^{4}}{1\times10^{9}}\right)\times N=\left(\frac{10\times10^{4}}{1\times10^{9}}-\frac{1\times10^{4}}{1\times10^{9}}\right)\times N$$ …分母を 1×10^{9} に

$$=\frac{9\times10^{4}}{1\times10^{9}}\times N=9\times10^{-5}\times N$$

したがって，③の等式は $9\times10^{-5}\times N=9\times10^{-3}$ となり，$N=100\ (=10^{2})$ なので，（ウ）が正しい。

問33 ウ

イーサネットフレームに含まれる宛先情報の送出順序（R5春-AP 問33）

イーサネット（Ethernet）はIEEE802.3委員会によって標準化されたネットワークの規格で，イーサネットフレームはイーサネットで送受信される伝送単位（パケット）である。また，TCP/IPのプロトコル体系では，データリンク層の伝送単位をフレームと呼び，イーサネットフレームはデータリンク層で送受信される。一般に，階層型ネットワークアーキテクチャに基づくプロトコルでは，上位階層プロトコルの伝送単位であるパケット（ヘッダー＋データ）が，その下の階層プロトコルではデータとして扱われ，伝送のためのヘッダーが付けられる。

トランスポート層のTCPパケットの前には，すぐ下の層であるネットワーク層のIPヘッダーが付けられIPパケットになる。さらに，その下の層であるデー

タリンク層のイーサネットヘッダーが IP パケットの前に付けられたイーサネットフレームとして LAN 上に送出される。このとき，宛先 MAC アドレスはイーサネットヘッダー，宛先 IP アドレスは IP ヘッダー，宛先ポート番号は TCP ヘッダーに含まれるので，送出順序は宛先 MAC アドレス，宛先 IP アドレス，宛先ポート番号の順になり，（ウ）が正解である。

←―――――― 送信の方向

イーサネットヘッダー	IP ヘッダー	TCP ヘッダー	データ

イーサネットヘッダー：宛先 MAC アドレスを含む
IP ヘッダー：宛先 IP アドレスを含む
TCP ヘッダー：宛先ポート番号を含む

図　イーサネットフレーム

問34　エ

ネットワーク層に属するプロトコル（R5 春-AP 問 34）

OSI 基本参照モデルのトランスポート層は，上位層のアプリケーション機能が求めるサービスと，下位層の通信機能が提供するサービスとのギャップを埋める（調整する）ための機能を提供する層であり，この層に位置する代表的なプロトコルには TCP と UDP がある。したがって，（エ）の UDP が正解である。

TCP（Transmission Control Protocol）は，通信に先立ちコネクションを設定するコネクション型で，到達確認や再送機能があり，信頼性の高い通信を実現するためのプロトコルである。一方の UDP（User Datagram Protocol）は，コネクションレス型のプロトコルであり，到達確認や再送機能をもたないため，TCP に比べて信頼性は劣るが，通信性能の面では優れている。TCP/IP を利用するアプリケーションでは，信頼性と通信性能のどちらを優先するかによって，TCP と UDP を選択して利用することで，IP 以下が同じプロトコルであっても，求めるサービスレベルの通信機能が利用できる。

ア：HTTP（HyperText Transfer Protocol）……Web サーバと Web ブラウザ間で主に HTML データを交換するプロトコルで，アプリケーション層に位置する。

イ：ICMP（Internet Control Message Protocol）……IP パケットの転送中に発生したエラーメッセージや，IP レベルの照会メッセージを転送するためのプロトコルであり，ネットワーク層に位置する。また，通信の診断などに利用される ping コマンドは，この ICMP を利用している。なお，ネットワーク層に位置するプロトコルには，よく知られた IP（Internet Protocol）の他に，IP パケットを暗号化して送受信するための IPsec（Security Architecture for Internet Protocol）などがある。

ウ：SMTP（Simple Mail Transfer Protocol）……メールクライアントからメールサーバへ，及びメールサーバ間でのメール送信を行うプロトコルで，アプリケーション層に位置する。

問35 イ

接続を維持したまま別の基地局経由の通信に切り替えること（R5 春-AP 問 35）

モバイル通信サービスにおいて，移動中のモバイル端末が通信相手との接続を維持したまま，ある基地局経由から別の基地局経由の通信へ切り替えることをハンドオーバーと呼ぶ。したがって，（イ）が正しい。

通信中の基地局は，モバイル端末の通信状態の情報を基にして，モバイル端末に対して別の基地局への切替えを指示するとともに，切替え後の基地局に対して切替えを要求する。その後，通信する基地局が自動的に切り替えられる。切替え前の基地局と切替え後の基地局では，当該モバイル端末の通信の情報を連携して，モバイル端末と通信相手との接続を維持する。なお，無線 LAN 環境において，移動中の無線 LAN 端末が別の無線アクセスポイントへ接続を切り替えることもハンドオーバーと呼ばれる。

ア：テザリングは，PC などを，スマートフォンなどのモバイル端末を経由してインターネットに接続することである。PC などは，モバイル端末と無線 LAN や USB ケーブル経由で通信し，モバイル端末は基地局経由でインターネットに接続する。

ウ：フォールバック（縮退）は，一般に，システム障害時などに機能や性能を制限してでも，サービスは継続するという考え方である。モバイル通信サービスでは，例えば，5G の通信において，通信品質が低下した際に一時的に 4G の通信に切り替えることなどが該当する。

エ：モバイル通信サービスにおけるローミングは，契約している通信事業者とは別の事業者の基地局経由の通信サービスを利用することである。

問36 ア

ボットネットにおいて C&C サーバが担う役割（R5 春-AP 問 36）

コンピュータの利用者にとって有害なソフトウェアの総称を「マルウェア」という。ボットはマルウェアの一種で，マルウェアに感染したコンピュータなどの機器を，ネットワークを通じて外部から遠隔操作するために送り込まれるプログラムである。また，ボットネットとは，ボットに感染したコンピュータや機器で構成されたネットワークのことであり，ボットネットの構成機器に対して外部から指令を与えるサーバが C&C サーバ（Command and Control server）である。C&C サーバは，感染したコンピュータネットワーク内の情報を攻撃元のサーバへ送信する命令を出して情報を盗む攻撃や，データを暗号化して復号するための金銭を要求するランサムウェアの攻撃，攻撃先を指定してボットネットの構成機器に一斉に攻撃命令を出す DDos 攻撃（Distributed Denial of service attack）などに用いられる。したがって，（ア）が正解である。

問37　ウ

セキュアOSのセキュリティ上の効果（R5春-AP 問37）

OSの脆弱性の対策として，OSのセキュリティ機能を強化したものをセキュアOSという。セキュアOSは，アクセス権限の管理機能が強化されていて，強制アクセス制御（MAC；Mandatory Access Control）と呼ばれる機能を有している。強制アクセス制御とは，システム管理者だけが利用者のアクセス権限を設定でき，その範囲でのアクセスを利用者に強制するもので，この機能によってファイルの更新を禁止すれば，システムに侵入されてもファイルの改ざんを防止できる。したがって，（ウ）が正解である。なお，強制アクセス制御に対して，利用者が自身でアクセス権限を設定できる方式を，任意アクセス制御（DAC；Discretionary Access Control）と呼ぶ。

外部からの攻撃によるファイルの改ざんを防止するためにファイルの更新を禁止した場合，システムの利便性が大きく失われるため，実際の運用が可能なのかという点には疑問があるが，この問題では，機能的に可能かということが問われているので，気にする必要はない。

ア：シングルサインオン（SSO）の効果である。一度の認証で複数のシステムにアクセスができ，パスワードの管理がしやすくなる。一方で，そのパスワードが流出すると，全てのシステムにアクセス可能になるというデメリットがある。

イ：WAF（Web Application Firewall）の効果である。ファイアウォールやIDSなどでは防げないアプリケーション層への攻撃を防ぐために，WAFによるセキュリティ対策が必要になる。

エ：二段階認証の効果である。この記述は，パスワードによる認証と専用トークンを使ったワンタイムパスワードによる認証を二段階で行う二段階認証方式の他に，パスワードという知識要素と，専用トークンという所有要素を使う点から，二要素認証方式という捉え方もできる。

問38　ウ

デジタル署名の検証鍵と使用方法（R5春-AP 問38）

RSA方式は，公開鍵暗号の代表的な方式である。デジタル署名では，秘密鍵で暗号化したデータを公開鍵で復号することで，検証する。このとき，具体的には，次の手順で暗号化，復号を行う。

ここで，秘密鍵は，署名者の秘密鍵，公開鍵は署名者の公開鍵である。なお，送信対象のデータ自体の暗号化は必須ではないので，この手順では割愛している。

表　検証手順

	誰が	何をするか
①	署名者（送信者）	対象データのメッセージダイジェスト（ハッシュ値）を作成する。
②	署名者（送信者）	①のメッセージダイジェストを秘密鍵で暗号化する。
③	署名者（送信者）	対象データ自体に②で暗号化したメッセージダイジェスト，公開鍵証明書を添付し，署名付きデータとする。
④	署名者（送信者）	署名付きデータを送付，あるいは公開する。
⑤	受信者	公開鍵証明書に含まれる公開鍵を抽出する。
⑥	受信者	署名付きデータの中の対象データのメッセージダイジェスト（ハッシュ値）を作成する。
⑦	受信者	署名付きデータの中の暗号化されたメッセージダイジェスト②を，⑤で抽出した公開鍵で復号する。
⑧	受信者	⑥の結果と，⑦の結果を突き合わせ，一致していれば署名者が署名をし，その後，改ざんされていないと確認できる。

問題文の「検証鍵」は，表の⑤の送信者の公開鍵に当たる。そして，「デジタル署名からメッセージダイジェストを取り出す」は，表の⑦の復号に該当する。

したがって，（ウ）が正解である。

ア，イ：デジタル署名では，受信者の秘密鍵も公開鍵も使用しない。

エ：送信者の秘密鍵を，受信者が知ってしまったら，公開鍵暗号方式が成立しなくなる。

問39　ウ

政府情報システムのためのセキュリティ評価制度（ISMAP）（R5 春-AP 問 39）

“政府情報システムのためのセキュリティ評価制度（ISMAP（イスマップ）；Information system Security Management and Assessment Program）”は，政府が求めるセキュリティ要求を満たしているクラウドサービスをあらかじめ評価，登録することによって，政府のクラウドサービス調達におけるセキュリティ水準の確保を図る制度である。したがって，（ウ）が正しい。

ISMAP では，クラウドサービス事業者が申請を行い，セキュリティ要求事項（ISMAP 管理基準）への適合状況の審査を経て，ISMAP クラウドサービスリストもしくは低リスク用途の SaaS を対象とする ISMAP-LIU（ISMAP for Low-Impact Use）クラウドサービスリストに登録，公開される。政府の調達は，原則として，これらのリストに掲載されているクラウドサービスの中から行われる。

（ア），（イ），（エ）については，いずれも説明のとおりの制度はない。次に，関連する事項を補足する。

ア：個人情報の取扱いに関しては，JIS Q 15001（個人情報保護マネジメントシステム－要求事項）に準拠した“プライバシーマークにおける個人情報保護マネジメントシステム構築・運用指針”に基づいて事業者を評価し，適合を示すマークを付与するプライバシーマーク制度がある。ただし，政府が求める保護措置を講ずることを評価する制度ではない。

イ：個人データの海外への移転には，提供や委託などがある。提供については，原則として本人の同意が必要である。委託については，移転先が個人情報保護委員会の定める体制を整備しているなどの条件を満たす場合に限って，本人の同意のない移転が可能である。なお，これらは個人情報保護法で規定されているが，制度化はされていない。

エ：クラウドサービスに関しては，JIS Q 27001（情報セキュリティマネジメントシステム－要求事項）に基づく ISMS 認証を前提として，ISO/IEC 27017（ISO/IEC 27002 に基づくクラウドサービスのための情報セキュリティ管理策）に基づく認証基準への適合を評価する制度として，ISMS クラウドセキュリティ認証がある。ただし，説明のとおりの国際規格はない。

問40　イ

ソフトウェアの既知の脆弱性を一意に識別するために用いる情報（R5 春-AP 問 40）

ソフトウェアの既知の脆(ぜい)弱性を一意に識別するために用いる情報は，CVE（Common Vulnerabilities and Exposures；共通脆弱性識別子）である。したがって，（イ）が正しい。

CVE は，個別のソフトウェア製品中の脆弱性を識別するもので，米国政府の支援を受けた非営利団体の MITRE（マイター）社が採番している。日本で使用されているソフトウェアなどの脆弱性関連情報とその対策情報を提供する脆弱性対策ポータルサイトの JVN（Japan Vulnerability Notes）では，JVN 独自の脆弱性識別番号に加えて，CVE の情報も提供されている。

ア：CCE（Common Configuration Enumeration；共通セキュリティ設定一覧）は，セキュリティに関連するシステム設定項目を識別するために用いる情報である。

ウ：CVSS（Common Vulnerability Scoring System；共通脆弱性評価システム）は，情報システムの脆弱性の深刻度の評価手法である。基本評価基準，現状評価基準，環境評価基準という三つの基準が用いられる。

エ：CWE（Common Weakness Enumeration；共通脆弱性タイプ一覧）は，ソフトウェアの脆弱性の種類を識別するために用いる情報である。

問41　ア

TPM に該当するもの（R5 春-AP 問 41）

TPM（Trusted Platform Module）は，PC などの機器のマザーボード上に搭載され，公開鍵ペアや共通鍵の元になる乱数の生成，ハッシュ演算及び暗号処理を行うセキュリティチップである。したがって，（ア）が正解である。TPM は，外部から TPM 内の鍵などの秘密情報を読み出せない特性である耐タンパ性をもっている。なお，TPM の Trusted Platform とは，信頼基盤というような意味である。

その他は，次のようなセキュリティ技術や装置である。

イ：送信ドメイン認証技術には，SPF（Sender Policy Framework）や DKIM（Domain Keys Identified Mail）などがある。SPF では，送信元のドメインの DNS サーバに登録されている認証対象の IP アドレスと，電子メールを受信した際の送信元の IP アドレスを照合して，送信元を認証する。DKIM では，送信側のメールサーバが電子メールに付与したデジタル署名を，受信したメールサーバが検証して，送信元を認証する。

ウ：UTM（Unified Threat Management；統合脅威管理）装置に該当する。

エ：SIEM（Security Information and Event Management；セキュリティ情報及びイベント管理，「シーム」と読む）に該当する。

問42　イ

デジタルフォレンジックスの手順に含まれるもの（R5 春-AP 問 42）

デジタルフォレンジックス（Digital Forensics）は，不正アクセスなどのコンピュータに関する犯罪の法的な証拠性を確保できるように，情報の完全性を保護し，データの厳密な保管，引渡し管理を維持しながら，データの識別，収集，検査，科学的手法を適用した分析，報告を行う一連の活動である。サーバのハードディスクを解析し，削除されたログファイルを復元することによって，不正アクセスの痕跡を発見することは，デジタルフォレンジックスの分析の手順に該当する。したがって，（イ）が正しい。

その他の（ア），（ウ），（エ）は，攻撃に対する監視や予防に関する手順で，いずれもセキュリティインシデントが発生する前に実行される。デジタルフォレンジックスは，発生したセキュリティインシデントに対して実行する活動なので，これらは手順に含まれない。

問43　エ

公衆無線 LAN のアクセスポイント設置におけるセキュリティ対策（R5 春-AP 問 43）

公衆無線 LAN のアクセスポイントを設置するときのセキュリティ対策なので，不特定多数の人が使うことを想定する。その場合，アクセスポイントに無線で接続し，そこを経由して使いたいサービスを利用するのが一般的な使い方である。しかし，アクセスポイントに接続している他の端末の IP アドレスなどの情報を調べることもできるので，その情報を使えば，アクセスポイントを経由して他の端末に無断でアクセスすることも可能である。

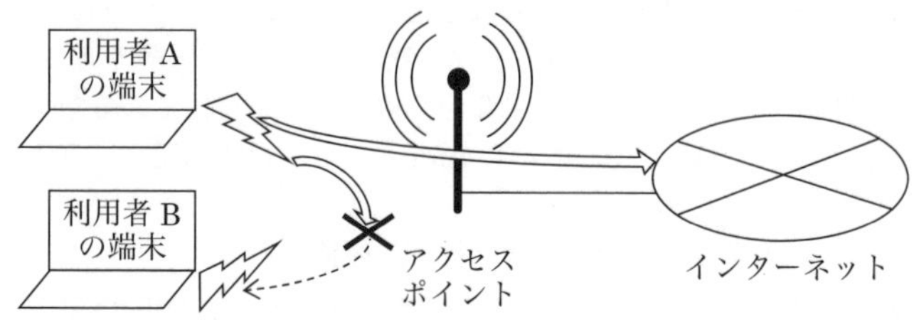

不特定多数の人が使うということは悪意のある人がアクセスポイントを使う可能性もあり，こうした人による不正アクセスを防ぐためには，同一のアクセスポイントに無線で接続している端末同士の通信を，アクセスポイントで遮断する対策が有効である。したがって，（エ）が適切である。

ア：MAC アドレスフィルタリングは，未登録の端末を接続させないための対策である。しかし，不特定多数が使う公衆無線 LAN では，利用可能な MAC アドレスをあらかじめ登録しておくことは不可能であり，フィルタリングを実施できないため，なりすましを防止することもできない。

イ：SSID（Service Set Identification）は無線 LAN の識別子で，無線 LAN のアクセスポイントは，自身の SSID を定期的に発信して利用者に自身の存在を知らせている。この SSID を秘匿するためには，SSID の暗号化ではなく，SSID の発信を行わないようにする，SSID ステルス機能を使う。

ウ：SSID には，任意の値が設定可能であり，自社のドメインを SSID としても同一の SSID を設定できるので，悪意のあるアクセスポイントの設置は防止できない。なお，レジストラとは，利用者からの依頼によって，レジストリと呼ばれるドメイン名の管理データベースに，ドメイン情報を登録する業者のことである。

問44　エ

サブミッションポートを導入する目的（R5 春-AP 問 44）

サブミッションポート（ポート番号 587）は，プロバイダが実施しているスパムメール対策の OP25B（Outbound Port25 Blocking）と合わせて導入され，SMTP-AUTH（SMTP-Authentication）を使ってメール送信者を認証するので，（エ）が正解である。

OP25B は，プロバイダのメールサーバを経由せずにインターネットへ送信される SMTP（Simple Mail Transfer Protocol）通信（ポート番号 25）を遮断するセキュリティ対策である。なお，アウトバウンド（outbound）通信とは，インターネットへ向かう通信を意味する。

OP25B を導入した場合，プロバイダの会員はプロバイダのメールサーバを経由したメールは送信できる。一方，インターネット接続だけの目的でプロバイダを利用し，他のメールサーバからメールを送信しようとすると，SMTP が遮断されてメールを送信できないという不都合が生じる。そこで，サブミッションポートを使用して，インターネット経由で自分のメールサーバへ接続する仕組みが使われる。そして，サブミッションポートへの接続時には，SMTP-AUTH によるメール送信者の認証を行い，不正なメール送信を防止している。

ア：送信ドメイン認証の SPF（Sender Policy Framework）では，受信側のメールサーバが，送信側の DNS サーバに登録されている SPF レコードを問い合わせて，送信側メールサーバの IP アドレスの適切性を検証する。

イ：送信ドメイン認証の DKIM（Domain Keys Identified Mail）では，受信側のメールサーバが，送信側の DNS サーバに登録されている公開鍵を用いて，メールに付与されたデジタル署名を検証する。

ウ：POP before SMTP は，メールサーバがメール送信者を認証する仕組みである。SMTP は，当初，送信者認証機能をもっていないことから，認証機能のある POP（Post Office Protocol）を使って送信者を認証する，POP before SMTP が使用された。しかし，POP の認証単位は，メールの送信者単位ではなく，IP アドレス単位に行われるので，例えば，NAPT（Network Address Port Translation）ルータ配下にある端末は，最初の端末が認証されると，それ以外の端末は，認証されることなく，メールを送信できるという問題点があった。その後，メールサーバもメールクライアントも SMTP-AUTH をサポートするようになったので，POP before SMTP は，あまり利用されなくなっている。

問45　エ

特定の IP セグメントからだけアクセス許可するセキュリティ技術（R5 春-AP 問 45）

フリーアドレス制の座席を採用している業務環境において，特定の PC に対して特定の IP セグメントの IP アドレスを割り当て，一部のサーバへのアクセスをその IP セグメントからだけ許可するために利用する技術は，認証 VLAN である。したがって，（エ）が正しい。

VLAN（Virtual LAN）は，物理的な LAN の接続構成と論理的な LAN の構成とを分離する技術で，認証 VLAN では，認証結果に基づいて VLAN を動的に割り当てる。認証 VLAN には複数の方式があるが，その一つであるネットワークスイッチへの接続時に IEEE802.1X による認証を行い，ネットワークスイッチが DHCP サーバ機能をもつ方式について，認証 VLAN を利用するサーバアクセスの例を図に示す。

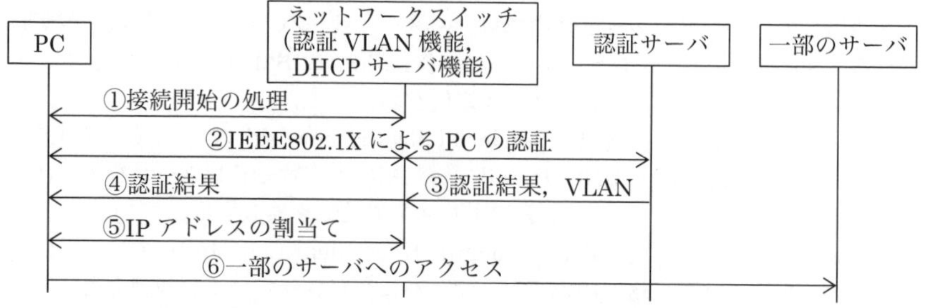

図　認証VLANを利用するサーバアクセスの例（図は簡略化している）

① PCは，有線LANポートに接続されると，ネットワークへの接続を開始する。
② PCは，ネットワークスイッチ経由で認証サーバと通信を行い，IEEE802.1Xによって認証される。
③，④ 認証サーバは，認証結果と当該PC用のVLAN-IDを応答する。ネットワークスイッチは，当該PCの接続ポートのVLANを動的に設定し，認証結果をPCに通知する。
⑤ ネットワークスイッチのDHCPサーバ機能によって，当該VLAN-IDに対応する特定のIPセグメントのIPアドレスが割り当てられる。
⑥ PCは，ネットワークスイッチのアクセス制御の設定に従って，許可された一部のサーバにアクセスする。

その他は次のとおりで，本問の要件の実現において，いずれも利用されない。
ア：IDS（Intrusion Detection System；侵入検知システム）は，ネットワーク経由の攻撃を検知する技術である。
イ：IPマスカレードは，NAPT（Network Address and Port Translation）と同様で，IPアドレスとポート番号の組みを変換する技術である。
ウ：スタティックVLANは，ネットワークスイッチのポートにVLANを静的に設定する技術であり，PCによって異なるIPセグメントを使うフリーアドレス制の業務環境では利用できない。

問46　ウ

モジュール結合度が最も低い情報の受渡し方法（R5春-AP 問46）

モジュール結合度はモジュール間の関連性の尺度で，七つのタイプに分類される。一般に結合度は低いほどよいとされている。高いもの（つまり，よくないもの）から順に並べると，次のようになる。(7)の非直接結合とは，モジュール間に何の関係もないというものであり，理想的な結合ではあるが，現実的にはほとんどあり得ないので，(1)～(6)の六つのタイプに分類して考えるのが一般的である。

(1) 内容結合　　　（モジュール結合度が高い）よくない
(2) 共通結合
(3) 外部結合
(4) 制御結合
(5) スタンプ結合
(6) データ結合
(7) 非直接結合　　（モジュール結合度が低い）よい

このうち，モジュール結合度の最も低い(6)のデータ結合は「データ項目だけをモジュール間の引数として渡す」結合形態であるので，（ウ）が正解である。

その他の選択肢は，それぞれ次のとおりである。

ア：「共通域に定義したデータを関係するモジュールが参照する」結合形態は(2)の共通結合に当たる。

イ：「制御パラメータを引数として渡し，モジュールの実行順序を制御する」形態は(4)の制御結合である。この形態では，相手のモジュールの内部ロジックを意識する必要があるため，モジュール結合度は高くなる。

エ：「必要なデータを外部宣言して共有する」形態は(3)の外部結合に当たる。

選択肢にないものとして，(1)の内容結合とは，呼出元（先）のモジュール内部を直接参照・更新するような結合形態，(5)のスタンプ結合は，構造体のポインタを引数にして渡す場合などで，受け取る側がこのデータ構造を意識して，必要なデータを利用するという結合形態である。

問 47　ウ

条件に従った決定表の動作指定部の設定（R5 春-AP 問 47）

決定表は取り得る条件を記述した上部の「条件記述部」，「条件指定部」と，その条件を満たす場合の動作を記述した下部の「動作記述部」，「動作指定部」から構成される表である。複雑な条件を整理して動作と対応させるのに適しており，要件定義の記述やプログラムの制御条件漏れのチェックやテストケースの洗出しなどで利用されている。

図　決定表の記述内容

条件記述部	条件指定部
動作記述部	動作指定部

決定表の条件記述部に記述した条件が成立するときは，条件指定部に“Y”(Yes)を，条件が不成立のときは“N”（No）を記入して場合分けをする。そして，条件指定部の条件ごとに，実行する動作指定に“X”（eXecute）を，実行しない動

作に“－”（ハイフン）を記入する。

この問題では，〔値引き条件〕に対応させて，正しい値引きをする動作を調べていくが，動作指定部を示す選択肢の左から 2 列目の動作は，「上得意客が Y，高額取引が Y，現金取引が N」の場合なので，条件の①と②が該当し，元値の 3+3＝6%を値引きすることになる。この時点で動作指定部の上から 3 行目が X となっている（ア），（ウ）が正解候補になる。

次に，選択肢の左から 3 列目の動作は，「上得意客が Y，高額取引が N，現金取引が Y」の場合なので，条件の①と③が該当し，元値の 3+3＝6%を値引きすることになる。これより，動作指定部の上から 3 行目が X となっている（ウ）が正解になる。

なお，〔値引き条件〕では，①～③の条件に一つ合致するごとに，3%ずつ値引きが増えることになっているので，各列の条件指定部に記述されている「Y」の数を数えれば，何%値引きするかが分かる。

問 48　イ

各スプリントで実施するスクラムイベントの順序（R5 春-AP 問 48）

スクラム（scrum）は，代表的なアジャイル開発手法の一つである。最終成果物の完成（プロダクトゴール）に至るまでに中間成果物の作成と改良を繰り返すが，一定の期間で区切った短い開発サイクルをスプリント（sprint）という。

1 回のスプリントには，計画～実施～評価～振返りの一連の工程（スクラムイベント）が組み込まれているが，問題に示されたスクラムイベントの概要は，それぞれ次のとおりである。

1：スプリントプランニング……チーム全員で参加し，スプリントでやるべきものを決定する。達成できるプランニング（計画）を考え，プロダクトオーナーとの間でコミットメントする。
2：スプリントレトロスペクティブ……スプリント振返りとも呼ばれ，スプリントレビューの後，スクラムチームで何がうまくいき，何がうまくいかなかったのかを議論し，継続的なプロセス改善を促進する活動である。
3：スプリントレビュー……プロダクトについてのレビュー（評価）を実施する。成果物の検査と対応のため，プロジェクトの利害関係者全員が参加する。
4：デイリースクラム……1 日の作業の開始時に開発チームが実施する活動である。その日に行う作業内容や，問題の発生状況など 15 分で確認をする。

これらのスクラムイベントを「計画～実施～評価～振返り」の順序で並べると，1 → 4 → 3 → 2 となるので，（イ）が正解である。

問 49　イ

特許を取得した特許権者から実施許諾が必要になる場合（R5 春-AP 問 49）

特許における実施許諾とは，特許となっている発明（技術）を使って製品の製造・販売する権利を，第三者に公式に許可することである。同じ技術を利用して国内で製造したものを，日本国外に輸出する場合も特許権者から実施許諾を受ける必要があるので，（イ）の場合が正解である。

ア：特許権は「業として特許発明の実施をする権利」であり，営利を目的とせず，家庭内で個人的に利用するだけの場合であれば，権利の侵害には当たらず，実施許諾を受ける必要はない（特許法第68条：特許権の効力）。

ウ：特許権の存続期間は，特許出願の日から20年なので，25年を越えた後で同じ技術を事業化するのであれば，実施許諾を受ける必要はない（特許法第67条：存続期間）。

エ：特許Aの出願日よりも前から特許Aと同じ技術を独自に開発して，日本国内でその技術を用いた製品を製造販売していたことが証明できる場合は，そのまま製造し販売できる通常実施権があり，実施許諾を受ける必要はない（特許法第79条：先使用による通常実施権）。

問50 エ

サーバプロビジョニングツールを使用する目的（R5春-AP 問50）

プロビジョニング（provisioning）は，利用者からの要求など，必要に応じてネットワーク設備やシステムリソースを提供することである。サーバプロビジョニングツールとは，ネットワークを使用するために必要なサーバ設定をするためのツールであり，ソフトウェアを備えたサーバを準備し，ネットワーク操作の準備を整えることを目的として使用される。サーバプロビジョニングツールを使用すると，企業にとって適切なシステムやデータ，システム構成をあらかじめ記述しておくことによって，サーバを自動的に構成することができる。したがって，（エ）が正解である。

ア：「サーバ上のサービスが動作しているかどうかを，他のシステムからリモートで監視する」のは，ネットワークを使用するために必要なサーバ設定に該当しない。

イ：「サーバにインストールされているソフトウェアを一元的に管理する」のは，ネットワークを使用するために必要なサーバ設定に該当しない。

ウ：「サーバを監視して，システムやアプリケーションのパフォーマンスを管理する」のは，ネットワークを使用するために必要なサーバ設定に該当しない。

問51 エ

プロジェクトの立上げプロセスで作成する“プロジェクト憲章”（R5春-AP 問51）

プロジェクト憲章は，プロジェクトを正式に許可するために作成される文書で，プロジェクトマネージャを特定し，プロジェクトマネージャの責任と権限が記述される。この他，ビジネスニーズ，プロジェクトの目標，成果物，概算の予算，前提や制約などが文書化されるので，（エ）が正解である。

ア：プロジェクトマネジメント計画書の説明である。スケジュール，リスクの他に，課題，変更管理，コスト，コミュニケーション，構成管理，品質，健康，環境などに関するマネジメントの役割・責任・組織などが記述される。

イ：プロジェクトスコープ規定書（又は記述書）の説明である。スコープを明確に定義することを目的としている。

ウ：WBS（Work Breakdown Structure）の説明である。WBS では階層が下がるごとに作業が詳細に記述される。

問 52　ア

クリティカルチェーン法でアクティビティの直後に設けるバッファ（R5 春-AP 問 52）

クリティカルチェーン法（CPM；Critical Path Method）とは，プロジェクトを完了させるために実行しなければならないタスクを明らかにする手法であり，クリティカルチェーン（クリティカルパス）とは，プロジェクトの全工程を最短時間で完了するために重要な作業経路（最も長い時間を要するタスクの連鎖）のことである。クリティカルチェーン法では，リソースの不足や競合が発生することを前提として，プロジェクトの不確実性に対応するためのバッファ（余裕日数）を配置しておく。バッファには，大きく分けると合流バッファ（フィーディングバッファ）とプロジェクトバッファ（所要期間バッファ）の二つがある。クリティカルチェーン上にないアクティビティが遅延してもクリティカルチェーン上のアクティビティに影響しないように，クリティカルチェーンにつながっていくアクティビティの直後に設けるバッファは「合流バッファ」である。したがって，（ア）が正解である。

イ：「資源バッファ」は，制約されている資源の遅れを考慮するもので，常に使用するのではなく，対象となるタスクがあるときだけ，そのタスクの後に配置する。

ウ：「フレームバッファ」は，クリティカルチェーン法ではなく，コンピュータ内部で一画面分の表示内容を記憶するメモリ領域やメモリ装置のことである。

エ：「プロジェクトバッファ」は，プロジェクトのクリティカルチェーンを守るために，クリティカルチェーンの最後に配置されるものであり，プロジェクトの進捗具合によって増減されていく安全余裕のためのバッファである。

問 53　イ

作業配分モデルにおける完了日数の算出（R5 春-AP 問 53）

作業配分モデルはプロジェクト全体を 1 として，各工程に対する工数と期間の比率を示したものである。問題では作業に掛かった日数が示されているので，期間比を使って計算する。

システム要件定義からシステム内部設計までをモデルどおりに進めたことから，これらの期間比は 0.25＋0.21＋0.11＝0.57 となる。これを 228 日で完了したということから，プロジェクト全体の完了までに掛かる全体の日数を求めると，

228／0.57＝228／(57／100)＝228×(100／57)＝400（日）

となる。

現時点でプログラム開発は，200 本のうちの 100 本を完了し，残りの 100 本が未着手という状況である。プログラム開発の期間比は 0.11 なので，掛かる日数は 400×0.11＝44（日）となるが，現時点では 100／200（本）を完成させた状態なので，ここまでに掛かった日数は，

44×(100／200)＝22（日）

である。

以上から，プロジェクトの完了までに掛かる残りの日数は，全体の 400 日からシステム内部設計までの 228 日と途中までのプログラム開発の 22 日を引いて，

400－(228＋22)＝400－250＝150（日）

となる。

したがって，（イ）が正解である。

問 54　エ

デルファイ法の説明（R5 春-AP 問 54）

プロジェクトのリスクマネジメントにおけるリスクの特定は，プロジェクトの目標にプラス又はマイナスの影響を与える潜在的なリスクを洗い出し，その特性を決めることである。JIS Q 21500:2018（プロジェクトマネジメントの手引）によれば，リスクの特定を行うに当たって，「プロジェクト顧客，プロジェクトスポンサ，プロジェクトマネージャ，プロジェクトマネジメントチーム，プロジェクトチーム，上級管理者，使用者，リスクマネジメントの専門家，プロジェクト運営委員会のほかの構成員，対象分野の専門家など，多様な参加者が関係することが望ましい」としており，対象分野の専門家が関係することもある。

プロジェクトのリスク特定におけるデルファイ法は，リスクを特定するため，対象分野の専門家に判断を仰ぐ技法である。専門家に対して，プロジェクトでどのようなリスクが発生しそうかを文書で質問し回答してもらい，この回答で得られた見解を要約して再配布し，再度同じ質問を行うことを繰り返す中で専門家の意見を収束していく手法である。したがって，（エ）が正解である。

なお，選択肢として取り上げられている各技法は，リスク特定に特化した技法ではなく，様々な分野で利用されている

ア：確率に基づくモンテカルロ分析の説明である。プロジェクトの納期が守れる確率や，コストが予算内に収まる確率を出すときなどに使われる。

イ：過去の経験や知識から，想定されるリスクをチェックリストにまとめておきリスクを識別する方法は，チェックリスト法である。

ウ：何人かが集まって，自由に多くのアイディアを出していく方法は，ブレーンストーミング法である。

問55 エ

サービスマネジメントシステム（SMS）における継続的改善（R5 春-AP 問 55）

JIS Q 20000-1:2020（サービスマネジメントシステムの要求事項）では，サービス提供者に対する要求事項として，サービスマネジメントシステムを計画，確立，導入，運用，監視，レビュー，維持及び改善などが規定されている。

この規格の「3.1 マネジメントシステム規格に固有の用語」では用語が定義されており，「継続的改善」は「パフォーマンスを向上するために繰り返し行われる活動」とされており，（エ）が正解である。なお，継続的改善をする内容として，提供するサービスの改善に加え，サービスマネジメントシステムの改善もサービス提供者に求めている。

その他の選択肢は JIS Q 20000-1:2020 における次の用語の説明である。

ア：プロセスの説明である。

イ：サービスマネジメントの説明である。

ウ：サービス継続の説明である。

問56 イ

JIS Q 20000-1 におけるレビュー実施時期に関する規定（R5 春-AP 問 56）

JIS Q 20000-1:2020 では，サービス提供者に対する要求事項が規定されている。要求されている事項は，サービスマネジメントシステムの計画，確立，導入，運用，監視，レビュー，維持及び改善である。

この規格の「8.3.3 サービスレベル管理」では，組織として，一つ以上の SLA を顧客と合意しなければならないとしており，レビューについては，「あらかじめ定めた間隔で，組織は，次の事項を監視し，レビューし，報告しなければならない」として，次の事項を挙げている。

・サービスレベル目標に照らしたパフォーマンス

・SLA の作業負荷限度と比較した，実績及び周期的な変化

したがって，（イ）が正解である。

ア，エ：レビューのタイミングとしては望ましいが，規格の中での要求事項としては規定されていない。

ウ：規格では定期的なレビューが求められているので，適切ではない。

問57 ウ

IaaS と PaaS への移行で不要となるシステム運用作業（R5 春-AP 問 57）

IaaS（Infrastructure as a Service）は，物理サーバやネットワークなどのインフラストラクチャをインターネット経由でサービスとして提供するもので，IaaS に移行した企業はインフラストラクチャの調達，設定，管理といった作業は不要となる。一方，PaaS （Platform as a Service）は，アプリケーション開発に必要なソフトウェア機能とツールをインターネット経由でサービスとして提供するもので，PaaS に移行した企業はアプリケーションやデータを管理するとい

った作業は不要となる。

①：「業務システムのバッチ処理のジョブ監視」といったアプリケーションの運用はIaaSやPaaSの業者ではなく，A社が実施する。

②：「物理サーバの起動，停止のオペレーション」は，IaaSの業者が実施するため，移行によってA社の作業は不要となる。

③：「ハードウェアの異常を警告する保守ランプの目視監視」は，IaaSの業者が実施するため，移行によってA社の作業は不要となる。

④：「ミドルウェアへのパッチ適用」は，PaaSの業者が実施するため，移行によってA社の作業は不要となる。

したがって，（ウ）が正解である。

問58 イ

システム監査基準における予備調査（R5春-AP 問58）

システム監査基準（平成30年）によると，「Ⅳ．システム監査実施に係る基準」の「【基準8】 監査証拠の入手と評価」の<解釈指針>2.(1)前段に「予備調査によって把握するべき事項には，例えば，監査対象（情報システムや業務等）の詳細，事務手続やマニュアル等を通じた業務内容，業務分掌の体制などがある」と記載されている。したがって，（イ）が正解である。

ア：「監査対象の実態を把握するために，必ず現地に赴いて実施する」わけではない。システム監査基準によると，「Ⅳ．システム監査実施に係る基準」の「【基準8】 監査証拠の入手と評価」の<解釈指針>2.(2)に「予備調査で資料や必要な情報を入手する方法には，例えば，関連する文書や資料等の閲覧，監査対象部門や関連部門へのインタビューなどがある」と記載されている。

ウ：「監査の結論を裏付けるために，十分な監査証拠を入手する」プロセスは，予備調査ではなく，本調査で実施する。システム監査基準によると，「Ⅳ．システム監査実施に係る基準」の「【基準8】 監査証拠の入手と評価」の<解釈指針>2.に「監査手続は，監査対象の実態を把握するための予備調査（事前調査ともいう。），及び予備調査で得た情報を踏まえて，十分かつ適切な監査証拠を入手するための本調査に分けて実施される」と記載されている。

エ：「調査の範囲は，監査対象部門だけに限定する」わけではない。システム監査基準によると，「Ⅳ．システム監査実施に係る基準」の「【基準8】 監査証拠の入手と評価」の<解釈指針>2.(1)後段に「なお，監査対象部門のみならず，関連部門に対して照会する必要がある場合もある」と記載されている。

〔令和５年版の新しいシステム監査基準に関する補足〕

改訂された令和５年版の新しいシステム監査基準でも，予備調査については旧基準と同様の内容になっているが，正解の（イ）については，【基準8】監査証拠の入手と評価の<解釈指針>2.(1)に，「予備調査とは，監査対象の実態（例えば，情報システムや業務等の詳細，事務手続・マニュアル等による業務内容や業務分掌，組織図等による体制など）を把握するプロセスをいう」と記載されている。

他の選択肢については，新しい基準の次の記述が参考になる。

ア，エ：正解の（イ）に関する前記説明の【基準 8】監査証拠の入手と評価の＜解釈指針＞2.(1)の内容に加えて，2.(2)に，「予備調査で必要な情報を入手する方法には，例えば，関連する文書や資料等の閲覧，監査対象先のみならず，関連部門へのインタビュー等がある」と記載されている。

ウ：【基準 8】監査証拠の入手と評価の＜解釈指針＞2.(3)に「本調査とは，監査の結論を裏付けるために，十分かつ適切な監査証拠を入手するプロセスをいう」と記載されている。

問 59 ア

監査手続の実施に際して利用する技法（R5 春-AP 問 59）

「システム監査基準」は，情報システムのガバナンス，マネジメント又はコントロールを点検・評価・検証する業務の品質を確保し，有効かつ効率的な監査を実現するためのシステム監査人の行為規範である。

同基準の【基準 8】監査証拠の入手と評価では，「システム監査人は，システム監査を行う場合，適切かつ慎重に監査手続を実施し，監査の結論を裏付けるための監査証拠を入手しなければならない」と規定している。また，その＜解釈指針＞3 では「監査手続の適用に際しては，チェックリスト法，ドキュメントレビュー法，インタビュー法，ウォークスルー法，突合・照合法，現地調査法，コンピュータ支援監査技法などが利用できる」とあり，選択肢にある技法を含め七つの技法が紹介されている。その中の＜解釈指針＞3.(3)で，「インタビュー法とは，監査対象の実態を確かめるために，システム監査人が，直接，関係者に口頭で問い合わせ，回答を入手する技法をいう」とあるので，（ア）が正解である。

他の選択肢は，第三者であるシステム監査人が通常の業務時間内で効率的に実施することを考えれば常識的に誤りと分かる部分もあるが，以下，システム監査基準の記述を基に補足しておく。

イ：【基準 8】＜解釈指針＞3.(6)に，「現地調査法とは，システム監査人が，被監査部門等に直接赴き，対象業務の流れ等の状況を，自ら観察・調査する技法をいう」とあるので，選択肢の前段部分は適切であるが，「当該部門の業務時間外に実施しなければならない」という記述が不適切である。業務時間外では，対象業務の流れなどの状況を，自ら観察・調査することができない。

ウ：【基準 8】＜解釈指針＞3.(7)に，「コンピュータ支援監査技法とは，監査対象ファイルの検索，抽出，計算等，システム監査上使用頻度の高い機能に特化した，しかも非常に簡単な操作で利用できるシステム監査を支援する専用のソフトウェアや表計算ソフトウェア等を利用してシステム監査を実施する技法をいう」とあるので，専用のソフトウェアに限定されているわけではない。

エ：【基準 8】＜解釈指針＞3.(1)に，「チェックリスト法とは，システム監査人が，あらかじめ監査対象に応じて調整して作成したチェックリスト（通例，チェックリスト形式の質問書）に対して，関係者から回答を求める技法をいう」とあるので，監査対象部門がチェックリストを作成するわけではない。

〔令和５年版の新しいシステム監査基準に関する補足〕

改訂された令和５年版の新しいシステム監査基準では，監査手続の実施に際して利用する技法についての詳しい説明は「システム監査基準ガイドライン」（令和５年８月）に移された。システム監査基準の【基準 8】監査証拠の入手と評価<解釈指針>3 では，「監査手続の適用に際しては，チェックリスト法，ドキュメントレビュー法，インタビュー法，ウォークスルー法，突合・照合法，現地調査法，コンピュータ支援監査技法等が利用できる」という記載だけになっている。

各選択肢の技法について，「システム監査基準ガイドライン」の【基準 8】監査証拠の入手と評価<ガイドライン>の内容を基に補足する。

ア：インタビュー法について，「関係者に口頭で問い合わせ，回答を入手する技法」としている（正解）。

イ：現地調査法について，「業務時間内に実施することで実際の業務の流れを確認できる」としている。

ウ：コンピュータ支援監査技法について，「簡単な操作で利用できる専用のソフトウェアや，表計算ソフトウェア等を利用する技法」としている。

エ：チェックリスト法について，「監査対象に応じてあらかじめ作成されたチェックリスト（チェックリスト形式の質問書等）に基づき回答を求める技法」としている。

問60　エ

内部統制関係者の役割と責任（R5 春-AP 問 60）

日本の金融庁が公表している「財務報告に係る内部統制の評価及び監査の基準（令和元年）」は，内部統制の基本的枠組みとして，経営者による財務報告に係る内部統制の評価及び報告の基準と，監査人による財務報告に係る内部統制の監査の基準の前提となる内部統制の概念的な枠組みを示したものである。

この基準の中の「内部統制に関係を有する者の役割と責任」では，組織内で内部統制に関わる人たちの役割と責任が説明されていて，概要は次のとおりである。

(1) 経営者……取締役会が決定した基本方針に基づき内部統制を整備・運用する役割と責任を有する最終的責任者である。その責任を果たすため社内組織を通じて内部統制の整備，運用（モニタリングを含む）を行う。

(2) 取締役会……内部統制の整備・運用の基本方針を決定する。また，経営者による内部統制の整備，運用に対する監督責任を有する。

(3) 監査役等……独立した立場から内部統制の整備及び運用の状況を監視，検証する役割と責任を有する。

(4) 内部監査人……モニタリングの一環として内部統制の整備及び運用状況を検討，評価し，必要に応じてその改善を促す職務を担う。

(5) 組織内のその他の者……内部統制は組織内の全ての者によって遂行されるプロセスであり，それぞれ自らの職務との関連において，内部統制の整備及び運用における一定の役割を担う。

上記のうち，(4)の内部監査人について記述している選択肢（エ）が正解である。

ア：最終的な責任者は経営者であり，株主ではない。

イ：内部統制の整備及び運用に係る基本方針を決定するのは，「監査役」ではなく，「取締役会」である。

ウ：独立した立場から，内部統制の整備及び運用状況を監視，検証する役割と責任を有するのは，「経営者」ではなく，「監査役等」である。

問61　ア

ROIの説明（R5春-AP 問61）

ROI（Return On Investment；投資利益率）は，投資価値の評価指標の一つである。情報化投資による増加利益を投資額で割った比率で，「効果金額（増加利益額）／投資額」で計算され，投下した総資本がどのくらいの利益を生みだしているかの尺度となる。したがって，（ア）が正解である。

イ：情報化投資比率を用いたベンチマーク（他社比較）の説明である。

ウ：投資価値の評価指標の一つである，NPV（Net Present Value；正味現在価値）の説明である。現金流入（将来にわたって得ることのできる金額）の現在価値から，現金流出（情報化投資額）の現在価値を引いて計算される。簡単にいうと「回収額－投資額」の現在価値と理解してよい。

エ：プロジェクトを実施しない場合の市場競争における機会損失に関する評価結果の説明である。

問62　ア

カスタマーエクスペリエンスの説明（R5春-AP 問62）

CEM（Customer Experience Management）とは顧客の体験や感情を大切にし，顧客にとって良質な体験と，気持ち良いサービスを提供して，他との差別化を図る戦略である。米国のバーンド・H・シュミット教授が著書「経験価値マーケティング（Experiential Marketing）」でカスタマーエクスペリエンスを提唱した。これによると，消費者は製品・サービスの特性や便益性だけを求めているわけではない。心地よい経験（価値）が消費者を惹きつける。もはや商品の機能や性質だけで競合他社に勝つことはできない。カスタマーエクスペリエンスは，消費者が商品やサービスを購入するときから利用する際に感じる，満足感や感動といった経験を指している。したがって（ア）が適切である。

イ：顧客ロイヤルティとは，顧客が企業やブランド，製品に対して感じている信頼や愛着のことで，顧客ロイヤルティを定量化する指標にNPS（Net Promoter Score）がある。商品購入時のトラブルがあれば，顧客ロイヤルティが失われる可能性は高いといえる。

ウ：CRM と呼ばれる顧客情報管理をする際に活用されるデータとなり得る，顧客の販売履歴の説明である。CRM システムでは，顧客に関する情報を把握し，顧客の購買履歴も管理される。顧客情報を管理することで，顧客満足度を上げて顧客との良好な関係を構築していく。

エ：顧客側ではなく，サービスを提供する側のスキルを表している説明である。

問63　ウ

ビッグデータの利活用を促す情報銀行の説明（R5 春-AP 問 63）

平成 30 年 6 月に総務省及び経済産業省が取りまとめた「情報信託機能の認定に係る指針 ver1.0」によると，「情報銀行（情報利用信用銀行）とは，個人とのデータ活用に関する契約等に基づき，PDS（Personal Data Store）等のシステムを活用して個人のデータを管理するとともに，個人の指示又は予め指定した条件に基づき個人に代わり妥当性を判断の上，データを第三者（他の事業者）に提供する事業」と定義されている。

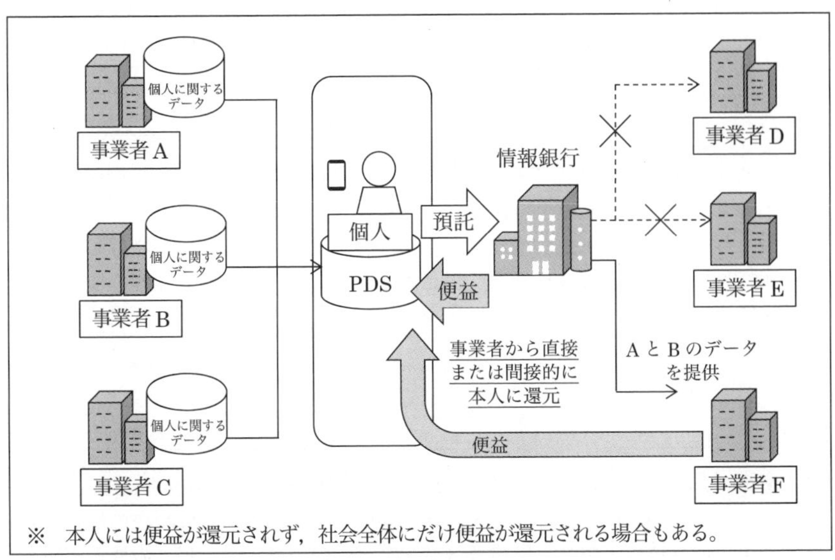

図　情報銀行のイメージ

同指針はその後見直しが行われ，2021 年 8 月に「情報信託機能の認定に係る指針 ver2.1」が公表されている。ビッグデータの利活用を推進するために，個人情報を個人関与の下でデータ流通・活用を進める仕組みが必要となり，情報銀行の仕組みができた。したがって，（ウ）が正解である。

ア：金融機関が自ら持っている顧客データの利活用の取組であり，情報銀行の説明ではない。

イ：国や自治体が提供するオープンデータや地域情報プラットフォームの取組であり，情報銀行の説明ではない。

エ：IoT データの利活用の取組であり，情報銀行の説明ではない。

問64　エ

システム要件定義プロセスにおけるトレーサビリティ（R5 春-AP 問 64）

トレーサビリティとは追跡可能性と訳されるように，システム要件定義プロセスにおいて提示した要求が，開発工程の各段階でどのように変更され，その変更が最終的にシステムのどの部分で実装・テストされたのかを追跡できるようにし，品質を検証することである。したがって，（エ）が正解である。

ア：移行マニュアルや運用マニュアルが文書化されていることで，移行性や運用・保守性は確認できるが，トレーサビリティの確保の説明とは関係ない。

イ：調達先の管理の記述であるため，サプライチェーンマネジメントに関する説明である。内外作基準とは，各工程の設計書やプロダクトコードを社内の要員で作る（内製）か，外部委託する（外製）かの基準を定めたものであり調達先の選定に利用するが，トレーサビリティの確保の説明とは関係ない。

ウ：結合度に関する説明である。モジュール結合度には，

データ結合，スタンプ結合，制御結合，外部結合，共通結合，内容結合

があり，モジュール結合度が強いとモジュールの変更が他のモジュールにも影響を与え，修正の工数が増加するため，モジュール結合度は弱い方が良い設計とされている。モジュール間に相互依存関係が存在すると，片方のモジュールを修正するともう片方のモジュールも修正が必要となり，仕様変更が難しくなることがある。

問65　ア

RFI の説明（R5 春-AP 問 65）

情報システムの調達の際に用いられる RFI（Request For Information）は，情報システムの調達において，システムの要件を実現するために現在の状況において利用可能な技術・製品，供給者（ベンダー）の製品・サービスの導入実績など実現手段に関する情報の提供を，調達者側から供給者候補に依頼すること，又はその依頼文書である。したがって，（ア）が正解である。

イ：RFP（Request For Proposal；提案依頼書）の説明である。

ウ：RFC（Request For Change；変更依頼書）の説明である。

エ：契約締結要請のことだが，特別な名称などはない。なお，役割分担や契約範囲などを確認するのは SOW（Statement Of Work；作業範囲記述書）であるが，通常，それは契約の締結を要請するところまでを含んではいない。

問66　エ

ベンダーに見積りを依頼する際に必要なもの（R5 春-AP 問 66）

共通フレームとは，ソフトウェアの構想から開発，運用，保守，廃棄に至るまでのライフサイクルを通じて必要な作業項目，役割などを包括的に規定した共通の枠組みであり，何を実施するべきかが記述されている，「IT システム開発の作業規定」である。共通フレーム 2013 では，システム化の方向性→システム化計画→要件定義→設計→製作と進んでいくが，要件の不確定さによって見積りの精度が変わるため，多段階の見積り方式の活用が推奨されている。

ア：納品書は，ベンダーが成果物を納品する際に発行する文書であり，見積りを依頼する際に必要なものではない。

イ：評価仕様書は，テストによる評価や成果物の受入れをする際の評価項目が記載された仕様書であり，見積りを依頼する際に必要なものではない。

ウ：見積書は，ベンダーが見積りを行った結果として発行する文書であり，見積りを依頼する際に必要なものではない。

エ：要件定義の完了時点でベンダーに見積りを依頼する際には，要件定義書を提示する。要件定義書には業務フローや E-R 図，画面・帳票レイアウト，非機能要件などが記載されており，この要件定義書に沿ってベンダーは見積りを行う。したがって，（エ）が正解である。

問67　ウ

広告費を掛けて販売したときの ROAS の計算（R5 春-AP 問 67）

ROAS（Return On Advertising Spend；ロアス）とは，広告費に対する売上高の割合を示す指標であり，広告費用の回収率（費用対効果）を表す。

ROAS の計算式は

ROAS（%）＝ 売上高（円）÷ 広告費（円）× 100（%）

であり，ここで，売上高は販売個数（個）× 単価（円）であるため，

1,000（個）× 1,500（円）＝ 1,500,000（円）

となり，

ROAS（%）＝ 1,500,000（円）÷ 600,000（円）× 100（%）＝ 250（%）

と計算できる。したがって，（ウ）が正解である。

問68　イ

バランススコアカードで使われる戦略マップの説明（R5 春-AP 問 68）

バランススコアカードでは，財務の視点，顧客の視点，業務（内部ビジネス）プロセスの視点，学習と成長の視点の四つの視点ごとに目標や KPI（Key Performance Indicator；重要業績評価指標）などを設定する。戦略マップとは，戦略目標間の因果関係を図示するものであるが，バランススコアカードで使われる戦略マップは四つの視点ごとの課題や施策，目標の因果関係を，次のように図示するものである。

したがって，（イ）が正解である。

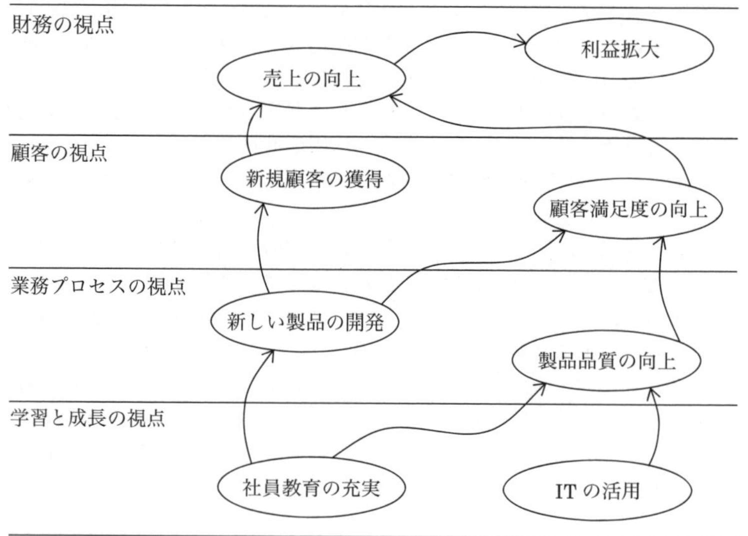

図　バランススコアカードの戦略マップの例

ア：市場における自社の位置付けを示すポジショニングマップの説明である。
ウ：市場と自社製品の関係を示すプロダクトポートフォリオマネジメント（PPM；Product Portfolio Management）の説明である。内的な自社の優位性と外的な市場分析の組合せで表す場合，投資優先度スクリーン（Investment Priority Screen）と呼ばれ，製品成長率と市場占有率の組合せで表現した図は，成長率・市場占有率マトリックスと呼ばれる。
エ：顧客層，経営資源，提供すべき製品・サービスなどを対応させて分析する図表は，ターゲットマーケティングなどを進めるために使われるものだが，特定の名称はない。

問69　イ

新規ビジネス立上げで実施するフィージビリティスタディ（R5春-AP 問69）

フィージビリティスタディ（feasibility study）は，採算性調査や実行可能性調査などと呼ばれ，新規ビジネスの投資判断に際して，事前に採算性や実行可能性を調査・分析することで客観的な評価ができる。したがって，（イ）が正解である。
ア：「IT 投資」は新規ビジネスの採算性や実行可能性を調査するフィージビリティスタディの後に行われることである。
ウ：「新規ビジネスの発掘のために，アイディアを社内公募すること」は，フィージビリティスタディの前に行われることである。

エ：「新規ビジネスを実施するために必要な要員の教育訓練を行うこと」は，新規ビジネスの内容が決まった後から新規ビジネス開始前までに行われることである。

問70 ウ

企業と大学との共同研究（R5 春-AP 問 70）

企業と大学の共同研究は，企業に所属する研究者と大学での学術研究の従事者が，共通の課題などについて共同して行う研究である。共同研究では，企業と大学で相互に研究費，研究設備などを提供しあい，企業と大学が対等の立場で優れた研究成果の創出を目指すことになる。経費についても，企業は共同研究に必要となる備品，消耗品，旅費などを負担し，大学は共同研究に必要となる大学の施設・設備の維持・管理費，光熱費などを負担するような場合が考えられる。共同研究に必要な経費の分担について特定の取決めはなく，共同研究に必要な経費を企業が全て負担してもかまわない。ただし，企業が全経費を負担するような場合であっても，研究に関しては企業と大学が対等の立場で進める必要がある。したがって，（ウ）が適切である。

ア：TLO（Technology Licensing Organization；技術移転機関）は，大学が所有する技術を特許化し，民間にライセンス供与する機関であり，共同研究を実施する機関ではない。

イ：共同研究の成果について特許を出願する場合は，研究者全員の共同で特許を出願しなければならない。企業や大学などの法人を特許の発明者とするものではない。

エ：国立大学法人が共同研究を行う場合，企業からの費用の負担があっても問題はなく，費用の全てを国が負担する必要はない。

問71 イ

エネルギーハーベスティングの説明（R5 春-AP 問 71）

エネルギーハーベスティング（Energy Harvesting）とは，周囲の環境から太陽光，振動，温度差，風などの微小なエネルギーを収穫（ハーベスト）し，そのエネルギーを電力に変換する技術のことであり，エネルギーハーベスティングされた電力を多くの電力を必要としない IoT デバイスに供給することで，外部電源を必要とせずに IoT デバイスを動かし続けることができるようになる。したがって，（イ）が正解である。

ア：エアコンや冷蔵庫などの比較的電力使用量が多い IoT デバイスの電力使用を最適化する EMS（Energy Management System）技術のことであり，省電力化に貢献はできるが，エネルギーハーベスティングとは異なる概念である。

ウ：PoE（Power over Ethernet）給電のことである。コンセントではなく，LAN ケーブルを利用して電力を供給する技術である。Wi-Fi ルータやスイッチングハブ，ネットワークカメラの給電方法として用いられることがある。

エ：NEDO が提唱するノーマリーオフコンピューティングの説明である。ノーマリーオフコンピューティングは，処理が必要ないときは電源を OFF にして，必要なときだけ電源を ON にすることで省電力化を図る技術であり，IoT デバイスでの活用が期待されている。

問 72 ウ

アグリゲーションサービスに関する記述（R5 春-AP 問 72）

アグリゲーションとは類似するものを集めることを指す言葉である。アグリゲーションサービスとは，分散的に存在するサービスを集約したもので，利用者はこのアグリゲーションサービスを利用することで，複数のサービスを統一的に利用することができるようになる。したがって（ウ）が正解である。

ア：オムニチャネルに関する記述である。オムニチャネルとは，実店舗や EC サイトなどの様々な販売・流通チャネルを統合することで，顧客に最適な購買体験を提供し，利便性を高めるのに利用される。

イ：エスクローサービスに関する記述である。エスクロー（escrow；第三者預託）サービスとは，物品などの売買において，信頼のおける中立的な第三者（エスクローサービス提供者）に代金決済などの取引を仲介してもらい，安全性を確保するためのサービスのことである。

エ：フランチャイズ契約に関する記述である。フランチャイズ契約とは，本部（フランチャイザー）が加盟店（フランチャイジー）に対し，商標利用や販売促進，営業マニュアルなどを提供する対価として加盟料（ロイヤリティ）を支払う契約である。

問 73 エ

IoT を活用し現実世界をリアルタイムに仮想空間で再現すること（R5 春-AP 問 73）

現実世界や物理的現象をリアルタイムに仮想空間で忠実に再現する技術や仕組みをデジタルツインという。デジタルツイン（digital twin）とは，現実空間で起こる事象を仮想空間内に双子（twin）のように精巧に再現し，現実空間では直接観測できない事象を仮想空間内で具現化する技術である。IoT 機器を活用することで情報収集をリアルタイムで行い，仮想空間に現象の再現ができる点が特徴である。

したがって，（エ）が正解である。

ア：サーバ仮想化（server virtualization）とは，1 台の物理サーバを複数の仮想サーバに分割して運用する技術である。CPU や記憶装置などの物理的なサーバリソースを複数の仮想サーバに効率的に割り当てることによって，初期導入や保守・運用に関わるコストを低減できるメリットがある。

イ：スマートグリッド（smart grid）とは，送電ネットワークを供給側・需要側の双方から制御し，送電量の需給バランスを最適化する技術である。現在主流の中央集中的な送電管理では，供給量を超える電力需要が生じた場合に停電の影響が広範囲に及ぶ事態が懸念されるが，スマートグリッドを活用することによって，そのような状態を局所的に解決できると考えられている。

ウ：スマートメーター（smart meter）とは，各戸に設置された電力メーターに通信機能をもたせ，電力の使用状況を詳細，かつリアルタイムに把握できるようにする技術である。検針に関わる労役や時間的なコストを低減できる他，利用状況の「見える化」によって，料金体系の多様化や省エネルギーに対する意識向上などの効果も見込まれる。

問 74　ウ

事業部制組織の特徴（R5 春-AP 問 74）

事業部制組織とは，企業組織を市場別，地域別，製品別などに分割し，それぞれに利益責任をもたせ，総務，経理，人事など企業運営のために不可欠な機能をもつ部門である間接部門を設けた，管理機能を有する半独立的な組織体で構成する組織形態である。したがって，（ウ）が正解である。

ア：プロジェクトチーム又はタスクフォース（任務組織又は特別作業班）についての記述である。一般的にある程度の期間を要する問題に対応する場合はプロジェクトチーム，比較的短期的に処理が求められる問題に対応する場合はタスクフォースと呼ばれる場合が多い。

イ：機能別組織についての記述である。機能別組織とは，生産や開発，販売などの経営機能単位で編成された組織形態を指す。

エ：アライアンスについての記述である。アライアンス（提携）は，技術力や販売力など，自社で不足している経営資源を他社との提携によって相互補完するために行われる。

問 75　ウ

デシジョンツリーによる利益増加額の期待値計算（R5 春-AP 問 75）

デシジョンツリーとは，意思決定の分岐点や発生し得る可能性の分岐点をツリー状に洗い出し，それぞれの選択肢の期待値を比較検討することで採用すべき選択肢を決定するために利用する。

次のような手順で，期待値を計算していく。

・期待値の計算は結果ノード（図の右側）から行う。○の発生し得る可能性の分岐点においてはそれぞれの発生確率と金額をかけあわせ，ノードの合計を○の期待値とする。

・追加費用が発生する場合は，売上増加額の期待値から，追加費用を減算する。

・□の意思決定の分岐点においては，分岐のうち期待値が高い方（★）を選択する。

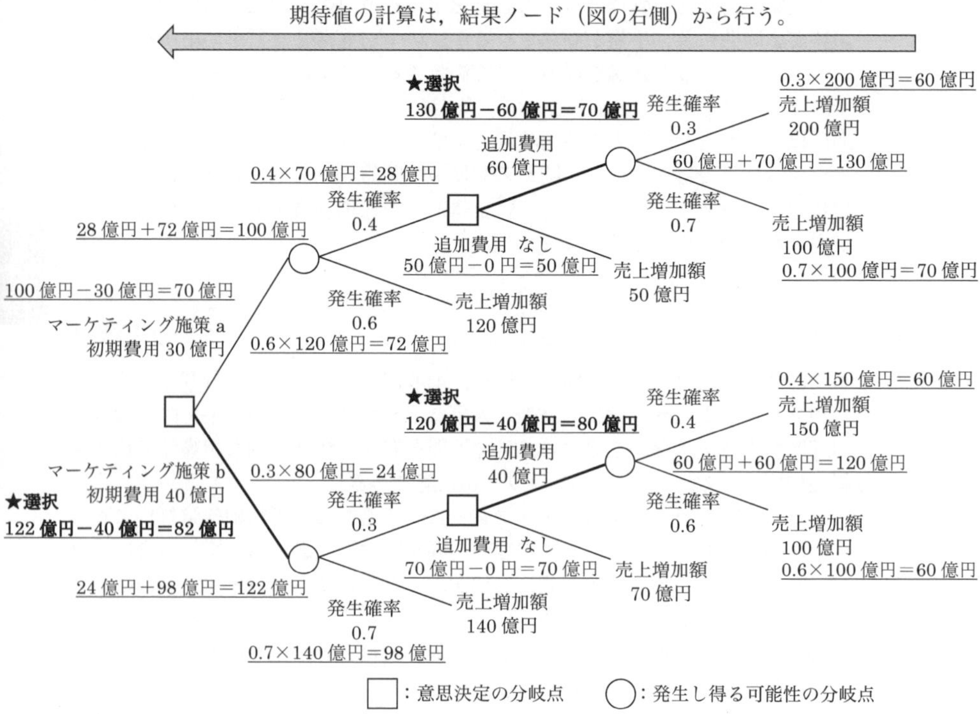

期待値の計算は，結果ノード（図の右側）から行う。

★選択
130 億円－60 億円＝70 億円
発生確率
0.3
0.3×200 億円＝60 億円
売上増加額
200 億円
追加費用
60 億円
60 億円＋70 億円＝130 億円
0.4×70 億円＝28 億円
発生確率
0.4
発生確率
0.7
売上増加額
100 億円
0.7×100 億円＝70 億円
28 億円＋72 億円＝100 億円
追加費用 なし
50 億円－0 円＝50 億円
売上増加額
50 億円
100 億円－30 億円＝70 億円
発生確率
0.6
売上増加額
120 億円
マーケティング施策 a
初期費用 30 億円
0.6×120 億円＝72 億円

★選択
120 億円－40 億円＝80 億円
発生確率
0.4
0.4×150 億円＝60 億円
売上増加額
150 億円
追加費用
40 億円
60 億円＋60 億円＝120 億円
マーケティング施策 b
初期費用 40 億円
0.3×80 億円＝24 億円
発生確率
0.3
発生確率
0.6
売上増加額
100 億円
0.6×100 億円＝60 億円
★選択
122 億円－40 億円＝82 億円
追加費用 なし
70 億円－0 円＝70 億円
売上増加額
70 億円
24 億円＋98 億円＝122 億円
発生確率
0.7
売上増加額
140 億円
0.7×140 億円＝98 億円

□：意思決定の分岐点　○：発生し得る可能性の分岐点

図のように結果ノードから順に期待値を計算すると，マーケティング施策 b の利益増加額の期待値が最大となり，そのときの利益増加額の期待値は 82 億円である。したがって，（ウ）が正解である。

問 76　ア

製造原価の経費に算入する費用（R5 春·AP 問 76）

原価計算基準では，原価要素として製造原価の要素と販売費及び一般管理費の要素に分類される。製造原価の要素としては，製品の生産にかかる費用（直接費，間接費）を算入する。

ア：製品を生産している機械装置の修繕費用は，特定の製品の生産だけに利用される機械装置であれば直接経費，そうでない場合は間接経費として製造原価に算入する。

イ：製品倉庫は完成した製品（販売前）を保管しておく倉庫であるため，販売費及び一般管理費に算入する。

ウ：賃貸目的で購入した倉庫の管理費用は，賃貸を生業として行っている会社であれば販売費及び一般管理費に分類する。賃貸を生業として行っていない会社であれば営業外費用に分類する。なお，営業外費用は原価要素にも販売費及び一般管理費要素にも該当しない費用である。
エ：本社社屋建設のために借り入れた資金の支払利息は，原価の構成要素ではなく，営業外費用に分類する。
したがって，（ア）が正解である。

問 77 エ

目標利益が得られる売上高の計算（R5 春-AP 問 77）

売上高＝費用＋利益＝(固定費＋変動費)＋利益　になるので，この関係を基に計算することができる。売上高を x とすると，変動費率＝変動費÷売上高　から，変動費＝変動費率×売上高＝0.6×x となる。

よって，x＝150＋0.6×x＋50
x－0.6×x＝150＋50
0.4x＝200
x＝500（百万円）

したがって，売上高の正解は（エ）である。

なお，損益分岐点に関する公式のうち，目標利益達成売上高に関する公式を覚えている人は次のように計算できる。

目標利益達成売上高＝(固定費＋目標利益)÷(1－変動費率)
＝(150 百万円＋50 百万円)÷(1－0.6)
＝200 百万円÷0.4
＝500 百万円

なお，変動費率＝変動費÷売上高　であり，通常は売上高が変化しても一定の値(ここでは 60%)を保つ。

問 78 イ

下請法で禁止されている行為（R5 春-AP 問 78）

下請代金支払遅延等防止法（以下，下請法）は，下請代金の支払遅れをなくし，親事業者の下請業者に対する取引を公正なものにして，下請業者の利益を保護することが目的の法律である。この主旨から，代金を決めずに発注したり，代金を不当に減額したり支払期日を遅らせたりすることを禁じている。下請業者に作業を委託するに当たっては，委託する内容（仕様）のほか，下請代金の額や支払方法を決めて書面で通知しなければならないと規定されている。したがって，「発注の際に，下請事業者に仕様が未記載の書面を交付し，仕様が確定した時点では，内容を書面ではなく口頭で伝えた」という内容は，この下請法で禁止されている行為に該当するため，（イ）が正解である。

なお，下請法第３条（書面の交付等）の条文では「親事業者は，下請事業者に対し製造委託等をした場合は，直ちに，公正取引委員会規則で定めるところにより下請事業者の給付の内容，下請代金の額，支払期日及び支払方法その他の事項を記載した書面を下請事業者に交付しなければならない」となっている。

ア：継続的な取引において支払条件，支払期日などを記載した書面をあらかじめ交付していれば，個々の発注書面にはその事項の記載を省略しても実害はなく，問題ない。

ウ：顧客の都合で仕様変更が必要になったとき，下請事業者と協議の上，発生する費用の増加分を下請代金に加算することになれば下請事業者に損害を生じないので，問題はない。

エ：振込手数料に関して下請事業者が負担する旨，発注前に書面での合意があれば，正当な取引条件とみなされるので，親事業者が負担した実費の範囲内で振込手数料を差し引いて下請代金を支払っても禁止行為とはならない。

問79　エ

労働者派遣法において派遣元事業主の講ずべき措置（R5 春-AP 問 79）

労働者派遣法において，派遣元事業主が講ずべき措置として定められているものは幾つかあるが，第三十条の七で「各人の希望，能力及び経験に応じた就業の機会及び教育訓練の機会の確保，労働条件の向上その他雇用の安定を図るために必要な措置を講ずることにより，これらの者の福祉の増進を図るように努めなければならない」と定められている。その他は派遣先事業主の講ずべき措置などとして定められているものである。したがって，（エ）が正解である。

ア：派遣先管理台帳は労働者派遣法第四十二条にて派遣先で作成するものとされている。派遣先管理台帳には，就業した日や始業・終業の時刻や休憩した時間を記載する必要があり，3 年間保存しなければならない。

イ：派遣先責任者は労働者派遣法第四十一条にて派遣先で選任しなければならないものとされている。

ウ：労働者派遣法第四十一条の一にて派遣先で派遣労働者の業務の遂行を指揮命令する職務上の地位にある者その他の関係者に周知することとされている。

問80　エ

技術者倫理の遵守を妨げる集団思考の説明（R5 春-AP 問 80）

集団思考とは，集団による合意が不合理あるいは危険な意思決定をしばしば容認してしまうことを指す言葉である。アメリカの心理学者であるアーヴィング・ジャニスは集団思考の兆候として，「集団固有のモラルを当然のこととし，その意味を深く検討する気を起させないようにする」や「異議を唱える見解が入ってくるのを防いで集団を保護する」などを提示している。したがって，（エ）が集団思考の説明として，適切である。

ア：自己中心的，又は主観的な思考の説明である。

イ：権威に価値をおき，無批判的に服従することを表す権威主義の説明である。

ウ：自分自身の良心や本心に反していることを知りながら，それを正当化することを表す自己欺瞞の説明である。

●令和５年度春期 午後問題 解答・解説

問1　マルウェア対策　(R5春-AP 午後問1)

【解答例】

［設問1］　(1) ウ
　　(2) (a) 5

［設問2］　(1) 5
　　(2) イ

［設問3］　(1) イ
　　(2) (b) 3　(c) 6　(d) 5　(空欄b，cは順不同)
　　(3) ア，ウ

［設問4］　(1) ア
　　(2) PCから切り離して保管する。

【解説】

ランサムウェアによるインシデントへの対応を題材として，初動対応やサイバーキルチェーンの考察，ランサムウェア対策／インシデント対応／社員教育に関するセキュリティ管理の改善策についての用語や考察問題が出題されている。また，設問2(2)の正解のEDRと設問3(1)の正解のCSIRTは，いずれも前回（R4年度秋期）の午前又は午後試験に登場しているので，過去問題の演習をしていれば，正解できただろう。解答群の中から該当するものを全て選ぶ設問3(3)と記述式の設問4(2)については，知識によって差がつくことになったと考えられるが，その他の考察問題は，問題文をよく読めば正解できる。

［設問1］

(1) 下線①について，PC-Sに対して直ちに実施すべき対策を選ぶ。下線①を含む記述は，「連絡を受けた情報システム部のTさんは，PCがランサムウェアに感染したと考え，①PC-Sに対して直ちに実施すべき対策を伝えるとともに，PC-Sを情報システム部に提出するようにSさんに指示した」である。

ランサムウェアを用いる攻撃の特徴は，感染させたPC内のファイルや，PCからアクセス可能な装置上のファイルを暗号化した上で，ファイルの復号と引換えに身の代金を要求することである。また，暗号化と並行して，窃取したファイルを外部に流出させる手口も増えている。これらの特徴を考慮すると，ランサムウェアに感染したと考えられるPC-Sに対して直ちに実施すべき対策は，アクセス可能な装置上のファイルの暗号化やファイルの外部流出といった被害の拡大を防ぐために，ネットワークから切り離す対処である。したがって，（ウ）が正しい。

なお，ランサムウェアに限らず，マルウェアに感染した場合，感染したPCなどをネットワークから切り離すとともに，システム管理者などに報告して指示を仰ぐという対処が一般的に推奨されている。

その他は，次のように直ちに実施すべき対策には該当しない。

ア：怪しいファイルが特定できたとしても，当該ファイルを削除してしまうとPC-Sの調査に支障が生じるので，怪しいファイルの削除は不適切である。

イ：業務アプリケーションを終了させても，被害の拡大防止やランサムウェアの活動を封じ込める効果はないので，実施すべき対策とはいえない。

エ：問題文の記述によれば，表示されたメッセージは身の代金の要求であるが，被害が明らかではない状況でメッセージに従うべきではない。また，ランサムウェアへの感染が確定した場合でも，身の代金の支払いは攻撃者の活動を助長するなどの理由から，要求に従うことは適切な対応とはいえない。

(2) 空欄aに入れる攻撃の段階を選ぶ。空欄aを含む記述は，「ランサムウェアによる今回のインシデントは，表1に示すサイバーキルチェーンの攻撃の段階では［ a ］まで完了したと考えられる」である。

Z社から受け取った調査結果の2項目に，「ランサムウェアが，取引先を装った電子メールの添付ファイルに含まれていて，Sさんが当該ファイルを開いた結果，PC-Sにインストールされた」とある。このため，表1の項番5の攻撃の段階「インストール」までは完了したことが分かる。また，調査結果の4項目に，「PC-Sから，インターネットに向けて不審な通信が行われた痕跡はなかった」とあるので，表1の項番6の攻撃の段階「C&C（コマンド&コントロール）」は完了していないと判断できる。したがって，項番5の段階まで完了したと考えられるので，空欄aには「5」が入る。なお，サイバーキルチェーンとは，標的型サイバー攻撃の手順をモデル化して，段階ごとの代表的な攻撃活動を示したものである。

［設問2］

(1) 表2中の項番3の課題に対応する改善策の候補を表3から選ぶ。表2中の項番3の課題は，種別が「インシデント対応」で，指摘内容は「インシデント発生時の対応手順が整備されていない」である。表3の種別が「インシデント対応」の項番2～項番6の改善策の候補を見ると，項番5の「インシデント発生時の対応体制や手順を検討して明文化する」が対応しており，その他は直接には関係しない。したがって，「5」が正しい。

(2) 下線②（PC上の不審な挙動を監視する仕組み）の略称を選ぶ。PCやサーバなどの機器はエンドポイントと呼ばれ，エンドポイント上の不審な挙動を監視する仕組みは，EDR（Endpoint Detection and Response）である。したがって，（イ）が正しい。EDRは，不審な挙動や攻撃活動の検知（Detection）と，不審なプロセスの停止やPCのネットワークの切離しなどの対処（Response）に関わる機能を提供する。

その他の略称は次のとおりである。

ア：APT（Advanced Persistent Threat）は，複数の高度な手口を組み合わせた攻撃活動を長期間継続して行うことが特徴の標的型サイバー攻撃のことである。

ウ：UTM（Unified Threat Management）は，パケットフィルタリングや侵入検知，マルウェアスキャンなどの複数のセキュリティ機能を統合して提供するネットワーク装置であり，統合（型）脅威管理と呼ばれる。

エ：WAF（Web Application Firewall）は，HTTP 通信を監視して，Web アプリケーションの脆（ぜい）弱性を悪用する攻撃を検知，遮断する仕組みである。

［設問３］

(1) 下線③（インシデント対応を行う組織）の略称を選ぶ。情報セキュリティに関するインシデント対応を行う組織は，CSIRT（Computer Security Incident Response Team；シーサート）と呼ばれる。したがって，（イ）が正しい。

その他の略称は次のとおりである。

ア：CASB（Cloud Access Security Broker；キャスビー）は，クラウドサービスへのアクセスや利用状況を一元的に管理，可視化する仕組みである。

ウ：MITM（Man-In-The-Middle；マンインザミドル）は，端末とサーバ間の通信などに介入して，情報を盗聴したり改ざんしたりする攻撃の手口である。中間者攻撃とも呼ばれる。

エ：RADIUS（Remote Authentication Dial In User Service；ラディウス）は，ネットワーク上で利用者や接続端末を認証するためのプロトコルであり，無線 LAN 環境などでも利用される。

(2) 空欄 b～d に入れる表３の項番を答える。

空欄 b，c は，表４の項番３の「R 社で使用している情報機器を把握して関連する脆弱性情報を収集する」という改善策の具体化案が対応する，表３の項番である。表４はインシデント対応に関する改善策の具体化案なので，表３の項番 2～項番 6 のインシデント対応の改善策の候補との関連性を考える。そうすると，具体化案は，表３の項番３の「PC やサーバ機器の資産目録を随時更新する」と，項番６の「脆（ぜい）弱性情報の収集方法を確立する」を合わせて具体化したものと判断できる。したがって，空欄 b，c には「3」と「6」が入る。なお，表３のその他の項番は，情報機器の脆弱性情報の収集とは直接関係しない。

空欄 d は，表４の項番４の「社内外の連絡体制を整理して文書化する」という改善策の具体化案が対応する，表３の項番である。連絡体制とは，インシデント対応時の連絡体制であるので，この具体化案は，表３の項番５の「インシデント発生時の対応体制や手順を検討して明文化する」に対応すると判断できる。したがって，空欄 d には「5」が入る。なお，表３のその他の項番は，連絡体制とは直接関係しない。

(3) 下線④について，調査すべき内容を全て選ぶ。下線④は，「セキュリティインシデント事例を調査し，技術的な対策の改善を行う」であり，これは，表３の項番４の「新たな脅威を把握して対策の改善を行う」という改善案の具体化案である。また，下線④については，「検討したインシデント対応に関する改善策の具体化案をＵ部長に説明したところ，表４の項番５のセキュリティインシデント事例について，特にマルウェア感染などによって個人情報が窃取された事例を中心に，Ｚ社から支援を受けて調査するように指示を受けた」と記述されている。解答群を順に検討すると次のようになる。

ア：使用された攻撃手法は，新たな脅威を把握するために必要な情報であり，攻撃手法に応じた技術的な対策を検討する。そのため，調査すべき内容といえる。

イ：被害によって被った損害金額は，実施する対策の優先順位の検討などにおいて参考になる情報ではある。しかし，損害金額と技術的な対策の改善内容は直接には関係しないので，調査すべき内容とはいえない。

ウ：被害を受けた機器の種類は，新たな脅威を把握するために必要な情報であり，標的となっている機器に応じた技術的な対策を検討する。そのため，調査すべき内容といえる。

エ：被害を受けた組織の業種は，特定の業種を標的とする新たな脅威の動向を把握するために有用な情報である。しかし，業種そのものは，技術的な対策の改善内容とは直接には関係しないので，調査すべき内容とはいえない。

以上の検討から，（ア）と（ウ）が正しい。

［設問４］

(1) 下線⑤について，全従業員を対象に訓練を実施すべき対応を選ぶ。下線⑤を含む記述は，「図１に示す一連のインシデント対応フローのうち，⑤全従業員を対象に実施すべき対応と，経営者を対象に実施すべき対応を中心に，ランサムウェアによるインシデントへの対応を含めたシナリオを作成することにした」である。

図１の対応フローを検討すると次のようになる。

ア：検知／通報（受付）について，検知は，利用者あるいはセキュリティを監視する技術的な仕組みによって行われる。全従業員がインシデントを検知／通報する可能性があるので，対応訓練も全従業員を対象に実施する必要がある。

イ：トリアージとは，受付したインシデントへの対応の要否や優先順位などを判断する対応である。トリアージを実施するのは CSIRT のメンバーになるので，全従業員を対象にする必要はない。

ウ：インシデントレスポンスとは，事象の分析，対応計画の策定と実施，発生した問題が解決されたことの確認などを行う対応である。インシデントレスポンスは，CSIRT のメンバーが中心となって行われ，必要に応じて経営者やシステム部門が関与するものなので，全従業員を対象にする必要はない。

エ：報告／情報公開は，CSIRT に加えて，経営者，広報，法務，システムなどの所管部署が行う対応であり，全従業員を対象にする必要はない。

以上の検討から，（ア）が正しい。

(2) 下線⑥について，記録媒体の適切な保管方法を 20 字以内で答える。下線⑥を含む記述は，「検討した社員教育に関する改善策の具体化案を U 部長に説明したところ，⑥バックアップを取得した記録媒体の保管方法について検討し，その内容を教育内容に含めるように T さんに指示した」である。なお，記録媒体について，一つ前の本文に「取り外しできる記録媒体」と記述されている。

設問 1(1)で述べたように，PC に感染したランサムウェアは，PC からアクセス可能な装置上のファイルも暗号化する。そのため，記録媒体は，バックアップを取得するときだけ PC に装着し，バックアップ作業後は取り外して PC から切り離す必要がある。そのため，記録媒体の保管方法として「PC から切り離して保管する」のように答えるとよい。

問２　中堅の電子機器製造販売会社の経営戦略　(R5 春·AP 午後問 2)

【解答例】

［設問１］　(1) エ

(2) 設定スキルの習得に人手を割けないこと

(3) (a) イ

［設問２］　(1) (b) イ

(2) リピート受注率を高めること

(3) 可能となること：①タイムリーな予防保守（故障前の部品交換）

②詳細な故障部位の把握

メリット：要員が計画的に作業できる。

(4) 値引き価格を印字したバーコードラベルを貼る適切な時刻を通知する機能

【解説】

中堅の電子機器製造販売会社の経営戦略をテーマにした問題である。

事例に挙げられている企業は，これまで主製品であるラベルプリンターの価格を低く設定して顧客を取り込み，付随製品であるバーコードラベルなどの消耗品で利益を確保するビジネスモデルを実現することによって，リピート受注を確保し，業界平均以上の収益性を維持してきた。しかし，ラベルプリンターを顧客とする市場が飽和状態になりつつある中で，大手の事務機器製造販売会社が進出するおそれがでてきたことから，将来に備えて現在の経営戦略を強化することとした。

経営戦略を強化する上で，設問１では，現在の経営戦略を表す経営学専門用語や，顧客の課題，ビジネスモデルについて問われている。設問２では，戦略キャンバスに基づいた製品開発力，メンテナンス対応力を強化して顧客満足度を上げる狙い，顧客の業務への影響を減らすために可能となる事項や当社のメリット，支援機能として情報システムで提供する機能について出題されている。このように，本問は経営戦略の強化について幅広い見識が求められる総合的な事例問題となっている。

［設問１］

(1) Q 社が実行している経営戦略用語が問われている。「競合がない市場を切り開く経営戦略」とは，競合がない新しい市場を生み出して事業を展開する「ブルーオーシャン戦略」のことを意味する。なお，血で血を洗うような競争激化の既存の市場を「レッドオーシャン」という。したがって，Q 社が実行している戦略は（エ）の「ブルーオーシャン戦略」である。

他の選択肢を確認してみる。

ア：「コストリーダーシップ戦略」とは，他社よりも低い製造コストを実現し，低価格によって競争優位をもたらそうとする戦略のことである。

イ：「市場開拓戦略」とは，新しい地域や新しい顧客に既存の製品を販売することなどによって新たに市場を開拓し，売上の拡大を図る戦略のことである。

ウ：「フォロワー戦略」とは，市場におけるリーダー企業やチャレンジャー企業に追随する戦略のことである。

(2) 顧客の課題が問われている。Q社が設定作業を受託する背景にある顧客の課題が問われているので，顧客のラベルプリンターの設定作業に関する記述を探す。すると，問題文冒頭の2段落目に，「顧客がバーコードラベルを使用する場合には，商品に合った大きさ，厚さ，及び材質のバーコードラベルが必要になり，これに対応してラベルプリンターの設定が必要になる」という記述が見つかる。続いて，「商品ごとに顧客の従業員がマニュアルを見ながら各店舗でラベルプリンターの画面から操作して設定しているが，続々と新商品が出てくる現在，この設定のスキルの習得は，慢性的な人手不足に悩む顧客にとって負担となっている」と記載されている。これらの記述から顧客がラベルプリンターを設定することは負担になっており，設定スキルの習得などに人手を割けないことが分かる。だからこそ，「顧客の依頼に応じて，ラベルプリンターの設定作業を受託する」ことが分かる。

以上から，「設定スキルの習得に人手を割けないこと」などと答える。

(3) ビジネスモデルとしての具体的内容が問われている。空欄aの後の記述に着目すると，空欄aのビジネスモデルを実現することによって，「リピート受注を確保でき，業界平均以上の収益性を維持」することができることが分かる。その直前には，「価格設定や顧客への対応などが受け入れられて」という記述がある。価格設定については，〔現在の経営戦略〕では，「ラベルプリンターの販売価格は他社より抑え，バーコードラベルなどの消耗品の料金体系は，Q社パッケージで集計した使用料に応じたものとする」という記述がある。これらの記述から，キャプティブ価格戦略といったビジネスモデルを実現していることが分かる。なお，キャプティブ価格戦略とは，主製品の価格を低く設定して顧客を取り込み，付随製品の継続的な使用でその囲い込みを狙う価格戦略である。

以上から，空欄aに入るものは（イ）の「バーコードラベルなどの消耗品で利益を確保する」となる。

他の選択肢を確認してみる。

ア：「バーコードラベルなどの消耗品の料金体系は，Q社パッケージで集計した使用料に応じたものとする」のであれば，「バーコードラベルなどの消耗品の赤字」となるとは考えにくい。

ウ：「ラベルプリンターの販売価格は他社より抑え」，「バーコードラベルなどの消耗品を安く販売」することによって，「業界平均以上の収益性を維持」することができるとは考えられない。

エ：「ラベルプリンターの販売価格は他社より抑え」とあることから，「ラベルプリンターの販売利益でバーコードラベルなどの消耗品の赤字を補填する」ことができるとは考えにくい。

［設問２］

(1) 戦略キャンバスに基づいた製品開発力に関する問題である。空欄bの後の記述から，空欄 b の内容を実施することによって，「開発要員を増やさないことと製品開発力を強化することとの整合性を確保する」ことができることが分かる。空欄bの前の記述では，「ラベルプリンターの試作や顧客確認などの開発段階」と記載されていることから，開発要員をラベルプリンターの試作や顧客確認などの開発段階に集中させるために，他の開発を中止することが必要となることが分かる。〔経営戦略の強化〕をみると，「バーコードリーダーは，Q 社のラベルプリンターや Q 社のパッケージの製造販売と競合せず，POS 端末及び中小のスーパーで定評のある販売管理ソフトウェアパッケージを製造販売する U 社から調達できる」といった記述がある。これらの記述から，バーコードリーダーを自社開発する必要性は低いことが分かる。

以上から，空欄bに入るものは（イ）の「バーコードリーダーの開発を中止し，開発要員をラベルプリンターの開発に振り向ける」となる。

他の選択肢を確認してみる。

ア：「Q 社のパッケージの販売を中止」することは，R 社長が業界での優位性を維持するために社内の幹部とまとめた重点戦略(3)に記載されている「Q 社パッケージの機能追加を促進する」という記述に反することとなる。

ウ：「メンテナンス要員をラベルプリンターの開発に振り向ける」ことは，R 社長が業界での優位性を維持するために社内の幹部とまとめた重点戦略(2)に記載されている「メンテナンス対応の要員数を変えず，メンテナンス対応力を強化して顧客満足度を上げる」という記述に反することとなる。

エ：「ラベルプリンターの機種を減らし，開発要員を減らす」ことは，R 社長が業界での優位性を維持するために社内の幹部とまとめた重点戦略(1)に記載されている「ラベルプリンターの製品開発において，顧客のニーズを聞き，迅速にラベルプリンターの試作品を開発して顧客に確認してもらうことで，従来よりも的確にニーズを取り込めるようにする」という記述に反することとなる。

(2) メンテナンス対応力を強化して顧客満足度を上げる社長の狙いについて問われている。〔経営戦略の強化〕中の字句を用いて解答するという要件があるため，〔経営戦略の強化〕の内容で，「メンテナンス対応力」，「顧客満足度」の用語が出てくるものを探す。すると，「メンテナンス対応において，故障による顧客業務への影響を減らせば顧客満足度が上がる。顧客満足度が上げれば，既存顧客からのリピート受注率が高まる」という記述が見つかる。この記述から，メンテナンス対応力を強化して顧客満足度を上げる社長の狙いは，既存顧客からのリピート受注率を高めることにあると考えられる。

以上から，「リピート受注率を高めること」などと答える。

(3) メンテナンス対応力に関し顧客の業務への影響を減らすために可能となること，及び Q 社にとってのメリットについて問われている。下線④には，「Q 社のラベルプリンターの稼働に関するデータ，及びモーターなどの部品の劣化の兆候を示す電圧変化などのデータを収集して適宜Q社に送信する機能を実現する」という記述がある。〔現在の問題点〕を参考に解答するという要件があるため，顧客の業務への影響を減らすために可能となることに関する内容を〔現在の問題点〕で探すと，「ラベルプリンターは定期的に予防保守を行い，部品を交換しているが，交換する前に故障が発生してしまうことがある。故障が発生した場合のメンテナンスは，顧客の担当者から故障連絡を受けて，高い頻度で発生する故障の修理に必要な部品を持って要員が現場で対応している。しかし，故障部位の詳細な情報は事前に把握できず，修理に必要な部品を持っていない場合は，1回の訪問で修理が完了せず，顧客の業務に影響が出たことがある」という記述が見つかる。この記述から，顧客の業務への影響は，「交換する前に故障が発生してしまうこと」や「故障部位の詳細な情報は事前に把握できず，修理に必要な部品を持っていない場合は，1回の訪問で修理が完了しないこと」であることが分かる。

以上から，「Q社のラベルプリンターの稼働に関するデータ，及びモーターなどの部品の劣化の兆候を示す電圧変化などのデータを収集して適宜Q社に送信する機能を実現する」ことによって，顧客の業務への影響を減らすためにQ社において可能となることとして，「タイムリーな予防保守（故障前の部品交換）」，「詳細な故障部位の把握」などと答える。

〔現在の問題点〕には「また，複数の故障連絡が重なるなど，要員の作業の繁閑が予測困難で，要員が計画的に作業できずに苦慮している」という記述がある。この記述から，「Q社のラベルプリンターの稼働に関するデータ，及びモーターなどの部品の劣化の兆候を示す電圧変化などのデータを収集して適宜Q社に送信する機能を実現する」ことによって，要員が計画的に作業できることが分かる。

以上から，Q社にとってのメリットとして，「要員が計画的に作業できる」などと答える。

(4) 支援機能として情報システムで提供する機能が問われている。下線⑤には，「SDGsの一つである“つくる責任，つかう責任”に関して，顧客が食品の廃棄量の削減を達成するための支援機能」と記述されている。食品の廃棄量の削減に関する内容を〔現在の問題点〕で探すと，「顧客の戦略目標の一つである食品廃棄量削減を達成するために，値引き価格を印字したバーコードラベルを貼る適切な時刻を通知する機能を情報システムで提供するよう要望を受けているが，現在のQ社パッケージで管理するデータだけでは対応できない」という記述が見つかる。この記述から，顧客が食品の廃棄量の削減を達成するための支援機能とは，値引き価格を印字したバーコードラベルを貼るための適切な時刻を通知する機能であることが分かる。

以上から，情報システムで提供する機能として，「値引き価格を印字したバーコードラベルを貼る適切な時刻を通知する機能」などと答える。

問３　多倍長整数の演算

(R5 春·AP 午後問 3)

【解答例】

［設問１］　ア：3×7　　イ：4×12

［設問２］　①48　　②260　　③48　　④84

［設問３］　ウ：`pow(3, i − 1)`　　エ：`3*(i − 1)`

　　　　　　オ：`pe.val1`　　カ：`pe.val2`　（空欄オ，カは順不同）

［設問４］　キ：`mod(mul, 10)`　　ク：`elements[cidx + 2]`

　　　　　　ケ：`elements[cidx]`

［設問５］　2 × N

【解説】

コンピュータが一度に扱える整数の桁数には限界がある。そこで，一度に扱える桁数を超える演算を行う方法の一つである，10 を基数とした多倍長整数を用いた演算の方法について検討する。この問題では，多倍長整数の乗算を行うアルゴリズムであるカラツバ法を題材に，乗算の対象となる二つの多倍長整数から計算のためのツリー構造を構築し，それを用いて演算を行うプログラムの内容を考える。一次元配列に格納されたツリー構造を構成する各ノードへの添字（インデックス）の求め方が，プログラムの処理を考える上で重要である。

〔多倍長整数の加減算〕

多倍長整数の演算を行うときは，整数の桁ごとの値を，1 の位から順に 1 次元配列に格納して管理する。例えば，整数 123 は，要素数が 3 の配列に{3，2，1}というように格納する。また，多倍長整数の加算は，“桁ごとの加算”の後，“繰り上がり”の調整を行うことで，計算結果を求める。

加算の例　456＋789 を計算する。

① 整数を配列に格納して，加算の式を表す。{6，5，4}＋{9，8，7}

② 桁ごとに加算を行う。　{6＋9，5＋8，4＋7} → {15，13，11}

③ 繰り上がりを処理する。要素の値が 10 以上の場合は，一つ上の位に繰り上がりを行う。例えば，1 の位の 15 は 10×1＋5 なので，1 の位は 5，10 の位は元の 13 に 1 を繰り上げて 14 とする。最上位で繰り上がりが発生するので，配列の要素数を増やして対応する。

{⑮，13，11} → {5，⑭，11} → {5，4，⑫} → {5，4，2，①}

1 の位の繰り上がり　10 の位の繰り上がり　100 の位の繰り上がり

④ 答えは，1245 である。

多倍長整数の減算は，“桁ごとの減算”の後，“繰り下がり”の調整を行うことで，計算結果を求める。

減算の例　987－789 を計算する。

① 整数を配列に格納して，減算の式を表す。{7，8，9}－{9，8，7}
② 桁ごとに減算を行う。　{7－9，8－8，9－7} → {－2，0，2}
③ 繰り下がりを処理する。要素の値が 0 未満の場合は，一つ上の位から繰り下がりを行う。例えば，1 の位の－2 は 10×(－1)＋8 なので，1 の位は 8，10 の位は元の 0 から 1 を繰り下げて－1 とする。
{－2，0，2} → {8，－1，2} → {8，9，1}
1 の位の繰り下がり　10 の位の繰り下がり
④ 答えは，198 である。

〔多倍長整数の乗算〕

多倍長整数の乗算は，計算量を削減するアルゴリズムとして考案された方法の一つであるカラツバ法を用いる。ここでは，桁数が 2 のべき乗で，同じ桁数をもつ正の整数同士の乗算について，カラツバ法を適用した計算を行う。桁数が 2 のべき乗でない場合や，二つの整数の桁数が異なる場合には，上位の桁を 0 で埋めて処理する。例えば，123×4 は 0123×0004 として扱う。

カラツバ法を適用した乗算のアルゴリズムは，(1) ツリー構造（以下，ツリーという）の構築と，(2) ツリーを用いた演算の処理から成る。

(1) ツリーの構築

演算のためのツリーを作る処理である。作成するツリーは，多倍長整数の乗算の式を一つのノードとして，そのノードを親とする 3 個の子ノードをもつようにする。

M 桁×M 桁の乗算の式では，乗算記号の左右にある値を，それぞれ M/2 桁ずつに分けて A，B，C，D の四つの多倍長整数を作る。このとき，M は 2 のべき乗であるから M/2 は割り切れ，四つの同じ桁数の多倍長整数が作られる。これらの整数を使って，①A×C，②B×D，③(A＋B)×(C＋D)の 3 個の子ノードを作り，M/2 桁×M/2 桁の乗算を行う層を作る。③の(A＋B)，(C＋D)は多倍長整数の加算結果であるが，ここでは“桁ごとの加算”だけを行い，“繰り上がり”の処理はツリーを用いて行う演算の最後でまとめて行う。以降，生成した子ノードについても同じ手順を繰り返し，1 桁×1 桁の乗算を行う最下層のノードまで処理を進める。

4 桁×4 桁の 1234×5678 を例に考えると，問題の図 2 に注釈説明を加えた次の図 A に示すように層 1～3 の三つの層から成るツリーができる。

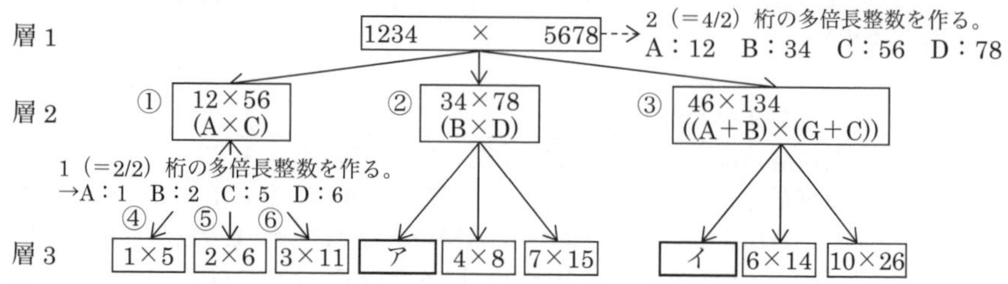

図A　1234×5678についてのツリー（図2）

・層1は元の乗算の式である。

・層2は，2（＝4/2）桁の四つの多倍長整数A：12，B：34，C：56，D：78を用いて，①はA×C＝12×56，②はB×D＝34×78，③は(A＋B)×(C＋D)＝46×134の三つのノードとなる。③では“桁ごとの加算”だけを行うので，(A＋B)は12＋34＝46となり，(C＋D)は10の位が5＋7＝12，1の位が6＋8＝14となるが，図A（図2）では表記を簡潔にするために，各桁の“繰り上がり”の処理を行った結果の134（＝12×10＋14）を記している。

・層3の①の子ノードの部分④～⑥は，1（＝2/2）桁の四つの多倍長整数A：1，B：2，C：5，D：6を用いて，④はA×C＝1×5，⑤はB×D＝2×6，⑥は(A＋B)×(C＋D)＝3×11となる。

(2)　ツリーを用いた演算

ツリーの最下層のノードは，整数の乗算だけで計算できる。最下層以外の層は子ノードの計算結果を使って，式(1)で計算できる。式(1)中の，α，β，γは，それぞれ子ノード①，②，③の乗算の計算結果を，Kは対象のノードの桁数を表す。

$\alpha \times 10^{K} + (\gamma - \alpha - \beta) \times 10^{K/2} + \beta$　……(1)

図A（図2）のルートノードの場合，K＝4，α＝672（＝①12×56），β＝2652（＝②34×78），γ＝6164（＝③46×134）なので，計算結果が次のように求められる。

1234×5678＝672×10000＋(6164－672－2652)×100＋2652＝7006652

子ノードの計算結果を使うと，式(1)で乗算の計算結果が求められることを，図A（図2）のルートノードを例に確かめる。ルートノードについて考えるので，K＝4，α＝12×56（＝672），β＝34×78（＝2652），γ＝46×134（＝6164）として式を変形していくと，次のように式(1)が得られることが分かる。

$$
\begin{aligned}
&1234\times5678 && \cdots\ \boxed{1234=1200+34,\ 5678=5600+78\ \text{とする。}}\\
&=(12\times100+34)\times(56\times100+78) && \cdots\ \boxed{\text{式を展開して整理}}\\
&=(12\times100)\times(56\times100)+(12\times100)\times78+34\times(56\times100)+34\times78\\
&=12\times56\times100\times100+12\times78\times100+34\times56\times100+34\times78\\
&=12\times56\times10000+(12\times78+34\times56)\times100+34\times78\\
&=12\times56\times10^4+(12\times78+34\times56)\times10^2+34\times78 && \cdots\ \boxed{(\ )\text{内を}\gamma-\alpha-\beta\text{に変形}}\\
&=12\times56\times10^4+\{12\times(56+78)+34\times(56+78)-12\times56-34\times78\}\times10^2+34\times78\\
&=\underbrace{12\times56}_{\alpha}\times10^4+\{\underbrace{(12+34)\times(56+78)}_{\gamma}-\underbrace{12\times56}_{\alpha}-\underbrace{34\times78}_{\beta}\}\times10^2+\underbrace{34\times78}_{\beta}\\
&=\alpha\times10^K+(\gamma-\alpha-\beta)\times10^{K/2}+\beta && \cdots\ \boxed{K=4\ \text{であるから,}\ K/2=2\ \text{である。}}
\end{aligned}
$$

〔多倍長整数の乗算のプログラムで利用する構造体の型〕

プログラムで利用するデータ構造として，表１に挙げられている「多倍長整数」とツリーを構成する「ノード」の二つの構造体の型が重要である。この二つの構造体の型について，それぞれの型の変数にデータが格納された例を図 B，図 C に示す。

例　多倍長整数 34 を多倍長整数の構造体の変数に格納する。

	N	values	
多倍長整数	2	4	3

・桁数（N）は 2
・桁ごとの値（values）は，1 の位から順に格納するので，{4，3}である。

図 B　多倍長整数の構造体の変数にデータを格納した例

例　図 A 中の層 3 にある⑤のノードである「2×6」を，ノード構造体の変数に格納する。

	N	val1		val2		result	
ノード	1	1	2	1	6	2	2	1

・ノードの桁数（N）は 1
・左側の値（val1）は，1 桁で{2}
・右側の値（val2）は，1 桁で{6}
・計算結果（result）12 は，2 桁で{2，1}

図 C　ノード構造体の変数にデータを格納した例

［設問 1］

図 2（図 A）中の空欄に入れる適切な数式を考える。同じ位置にある，①のノードの子ノード④（図 A）の作り方を参考に考えるとよい。

・空欄ア：②のノードでは 2 桁×2 桁の乗算を行っているので，層 3 では 1（＝2/2）桁ずつに分けた A，B，C，D の四つの多倍長整数を使って，子ノードを作る。②のノードの乗算は 34×78 であるから，A：3，B：4，C：7，D：8 となる。空欄アには，層 2 の①のノードと同様に A×C を入れるので，3×7 となる。したがって，空欄アは「3×7」である。また，②のノードの他の二つの子ノードの内容をみると，B×D＝4×8，(A＋B)×(C＋D)＝(3＋4)×(7＋8)＝7×15 が入っていることが確かめられる。

・空欄イ：ツリーの構築の際には，“桁ごとの加算”だけを行い，“繰り上がり”の処理は行わないことから，③のノードの乗算である46×134＝(12＋34)×(56＋78)の「12＋34」と「56＋78」を，図 1 で用いた配列に格納した形で“桁ごとの加算”を行うと，次のようになっている。

{2, 1}＋{4, 3} → {6, 4}　　　10の位が4，1の位が6である。

{6, 5}＋{8, 7} → {14, 12}　　　10の位が12，1の位が14である。

この結果から，③のノードの子ノードを作るときに用いる四つの多倍長整数は，A：4，B：6，C：12，D：14となる。空欄イには，A×Cを入れるので，4×12 となる。したがって，空欄イは「4×12」である。また，③のノードの他の二つの子ノードの内容をみると，B×D＝6×14，(A＋B)×(C＋D)＝(4＋6)×(12＋14)＝10×26が入っていることが確かめられる。

なお，③のノードのA～Dの値については，空欄イの次にある「B×D」を格納する子ノードが「6×14」なので，Bが6，Dが14，そして，その次にある「(A＋B)×(C＋D)」を格納するノードが「10×26」なので，A＋B＝10からA：4（＝10−6(B)），C＋D＝26から C：12（＝26−14(D)）というように考えても求められる。

［設問２］

図2（図A）中の層2にある③のノード「46×134」について，式(1)の数式が具体的にどのようになるかを考える。このノードの値は，層3にある子ノードの計算結果を使って求める。3個の子ノードの内容は，左から4×12（空欄イ），6×14，10×26であるが，それぞれα，β，γに対応するので，$\alpha=48$，$\beta=84$，$\gamma=260$になる。また，Kは対象のノードの桁数を表すが，層2のノードの桁数が2であることから，K＝2になる。式(1)に，α，β，γ，Kの値を代入すると，計算式は次のようになる。

$$\alpha\times10^{K}+(\gamma-\alpha-\beta)\times10^{K/2}+\beta$$
$$=48\times10^{2}+(260-48-84)\times10^{1}+84$$
$$=\underset{①}{\underline{48}}\times100+(\underset{②}{\underline{260}}-\underset{③}{\underline{48}}-84)\times10+\underset{④}{\underline{84}}$$

したがって，正解は①48，②260，③48，④84となる。

［設問３］

図3に示す与えられた二つの多倍長整数val1とval2からツリーを構築するプログラムに関する設問である。表2の「多倍長整数の操作を行う関数」，表3の「使用する主な変数，配列及び関数」を参考にしながら，プログラムの内容を考える。なお，プログラム内で使われる変数は全て大域変数であり，配列の添字は1から始まる点に注意する。

図3の「与えられた二つの多倍長整数からツリーを構築するプログラムの概要」を図Dに示す。

```
// ツリーの各層の, elements 配列上での先頭インデックスを算出する
layer_top[1] ← 1                          //ルートノードは先頭なので 1 を入れる
for (i を 1 から t_depth - 1 まで 1 ずつ増やす)
  layer_top[i + 1] ← layer_top[i] + [ ウ ]
endfor
```

各層の左端ノードの配列 elements 上での添字の値を配列 layer_top に層１から最下層まで格納する。図２の場合は，{1, 2, 5}が入る。

```
// ツリーを構築する
elements[1] ← new_elem(val1.N,val1,val2)    //ルートノードを用意。
                                              桁数は val1 の桁数を使う
for (dp を 1 から t_depth - 1 まで 1 ずつ増やす)     //ルートノードの層から,
                                                     最下層以外の層を順に処理
  for (i を 1 から pow(3,dp - 1)まで 1 ずつ増やす)  //親ノードになる層の要素数
                                                     だけ繰り返す
    pe ← elements[layer_top[dp] + (i - 1)]       //親ノードの要素を取得
    cn ← pe.N / 2                                //子ノードの桁数を算出
    tidx ← layer_top[dp + 1] + [ エ ]            //子ノード①へのインデックス
 ① elements[tidx    ] ← new_elem(cn,left([ オ ], cn),left([ カ ], cn))
 ② elements[tidx + 1] ← new_elem(cn,right([ オ ], cn),right([ カ ], cn))
 ③ elements[tidx + 2] ← new_elem(cn,lradd([ オ ], cn),lradd([ カ ], cn))
  endfor
endfor
```

val1×val2 のノードを作成

親ノードになるルートから最下層の一つ上の層までを処理する

３個の子ノードを作る処理

子ノード

図Ｄ　与えられた二つの多倍長整数からツリーを構築するプログラムの概要

・空欄ウ：ツリーのノードは，配列 elements 上に，ルートノードを先頭として各層の左側のノードから順に要素を格納する。例えば，図２（図Ａ）の場合には，{1234×5678，12×56，34×78，46×134，1×5，2×6，…}の順で格納する。このとき，各層の左端（先頭）のノードの添字は，{1，2，5}となる。また，各層のノードの数は，層１が１（$=3^0$）個，層２が３（$=3^1$）個，層３が９（$=3^2$）個，層 n であれば 3^{n-1} 個となる。このことから，各層の左端のノードの添字は，図Ｅに示すように，その親ノードの左端のノードの添字に親の層のノードの個数を加算したものになる。

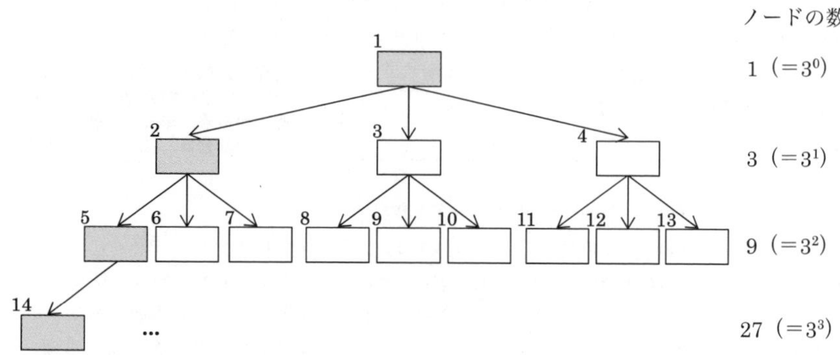

注記　ノードの左上の数字は，配列 elements 上の添字を表す。

図 E　各層の左端のノードの添字

空欄ウのある配列 layer_top には，各層の左端のノードの添字を格納するが，各要素の値は，layer_top[1]を 1 として，以降は親ノードの層の左端のノードの添字に親の層のノードの個数を加算したものになる。空欄ウを含む文を繰り返す for 文の制御変数 i は親ノードの層を表し，親ノードとなり得る，最下層の一つ上の層を表す t_depth－1 まで処理を繰り返す。layer_top[i]には親ノードの層の左端のノードの添字が格納されているので，それに親の層のノードの個数 3^{i-1} を加算すると，子ノードの層の左端のノードの添字 layer_top[i＋1]を求めることができる。ここで，3^{i-1} は表 3 の関数 pow を用いて pow(3，i－1)として求めるので，空欄ウは「`pow(3, i - 1)`」となる。

・空欄エ：入れ子の構造になっている二つの for 文の中にあるので，まず for 文の役割を考える。外側の for 文では，制御変数を dp としてルートノードの層から最下層以外の層まで順に処理する。内側の for 文では，制御変数を i として親ノードになる層の要素数だけ子ノードを作る処理を繰り返す。空欄エを含む文を実行するとき，変数 dp は親ノードの層の番号を，変数 i は対象の親ノードが層内の左から何番目に位置するかを表している。子ノード①の配列 elements 上の添字を表す変数 tidx は，子ノードの層（層の番号は dp＋1）の左端のノードの添字を格納した layer_top[dp＋1]に，子の層内での位置を加算することで求める。親ノードが層内の左から i 番目に位置するとき，その子の層内では子ノード①の前（図 E では左）に 3*(i－1)個のノードが存在するので，layer_top[dp＋1]に「3*(i－1)」を加算することで，子ノード①の添字である変数 tidx を求めることができる。例えば，図 E において，親ノードの配列 elements 上の添字が 3 のとき，そのノードは層 2 内で左から 2 番目に位置する。そのとき，子ノード①の前（図 E では左）に，層 3 のノードが 3×(2－1)＝3 個存在する。そこで，層 3 の左端のノードの添字 5 に 3 を加算して，子ノード①の添字は 8 であると求めることができる。したがって，空欄エは「`3*(i - 1)`」となる。

・空欄オ，カ：3 個の子ノード①，②，③を作り，それぞれ要素の値を設定する部分である。表 3 の関数 new_elem を用いて，new_elem(k,v1,v2)とすると，取り扱う多倍長整数の桁数が k で，v1×v2 の乗算を表すノード構造体を新規に作成できる。また，表 2 の関数 left と関数 right を使用すると，親ノードに格納されている二つの多倍長変数を四つに分割することができる。このとき，子ノードの多倍長整数の桁数は，親ノードの桁数（pe.N）を 2 で割った値として変数 cn に求められているので，これを使用する。例えば，図 2（図 A）の層 1 の 1234×5678 では，変数 val1 の値 1234 は{4，3，2，1}，変数 val2 の値 5678 は{8，7，6，5}として桁ごとに配列に格納されている。ここから，A：12，B：34，C：56，D：78 と分割するために，left(val1,2)とすると添字が大きい方の 2 個の要素{2，1}が返されるが，これが A：12 である。そして，right(val1,2)としたときに返される添字が小さい方の 2 個の要素{4，3}が，B：34 である。同様に，C：56 は left(val2,2)，D：78 は right(val2,2)とすると求められる。

・子ノード①は，A×C であり，A は親ノードの要素の乗算記号の左側の値（pe.val1）から，C は親ノードの要素の乗算記号の右側の値（pe.val2）から，それぞれ添字の大きい方の変数 cn が表す桁数分を取り出す。よって，プログラム文は次のようになる。

```
elements[tidx] ← new_elem(cn,left(pe.val1, cn),left(pe.val2, cn))
```

・子ノード②は，B×D であり，B は親ノードの要素の乗算記号の左側の値（pe.val1）から，D は親ノードの要素の乗算記号の右側の値（pe.val2）から，それぞれ添字の小さい方の変数 cn が表す桁数分を取り出す。よって，プログラム文は次のようになる。

```
elements[tidx + 1] ← new_elem(cn,right(pe.val1, cn),right(pe.val2, cn))
```

ここまでで，空欄オ，カの内容を確かめることができる。したがって，空欄オは「pe.val1」，空欄カは「pe.val2」となる。なお，空欄オ，カは順不同である。

・子ノード③は，(A＋B)×(C＋D)であり，空欄オ，カのある 3 番目の行では，表 2 の関数 lradd を用いて，A＋B と C＋D を作っている。まず，空欄オのある部分は，

```
lradd(pe.val1,cn)＝add(left(pe.val1,cn),right(pe.val1,cn))
```

であり，A（＝left(pe.val1,cn)）＋B（right(pe.val1,cn)）を表していることが分かる。同様に，空欄カのある部分は，

```
lradd(pe.val2,cn)＝add(left(pe.val2,cn),right(pe.val2,cn))
```

であり，C＋D を表している。

［設問４］

図 4 のツリーを用いて演算を行うプログラムの中の空欄について考える。ツリーを用いた計算では，ツリーの最下層のノードは整数の乗算だけで計算を行うが，最下層

以外の層では，子ノードの計算結果を使って式(1)の計算を行う。また，“繰り上がり”は，途中の計算では行わず，表2の関数carryを使って最後にまとめて処理する。プログラムは，「最下層の計算」，「最下層以外の計算」，「繰り上がり処理」から成る。

```
// 最下層の計算      最下層のノードの数だけ繰り返す。
for （iを1から pow(3, t_depth - 1)まで1ずつ増やす） //最下層の要素数は
        最下層の左端（先頭）のノードの添字               3の t_depth-1 乗個
  el ← elements[layer_top[t_depth] + (i - 1)]      //最下層のノード
  mul ← el.val1.values[1] * el.val2.values[1]      //最下層の乗算
  el.result.N ← 2     桁数の設定                   //計算結果は2桁の多倍長整数
  el.result.values[1] ←  キ                        //1の位
  el.result.values[2] ← mul / 10                   //10の位
endfor
```

図F　最下層の計算のプログラム

・空欄キ：最下層の計算において，1の位の値を設定する文の中にある。最下層のノードの数は，ツリーの層の数を表す変数t_depthを使って$3^{t_depth-1}$で表すことができるので，最下層の計算はfor文で1から$3^{t_depth-1}$まで繰り返す構造になっている。なお，$3^{t_depth-1}$は，関数powを用いて，pow(3, t_depth − 1)として求める。また，配列elementsに格納されている最下層ノードを左端から順に変数elで参照する。このとき，最下層左端のノードの添字(layer_top[t_depth])にi−1を加算することで，該当するi番目のノードを指定できるので，そのノードの二つの値を用いて乗算を行い，計算結果を変数mulに格納する。例えば，参照するノードが図2（図A）の最下層の左から2番目の「2×6」であれば，図Gのように計算結果が格納される。1の位の数は，乗算結果である変数mulの値を10で割った剰余を求めることで得ることができるので，表3の関数modを用いて，mod(mul,10)とする。したがって，空欄キは「`mod(mul, 10)`」となる。また，10の位の数は，10で割った商なので，mul / 10である。

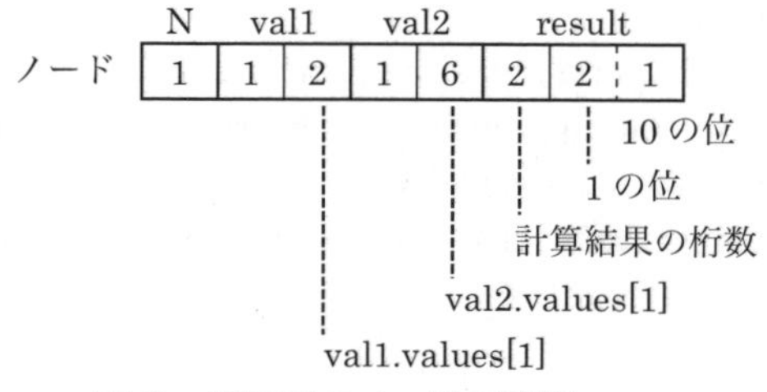

図G　最下層のノードの計算

・空欄ク，ケ：最下層以外の計算において，式(1)の計算の一部を行う文中にある。ま

ず，全体をみると，図Ｈに示すように，二つの for 文が入れ子の構造になっている。外側の for 文では，制御変数を dp として最下層より一つ上の層からルートノードの層（層 1）まで順に処理するが，子ノードの計算結果を使って親のノードの計算を行うために，ツリーの下層から順に上にさかのぼる形となっている。内側の for 文では，制御変数を i として，その層の要素数（3^{dp-1}個）だけ処理を繰り返す。二つの for 文の中では，最下層以外の層のノードについて，子ノードの計算結果を使って式(1)の計算を行う。

```
// 最下層以外の計算          最下層の一つ上の層からルートノードの層までを処理
for (dp を t_depth - 1 から 1 まで 1 ずつ減らす)     //最下層より一つ上の層から
各層の要素数だけ式(1)の計算を繰り返す処理                順に処理
  for (i を 1 から pow(3,dp - 1)まで 1 ずつ増やす)  //各層の要素数だけ繰り返す
    el ← elements[layer_top[dp] + (i - 1)]        //計算対象のノード
    cidx ← layer_top[dp + 1] + [エ：3*(i-1)]      //子ノード①へのインデックス
    s1 ← sub([  ク  ].result, [  ケ  ].result) … γ－αを計算
    s2 ← sub(s1, elements[cidx + 1].result)       //γ－α－βを計算
    p1 ← shift(elements[cidx].result, el.N)       //α×10^Kを計算
    p2 ← shift(s2, el.N / 2)                  //(γ－α－β)×10^(K/2)を計算
    p3 ← elements[cidx + 1].result                //βを計算
    el.result ← add(add(p1, p2), p3) … α×10^K+(γ－α－β)×10^(K/2)+βを計算
  endfor
endfor
```

図Ｈ　最下層以外のノードの計算のプログラム

空欄ク，ケのある計算式によって変数 s1 に求めた値は，次の行の変数 s2 の計算式で使われている。その行のコメントによれば，変数 s2 には$\gamma-\alpha-\beta$の値が設定されるが，計算式中にある elements[cidx + 1].result は子ノード②の計算結果，すなわちβなので，この値を減算する変数 s1 は$\gamma-\alpha$の部分に該当する。つまり，変数 s1 は，子ノード③の計算結果であるγから子ノード①の計算結果であるαを減算した値なので，elements[cidx + 2].result と elements[cidx].result の差を設定する。したがって，空欄クは「elements[cidx + 2]」，空欄ケは「elements[cidx]」となる。

以降に空欄はないが，最後にルートノードの計算結果（elements[1].result）に格納されている数値に対して，表２の関数 carry を用いて繰り上がり処理を行い，計算結果を変数 answer に格納している。

［設問５］

Ｎ 桁同士の乗算をする場合，多倍長整数の構造体において，その要素である配列

values に必要な最大の要素数を求めるために，まず 4 桁同士の乗算をする場合を例に考える。4 桁の多倍長整数 A と B があるとき，A×B を行うと，その計算結果の桁数は 4 桁より大きくなることがあるので，必要な最大の要素数は幾つになるのかを見積もる。A と B は両方とも 10000＝10^4 未満の数値になることから，A×B を行うと，次の式が成り立つ。

$$A < 10^4,\ B < 10^4$$

$$A \times B < 10^4 \times 10^4 = 10^8$$

よって，4 桁同士の乗算の場合，計算結果は 10^8 を超えることはなく，最大 8 桁になる。N桁同士の乗算の場合も同様に考えることができる。

$$A < 10^N,\ B < 10^N$$

$$A \times B < 10^N \times 10^N = 10^{2N}$$

したがって，計算結果は最大 2×N 桁になり，配列 values に必要な最大の要素数は「2 × N」となる。

問４　ITニュース配信サービスの再構築 (R5春-AP 午後問4)

【解答例】

［設問１］ (1) (a) ア

(2) (b) JSON

(3) 参照回数の多い記事

［設問２］ (c) 280　(d) 200　(e) 138　(f) 246

［設問３］ (1) (g) ITNewsDetail　(h) ITNewsHeadline

(2) ITニュース一覧と各記事に関連する記事の一覧が更新されない。

(3) 記事間の遷移がWebサーバのアクセスログのURLでは解析できないから

【解説】

ITニュース配信サービスの再構築に関するシステムアーキテクチャの問題である。設問1では，SPA（Single Page Application）がテーマに出るなど目新しさもあるが，現在の一般的なWebシステムに関する知識があれば解答できる。設問2では，計算問題があり，難しく感じられるかもしれないが，これも，キャッシュに関する基礎知識の応用で解答できる問題である。設問3では，不具合の指摘と改修について問われているが，問題文中のシステムの処理内容とWeb APIに関する説明をよく読めば，解答できる問題である。

［設問１］

〔新システムの方針〕について問われている。

(1) 本文中の空欄aに入れる適切な字句を解答群の中から記号で選ぶ問題である。

該当する空欄がある文は「・［ a ］の機能を用いて，一つのWebサイトで全ての種類の端末に最適な画面を表示できるようにする」である。〔現状のシステム構成と課題〕には，「現状のシステム構成では，PC，タブレット，スマートフォン，それぞれに最適化したWebサイトを用意している。APでは，RDBとのデータ入出力とHTMLファイルの生成を行っている」の記述があり，利用者の端末に合わせたHTMLを別々のWebサイトで生成していることが分かる。一つのWebサイトで全ての種類の端末に最適な画面を表示するには，コンテンツの本体であるHTMLとスタイルシート（Webページの見栄えや体裁の部分）を分ける必要がある。このWebページの見栄えや体裁（フォントの種類や大きさ，デザインや全体のレイアウトなど）を表現できるプログラミング言語がCSS（Cascading Style Sheets）である。よって，解答は（ア）となる。

(2) 本文中の空欄bに入れる適切な字句を答える問題である。

該当する空欄がある文は「・APでの動的なHTMLの生成処理を行わない，SPA（Single Page Application）の構成にする。HTML，スクリプトなどのファイルはWebサーバに配置する。動的なデータはAPからWeb APIを通して提供し，データ形式は各端末のWebブラウザ上で実行されるスクリプトが扱いやすい［ b ］とする」である。

SPA（Single Page Application）とは，Webブラウザ側でアプリケーションを実行させ，ページの遷移を行うことなく，同じWebページ上でコンテンツの切替えを行う構成又はアプリケーションのことである。そのためには，Webブラウザ側でアプリケーションを動作させる必要があり，最初にWebサーバから，初期の画面構成に必要なスクリプトを読み込む必要がある。スクリプトは，一般的にJavaScriptが使われるが，同言語と親和性が高いデータ定義方法がJSON（JavaScript Object Notation）である。よって，解答は「JSON」となる。

(3) 表2中の下線①の方式にすることで，どのような記事がキャッシュサーバに格納されやすくなるかを答える問題である。該当する箇所がある文は，表2のITNewsDetailの概要の「キャッシュするデータは<u>①LFU方式</u>で管理する」である。LFU（Least Frequently Used）は，キャッシュの管理方式の一つで，最も使用頻度が低いもの（least）データから順に破棄する方式である。よって，最も使用頻度が低いものから，キャッシュから排除されるので，リクエストの回数が多い記事はキャッシュに残り，リクエストの回数が少ない記事は排除される。よって，解答は，「参照回数の多い記事」などとなる。

［設問2］

本文中の空欄c～fに入れる数値が問われている。該当する空欄は，〔応答速度の試算〕の表4の後に記述がある。

・空欄c：該当する空欄を含む文は，「ITニュース一覧画面を初めて表示する場合の応答時間は，方式(1)では180ms，方式(2)では［ c ］msである」である。表4のNo.1の測定内容が「WebサーバがITニュース一覧画面又はITニュース記事画面のリクエストを受けてから，HTMLやスクリプトなどのファイルを全て転送するまでの時間」，No.2が，「APがWeb API“ITNewsList”のリクエストを受けてから，応答データを全て転送するまでの時間」であり，ITニュース一覧画面を初めて表示する場合の応答時間は，No.1とNo.2の合計と考えられる。まず，方式(1)を確認すると，表4のNo.1の80msとNo.2の100msであるから，合計は180msとなり，整合性がある。よって，方式(2)も，同様にNo.1とNo.2の合計と考えられ，No.1の80msとNo.2の200msであるから，合計は280msとなる。

よって，空欄cは「280（ms）」となる。

・空欄d：該当する空欄を含む文は，「ITニュース一覧画面のページを切り替える場合の応答時間は，方式(1)では100ms，方式(2)では［ d ］msである」である。

これは，No.2の処理と考えることができ，表4のNo.2の方式(1)にある測定結果が100msであるので，整合性がある。No.2の方式(2)は200msとあるので，空欄dは，200msが入る。よって，空欄dは「200（ms）」となる。

・空欄e：該当する空欄を含む文は，「次に，記事をリクエストした際の平均応答時間を考える。Web API“ITNewsDetail”の平均応答時間は，方式(1)では156ms，方式(2)では［ e ］ms である」である。この処理では，キャッシュサーバのキャッシュにデータがある（ヒットする）場合と，キャッシュにデータがなくRDBから読み出す場合の２パターンがある。

ここで，キャッシュがあるシステムの平均アクセス時間（又は実効アクセス時間）を求める式の知識が必要である。午前の問題では，キャッシュメモリとメインメモリの平均アクセス時間を求める問題として，よく出題されている。

キャッシュに必要なデータが存在する確率をヒット率とすると，

平均アクセス時間＝キャッシュメモリのアクセス時間×ヒット率
＋メインメモリのアクセス時間×（1－ヒット率）…式１

で求めることができる。

この問題においては，No.4が「APがWeb API“ITNewsDetail”のリクエストを受けてから，キャッシュサーバにある対象記事のデータを全て転送するまでの時間」で，No.3が「APがWeb API“ITNewsDetail”でリクエストされた対象記事のデータがキャッシュサーバに格納されている割合」であるから，No.4がキャッシュサーバにヒットした場合の応答時間で，No.3がヒット率である。また，No.5が「APがWeb API“ITNewsDetail”のリクエストを受けてから，RDBにある対象記事のデータを全て転送するまでの時間」であるから，No.5がRDBから読み出す場合の応答時間であり，そのヒットしない割合（率）は1－ヒット率となる。

ここで，方式(1)の場合を考える。No.4（キャッシュサーバにヒットした場合の応答時間）が60msで，No.3がヒット率で60％なので0.6，No.5（RDBから読み出す場合の応答時間）が300msとなる。よって式１に当てはめると，方式(1)の平均アクセス時間＝60ms×0.6＋300ms×(1－0.6)となり，計算すると156msになる。同様にして方式(2)の場合を考えると，No.4が120msで，No.3がヒット率で90％なので0.9，No.5が300msとなる。よって，式１に当てはめると，方式(2)の平均アクセス時間＝120ms×0.9＋300m×(1－0.9)となり，計算すると138 msになる。よって，空欄eは，「138 (ms)」となる。

・空欄f：該当する空欄を含む文は，「したがって，Web API“ITNewsHeadline”の呼び出しも含めたITニュース記事画面を表示するための平均応答時間は，方式(1)では［ f ］ms，方式(2)では258msとなる」である。

この「Web API“ITNewsHeadline”の呼び出し…」は，No.6の「APがWeb API“ITNewsHeadline”のリクエストを受けてから，応答データを全て転送するまでの時間」に該当するので，これを含めた応答時間を求める必要がある。ここで，Web API“ITNewsHeadline”の呼び出しは，関連した記事の表示の６件分であるので，同APIは６回呼び出され，その分の時間が必要になる点に注意したい。

ここで，値が分かっている方式(2)を考えると，空欄eは138msであり，また No.6 の方式(2)の値は 20ms であるため，平均応答時間＝138ms＋20ms×6＝258msとなり，整合性がある。次に，空欄fの方式(1)の平均応答時間は，156ms＋15ms×6＝246ms となる。よって，空欄 f は，「246（ms）」となる。

［設問３］

〔不具合の指摘と改修〕について問われている。

(1) 本文中の空欄 g，h に入れる適切な字句を，表 2 中の Web API 名の中から答える問題である。該当する文は，(1)IT ニュース記事画面の応答速度の不具合の「IT ニュース記事画面を生成するスクリプトが実際にインターネットを介して実行された場合，試算した応答速度より大幅に遅くなってしまうことが懸念される。Web API "[g]" 内から，Web API "[h]" を呼び出すように処理を改修する必要がある」である。

表 2 中の Web API を確認すると，該当する API は，ITNewsDetail と ITNewsHeadline の二つだけで，空欄 g，h には，そのどちらかが入る。遅くなるのは，IT ニュース記事画面を生成するスクリプトがインターネットを介して実行された場合であるから，クライアント側でスクリプトが実行され，ITNewsDetail が呼び出され，得られた関連する記事のデータを 6 件分呼び出すために，ITNewsHeadline を 6 回呼び出すこととなる。これらは，インターネットを介して行われるため，遅くなって当然である。そこで，最初に呼び出される ITNewsDetail の中にて，ITNewsHeadline を 6 回呼び出すように変更すれば，インターネットを介したやり取りが減って，応答速度が向上すると考えられる。よって解答は，空欄 g は「ITNewsDetail」，空欄 h は「ITNewsHeadline」となる。

(2) 本文中の下線②にある不具合を答える問題である。該当する文は，(2)AP の CPU 使用率が高い状態が続いた場合の不具合の「AP に処理が偏って CPU 使用率が高い状態が続いた場合，②ある画面の表示内容に不具合が出てしまう」である。関連がありそうな事項を本文から探すと，〔キャッシュサーバの実装方式の検討〕のキャッシュデータの更新について，「なお，AP の CPU 使用率が高い場合，Web API の応答速度を優先するために，更新処理は行わない」の記述がある。このため，アクセスを受け付けた AP の CPU 使用率が高い場合，キャッシュデータの更新がされておらず，古いデータがキャッシュされている可能性がある。そのため，IT ニュース一覧画面の表示内容が古くなり，他の更新済みの AP にアクセスした場合との表示内容が異なる現象の発生が考えられる。よって，解答は，「IT ニュース一覧と各記事に関連する記事の一覧が更新されない」などとなる。

(3) 本文中の下線③の理由を答える問題である。該当する文は，(3)関連する記事が取得できない不具合の「関連する記事を見つける処理について，<u>③現状の仕組みのままでは関連する記事が見つけられない</u>」である。この現状の仕組みについて，関連する項目を探すと，〔現状のシステム構成と課題〕に「現状のシステム構成では，(中略）また，関連する記事を見つけるために，夜間に Web サーバのアクセスログを RDB に取り込み，URL 中の記事番号を用いたアクセス解析を RDB 上のストアドプロシージャによって行っている」の記述がある。

これによって，現状のシステム構成ではWebサーバで記録されたアクセスログをRDB上のストアドプロシージャ（ストアドプログラム）によって解析する処理を行っていることが分かる。しかしながら，新システムでは，Web APIを活用したシステムとなるため，Webサーバは，HTMLと初期画面のスクリプトを転送するだけで，利用者が選択した記事に関連する情報は，Webサーバのアクセスログに記録されない。そのため，Web APIを受け付けるAP側のアクセスログを解析する方法に変更する必要がある。よって，解答は，「記事間の遷移がWebサーバのアクセスログのURLでは解析できないから」などとなる。

問5　Webサイトの増設
(R5春·AP 午後問5)

【解答例】

［設問1］　(1)　FWf
　　　　　(2)　L3SW，FWb，L2SWb
［設問2］　(1)　(a) miap.example.jp
　　　　　(2)　apb.f-sha.example.lan
［設問3］　(1)　(b) DNSサーバc　　(c) ゾーン　　(d) TTL
　　　　　(2)　Mシステムの応答速度が低下することがある。
　　　　　(3)　ログイン中の利用者がいないこと

【解説】

この問題では，Webサイトの増設を題材として，DNSに関する技術的な知識が問われている。具体的には，DNSサーバに登録するリソースレコード，プライマリDNSサーバとセカンダリDNSサーバの違い，名前解決で得た情報をDNSサーバが保存する時間のTTL（Time to Live）とそれに伴って発生する問題など，様々なDNSにまつわる問題が取り上げられているが，DNSの仕組みを十分に理解していれば，多くの設問に正解できる。

［設問1］

(1)　この設問は，下線①について，デフォルトルートのネクストホップとなる機器を，図1中の名称で答えるものである。なお，下線①を含む記述は，「F社のL3SWの経路表には，b-DCのWebサイトbへの経路と①デフォルトルートが登録されている」である。なお，デフォルトルートとは，ルータの経路表に登録されていない宛先のパケットを転送するための経路（ルート）のことである。

図1（現在のMシステムのネットワーク構成（抜粋））を見ると，F社のL3SWに接続されている経路は，広域イーサ網 → FWbと，FWf → インターネットという二つである。広域イーサ網 → FWbという経路は，Webサイトbへアクセスするための経路で，アクセスする機器は，WebAPサーバbとDNSサーバbに限られ，あらかじめ宛先のIPアドレスは特定できる。一方，FWf → インターネットという経路は，インターネットへアクセスするための経路であり，インターネット側にある宛先のIPアドレスは，あらかじめ特定できるわけではない。このように，アクセス先が全て特定できる経路（広域イーサ網への経路）と，特定できない経路（インターネットへの経路）に分けられる場合，一般に，宛先IPアドレスが特定できないインターネットへの経路をデフォルトルートとして設定し，特定できる経路は経路表に登録する。このため，L3SWの経路表のデフォルトルートのネクストホップ（IPパケットを次に転送する機器）にはFWfを指定する。したがって，解答は“FWf”になる。

(2) この設問は，下線②の設定の下で，運用 PC から DNS サーバ b にアクセスしたとき，パケットが DNS サーバ b に到達するまでに経由する機器を，図 1 中の名称で全て答えるものである。なお，下線②を含む記述は，「運用 PC には，②優先 DNS サーバとして，FQDN が nsb.f-sha.example.lan の DNS サーバ b が登録されている」である。

F 社の運用 PC から，DNS サーバ b へアクセスする経路を，図 1 で確認すると，運用 PC → L3SW → 広域イーサ網 → FWb → L2SWb → DNS サーバ b であることが分かる。この経路において，経由する機器を抜き出すと，L3SW，FWb，L2SWb の三つになる。したがって，解答は“L3SW，FWb，L2SWb”になる。

午後解答

<参考>DNS サーバの名称と DNS の仕組み

この問題では，優先 DNS サーバと代替 DNS サーバ，プライマリ DNS サーバとセカンダリ DNS サーバという四つの名称が使用されている。これらの関係を図示すると，おおむね図 A に示すようになる。

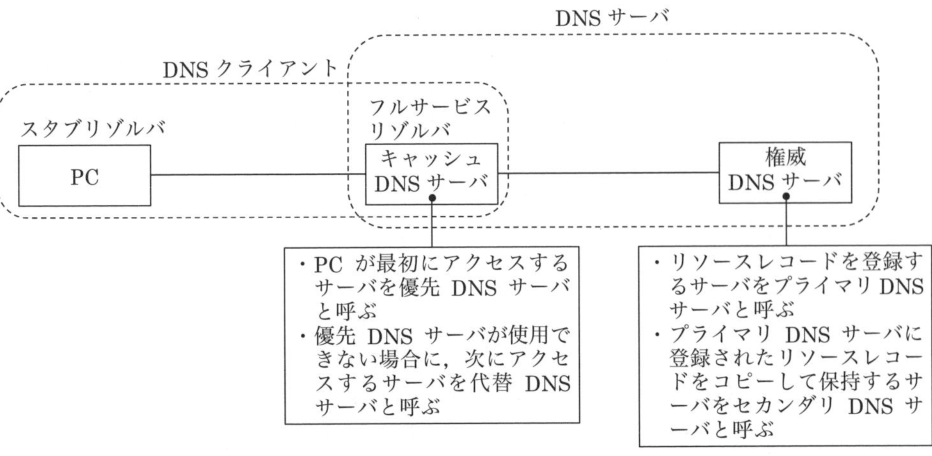

図 A　DNS におけるクライアントとサーバの関係

・リゾルバとは，DNS において名前解決の要求を行う機能のことを，サーバとは，リゾルバからの名前解決要求に対して回答を返す機能のことを示す。
・名前解決とは，Web サーバなどの FQDN (Fully Qualified Domain Name) から，対応する IP アドレスを得ることなどをいう。
・リソースレコード（資源レコード）とは，名前解決に必要な情報を示すものであり，FQDN とその IP アドレスの対応関係を示す A レコードのほか，ドメイン名に対応するメールサーバ名を示す MX レコード，そのドメインにおける権威 DNS サーバ名を示す NS レコードなどがある。

・権威DNSサーバとは，自身が管理するドメインの情報（DNSゾーン情報）によって，問合せに応答できるDNSサーバのことで，コンテンツDNSサーバと呼ばれることも多い。
・キャッシュDNSサーバとは，クライアントに代わって，権威DNSサーバへの問合せを行うとともに，応答された情報を一時的に保持（キャッシュ）して，その情報によって問合せに対する応答を行うサーバのことである。

［設問2］

(1) 空欄aは，「(ⅰ) 顧客と同じURLであるhttps:// [a] /でWebAPサーバbにアクセスし，顧客からの申告と同様の事象が発生することを確認した」という記述の中にある。

表1（DNSサーバbに登録されているAレコードの情報）を見ると，WebAPサーバbのFQDNには，“miap.example.jp”と“apb.f-sha.example.lan”の二つがあるが，空欄の前に「顧客と同じ URL である」と記述されているので，公開ドメイン（example.jp）の“miap.example.jp”にアクセスしたことが分かる。したがって，空欄aには“miap.example.jp”が入る。

なお，顧客がWebAPサーバbにアクセスする場合は，インターネットを経由するので，表1からグローバルアドレスの“200.a.b.2/28”を使用してアクセスする。このため，“200.a.b.2/28”に対応するFQDNの“miap.example.jp”であると考えることもできる。

(2) この設問は，下線③について，アクセス先サーバのFQDNを答えるものである。なお，下線③を含む記述は，「(ⅲ) SSH を使用し，③広域イーサ網経由で WebAPサーバbにログインしてCPU使用率を調べたところ，設計値を超えた値が継続する時間帯のあることを確認した」である。

広域イーサ網経由でWebAPサーバbにログインしたことから，運用PCとWebAPサーバbにアクセスする経路は，広域イーサ網経由になることが分かる。広域イーサ網経由なので，運用PCからb-DCにあるWebAPサーバbへのアクセスには，プライベートアドレスをそのまま用いる。表1には，DNSサーバbに対するAレコードが二つあり，プライベートアドレスは“192.168.0.2/24”，対応するサーバのFQDNは“apb.f-sha.example.lan”である。したがって，アクセス先サーバのFQDNは“apb.f-sha.example.lan”になる。

［設問3］

(1) 空欄bは，「図2の構成では，DNSサーバbをプライマリDNSサーバ，DNSサーバcをセカンダリDNSサーバに設定する。また，運用PCには，新たに [b] を代替DNSサーバに登録して，[b] も利用できるようにする」という記述の中にある。

図2（Mシステムを増強する構成）を見ると，b-DCのDNSサーバbと，c-DCのDNSサーバcの二つのDNSサーバが設置されている。また，〔Mシステムの構

成と運用〕の 5 点目に「運用 PC には，優先 DNS サーバとして，FQDN が nsb.f-sha.example.lan の DNS サーバ b が登録されている」と記述されているので，DNS サーバ c が，代替 DNS サーバとして使用されると判断できる。したがって，空欄 b には“DNS サーバ c”が入る。

なお，プライマリ DNS サーバとセカンダリ DNS サーバなどの関係については，＜参考＞の図 A では，DNS サーバ b と DNS サーバ c を，キャッシュ DNS サーバ兼権威 DNS サーバとして動作させているため分かりにくいが，DNS サーバ b がプライマリ DNS サーバであるとともに優先 DNS サーバ，DNS サーバ c がセカンダリ DNS サーバであるとともに代替 DNS サーバになっている。

空欄 c は，「表 2 の情報を追加登録することによって，WebAP サーバ b，c が同じ割合で利用されるようになる。DNS サーバ b，c には [c] 転送の設定を行い，DNS サーバ b の情報を更新すると，その内容が DNS サーバ c にコピーされるようにする」という記述の中にある。

プライマリ DNS サーバのリソースレコードが更新された場合，その内容をセカンダリ DNS サーバに反映して，情報の同期を図る必要がある。そのために，プライマリ DNS サーバのリソースレコードが更新される都度，更新情報をセカンダリ DNS サーバへ転送するが，この転送を，ゾーン転送と呼ぶ。したがって，空欄 c には“ゾーン”が入る。

空欄 d は，「(ⅰ) 事前に DNS サーバ b のリソースレコードの [d] を小さい値にする」という記述の中にある。

表 1 の注記 2 に「各リソースレコードの TTL（Time To Live）は，604800 が設定されている」と記述されているが，この TTL とは，プライマリ DNS サーバが，リソースレコードをリゾルバに保持させる時間を秒単位で指定するものであり，604800 に指定した場合には，

604800／3600（秒）＝168（時間）／24＝7（日）

になるので，クライアント（リゾルバ）にはリソースレコードが 7 日間，保持される。例えば，DNS サーバ b（プライマリ DNS サーバ）で，TTL を 604800 に指定すると， F 社が WebAP サーバ b をメンテナンスするために切り離しても，名前解決要求を行ってから 7 日間，顧客のリゾルバは，その IP アドレスを保持している。そして，この間は，その IP アドレスによって WebAP サーバ b へアクセスするため，WebAP サーバ c にアクセスできないことになってしまう。そこで，TTL の時間を小さい値にすれば，リゾルバが保持する WebAP サーバ b の IP アドレスは短い時間で消えるので，顧客のリゾルバは DNS サーバ b に再度，名前解決要求を行い，WebAP サーバ c の IP アドレスを得ることができる。したがって，空欄 d には“TTL”が入る。

(2) この設問は，下線④について，顧客に与える影響を 25 字以内で答えるものである。なお，下線④を含む記述は，「WebAP サーバのメンテナンス時は，作業を行う Web サイトは停止する必要があるので，次の手順で作業を行う。<u>④メンテナンス中は，一つの Web サイトでサービスを提供することになるので，M システムを利用</u>

する顧客への影響は避けられない」である。

　M システムの Web サイトを増設するのは，現状の WebAP サーバ b の処理能力不足が応答速度低下の原因になっているためである。そして，その対策として Web サイトを増設して，二つのサイトの Web サーバを同じ割合で利用することで処理能力を増強し，Web サーバの処理能力不足による応答速度低下という問題を解決する。しかし，下線④にもあるように「メンテナンス中は，一つの Web サイトでサービスを提供することになるので」，その間は，現状の M システムと同じ処理能力であり，応答速度が低下する可能性がある。したがって，解答としては「M システムの応答速度が低下することがある」旨を答えるとよい。

(3) この設問は，下線⑤について，確認する内容を 20 字以内で答えるものである。なお，下線⑤を含む記述は，「(iii) この後，一定時間経てばメンテナンス作業が可能になるが，作業開始が早過ぎると顧客に迷惑を掛けるおそれがある。そこで，⑤手順(ii)で A レコードを無効化した WebAP サーバの状態を確認し，問題がなければ作業を開始する」である。

　「A レコードを無効化した WebAP サーバの状態を確認」する必要性があるのは，A レコードを無効化した WebAP サーバにログイン中の利用者は，その後も同じサーバにアクセスするからである。このため，メンテナンス作業を開始するには，WebAP サーバへのログイン中の利用者がおらず，その後のアクセスが発生しないことを確認しなければならない。したがって，解答としては「ログイン中の利用者がいないこと」などのように答えるとよい。

問６　KPI 達成状況集計システムの開発

(R5 春-AP 午後問 6)

【解答例】

［設問１］　(a) →　(b) <u>従業員コード</u>

［設問２］　(1)　(c) INNER JOIN　(d) LEFT OUTER JOIN

(e) BETWEEN　(f) B.職務区分 = '02'

(g) GROUP BY 従業員コード, KPI コード

(h) 組織ごと_目標実績集計_一時　(i) COUNT(*)

(2)　該当従業員の KPI 項目に対する実績データが，1 件も存在しない場合

【解説】

ソフトウェア開発会社 G 社における，KPI の達成状況を集計するシステムのデータベース設計に関する問題である。

過去のデータベース分野の問題と同様，E-R 図の穴埋め，SQL 文の穴埋めが中心となっている。基本的な E-R 図と SQL 文の知識があれば解答できるため，問題文をしっかりと読み解いて確実に得点したい問題である。また，設問 2(2)も解答字数は多いものの，設問で“どのデータがどのような場合に発生するか”とどのような解答を求めているか明記されている。題意に従って解答することで，得点できる問題である。

［設問１］

図１「K システムのための E-R 図（抜粋）」における，空欄 a，b を解答する問題である。問題文に記載されている条件をしっかり確認できていれば，確実に得点できる。

・空欄 a：組織エンティティと所属エンティティ間の関連を解答する問題である。組織エンティティは，組織コードと組織開始年月日を主キーとしており，上位組織コードと上位組織開始年月日を外部キーとして，主キーを自己参照することによって組織の階層構造を表現している。主キーが二つ以上の属性で構成される複合キーとなっているため，G 社の組織変更の際に後継組織が旧組織の組織コードを引き継いで組織開始年月日によって使い分けていることが分かる。

所属エンティティは，従業員コードと所属開始年月日を主キーとし，所属組織コードと所属組織開始年月日，役職コードを外部キーとして管理している。問題文の冒頭に「複数階層，複数組織の兼務は行わない規定であり，従業員は一つの組織だけに所属する」とあるため，従業員コードと所属組織コードの組合せを主キーにしなくてもよいことが分かる。ただし，従業員は「スキルや業務知識に応じた柔軟な人事異動」によって G 社勤続中に複数の所属を経験するため，所属開始年月日を主キーに含めることで特定の時期における所属する組織をユニークに識別できるようにしている。

E-R 図においては，他のエンティティの主キーを参照する外部キーがあるエンティティの場合，それぞれのエンティティ間に 1 対 1，1 対多のいずれかの

関連が生じる。エンティティ間の関連がいずれになるかは，エンティティに保存されるデータの要件で決まる。

まず，組織エンティティから見た所属エンティティのデータを考える。問題文には「組織には1名以上の従業員が所属している」とあり，一つの組織には複数の従業員が所属していることが分かる。次に所属エンティティから見た組織エンティティのデータを同じように考える。こちらは，問題文に「従業員は一つの組織だけに所属する」とあるため，一人の従業員はある時点では一つの組織に所属していることが分かる。よって，組織エンティティと所属エンティティ間の関連は，組織エンティティが1に対して所属エンティティが多となる1対多の関連となる。

E-R図における1対多の関連は，1側のエンティティから多側のエンティティに向かって矢印を記載するため，空欄aは「→」となる。

・空欄b：空欄bは，従業員エンティティの属性を解答する問題である。空欄b以外の属性は実線の下線がないため，空欄bが従業員エンティティの主キーであることが分かる。

そこで，従業員エンティティと1対多の関連がある所属エンティティと日別個人実績エンティティ，月別個人目標エンティティを確認する。三つのエンティティに共通する属性は，従業員コードである。問題文に従業員にはユニークな従業員コードを付与するといった記載はないが，エンティティ名が従業員であることを考えるとこの従業員コードが従業員エンティティの主キーであると考えられる。

よって，空欄bは「従業員コード」である。なお，設問に「エンティティ間の関連及び属性名の表記は，図1の凡例及び注記に倣うこと」とあるため，注記の記載に倣って主キー項目には実線の下線が必要である。

［設問2］

〔達成状況集計リストの作成〕に関する問題である。SQL文基礎知識と，問題文からデータの状態がどのようになっているかをイメージできる力が求められる。問題文をよく読めば難易度はそれほど高くないため，慌てずに落ち着いて確実に得点を獲得したい。

(1) 本文及びSQL文の穴埋め

〔達成状況集計リストの作成〕の問題文や表4「集計リスト作成処理の概要」で説明されている内容に基づいて作成されたSQL文の穴埋め問題である。SQL文の文法に加えて，どのような処理を実施する必要があるかを問題文から読み解く力が求められる。SQL文を順に考えるため，図2の項番に従って穴埋めを考える。

・空欄e，f：空欄e，fは，“従業員_所属_一時表”を作成するSQL文の穴埋めである。

“従業員_所属_一時表”に関する記載を，問題文から抽出する。ただし，空欄eは“従業員ごと_目標集計_一時表”や“従業員ごと_実績集計_一時表”を作成するSQL文にも含まれているため，必要に応じてそちらも確認しながら考える。

表４「集計リスト作成処理の概要」より，“従業員_所属_一時表”は「一般職従業員と所属組織の対応表」となっており，“従業員表”と“所属表”を結合して作成することが分かる。二つの表を無条件で結合すると，これまで雇用された全ての従業員の在籍期間中の所属履歴の一覧表が作成される。しかし，問題文のＨ主任がSQL文の設計の際に考慮した事項には，「管理職の従業員データは対象に含めず」とあるため，結合時に管理職の従業員を除外する条件が必要となる。また，同様に「抽出日に退職している従業員データを出力しない“従業員_所属_一時表”」とあり，結合時の条件として抽出日時点で有効な所属データ，つまり抽出日が“所属表”の所属開始年月日と所属終了年月日の期間内にある所属データだけを結合すると考えられる。

空欄ｅは，項番1〜3のいずれも前後の記載から日付に関する結合条件であり，項番１の場合における，抽出日が所属開始年月日と所属終了年月日の期間内にある所属データを抽出するという条件に該当すると考えられる。評価対象データが特定の範囲内に含まれているかどうかを評価する条件式は，次の二つの表現方法がある。

①不等号を使う方法
　範囲の開始点 ＜ 評価対象データ AND 範囲の終了点 ＞ 評価対象データ
②BETWEEN述語（演算子）を使う方法
　評価対象データ BETWEEN 範囲の開始点 AND 範囲の終了点

空欄ｅの前後の表現からBETWEEN述語を使う方法と考えられ，空欄ｅは「BETWEEN」となる。

次に，空欄ｆは残る管理職の従業員データを含めないための条件と考えられる。〔データベースの設計〕の最後の部分には「役職表の“職務区分”の値は，管理職の場合に’01’，一般職の場合に’02’とする」とあり，これを踏まえて管理職の従業員データを除いて一般職の従業員だけを抽出する条件を追加すればよい。よって，空欄ｆは「B.職務区分 = ’02’」となる。SQL文のFROM句で“役職表”はBという別名を付けているので，職務区分の表名はBとする点に留意する。

なお，別名を付けているが，B以外の別名は付けていないので，「役職.職務区分 = ‘02’」も別解となり得る。

・空欄ｇ：空欄ｇは，“従業員ごと_目標集計_一時表”及び“従業員ごと_実績集計_一時表”を作成するSQL文の穴埋めである。まず，空欄ｅを含むWHERE句の抽出条件である期間の条件以外に該当する条件がないかを問題文で確認する。

表４の項番２及び３を確認すると，“従業員ごと_目標集計_一時表”については「年度開始年月から集計月まで」，“従業員ごと_実績集計_一時表”につい

ては「年度開始年月日から集計日まで」が抽出条件となっている。他に抽出条件となるような記載が問題文にないことから，SQL 文の抽出条件は日付に関する条件である。よって，空欄 g は抽出条件以外の字句となると考えられる。

そこで SQL 文の SELECT 句を確認すると，従業員コード，KPI コードごとに SUM 集合関数を使って目標値や実績値を集計していることが分かる。集計グループごとに集計を行う場合，GROUP BY 句を使用して集計グループを指定する必要がある。しかし，項番 2，3 の SQL 文には GROUP BY 句の記載がないため，空欄 g は GROUP BY 句を用いた集計グループの指定であることが分かる。集計グループのキーとなる項目は SELECT 句で指定されている従業員コードと KPI コードと一致しなければならないため，空欄 g は「GROUP BY 従業員コード，KPI コード」となる。

・空欄 h：空欄 h は，項番 4 の SQL 文において，INSERT 文でデータを挿入する表名である。空欄 h 直後の項目名を見ると，「(組織コード，KPI コード，目標組織集計，実績組織集計，対象従業員数)」となっており，組織コード，KPI コードごとの目標値，実績値，従業員数をまとめた表であることが分かる。表 4 を見ると，該当する出力表として“組織ごと_目標実績集計_一時表”があるため，これが該当すると考えられる。よって，空欄 h は「組織ごと_目標実績集計_一時」である。

・空欄 c，d：空欄 c，d は，項番 4 の SQL 文における“従業員_所属_一時表”と“従業員ごと_目標集計_一時表”及び“従業員ごと_実績集計_一時表”の結合条件に関する穴埋めである。また，問題文の H 主任の SQL 文の設計の際の考慮の記載にも空欄 c，d があり，いずれも空欄の後に「によって結合しておく」とあることから，空欄 c，d には結合方法に関する字句が入ると考えられる。

結合の方法は，二つの表のデータをどのように出力するかによって，次の表に示す四つの種類がある。これを踏まえて，空欄に入る字句を考える。

まず，空欄 c を含む考慮の記載には，「年度途中入社と，年度途中退職の従業員データについては出力しない」とあり，それを実現するために「抽出日に退職している従業員データを出力しない“従業員_所属_一時表”と，年度開始時点で入社していない従業員データを出力しない“従業員ごと_目標集計_一時表”」を空欄 c で結合するとある。“従業員_所属_一時表”には年度開始時点で入社していない従業員データが含まれ，“従業員ごと_目標集計_一時表”には抽出日に退職している従業員データも含まれている。そのため，両方の条件を満足するためには“従業員_所属_一時表”と“従業員ごと_目標集計_一時表”の両方に存在するデータだけを抽出する必要がある。次の表と照らし合わせると内（うち）（内部）結合であることが分かるため，空欄 c は「INNER JOIN」となる。

次に空欄 d を含む考慮の記載には，「 c による結合結果と，実績がある場合だけレコードの存在する“従業員ごと_実績集計_一時表”を d によって結合しておく」とある。ただし，「実績個人集計が NULL の際は，0 を設定しておく」ともあり，“従業員ごと_実績集計_一時表”にデータのない場合も出力が必要であることが分かる。空欄 c による結合結果は次表の書式における表 A に当たるため，表 A 側に存在する全てのデータを出力する必要がある。よって，左外（ひだりそと）（外部）結合を行う必要があるため，空欄 d は「LEFT OUTER JOIN」である。

表　結合方法による出力結果の違い

結合方法	出力結果	書式
内結合	結合キーとなるデータが，表 A と表 B の両方に存在するデータを出力する	FROM 表A INNER JOIN 表B ON 表A.キー = 表B.キー
左外結合	結合キーとなるデータが，表 A に存在するデータを全て出力する	FROM 表A LEFT OUTER JOIN 表B ON 表A.キー = 表B.キー
右外結合	結合キーとなるデータが，表 B に存在するデータを全て出力する	FROM 表A RIGHT OUTER JOIN 表B ON 表A.キー = 表B.キー
完全外結合	結合キーとなるデータが，表 A か表 B のどちらかに存在するデータを出力する	FROM 表A FULL OUTER JOIN 表B ON 表A.キー = 表B.キー

・空欄 i：空欄 i は，項番 4 の SQL 文において，SELECT 句の出力項目である。INSERT 文の挿入項目から，対象従業員に当たる項目であることが分かる。

FROM 句以降の条件で結合されたデータ数は，組織コード数×KPI コード数×年度途中で退職した従業員と年度開始当初に入社していない従業員を除いた従業員数となる。そのため，組織コードごと，KPI コードごとの従業員数を集計するには，COUNT 集合関数を使用すればよい。COUNT 集合関数は COUNT（項目名）で項目の件数を集計することができるが，出力表の行数を集計する場合は項目を指定せず COUNT(*)とすればよい。よって，空欄 i は「COUNT(*)」である。

ただし，この問題においては全ての出力データに従業員コードが存在するため，「COUNT (A.従業員コード)」でも同様の結果を得ることができる。この場合，従業員コードは非 NULL であるが，NULL が含まれる列の場合は，NULL の行はカウントされないので(*)を使うのが原則である。

(2)　下線①が発生するケース

下線①にある「実績個人集計が NULL」となることが，どういった場合に発生するかを具体的に答える問題である。図 2 項番 3 の SQL 文より，集計の基となる“従業員ごと_実績集計_一時表”は“日別個人実績表”を集計して作成している。しかし，表 3 の日別個人実績の運用方法より，「日別実績のない従業員のレコードは作成しない」とあり，従業員の KPI に関係する日別実績がない場合に“日別個人実績表”にデータが作成されないことが分かる。例えば，出産休暇や育児休暇のような年次有給休暇以外の休暇を取得すると，労働時間も年次有給休暇取得も研修受講も該当しないため，その日の日別実績が作成されないことになる。このような状態が年度開始年月日から集計年月日まで続くと“日別個人実績表“にその従業員の KPI

に関する実績が全く存在しなくなるため，“従業員ごと_実績集計_一時表”を作成する際に実績個人集計がNULLとなる。

設問には「どのデータがどのような場合に発生するか」と記載されているため，データの状態を具体的に答える必要がある。よって，「該当従業員のKPI項目に対する実績データが，1件も存在しない場合」などが解答となる。

問７　位置通知タグの設計

(R5 春-AP 午後問 7)

【解答例】

［設問１］　39

［設問２］　(a) 246

［設問３］　(1)　(b)　前回の送信から 600 秒経過又は位置通知要求あり

(2)　(c)　メッセージ名：受信要求　メッセージの方向：←

(d)　メッセージ名：測位可能通知　メッセージの方向：→

(e)　メッセージ名：通信可能通知　メッセージの方向：→

［設問４］　通信モジュールとの通信と測位モジュールとの通信が同時に発生した。

午後解答

【解説】

位置通知タグの設計に関する，組込みシステム開発の問題である。設問１では，CPU の休止モードの継続時間が問われているが，CPU の動作モードや処理の周期が問題文に書かれているので，よく読めば簡単な計算で答えを求めることができる設問である。設問２は，電気に関する計算問題であるが，その考え方が問題文中で丁寧に示されており，それに沿って計算すればよい。設問３は，制御部のソフトウェアに関する問題であり，シーケンス図の書き方が，これまでの過去問題ではあまりないパターンであり，難しく感じられるかもしれないが，本文をよく読めば解答の糸口が見つかる設問である。設問４は最初の設計で発生したタイマーの不具合が問われているが，タイマーの周期に着目できればよい。

［設問１］

休止モードは最長で何秒継続するか問われている。休止モードを確認すると，表１「PRT の構成要素」の制御部に「・CPU の動作モードには，実行モード及び休止モードがある。実行モードでは命令の実行ができる。休止モードでは命令の実行を停止し，消費電流が最小となる」及び「・CPU は休止モードのとき，タイマー，測位モジュール，通信モジュールからの通知を検出すると実行モードとなり，必要な処理が完了すると休止モードとなる」の記述がある。また，各処理の処理時間は表２に従うので，その中で，最も周期が短い処理は，確認処理の 40 秒周期である。制御部にはタイマーがあり，タイマーからの 40 秒ごとの通知で，CPU が休止モードから動作モードに移行し，確認処理が実行されることになる。この処理時間は１秒であるため，確認処理が完了すると休止モードとなる。よって，確認処理以外が実行されないことを前提にすると，40 秒の周期のうち，１秒間が動作モードで，残りは休止モードとなり，40 秒－1 秒間＝39 秒が休止モードの時間となる。確認処理以外の他の処理が動作すると，休止モードの時間は短くなるので，39 秒が休止モードの最長の時間となる。よって，答えは，「39（秒）」となる。

［設問2］

〔使用可能時間〕について，本文中の空欄aに入れる適切な数値が問われている。本文中の空欄aは，〔使用可能時間〕に「PRTが基地局と常に通信が可能で，測位が可能であり，基地局から受信した情報に位置通知要求が含まれていない状態における各処理の消費電流を表2に示す。表2の状態が継続した場合の使用可能時間は［ a ］時間である」の記述がある。また，使用可能時間は「電池を満充電後，PRTが機能しなくなるまでの時間を使用可能時間という。その間に放電する電気量を電池の放電可能容量といい，単位はミリアンペア時（mAh）である。PRTは放電可能容量が200mAhの電池を内蔵している」の記述から，200mAhである。なお，ミリアンペア時（mAh）は，電池などの容量を表す単位で，200mAhの電池の場合は，200mAの電流を1時間（h）取り出せることを意味する。電気の計算問題であるので，難しく感じられるかもしれないが，この問題では，

使用可能時間　＝　放電可能容量　÷　PRTの平均消費電流…式1

が示されているので，この式に必要な値を入れることによって，使用可能時間を求めることができる。放電可能容量は，200mAhであるので，後は，PRTの平均消費電流を表2から求めればよい。

表2の各処理の平均消費電流（mA）の各項目は，確認処理が0.1mA，測位処理が0.5mA，データ送信処理が0.2mAである。これらを足すと，各処理の平均消費電流の和は0.1＋0.5＋0.2＝0.8mAとなる。ここで，注意すべき点は，「なお，PRTはメモリのデータの保持などで，表2の処理以外に0.01mAの電流が常に消費される」の記述にあるように,処理の有無に関わらず0.01mAの電流が常に流れていることである。よって，各処理の平均消費電流の和に0.01mAを加える必要があり，全体でのPRTの平均消費電流は0.8＋0.01＝0.81mAとなる。これを，式1に代入すると，

使用可能時間　＝　200mAh　÷　0.81mA≒246.913（時間）となる。

答えは，小数点以下を切り捨てて，整数で答えるので，「246」となる。

［設問3］

〔制御部のソフトウェア〕のタイマー通知時のシーケンス図について問われている。

(1) 図3中の空欄bに入れる適切な条件を答える問題である。

凡例をみると，空欄bは条件であり，その条件が成立するときに，該当する処理が行われる。空欄bの上には，上から順に「前回の通信から40秒経過」，「前回の測位から120秒経過又は位置通知要求あり」の条件があり，いずれも経過時間が含まれている。そこで，〔PRTの動作仕様〕を参照すると，「・600秒ごとに未送信の位置情報をサーバに送信する（以下，データ送信処理という）」の記述がある。該当する処理の制御部（の縦線）が通信モジュール電源オンの処理を行い，その後，通信モジュールから制御部への空欄eのメッセージの通知，その応答である送信要求…（以下省略）の一連が続き，処理が終わると，通信モジュール電源オフの処理を行っているので，位置情報をサーバに送信していることが分かる。よって，600秒ごとに送信するので，条件としては，他の条件の記述に倣い「前回の送信から600

秒経過」と考えられる。また，「未送信の位置情報」があることも，条件に必要と考えられる。ここで，制御部の活性区間（長方形）に注目すると，「前回の通信から40 秒経過」の処理と「前回の測位から 120 秒経過又は位置通知要求あり」の間で継続している。また，その後の空欄 b の処理において継続している。すなわち，これらの処理は，40 秒や 120 秒ごとに実行される単独の処理だけではなく，連続した一連の処理の場合もあることになる。「前回の測位から 120 秒経過又は位置通知要求あり」の処理では，制御部は，測位モジュールの電源をオンにして，測位開始要求メッセージを測位モジュールに通知し，その応答として，測位結果通知を受けている。同処理では，位置情報をサーバに送信していないため，未送信の位置情報があることになる。そこで，空欄 b の処理では，未送信の位置情報をサーバに送信する必要がある。

よって，解答は「前回の送信から 600 秒経過又は位置通知要求あり」などとなる。

(2) 図 3 中の空欄 c〜e に入れる，メッセージ名とメッセージの方向の矢印を答える問題である。

・空欄 c：空欄 c のメッセージの直前に，通信モジュールから制御部へ向けて通信可能通知メッセージがある。

表 1 の通信モジュールの説明には「・制御部から受信要求を受け取ると，確認処理を行い，制御部へ受信結果通知を送る」の記述がある。通信モジュールから制御部への受信結果通知メッセージは，空欄 c の後に発行されているため，空欄 c は，制御部への通信モジュール受信要求メッセージと考えられる。よって，解答のメッセージ名は「受信要求」，メッセージの方向は「←」となる。

・空欄 d：空欄 d のメッセージは，その直前に測位モジュールの電源オンが実行されており，測位モジュールの活性化した直後のメッセージである。表 1 の測位モジュールの説明には，「・電力が供給され，測位可能になると制御部に測位可能通知を送る」の記述がある。

つまり，空欄 d は，測位モジュールから制御部への測位可能通知メッセージと考えられる。よって，解答のメッセージ名は「測位可能通知」，メッセージの方向は「→」となる。

・空欄 e：空欄 e のメッセージの直前に，通信モジュールの電源オンが実行されており，空欄 e は，通信モジュールの活性化した直後のメッセージである。表 1 の通信モジュールの説明には，「・電力が供給され，通信可能になると制御部に通信可能通知を送る」とあるので，空欄 e は，通信モジュールから制御部への通信可能通知メッセージと考えられる。よって，解答のメッセージ名は「通信可能通知」，メッセージの方向は「→」となる。

［設問４］

〔制御部のソフトウェア〕について，タイマーを二つ用いた最初の設計で発生した不具合の原因を答える問題である。

最初の設計とは，「最初の設計ではタイマーを二つ用いた。初期化処理で，120 秒ごとに通知を出力する測位用タイマーを設定し，初期化処理完了後，サーバからの要求確認時刻を受信すると，40 秒ごとに通知を出力する通信用タイマーを設定した」である。この設計で発生する不具合が問われているが，二つのタイマーを用いると，120 秒は 40 秒の倍数であるから，タイマーからの通知が同時に発生することなる。よって，解答は「通信モジュールとの通信と測位モジュールとの通信が同時に発生した」などとなる。

問８　バージョン管理ツールの運用 (R5 春-AP 午後問 8)

【解答例】

［設問１］　ロックの解除
［設問２］　(a) develop　(b) main　(c) コミット
［設問３］　（オ）のコミットをリバートし，次に（ウ）のコミットをリバートする。
［設問４］　下線③：ウ
　　　　　　下線④：エ
［設問５］　develop ブランチの内容を feature ブランチにマージする。

【解説】

情報システム開発における，ソースコードの管理を目的とした，バージョン管理ツールの運用に関する問題である。情報システム開発のプロジェクトでは，ソースコードを適切に管理することは重要であり，もし適切に管理できなければ，ソースコードに追加したはずの機能が反映されなかったり，修正したはずのバグが再発したりする。また，新しいバージョンのソースコードが以前より悪化する，いわゆるデグレードが発生し，余計な修正工数が必要になるとともにシステム全体の品質が悪くなってしまう事態になることもある。このため，実際の情報システム開発プロジェクトでは，ライブラリ管理チームなどと呼ばれるチームを設置して，ソースコードのバージョン管理を適切に行う手順や仕組みを確立し，開発チームへのソースコードの払出し，テスト実施後の受入れを着実に行うようにしている。また，昨今では問題文にあるようなバージョン管理ツールが多く出回っており，この問題は，そうしたバージョン管理ツールを活用した運用に関する設問によって構成されている。

［設問１］

本文中の下線①について，開発者間で発生する作業の待ちについて，その内容を解答する設問である。なお，バージョン管理ツールには，次の二つの方式があることが問題文の冒頭で述べられている。

ロック方式：1 人の開発者がファイルの編集を開始するときにロックを獲得し，他者による編集を禁止する方式

コピー・マージ方式：編集は複数の開発者が任意のタイミングで行い，編集完了後に他者による編集内容とマージする方式

この設問で問われているロック方式については，「ロック方式では，編集開始時にロックを獲得し，他者による編集を禁止する。編集終了時には変更内容をリポジトリに反映し，ロックを解除する」とあり，ロックの獲得によって他者による編集を禁止し，ロックの解除によって他者が編集できるように禁止が解除される。つまり，他の開発者はロックが解除されるまで待たされることとなり，解答は，「ロックの解除」となる。

［設問2］

図1及び本文中の空欄a〜cに入れる適切な字句を解答する設問である。

・空欄a，空欄b：空欄a，bについてはセットで考える。図1の最後に，「テストが完了したら，変更内容を［ a ］ブランチと［ b ］ブランチにマージし，サーバのリポジトリにプッシュして，releaseブランチは削除する」とあり，これは図2の右側にある2本の「↑」（マージ）と「×」（ブランチの削除）の動作を指している。したがって，空欄a，bはmainブランチとdevelopブランチとなる。

次にこの二つの違いを確認すると，図3の直後に，「I氏は，機能Aの開発のために，ローカル環境で［ a ］ブランチからfeature-Aブランチを作成し，開発を開始した」とある。これは図1の箇条書き2点目にある，「開発者は，サーバのリポジトリの複製をローカル環境に取り込み，ローカル環境でdevelopブランチからfeatureブランチを作成する。ブランチ名は任意である」の手順を実施したものなので，空欄aはdevelopブランチであることが分かる。後続の記述においても，二つ目，三つ目，五つ目の空欄aは，図1の箇条書き4点目の手順を実施していることからも，空欄aがdevelopブランチであることを確認できる。これによって，消去法で空欄bはmainブランチとなるが，〔開発案件と開発の流れ〕の最後に，「修正内容を［ a ］ブランチと［ b ］ブランチにマージし，［ b ］ブランチの内容でシステム運用環境を更新した」とあり，システム運用環境を更新する内容は空欄bのブランチの内容となる。これについては，表2のmainブランチの説明に「システム運用環境にリリースする際に用いるソースコードを，永続的に管理するブランチ」とあり，空欄bのシステム運用環境にリリースする際に用いるソースコードがmainブランチであることを確認できる。

したがって，解答は，空欄aが「develop」，空欄bが「main」である。

・空欄c：空欄cを含む文は，「プログラムに必要な修正を加えた上で［ c ］した後，③テストを実施し，問題がないことを確認した」とあり，これは図3の（α）のタイミングの後の作業を指しているが，「○」が三つあり，その後が「▲」となっている。「○」は図2の凡例から，「コミット」であり，「▲」は「テストの実施」であることから，空欄cは「コミット」となる。つまり，改めて3回のコミットを行った上でテストを実施したことが分かる。

［設問3］

本文中の下線②「（ア）のコミットの直後の状態に滞りなく戻すための作業」についてその作業の内容を，表1中のコマンド名と図3中の字句を用いて解答する設問である。

下線②の直前に，「I氏は，機能Aについて（ア），（ウ），（オ）の3回のコミットを行ったところで，（ウ）でコミットした変更内容では問題があることに気が付いた」とあり，（ア）のコミットまでは問題がなかったため，（ア）のコミットの直後まで戻すこととなる。表１のコマンドを確認すると，リバートは「指定したコミットで対象となった変更内容を打ち消す変更内容を生成し，ローカル環境のリポジトリにコミットして反映させる」とあり，このコマンドを使用することとなる。データベース更新時のロールバック処理と同じ概念と考えてよい。しかし，順番を間違えてはいけない。最初に（オ）のコミットによる変更内容を打ち消す処理をリバートコマンドで行い，問題のある変更内容を含むにせよ（ウ）のコミットの直後に戻し，次に（ウ）のコミットによる変更内容を打ち消す処理をリバートコマンドで行うこととなる。したがって解答は，「（オ）のコミットをリバートし，次に（ウ）のコミットをリバートする」などとなる。

［設問４］

本文中の下線③，下線④について，実施するテストの種類を解答群の中から選ぶ設問である。

・下線③：空欄 c と関係するが，図３の（α）のタイミングの後で，改めて３回のコミットを行った後に実施したテスト「▲」の種類となる。これは，図３にあるとおり，feature-A ブランチ上でのテストであり，つまり機能 A の機能内のテストとなる。したがって，「プログラムの変更箇所が意図どおりに動作するかを確認する単体テスト」である（ウ）が解答となる。

・下線④：下線④を含む文は，「全ての変更内容を develop ブランチに反映後，release ブランチを develop ブランチから作成して<u>④テストを実施</u>した」とあり，〔開発案件と開発の流れ〕の最後にあるこの部分は，図３の開発の流れの最後であり，右端にある長い「↑」を含む release ブランチで実施されているテストの，「▲」が該当する。図３の開発の流れは，A 社が請け負った機能 A～C の開発案件に関するものであるが，開発したこれらの機能は「既存のリリース済のシステムに追加」される。このような機能追加の開発案件では，通常，機能追加後のリリース用のソフトウェアに対してリグレッションテストを行い，追加した機能によって既存機能がデグレードしていないことを確認する。したがって，（エ）の「変更箇所以外も含めたシステム全体のリグレッションテスト」が解答になる。

なお，（ア）の「開発機能と関連する別の機能とのインタフェースを確認する結合テスト」とは，今回の開発機能と，リリース済みの既存機能とのインタフェースを確認する結合テストである。図１の箇条書き４点目と５点目に「問題がなければ feature ブランチの変更内容をローカル環境の develop ブランチにマージしてサーバのリポジトリにプッシュする」，「サーバの develop ブランチのソースコードでテストを実施する」とあるが，サーバの develop ブランチにはリリース済みの既存機能のソースコードも含まれていると考えられるので，図３では，feature-A～feature-C の三つのブランチからのマージ後，develop ブランチで行われているそれぞれのテスト（▲）が該当する。また，（イ）の「開発機能の範囲に関する，ユーザーによる受入れテスト」は，A 社が担当する開発の範囲外である。

［設問５］

本文中の下線⑤について，追加した運用ルールで行う操作を表２の種類を用いて解答する設問である。下線⑤がある〔運用ルールについての考察〕には，「feature-B ブランチのように，ブランチ作成からマージまで長いと，サーバのリポジトリ上の develop ブランチとの差が広がり，競合が発生しやすくなる。そこで…」とあり，この解決に向けての運用ルールの追加であることが分かる。

競合については問題文の表 1 の直前の部分に，「コピー・マージ方式では，開発者間で作業の待ちが発生することはないが，他者の変更箇所と同一の箇所に変更を加えた場合には競合が発生する。その場合には，ソースコードの変更内容をサーバのリポジトリに反映させる際に，競合を解決する必要がある。競合の解決とは，同一箇所が変更されたソースコードについて，それぞれの変更内容を確認し，必要に応じてソースコードを修正することである」とあり，競合が発生するとソースコードの確認及び修正が必要となり，余計な修正工数が必要となるとともにデグレードが発生する可能性もあり，競合の発生は極力避けたいと考えられる。

それでは，競合が発生しないためにはどのような操作が必要となるかであるが，下線⑤の直前に，「随時，サーバのリポジトリから develop ブランチをプルした上で」とあり，下線⑤はこの後続の操作となる。図 3 の後の二つ目の段落には，機能 B について，競合が発生した経緯が記述されており，その際の対処は，設問 2 空欄 a の解答を含めて，「サーバのリポジトリから develop ブランチをプルし，その内容を確認して競合を解決した」とあり，この作業を随時行えば競合が発生しにくくなる，あるいは発生していたとしても大きな差分はないこととなる。そして，「その内容を確認して競合を解決した」としており，競合を解決するための具体的操作は記述されていない。ここに記述がないのは設問 5 の解答になってしまうからと推測できる。図 3 に即して具体的な操作を考えると，develop ブランチの内容を featue-B ブランチにマージして，機能 A，機能 C による変更内容を併合して競合を確認し，競合があれば，それを解決するために変更するということとなる。このことを運用ルールとして追加する“操作”に着目すると，解答としては，「develop ブランチの内容を feature ブランチにマージする」などとなる。

問９　金融機関システムの移行プロジェクト　(R5 春-AP 午後問 9)

【解答例】

［設問１］　(1) 営業日に業務の停止が不要
(2) エ
(3) IaaS 利用による構築期間とコスト

［設問２］　(1) ステアリングコミッティで本番データを用いたテストの承認を得る。
(2) エスカレーション対応の開発課リソースの拡充
(3) 移行判定基準書

［設問３］　(1) (a) オ　(b) ア
(2) 追加発生する保守費用の確保

【解説】

本問は，金融機関における金融商品の販売業務を行うためのシステムを題材とした，オンプレミスでの運用からクラウドサービスを活用した運用への移行プロジェクトの問題である。クラウドサービスを活用した運用への移行プロジェクトにおいても，ステークホルダの要求を確認しつつ，プロジェクト計画を作成する必要がある。プロジェクト計画については，経営陣を含めた関係者の承認を得る必要があるが，本問のようにステアリングコミッティを設置することは，やり方の一つである。ステアリングコミッティへの付議内容は，移行方式，スケジュール，クラウドサービスのタイプ，選定するベンダーなどの対応方針や重要なリスクであり，プロジェクト計画策定後は移行に向けての詳細な作業計画を作成し，またリスクマネジメントを継続して実施し，重要な点については随時ステアリングコミッティに付議して承認を得てから，決定事項に基づいてプロジェクトを推進していく。これらは，プロジェクトマネージャの役割であり，本問はこれらの設問で構成されている。

［設問１］

〔プロジェクト計画の作成〕について考える問題である。

(1) 下線①の一括移行方式について，情報システム部にとってのメリット以外のメリットを解答する設問である。移行方式は，全拠点で一斉に切り替える一括移行方式と数回に分けて切り替える段階移行方式があり，P 社における過去のシステム更改時は一括移行方式を採用している。どちらの方式にもメリット，デメリットがあるが，〔ステークホルダの要求〕の最後に，「拠点との日程調整が必要となること，及び新旧システムを並行して運用することによって情報システム部の負担が過大になることを避けたいと考えていた」とあるが，この問題を回避することは情報システム部のメリットであり，解答から除外される。この文の前に「切替えに伴う拠点での営業日の業務停止は，各拠点で特別な対応が必要になるので避けたい」，「段階移行方式では，各回の切替作業に３日間を要する」とあるので，営業日に業務を停止させないことがもう一方のメリットとなる。したがって解答は,「営業日に業務の停止が不要」などとなる。

(2) 下線②について,具体的なセキュリティ対策の検討に先立って実施すべきことを解答群から選ぶ設問であり,プロジェクトマネジメントの設問というより,情報セキュリティに関する設問である。情報セキュリティマネジメントの確立,維持の手順としては,情報セキュリティマネジメントの国際規格(国内規格)であるISO/IEC 27001(JIS Q 27001)の要求事項としても規格化されているとおり,おおむね次のとおりである。

・適用範囲(責任範囲)の決定(4.3)
・適用範囲におけるリスクアセスメントの実施(6.1.2)
・リスクアセスメント結果に基づいたリスク対応(セキュリティ対策)の決定とその計画の策定(6.1.3)
・教育,訓練(7.2 b)
・内部監査の実施(9.2)
・不適合を含む改善点に対する是正処置と再発防止策の策定(10.1)

したがって正解は,(エ)となる。

ア:再発防止策の検討であり,不適合や改善点があった際に行う。具体的なセキュリティ対策の検討に先立って最初に実施することではない。

イ:過去のセキュリティインシデントの被害金額の算出は,リスクアセスメントにおける影響度の把握で実施するため誤りである。

ウ:訓練は,リスク対応策(セキュリティ対策)の実装後に教育と併せて行うため誤りである。

(3) 下線③について,Q課長がIaaSベンダーに,提案依頼書であるRFP(Request for Proposal)を提示し,受領した内容,つまりIaaSベンダーそれぞれから提示された提案書を評価する際に重視した項目を解答する設問である。冒頭文に「P社は,本年4月に,クラウドサービスを活用して現状のサーバ機器導入に関する構築機関の短縮やコストの削減を実現し,さらにXパッケージをバージョンアップして大幅な機能改善を図ることを目的に移行プロジェクトを立ち上げた」とプロジェクトの目的が記述されている。IaaSベンダーの選定に当たっては,プロジェクトの目的を反映させる必要がある。したがって解答は,「IaaS利用による構築期間とコスト」などとなる。

[設問2]

〔移行プロジェクトの作業計画〕について考える問題である。

(1) 下線④について,Q課長が実施することとした手続を解答する設問である。下線④は,(3) 移行総合テストにおいて匿名加工情報を用いることに関する設問と考えてよい。〔移行プロジェクトの作業計画〕(3) 移行総合テストには,「P社のテスト規定では，個人情報を含んだ本番データはテスト目的に用いないこと，本番データをテスト目的で用いる場合には，その必要性を明らかにした上で，個人情報を個人情報保護法及び関連ガイドラインに従って匿名加工情報に加工する処置を施して用いること，と定められている」とあり，個人情報を含んだ本番データをテストで使用する際は，匿名加工情報に加工する必要があることが分かる。また，続いて「R主任は本番データに含まれる個人情報を匿名加工情報に加工して移行総合テストに用いる計画を作成した。Q課長は，検証漏れのリスクと情報漏えいのリスクをそれぞれ評価した上で，R主任の計画を承認した」とあり，本番データに含まれる個人情報を匿名加工情報に加工して，リスク評価を実施したことが分かる。しかし，Q課長は自身だけで判断せず，ある手続を実施した上で対応方針を決定することとなる。〔プロジェクト計画の作成〕の冒頭に，「Q課長は経営層，商品販売部及び情報システム部が参加するステアリングコミッティを設置し，移行プロジェクトの進捗状況の報告，重要なリスク及び対応方針の報告，最終の移行判定などを行うことにした」とあり，本番データに含まれる個人情報をテストに用いることを重要なリスクとして捉え，匿名加工情報に加工して使用する対応方針とともにステアリングコミッティに報告したと考えられる。したがって解答は，「ステアリングコミッティで本番データを用いたテストの承認を得る」などとなる。

(2) 下線⑤について，Q課長がS主任に継続するよう指示した支援を解答する設問である。下線⑤は，(7) 移行後の初期サポートに関する設問と考えてよく，下線⑤を含めた直前には,「移行後のトラブルや問合せに対応するための初期サポートを実施する。初期サポートの実施に当たり，Q課長は，移行後も，システムが安定稼働して拠点からサービスデスクへの問合せが収束するまでの間，ある支援を継続する」とある。サービスデスクに関係する対応に関しては，過去のシステム更改で一括移行方式を採用した際の問題点を商品販売部が挙げており，〔ステークホルダの要求〕には，「サービスデスクでは対応できない問合せが全拠点から同時に集中した際に，システム更改を担当した開発課の要員が新たなシステムの開発で繁忙となっていたので，エスカレーション対応する開発課のリソースがひっ迫し，問合せの回答が遅くなった」とあり，この反省を踏まえて〔プロジェクト計画の作成〕には，「Q課長は，商品販売部に，サービスデスクから受けるエスカレーション対応のリソースを拡充することで，移行後に発生する問合せに迅速に回答することを説明して了承を得た」とある。このとおり，サービスデスクから受けるエスカレーションに対応する開発課のリソースを拡充することで，今回のクラウドサービスへの移行においても一括移行方式を採用することを，商品販売部を含めたステアリングコミッティの参加者から了解を得た経緯があった。したがって解答は,「エスカレーション対応の開発課リソースの拡充」などとなる。

(3) 下線⑥について，Q課長がこれらの検討結果を踏まえて，新システムの移行可否を評価する上で作成する必要な文書を解答する設問である。これらの検討結果とは,〔移行プロジェクトの作業計画〕(1)～(7)の各作業における検討を指しており，移行計画を総括して作成する文書と考えてよい。〔ステークホルダの要求〕の冒頭には,

「クラウドサービスを活用する新システムへの移行を判断する移行判定基準を作成すること」とあるため，正解は「移行判定基準書」となる。

［設問3］

〔リスクマネジメント〕について考える問題である。

(1) 本文中の空欄 a，空欄 b に入れる字句を解答群から選ぶ設問であり，解答群のア～オの説明は以下のとおりである。

ア：ある要素が全体にどれだけ影響するかを事前に計算する定量的リスク分析の手法であり，そのある要素が変動したとき，最終結果としての損失額などにどの程度の影響があるのかを定量的に分析する。

イ：データの中から，似たもの同士を集めてグループ（集団）に分ける統計的な分析手法である。リスク分析とは関係ない。

ウ：商品やサービスを構成する要素において，消費者にとって最適な組合せを探る手法である。リスク分析とは関係ない。

エ：専門的知識や経験を有する複数人にアンケート調査を行い，その結果を統一的な意見として収束させていく手法である。リスク分析とは関係ない。

オ：リスクの発生確率と影響度をマトリックス状に視覚化した定性的リスクの手法であり，例えば縦軸にリスクの発生確率，横軸に影響度とし，リスクの発生確率×影響度をマトリックス内の数値とする。

空欄 a はリスクの定性的分析の手法であるため，解答は（オ），空欄 b はリスクの定量的分析の手法であるため，解答は（ア）となる。なお，リスクの定量的分析の他の手法では，デシジョンツリー分析も活用することがあり，情報処理技術者試験でも出題されたことがある。

(2) 下線⑦について，来年3月までに本番移行が完了しないリスクに対して検討すべき対応策を解答する設問である。下線⑦を含めた直前には，「プロジェクトの期間を延長することに要する費用の確保以外に，現行の販売支援システムを稼働延長させることに要する費用面の対応策」とあるため，後半の現行の販売支援システムを稼働延長させることに要する費用面の対応策を考えればよい。したがって解答は，「追加発生する保守費用の確保」などとなる。なお，IaaS 型のクラウドサービスを採用したため，パッケージソフトウェアは別に調達する必要があり，問題文の冒頭でバージョンアップした X 社製 X パッケージを適用すると記述がある。新規に導入するこのバージョンアップした X パッケージと現行の X パッケージの契約は別と考えるべきであり，現行の販売支援システムの稼働を延長させる場合，現行の X パッケージの保守を再契約する必要があると考えられる。

問 10　クラウドサービスのサービス可用性管理　(R5 春-AP 午後問 10)

【解答例】

［設問１］　(1)　ア
　　　　　　(2)　(a) 信頼
［設問２］　(1)　(b) 180
　　　　　　(2)　サービス回復までの最大時間
　　　　　　(3)　計画停止時間を考慮して経理部の勤務時間を定めること
［設問３］　(1)　イ，エ
　　　　　　(2)　バックアップの遠隔地保管を廃止すること
　　　　　　(3)　ア
　　　　　　(4)　重要事業機能の支援度合い

【解説】

基幹系業務システムのオンプレミスでの運用からクラウド環境へ移行する際に留意すべき点を，サービス可用性管理の視点に立って検討する内容が問われている。既にクラウド移行済のシステムのサービス可用性管理の観点と，これからクラウドサービスに移行するシステムに対する検討の二つを主な設問内容として構成されている。問題文中に比較的ヒントが明確に示されており，状況把握さえできれば，正解を導き出すことができる問題となっている。

［設問１］

(1) 表２中の MTBF と MTRS について，適切なものを解答群から選ぶ。

MTBF は Mean Time Between Failure の略で，平均故障間隔と訳される。ある故障が発生してから，次の故障までの平均時間を示すものなので，大きい値の方が望ましい。

MTRS は Mean Time to Restore Service の略で，平均サービス回復時間と訳される。これはサービスの停止１回当たりの回復までに要した時間の平均値を示す値なので，小さい方が望ましい。よって解答は（ア）となる。

(2) 表２中の空欄 a に入れる字句を答える。

表２「サービス可用性の特定及び指標」には，特性欄に，可用性，［　a　］性，保守性と示されている。また，空欄 a に関する説明欄には，「IT サービスを中断なしに，合意された機能を実行できる能力」とあり，指標欄には「MTBF」が示されている。コンピュータシステムに関する評価指標に RASIS があり，その中でも特に RAS（R（信頼性），A（可用性），S（保守性））は重要視される指標である。今回はその RAS に該当する三つが表記されていると考えられることから，解答は「信頼」とすればよい。

［設問2］

(1) 本文中の空欄bに入れる数値を答える。

表4のサービス時間は1日当たり20時間，1月のL社の営業日の日数は30である。表3のサービス稼働率の式に当てはめると次のようになる。

$$\frac{(600-b)}{600}\times 100 \geqq 99.5$$

この方程式を解くと，b≦3となる。この単位は時間となるため，分に変換すると180分となる。

よって空欄bは「180」とすればよい。

(2) 本文中の下線①について，追加するサービスレベル項目の内容を答える。

下線①に関する問題文を確認すると，「X氏は，サービス停止しないことはもちろんだが，サービスが停止した場合に迅速に対応して回復させることも重要だと考えた」と記載されている。サービスが停止した場合に迅速に対応して回復させるためのサービスレベル項目を考えればよい。よって解答は，「サービス回復までの最大時間」などとすればよい。

(3) 本文中の下線②について，経理部と調整すべきことを答える問題である。

下線②を含む段落を確認すると，「今後，経理部では，勤務時間を製造部に合わせて，交替制で夜勤を行う勤務体制を採って経理業務を行う」や「会計系業務システムのサービス時間を見直す必要がある」など記載されており，現在昼勤の経理部が今後夜勤をすることが分かる。また「表4のサービスレベル目標の見直しが必要と考え，表3のサービスカタログを念頭に」と記載されているため，表3のサービスカタログの中のサービスレベル項目を参考にして，経理業務の夜勤を考慮するとサービス時間と計画停止時間を考慮する必要がある。よって解答は「計画停止時間を考慮して経理部の勤務時間を定めること」などとすればよい。

［設問3］

(1) IサービスをつかってL社が基幹系業務システムを運用する場合に，M社が構築して管理する範囲として適切なものを解答群から選ぶ。

M社のIサービスはパブリッククラウドのIaaSである。クラウドシステムは提供するものによって，おおまかに次のように区分される。

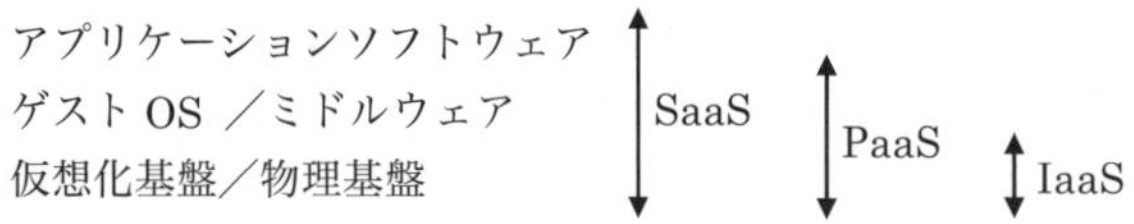

よって解答は，(イ)，(エ) とすればよい。

(2) 本文中の下線③について，上司が指摘したX氏の考えの中で見直すべき点を答える。問題文を確認していくと，M社の説明を受けてX氏が考えたことが三つ示されている。

一つ目の広範囲に影響を及ぼす自然災害に対しては，M 社の DC は東日本と西日本に一つずつあることから有効であることが分かる。

二つ目の物理サーバに機器障害が発生した場合の業務継続については，「I サービスでは，物理サーバ，ストレージシステム，ネットワーク機器などの IT 基盤のコンポーネント（以下，物理基盤という）は，それぞれが冗長化されて可用性の対策が採られている」と記載があるため，これも見直すべきことはないことが分かる。

三つ目の現在行っているユーザーデータファイルのバックアップの遠隔地保管の廃止であるが，I サービスでは東日本と西日本でユーザーファイルを常時同期させている。何らかのアクシデントでユーザーファイルに誤った更新などがされた場合も，常時同期が行われるため両方のシステムに影響が及んでしまう。このような場合はバックアップからのデータ復旧が望ましい対応となる。このため，I サービスを利用する際にも，バックアップの遠隔地保管は廃止できないことが分かる。よって解答は「バックアップの遠隔地保管を廃止すること」などとすればよい。

(3) 本文中の下線④についてクラウドサービスの可用性に関連する KPI を解答群から選ぶ問題である。可用性とはシステムが継続して稼働できる能力のことであり，その値を示す KPI であることから，システム停止に関わる数値などが該当することが分かる。選択肢の中でシステム停止に関連するものを探すと，（ア）が該当する。よって解答は，（ア）の「M 社が提供するサービスのサービス故障数」となる。

(4) 本文中の下線⑤の判断基準とは何かを答える。

下線⑤周辺の問題文を確認すると，災害時の縮退運転について「事業の視点から捉えた機能ごとの⑤判断基準に基づいて継続する機能を決める必要があると考えた」と記載されていることから，“事業の視点”，“継続する機能を決める”など，事業としてどの機能を重要視しているかなどのヒントを問題文から探すことになる。

表 2 に続く文の冒頭に「基幹系業務の IT サービスは，生産管理など事業が成功を収めるために不可欠な重要事業機能を支援しており，高可用性の確保が必要である」と記載がある。この文章から，解答は「重要事業機能の支援度合い」などとすればよい。

問 11　工場在庫管理システムの監査

(R5 春-AP 午後問 11)

【解答例】

［設問 1］　(a)　ログイン
［設問 2］　カ
［設問 3］　(d)　イ
［設問 4］　(e)　ア
［設問 5］　(f)　実地棚卸リスト　(g)　在庫データ
　　　　　(h)　他人の利用者 ID

【解説】

工場在庫管理システムを中心に，購買管理システム，MES（製造実行システム）などと連携したシステムを対象に工場の運用状況の有用性についての監査の問題となっている。問題文にプロセスごとの内容が明確に示されており，監査手続もプロセスごとに示されていることから，問題文中のヒントを探すことはさほど難しくはない。しかしながら，システム連携部分と各プロセスの関連をしっかり整理していかないと，誤った解答をしてしまう可能性もあるので注意が必要である。難易度としては標準的である。

［設問 1］

空欄 a に入れる適切な字句を答える。

空欄 a は表 1「監査手続案」の項番 5（共通（アクセス管理））の監査手続欄内にある。問題文を確認していくと共通（アクセス管理）プロセスに「工場内 PC を観察し，作業現場の PC が［ a ］されたままになっていないか確かめる」と記載されている。

作業現場の PC に関して記載がある問題文を確認すると，〔予備調査の概要〕の③に「過去の内部監査において，工場の作業現場の PC が利用後もログインされたまま，複数の工場担当者が利用していたことが指摘されていた」とある。これらより，以前に指摘されたことが解消されているかの確認をしたものと推察できる。よって空欄 a は「ログイン」と解答すればよい。

［設問 2］

空欄 b と空欄 c に入れる最も適切な字句の組合せを解答群の中から選ぶ。

空欄 b, c は内部監査室長が監査担当者に指示をした(1)にある。「表 1 項番 1 の①は，［ b ］を確かめる監査手続である」となっており，解答群を確認すると空欄 b に当てはまる語句は，「自動処理の正確性・網羅性」，「手作業の正確性・網羅性」の 2 種類しかないことが分かる。表 1 の項番 1①の監査手続と関連している問題文は，〔予備調査の概要〕(2)工場在庫管理システムに関する段落にある。(2)のプロセスの概要の①を確認すると，「工場担当者が購買管理システムの当日の入荷データを CSV ファイルにダウンロードし」となっており，このことから手作業であることが分かる。よって，空欄ｂには「手作業の正確性・網羅性」が入る。

空欄ｃは，「これとは別に不正リスクを鑑み，アップロードしたCSVファイルと［ c ］との整合性を確保するためのコントロールに関する追加的な監査手続を作成すること」と記載されている。解答群を確認すると空欄ｃには「工場在庫管理システムの在庫データ」，「購買管理システムの入荷データ」の２種類しかない。これによって，①のプロセスで取り扱うのは購買管理システムの入荷データであることが分かる。よって，空欄ｃには「購買管理システムの入荷データ」が該当する。以上の組合せから，解答は（カ）となる。

［設問３］

空欄ｄに入れる最も適切な字句を解答群の中から選ぶ。

空欄ｄは内部監査室長の指示の(2)にあり，「表１項番２の①は，出庫データ自動生成では［ d ］が発生する可能性が高いので，設定される工程マスタの妥当性についても確かめること」と記載されている。また，工場在庫管理システムに関するプロセスの概要では，②に「製造で消費された原料の出庫データは，製造実績データ及び工程マスタの原料標準使用量に基づいて自動生成（以下，出庫データ自動生成という）される。このため，実際の出庫実績を工場在庫管理システムに入力する必要はない。また，工程マスタは，目標生産効率を考慮して，適宜，見直しされる」と記載されている。出庫データ自動生成のデータは製造実績データと工程マスタの情報が元になっており，その工程マスタは適宜見直しをされていることから，出庫データに差分ができることが想定される。この差分は在庫量に影響することが分かるため，解答としては，（イ）が該当する。

［設問４］

空欄ｅに入れる最も適切な字句を解答群から選ぶ。

空欄ｅは内部監査室長が監査担当者に指示した(3)にある。「表１の項番３の②は，［ e ］を確かめる監査手続なので，今回の監査目的を踏まえて実施の要否を検討すること」と記載されている。表１項番３の②について，工場在庫管理システムに関するプロセスには，「仕掛品については，MESから日次で受信した工程実績データに基づいて，日次の夜間バッチ処理で，製造実績データ及び在庫データが更新される」とあるように，自動的に更新する仕組みであることが分かる。今回のシステム監査は問題の冒頭部分に「工場での運用状況の有効性についてシステム監査を実施することにした」とあるため，あくまでも運用状況（人手が介入する部分という意味）が監査の中心となる。よって解答としては（ア）が該当する。

［設問５］

内部監査室長の指示の(4)～(6)に渡って設定されている空欄ｆ～ｈに入る字句を答える問題である。

・空欄 f：内部監査室長が監査担当者に指示した(4)には「表 1 項番 4 の①の前提として，[f]に記載された[g]の網羅性が確保されているかについても確かめること」となっている。表 1 の項番 4 のプロセスは実地棚卸であるため，工場在庫管理システムのプロセスの概要を確認すると，④に「工場担当者は，保管場所・在庫種別ごとに在庫データを抽出し，実地棚卸リストを出力する」とある。よって空欄 f には「実地棚卸リスト」が入ることが分かる。

・空欄 g：空欄 g は前述の内部監査室長が監査担当者に指示した(4)の他に(5)にも存在する。「表 1 項番 4 の②は，在庫の改ざんのリスクを踏まえ，差異のなかった[g]について在庫調整入力が行われていないか追加的な監査手続を作成すること」と記載されている。実地棚卸である工場在庫管理システムに関するプロセスの概要④には，「工場担当者は，保管場所・在庫種別ごとに**在庫データ**を抽出し，実地棚卸リストを出力する。工場担当者は，実地棚卸リストに基づいて実地棚卸を実施し，在庫の差異があった場合には実地棚卸リストに記入し，在庫調整入力を行う。この入力に基づいて，原料の出庫データ及び原料・仕掛品の在庫データの更新が行われる」と記載されている。ここで実地棚卸リストに表示されているのは在庫データであることが分かる。よって解答は「在庫データ」とすればよい。

・空欄 h：空欄 h は内部監査室長が監査担当者に指示した(6)に「表 1 の項番 5 の②は，不要な利用者 ID だけでなく，[h]を利用してアクセスしている利用者も検出するための追加的な監査手続を作成すること」と記載されている。ここで空欄 h を利用するとアクセスしている利用者の検出ができることが分かる。また本人の利用者 ID でなくアクセス可能である ID は，不要な利用者 ID を除くと，自分の利用者 ID ではなく，他人の利用者 ID が該当する。また〔予備調査の概要〕(1)の③に「過去の内部監査において，工場の作業現場の PC が利用後もログインされたまま，複数の工場担当者が利用していたことが指摘されていた」とあることからも以前は他人の利用者 ID を使っていたことが指摘されている。よって空欄 h の解答は「他人の利用者 ID」とすればよい。

●令和５年度春期 午後問題 IPA 発表の解答例

問１

出題趣旨
昨今，ランサムウェアによるサイバーインシデントが多発しており，予防対策に加えてインシデント対応を含めたインシデントハンドリングの高度化に向けた取組が，多くの企業で進められている。 本問では，インシデント発生を想定したマルウェア対策を題材に，サイバーセキュリティ対策としてのインシデント対応と社員教育に関する基本的な理解について問う。

設問		解答例・解答の要点		備考
設問 1	(1)	ウ		
	(2)	a	5	
設問 2	(1)	5		
	(2)	イ		
設問 3	(1)	イ		
	(2)	b	3	順不同
		c	6	
		d	5	
	(3)	ア，ウ		
設問 4	(1)	ア		
	(2)	PC から切り離して保管する。		

採点講評
問 1 では，インシデント発生を想定したマルウェア対策を題材に，サイバーセキュリティ対策としてのインシデント対応と社員教育に関する取組について出題した。全体として正答率はやや高かった。 設問 2(2)は，正答率が低かった。PC 上の不審な挙動を監視する仕組みとして，近年は EDR を用いたサイバーセキュリティ対策をとる事例が増えているので，その仕組みと効果について理解してほしい。 設問 4(2)は，正答率が平均的であった。近年のランサムウェアは，感染した PC だけでなく，その PC からアクセス可能なファイルサーバや記録媒体にまで被害が拡大する事例が多数報告されている。記録媒体に取得したバックアップをランサムウェアから守る方策について，理解を深めてほしい。

問2

出題趣旨
昨今，今まで均衡していた市場に他業界の企業が新規参入してくることがあり，その場合には，競争が激化することが予想されるので，事業環境の変化を適切に認識し，その対応のための経営戦略を策定する必要がある。 本問では，電子機器製造販売会社におけるブルーオーシャン戦略策定を題材に，経営戦略策定に関する基本的な知識，及び理解を問う。

<table>
<tr><th colspan="2">設問</th><th colspan="3">解答例・解答の要点</th><th>備考</th></tr>
<tr><td rowspan="3">設問 1</td><td>(1)</td><td colspan="3">エ</td><td></td></tr>
<tr><td>(2)</td><td colspan="3">設定スキルの習得に人手を割けないこと</td><td></td></tr>
<tr><td>(3)</td><td>a</td><td colspan="2">イ</td><td></td></tr>
<tr><td rowspan="5">設問 2</td><td>(1)</td><td>b</td><td colspan="2">イ</td><td></td></tr>
<tr><td>(2)</td><td colspan="3">リピート受注率を高めること</td><td></td></tr>
<tr><td rowspan="2">(3)</td><td>可能となること</td><td>①
②</td><td>・タイムリーな予防保守
・詳細な故障部位の把握</td><td></td></tr>
<tr><td colspan="2">メリット</td><td>要員が計画的に作業できる。</td><td></td></tr>
<tr><td>(4)</td><td colspan="3">値引き価格を印字したバーコードラベルを貼る適切な時刻を通知する機能</td><td></td></tr>
</table>

採点講評
問 2 では，電子機器製造販売会社におけるブルーオーシャン戦略策定を題材に，経営戦略策定に関する基本的な知識とその応用について出題した。全体として正答率はやや高かった。 設問 1(2)は，正答率が平均的であり，経営戦略策定の前提となる顧客の課題についてよく理解されていることがうかがえたが，一方で，顧客の課題ではなく，Q 社の課題や顧客の要望を述べた解答が散見された。設問をよく読み，求められていることを理解した上で解答してほしい。 設問 2(4)は，正答率がやや高かったが，Q 社パッケージに追加する機能ではなく，現状の機能を解答した受験者も見受けられた。ソフトウェアパッケージに対する機能強化の促進によって他社との優位性を高めていくためには，新たに追加する機能の要件を正しく洗い出すことが重要であることを理解してほしい。

問3

出題趣旨
桁数が非常に大きい整数の演算は，数学における学問的な用途のほか，暗号処理の分野などで実用化されているアルゴリズムである。 本問では，任意桁数の整数の乗算処理を題材に，多倍長整数の演算のアルゴリズムの一つであるカラツバ法に関するアルゴリズムの理解と実装について問う。

設問		解答例・解答の要点	備考
設問 1	ア	3×7	
	イ	4×12	
設問 2	① 48 ② 260 ③ 48 ④ 84		
設問 3	ウ	`pow(3, i − 1)`	
	エ	`3*(i − 1)`	
	オ	`pe.val1`	順不同
	カ	`pe.val2`	
設問 4	キ	`mod(mul, 10)`	
	ク	`elements[cidx + 2]`	
	ケ	`elements[cidx]`	
設問 5	2 × N		

採点講評
問 3 では，任意桁数の整数の乗算処理を題材に，多倍長整数の演算のアルゴリズムの一つであるカラツバ法について出題した。全体として正答率は平均的であった。 設問 3 のエは，正答率が低かった。ツリーなどの構造をもった情報について，1 次元配列を用いて管理する手法は，よく用いられる。データ構造を理解し，単純な形でプログラムを記述できる能力を身につけてほしい。 設問 3 のオ，カは，いずれも正答率がやや低かった。構造体の取扱方と，ツリーの情報構造の両方を理解し，注意深く解答してほしい。

問4

出題趣旨
近年，Web ブラウザ上で実行されるスクリプトライブラリの充実に伴い，SPA（Single Page Application）構成のレスポンシブ Web デザインを採用した Web システムが増えつつある。 本問では，IT ニュース配信サービスの再構築を題材に，SPA 構成の基本的な理解，キャッシュサーバを導入したシステム方式設計の理解について問う。

設問		解答例・解答の要点		備考
設問 1	(1)	a	ア	
	(2)	b	JSON	
	(3)	参照回数の多い記事		
設問 2		c	280	
		d	200	
		e	138	
		f	246	
設問 3	(1)	g	ITNewsDetail	
		h	ITNewsHeadline	
	(2)	IT ニュース一覧と各記事に関連する記事の一覧が更新されない。		
	(3)	記事間の遷移が Web サーバのアクセスログの URL では解析できないから		

採点講評
問 4 では，IT ニュース配信サービスの再構築を題材に，SPA（Single Page Application）構成，キャッシュサーバを導入したシステム方式設計について出題した。全体として正答率は平均的であった。 設問 2 の f は，正答率がやや低かった。IT ニュース記事と Web API の概要から，どの Web API が何回ずつ呼び出されるのかを正しく理解し，正答を導き出してほしい。 設問 3(2)は，正答率がやや低かった。利用者が急増してシステムへの負荷がしきい値を超えた際に，利用者にどのような影響があるのかを事前に検討することは，不特定多数の利用者向けサービスの開発では特に重要である。アプリケーションサーバの CPU 使用率が高い場合に，キャッシュサーバの更新処理が行われないと，どのような不具合が生じるのかについて本文から正しく読み取ってほしい。

問5

出題趣旨
情報の活用が企業活動に不可欠となっていることから，インターネット上で情報を提供するシステムには安定したサービスの提供が求められる。そこで，利用状況の変化に合わせたシステム構成の見直しは必須となっている。 本問では，DNS ラウンドロビンを利用した Web サイトの負荷分散を題材に，インターネットの利用において不可欠の役割をもつ DNS の仕組みや動作について問う。

設問		解答例・解答の要点		備考
設問 1	(1)	FWf		
	(2)	L3SW，FWb，L2SWb		
設問 2	(1)	a	miap.example.jp	
	(2)	apb.f-sha.example.lan		
設問 3	(1)	b	DNS サーバ c	
		c	ゾーン	
		d	TTL	
	(2)	M システムの応答速度が低下することがある。		
	(3)	ログイン中の利用者がいないこと		

採点講評
問 5 では，DNS ラウンドロビンを利用した Web サイトの負荷分散を題材に，インターネットの利用において不可欠の役割をもつ DNS の仕組みや動作について出題した。全体として正答率は平均的であった。 設問 1 は，(2)の正答率は高かったが，(1)の正答率がやや低かった。デフォルトルートは，インターネットアクセスのように宛先 IP アドレスが不定のパケットの転送先を，一つにまとめて経路表中に記述した経路であることを理解してほしい。 設問 3(1)は，c の正答率が低かった。DNS が管理する領域はゾーンと呼ばれ，ゾーンの情報をプライマリ DNS サーバからセカンダリ DNS サーバにコピーすることがゾーン転送であることを覚えておいてほしい。 設問 3(3)は，正答率が低かった。DNS のキャッシュ情報が更新されても，更新前からサーバにログインしている顧客は，メンテナンスの影響を受けることを理解してほしい。

問6

出題趣旨
正規化された表を扱う処理では，複数のシンプルな処理への機能分割や，機能分割した処理結果の統合，再利用によって，構築工数の削減を図れることがある。 本問では，KPI 達成状況集計システムの開発を題材に，集合関数，表結合などによる関係データベースのデータ操作に関する知識，技能を問う。

設問			解答例・解答の要点	備考
設問 1		a	→	
		b	従業員コード	
設問 2	(1)	c	INNER JOIN	
		d	LEFT OUTER JOIN	
		e	BETWEEN	
		f	B.職務区分 = '02'	
		g	GROUP BY 従業員コード, KPI コード	
		h	組織ごと_目標実績集計_一時	
		i	COUNT(*)	
	(2)		該当従業員の KPI 項目に対する実績データが，1 件も存在しない場合	

採点講評
問 6 では，KPI 達成状況集計システム機能の開発を題材に，組織，人事管理の表に，KPI 管理のための表が追加された関係データベースにおいて，集計リストを作成するための一連の SQL 文について出題した。全体として正答率は平均的であった。 設問 2(1)の f は，正答率がやや低かった。WHERE 句の条件式を SQL 文の処理内容などから読み解き，注意深く解答してほしい。 設問 2(2)は，正答率が低かった。この設問で問うている知識は，LEFT OUTER JOIN（左外部結合）において，右側の表に条件に合致するレコードがない場合，右側の表の項目値が NULL になるという仕様であり，是非知っておいてもらいたい。どのデータがどのような場合に発生するかを問うており，LEFT OUTER JOIN で結合する表間のデータについて，保持する値がどのような状態になるかを注意深く考えて，正答を導き出してほしい。

問7

出題趣旨
近年，移動中でも通信可能な IoT 向けの通信方式が実用化されており，低消費電力で稼働する測位モジュールも市販されている。 本問では，低消費電力であることで長時間使用できる位置通知タグを題材に，構成する各モジュールの消費電流から使用可能な時間を計算する能力，間欠動作することで消費電力が少なくなることへの理解，各ハードウェアモジュール間のメッセージのやり取りを考察する能力を問う。

<table>
<tr><th colspan="2">設問</th><th colspan="3">解答例・解答の要点</th><th>備考</th></tr>
<tr><td colspan="2">設問 1</td><td colspan="3">39</td><td></td></tr>
<tr><td colspan="2">設問 2</td><td>a</td><td colspan="2">246</td><td></td></tr>
<tr><td rowspan="7">設問 3</td><td>(1)</td><td>b</td><td colspan="2">前回の送信から 600 秒経過又は位置通知要求あり</td><td></td></tr>
<tr><td rowspan="6">(2)</td><td rowspan="2">c</td><td>メッセージ名</td><td>受信要求</td><td></td></tr>
<tr><td>メッセージの方向</td><td>←</td><td></td></tr>
<tr><td rowspan="2">d</td><td>メッセージ名</td><td>測位可能通知</td><td></td></tr>
<tr><td>メッセージの方向</td><td>→</td><td></td></tr>
<tr><td rowspan="2">e</td><td>メッセージ名</td><td>通信可能通知</td><td></td></tr>
<tr><td>メッセージの方向</td><td>→</td><td></td></tr>
<tr><td colspan="2">設問 4</td><td colspan="3">通信モジュールとの通信と測位モジュールとの通信が同時に発生した。</td><td></td></tr>
</table>

採点講評
問 7 では，電池で駆動する位置通知タグを題材に，駆動時間の計算，メッセージフロー，タイマーの取扱いについて出題した。全体として正答率は平均的であった。 設問 1 は，正答率が低かった。処理時間を正しく把握することは，ソフトウェア設計上重要なので，是非理解してほしい。 設問 3(1)は，正答率が低かった。周期的な動作だけを指摘して，位置通知要求があることを条件に入れていない解答が散見された。条件を明確にすることは不具合のない設計を行うための必須項目なので，十分に理解しておいてほしい。 設問 4 は，正答率が平均的であった。“タイマーがずれる”，“電源がオフになる”などの解答が散見された。複数のタイマーが独立したときにどのような挙動となるかを推測し，提示してある問題点を組み合わせることで正答が導き出せる。システムの挙動の理解は，組込みシステムの設計上重要なので，是非理解を深めてほしい。

問8

出題趣旨
システムを開発するに当たって，ソースコードの構成管理を適切に行うことは非常に重要である。 本問では，バージョン管理ツールのブランチ運用ルールを題材に，バージョン管理ツールの機能や特徴についての基本的な理解と応用力を問う。

設問	解答例・解答の要点		備考
設問 1	ロックの解除		
設問 2	a	develop	
	b	main	
	c	コミット	
設問 3	（オ）のコミットをリバートし，次に（ウ）のコミットをリバートする。		
設問 4	下線③	ウ	
	下線④	エ	
設問 5	develop ブランチの内容を feature ブランチにマージする。		

採点講評
問 8 では，バージョン管理ツールのブランチ運用ルールを題材に，バージョン管理ツールの機能や特徴について出題した。全体として正答率は平均的であった。 設問 3 は，正答率が低かった。ソースコードに加えられた複数の変更内容について，それらを打ち消すための操作を問うたが，操作の順序についての理解が不足していると思われる解答が散見された。ソースコードのバージョン管理を行うに当たっては，変更内容のほか，変更が加えられた順番を意識することも重要である。 設問 4 の下線④は，正答率が平均的であった。ブランチの役割と，それぞれのタイミングにおける状態を考慮しながら，行うべき作業の内容を正しく判断できるようになってほしい。 設問 5 は，正答率が低かった。複数の開発者が関わるプロジェクトの場合，それぞれのブランチの役割を逸脱しないように運用することが非常に重要である。どのタイミングで，どのブランチに対して操作を行うべきかを正しく判断できるよう，理解を深めてほしい。

問9

出題趣旨
多くの情報システムで，システム更改の際に，旧システムから新システムへの移行が発生する。このため，移行作業を計画的に推進し，円滑にサービスインを行うことがプロジェクトマネージャには求められる。 本問では，金融機関の既存システムのクラウドサービスへの移行を題材に，プロジェクト計画の作成，ステークホルダマネジメント，リスクマネジメントに関する理解について問う。

設問			解答例・解答の要点	備考
設問 1	(1)		営業日に業務の停止が不要	
	(2)		エ	
	(3)		IaaS 利用による構築期間とコスト	
設問 2	(1)		ステアリングコミッティで本番データを用いたテストの承認を得る。	
	(2)		エスカレーション対応の開発課リソースの拡充	
	(3)		移行判定基準書	
設問 3	(1)	a	オ	
		b	ア	
	(2)		追加発生する保守費用の確保	

採点講評
問 9 では，金融機関の既存システムのクラウドサービスへの移行を題材に，プロジェクト計画の作成，ステークホルダーマネジメント及びリスクマネジメントについて出題した。全体として正答率はやや低かった。 設問 1(1)は，正答率がやや低かった。一括移行方式では，本文中から，商品販売部の要望である拠点での営業日の業務停止を回避できることを読み取って，正答を導き出してほしい。 設問 2(1)は，正答率が平均的であった。プロジェクトとして重要な意思決定について，ステアリングコミッティの承認を得ることは，PM として実施すべき重要な手続であることを理解してほしい。 設問 3(1)は，正答率が低かった。リスクの定性的分析・定量的分析は，リスクマネジメント上重要な作業なので，必要な手法について理解を深めてほしい。 設問 3(2)は，正答率が平均的であった。本文中で，“費用面の”対応策についての解答を求めたが，それ以外の対応策を解答した受験者が散見された。設問で何を問われているかを正しく理解し，正答を導き出してほしい。

問 10

出題趣旨
従来，低コストや導入のしやすさの点でメリットがあると評価されていたクラウドサービスだが，昨今は可用性の高さにも着目され，その利用が急速に進んでいる。 本問では，自動車部品製造販売会社のクラウドサービスの利用を題材に，クラウドサービスを利用した場合のサービス可用性管理，及び可用性の向上策の理解について問う。

設問		解答例・解答の要点		備考
設問 1	(1)	ア		
	(2)	a	信頼	
設問 2	(1)	b	180	
	(2)	サービス回復までの最大時間		
	(3)	計画停止時間を考慮して経理部の勤務時間を定めること		
設問 3	(1)	イ，エ		
	(2)	バックアップの遠隔地保管を廃止すること		
	(3)	ア		
	(4)	重要事業機能の支援度合い		

採点講評
問 10 では，自動車部品製造販売会社のクラウドサービスの利用を題材に，クラウドサービスを利用した場合のサービス可用性管理，及び可用性の向上策について出題した。全体として正答率はやや低かった。 設問 2(3)は，正答率がやや低かった。これまでは L 社の営業時間から外れた時間帯に計画停止が実施されていたので，サービス時間のサービスレベルに関して合意する必要がなかったが，経理部の勤務体制の変更後は S サービスが利用できない計画停止時間を考慮した勤務形態にする必要がある。“経理部と調整すべきこと”の問いに対して，“M 社と計画停止時間の変更を協議する”のような誤った解答が散見された。表 3 及び表 4 から，サービスカタログと合意するサービスレベルを具体的にイメージして解答してほしい。 設問 3(2)は，正答率が平均的であった。I サービスには，稼働系（東日本）に障害が発生したときに待機系（西日本）へ切り替える高可用性対策はあるが，L 社で従来行っていたバックアップの遠隔地保管をやめてしまうと，広域災害時のマルウェアからのデータ保護という点で不十分である。今回のケースでは，可用性とセキュリティ性の両方を満たす対策が重要であることを理解してほしい。

問 11

出題趣旨
業務プロセスを支援するシステムは，不正リスクに対応した機能・コントロールを組み込むことが求められる。システム監査において，業務プロセスを理解した上で不正リスクを識別し，これに対応した IT の機能及びコントロールを評価する監査手続を実施する必要がある。 本問では，工場在庫管理システムを事例として，不正リスクを想定しながらシステムの運用状況を確かめるための監査手続を検討する能力を問う。

設問	解答例・解答の要点		備考
設問 1	a	ログイン	
設問 2	カ		
設問 3	d	イ	
設問 4	e	ア	
設問 5	f	実地棚卸リスト	
	g	在庫データ	
	h	他人の利用者 ID	

採点講評
問 11 では，工場在庫管理システムを題材に，業務プロセスを理解した上で，不正リスクを想定しながら監査で確かめるべきコントロール，監査要点に対応する監査手続について出題した。全体として正答率は平均的であった。 設問 2 は，正答率が低かった。システムの統制は，業務システムで自動化された統制だけでなく，人為的な手作業の統制を組み合わせることが多い。この設問に対応する統制がどちらであるかを読み取って，正答を導き出してほしい。 設問 5 の h は，正答率がやや低かった。工場の作業現場における PC の利用状況から，利用者 ID がどのように利用されているのかを読み取って，正答を導き出してほしい。

午後解答

令和５年度秋期試験
問題と解答・解説編

問題を解き，**解答・解説**でポイントを確認してください

令和５年度　秋期
応用情報技術者試験
午前　問題

試験時間	9:30 ～ 12:00（2 時間 30 分）

注意事項

1. 試験開始及び終了は，監督員の時計が基準です。監督員の指示に従ってください。
2. 試験開始の合図があるまで，問題冊子を開いて中を見てはいけません。
3. 答案用紙への受験番号などの記入は，試験開始の合図があってから始めてください。
4. 問題は，次の表に従って解答してください。

問題番号	問１～問 80
選択方法	全問必須

5. 答案用紙の記入に当たっては，次の指示に従ってください。

(1) 答案用紙は光学式読取り装置で読み取った上で採点しますので，B 又は HB の黒鉛筆で答案用紙のマークの記入方法のとおりマークしてください。マークの濃度がうすいなど，マークの記入方法のとおり正しくマークされていない場合は，読み取れないことがあります。特にシャープペンシルを使用する際には，マークの濃度に十分注意してください。訂正の場合は，あとが残らないように消しゴムできれいに消し，消しくずを残さないでください。

(2) 受験番号欄に受験番号を，生年月日欄に受験票の生年月日を記入及びマークしてください。答案用紙のマークの記入方法のとおりマークされていない場合は，採点されないことがあります。生年月日欄については，受験票の生年月日を訂正した場合でも，訂正前の生年月日を記入及びマークしてください。

(3) 解答は，次の例題にならって，解答欄に一つだけマークしてください。答案用紙のマークの記入方法のとおりマークされていない場合は，採点されません。

〔例題〕　秋期の情報処理技術者試験が実施される月はどれか。

ア 8　　イ 9　　ウ 10　　エ 11

正しい答えは“ウ　10”ですから，次のようにマークしてください。

例題	㋐ ㋑ ● ㋓

注意事項は問題冊子の裏表紙に続きます。
こちら側から裏返して，必ず読んでください。

6. 退室可能時間中に退室する場合は，手を挙げて監督員に合図し，答案用紙が回収されてから静かに退室してください。

退室可能時間	10:30 ～ 11:50

7. 問題に関する質問にはお答えできません。文意どおり解釈してください。
8. 問題冊子の余白などは，適宜利用して構いません。ただし，問題冊子を切り離して利用することはできません。
9. 試験時間中，机上に置けるものは，次のものに限ります。

   なお，会場での貸出しは行っていません。

   受験票，黒鉛筆及びシャープペンシル（B 又は HB），鉛筆削り，消しゴム，定規，時計（時計型ウェアラブル端末は除く。アラームなど時計以外の機能は使用不可），ハンカチ，ポケットティッシュ，目薬

   これら以外は机上に置けません。使用もできません。
10. 試験終了後，この問題冊子は持ち帰ることができます。
11. 答案用紙は，いかなる場合でも提出してください。回収時に提出しない場合は，採点されません。
12. 試験時間中にトイレへ行きたくなったり，気分が悪くなったりした場合は，手を挙げて監督員に合図してください。
13. 午後の試験開始は 13:00 ですので，12:40 までに着席してください。

問題文中で共通に使用される表記ルール

各問題文中に注記がない限り，次の表記ルールが適用されているものとする。

1．論理回路

図記号	説明
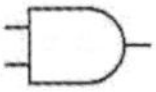	論理積素子（AND）
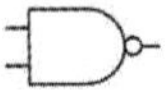	否定論理積素子（NAND）
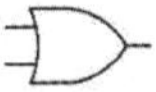	論理和素子（OR）
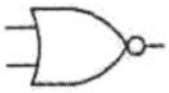	否定論理和素子（NOR）
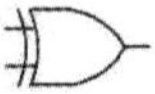	排他的論理和素子（XOR）
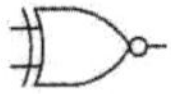	論理一致素子
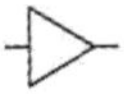	バッファ
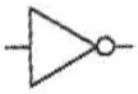	論理否定素子（NOT）
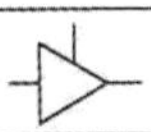	スリーステートバッファ
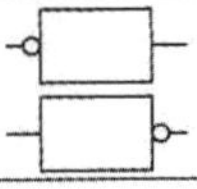	素子や回路の入力部又は出力部に示される○印は，論理状態の反転又は否定を表す。

2．回路記号

図記号	説明
	抵抗（R）
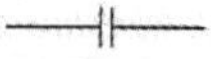	コンデンサ（C）
	ダイオード（D）
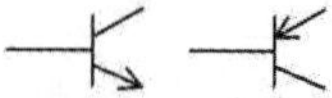	トランジスタ（Tr）
	接地
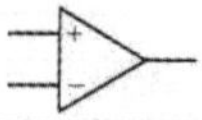	演算増幅器

問１　２桁の２進数 $x_1 x_2$ が表す整数を x とする。２進数 $x_2 x_1$ が表す整数を，x の式で表したものはどれか。ここで，int(r) は非負の実数 r の小数点以下を切り捨てた整数を表す。

ア　$2x+4\,\mathrm{int}\left(\frac{x}{2}\right)$　　イ　$2x+5\,\mathrm{int}\left(\frac{x}{2}\right)$

ウ　$2x-3\,\mathrm{int}\left(\frac{x}{2}\right)$　　エ　$2x-4\,\mathrm{int}\left(\frac{x}{2}\right)$

問２　複数の変数をもつデータに対する分析手法の記述のうち，主成分分析はどれか。

ア　変数に共通して影響を与える新たな変数を計算して，データの背後にある構造を取得する方法
イ　変数の値からほかの変数の値を予測して，データがもつ変数間の関連性を確認する方法
ウ　変数の値が互いに類似するものを集めることによって，データを分類する方法
エ　変数を統合した新たな変数を使用して，データがもつ変数の数を減らす方法

問３　逆ポーランド表記法（後置記法）で表現されている式 ABCD－×＋において，A=16，B=8，C=4，D=2 のときの演算結果はどれか。逆ポーランド表記法による式 AB＋は，中置記法による式 A＋B と同一である。

ア　32　　イ　46　　ウ　48　　エ　94

問4　図のように16ビットのデータを4×4の正方形状に並べ，行と列にパリティビットを付加することによって何ビットまでの誤りを訂正できるか。ここで，図の網掛け部分はパリティビットを表す。

1	0	0	0	1
0	1	1	0	0
0	0	1	0	1
1	1	0	1	1
0	0	0	1	

ア　1　　　イ　2　　　ウ　3　　　エ　4

問５　双方向リストを三つの一次元配列 elem[i]，next[i]，prev[i]の組で実現する。双方向リストが図の状態のとき，要素 D の次に要素 C を挿入した後の next[6]，prev[6]の値の組合せはどれか。ここで，双方向リストは次のように表現する。

・双方向リストの要素は，elem[i]に値，next[i]に次の要素の要素番号，prev[i]に前の要素の要素番号を設定
・双方向リストの先頭，末尾の要素番号は，それぞれ変数 Head，Tail に設定
・next[i]，prev[i]の値が 0 である要素は，それぞれ双方向リストの末尾，先頭を表す。
・双方向リストへの要素の追加は，一次元配列の末尾に追加

一次元配列の末尾

要素番号	1	2	3	4	5	6
elem	A	F	D	B	E	

要素番号	1	2	3	4	5	6
next	4	0	5	3	2	

要素番号	1	2	3	4	5	6
prev	0	5	4	1	3	

Head	1

Tail	2

	next[6]	prev[6]
ア	2	3
イ	3	4
ウ	5	3
エ	5	4

問6　あるデータ列を整列したら状態 0 から順に状態 1, 2, ・・・, N へと推移した。整列に使ったアルゴリズムはどれか。

状態0　3, 5, 9, 6, 1, 2
状態1　3, 5, 6, 1, 2, 9
状態2　3, 5, 1, 2, 6, 9
・
・
・
状態N　1, 2, 3, 5, 6, 9

ア　クイックソート　　イ　挿入ソート
ウ　バブルソート　　エ　ヒープソート

問7　JavaScript のオブジェクトの表記法などを基にして規定したものであって，“名前と値との組みの集まり”と“値の順序付きリスト”の二つの構造に基づいてオブジェクトを表現する，データ記述の仕様はどれか。

ア　DOM　　イ　JSON　　ウ　SOAP　　エ　XML

問8　スマートフォンなどで高い処理性能と低消費電力の両立のために，異なる目的に適した複数の種類のコアを搭載したプロセッサはどれか。

ア　スーパースカラプロセッサ
イ　ソフトコアプロセッサ
ウ　ヘテロジニアスマルチコアプロセッサ
エ　ホモジニアスマルチコアプロセッサ

問９　パイプラインの性能を向上させるための技法の一つで，分岐条件の結果が決定する前に，分岐先を予測して命令を実行するものはどれか。

ア　アウトオブオーダー実行　　イ　遅延分岐

ウ　投機実行　　エ　レジスタリネーミング

問10　ファイルシステムをフラッシュメモリで構成するとき，ブロックごとの書換え回数を管理することによって，フラッシュメモリの寿命を延ばす技術はどれか。

ア　ウェアレベリング

イ　ジャーナリング

ウ　デフラグ

エ　ライトアンプリフィケーション

問11　画面表示用フレームバッファがユニファイドメモリ方式であるシステムの特徴はどれか。

ア　主記憶とは別に専用のフレームバッファをもつ。

イ　主記憶の一部を表示領域として使用する。

ウ　シリアル接続した表示デバイスに，描画コマンドを用いて表示する。

エ　表示リフレッシュが不要である。

問12　SAN (Storage Area Network) におけるサーバとストレージの接続形態の説明として，適切なものはどれか。

ア　シリアルATAなどの接続方式によって内蔵ストレージとして1対1に接続する。

イ　ファイバチャネルなどによる専用ネットワークで接続する。

ウ　プロトコルは CIFS (Common Internet File System) を使用し，LAN で接続する。

エ　プロトコルはNFS (Network File System) を使用し，LANで接続する。

問13　システムの性能を向上させるための方法として，スケールアウトが適しているシステムはどれか。

ア　一連の大きな処理を一括して実行しなければならないので，並列処理が困難な処理が中心のシステム

イ　参照系のトランザクションが多いので，複数のサーバで分散処理を行っているシステム

ウ　データを追加するトランザクションが多いので，データの整合性を取るためのオーバーヘッドを小さくしなければならないシステム

エ　同一のマスターデータベースがシステム内に複数配置されているので，マスターを更新する際にはデータベース間で整合性を保持しなければならないシステム

問14 IaC (Infrastructure as Code) に関する記述として，最も適切なものはどれか。

ア インフラストラクチャの自律的なシステム運用を実現するために，インシデントへの対応手順をコードに定義すること

イ 各種開発支援ツールを利用するために，ツールの連携手順をコードに定義すること

ウ 継続的インテグレーションを実現するために，アプリケーションの生成手順や試験の手順をコードに定義すること

エ ソフトウェアによる自動実行を可能にするために，システムの構成や状態をコードに定義すること

問15 アクティブ－スタンバイ構成の2台のサーバから成るシステムがある。各サーバのMTBFは99時間，MTTRは10時間，フェールオーバーに要する時間は2時間であるとき，このシステムの稼働率はおよそ幾らか。ここで，二重に障害は発生しないものとする。

ア 0.82　　イ 0.89　　ウ 0.91　　エ 0.98

問16　ページング方式の仮想記憶において，あるプログラムを実行したとき，1 回のページフォールトの平均処理時間は 30 ミリ秒であった。ページフォールト発生時の処理時間が次の条件であったとすると，ページアウトを伴わないページインだけの処理の割合は幾らか。

〔ページフォールト発生時の処理時間〕

(1) ページアウトを伴わない場合，ページインの処理時間は 20 ミリ秒である。

(2) ページアウトを伴う場合，置換えページの選択，ページアウト，ページインの合計処理時間は 60 ミリ秒である。

ア　0.25　　イ　0.33　　ウ　0.67　　エ　0.75

問17　プリエンプティブな優先度ベースのスケジューリングで実行する二つの周期タスク A 及び B がある。タスク B が周期内に処理を完了できるタスク A 及び B の最大実行時間及び周期の組合せはどれか。ここで，タスク A の方がタスク B より優先度が高く，かつ，タスク A と B の共有資源はなく，タスク切替え時間は考慮しないものとする。また，時間及び周期の単位はミリ秒とする。

ア

	タスクの最大実行時間	タスクの周期
タスクA	2	4
タスクB	3	8

イ

	タスクの最大実行時間	タスクの周期
タスクA	3	6
タスクB	4	9

ウ

	タスクの最大実行時間	タスクの周期
タスクA	3	5
タスクB	5	13

エ

	タスクの最大実行時間	タスクの周期
タスクA	4	6
タスクB	5	15

問18 あるコンピュータ上で，当該コンピュータとは異なる命令形式のコンピュータで実行できる目的プログラムを生成する言語処理プログラムはどれか。

ア エミュレーター　　イ クロスコンパイラ
ウ 最適化コンパイラ　　エ プログラムジェネレーター

問19 Linux カーネルの説明として，適切なものはどれか。

ア CUI によるコマンド入力のためのシェルと呼ばれるソフトウェアが組み込まれていて，文字での操作が可能である。
イ GUI を利用できるデスクトップ環境が組み込まれていて，マウスを使った直感的な操作が可能である。
ウ Web ブラウザ，ワープロソフト，表計算ソフトなどが含まれており，Linux カーネルだけで多くの業務が行える。
エ プロセス管理やメモリ管理などの，アプリケーションソフトウェアが動作するための基本機能を提供する。

問20 FPGA の説明として，適切なものはどれか。

ア 電気的に記憶内容の書換えを行うことができる不揮発性メモリ
イ 特定の分野及びアプリケーション用に限定した特定用途向け汎用集積回路
ウ 浮動小数点数の演算を高速に実行する演算ユニット
エ 論理回路を基板上に実装した後で再プログラムできる集積回路

問21　MOS トランジスタの説明として，適切なものはどれか。

ア　pn 接合における電子と正孔の再結合によって光を放出するという性質を利用した半導体素子

イ　pn 接合部に光が当たると電流が発生するという性質を利用した半導体素子

ウ　金属と半導体との間に酸化物絶縁体を挟んだ構造をもつことが特徴の半導体素子

エ　逆方向電圧をある電圧以上印加すると，電流だけが増加し電圧がほぼ一定に保たれるという特性をもつ半導体素子

問22　図の論理回路において，S=1，R=1，X=0，Y=1 のとき，S を一旦 0 にした後，再び 1 に戻した。この操作を行った後の X，Y の値はどれか。

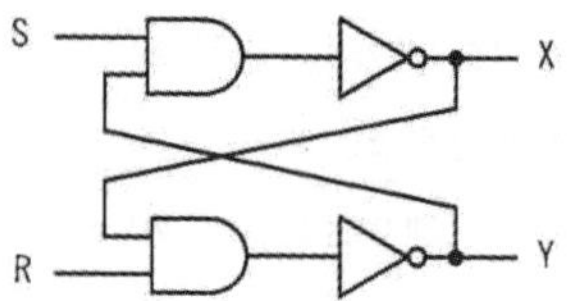

ア　X=0，Y=0　　イ　X=0，Y=1　　ウ　X=1，Y=0　　エ　X=1，Y=1

問23　真理値表に示す３入力多数決回路はどれか。

入力			出力
A	B	C	Y
0	0	0	0
0	0	1	0
0	1	0	0
0	1	1	1
1	0	0	0
1	0	1	1
1	1	0	1
1	1	1	1

ア
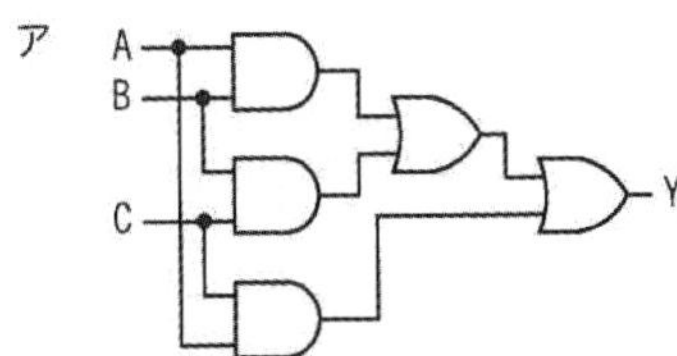

イ
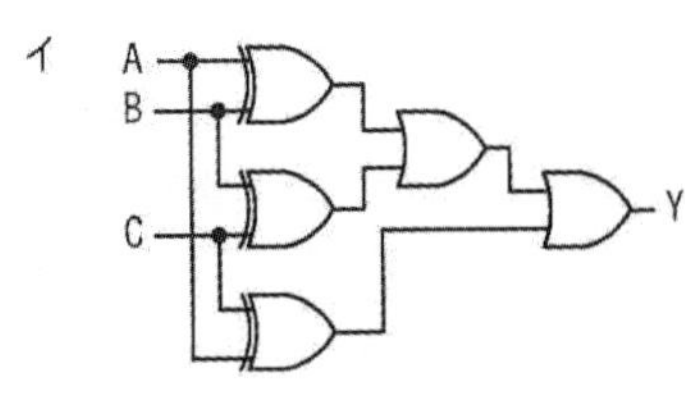

ウ
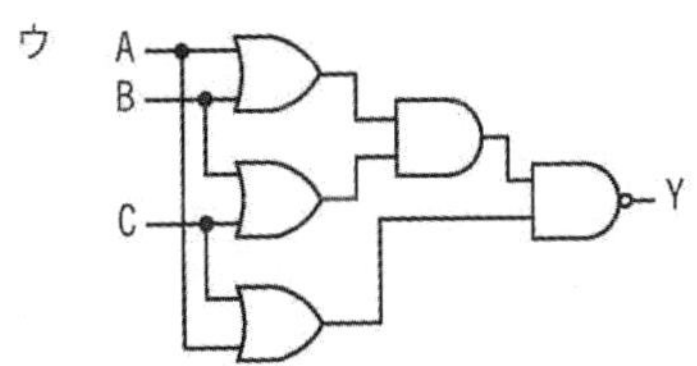

エ
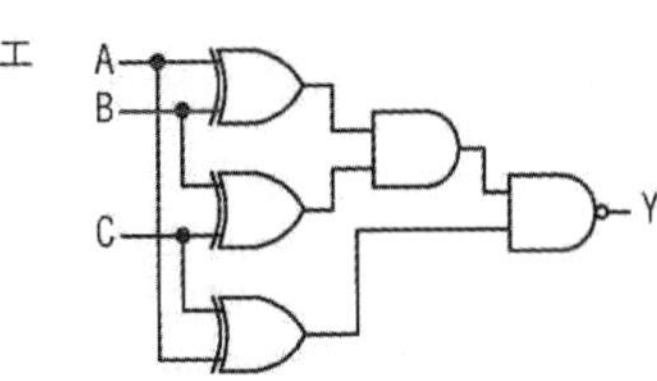

問24　JIS X 9303-1:2006（ユーザシステムインタフェース及びシンボル－アイコン及び機能－アイコン一般）で規定されているアイコンの習得性の説明はどれか。

ア　アイコンによって表現されたシステム機能が，それが理解された後に，どれだけ容易に思い出すことができるかを示す。

イ　アイコンの図柄の詳細を，どれだけ容易に区別できるかを示す。

ウ　同じ又は類似したアイコンによる以前の経験に基づいて，どれだけ容易にアイコンを識別できるかを示す。

エ　空間的，時間的又は文脈的に近くに表示された別のアイコンから，与えられたアイコンをどれだけ容易に区別できるかを示す。

問25　バーチャルリアリティに関する記述のうち，レンダリングの説明はどれか。

ア　ウェアラブルカメラ，慣性センサーなどを用いて非言語情報を認識する処理

イ　仮想世界の情報をディスプレイに描画可能な形式の画像に変換する処理

ウ　視覚的に現実世界と仮想世界を融合させるために，それぞれの世界の中に定義された3次元座標を一致させる処理

エ　時間経過とともに生じる物の移動などの変化について，モデル化したものを物理法則などに当てはめて変化させる処理

問26　“売上”表への次の検索処理のうち，B+木インデックスよりもハッシュインデックスを設定した方が適切なものはどれか。ここで，インデックスを設定する列を＜＞内に示す。

売上（伝票番号，売上年月日，商品名，利用者 ID，店舗番号，売上金額）

ア　売上金額が１万円以上の売上を検索する。＜売上金額＞

イ　売上年月日が今月の売上を検索する。＜売上年月日＞

ウ　商品名が‘DB’で始まる売上を検索する。＜商品名＞

エ　利用者 ID が‘1001’の売上を検索する。＜利用者 ID＞

問27　関係モデルにおける外部キーの説明として，適切なものはどれか。

ア　ある関係の候補キーを参照する属性，又は属性の組

イ　主キー以外で，タプルを一意に識別できる属性，又は属性の組

ウ　タプルを一意に識別できる属性，又は属性の組の集合のうち極小のもの

エ　タプルを一意に識別できる属性，又は属性の組を含む集合

問28　更新可能なビューを作成する SQL 文はどれか。ここで，SQL 文中に現れる基底表は全て更新可能とする。

ア　CREATE VIEW 高額商品(商品番号，商品名，商品単価)
　　AS SELECT 商品番号，商品名，商品単価 FROM 商品 WHERE 商品単価 > 1000

イ　CREATE VIEW 受注商品(商品番号)
　　AS SELECT DISTINCT 商品番号 FROM 受注

ウ　CREATE VIEW 商品受注(商品番号，受注数量)
　　AS SELECT 商品番号，SUM(受注数量) FROM 受注 GROUP BY 商品番号

エ　CREATE VIEW 商品平均受注数量(平均受注数量)
　　AS SELECT AVG(受注数量) FROM 受注

問29　“製品”表と“在庫”表に対し，次のSQL文を実行した結果として得られる表の行数は幾つか。

```
SELECT DISTINCT 製品番号 FROM 製品
    WHERE NOT EXISTS (SELECT 製品番号 FROM 在庫
        WHERE 在庫数 > 30 AND 製品.製品番号 = 在庫.製品番号)
```

製品

製品番号	製品名	単価
AB1805	CD-ROM ドライブ	15,000
CC5001	デジタルカメラ	65,000
MZ1000	プリンタ A	54,000
XZ3000	プリンタ B	78,000
ZZ9900	イメージスキャナ	98,000

在庫

倉庫コード	製品番号	在庫数
WH100	AB1805	20
WH100	CC5001	200
WH100	ZZ9900	130
WH101	AB1805	150
WH101	XZ3000	30
WH102	XZ3000	20
WH102	ZZ9900	10
WH103	CC5001	40

ア　1　　　イ　2　　　ウ　3　　　エ　4

問30　DBMS をシステム障害発生後に再立上げするとき，ロールフォワードすべきトランザクションとロールバックすべきトランザクションの組合せとして，適切なものはどれか。ここで，トランザクションの中で実行される処理内容は次のとおりとする。

トランザクション	データベースに対する Read 回数 と Write 回数
T1，T2	Read 10，Write 20
T3，T4	Read 100
T5，T6	Read 20，Write 10

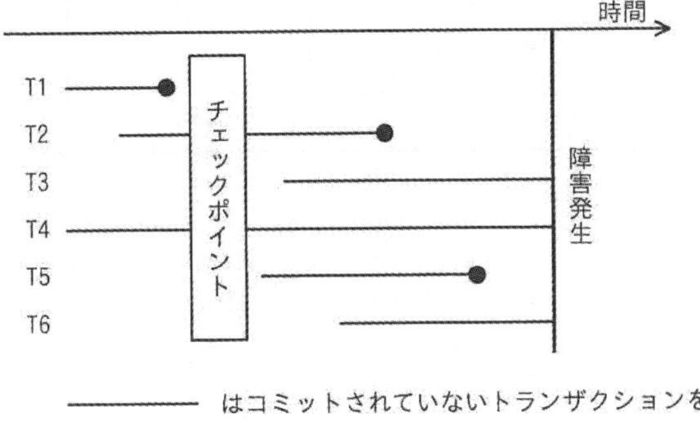

――――― はコミットされていないトランザクションを示す。
―――――● はコミットされたトランザクションを示す。

	ロールフォワード	ロールバック
ア	T2，T5	T6
イ	T2，T5	T3，T6
ウ	T1，T2，T5	T6
エ	T1，T2，T5	T3，T6

問31　100 M ビット／秒の LAN を使用し，１件のレコード長が 1,000 バイトの電文を 1,000 件連続して伝送するとき，伝送時間は何秒か。ここで，LAN の伝送効率は 50%とする。

ア　0.02　　イ　0.08　　ウ　0.16　　エ　1.6

問32　プライベート IP アドレスを割り当てられた PC が NAPT（IP マスカレード）機能をもつルータを経由して，インターネット上の Web サーバにアクセスしている。Web サーバから PC への応答パケットに含まれるヘッダー情報のうち，このルータで書き換えられるフィールドの組合せとして，適切なものはどれか。ここで，表中の ○ はフィールドの情報が書き換えられることを表す。

	宛先 IP アドレス	送信元 IP アドレス	宛先ポート番号	送信元ポート番号
ア	○	○		
イ	○		○	
ウ		○		○
エ			○	○

問33　TCP/IP 環境において，ping によってホストの接続確認をするときに使用されるプロトコルはどれか。

ア　CHAP　　イ　ICMP　　ウ　SMTP　　エ　SNMP

問34　サブネットマスクが 255.255.252.0 のとき，IP アドレス 172.30.123.45 のホストが属するサブネットワークのアドレスはどれか。

ア　172.30.3.0　　イ　172.30.120.0　　ウ　172.30.123.0　　エ　172.30.252.0

問35　IPv4 ネットワークにおけるマルチキャストの使用例に関する記述として，適切なものはどれか。

ア　LAN に初めて接続する PC が，DHCP プロトコルを使用して，自分自身に割り当てられる IP アドレスを取得する際に使用する。
イ　ネットワーク機器が，ARP プロトコルを使用して，宛先 IP アドレスから MAC アドレスを得るためのリクエストを送信する際に使用する。
ウ　メーリングリストの利用者が，SMTP プロトコルを使用して，メンバー全員に対し，同一内容の電子メールを一斉送信する際に使用する。
エ　ルータが RIP-2 プロトコルを使用して，隣接するルータのグループに，経路の更新情報を送信する際に使用する。

問36　パスワードクラック手法の一種である，レインボーテーブル攻撃に該当するものはどれか。

ア　何らかの方法で事前に利用者 ID と平文のパスワードのリストを入手しておき，複数のシステム間で使い回されている利用者 ID とパスワードの組みを狙って，ログインを試行する。
イ　パスワードに成り得る文字列の全てを用いて，総当たりでログインを試行する。
ウ　平文のパスワードとハッシュ値をチェーンによって管理するテーブルを準備しておき，それを用いて，不正に入手したハッシュ値からパスワードを解読する。
エ　利用者の誕生日，電話番号などの個人情報を言葉巧みに聞き出して，パスワードを類推する。

問37　楕円曲線暗号の特徴はどれか。

ア　RSA 暗号と比べて，短い鍵長で同レベルの安全性が実現できる。

イ　共通鍵暗号方式であり，暗号化や復号の処理を高速に行うことができる。

ウ　総当たりによる解読が不可能なことが，数学的に証明されている。

エ　データを秘匿する目的で用いる場合，復号鍵を秘密にしておく必要がない。

問38　自社の中継用メールサーバで，接続元 IP アドレス，電子メールの送信者のメールアドレスのドメイン名，及び電子メールの受信者のメールアドレスのドメイン名から成るログを取得するとき，外部ネットワークからの第三者中継と判断できるログはどれか。ここで，AAA.168.1.5 と AAA.168.1.10 は自社のグローバル IP アドレスとし，BBB.45.67.89 と BBB.45.67.90 は社外のグローバル IP アドレスとする。a.b.c は自社のドメイン名とし，a.b.d と a.b.e は他社のドメイン名とする。また，IP アドレスとドメイン名は詐称されていないものとする。

	接続元 IP アドレス	電子メールの送信者のメールアドレスのドメイン名	電子メールの受信者のメールアドレスのドメイン名
ア	AAA.168.1.5	a.b.c	a.b.d
イ	AAA.168.1.10	a.b.c	a.b.c
ウ	BBB.45.67.89	a.b.d	a.b.e
エ	BBB.45.67.90	a.b.d	a.b.c

問39 JPCERTコーディネーションセンター“CSIRTガイド（2021年11月30日）”では，CSIRTを機能とサービス対象によって六つに分類しており，その一つにコーディネーションセンターがある。コーディネーションセンターの機能とサービス対象の組合せとして，適切なものはどれか。

	機能	サービス対象
ア	インシデント対応の中で，CSIRT間の情報連携，調整を行う。	他のCSIRT
イ	インシデントの傾向分析やマルウェアの解析，攻撃の痕跡の分析を行い，必要に応じて注意を喚起する。	関係組織，国又は地域
ウ	自社製品の脆（ぜい）弱性に対応し，パッチ作成や注意喚起を行う。	自社製品の利用者
エ	組織内CSIRTの機能の一部又は全部をサービスプロバイダとして，有償で請け負う。	顧客

問40 JIS Q 27000：2019（情報セキュリティマネジメントシステム－用語）において，認可されていない個人，エンティティ又はプロセスに対して，情報を使用させず，また，開示しない特性として定義されているものはどれか。

ア 機密性　　イ 真正性　　ウ 認証　　エ 否認防止

問41　暗号機能を実装したIoT機器における脅威のうち，サイドチャネル攻撃に該当するものはどれか。

ア　暗号化関数を線形近似する式を導き，その線形近似式から秘密情報の取得を試みる。

イ　機器が発する電磁波を測定することによって秘密情報の取得を試みる。

ウ　二つの平文の差とそれぞれの暗号文の差の関係から，秘密情報の取得を試みる。

エ　理論的にあり得る復号鍵の全てを機器に入力して秘密情報の取得を試みる。

問42　セキュアブートの説明はどれか。

ア　BIOS にパスワードを設定し，PC 起動時に BIOS のパスワード入力を要求することによって，OS の不正な起動を防ぐ技術

イ　HDD 又は SSD にパスワードを設定し，PC 起動時に HDD 又は SSD のパスワード入力を要求することによって，OS の不正な起動を防ぐ技術

ウ　PC の起動時に OS のプログラムやドライバのデジタル署名を検証し，デジタル署名が有効なものだけを実行することによって，OS 起動完了前のマルウェアの実行を防ぐ技術

エ　マルウェア対策ソフトを OS のスタートアッププログラムに登録し，OS 起動時に自動的にマルウェアスキャンを行うことによって，マルウェアの被害を防ぐ技術

問43　PC のストレージ上の重要なデータを保護する方法のうち，ランサムウェア感染による被害の低減に効果があるものはどれか。

ア　WORM（Write Once Read Many）機能を有するストレージを導入して，そこに重要なデータをバックアップする。
イ　ストレージを RAID5 構成にして，1 台のディスク故障時にも重要なデータを利用可能にする。
ウ　内蔵ストレージを増設して，重要なデータを常時レプリケーションする。
エ　ネットワーク上のストレージの共有フォルダをネットワークドライブに割り当てて，そこに重要なデータをバックアップする。

問44　DKIM（DomainKeys Identified Mail）に関する記述のうち，適切なものはどれか。

ア　送信側のメールサーバで電子メールにデジタル署名を付与し，受信側のメールサーバでそのデジタル署名を検証して送信元ドメインの認証を行う。
イ　送信者が電子メールを送信するとき，送信側のメールサーバは，送信者が正規の利用者かどうかの認証を利用者 ID とパスワードによって行う。
ウ　送信元ドメイン認証に失敗した際の電子メールの処理方法を記載したポリシーを DNS サーバに登録し，電子メールの認証結果を監視する。
エ　電子メールの送信元ドメインでメール送信に使うメールサーバの IP アドレスを DNS サーバに登録しておき，受信側で送信元ドメインの DNS サーバに登録されている IP アドレスと電子メールの送信元メールサーバの IP アドレスとを照合する。

問45　DNSSEC についての記述のうち，適切なものはどれか。

ア　DNS サーバへの問合せ時の送信元ポート番号をランダムに選択することによって，DNS 問合せへの不正な応答を防止する。

イ　DNS の再帰的な問合せの送信元として許可するクライアントを制限することによって，DNS を悪用した DoS 攻撃を防止する。

ウ　共通鍵暗号方式によるメッセージ認証を用いることによって，正当な DNS サーバからの応答であることをクライアントが検証できる。

エ　公開鍵暗号方式によるデジタル署名を用いることによって，正当な DNS サーバからの応答であることをクライアントが検証できる。

問46　問題を引き起こす可能性があるデータを大量に入力し，そのときの応答や挙動を監視することによって，ソフトウェアの脆(ぜい)弱性を検出するテスト手法はどれか。

ア　限界値分析　　イ　実験計画法　　ウ　ファジング　　エ　ロードテスト

問47　アプリケーションソフトウェアの開発環境上で，用意された部品やテンプレートを GUI による操作で組み合わせたり，必要に応じて一部の処理のソースコードを記述したりして，ソフトウェアを開発する手法はどれか。

ア　継続的インテグレーション　　イ　ノーコード開発

ウ　プロトタイピング　　エ　ローコード開発

問48 問題は発生していないが，プログラムの仕様書と現状のソースコードとの不整合を解消するために，リバースエンジニアリングの手法を使って仕様書を作成し直す。これはソフトウェア保守のどの分類に該当するか。

ア 完全化保守　　イ 是正保守

ウ 適応保守　　エ 予防保守

問49 アジャイルソフトウェア開発宣言では，“あることがらに価値があることを認めながらも別のことがらにより価値をおく”としている。“別のことがら”に該当するものの組みはどれか。

ア 個人と対話，動くソフトウェア，顧客との協調，変化への対応

イ 個人と対話，包括的なドキュメント，顧客との協調，計画に従うこと

ウ プロセスやツール，動くソフトウェア，契約交渉，変化への対応

エ プロセスやツール，包括的なドキュメント，契約交渉，計画に従うこと

問50 組込みシステムのソフトウェア開発に使われるIDEの説明として，適切なものはどれか。

ア エディター，コンパイラ，リンカ，デバッガなどが一体となったツール

イ 専用のハードウェアインタフェースでCPUの情報を取得する装置

ウ ターゲットCPUを搭載した評価ボードなどの実行環境

エ タスクスケジューリングの仕組みなどを提供するソフトウェア

問51　PMBOK ガイド 第 7 版によれば，プロジェクト・スコープ記述書に記述する項目はどれか。

ア　WBS　　　　　　　　　　　　イ　コスト見積額

ウ　ステークホルダー分類　　　　エ　プロジェクトの除外事項

問52　システム開発のプロジェクトにおいて，EVM を活用したパフォーマンス管理をしている。開発途中のある時点で EV−PV の値が負であるとき，どのような状況を示しているか。

ア　スケジュール効率が，計画よりも良い。

イ　プロジェクトの完了が，計画よりも遅くなる。

ウ　プロジェクトの進捗が，計画よりも遅れている。

エ　プロジェクトの進捗が，計画よりも進んでいる。

問53 プロジェクトのスケジュールを短縮したい。当初の計画は図１のとおりである。作業 E を作業 E1，E2，E3 に分けて，図 2 のとおりに計画を変更すると，スケジュールは全体で何日短縮できるか。

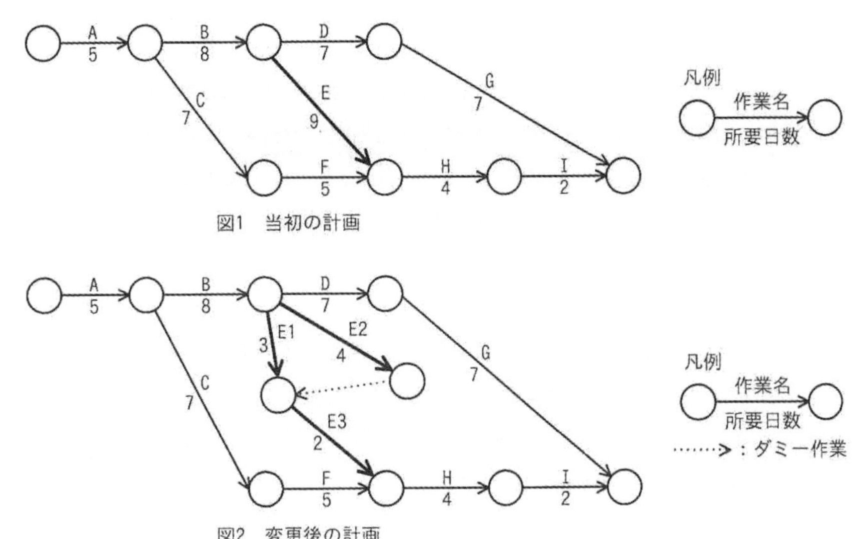

図1 当初の計画

図2 変更後の計画

ア 1　　イ 2　　ウ 3　　エ 4

問54 プロジェクトマネジメントにおいて，コンティンジェンシー計画を作成するプロセスはどれか。

ア リスクの管理　　イ リスクの特定

ウ リスクの評価　　エ リスクへの対応

問55　サービスマネジメントシステム（SMS）における是正処置の説明はどれか。

ア　検出された不適合又はほかの望ましくない状況の原因を除去する，又は再発の起こりやすさを低減するための処置

イ　構成品目の変更の展開に伴って，構成情報を更新する処置

ウ　パフォーマンスを向上するために繰り返し行われる活動であって，SMS 及びサービスの適切性，妥当性及び有効性を継続的に改善するための処置

エ　問題を“記録・分類”し，“優先度付け”し，“必要ならばエスカレーション”し，“可能ならば解決する”一連の処置

問56　Y 社は，受注管理システムを運用し，顧客に受注管理サービスを提供している。日数が 30 日，月曜日の回数が 4 回である月において，サービス提供条件を達成するために許容されるサービスの停止時間は最大何時間か。ここで，サービスの停止時間は，小数第 1 位を切り捨てるものとする。

〔サービス提供条件〕

・サービスは，計画停止時間を除いて，毎日 0 時から 24 時まで提供する。

・計画停止は，毎週月曜日の 0 時から 6 時まで実施する。

・サービスの可用性は 99%以上とする。

ア　0　　イ　6　　ウ　7　　エ　13

問57　フルバックアップ方式と差分バックアップ方式とを用いた運用に関する記述のうち，適切なものはどれか。

ア　障害からの復旧時に差分バックアップのデータだけ処理すればよいので，フルバックアップ方式に比べ，差分バックアップ方式は復旧時間が短い。

イ　フルバックアップのデータで復元した後に，差分バックアップのデータを反映させて復旧する。

ウ　フルバックアップ方式と差分バックアップ方式とを併用して運用することはできない。

エ　フルバックアップ方式に比べ，差分バックアップ方式はバックアップに要する時間が長い。

問58　システム監査人が作成する監査調書に関する記述として，適切なものはどれか。

ア　監査調書の作成は任意であり，作成しなくても問題はない。

イ　監査調書は，監査人自身の行動記録であり，監査チーム内でも他の監査人と共有すべきではない。

ウ　監査調書は，監査の結論を支える合理的な根拠とするために，発見した事実及び発見事実に関する所見を記載する。

エ　監査調書は，保管の必要がない監査人の備忘録である。

問59　販売管理システムにおいて，起票された受注伝票の入力が，漏れなく，かつ，重複することなく実施されていることを確かめる監査手続として，適切なものはどれか。

ア　受注データから値引取引データなどの例外取引データを抽出し，承認の記録を確かめる。

イ　受注伝票の入力時に論理チェック及びフォーマットチェックが行われているか，テストデータ法で確かめる。

ウ　販売管理システムから出力したプルーフリストと受注伝票との照合が行われているか，プルーフリストと受注伝票上の照合印を確かめる。

エ　並行シミュレーション法を用いて，受注伝票を処理するプログラムの論理の正確性を確かめる。

問60　金融庁"財務報告に係る内部統制の評価及び監査に関する実施基準（令和元年）"における"IT への対応"に関する記述のうち，適切なものはどれか。

ア　IT 環境とは，企業内部に限られた範囲での IT の利用状況である。

イ　IT の統制は，IT に係る全般統制及び IT に係る業務処理統制から成る。

ウ　IT の利用によって統制活動を自動化している場合，当該統制活動は有効であると評価される。

エ　IT を利用せず手作業だけで内部統制を運用している場合，直ちに内部統制の不備となる。

問61　バックキャスティングの説明として，適切なものはどれか。

ア　システム開発において，先にプロジェクト要員を確定し，リソースの範囲内で優先すべき機能から順次提供する開発手法

イ　前提として認識すべき制約を受け入れた上で未来のありたい姿を描き，予想される課題や可能性を洗い出し解決策を検討することによって，ありたい姿に近づける思考方法

ウ　組織において，下位から上位への発議を受け付けて経営の意思決定に反映するマネジメント手法

エ　投資戦略の有効性を検証する際に，過去のデータを用いてどの程度の利益が期待できるかをシミュレーションする手法

問62　A 社は，ソリューションプロバイダから，顧客に対するワントゥワンマーケティングを実現する統合的なソリューションの提案を受けた。この提案に該当するソリューションとして，最も適切なものはどれか。

ア　CRM ソリューション　　イ　HRM ソリューション

ウ　SCM ソリューション　　エ　財務管理ソリューション

問63　SOA を説明したものはどれか。

ア　企業改革において既存の組織やビジネスルールを抜本的に見直し，業務フロー，管理機構及び情報システムを再構築する手法のこと

イ　企業の経営資源を有効に活用して経営の効率を向上させるために，基幹業務を部門ごとではなく統合的に管理するための業務システムのこと

ウ　発注者と IT アウトソーシングサービス提供者との間で，サービスの品質について合意した文書のこと

エ　ビジネスプロセスの構成要素とそれを支援する IT 基盤を，ソフトウェア部品であるサービスとして提供するシステムアーキテクチャのこと

問64　IT 投資効果の評価方法において，キャッシュフローベースで初年度の投資によるキャッシュアウトを何年後に回収できるかという指標はどれか。

ア　IRR (Internal Rate of Return)　　イ　NPV (Net Present Value)

ウ　PBP (Pay Back Period)　　エ　ROI (Return On Investment)

問65　システム開発の成果物が利害関係者の要件（要求事項）を満たしているという客観的な証拠を得るための検証手法として，JIS X 0166:2021（システム及びソフトウェア技術−ライフサイクルプロセス−要求エンジニアリング）では，インスペクション，分析又はシミュレーション，デモンストレーション，テストを挙げている。これらのうち，成果物となる文書について要件（要求事項）への遵守度合いを検査するものはどれか。

ア　インスペクション　　イ　テスト

ウ　デモンストレーション　　エ　分析又はシミュレーション

問66 半導体メーカーが行っているファウンドリーサービスの説明として，適切なものはどれか。

ア 商号や商標の使用権とともに，一定地域内での商品の独占販売権を与える。
イ 自社で半導体製品の企画，設計から製造までを一貫して行い，それを自社ブランドで販売する。
ウ 製造設備をもたず，半導体製品の企画，設計及び開発を専門に行う。
エ 他社からの製造委託を受けて，半導体製品の製造を行う。

問67 H. I. アンゾフが提唱した成長マトリクスを説明したものはどれか。

ア 既存製品か新製品かという製品軸と既存市場か新市場かという市場軸の両軸で捉え，事業成長戦略を考える。
イ コストで優位に立つかコスト以外で差別化するか，ターゲットを広くするか集中するかによって戦略を考える。
ウ 市場成長率が高いか低いか，相対的市場シェアが大きいか小さいかによって事業を捉え，資源配分の戦略を考える。
エ 自社の内部環境の強みと弱み，取り巻く外部環境の機会と脅威を抽出し，取組方針を整理して戦略を考える。

問68 顧客から得る同意の範囲を段階的に広げながら，プロモーションを行うことが特徴的なマーケティング手法はどれか。

ア アフィリエイトマーケティング　　イ 差別型マーケティング
ウ パーミッションマーケティング　　エ バイラルマーケティング

問69　市場を消費者特性でセグメント化する際に，基準となる変数を，地理的変数，人口統計的変数，心理的変数，行動的変数に分類するとき，人口統計的変数に分類されるものはどれか。

ア　社交性などの性格　　　イ　職業

ウ　人口密度　　　エ　製品の使用割合

問70　オープンイノベーションの説明として，適切なものはどれか。

ア　外部の企業に製品開発の一部を任せることで，短期間で市場へ製品を投入する。

イ　顧客に提供する製品やサービスを自社で開発することで，新たな価値を創出する。

ウ　自社と外部組織の技術やアイディアなどを組み合わせることで創出した価値を，さらに外部組織へ提供する。

エ　自社の業務の工程を見直すことで，生産性向上とコスト削減を実現する。

問71　CPS（サイバーフィジカルシステム）を活用している事例はどれか。

ア　仮想化された標準的なシステム資源を用意しておき，業務内容に合わせてシステムの規模や構成をソフトウェアによって設定する。

イ　機器を販売するのではなく貸し出し，その機器に組み込まれたセンサーで使用状況を検知し，その情報を基に利用者から利用料金を徴収する。

ウ　業務処理機能やデータ蓄積機能をサーバにもたせ，クライアント側はネットワーク接続と最小限の入出力機能だけをもたせてデスクトップの仮想化を行う。

エ　現実世界の都市の構造や活動状況のデータによって仮想世界を構築し，災害の発生や時間軸を自由に操作して，現実世界では実現できないシミュレーションを行う。

問72 個人が，インターネットを介して提示された単発の仕事を受託する働き方や，それによって形成される経済形態を表すものはどれか。

ア API エコノミー　　イ ギグエコノミー

ウ シャドーエコノミー　　エ トークンエコノミー

問73 スマートファクトリーで使用される AI を用いたマシンビジョンの目的として，適切なものはどれか。

ア 作業者が装着した VR ゴーグルに作業プロセスを表示することによって，作業効率を向上させる。

イ 従来の人間の目視検査を自動化し，検査効率を向上させる。

ウ 需要予測を目的として，クラウドに蓄積した入出荷データを用いて機械学習を行い，生産数の最適化を行う。

エ 設計変更内容を，AI を用いて吟味して，製造現場に正確に伝達する。

問74 BCM（Business Continuity Management）において考慮すべきレジリエンスの説明はどれか。

ア 競争力の源泉となる，他社に真似のできない自社固有の強み

イ 想定される全てのリスクを回避して事業継続を行う方針

ウ 大規模災害などの発生時に事業の継続を可能とするために事前に策定する計画

エ 不測の事態が生じた場合の組織的対応力や，支障が生じた事業を復元させる力

問75　リーダーシップ論のうち，F. E. フィードラーが提唱するコンティンジェンシー理論の特徴はどれか。

ア　優れたリーダーシップを発揮する，リーダー個人がもつ性格，知性，外観などの個人的資質の分析に焦点を当てている。

イ　リーダーシップのスタイルについて，目標達成能力と集団維持能力の二つの次元に焦点を当てている。

ウ　リーダーシップの有効性は，部下の成熟（自律性）の度合いという状況要因に依存するとしている。

エ　リーダーシップの有効性は，リーダーがもつパーソナリティと，リーダーがどれだけ統制力や影響力を行使できるかという状況要因に依存するとしている。

問76　発生した故障について，発生要因ごとの件数の記録を基に，故障発生件数で上位を占める主な要因を明確に表現するのに適している図法はどれか。

ア　特性要因図　　イ　パレート図

ウ　マトリックス図　　エ　連関図

問77　取得原価 30 万円の PC を 2 年間使用した後，廃棄処分し，廃棄費用 2 万円を現金で支払った。このときの固定資産の除却損は廃棄費用も含めて何万円か。ここで，耐用年数は 4 年，減価償却方法は定額法，定額法の償却率は 0.250，残存価額は 0 円とする。

ア　9.5　　イ　13.0　　ウ　15.0　　エ　17.0

問78　プログラムの著作物について，著作権法上，適法である行為はどれか。

ア　海賊版を複製したプログラムと事前に知りながら入手し，業務で使用した。

イ　業務処理用に購入したプログラムを複製し，社内教育用として各部門に配布した。

ウ　職務著作のプログラムを，作成した担当者が独断で複製し，他社に貸与した。

エ　処理速度を向上させるために，購入したプログラムを改変した。

問79　匿名加工情報取扱事業者が，適正な匿名加工を行った匿名加工情報を第三者提供する際の義務として，個人情報保護法に規定されているものはどれか。

ア　第三者に提供される匿名加工情報に含まれる個人に関する情報の項目及び提供方法を公表しなければならない。

イ　第三者へ提供した場合は，速やかに個人情報保護委員会へ提供した内容を報告しなければならない。

ウ　第三者への提供の手段は，ハードコピーなどの物理的な媒体を用いることに限られる。

エ　匿名加工情報であっても，第三者提供を行う際には事前に本人の承諾が必要である。

問80　図は，企業と労働者の関係を表している。企業Bと労働者Cの関係に関する記述のうち，適切なものはどれか。

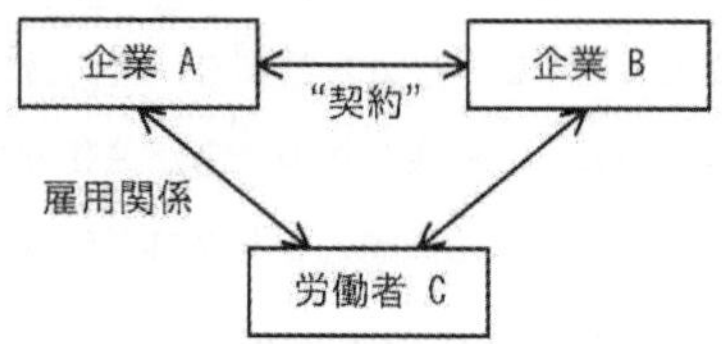

ア　“契約”が請負契約で，企業Aが受託者，企業Bが委託者であるとき，企業Bと労働者Cとの間には，指揮命令関係が生じる。

イ　“契約”が出向にかかわる契約で，企業Aが企業Bに労働者Cを出向させたとき，企業Bと労働者Cとの間には指揮命令関係が生じる。

ウ　“契約”が労働者派遣契約で，企業Aが派遣元，企業Bが派遣先であるとき，企業Bと労働者Cの間にも，雇用関係が生じる。

エ　“契約”が労働者派遣契約で，企業Aが派遣元，企業Bが派遣先であるとき，企業Bに労働者Cが出向しているといえる。

令和５年度　秋期
応用情報技術者試験
午後　問題

試験時間	13:00 ～ 15:30（2 時間 30 分）

注意事項

1. 試験開始及び終了は，監督員の時計が基準です。監督員の指示に従ってください。
2. 試験開始の合図があるまで，問題冊子を開いて中を見てはいけません。
3. 答案用紙への受験番号などの記入は，試験開始の合図があってから始めてください。
4. 問題は，次の表に従って解答してください。

問題番号	問１	問２～問 11
選択方法	必須	４問選択

5. 答案用紙の記入に当たっては，次の指示に従ってください。
   (1) B 又は HB の黒鉛筆又はシャープペンシルを使用してください。
   (2) 受験番号欄に受験番号を，生年月日欄に受験票の生年月日を記入してください。正しく記入されていない場合は，採点されないことがあります。生年月日欄については，受験票の生年月日を訂正した場合でも，訂正前の生年月日を記入してください。
   (3) 選択した問題については，右の例に従って，選択欄の問題番号を○印で囲んでください。○印がない場合は，採点されません。問 2～問 11 について，5 問以上○印で囲んだ場合は，はじめの 4 問について採点します。
   (4) 解答は，問題番号ごとに指定された枠内に記入してください。
   (5) 解答は，丁寧な字ではっきりと書いてください。読みにくい場合は，減点の対象になります。

〔問３，問４，問６，問８を選択した場合の例〕

注意事項は問題冊子の裏表紙に続きます。
こちら側から裏返して，必ず読んでください。

6. 退室可能時間中に退室する場合は，手を挙げて監督員に合図し，答案用紙が回収されてから静かに退室してください。

退室可能時間	13:40 ～ 15:20

7. <u>問題に関する質問にはお答えできません</u>。文意どおり解釈してください。
8. 問題冊子の余白などは，適宜利用して構いません。ただし，問題冊子を切り離して利用することはできません。
9. 試験時間中，机上に置けるものは，次のものに限ります。

   なお，会場での貸出しは行っていません。

   受験票，黒鉛筆及びシャープペンシル（B 又は HB），鉛筆削り，消しゴム，定規，時計（時計型ウェアラブル端末は除く。アラームなど時計以外の機能は使用不可），ハンカチ，ポケットティッシュ，目薬

   これら以外は机上に置けません。使用もできません。
10. 試験終了後，この問題冊子は持ち帰ることができます。
11. 答案用紙は，いかなる場合でも提出してください。回収時に提出しない場合は，採点されません。
12. 試験時間中にトイレへ行きたくなったり，気分が悪くなったりした場合は，手を挙げて監督員に合図してください。

〔問題一覧〕

●問１（必須）

問題番号	出題分野	テーマ
問１	情報セキュリティ	電子メールのセキュリティ対策

●問２～問 11（10 問中４問選択）

問題番号	出題分野	テーマ
問２	経営戦略	バランススコアカードを用いたビジネス戦略策定
問３	プログラミング	２分探索木
問４	システムアーキテクチャ	システム統合の方式設計
問５	ネットワーク	メールサーバの構築
問６	データベース	在庫管理システム
問７	組込みシステム開発	トマトの自動収穫を行うロボット
問８	情報システム開発	スレッド処理
問９	プロジェクトマネジメント	新たな金融サービスを提供するシステム開発プロジェクト
問 10	サービスマネジメント	サービスレベル
問 11	システム監査	情報システムに係るコンティンジェンシー計画の実効性の監査

次の問1は必須問題です。必ず解答してください。

問1　電子メールのセキュリティ対策に関する次の記述を読んで，設問に答えよ。

K社は，IT製品の卸売会社であり，300社の販売店に製品を卸している。K社では，8 年前に従業員が，ある販売店向けの奨励金額が記載されたプロモーション企画書ファイルを添付した電子メール（以下，メールという）を，担当する全販売店の担当者宛てに誤送信するというセキュリティ事故が発生した。この事故を機に，メールの添付ファイルを，使い捨てのパスワード（以下，DPW という）によって復元可能な ZIP ファイルに変換する添付ファイル圧縮サーバを導入した。

添付ファイル圧縮サーバ導入後のメール送信手順を図1に示す。

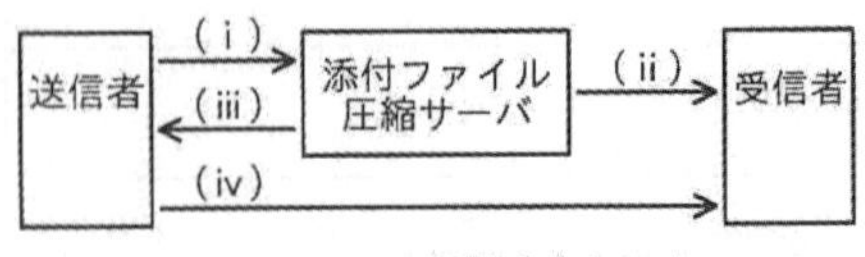

（i）添付ファイル付きメール
（ii）添付ファイルが ZIP ファイルに変換されたメール
（iii）DPW 通知メール
（iv）DPW を記載したメール

凡例　⟶：メールの転送方向を示す。

図1　添付ファイル圧縮サーバ導入後のメール送信手順

〔現在のメール運用の問題点と対策〕

K 社では，添付ファイル圧縮サーバを利用して，最初に DPW で復元可能な ZIP ファイルを添付したメール（以下，本文メールという）を送信し，その後，ZIP ファイルを復元するための DPW を記載したメール（以下，PW メールという）を送信することによって，メールのセキュリティを確保する方式（以下，この方式を PPAP という）を運用している。

しかし，現在運用している PPAP は，政府のある機関において中止するという方針が公表され，K 社の販売店や同業者の中でも PPAP の運用を止める動きが見られるようになった。

このような状況から，K 社の情報セキュリティ委員会は，自社の PPAP の運用上の問題点を検証することが必要であると判断して，情報セキュリティリーダーのL主任に，PPAP の運用上の問題点の洗い出しと，その改善策の検討を指示した。

L主任は，現在の PPAP の運用状況を調査して，次の二つの問題点を洗い出した。

(1)　<u>①本文メールの宛先を確認せずに，本文メールと同じ宛先に対して PW メールを</u>

送信している従業員が多い。

(2) ほとんどの従業員が，PW メールを本文メールと同じメールシステムを使用して送信している。したがって，本文メールが通信経路上で何らかの手段によって盗聴された場合，PW メールも盗聴されるおそれがある。

問題点の(1)及び(2)は，ともに情報漏えいにつながるリスクがある。(1)の問題点を改善しても，(2)の問題点が残ることから，②L 主任は(2)の問題点の改善策を考えた。しかし，運用面の改善によってリスクは低減できるが，時間とともに情報漏えいに対する意識が薄れると，改善策が実施されなくなるおそれがある。そこで，L 主任は，より高度なセキュリティ対策を実施して，情報漏えいリスクを更に低減させる必要があると考え，安全なメールの送受信方式を調査した。

〔安全なメール送受信方式の検討〕

L 主任は，調査に当たって安全なメール送受信方式のための要件として，次の(ⅰ)～(ⅲ)を設定した。

(ⅰ) メールの本文及び添付ファイル（以下，メール内容という）を暗号化できること

(ⅱ) メール内容は，送信端末と受信端末との間の全ての区間で暗号化されていること

(ⅲ) 誤送信されたメールの受信者には，メール内容の復号が困難なこと

これら三つの要件を満たす技術について調査した結果，S/MIME（Secure/Multipurpose Internet Mail Extensions）が該当することが分かった。S/MIME は，K 社や販売店で使用している PC のメールソフトウェア（以下，メーラという）が対応しており導入しやすいと L 主任は考えた。

〔S/MIME の調査〕

まず，L 主任は S/MIME について調査した。調査によって分かった内容を次に示す。

・S/MIME は，メールに電子署名を付加したり，メール内容を暗号化したりすることによってメールの安全性を高める標準規格の一つである。

・メールに電子署名を付加することによって，メーラによる電子署名の検証で，送信者を騙ったなりすましや③メール内容の改ざんが検知できる。公開鍵暗号と共通鍵暗号とを利用してメール内容を暗号化することによって，通信経路での盗聴や誤送信による情報漏えいリスクを低減できる。

・S/MIME を使用して電子署名や暗号化を行うために，認証局（以下，CA という）が発行した電子証明書を取得してインストールするなどの事前作業が必要となる。

メールへの電子署名の付加及びメール内容の検証の手順を表 1 に，メール内容の暗号化と復号の手順を表 2 に示す。

表 1　メールへの電子署名の付加及びメール内容の検証の手順

送信側		受信側	
手順	処理内容	手順	処理内容
1.1	ハッシュ関数 h によってメール内容のハッシュ値 x を生成する。	1.4	電子署名を［ b ］で復号してハッシュ値 x を取り出す。
1.2	ハッシュ値 x を［ a ］で暗号化して電子署名を行う。	1.5	ハッシュ関数 h によってメール内容のハッシュ値 y を生成する。
1.3	送信者の電子証明書と電子署名付きのメールを送信する。	1.6	手順 1.4 で取り出したハッシュ値 x と手順 1.5 で生成したハッシュ値 y とを比較する。

表 2　メール内容の暗号化と復号の手順

送信側		受信側	
手順	処理内容	手順	処理内容
2.1	送信者及び受信者が使用する共通鍵を生成し，④共通鍵でメール内容を暗号化する。	2.4	［ d ］で共通鍵を復号する。
2.2	［ c ］で共通鍵を暗号化する。	2.5	共通鍵でメール内容を復号する。
2.3	暗号化したメール内容と暗号化した共通鍵を送信する。		

〔S/MIME 導入に当たっての実施事項の検討〕

次に，L 主任は，S/MIME 導入に当たって実施すべき事項について検討した。

メーラは，⑤受信したメールに添付されている電子証明書の正当性について検証する。問題を検出すると，エラーが発生したと警告されるので，エラー発生時の対応方法をまとめておく必要がある。そのほかに，受信者自身で電子証明書の内容を確認することも，なりすましを発見するのに有効であるので，受信者自身に実施を求める事項もあわせて整理する。

メール内容の暗号化を行う場合は，事前に通信相手との間で電子証明書を交換しておかなければならない。そこで，S/MIME 導入に当たって，S/MIME の適切な運用のために従業員向けの S/MIME の利用手引きを作成して，利用方法を周知することにする。

これらの検討結果を基に，L 主任は S/MIME の導入，導入に当たって実施すべき事項，導入までの間は PPAP の運用上の改善策を実施することなどを提案書にまとめ，情報セキュリティ委員会に提出した。提案内容が承認され S/MIME の導入が決定した。

設問１　〔現在のメール運用の問題点と対策〕について答えよ。

(1)　本文中の下線①によって発生するおそれのある，情報漏えいにつながる問題を，40 字以内で答えよ。

(2)　本文中の下線②について，盗聴による情報漏えいリスクを低減させる運用上の改善策を，30 字以内で答えよ。

設問２　〔S/MIME の調査〕について答えよ。

(1)　本文中の下線③が検知される手順はどれか。表 1，2 中の手順の番号で答えよ。

(2)　表 1，2 中の［ a ］～［ d ］に入れる適切な字句を解答群の中から選び，記号で答えよ。

解答群

ア　CA の公開鍵　　イ　CA の秘密鍵　　ウ　受信者の公開鍵

エ　受信者の秘密鍵　　オ　送信者の公開鍵　　カ　送信者の秘密鍵

(3)　表 2 中の下線④について，メール内容の暗号化に公開鍵暗号ではなく共通鍵暗号を利用する理由を，20 字以内で答えよ。

設問３　本文中の下線⑤について，電子証明書の正当性の検証に必要となる鍵の種類を解答群の中から選び，記号で答えよ。

解答群

ア　CA の公開鍵　　イ　受信者の公開鍵　　ウ　送信者の公開鍵

次の問2～問11については4問を選択し，答案用紙の選択欄の問題番号を○印で囲んで解答してください。
なお，5問以上○印で囲んだ場合は，はじめの4問について採点します。

問2　バランススコアカードを用いたビジネス戦略策定に関する次の記述を読んで，設問に答えよ。

X社は，大手の事務機器販売会社である。複写機をはじめ，様々な事務機器を顧客に提供してきた。顧客の事業環境の急激な変化や市場の成熟化によって，X社の利益率は低下傾向であった。そこで，X社の経営陣は，数年前に複数のIT関連の商品やサービスを組み合わせてソリューションとして提供することで，顧客の事業を支援するビジネス（以下，ソリューションビジネスという）を開始し，利益率向上を目指してきた。ソリューションビジネスは拡大し，売上高は全社売上高の60%以上を占めるまでになったが，思うように利益率が向上していない。X社の経営陣は，利益率を向上させて現在5%のROEを10%以上に高め，投資家の期待に応える必要があると考えている。

X社の組織体制には，経営企画室，人材開発本部，ソリューション企画本部（以下，S企画本部という），営業本部などがある。人事評価制度として，目標管理制度を導入しており，営業担当者は売上高を目標に設定し，達成度を管理している。営業本部がビジネス戦略を立案し，S企画本部が，IT関連の商品やサービスを提供する企業（以下，サービス事業者という）と協業してソリューションを開発していたが，X社の経営陣は，全社レベルで統一され，各本部が組織を横断して連携するビジネス戦略が必要と考えた。

X社の経営陣は，次期の中期経営計画の策定に当たって，経営企画室のY室長にソリューションビジネスを拡大し，X社の利益率を向上させるビジネス戦略を立案するよう指示した。

〔ソリューションビジネスの現状分析〕

Y室長は，X社の現状を分析し，次のように認識した。

・ソリューションの品ぞろえが少なく，また，顧客価値の低いソリューションや利益率の低いソリューションがある。
・新しい商品やサービスを取り扱っても，すぐに競合他社から同じ商品やサービスが販売され，差別化できない。
・ソリューションの提案活動では，多くのソリューション事例の知識及び顧客の事業に関する知識を活用し，顧客の真のニーズを聞き出すスキルが求められるが，そのような知識やスキルをもつ人材（以下，ソリューション人材という）が不足している。その結果，顧客満足度調査では，ソリューション提案を求めても期待するような提案が得られないとの回答もみられる。

・X 社のソリューションビジネスの市場認知度を高める必要があるが，現状では，顧客に訴求できるような情報の発信力が不足している。

・提案活動の参考になる過去のソリューション事例を，サーバに登録することにしている。しかし，営業担当者は，自らの経験を公開することが人事評価にはつながらないので登録に積極的でなく，現在は蓄積されている件数が少ない。また，有益な情報があっても探すのに時間が掛かり，提案のタイミングを逸して失注している。

〔ビジネス戦略の施策〕

現状分析を踏まえて，Y 室長はビジネス戦略の施策を次のようにまとめ，これらの施策を実施することによって，ROE を 10%以上に伸長させることとした。

(1) 人材開発

・ソリューション人材を育成する仕組みを確立する。具体的には，ソリューション人材の営業ノウハウを形式知化して社内で共有するとともに，ソリューション提案の研修を開催し，ソリューションの知識や顧客の真のニーズを聞き出すスキル，課題を発見・解決するスキルが乏しい営業担当者の教育に活用する。

・人事評価制度を見直し，営業担当者は売上高の目標達成に加えて，ソリューション事例の登録数など，組織全体の営業力を高めることへの貢献度を評価する。また，S 企画本部の担当者に対しては，ソリューションごとの顧客満足度と販売実績の利益率を評価する。さらに，人材開発本部の担当者に対しては，開催した研修によって育成したソリューション人材の人数を評価する。

(2) ソリューション開発

・顧客の事業環境の変化に対応してソリューションの品ぞろえを増やすため，専任チームを立ち上げ，多様な商品やサービスをもつサービス事業者との業務提携を拡大する。業務提携に当たっては，［ a ］権利を，そのサービス事業者から適法に取得することによって他社との差別化を図る。

・利益率の高いソリューション事例を抽出し，類似する顧客のニーズ・課題及び同規模の予算に適合するソリューションのパターン（以下，ソリューションパターンという）を整備する。

(3) 営業活動

・ソリューションパターンの提案を増やすことによって，顧客価値と利益率が高いソリューションの売上拡大を図る。

・X 社のソリューションの市場認知度を高めるために，ソリューション事例を顧客に訴求できる魅力的な情報として発信するなど，コンテンツマーケティングを行う。

・顧客の真のニーズを満たす顧客価値を提供するために，営業本部と S 企画本部とが協力して開発するソリューションを活用して，営業活動を展開する。

〔バランススコアカード〕

Y 室長は，ビジネス戦略の施策を具体化するために，<u>①各部門の中期経営計画策定担当者を集めて，表 1 に示すバランススコアカード案を作成した</u>。

表 1 バランススコアカード案

視点	戦略目標	重要成功要因	評価指標	アクション
財務	・ROE 向上	・利益率の高いソリューションの売上の拡大	・売上高 ・営業利益 ・当期純利益	・利益率に基づくソリューションの選別
顧客	・ソリューション提供に対する顧客満足の改善	・顧客価値の高いソリューションの提供	・顧客満足度	・顧客の事業の支援につながるソリューションパターンの活用
	・ソリューションビジネスの市場認知度の向上	・顧客に訴求できる魅力的な情報の発信	・情報の発信数	・［ b ］の実施
業務プロセス	・ソリューションの高付加価値化	・ソリューション事例の有効活用 ・他社との差別化	・ソリューションパターン別の利益率 ・他社がまねできない商品やサービスの数	・ソリューション事例の登録の促進とソリューションパターンの整備 ・［ a ］権利の取得を含めたサービス事業者との契約交渉
	・顧客価値と利益率が高いソリューションの提案	・［ c ］	・提案件数	・ソリューションパターンに合わせた提案書の整理
	・ソリューションの品ぞろえの増加	・顧客の事業環境の変化に関する理解と対応 ・業務提携の拡大	・ソリューションの品ぞろえの数 ・［ d ］の数	・専任チームの編成
学習と成長	・ソリューション人材の増強	・ソリューション提案のスキルの定着	・ソリューション人材の人数	・ソリューション人材のノウハウの教材化 ・ソリューション提案の研修の開催

〔SECI モデルの適用〕

Y 室長は，バランススコアカードのアクションを組織的に推進する仕組みとして，②共同化（Socialization），表出化（Externalization），連結化（Combination），内面化（Internalization）のステップから成る SECI モデルの適用を考え，表２に示す活動を抽出した。

表２ SECI モデルの活動

記号	活動
A	営業担当者は，ソリューションパターンを活用した営業活動の実経験を通じて，顧客の理解を深める。
B	S 企画本部は，ソリューション事例を体系化しソリューションパターンとして社内で共有し，顧客の真のニーズに基づく営業活動の展開に活用する。
C	営業本部において，ソリューション人材とソリューションの提案に必要な知識やスキルが乏しい営業担当者を組んで行動させることで，営業ノウハウを広める。
D	営業本部では，ソリューション人材の営業活動の実績を，ソリューション事例として登録し，営業本部内及び S 企画本部と共有する。

Y 室長は，SECI モデルの活動を促進するために，新たに経営管理システムに次の機能を追加することにした。

・③ソリューション事例の登録数・参照数によって，その事例を登録した営業担当者にスコアが付与され，組織全体への貢献度を可視化する機能
・④顧客のニーズ・課題及び予算を入力することで，該当するソリューションパターンとその適用事例を，瞬時に顧客に有効と考えられる順にピックアップする機能

〔財務目標〕

Y 室長は，バランススコアカードに基づき，３か年の中期経営計画の最終年度の財務目標を設定し，表３の年度別損益の比較と表４の年度別財務分析指標の比較を作成した。

表 3　年度別損益の比較

単位 億円

勘定科目	基準年度[1]	中期経営計画最終年度
売上高	6,000	7,500
売上原価	5,000	6,100
売上総利益	1,000	1,400
販売費及び一般管理費	880	960
営業利益	120	440
経常利益	120	440
当期純利益	80	300

注[1]　中期経営計画策定年度の前年度を基準年度とする。

表 4　年度別財務分析指標の比較

指標	基準年度[1]	中期経営計画最終年度
売上高当期純利益率（%）	1.3	4.0
総資本回転率（回転）	1.5	1.5
自己資本比率（%）	40	40
ROA（%）	2	（省略）
ROE（%）	5	e

注[1]　中期経営計画策定年度の前年度を基準年度とする。

Y 室長は，まとめ上げたビジネス戦略案を含む中期経営計画案を経営会議で説明し，承認を得た。

設問 1　〔バランススコアカード〕について答えよ。

(1)　本文中の下線①について，バランススコアカード案の作成に当たり，各部門の中期経営計画策定担当者を集めた狙いは何か。本文中の字句を用いて 25 字以内で答えよ。

(2)　〔ビジネス戦略の施策〕の本文及び表 1 中の a に入れる適切な字句を，15 字以内で答えよ。

(3)　表 1 中の b ， d に入れる適切な字句を，それぞれ 15 字以内で答えよ。

(4)　表 1 中の c に入れる適切な字句を解答群の中から選び，記号で答えよ。

解答群

ア　顧客への訪問回数を増やす営業活動

イ　サービス事業者との協業によるソリューション開発

ウ　ソリューションパターンを活用した営業活動

エ　利益率を重視した営業活動

設問２ 〔SECIモデルの適用〕について答えよ。

(1) 本文中の下線②について，表２の記号A～Dを，SECIモデルの共同化，表出化，連結化，内面化のステップの順序に“,”で区切って並べて答えよ。

(2) 本文中の下線③について，この機能は，営業担当者のどのような行動を促進できるか。15字以内で答えよ。

(3) 本文中の下線④について，この機能は，営業担当者の提案活動において，どのような効果を期待できるか。40字以内で答えよ。

設問３ 表４中の［ e ］に入れる適切な数値を，小数第１位を四捨五入して整数で答えよ。

問３　２分探索木に関する次の記述を読んで，設問に答えよ。

２分探索木とは，木に含まれる全てのノードがキー値をもち，各ノードＮが次の二つの条件を満たす２分木のことである。ここで，重複したキー値をもつノードは存在しないものとする。

・Ｎの左側の部分木にある全てのノードのキー値は，Ｎのキー値よりも小さい。

・Ｎの右側の部分木にある全てのノードのキー値は，Ｎのキー値よりも大きい。

２分探索木の例を図１に示す。図中の数字はキー値を表している。

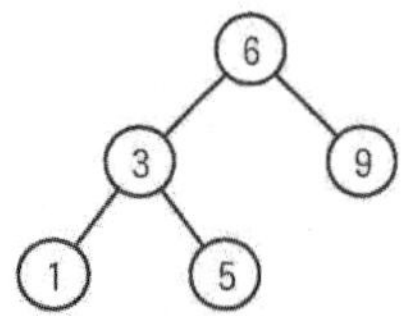

図１　２分探索木の例

２分探索木をプログラムで表現するために，ノードを表す構造体 Node を定義する。構造体 Node の構成要素を表１に示す。

表１　構造体 Node の構成要素

構成要素	説明
key	キー値
left	左側の子ノードへの参照
right	右側の子ノードへの参照

構造体 Node を新しく生成し，その構造体への参照を変数 p に代入する式を次のように書く。

```
p ← new Node(k)
```

ここで，引数 k は生成するノードのキー値であり，構成要素 key の初期値となる。構成要素 left 及び right は，参照するノードがないこと（以下，空のノードという）を表す NULL で初期化される。また，生成した p の各構成要素へのアクセスには“.”を用いる。例えば，キー値は p.key でアクセスする。

〔2 分探索木におけるノードの探索・挿入〕

キー値 k をもつノードの探索は次の手順で行う。

(1)　探索対象の 2 分探索木の根を参照する変数を t とする。

(2)　t が空のノードであるかを調べる。

(2-1)　t が空のノードであれば，探索失敗と判断して探索を終了する。

(2-2)　t が空のノードでなければ，t のキー値 t.key と k を比較する。

・t.key = k の場合，探索成功と判断して探索を終了する。

・t.key > k の場合，t の左側の子ノードを新たな t として(2)から処理を行う。

・t.key < k の場合，t の右側の子ノードを新たな t として(2)から処理を行う。

キー値 k をもつノード K の挿入は，探索と同様の手順で根から順にたどっていき，空のノードが見つかった位置にノード K を追加することで行う。ただし，キー値 k と同じキー値をもつノードが既に 2 分探索木中に存在するときは何もしない。

これらの手順によって探索を行う関数 search のプログラムを図 2 に，挿入を行う関数 insert のプログラムを図 3 に示す。関数 search は，探索に成功した場合は見つかったノードへの参照を返し，失敗した場合は NULL を返す。関数 insert は，得られた木の根への参照を返す。

```
// t が参照するノードを根とする木から
// キー値が k であるノードを探索する
function search(t, k)
  if(t が NULL と等しい)
    return NULL
  elseif(t.key が k と等しい)
    return t
  elseif(t.key が k より大きい)
    return search(t.left, k)
  else // t.key が k より小さい場合
    return search(t.right, k)
  endif
endfunction
```

図 2　探索を行う関数 search のプログラム

```
// t が参照するノードを根とする木に
// キー値が k であるノードを挿入する
function insert(t, k)
  if(t が NULL と等しい)
    t ← new Node(k)
  elseif(t.key が k より大きい)
    t.left ← insert(t.left, k)
  elseif(t.key が k より小さい)
    t.right ← insert(t.right, k)
  endif
  return t
endfunction
```

図 3　挿入を行う関数 insert のプログラム

関数 search を用いてノードの総数が n 個の 2 分探索木を探索するとき，探索に掛かる最悪の場合の時間計算量（以下，最悪時間計算量という）は $O($ ア $)$ である。これは葉を除く全てのノードについて左右のどちらかにだけ子ノードが存在する場合である。一方で，葉を除く全てのノードに左右両方の子ノードが存在し，また，全ての葉の深さが等しい完全な 2 分探索木であれば，最悪時間計算量は $O($ イ $)$となる。したがって，高速に探索するためには，なるべく左右両方の子ノードが存在するように配置して，高さができるだけ低くなるように構成した木であることが望ましい。このような木のことを平衡 2 分探索木という。

〔2 分探索木における回転操作〕

2 分探索木中のノード X と X の左側の子ノード Y について，X を Y の右側の子に，元の Y の右側の部分木を X の左側の部分木にする変形操作を右回転といい，逆の操作を左回転という。回転操作後も 2 分探索木の条件は維持される。木の回転の様子を図 4 に示す。ここで，t_1～t_3 は部分木を表している。また，根から t_1～t_3 の最も深いノードまでの深さを，図 4(a)では d_1～d_3，図 4(b)では d_1'～d_3' でそれぞれ表している。ここで，$d_1'=d_1-1$，$d_2'=d_2$，$d_3'=d_3+1$，が成り立つ。

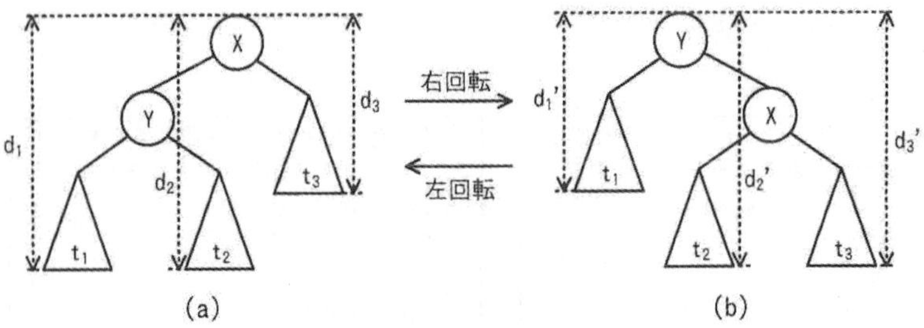

図 4　木の回転の様子

右回転を行う関数 rotateR のプログラムを図 5 に，左回転を行う関数 rotateL のプログラムを図 6 に示す。これらの関数は，回転した結果として得られた木の根への参照を返す。

```
// tが参照するノードを根とする木に対して
// 右回転を行う
function rotateR(t)
  a ← t.left
  b ← a.right
  a.right ← t
  t.left ← b
  return a
endfunction
```

図５ 右回転を行う関数 rotateR のプログラム

```
// tが参照するノードを根とする木に対して
// 左回転を行う
function rotateL(t)
  a ← t.right
  b ← a.left
  a.left ← t
  t.right ← b
  return a
endfunction
```

図６ 左回転を行う関数 rotateL のプログラム

〔回転操作を利用した平衡２分探索木の構成〕

全てのノードについて左右の部分木の高さの差が１以下という条件（以下，条件 Bal という）を考える。条件 Bal を満たす場合，完全ではないときでも比較的左右均等にノードが配置された木になる。

条件 Bal を満たす２分探索木 W に対して図３の関数 insert を用いてノードを挿入した２分探索木を W' とすると，ノードが挿入される位置によっては左右の部分木の高さの差が２になるノードが生じるので，W' は条件 Bal を満たさなくなることがある。その場合，挿入したノードから根まで，親をたどった各ノード T に対して順に次の手順を適用することで，条件 Bal を満たすように W' を変形することができる。

(1)　T の左側の部分木の高さが T の右側の部分木の高さより２大きい場合

　T を根とする部分木に対して右回転を行う。ただし，T の左側の子ノード U について，U の右側の部分木の方が U の左側の部分木よりも高い場合は，先に U を根とする部分木に対して左回転を行う。

(2)　T の右側の部分木の高さが T の左側の部分木の高さより２大きい場合

　T を根とする部分木に対して左回転を行う。ただし，T の右側の子ノード V について，V の左側の部分木の方が V の右側の部分木よりも高い場合は，先に V を根とする部分木に対して右回転を行う。

この手順(1)，(2)によって木を変形する関数 balance のプログラムを図７に，関数 balance を適用するように関数 insert を修正した関数 insertB のプログラムを図８に示す。ここで，関数 height は，引数で与えられたノードを根とする木の高さを返す関数である。関数 balance は，変形の結果として得られた木の根への参照を返す。

```
// t が参照するノードを根とする木を
// 条件 Bal を満たすように変形する
function balance(t)
  h1 ← height(t.left) - height(t.right)
  if( ウ )
    h2 ← エ
    if(h2 が 0 より大きい)
      t.left ← rotateL(t.left)
    endif
    t ← rotateR(t)
  elseif( オ )
    h3 ← カ
    if(h3 が 0 より大きい)
      t.right ← rotateR(t.right)
    endif
    t ← rotateL(t)
  endif
  return t
endfunction
```

図 7　関数 balance のプログラム

```
// t が参照するノードを根とする木に
// キー値が k であるノードを挿入する
function insertB(t, k)
  if(t が NULL と等しい)
    t ← new Node(k)
  elseif(t.key が k より大きい)
    t.left ← insertB(t.left, k)
  elseif(t.key が k より小さい)
    t.right ← insertB(t.right, k)
  endif
  t ← balance(t)    // 追加
  return t
endfunction
```

図 8　関数 insertB のプログラム

条件 Bal を満たすノードの総数が n 個の 2 分探索木に対して関数 insertB を実行した場合，挿入に掛かる最悪時間計算量は $O($ キ $)$となる。

設問 1　本文中の ア ， イ に入れる適切な字句を答えよ。

設問 2　〔回転操作を利用した平衡 2 分探索木の構成〕について答えよ。

(1)　図 7 中の ウ ～ カ に入れる適切な字句を答えよ。

(2)　図 1 の 2 分探索木の根を参照する変数を r としたとき，次の処理を行うことで生成される 2 分探索木を図示せよ。2 分探索木は図 1 に倣って表現すること。

insertB(insertB(r, 4), 8)

(3)　本文中の キ に入れる適切な字句を答えよ。なお，図 7 中の関数 height の処理時間は無視できるものとする。

問4　システム統合の方式設計に関する次の記述を読んで，設問に答えよ。

C 社と D 社は中堅の家具製造販売業者である。市場シェアの拡大と利益率の向上を図るために，両社は合併することになった。存続会社は C 社とするものの，対等な立場での合併である。合併に伴う基幹システムの統合は，段階的に進める方針である。将来的には基幹システムを全面的に刷新して業務の統合を図っていく構想ではあるが，より早期に合併の効果を出すために，両社の既存システムを極力活用して，業務への影響を必要最小限に抑えることにした。

〔合併前の C 社の基幹システム〕

C 社は全国のショッピングセンターを顧客とする販売網を構築しており，安価な価格帯の家具を量産・販売している。生産方式は見込み生産方式である。生産した商品は在庫として倉庫に入庫する。受注は，顧客のシステムと連携した EDI を用いて，日次で処理している。受注した商品は，在庫システムで引き当てた上で，配送システムが配送伝票を作成し，配送業者に配送を委託する。月初めに，顧客のシステムと連携した EDI で，前月納品分の代金を請求している。

合併前の C 社の基幹システム（抜粋）を表 1 に示す。

表 1　合併前の C 社の基幹システム（抜粋）

システム名	主な機能	主なマスタデータ	システム間連携			システム構成
			連携先システム	連携する情報	連携頻度	
販売システム	・受注（EDI） ・販売実績管理（月次） ・請求（EDI） ・売上計上	・顧客マスタ	会計システム	売上情報	日次	オンプレミス（ホスト系）
			生産システム	受注情報	日次	
生産システム	・生産計画作成（日次） ・原材料・仕掛品管理 ・作業管理 ・生産実績管理（日次）	・品目マスタ ・構成マスタ ・工程マスタ	会計システム	原価情報	日次	オンプレミス（オープン系）
			購買システム	購買指示情報	日次	
			在庫システム	入出庫情報	日次	
購買システム	・発注 ・買掛管理 ・購買先管理	・購買先マスタ	会計システム	買掛情報	月次	オンプレミス（オープン系）
在庫システム	・入出庫管理 ・在庫数量管理	・倉庫マスタ	生産システム	在庫状況情報	日次	オンプレミス（オープン系）
			配送システム	出荷指示情報	日次	

表1　合併前のC社の基幹システム（抜粋）（続き）

システム名	主な機能	主なマスタデータ	システム間連携			システム構成
			連携先システム	連携する情報	連携頻度	
配送システム	・配送伝票作成 ・配送先管理	・配送区分マスタ	販売システム	出荷情報	日次	オンプレミス（オープン系）
			会計システム	配送経費情報	月次	
会計システム	・原価計算 ・一般財務会計処理 ・支払（振込，手形）	・勘定科目マスタ	（省略）			クラウドサービス（SaaS）

〔合併前のD社の基幹システム〕

D社は大手百貨店やハウスメーカーのインテリア展示場にショールームを兼ねた販売店舗を設けており，個々の顧客のニーズに合ったセミオーダーメイドの家具を製造・販売している。生産方式は受注に基づく個別生産方式であり，商品の在庫はもたない。顧客の要望に基づいて家具の価格を見積もった上で，見積内容の合意後に電子メールやファックスで注文を受け付け，従業員が端末で受注情報を入力する。受注した商品を生産後，販売システムを用いて請求書を作成し，商品に同梱する。また，配送システムを用いて配送伝票を作成し，配送業者に配送を委託する。

合併前のD社の基幹システム（抜粋）を表2に示す。

表2　合併前のD社の基幹システム（抜粋）

システム名	主な機能	主なマスタデータ	システム間連携			システム構成
			連携先システム	連携する情報	連携頻度	
販売システム	・見積 ・受注（手入力） ・請求（請求書発行） ・売上計上	・顧客マスタ	会計システム	売上情報	日次	オンプレミス（オープン系）
			生産システム	受注情報	週次	
生産システム	・生産計画作成（週次） ・原材料・仕掛品管理 ・作業管理 ・生産実績管理（週次）	・品目マスタ ・構成マスタ ・工程マスタ	会計システム	原価情報	週次	オンプレミス（オープン系）
			購買システム	購買指示情報	週次	
			配送システム	出荷指示情報	週次	
購買システム	・発注 ・買掛管理 ・購買先管理	・購買先マスタ	会計システム	買掛情報	月次	オンプレミス（オープン系）
配送システム	・配送伝票作成 ・配送先管理	・配送区分マスタ	販売システム	出荷情報	日次	オンプレミス（オープン系）
			会計システム	配送経費情報	月次	
会計システム	・原価計算 ・一般財務会計処理 ・支払（振込）	・勘定科目マスタ	（省略）			オンプレミス（ホスト系）

〔合併後のシステムの方針〕

直近のシステム統合に向けて，次の方針を策定した。

・重複するシステムのうち，販売システム，購買システム，配送システム及び会計システムは，両社どちらかのシステムを廃止し，もう一方のシステムを継続利用する。

・両社の生産方式は合併後も変更しないので，両社の生産システムを存続させた上で，極力修正を加えずに継続利用する。

・在庫システムは，C 社のシステムを存続させた上で，極力修正を加えずに継続利用する。

・今後の保守の容易性やコストを考慮し，汎用機を用いたホスト系システムは廃止する。

・①廃止するシステムの固有の機能については，処理の仕様を変更せず，継続利用するシステムに移植する。

・両社のシステム間で新たな連携が必要となる場合は，インタフェースを新たに開発する。

・マスタデータについては，継続利用するシステムで用いているコード体系に統一する。重複するデータについては，重複を除いた上で，継続利用するシステム側のマスタへ集約する。

〔合併後のシステムアーキテクチャ〕

合併後のシステムの方針に従ってシステムアーキテクチャを整理した。合併後のシステム間連携（一部省略）を図 1 に，新たなシステム間連携の一覧を表 3 に示す。

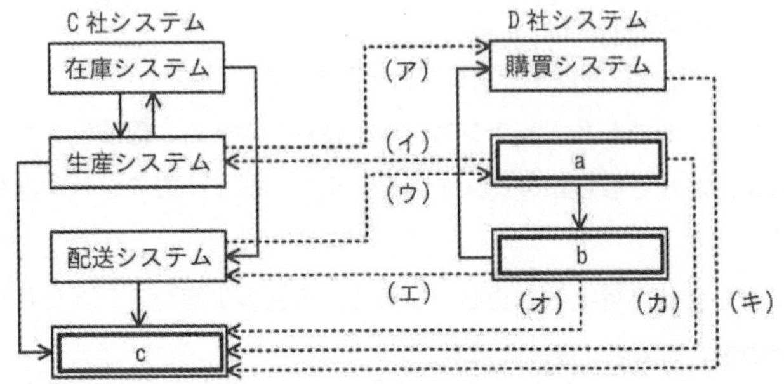

凡例　⟶：既存のシステム間連携　┈┈>：新たなシステム間連携
注記　記号（ア）～（キ）は表3の記号と対応している。

図1　合併後のシステム間連携（一部省略）

表3　新たなシステム間連携の一覧

記号	連携元システム	連携先システム	連携する情報	連携頻度
（ア）	C社の生産システム	D社の購買システム	購買指示情報	日次
（イ）	D社の［a］	C社の生産システム	受注情報	日次
（ウ）	C社の配送システム	D社の［a］	［d］	日次
（エ）	D社の［b］	C社の配送システム	出荷指示情報	週次
（オ）	D社の［b］	C社の［c］	原価情報	［e］
（カ）	D社の［a］	C社の［c］	［f］	日次
（キ）	D社の購買システム	C社の［c］	買掛情報	［g］

〔合併後のシステムアーキテクチャのレビュー〕

合併後のシステムアーキテクチャについて，両社の有識者を集めてレビューを実施したところ，次の指摘事項が挙がった。

・②C社の会計システムがSaaSを用いていることから，インタフェースがD社の各システムからデータを受け取り得る仕様を備えていることをあらかじめ調査すること。

指摘事項に対応して，問題がないことを確認し，方式設計を完了した。

設問１ 〔合併後のシステムアーキテクチャ〕について答えよ。

(1) 図１及び表３中の [a] ～ [c] に入れる適切な字句を答えよ。

(2) 表３中の [d] ～ [g] に入れる適切な字句を答えよ。

設問２ 本文中の下線①について答えよ。

(1) 移植先は，どちらの会社のどのシステムか。会社名とシステム名を答えよ。

(2) 移植する機能を，表１及び表２の主な機能の列に記載されている用語を用いて全て答えよ。

設問３ 本文中の下線②の指摘事項が挙がった適切な理由を，オンプレミスのシステムとの違いの観点から40字以内で答えよ。

問5　メールサーバの構築に関する次の記述を読んで，設問に答えよ。

L 社は，複数の衣料品ブランドを手がけるアパレル会社である。L 社では，顧客層を拡大するために，新しい衣料品ブランド（以下，新ブランドという）を立ち上げることにした。新ブランドの立ち上げに向けて，L 社の社員 20 名で構成するプロジェクトチームを結成し，都内のオフィスビルにプロジェクトルームを新設した。新ブランドの知名度向上のために新ブランド用 Web サイトと新ブランド用メールアドレスを利用した電子メール（以下，メールという）による広報を計画しており，プロジェクトチームの M さんが，Web サーバ機能とメールサーバ機能を有する広報サーバを構築することになった。

〔プロジェクトルームのネットワーク設計〕

M さんは，新ブランドのプロジェクトチームのメンバーが各メンバーに配布された PC（以下，広報 PC という）を利用して，新ブランド用 Web サイトの更新や，新ブランド用メールアドレスによるメールの送受信を行う設計を考えた。M さんが考えたネットワーク構成（抜粋）を図 1 に示す。

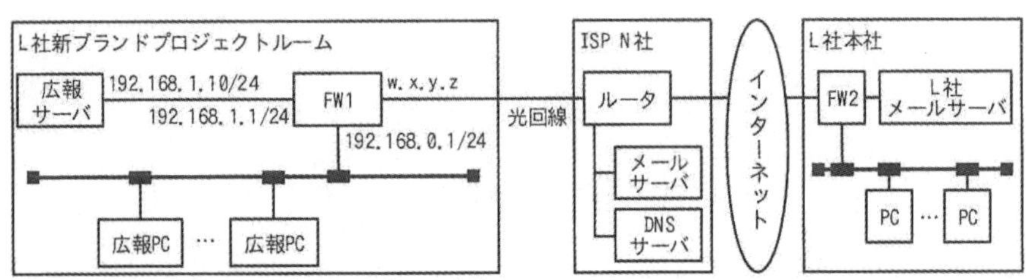

注記 1　w.x.y.z はグローバル IP アドレスを示す。
注記 2　FW はファイアウォールを示す。

図 1　ネットワーク構成（抜粋）

M さんが考えたネットワーク構成は次のとおりである。

・プロジェクトルーム内に広報サーバを設置し，FW1 に接続する。
・インターネット接続は，ISP　N 社のサービスを利用し，N 社と FW1 とを光回線で接続する。

・広報サーバのメールサーバ機能は，SMTP（Simple Mail Transfer Protocol）によるメール送信機能と POP（Post Office Protocol）によるメール受信機能の二つの機能を実装する。

・FW1 に NAPT（Network Address Port Translation）の設定と，インターネット上の機器から広報サーバにメールと Web の通信だけができるように，インターネットから FW1 宛てに送信された IP パケットのうち，[a] ポート番号が 25，80，又は [b] の IP パケットだけを，広報サーバの IP アドレスに転送する設定を行う。

N 社のインターネット接続サービスでは，N 社の DNS サーバを利用した名前解決の機能と，N 社のメールサーバを中継サーバとして N 社のネットワーク外へメールを転送する機能が提供されている。

〔新ブランドのドメイン名取得と DNS の設計〕

新ブランドのドメイン名として“example.jp”を取得し，広報サーバを Web サーバとメールサーバとして利用できるように，N 社の DNS サーバにホスト名や IP アドレスなどのゾーン情報を設定することを考えた。DNS サーバに設定するゾーン情報（抜粋）を図２に示す。

```
@ORIGIN  example.jp.   $TTL 86400  IN  SOA  ns.example.jp.  ※省略
                       IN NS            ※省略
                       IN MX            10 [  c  ].example.jp.
www.example.jp.        IN CNAME         serv.example.jp.
serv.example.jp.       IN A             [  d  ]
```

図２　DNS サーバに設定するゾーン情報（抜粋）

〔メール送受信のテスト〕

M さんの設計が承認され，ネットワークの工事及び広報サーバの設定が完了した。新ブランドのメール受信のテストのために，M さんは，L 社本社の PC を用いて L 社の自分のメールアドレスから新ブランドの自分のメールアドレスである syainM@example.jp へメールを送信し，エラーなくメールが送信できることを確認した。次に，新ブランドプロジェクトルームの広報 PC のメールソフトウェアに受信メールサーバとして serv.example.jp，POP3 のポート番号として 110 番ポートを設定し，メール受信のテストを行った。しかし，メールソフトウェアのメール受信ボタンを押してもエラーが発生し，メールを受信できなかった。広報サーバのログを確認したところ，広報 PC からのアクセスはログに記録されていなかった。

M さんは，設定の誤りに気づき，①メールの受信エラーの問題を修正してメールが受信できることを確認した後に，広報 PC からメール送信のテストを行った。テストの結果，新ブランドの管理者のメールアドレスである kanriD@example.jp から syainM@example.jp 宛てのメールは届いたが，kanriD@example.jp からインターネット上の他ドメインのメールアドレス宛てのメールは届かなかった。広報サーバのログを確認したところ，N 社のネットワークを経由した宛先ドメインのメールサーバへの TCP コネクションの確立に失敗したことを示すメッセージが記録されていた。

調査の結果，他ドメインのメールアドレス宛てのメールが届かなかった事象は，N 社の② OP25B (Outbound Port 25 Blocking) と呼ばれる対策によるものであることが分かった。OP25B は，N 社からインターネット宛てに送信される宛先ポート番号が 25 の IP パケットのうち，N 社のメールサーバ以外から送信された IP パケットを遮断する対策である。このセキュリティ対策に対応するため，③広報サーバに必要な設定を行い，インターネット上の他ドメインのメールアドレス宛てのメールも届くことを確認した。

〔メールサーバのセキュリティ対策〕

広報サーバが大量のメールを送信する踏み台サーバとして不正利用されないために，メールの送信を許可する接続元のネットワークアドレスとして［ e ］/24 を広報サーバに設定する対策を行った。また，プロジェクトチームのメンバーのメールアドレスとパスワードを利用して，広報 PC からメール送信時に広報サーバで SMTP 認証を行う設定を追加した。

その後，M さんは広報サーバとネットワークの構築を完了させ，L 社は新ブランドの広報を開始した。

設問１　本文中の［　a　］，［　b　］に入れる適切な字句を解答群の中から選び，記号で答えよ。

解答群

ア　21	イ　22	ウ　23
エ　443	オ　宛先	カ　送信元

設問２　図２中の［　c　］，［　d　］に入れる適切な字句を，図１及び図２中の字句を用いて答えよ。

設問３　〔メール送受信のテスト〕について答えよ。

(1)　本文中の下線①について，エラーの問題を修正するために変更したメールソフトウェアの設定項目を 15 字以内で答えよ。また，変更後の設定内容を図1，図２中の字句を用いて答えよ。

(2)　本文中の下線②について，OP25B によって軽減できるサイバーセキュリティ上の脅威は何か，最も適切なものを解答群の中から選び，記号で答えよ。

解答群

ア　広報 PC が第三者の Web サービスへの DDoS 攻撃の踏み台にされる。

イ　広報 PC に外部からアクセス可能なバックドアを仕掛けられる。

ウ　広報サーバが受信したメールを不正に参照される。

エ　スパムメールの送信に広報サーバが利用される。

(3)　本文中の下線③について，広報サーバに行う設定を，図 1 中の機器名を用いて 35 字以内で答えよ。

設問４　本文中の［　e　］に入れる適切なネットワークアドレスを答えよ。

問6　在庫管理システムに関する次の記述を読んで，設問に答えよ。

M 社は，ネットショップで日用雑貨の販売を行う企業である。M 社では，在庫管理について次の課題を抱えている。

・在庫が足りない商品の注文を受けることができず，機会損失につながっている。
・商品の仕入れの間隔や個数を調整する管理サイクルが長く，余計な在庫を抱える傾向にある。

〔現状の在庫管理〕

現在，在庫管理を次のように行っている。

・商品の注文を受けた段階で，出荷先に最も近い倉庫を見つけて，その倉庫の在庫から注文個数を引き当てる。この引き当てられた注文個数を引当済数という。各倉庫において，引き当てられた各商品単位の個数の総計を引当済総数という。
・実在庫数から引当済総数を引いたものを在庫数といい，在庫数以下の注文個数の場合だけ注文を受け付ける。
・商品が倉庫に入荷すると，入荷した商品の個数を実在庫数に足し込む。
・倉庫から商品を出荷すると，出荷個数を実在庫数から引くとともに引当済総数からも引くことで，引き当ての消し込みを行う。

M 社では，月末の月次バッチ処理で毎月の締めの在庫数と売上個数を記録した分析用の表を用いて，商品ごとの在庫数と売上個数の推移を評価している。

また，期末に商品の在庫回転日数を集計して，来期の仕入れの間隔や個数を調整している。

M 社では，商品の在庫回転日数を，簡易的に次の式で計算している。

在庫回転日数 ＝ 期間内の平均在庫数×期間内の日数÷期間内の売上個数

在庫回転日数の計算において，現状では，期間内の平均在庫数として 12 か月分の締めの在庫数の平均値を使用している。

現状の在庫管理システムの E-R 図（抜粋）を図 1 に示す。

在庫管理システムのデータベースでは，E-R 図のエンティティ名を表名にし，属性名を列名にして，適切なデータ型で表定義した関係データベースによって，データを管理している。

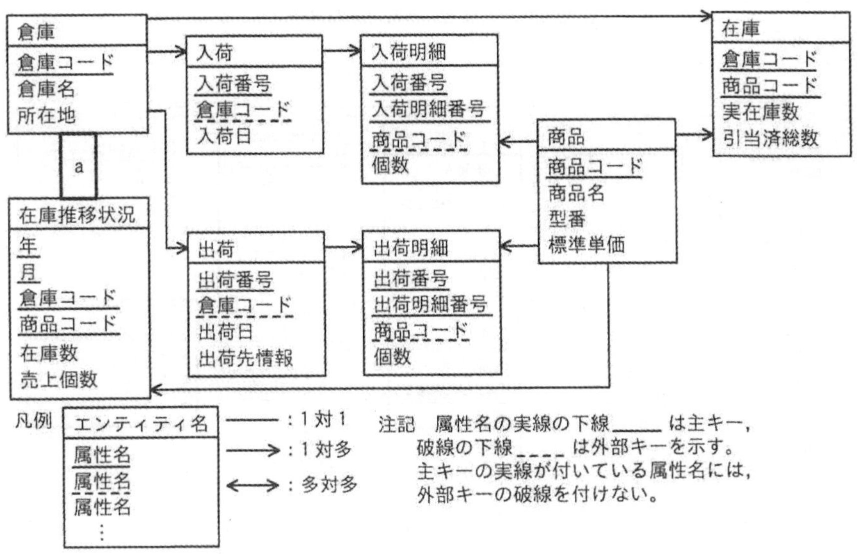

図１ 現状の在庫管理システムの E-R 図（抜粋）

〔在庫管理システム改修内容〕

課題を解決するために，在庫管理システムに次の改修を行うことにした。

・在庫数が足りない場合は，在庫からは引き当てず，予約注文として受け付ける。なお，予約注文ごとに商品を発注することで，注文を受けた商品の個数が入荷される。
・商品の仕入れの間隔や個数を調整する管理サイクルを短くするために，在庫の評価を月次から日次の処理に変更して，毎日の締めの在庫数と売上個数を在庫推移状況エンティティに記録する。

現状では，在庫数が足りない商品の予約注文を受けようとしても，在庫引当を行うと実在庫数より引当済総数の方が多くなってしまい，注文に応えられない。そこで，予約注文の在庫引当を商品の入荷のタイミングにずらすために，E-R 図に予約注文用の二つのエンティティを追加することにした。追加するエンティティを表１に，改修後の在庫管理システムのE-R図（抜粋）を図2に示す。

表1　追加するエンティティ

エンティティ名	内容
引当情報	予約注文を受けた商品の個数と入荷済となった商品の個数を管理する。
引当予定	予約注文を受けた商品の，未入荷の引当済数の総計を管理する。

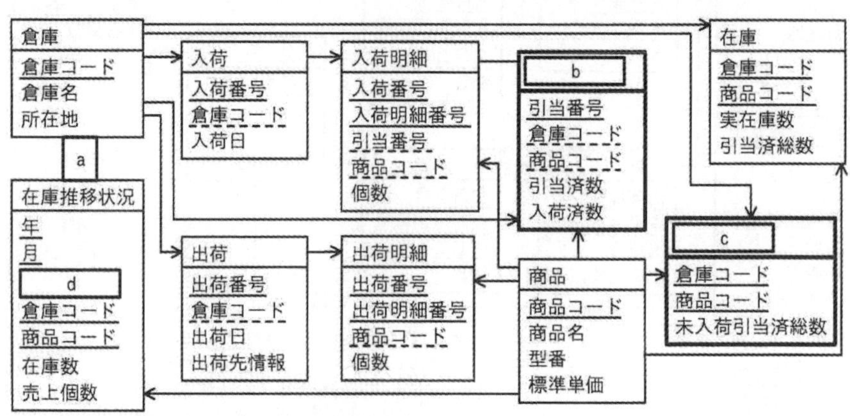

注記　新規に追加したエンティティは太枠で表す。

図2　改修後の在庫管理システムのE-R図（抜粋）

在庫管理システムにおける予約注文を受けた商品の個数に関する処理内容を表2に示す。

表2　在庫管理システムにおける予約注文を受けた商品の個数に関する処理内容

処理タイミング	処理内容
予約注文を受けたとき	引当情報エンティティのインスタンスを生成して，引当済数には注文を受けた商品の個数を，入荷済数には0を設定する。 引当予定エンティティの未入荷引当済総数に注文を受けた商品の個数を足す。
予約注文された商品が入荷したとき	[e] エンティティの未入荷引当済総数から入荷した商品の個数を引く。 [f] エンティティの実在庫数と引当済総数に入荷した商品の個数を足す。 入荷した商品の個数を [g] エンティティの個数に設定し，引当情報エンティティの [h] に足す。
予約注文された商品を出荷したとき	出荷した商品の個数を出荷明細エンティティの個数に設定し，在庫エンティティの商品の実在庫数及び引当済総数から引く。

〔在庫の評価〕

より正確かつ迅速に在庫回転日数を把握するために，在庫推移状況エンティティから，期間を 1 週間（7 日間）として，倉庫コード，商品コードごとに，各年月日の 6 日前から当日までの平均在庫数及び売上個数で在庫回転日数を集計することにする。

可読性を良くするために，SQL 文にはウィンドウ関数を使用することにする。

ウィンドウ関数を使うと，FROM 句で指定した表の各行ごとに集計が可能であり，各行ごとに集計期間が異なるような移動平均も簡単に求めることができる。ウィンドウ関数で使用する構文（抜粋）を図 3 に示す。

```
<ウィンドウ関数>::=
  <ウィンドウ関数名>(<列>) OVER {<ウィンドウ名> | (<ウィンドウ指定>)}

<WINDOW 句>::=
  WINDOW <ウィンドウ名> AS (<ウィンドウ指定>) [{, <ウィンドウ名> AS (<ウィンドウ指定>)}...]

<ウィンドウ指定>::=
    [<PARTITION BY 句>] [<ORDER BY 句>] [<ウィンドウ枠>]

<PARTITION BY 句>::=
    PARTITION BY <列> [{, <列>}...]
```

注記 1　OVER の後に(<ウィンドウ指定>)を記載する代わりに，WINDOW 句で名前を付けて，<ウィンドウ名>で参照することができる。
注記 2　PARTITION BY 句は指定した列の値ごとに同じ値をもつ行を部分集合としてパーティションにまとめるオプションである。
注記 3　ウィンドウ枠の例として，ROWS BETWEEN n PRECEDING AND CURRENT ROW と記載した場合は，n 行前(n PRECEDING)から現在行(CURRENT ROW)までの範囲を対象として集計することを意味する。
注記 4　...は，省略符号を表し，式中で使用される要素を任意の回数繰り返してもよいことを示す。

図 3　ウィンドウ関数で使用する構文（抜粋）

ウィンドウ関数を用いて，倉庫コード，商品コードごとに，各年月日の 6 日前から当日までの平均在庫数及び売上個数を集計する SQL 文を図 4 に示す。

```
SELECT 年, 月, 日, 倉庫コード, 商品コード,
       AVG(在庫数) [   i   ] 期間定義 AS 平均在庫数,
       SUM(売上個数) [   i   ] 期間定義 AS 期間内売上個数
  FROM 在庫推移状況
  WINDOW 期間定義 AS (
                      PARTITION BY 倉庫コード, 商品コード
                      [   j   ] 年, 月, 日 ASC
                      ROWS BETWEEN 6 PRECEDING AND CURRENT ROW
                    )
```

図 4　倉庫コード，商品コードごとに，各年月日の 6 日前から当日までの平均在庫数及び売上個数を集計する SQL 文

設問 1　図 1 及び図 2 中の [a] に入れる適切なエンティティ間の関連を答え，E-R 図を完成させよ。なお，エンティティ間の関連の表記は図 1 の凡例に倣うこと。

設問 2　〔在庫管理システム改修内容〕について答えよ。

(1)　図 2 中の [b]，[c] に入れる適切なエンティティ名を表 1 中のエンティティ名を用いて答えよ。

(2)　図 2 中の [d] に入れる，在庫推移状況エンティティに追加すべき適切な属性名を答えよ。なお，属性名の表記は図 1 の凡例に倣うこと。

(3)　表 2 中の [e] ～ [h] に入れる適切な字句を答えよ。

設問 3　図 4 中の [i]，[j] に入れる適切な字句を答えよ。

問７　トマトの自動収穫を行うロボットに関する次の記述を読んで，設問に答えよ。

G 社は，温室で栽培されているトマトの自動収穫を行うロボット（以下，収穫ロボットという）を開発している。収穫ロボットの外観を図 1 に，収穫ロボットのシステム構成を図 2 に，収穫ロボットの主な構成要素を表 1 に，収穫ロボットの状態遷移の一部を図 3 に示す。

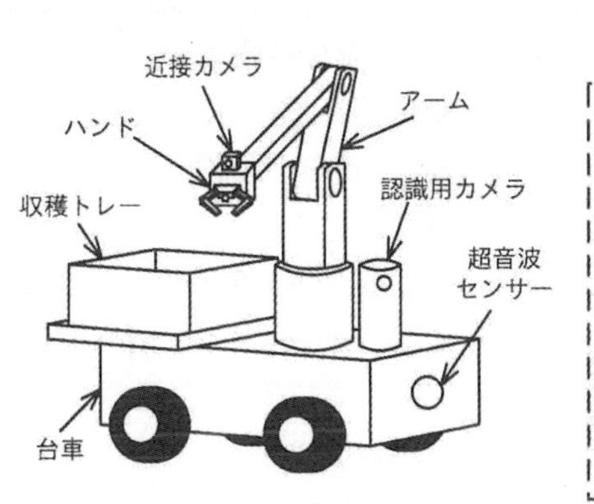

図１　収穫ロボットの外観

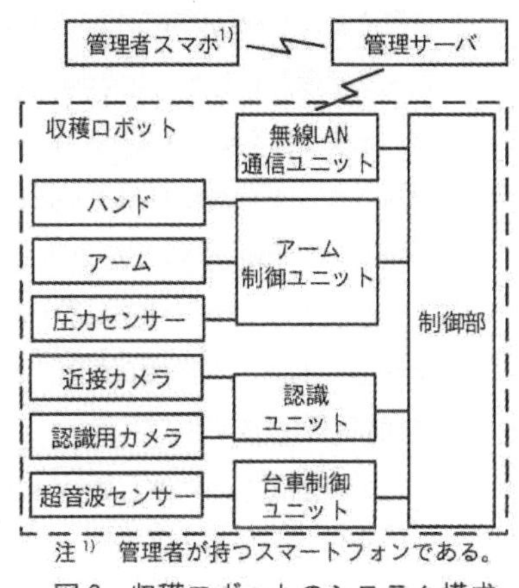

注 1)　管理者が持つスマートフォンである。

図２　収穫ロボットのシステム構成

表１　収穫ロボットの主な構成要素

構成要素名	機能概要
制御部	・収穫ロボット全体を制御する。
アーム制御ユニット	・アームとハンドによる収穫動作を制御する。
認識ユニット	・認識用カメラで撮影した画像を処理する。 ・近接カメラで撮影した画像を処理する。
台車制御ユニット	・台車の走行を制御する。 ・超音波センサーの検知結果を処理する。
無線 LAN 通信ユニット	・制御部と管理サーバとの通信を制御する。

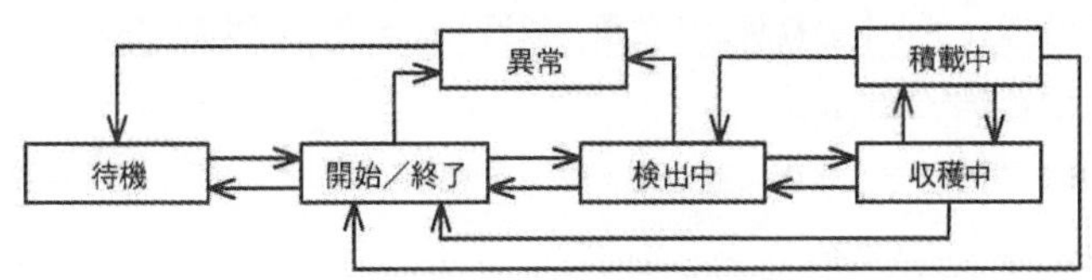

図３　収穫ロボットの状態遷移の一部

〔収穫ロボットの動作概要〕

収穫ロボットの動作概要を次に示す。

・収穫ロボットは，管理者スマホから管理サーバを介して収穫開始の指示を受けると，状態を待機状態から開始／終了状態に遷移させ，あらかじめ管理サーバから設定された経路（待機位置→収穫開始位置→収穫終了位置→待機位置）に沿って温室内を50cm／秒の速度で移動を開始する。
・待機位置から収穫開始位置まで移動すると，状態を検出中状態に遷移させ，認識用カメラで撮影したトマトの画像の解析を行いながら移動を続ける。収穫に適したトマトを検出すると，移動を停止して状態を収穫中状態に遷移させ，収穫を行う。
・認識ユニットの解析結果から，ハンドを収穫対象のトマトに近づけ，近接カメラで撮影した画像でハンドの位置を補正して収穫を行う。
・ハンドには圧力センサーが取り付けられており，トマトを傷つけないように把持（はじ）できる。トマトを把持した後，ハンドの先端にあるカッターでトマトの柄の部分を切断して収穫する。
・トマトを柄から切り離して把持できた場合，収穫成功と判断し，状態を積載中状態に遷移させ，収穫したトマトを近接カメラで撮影した画像から判定した収穫トレーの空き領域に載せる。
・トマトを収穫トレーに載せた後，更に収穫に適したトマトが残っており，かつ，収穫トレーに空き領域が残っていれば，状態を積載中状態から収穫中状態に遷移させ，検出している全てのトマトを収穫するか収穫トレーの空き領域がなくなるまで収穫動作を繰り返す。
・トマトを柄から切り離すことができなかった場合や切り離した後にハンドから落とした場合などは収穫失敗と判断し，収穫中状態のまま，検出している次のトマトの収穫を行う。
・検出している全てのトマトに対して収穫動作を終えると，収穫を終えたときの状態と収穫ロボットの経路上の位置，収穫トレーの空き領域の状況から次の状態遷移先と動作を決定する。
・収穫終了位置で，収穫に適したトマトを検出していない場合は，収穫を終了し，待機位置へ移動する。
・収穫ロボットは動作状況や収穫状況などの情報を定期的に管理サーバに送信する。

・管理者は管理者スマホを使用して管理サーバに保管されている情報を参照することができる。
・収穫ロボットが移動中に，台車の先頭に取り付けられた超音波センサーが，進路上 1m 以内の距離にある障害物を検知すると移動を停止し，状態を異常状態に遷移させ，管理サーバを介して管理者スマホに警告メッセージを送信する。

〔アームの関節部について〕

アームには，軸 1，軸 2，軸 3 の三つの回転軸があり，それぞれの回転軸にはサーボモーターが使用されている。サーボモーターは PWM 方式で，入力する制御パルスのデューティ比によって回転する角度を制御する。

サーボモーターの仕様を表 2 に，各サーボモーターの制御角とアームの可動範囲を図 4 に示す。サーボモーターは，制御パルス幅 1.0 ミリ秒の場合，制御角が-90 度（反時計回りに 90 度）に，制御パルス幅 11.0 ミリ秒の場合，制御角が 90 度（時計回りに 90 度）になるように回転する。

表 2　サーボモーターの仕様

項目	仕様
PWM サイクル	20 ミリ秒
制御パルス幅	1.0 ミリ秒～11.0 ミリ秒
制御角	-90 度～90 度

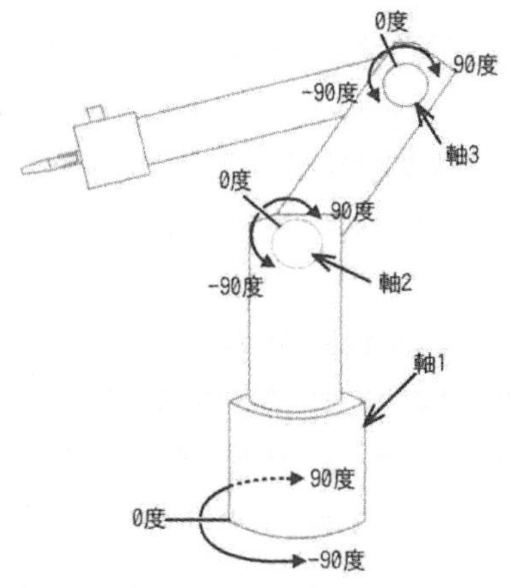

図 4　各サーボモーターの制御角とアームの可動範囲

〔制御部のソフトウェア構成について〕

収穫ロボットの制御部では，リアルタイム OS を使用する。制御部の主なタスクの処理概要を表 3 に示す。

表 3　制御部の主なタスクの処理概要

タスク名	処理概要
メイン	・収穫ロボットの状態管理を行う。
アーム制御	・認識タスクからの情報を用いてアームとハンドを制御し，収穫対象のトマトを収穫する。 ・トマト収穫の成否をメインタスクに通知する。 ・認識タスクからの情報を用いてアームとハンドを制御し，収穫したトマトを収穫トレーの空き領域に載せる。
認識	・認識用カメラで撮影したトマトの画像を解析し，収穫に適したトマトを判定する。 ・収穫に適したトマトを検出したことをメインタスクに通知する。 ・収穫に適したトマトのうち 1 個を収穫するために必要な情報を，認識用カメラと近接カメラで撮影したトマトの画像から求め，アーム制御タスクに通知する。 ・近接カメラで撮影した収穫トレーの画像から収穫トレーの空き領域の情報をアーム制御タスクと［ a ］タスクに通知する。
台車制御	・メインタスクの指示に従って台車の走行制御を行う。 ・超音波センサーの検知結果に従って台車を停止させ，メインタスクに異常を通知する。
無線 LAN 通信	・管理サーバを介して受信した管理者スマホからの指示をメインタスクに通知する。 ・メインタスクの指示に従って収穫ロボットの動作状況を管理サーバに通知する。

設問 1　収穫ロボットの状態遷移について答えよ。

(1) 収穫終了位置まで移動したときに開始／終了状態への状態遷移が発生するのはどのような場合か。25 字以内で答えよ。

(2) 収穫終了位置で，収穫に適した 2 個のトマトを検出した。2 個目のトマトの把持に失敗したとき，1 個目のトマトの収穫を開始した時点から 2 個目のトマトの把持に失敗して次の動作に移るまでの状態遷移として，適切なものを解答群の中から選び記号で答えよ。

解答群

ア　収穫中状態→積載中状態→開始／終了状態

イ　収穫中状態→積載中状態→収穫中状態→開始／終了状態

ウ　収穫中状態→積載中状態→収穫中状態→積載中状態→開始／終了状態

エ　収穫中状態→積載中状態→収穫中状態→積載中状態→収穫中状態→開始／終了状態

設問２　制御部のタスクについて答えよ。

(1) 認識タスクから収穫トレーの空き領域の情報を受け取ったとき，メインタスクが開始／終了状態へ遷移する条件を 20 字以内で答えよ。

(2) 認識タスクがメインタスクに収穫に適したトマトを検出したことを通知するときに合わせて通知する必要がある情報を答えよ。

(3) 表３中の［　a　］に入れるタスク名を，表３中のタスク名で答えよ。

設問３　アームの制御について，アームの各関節部の軸に制御パルスが図 5 のように入力された場合，アームはどのような姿勢に変化するか。解答群の中から選び記号で答えよ。

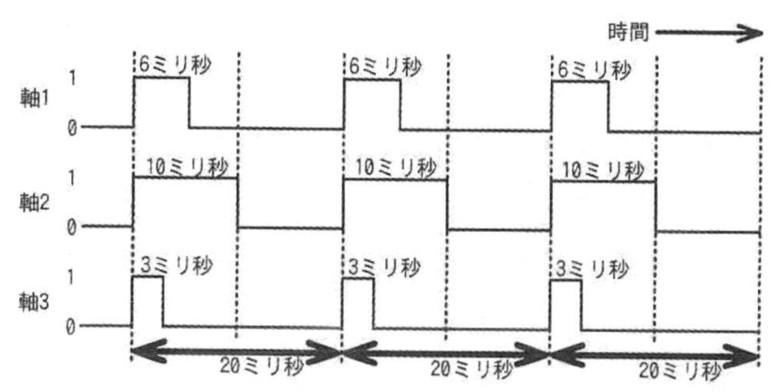

図５　サーボモーターへの入力制御パルス

解答群

ア　軸１が-54 度，軸２が５度，軸３が-72 度変化した姿勢

イ　軸１が０度，軸２が-54 度，軸３が 72 度変化した姿勢

ウ　軸１が０度，軸２が 72 度，軸３が-54 度変化した姿勢

エ　軸１が５度，軸２が-54 度，軸３が 72 度変化した姿勢

設問４　障害物の検知について，収穫ロボットが直進中に，超音波センサーが正面の障害物を検知して，移動を停止したとき，超音波センサーが超音波を出力してから検知に掛かった時間は最大何ミリ秒か。超音波が反射して戻ってくるまでに収穫ロボットが移動する距離を考慮して答えよ。ここで，音速は 340m／秒とし，障害物は検知した位置から動かず，ソフトウェアの処理時間は考えないものとする。答えは小数第３位を切り上げ，小数第２位まで求めよ。

問8　スレッド処理に関する次の記述を読んで，設問に答えよ。

B 社は，首都圏に約 50 店の美容室を運営する美容室チェーンである。B 社では顧客に顧客カードを発行し，B 社の全店舗で顧客カードを持参した顧客に割引価格でサービスを提供している。近年，テレワークなどで外出機会が減ったことによって，顧客の来店回数が減少しており，売上げが減少傾向にある。

そこで B 社では，顧客に美容室に来てもらうために販売促進活動を行うことにした。この販売促進活動の一つとして，スマートフォン向けサービス（以下，新サービスという）を提供することにした。この新サービスの開発は，B 社の Web サイトの構築経験がある情報システム担当の C さんが担当することになった。

〔新サービスの機能〕

C さんは新サービスの開発に向けて，全店舗の店長から“顧客にもっと来店してもらうためのアイディア”を募った。集まったアイディアを基に C さんが考えた新サービスのトップ画面と四つの機能を図 1 に示す。

B 社美容室

顧客番号：99999999
○○　○○様

ご来店　　：20XX年XX月XX日
担当美容師：○○　○○

来店予約	お知らせ
クーポン	おすすめの髪型

機能	機能説明
来店予約	店名，日付，希望美容師，希望コース（カット，パーマなど）を指定して予約可能時間を検索し，来店予約を行う機能と予約情報を確認，変更する機能。
お知らせ	キャンペーン，新商品の入荷などの情報を知らせる機能。
クーポン	クーポンを配付する機能。
おすすめの髪型	スマートフォンのカメラで撮影した顧客の顔の特徴情報を基に，顧客ごとに似合う髪型を提案する機能。

図 1　新サービスのトップ画面と四つの機能

〔新サービスを提供するアプリケーションソフトウェア〕

次に C さんは，新サービスを提供するためのアプリケーションソフトウェア（以下，アプリケーションという）について調査した。その結果，アプリケーションの代表的な種類には，[a] と [b] があることが分かった。[a] は，サーバで HTML を生成してスマートフォンに送信する。スマートフォンの OS の差異を考慮した開発は不要だが，カメラやGPSなどのデバイスの利用が一部制限される。一方［ b ］は，それ自体をスマートフォンにインストールして実行するもの（以下，スマホアプリという）である。OS の差異を考慮した開発が必要であるが，カメラやGPS などのデバイスを制限なく利用できる。この調査結果から C さんは，新サービスは［ b ］として開発することを提案し，上司の承認を得た。

〔トップ画面の開発〕

次に C さんは，Java 言語を用いてスマホアプリのトップ画面の開発に着手した。トップ画面を実装し，画面の描画処理の中で，顧客番号に関連付けられた顧客氏名，来店日付，担当美容師氏名の情報をサーバから取得して画面に表示する処理を行うようにした。しかし，このスマホアプリを実行したところ並行処理に関するエラー（例外）が発生し，スマホアプリの実行が中断された。

このエラーの原因を究明するために，スマートフォン上で動作するGUI アプリケーションにおける並行処理を行う仕組みに関して調査を行った。スマートフォンの OS 上で処理を実行するための仕組みとして［ c ］と［ d ］とがある。［ c ］は，独立したメモリ空間を割り当てて実行されるものであり，多くの場合アプリケーションの実行単位ごとに一つの［ c ］で実行される。一方［ d ］は，一つのメモリ空間を共有しながら実行されるもので，一つの［ c ］の中で，複数の［ d ］を実行することができる。

GUI アプリケーションの開発では，画面描画，画面操作などの画面ユーザーインタフェースに関する処理を行うメインスレッドと，メインスレッドと並行して比較的処理時間が長い処理を行う①バックグラウンドスレッド（以下，ワーカースレッドという）とを分けて実装する必要がある。また，ワーカースレッドによる画面ユーザーインタフェースに関する処理は禁止されていることが分かった。

そこで，トップ画面の処理をメインスレッドとワーカースレッドとに分けて実装することにし，トップ画面を完成させた。

〔おすすめの髪型機能の開発〕

次にCさんは，おすすめの髪型機能の開発に着手した。おすすめの髪型機能の実現に必要な処理を表１に示す。なお，表１中の開始条件とは当該処理の実行を開始するために必要な条件であり，処理時間は当該処理の実行に必要なスマートフォン内の計算時間と標準的な通信時間の合計時間である。

表1　おすすめの髪型機能の実現に必要な処理

処理名	処理内容	開始条件	処理時間（ミリ秒）
処理1	スマートフォンのカメラデバイスから取得したカメラ映像を画面に表示して，顧客が撮影ボタンを押した時点の画像を顔写真として保存する。	なし	100
処理2	画面に“処理中”のメッセージを表示する。	処理1の完了	10
処理3	処理1で保存した顔写真から顔の特徴点を抽出する。	処理1の完了	100
処理4	処理1で保存した顔写真から毛髪部分を削除する画像処理を行う。	処理3の完了	150
処理5	処理3で抽出した特徴点をサーバに送信し，おすすめの髪型の画像を取得する。	処理3の完了	200
処理6	処理4の結果画像と処理5の画像を合成する。	処理4，処理5の完了	50
処理7	処理6で合成した写真を画面に表示する。	処理6の完了	10

表1の七つの処理を行うために，②メインスレッドと二つのワーカースレッドを作成して処理を行うプログラムを実装した。処理4と処理5は並行に実行できるので，別々のワーカースレッドで処理することにした。このとき，処理6の実行の開始条件は処理4と処理5が共に完了していることなので，二つのスレッドの完了を待ち合わせる［　e　］操作を処理6のプログラムに記載した。

Cさんは，処理1～処理7で構成されるおすすめの髪型機能を実装してテスト用に準備したスマートフォンで実行したところ，通信環境の良い場所では正常に動作したが，通信環境が悪い場所ではサーバからの応答を待ち続けてしまう問題が発生した。この問題を解決するために③処理5のプログラムにある処理を追加した。

その後，Cさんはスマホアプリの全ての機能の開発とテストを完了させ，B社は新サービスを用いた販売促進活動を開始した。

設問１　本文中の [a]，[b] に入れる適切な字句を解答群の中から選び，記号で答えよ。

解答群

ア　Java アプレット　　イ　Web アプリケーション

ウ　コンソールアプリケーション　　エ　ネイティブアプリケーション

設問２　〔トップ画面の開発〕について答えよ。

(1)　本文中の [c]，[d] に入れる適切な字句を解答群の中から選び，記号で答えよ。

解答群

ア　イベント　　イ　ウィンドウ　　ウ　スレッド　　エ　プロセス

(2)　本文中の下線①について，ワーカースレッドで実行すべきではない処理を解答群の中から選び，記号で答えよ。

解答群

ア　サーバから取得した情報を画面に表示する処理

イ　サーバからのレスポンスを待つ処理

ウ　サーバへリクエストを送信する処理

エ　ホスト名から IP アドレスを取得し TCP コネクションを確立する処理

設問３　〔おすすめの髪型機能の開発〕について答えよ。

(1)　本文中の下線②について，表１中の処理 2～処理 7 のうちメインスレッドで実行すべき処理だけを，表１中の処理名で全て答えよ。

(2)　本文中の [e] に入れる適切な操作名を解答群の中から選び，記号で答えよ。

解答群

ア　break　　イ　fork　　ウ　join　　エ　wait

(3)　本文中の下線③について，C さんが追加した処理の内容を 20 字以内で答えよ。

(4)　おすすめの髪型機能を実行するために必要な処理時間は何ミリ秒か。ここで，通信は標準的な時間で実行でき，表１に記載の処理時間以外については無視できるものとする。

問９　新たな金融サービスを提供するシステム開発プロジェクトに関する次の記述を読んで，設問に答えよ。

A 社は，様々な金融商品を扱う金融サービス業である。これまで，全国の支店網を通じて顧客を獲得・維持してきたが，ここ数年，顧客接点のデジタル化を進めた競合他社に顧客が流出している。そこで，A 社は顧客流出を防ぐため，店頭での対面接客に加えて，認知・検索・行動・共有などの顧客接点をデジタル化し，顧客関係性を強化する新たな金融サービスを提供するために，新システムを開発するプロジェクト（以下，本プロジェクトという）の立ち上げを決定した。本プロジェクトは A 社の取締役会で承認され，マーケティング部と情報システム部を統括する B 役員がプロジェクト責任者となり，プロジェクトマネージャ（PM）にはマーケティング部の C 課長が任命された。C 課長は，本プロジェクトの立ち上げに着手した。

〔プロジェクトの立ち上げ〕

C 課長は，プロジェクト憲章を次のとおりまとめた。

・プロジェクトの目的：顧客接点をデジタル化することで，顧客関係性を強化する新たな金融サービスを提供する。
・マイルストーン：本プロジェクト立ち上げ後６か月以内に，ファーストリリースする。ファーストリリース後の顧客との関係性強化の状況を評価して，その後のプロジェクトの計画を検討する。
・スコープ：機械学習技術を採用し，スマートフォンを用いて顧客の好みやニーズに合わせた新たな金融サービスを提供する。マーケティング部のステークホルダは新たな金融サービスについて多様な意見をもち，プロジェクト実行中はその影響を受けるので頻繁なスコープの変更を想定する。
・プロジェクトフェーズ：過去に経験が少ない新たな金融サービスの提供に，経験のない新たな技術である機械学習技術を採用するので，システム開発に先立ち，新たなサービスの提供と新たな技術の採用の両面で実現性を検証する PoC のフェーズを設ける。PoC フェーズの評価基準には，顧客関係性の強化の達成状況など，定量的な評価が可能な重要成功要因の指標を用いる。
・プロジェクトチーム：表１のメンバーでプロジェクトを立ち上げ，適宜メンバーを追加する。

表１ プロジェクト立ち上げのメンバー

要員	所属	スキルと経験
C 課長 (PM)	マーケティング部	CRM 導入プロジェクトの全体統括をした経験，アジャイル型開発プロジェクトに参加した経験がある。
D 主任	マーケティング部	1 年前に競合企業から転職してきたマーケティング業務の専門家。CRM や会員向け EC サイトのシステム開発プロジェクトに参加した経験がある。A 社の業務にはまだ精通していない。
E 主任	情報システム部	フルスタックエンジニア。データマートの構築，Java のプログラミング，インターネット上のシステム開発などの経験が豊富。機械学習技術の経験はない。
F 氏	情報システム部	データエンジニア。データ分析，Python のプログラミング経験はあるが，機械学習技術の経験はない。

B 役員は，プロジェクト憲章を承認し，次の点によく留意して，プロジェクト計画を作成するように C 課長に指示した。

・顧客接点のデジタル化への機械学習の適用を，自社だけで技術習得して実施するか，他社に技術支援を業務として委託するか，今後のことも考えて決定すること。

・ベンダーに技術支援を業務委託する場合は，マーケティング部と情報システム部の従業員が，自分たちで使いこなせるレベルまで機械学習技術を習得する支援をしてもらうこと。また，新たな金融サービスの提供において，顧客の様々な年代層が容易に利用できるシステムの開発を支援できるベンダーを選定すること。なお，PoC では，技術面の検証業務を実施し，成果として検証結果をまとめたレポートを作成してもらうこと。

・同業者から，自社だけで機械学習技術を習得しようとしたが，習得に 2 年掛かったという話も聞いたので，進め方には留意すること。

C 課長は，B 役員の指示を受けてメンバーと検討した結果，本プロジェクトは PoC を実施する点と，リリースまでに 6 か月しかない点，［ a ］点を考慮し，アジャイル型開発アプローチを採用することにした。

C 課長は，顧客接点のデジタル化への機械学習の適用を，自社だけで実施するか，他社に技術支援を業務委託するかを検討した。その結果，自社にリソースがない点と，［ b ］点を考慮し，PoC とシステム開発の両フェーズで機械学習に関する技術支援をベンダーに業務委託することにした。

また，C 課長は，PoC を実施しても，既知のリスクとして特定できない不確実性は残るので，プロジェクトが進むにつれて明らかになる未知のリスクへの対策として，プロジェクトの回復力（レジリエンス）を高める対策が必要と考えた。

〔ベンダーの選定〕

C 課長は，機械学習技術に関する技術支援への対応が可能なベンダー 7 社について，ベンダーから提示された情報を基に，機械学習技術に関する現在の対応状況を調査した。

この調査に基づき，C 課長は，技術習得とシステム開発の支援の提案を依頼するベンダーを 4 社に絞り込んだ。その上で，ベンダーからの提案書に対して五つの評価項目を定め，ベンダーを評価することとした。

ベンダー 4 社に対して，提案を依頼し，提出された提案を基に，プロジェクトメンバーで評価項目について評価を行い，表 2 のベンダー比較表を作成した。

表 2　ベンダー比較表

評価項目	評価の観点	P 社	Q 社	R 社	S 社
事例数	金融サービス業の適用事例が豊富なこと	3	3	3	4
定着化	習得した機械学習技術の定着化サポートを含むこと	2	4	3	4
提案内容	他社と差別化できる技術であること	4	3	4	3
使用性	顧客視点でのシステム開発ができること	4	4	3	3
価格	コストパフォーマンスが高いこと	3	3	4	2

注記　評価項目の点数。1：不足，2：やや不足，3：ほぼ十分，4：十分

ベンダー比較表を基に，B 役員の指示を踏まえて審査した結果，［　c　］社を選定した。B 役員の最終承認を得て，①本プロジェクトの PoC の特性を考慮し，準委任契約で委託することにした。

C 課長は，システム開発フェーズの途中で，技術支援の範囲拡大や支援メンバーの増員を依頼した場合の対応までのリードタイムや増員の条件について，②選定したベンダーに確認しようと考えた。

〔役割分担〕

C 課長は，マーケティング部のステークホルダがもつ多様な意見を理解して，それ

を本プロジェクトのプロダクトバックログとして設定するプロダクトオーナーの役割が重要であると考えた。C 課長は，③D 主任が，プロダクトオーナーに適任であると考え，D 主任に担当してもらうことにした。

C 課長は，プロジェクトチームのメンバーと協議して，PoC では，D 主任の設定した仮説に基づき，プロダクトバックログを定め，プロジェクトの開発メンバーがベンダーの技術支援を受けて MVP（Minimum Viable Product）を作成することにした。そして，マーケティング部のステークホルダに試用してもらい，④あるものを測定することにした。

設問１ 〔プロジェクトの立ち上げ〕について答えよ。

(1) 本文中の［ a ］に入れる適切な字句を 20 字以内で答えよ。

(2) 本文中の［ b ］に入れる適切な字句を 20 字以内で答えよ。

設問２ 〔ベンダーの選定〕について答えよ。

(1) 本文中の［ c ］に入れる適切な字句を，アルファベット 1 字で答えよ。また，［ c ］社を選定した理由を，表 2 の評価項目の字句を使って 20 字以内で答えよ。

(2) 本文中の下線①について，準委任契約で委託することにしたのは本プロジェクトの PoC の特性として何を考慮したからか。適切なものを解答群の中から選び，記号で答えよ。

解答群

ア　既知のリスクとして特定できない不確実性が残る。

イ　実現性を検証することが目的である。

ウ　評価基準に重要成功要因の指標を用いる。

エ　マーケティング部が MVP を試用する。

(3) 本文中の下線②について，C 課長が，ベンダーに確認する目的は何か。25 字以内で答えよ。

設問３ 〔役割分担〕について答えよ。

(1) 本文中の下線③について，D 主任がプロダクトオーナーに適任だと考えた理由は何か。30 字以内で答えよ。

(2) 本文中の下線④について，測定するものとは何か。15 字以内で答えよ。

問 10　サービスレベルに関する次の記述を読んで，設問に答えよ。

E 社は防犯カメラ，入退室認証機器，監視モニターなどのオフィス用セキュリティ機器を製造販売する中堅企業である。E 社の販売部の販売担当者は，E 社営業日の営業時間である 9 時から 18 時までの間，販売活動を行っている。E 社の情報システム部では，販売管理システム（以下，現システムという），製品管理システム，社内 Web システムなどを開発，運用し，社内の利用者にサービスを提供している。現システムは，納入先の所在地，納入先との取引履歴などの納入先情報を管理し，製品管理システムは，製品の仕様，在庫などの情報を管理する。社内 Web システムは 24 時間 365 日運用されており，E 社の従業員は，業務に役立つ情報を，社内 Web システムを用いて，いつでも参照することができる。

情報システム部には，サービス課，システム開発課及びシステム運用課がある。サービス課には複数のサービスチームが存在し，サービスレベル管理など，サービスマネジメントを行う。システム開発課は，システムの開発及び保守を担当する。システム運用課は，システムの運用及び IT 基盤の管理を担当する。

販売担当者を利用者として提供される販売管理サービス（以下，現サービスという）は現システムによって実現されている。販売担当者は，納入先から製品の引き合いがあった場合，まず現システムで納入先情報を検索して，引き合いに関する情報を登録する作業を行う。次に，現システムと製品管理システムの両システムに何度もアクセスして情報を検索したり，情報を登録したりする作業があり，最後に表示される納期と価格の情報を取り込んだ納入先への提案に時間が掛かっている。販売部は 16 時までに受けた引き合いは，当日の営業時間内に納入先に納期と価格の提案を行うことを目標にしているが，引き合いが多いと納入先への提案まで 2 時間以上掛かることもあり，目標が達成できなくなる。販売部が行う納入先への提案は販売部の重要な事業機能であるので，販売部は現サービスの改善を要求事項として情報システム部に提示していた。

そこで，情報システム部は，販売部の要求事項に対応するため，現システムに改修を加えたものを新システムとし，来年 1 月から新サービスとして提供することになった。

〔新サービスとサービスマネジメントの概要〕

販売部のG課長が業務要件を取りまとめ，システム開発課が現システムを改修し，システム運用課が IT 基盤を用いて新システムを運用する。販売担当者が現サービスと同様に引き合いに関する情報を新システムに登録して，提案情報作成を新システムに要求すると，新サービスでは新システムと製品管理システムとが連動して処理を実行し，提案に必要となる納期と価格の情報を表示する。

新サービスのサービスマネジメントについては，現サービス同様に，サービス課販売サービスチームのF君が担当する。サービス課では，従来からサービスデスク機能をコールセンター会社のY社に委託しており，新サービスについても，利用者からの問合せは，サービスデスクが直接受け付けて，利用者に回答を行う。問合せの内容が，インシデント発生に関わる内容の場合は，サービスデスクから販売サービスチームにエスカレーションされ，情報システム部で対応し，対応完了後，販売サービスチームは，サービスデスクに対応完了の連絡をする。例えば，一部のストレージ障害が疑われる場合は，販売サービスチームはシステム運用課にインシデントの診断を依頼し，システム運用課が障害箇所を特定する。その後，システム運用課で当該ストレージを復旧させ，販売サービスチームに復旧の連絡を行う。販売サービスチームはサービスデスクに連絡し，サービスデスクでは，サービスが利用できることを利用者に確認してサービス回復とする。

〔サービスレベル項目と目標の設定〕

社内に提供するサービスについて，これまで情報システム部は，社内の利用部門との間で SLA を合意していなかったが，新サービスではサービスレベル項目と目標を明確にし，販売部と情報システム部との間で SLA を合意することにした。そこで，情報システム部が情報システム部長の指示のもとで，販売部の要求事項と実現可能性を考慮しながらサービスレベル項目と目標の案を作成し，新サービスの利害関係者と十分にレビューを行って合意内容を決定することとなった。F君が新サービスの SLA を作成する責任者となり，販売部との合意の前に，新システムの開発及び運用を担うシステム開発課及びシステム運用課のメンバーと協力して SLA のサービスレベル項目と目標を作成することにした。

F君は，システム開発課がシステム設計を完了する前に，現システムで測定されているシステム評価指標を参考に，表 1 に示す販売部と情報システム部との間のサービスレベル項目と目標（案）を作成した。

表 1　販売部と情報システム部との間のサービスレベル項目と目標（案）

項番	種別	サービスレベル項目	サービスレベル目標
1	サービス可用性	サービス時間	E 社営業日の 9 時から 20 時まで
2		サービス稼働率	月間目標値：95%以上
3	性能	引き合いに関する情報の登録処理の応答時間	平均 3 秒以内
4	保守性	インシデント発生時のサービス回復時間 [1]	8 時間以内
5	サービスデスク	サービスデスクのサポート時間帯	問合せ受付業務を実施する時間帯：E 社営業日の 9 時から 18 時まで

注記　18 時から 20 時までの間で利用者がインシデントと思われる事象を発見した場合は，サービスデスクの代わりにサービス課が受け付けて，対応する。

注 [1]　サービスデスクが受け付けてからサービスが回復するまでの経過時間のことである。経過時間は，E 社営業日の営業時間の範囲で計測する。例えば，受付が 15 時でサービスの回復が翌営業日の 12 時の場合，サービス回復時間は 6 時間である。

F 君は，表 1 を販売部の G 課長に提示した。G 課長は，販売部の要求事項に関連する内容が欠けていることを指摘し，表 1 に①サービスレベル項目を追加するように要求した。そこで，F 君は，新システムに関わる情報システム部のメンバーと協議を行い，システム設計で目標としている性能を基にサービスレベル目標を設定し，追加するサービスレベル項目とともに G 課長に提示し，了承を得た。

〔サービス提供者とサービス供給者との合意〕

新サービスは，サービス課がサービス提供者となって，SLA に基づいて販売部にサービス提供される。サービス提供に際しては，外部供給者として Y 社が，内部供給者としてシステム開発課及びシステム運用課が関与する。

サービスデスクについてのサービスレベル目標の合意は，従来，サービス課と Y 社との間で［ a ］として文書化されている。この中で，サービス課は，合意の前提となる問合せ件数が大きく増減する場合は，1 か月前に Y 社に件数を提示することになっている。Y 社は，提示された問合せ件数に基づき作業負荷を見積もり，サービスデスク要員の体制を確保する。

F 君は，②新サービスを契機として，サービス課と内部供給者との間で，サービスレベル項目と目標を合意することにした。新サービスについてのサービス課とシステム開発課との間の主要なサービスレベル項目と目標（案）を表 2 に示す。

表 2　サービス課とシステム開発課との間の主要なサービスレベル項目と目標（案）

項番	サービスレベル項目	サービスレベル目標
1	インシデントが発生した場合，サービス課からのインシデントの診断依頼をシステム開発課が受け付ける時間帯	E 社営業日の 9 時から 18 時まで
2	システム開発課が開発したシステムに起因するインシデントの場合，システム開発課がサービス課からのインシデントの診断依頼を受け付けてからシステムを復旧するまでの時間 [1)]	8 時間以内

注 [1)]　E 社営業日の営業時間の範囲で計測する。

F 君は，表 2 を上司にレビューしてもらった。すると，上司から，表 1 項番 4 のサービスレベル目標を達成するためには，“③表 2 項番 2 のサービスレベル目標は見直す必要がある”という指摘を受けた。

〔受入れテストにおける指摘と対応〕

システム開発課による開発作業が完了し，新サービス開始の 2 週間前に販売部が参画する新サービスの受入れテストを開始した。受入れテストを行った結果，販売部から情報システム部に対して，次の評価と指摘が挙がった。

- 機能・性能とも大きな問題はなく，新サービスを開始してよいと判断できる。
- 新サービスの操作方法を説明したマニュアルは整備されているが，提案情報作成を要求する処理に関してはサービスデスクへの問合せが多くなると想定される。

F 君は，サービスデスクへの問合せ件数が事前の想定よりも多くなる懸念を感じた。Y 社担当者とも検討し，④新サービス開始時点の問合せ件数を削減する対応が必要と考えた。そこで，利用者が参照できる⑤FAQ を社内 Web システムに掲載することによって，新サービスの操作方法についてマニュアルで解決できない疑問が出た場合は，利用者自身で解決できるように準備を進めることにした。

設問1　〔サービスレベル項目と目標の設定〕について，本文中の下線①でG課長が追加するよう要求したサービスレベル項目として適切な内容を解答群の中から選び，記号で答えよ。

解答群

ア　製品の引き合いを受けてから提案するまでに要する時間

イ　納入先情報の検索時間

ウ　販売担当者が提案情報作成を新システムに要求してから納期と価格の情報が表示されるまでに要する時間

エ　販売担当者が提案情報作成を新システムに要求するときの新システムにおける同時処理可能数

設問2　〔サービス提供者とサービス供給者との合意〕について答えよ。

(1)　本文中の［　a　］に入れる適切な字句を解答群の中から選び，記号で答えよ。

解答群

ア　契約書　　イ　サービスカタログ

ウ　サービス要求の実現に関する指示書　　エ　リリースの受入れ基準書

(2)　本文中の下線②で，F君が，サービス課と内部供給者との間でサービスレベル項目と目標を合意することにした理由は何か。40字以内で答えよ。

(3)　本文中の下線③でサービスレベル目標を見直すべき理由は何か。40字以内で答えよ。

設問3　〔受入れテストにおける指摘と対応〕について答えよ。

(1)　本文中の下線④で，F君が，問合せ件数を削減する対応が必要と考えた理由は何か。サービスデスク運用の観点で，25字以内で答えよ。

(2)　本文中の下線⑤の方策は，サービスデスクへの問合せ件数削減が期待できるだけでなく，利用者にとっての利点も期待できる。利用者にとっての利点を40字以内で答えよ。

問 11　情報システムに係るコンティンジェンシー計画の実効性の監査に関する次の記述を読んで，設問に答えよ。

Z 社は，中堅の通信販売事業者である。ここ数年は，通信販売需要の増加を追い風に顧客数及び売上が増え，順調に業績が拡大しているが，その一方で，システム障害発生時の影響の拡大，サイバー攻撃の脅威の増大など，事業継続に関わる新たなリスクが増加してきている。そこで，Z 社内部監査室では今年度，主要な業務システムである通信販売管理システム（以下，通販システムという）に係るコンティンジェンシー計画（以下，CP という）の実効性について監査を行うことにした。Z 社内部監査室のリーダーX 氏は，監査担当者の Y 氏と予備調査を実施した。予備調査の結果，把握した事項は次のとおりである。

〔通販システムの概要〕

通販システムは，Z 社情報システム部が自社開発し，5 年前に稼働したシステムであり，受注管理，出荷・配送管理，商品管理の各サブシステムから構成されている。稼働後，通販システムの機能には大きな変更はないが，近年の取引量の増加に伴い，昨年通販システムサーバの処理能力を増強している。

情報システム部は，通販システムの構築に際して可用性を確保するために，サーバの冗長構成については，費用対効果を考慮してウォームスタンバイ方式を採用した。Z 社には東西 2 か所に配送センターがあり，通販システムサーバは，東センターに設置されている。東・西センターの現状のサーバ構成を図 1 に示す。

通販システムのデータバックアップは日次の夜間バッチ処理で行われており，取得したバックアップデータは東センターのファイルサーバに保管される。また，バックアップデータは西センターに日次でデータ伝送され，副バックアップデータとして，西センターのバックオフィス系サーバに保管されている。

バックオフィス系サーバは，通販システムの構築と同時に導入されたものである。緊急時の通販システムの待機系サーバであるとともに，通常時は人事給与システムと会計システムを稼働させるように設計された。Z 社が社内の業務とコミュニケーションを円滑化するために，ここ 2，3 年の間に新しく導入したワークフローシステムやグループウェアなどの社内業務支援システムもバックオフィス系サーバで稼働させている。なお，Z 社ではバックオフィス系サーバで稼働している人事給与システム，会計システム，社内業務支援システムを総称して社内システムと呼んでいる。

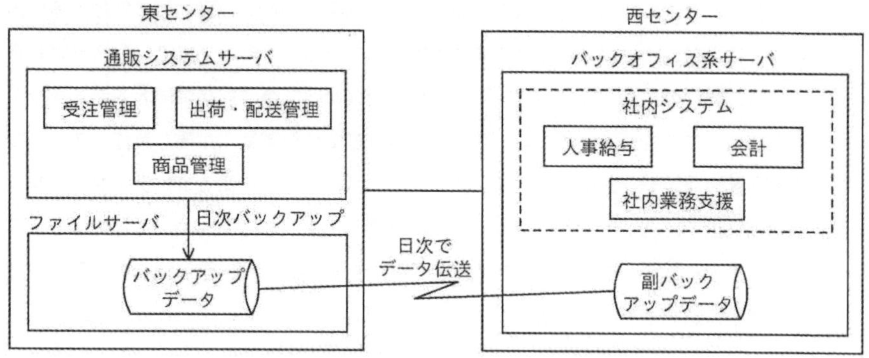

図 1　東・西センターの現状のサーバ構成

〔CP の概要〕

CP は，5 年前に通販システムを構築した際に，情報システム部が策定したものである。CP のリスクシナリオとしては，大規模自然災害，システム障害，サイバー攻撃（併せて以下，危機事象という）によって東センターが使用できなくなった事態を想定している。その場合の代替策として，西センターのバックオフィス系サーバを利用して通販システムを暫定復旧することを計画している。

東センターで危機事象が発生し，通販システムの早期復旧が困難と判断された場合には，CP を発動し，西センターのバックオフィス系サーバ上のシステム負荷の高い社内システムを停止する。その後，通販システムの業務アプリケーションやデータベースなどの必要なソフトウェアをセットアップし，副バックアップデータからデータベースを復元する。さらに，ネットワークの切替えを含む必要な環境設定を行い，通販システムを暫定復旧する計画になっている。5 年前の通販システム稼働後，CP を発動した実績はない。

〔CP の訓練状況〕

5 年前の通販システム稼働直前に，西センターのバックオフィス系サーバにおいて，復旧テストを実施した。復旧テストでは，副バックアップデータからデータベースが正常に復元できること，バックオフィス系サーバで実際に通販システムを稼働させるのに必要最低限の処理能力が確保できていることを確認している。

通販システム稼働後の CP の訓練は，訓練計画に従いあらかじめ作成された訓練シナリオを基に，毎年実機訓練を実施している。具体的には，西センターで稼働中の社内システムが保守のために停止するタイミングで，バックオフィス系サーバに必要なソフトウェアをセットアップし，副バックアップデータを使用したデータベースの復元訓練まで行っている。CP 策定以降の訓練結果では，大きな問題は見つかっておらず，CP の見直しは行われていない。

内部監査室は，予備調査の結果を基に本調査に向けた準備を開始した。

〔本調査に向けた準備〕

X 氏は，Y 氏に予備調査結果から想定されるリスクと監査手続を整理するように指示した。Y 氏がまとめた想定されるリスクと監査手続を表 1 に示す。

表 1　想定されるリスクと監査手続（抜粋）

項番	項目	想定されるリスク	監査手続
1	通販システムの構成	ウォームスタンバイ方式なので，暫定復旧までに時間が掛かる。	［ a ］について，業務部門と合意していることを確かめる。
2	CP の発動	危機事象発生時に CP 発動が遅れる。	［ b ］が明確に定められていることを確かめる。
3	CP の訓練	CP 訓練の結果が適切に評価されず，潜在的な問題が発見されない。	CP 訓練結果の［ c ］があらかじめ定められていることを確かめる。

X 氏は表 1 の内容についてレビューを実施した。レビュー結果を踏まえた X 氏と Y 氏の主なやり取りは次のとおりである。

X 氏：①今回の監査の背景を踏まえると，ここ数年の当社を取り巻く状況から，CP のリスクシナリオの想定範囲が十分でなくなっている可能性もある。これについても想定されるリスクとして追加し，監査手続を検討すること。

Y 氏：承知した。

X 氏：CP の訓練に関連して，西センターでの復旧テストの実施時期がシステム稼働前であり，その後の変更状況を考慮すると，CP 発動時に暫定復旧後の通販システムで問題が発生するリスクが考えられる。これについても監査手続を作成すること。

Y 氏：承知した。監査手続で確認すべき具体的なポイントとしては，通販システムが稼働後に［ d ］していることを考慮して，［ e ］についても同様に必要な対応ができているか，ということでよいか。

X 氏：それでよい。また，現在の CP の訓練内容について，CP 発動時に暫定復旧が円滑に実施できないリスクがあるので，それについても監査手続を作成すること。

Y 氏：承知した。［ f ］について，最低限机上での訓練を実施しなくて問題がないのかを確認する。

X 氏：さらに，②通販システムの暫定復旧計画において，バックオフィス系サーバの社内システムを停止することによる影響が懸念されるので，それについても確認しておいた方がよい。

レビューの結果を受けて，Y 氏は監査手続の見直しに着手した。

設問 1　表 1 中の［ a ］～［ c ］に入れる最も適切な字句を解答群の中から選び，記号で答えよ。

解答群

ア　CP 訓練	イ　CP 発動基準	ウ　環境設定
エ　機能要件	オ　評価項目	カ　目標復旧時間

設問 2　本文中の下線部①について，監査手続の検討時に考慮すべきリスクを二つ挙げ，それぞれ 25 字以内で答えよ。

設問 3　本文中の［ d ］，［ e ］に入れる適切な字句を，それぞれ 15 字以内で答えよ。

設問 4　本文中の［ f ］に入れる適切な字句を，25 字以内で答えよ。

設問 5　本文中の下線部②について，どのような影響が懸念されるか。25 字以内で答えよ。

●令和５年度秋期 午前問題 解答・解説

問1 ウ

2進数が表す整数の式（R5秋-AP 問1）

対象は2桁の2進数なので，00〜11の4通りしかない。したがって，選択肢それぞれについて，00〜11の4通りの変換が可能かどうかを確かめていけば正解を導くことができる。なお，解説中の$(\ )_{10}$は10進数としての整数の値である。

・x_1x_2＝00のときx＝0，x_2x_1＝00＝$(0)_{10}$となる。
　2x＝0，int(0)＝0なので，（ア）〜（エ）全て当てはまる。

・x_1x_2＝01のときx＝1，x_2x_1＝10＝$(2)_{10}$となる。
　2x＝2，int(0.5)＝0なので，（ア）〜（エ）全て当てはまる。

・x_1x_2＝10のときx＝2，x_2x_1＝01＝$(1)_{10}$となる。
　2x＝4, int(1)＝1なので, 4－3int(1)＝1の(ウ)だけが正しい結果となり,(ア),（イ），（エ）は正しく変換されない。

ア：4＋4int(1)＝8
イ：4＋5int(1)＝9
エ：4－4int(1)＝0

ちなみに，x_1x_2＝11のときx＝3，x_2x_1＝11＝$(3)_{10}$となるが，2x＝6，int(1.5)＝1なので，この場合も 6－3int(1.5)＝3 の（ウ）だけが正しい結果となり，（ア），（イ），（エ）は正しく変換されない。

ア：6＋4int(1.5)＝10
イ：6＋5int(1.5)＝11
エ：6－4int(1.5)＝2

したがって，（ウ）が正解である。

論理的に考える場合には次のようになる。

2桁の2進数x_1x_2が表す整数xは次のように表現できる。

$$x = x_1 \times 2^1 + x_2 \times 2^0 = x_1 \times 2 + x_2 \times 1 \cdots\cdots ①$$

一方，2進数x_2x_1が表す整数は次のように表現できる。

$$\begin{aligned}(2進数\ x_2x_1\ が表す整数) &= x_2 \times 2^1 + x_1 \times 2^0 \\ &= x_2 \times 2 + x_1 \times 1 \\ &= 2(x_1 \times 2 + x_2 \times 1) - 3 \times x_1 \\ &= 2x - 3 \times x_1 \quad （①の\ x = x_1 \times 2 + x_2 \times 1\ から） \cdots\cdots ②\end{aligned}$$

ここで，①から$x_1 = \frac{1}{2}(x - x_2) = x \times 2^{-1} - x_2 \times 2^{-1}$ ……③である。

③の $x\times 2^{-1}$，$x_2\times 2^{-1}$ はともに，元の x，x_2 を右に1ビットシフトした数で，それぞれ $x\times 2^{-1}=(x_1.x_2)_2$，$x_2\times 2^{-1}=(0.x_2)_2$ と表せる。この2数値を減算すると，小数点以下は0となり，$(x_1.0)_2$ となる。これは，x を右に1ビットシフトさせた数値($x\times 2^{-1}=\frac{x}{2}$)に対して，その小数点以下を切り捨てた整数部の値を求めていることになる。したがって，実数 r の小数点以下を切り捨てる int(r)を用いれば，③は $x_1=\mathrm{int}(\frac{x}{2})$ と表せる。これを②に代入すると，$2x-3\mathrm{int}(\frac{x}{2})$ となり，（ウ）が正解である。

問2　エ

主成分分析の説明（R5 秋-AP 問 2）

主成分分析は，複数の変数をもつデータに対する分析手法である「多変量解析」の一つの手法である。主成分分析は，データがもつ多くの変数を，情報をできるだけ損なわないように統合した新たな変数（これを主成分と呼ぶ）を使用して，データの特徴を表す方法である。変数を減らす（縮約する）ことで，データの特徴を理解しやすくすることができる。したがって，（エ）が正解である。なお，主成分は一つとは限らず，複数個になることもあり，「第一主成分，第二主成分…」と呼ぶ。

主成分分析の適用例として，次のようなものが挙げられる。

・生徒の5教科のテストの得点から，新たな変数として総合点を用いる（この状態を「5次元から1次元に縮約」と呼ぶ)。

・多数のアンケート項目から成る顧客満足度の調査結果の分析を行う（多次元から，主成分と考えられる例えば第一主成分，第二主成分まで使用すると2次元に縮約)。

ア：因子分析の説明である。主成分分析と因子分析は似ているが，主成分分析が変数を因子として統合し，新たな変数を求めるのに対して，因子分析は変数に共通して影響を与える因子を新たな変数として求める。つまり，元になる変数と新たに求める変数の関係が逆である。また，主成分分析が全ての変数を使って計算するのに対して，因子分析はあらかじめ仮定した一部の変数だけを使うという違いもある。

イ：回帰分析の説明である。ある変数（説明変数）の値と他の変数（目的変数）の値の関係性を回帰式で表すことで明らかにする。回帰式が定まると，ある説明変数に対する目的変数の値が決まり，結果の推測に役立てることができる。一つの目的変数に対して，説明変数が一つであるものを単回帰分析，複数であるものを重回帰分析と呼ぶ。

ウ：クラスター分析の説明である。集められた多数のデータについて，類似するものを集めてクラスターと呼ぶグループに分類する。各クラスターの特性を明らかにすることで，データ全体の特性をある程度把握することができる。

問3 ア

逆ポーランド表記法で表現されている式の計算（R5 秋-AP 問 3）

逆ポーランド表記法（後置記法）は，演算子を被演算子（演算する二つの値）の右側に記述する表記法である。例えば，中置記法の「A+B」は，後置記法では「AB+」のように表記する。問題のように式が連続している場合には，一般的な演算子の優先順によらず，次の様に演算子の出現順に計算していく。

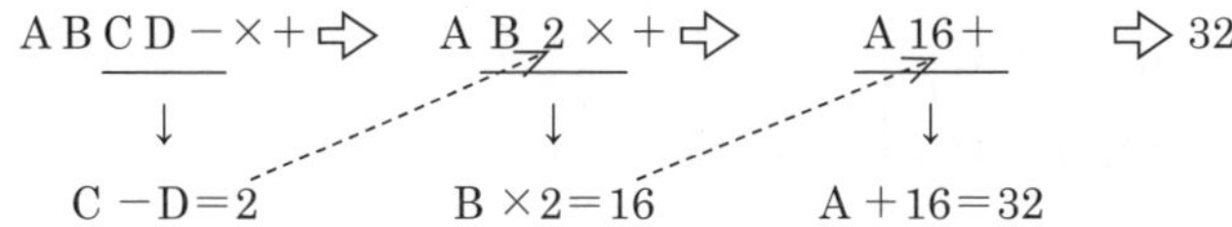

したがって，演算結果は 32 となるため，（ア）が正解である。

問4 ア

パリティビットの付加で訂正できるビット数（R5 秋-AP 問 4）

パリティビットは，データに対して付加する冗長ビットである。そして，この冗長ビットも含めて“1”の状態のビットの数を偶数（あるいは奇数）となるようにする。問題のような行列（垂直・水平）ではなく，一方向だけのパリティビットの場合，奇数個のビット誤りは検出できるが，誤り箇所は識別できない。また，偶数個のビット誤りでは検出もできない。

では，問題のような行列の場合はどうなるかを，調べてみる。

〔正しい状態〕

1	0	0	0	1
0	1	1	0	0
0	0	1	0	1
1	1	0	1	1
0	0	0	1	

← データ部分の“1”ビットが一つなので，パリティビットは１とし，全体として“1”のビットの数が偶数になるようにしている。

〔1 ビット誤りがあった場合〕

1	0	0	0	1
0	1	☒0	0	0
0	0	1	0	1
1	1	0	1	1
0	0	0	1	

☒ の箇所に誤りがあり，1のところが0となった。

← “1”ビットの数が奇数なので，この行に誤りが発生している。

“1”ビットの数が奇数なので，この列に誤りが発生。したがって，2 行 3 列に誤りが発生していることが分かり，その値を訂正できる。

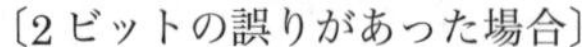

〔2ビットの誤りがあった場合〕

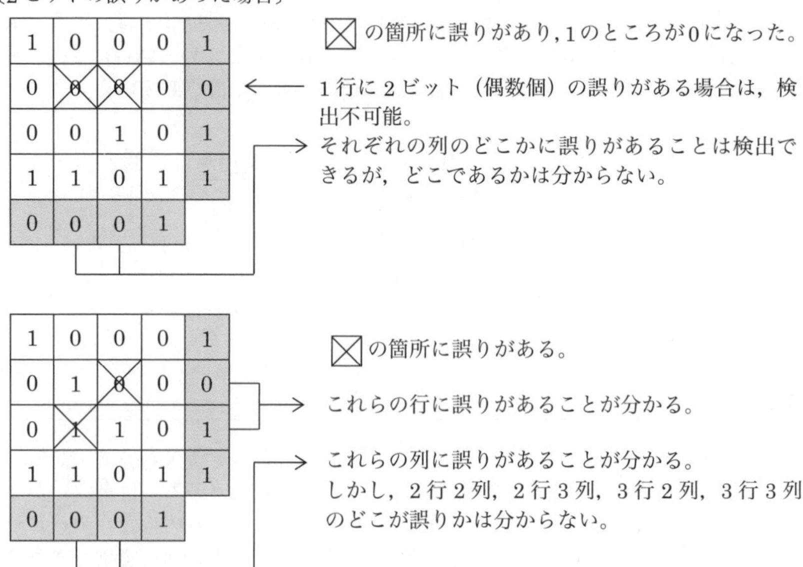

以上のように，1ビットの誤り検出と訂正は可能であるが，2ビットの誤り訂正は不可能である。よって，（ア）が正解である。なお，問題では「何ビットまでの誤りを訂正できるか」と問われているので，2ビットの誤り訂正ができないことが分かれば，3ビット以上を考える必要はない。

問5　ウ

双方向リストの末尾の要素（R5秋-AP 問5）

図1で示す三つの一次元配列 elem[i]，next[i]，prev[i]の組で実現した双方向リストに，新たに要素を挿入したときの，next[6]と prev[6]の値の組合せを考える。双方向リストの表現方法は，次の①～④のとおりである。

〔双方向リストの表現方法〕

①配列に設定される双方向リストの要素の内容

elem[i]…値

next[i]…次の要素の要素番号

prev[i]…前の要素の要素番号

②双方向リストの先頭，末尾の要素番号は，それぞれ変数 Head，Tail に設定する。

③next[i]，prev[i]の値が0である要素は，それぞれ双方向リストの末尾，先頭

を表す。

④双方向リストの要素の追加は，一次元配列の末尾に追加する。

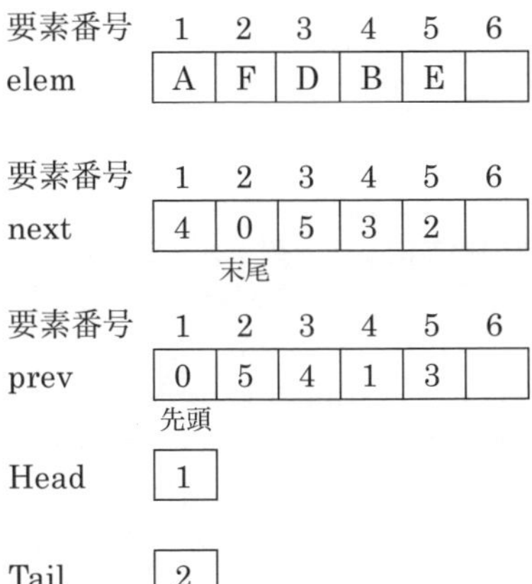

要素番号	1	2	3	4	5	6
elem	A	F	D	B	E	

要素番号	1	2	3	4	5	6
next	4	0 末尾	5	3	2	

要素番号	1	2	3	4	5	6
prev	0 先頭	5	4	1	3	

Head	1
Tail	2

図１　一次元配列 elem[i]，next[i]，prev[i]の組で実現した双方向リスト

双方向リストが図１の状態のとき，先頭は変数 Head から要素番号１の要素 A で，next[1]で示される要素番号４の要素 B につながり，さらに next[4]で示される要素番号３の要素 D につながる。このようにして，next[i]をたどると値 A→B→D→E→F の順でリストを構成していることが分かる。また，同様に，末尾についても変数 Tail から要素番号２の要素 F から prev[i]をたどり，F→E→D→B→A の順で逆方向のリストを構成していることも分かる。この結果，表現できる双方向リストのイメージを図２に示す。

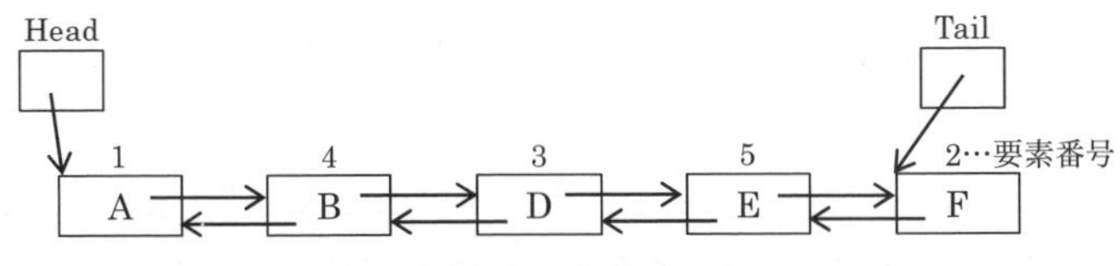

図２　図１の双方向リストのイメージ

図２の双方向リストの要素 D の次に要素 C を挿入すると，双方向リストの状態は図３のようになる。追加された要素の情報は三つの一次元配列の末尾に追加されるので，elem[6]=C となる。

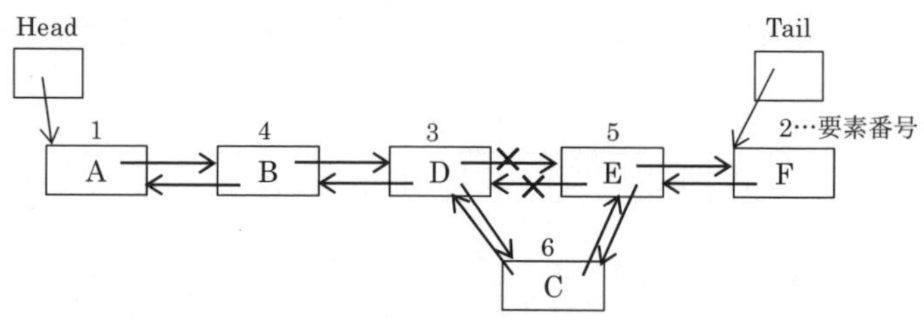

図３　要素Ｃを挿入した後の双方向リストのイメージ

変数 Head が示す先頭から，要素番号 1→4→3→6→5→2 のようにリストをたどるために，next[3]=6（要素番号 3 の次は 6），next[6]=5（要素番号 6 の次は 5）となるようにする。同様に，変数 Tail が示す末尾から，先頭からの場合とは逆にリストをたどれるようにするために，prev[5]=6（要素番号 5 の前は 6），prev[6]=3（要素番号 6 の前は 3）とする。要素 C を追加した結果，図 4 に示すように next[i]及び prev[i]の値が更新される。したがって，next[6]=5，prev[6]=3 となるから，（ウ）が正解である。

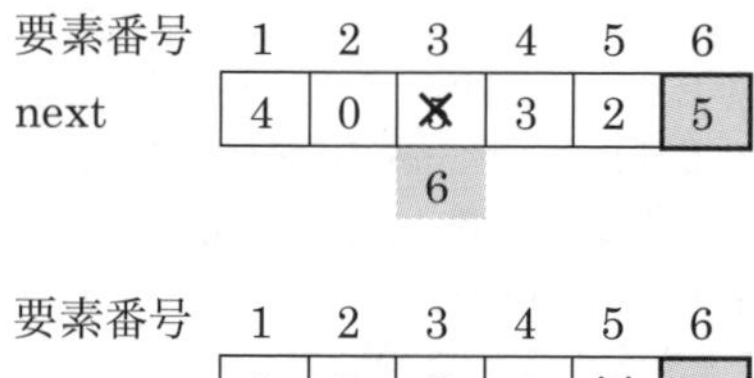

要素番号	1	2	3	4	5	6
next	4	0	~~3~~ 6	3	2	5

要素番号	1	2	3	4	5	6
prev	0	5	4	1	~~3~~ 6	3

図４　要素Ｃを挿入した後の next[i]と prev[i]

問6　ウ

整列に使ったアルゴリズム（R5 秋-AP 問 6）

データ列中の数字の位置の変化に注目する。状態 0 から状態 1 の推移を見ると，9 が末尾に移動しているが，その他の数字の順序は変わらない。また，状態 1 から状態 2 を見ると，6 が右に二つ移動しているが，その他の数字の順序は変わらない。これらの様子から，データ列を先頭（左端）から見ていき，隣り合う数字の大小関係が正しくない場合は交換を行い，大小関係が正しくなるように末尾（右端）まで調べて整列を行っていることが分かる。このアルゴリズムで整列を行うのはバブルソートである。バブルとは泡のことで，泡がたっていく様子に似ていることからこの名称がついたとされる。したがって，（ウ）が正解である。

状態 0 から状態 N（この例では 4）へと推移する際に行われるデータの交換の様子を図に示す。

	先頭から見る →						
状態 0	3,	5,	9,↔	6,	1,	2	9 と 6 を交換
	3,	5,	6,	9,↔	1,	2	9 と 1 を交換
	3,	5,	6,	1,	9,↔	2	9 と 2 を交換→9 の位置が確定
状態 1	3,	5,	6,↔	1,	2,	9	6 と 1 を交換
	3,	5,	1,	6,↔	2,	9	6 と 2 を交換→6 の位置が確定
状態 2	3,	5,↔	1,	2,	6,	9	5 と 1 を交換
	3,	1,	5,↔	2,	6,	9	5 と 2 を交換→5 の位置が確定
状態 3	3,↔	1,	2,	5,	6,	9	3 と 1 を交換
	1,	3,↔	2,	5,	6,	9	3 と 2 を交換→3 の位置が確定
	1,	2,	3,	5,	6,	9	1 と 2 は交換の必要がなく，1 と 2 の位置が確定
状態 4	1,	2,	3,	5,	6,	9	整列終了

図　状態０から状態４へと推移する際に行われるデータの交換の様子

同じデータ列に対して，(ア)，(イ)，(エ) のアルゴリズムで整列を行う様子を示す。

ア：クイックソートは，ソートの対象となるデータ列を基準に従って分割し，分割されたデータ列に対して同様の処理を繰り返してソートを行う方法である。グループの分け方や基準値の選び方には幾つか方法があり，次に整列の過程の一例を示す。

[3], 5, 9, 6, 1, 2	基準値[3]より小さい数字と大きい数字に分ける。
[1], 2, | 3, | [5], 9, 6	三つのグループに分割後，新たに基準値[1]と[5]を処理する。
1, | 2, | 3, | 5, | [9], 6	グループは五つになり，新たに基準値[9]を処理する。
1, | 2, | 3, | 5, | 6, | 9	全てのデータが分割され，整列が終了する。

イ：挿入ソートは，数字を一つずつ取り出し，整列済のデータ列の適切な位置に挿入を行い，整列を進める方法である。

3,	5,	9,	6,	1,	2	3を整列済のデータ列（初めは0個）に挿入する。
3,	5,	9,	6,	1,	2	5を整列済のデータ列（3）の適切な位置に挿入する。
3,	5,	9,	6,	1,	2	9を整列済のデータ列（3,5）の適切な位置に挿入する。
3,	5,	9,	6,	1,	2	6を整列済のデータ列（3,5,9）の適切な位置に挿入する。
3,	5,	6,	9,	1,	2	1を整列済のデータ列（3,5,6,9）の適切な位置に挿入する。
1,	3,	5,	6,	9,	2	2を整列済のデータ列（1,3,5,6,9）の適切な位置に挿入する。
1,	2,	3,	5,	6,	9	整列終了

エ：ヒープソートは，データ列に対して，「親＞子」（又は「親＜子」）という関係（ヒープの性質）になるような2分木を構成し，そこから最大値（又は最小値）を取り出し，整列を進める方法である。例えば，データ列 3，5，9，6，1，2 から木構造を作成し，「親＞子」を満たすように数字を交換し，最大値を取り出す例を示す。

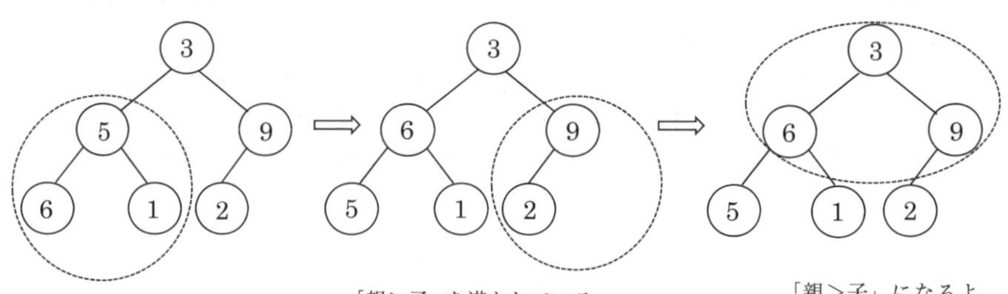

「親＞子」になるように，5と6を交換。

「親＞子」を満たしている。

「親＞子」になるように，3と9を交換。

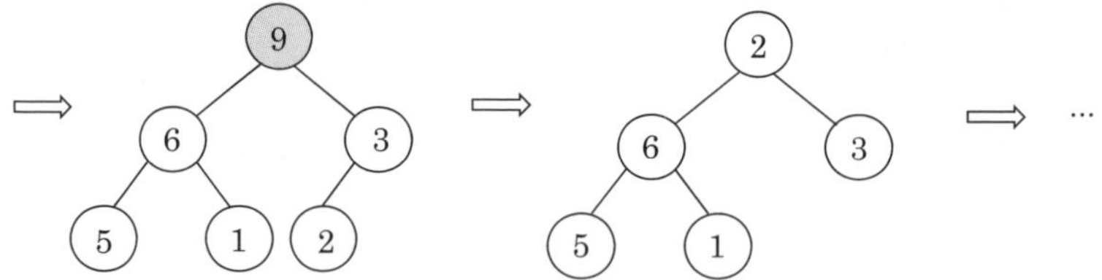

最大値9が決定。9を除く残りのデータで木を再構成する。

この例では，葉の右端にあった2を根に移動。同様に「親＞子」になるように交換を行いながら，木を再構成していき，最大値（根）を除く。

問7　イ

JavaScriptの表記法を基にしたデータ記述の仕様（R5秋-AP 問7）

“名前と値との組みの集まり”と“値の順序付きリスト”の二つの構造に基づ

いてオブジェクトを表現する，データ記述の仕様は JSON（JavaScript Object Notation）なので，（イ）が正解である。

データ記述は次のように行い，比較的簡潔に記述することができるとともに，理解しやすい構造になっている。

JSON の表記法

“名前と値との組みの集まり”	{名前 1：値 1，名前 2：値 2，…，名前 n：値 n}
“値の順序付きリスト”	{名前：値 1，値 2，…，値 n}

JSON は，JavaScript のオブジェクトの表記法の仕様を基にして規定されたものであるが，現在では JavaScript だけでなく，様々なプログラミング言語間でのデータ交換に使用することが可能になっている。また，XML と比べて記述形式が簡潔であり，軽量のデータ交換フォーマットとされている。

ア：DOM（Document Object Model）は，XML などで記述された文書を階層（ツリー）構造に変換し，アプリケーションプログラムから自由に操作できるようにする仕組みである。

ウ：SOAP は，Web サービスの実装において，XML で記述された文書を交換するための転送用プロトコルとして HTTP や SMTP などを使用する通信プロトコルの仕様である。当初は，Simple Object Access Protocol の略称とされていたが，現在では SOAP が正式名称である。

エ：XML（eXtensible Markup Language）は，文書の構造やデータの意味などを記述するマークアップ言語の一つで，＜＞で囲まれたタグと呼ばれる文字列を用いて記述する。例えば，“名前と値との組み”は，＜名前＞値＜／名前＞と記述する。

問8　ウ

異なる目的に適した複数の種類のコアを搭載したプロセッサ（R5 秋-AP 問 8）

スマートフォンなどでは，高い処理性能が求められると同時に，1 回の充電で使用できる時間が長くなるように低消費電力であることが求められる。このために，異なる目的に適した複数の種類のコア（処理を行う中核部分）を搭載している。このように異なる種類のコアを複数搭載しているプロセッサは，「異種の」という意味であるヘテロジニアス（heterogeneous）を用いて，ヘテロジニアスマルチコアプロセッサ（heterogeneous multi-core processor）と呼ばれる。したがって，（ウ）が正解である。

例えば，性能は高いが消費電力も多いコアと，性能はやや劣るが消費電力が少ないコアを組み合せることによって，求められる性能に最適なコアを活かし，性能より省電力を優先する場合にも対応できるようにする。スマートフォンでは，バックグラウンドを含めて様々な処理が実行されるが，それぞれの処理にあったコア上で実行させることで，高い処理性能と省電力を両立している。

ア：スーパースカラプロセッサ……複数のパイプラインを用意し，各ステージ（命令フェッチ，命令デコード，オペランドアドレス計算，オペランドフェッチ，実行など)の同じステージを並列して実行する仕組みをもつプロセッサである。

イ：ソフトコアプロセッサ……ハードウェア記述言語などで記述したプログラムによって，用途に応じて論理回路を変更できるプロセッサである。専用のコアを新規に設計するよりも製造が容易で，コストが抑えられる。

エ：ホモジニアスマルチコアプロセッサ……ホモジニアス (homogeneous) は「同種の」という意味をもつので，同じ種類の複数のコアを搭載したプロセッサを指し，ヘテロジニアスマルチコアプロセッサと対比される。ホモジニアスマルチコアプロセッサは，高い処理能力が求められるサーバ，パソコンなどに搭載されている。

問9　ウ

パイプラインの性能を向上させる技法 (R5 秋-AP 問 9)

パイプラインは，命令の実行を幾つかのステージに分割して，複数の命令の異なるステージを同時に実行することによって，CPU の性能を向上させる手法である。この手法を単純にとらえると，物理的に連続する順番で続く命令の先読みなど，命令実行のための準備をしておくということである。しかし，分岐命令が実行されると，せっかく行った続く命令の実行準備が無駄になってしまい，こうしたことがパイプラインによる性能向上を阻害する原因（ハザードと呼ばれる）となる。

選択肢の内容は全て阻害要因の対策技法であり，これらのうち“分岐先を予測して命令を実行”する技法は，(ウ) の投機実行と呼ばれる。予想に基づく実行なので，無駄になることもあり，“投機”ということになる。なお，分岐先の予想は，過去の分岐履歴によって行われることが一般的である。

ア：パイプラインによる並列実行性能を向上させるために，プログラムの意味を変えない範囲で実際の命令の並び（オーダー）とは，違う順序で命令を実行する技法である。

イ：投機実行は，予想に反した分岐となった場合，投機的に実行した部分が無駄になるが，こうしたことのないように，分岐命令の直前にある命令など，どちらに分岐しても必ず実行する命令を，分岐スロットと呼ばれる分岐命令の直後の位置に移動させ，その命令を実行してから分岐させる技法。直後に移動した命令の実行を待ってから分岐するため，分岐が遅延することから，遅延分岐と呼ばれる。

エ：連続した命令中に同じレジスタが指定されている場合，前の命令がレジスタを使い終わるまで，次の命令の実行準備が待たされ，パイプラインによる並列処理が有効に機能しない。レジスタリネーミングとは，こうした命令間で，前の命令の実行結果（レジスタの値）を次の命令で利用するなどの関係がない場合に，命令中で指定されているのとは違ったレジスタを割り当てることによって，並列処理性能を向上させる技法である。

問10 ア

フラッシュメモリの寿命を延ばす技術（R5 秋-AP 問 10）

フラッシュメモリは，電源を切ってもデータが失われない不揮発性メモリで，書込みや消去を繰り返すと劣化が進み，やがて使用できなくなる。一般的なフラッシュメモリでは，各ブロックは数千から最大 10 万回程度の消去と書込みを繰り返すと寿命がくるといわれ，製品によって差があるが，いずれにしても回数に制限がある。同じブロックへの書込みが集中すると，その部分だけが劣化して使用できなくなるため，フラッシュメモリ全体の寿命を少しでも延ばすために，ウェアレベリング（wear leveling）という方法で，各ブロックの書込み回数がなるべく均等になるように，物理的な書込み位置を選択する方法が採用されている。したがって，(ア)が正解である。なお，wear には摩耗という意味があり，leveling は平滑化という意味なので，「摩耗平滑化」と訳されるが，そのままウェアレベリングと呼ぶことが多い。

イ：ジャーナリング……ファイルシステムに対して更新を行うごとに，その変更履歴（ジャーナル）を記録する技術のことである。ファイルシステムに障害が発生した場合に，その記録を基にデータの復旧を行う。

ウ：デフラグ……デフラグメンテーションの略語である。ファイルシステムに対してデータの書込みや消去を繰り返すと，一つのファイルが複数の領域に分散する現象，すなわち断片化（フラグメンテーション）が進む。この結果，ファイルにアクセスするとき，分散した複数の領域にアクセスしなくてはならず，処理が遅くなる。分散した複数の領域を連続する領域にまとめ，断片化を解消することをデフラグ（デフラグメンテーション）と呼ぶ。

エ：ライトアンプリフィケーション（write amplification）……フラッシュメモリ上のデータを「書き換える」ためには，ブロック単位でデータの消去と書込みを行う必要がある。その結果，ブロックの一部を書き換える場合など，書き込みたいデータの量より，実際に書き込まれるデータの量の方が増加してしまう現象のことである。なお，amplification は増幅という意味なので，直訳すると「書込み増幅」という意味になる。

問11 イ

ユニファイドメモリ方式であるシステムの特徴（R5 秋-AP 問 11）

画面表示用フレームバッファとは，1 画面分の画像データを記憶するバッファで，専用のメモリは，一般的に VRAM（Video RAM），グラフィックスメモリやビデオメモリと呼ばれている。画像表示を高速にしたいときは，VRAM を用いるが，高性能が要求されない機種では，VRAM を搭載するコストを省くためにメインメモリの一部を VRAM と同じ使用方法で運用する方式が開発された。この方式を UMA（Unified Memory Architecture；メインメモリを CPU 以外でも使用するメモリ構造）と呼ぶ。このように，ユニファイドメモリ方式では，主記憶（メインメモリ）の一部をグラフィックスの表示領域として使用する。したがって，

（イ）が正解である。

ア：ユニファイドメモリ方式でない専用の VRAM を用いる方式である。

ウ：工場などの組込み機器に接続して使われる描画コマンド方式の表示デバイスである。なお，描画コマンドとは，表示デバイス上に図形を描画するためのコマンドである。

エ：古くは 1970 年代から使われた光蓄積機能をもつグラフィックディスプレイ，あるいは現在では液晶ディスプレイに半導体回路を組み込み，ストレージ機能をもたせた液晶ディスプレイなどのことである。なお，通常のディスプレイは，一定周期でのリフレッシュが必要である。

問 12　イ

SAN におけるサーバとストレージの接続形態（R5 秋-AP 問 12）

SAN（Storage Area Network）とは，ストレージ（外部記憶装置）と複数のコンピュータとを結ぶ専用のネットワークである。SAN には，FC-SAN と IP-SAN という二つの方式があり，FC-SAN は，FCSW（Fibre ChannelSwitch：ファイバチャネルスイッチ）を使った専用ネットワークを構成し，それによってサーバとストレージを接続するものである。したがって，（イ）が適切である。なお，IP-SAN は，専用の IP ネットワークを利用する方式であり，通常は，LAN スイッチでネットワークを構築し，それによってサーバとストレージを接続する。

ア：シリアル ATA とは，パソコンとハードディスクなどの内蔵ストレージを 1 対 1 に接続するものであり，SAN ではなく，DAS（Direct Attached Storage）に分類される。

ウ，エ：LAN 上にストレージを接続する，NAS（Network Attached Storage）に関する記述である。なお，NAS では，LAN に直結された RAID などのストレージに対し，サーバなどが CIFS（Common Internet File System）や NFS（Network File System）といったファイル共有プロトコルを使ってアクセスする。

問 13　イ

性能向上にスケールアウトが適しているシステム（R5 秋-AP 問 13）

システムの性能を向上させる方法には，スケールアウトとスケールアップがある。スケールアウトはサーバなどのハードウェアを追加し台数を増やすことで性能向上を図る方法，スケールアップはハードウェアを性能の高いものに置き換えて性能向上を図る方法である。方法の違いから分かるように，スケールアウトは，処理の分散が可能なシステムが前提であるが，排他制御などシステム全体としての制御が必要になると，サーバ間の通信などのためにオーバーヘッドが生じ，コストに対する性能向上効率が悪くなる。選択肢の中で，（イ）は分散処理を行っており，排他制御の必要のない参照系のトランザクションが多いとしているので，性能を向上させる方法としてスケールアウトが適している。したがって，（イ）が正解である。なお，（イ）以外については，それぞれ次のような理由でスケールアウトによる性能向上は適していない。

ア：一連の大きな処理を一括して実行しなければならないため，並列処理が困難な場合には，分散処理を前提とするスケールアウトによる性能向上も困難である。

ウ：データの整合性をとる必要が多い処理を行うシステムに対して，スケールアウトによってサーバの台数を増やすと，サーバ間の通信などのためのオーバーヘッドが大きくなる。

エ：同一のマスターデータベースがシステム内に複数配置されていても，更新の際にデータベース間で整合性を保持しなければならない場合には，（ウ）と同様にオーバーヘッドが大きくなるためスケールアウトは適していない。

問 14　エ

IaC に関する記述（R5 秋-AP 問 14）

IaC（Infrastructure as Code）は，システムの基盤を構成するハードウェア，ソフトウェア（OS も含む），ネットワーク，データベースなどのインフラストラクチャの管理・運用に必要なシステム構成や状態，及び構築や管理手順を，プログラムのようにコードとして記述して，ソフトウェアによる自動実行を可能にする手法である。したがって，（エ）が正解である。

IaC を導入すると，自動化による人為的なミスの削減によって品質の向上が図られ，管理コストの削減も可能になるといったメリットがある。一方，導入時にコストや作業時間が発生するといったデメリットが挙げられる。

ア：インシデントは，「出来事，事件」といった意味の英単語で，「何らかの問題が発生して，事故（アクシデント）が起きる可能性がある状況」を指す。IaC はインシデントへの対応手順のコード化を目的とするものではないので，適切ではない。

イ：IaC は，開発の局面で使用する各種開発支援ツールの連携手順をコードに定義するものではないので，適切ではない。

ウ：継続的インテグレーションとは，ソフトウェアの開発者が作成又は変更したコードを，定期的に中央のリポジトリに統合し，再構成してテストを行う手法で，バグの早期発見や完成までの時間短縮といったメリットがある。IaC は，継続的インテグレーションを実現するための手順をコードに定義する目的をもったものではないので，適切ではない。

問 15　エ

フェールオーバーに要する時間を考慮した稼働率の計算（R5 秋-AP 問 15）

アクティブ－スタンバイ構成の２台のサーバから成るシステムでは，同じ機能をもつサーバを２台用意し，１台をアクティブ（稼働）状態，もう１台をスタンバイ（待機）状態として，冗長化を図る。アクティブ状態のサーバに障害が発生すると，スタンバイ状態のサーバに切り替える。各サーバの MTBF（Mean Time Between Failure；平均故障間隔）は 99 時間，MTTR（Mean Time To Repair；平均修理時間，平均修復時間）は 10 時間，フェールオーバーに要する時間は 2 時間であるとき，このシステムのおよその稼働率を求める。ここで，フェールオーバーとは，アクティブ状態のサーバに障害が発生した場合に，自動的にスタンバイ状態のサーバに切り替える仕組みのことである。なお，二重に障害が発生しないものとする。

アクティブ－スタンバイ構成の 2 台のサーバから成るシステムにおける，サーバの状態の推移を図に示す。初め，1 台目のサーバがアクティブであったが，MTBF の 99 時間を経過した時点で修理に移行し，フェールオーバーに要する 2 時間を経て，スタンバイ状態であった 2 台目のサーバに切り替わる。2 台目のサーバにおいても同様に，99 時間経過した時点でフェールオーバーに要する 2 時間を経てサーバの切替えが行われる。このことから，1 周期は MTBF の 99 時間とフェールオーバーに要する時間 2 時間を加算して，99＋2＝101（時間）であると考えられる。したがって，101 時間のうち稼働しているのは 99 時間であるから，このシステムのおよその稼働率は，99／101＝0.98019…≒0.98 となり，（エ）が正解である。

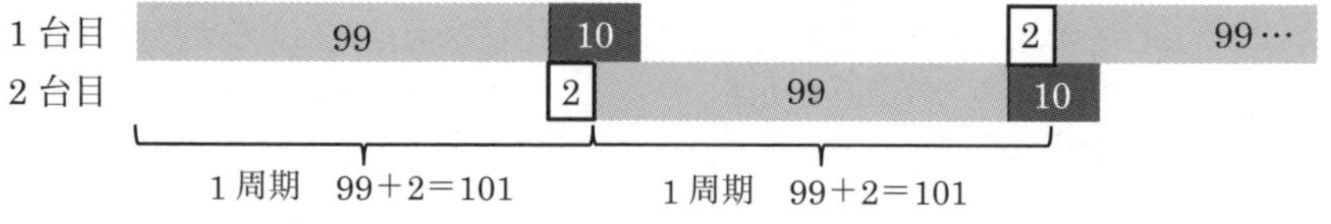

平均故障間隔
平均修理時間
フェールオーバーに要する時間
数字：単位は時間

図　サーバの状態の推移

問 16　エ

ページアウトを伴わないページインだけの処理の割合（R5 秋-AP 問 16）

ページング方式の仮想記憶において，必要なページが主記憶にない場合，ページフォールトが発生する。ページフォールトが発生するとページインを行うことになるが，主記憶に空き領域がない場合，ページインに先立ち，置換えページの選択やページアウトの処理が必要になる。問題に示されているページフォールト発生時の処理とその処理時間は，次の 2 通りである。

(1)　ページアウトを伴わないページインだけの処理（処理時間：20 ミリ秒）

(2) 置換えページの選択，ページアウト，ページインの処理（合計処理時間：60ミリ秒）

ページアウトを伴わないページインだけの処理(1)である確率を x とすると，ページアウトを伴う(2)である確率は $1-x$ なので，１回のページフォールトの平均処理時間は次の式で表される。

$20 \times x + 60 \times (1-x) = 30$

$40 \times x = 30$

$x = 30 \div 40 = 0.75$

したがって，（エ）が正解である。

問17 ア

タスクの最大実行時間と周期の組合せ（R5 秋-AP 問 17）

プリエンプティブな優先度ベースのスケジューリングで実行する二つの周期タスク（一定間隔で実行される処理）A 及び B があるとき，タスク B が周期内に処理を完了できるタスク A 及び B の最大実行時間及び周期の正しい組合せを考える。ここで，プリエンプティブな優先度ベースのスケジューリングとは，プリエンプティブ（preemptive；先取り，横取り）の用語が意味するように，最も高い優先度をもつタスクから実行する方式において，現在実行中のタスクより優先度の高いタスクが実行可能になると，切替えが行われて優先度の高いタスクが実行される。そして，その実行が終了するまで切り替えられたタスクは実行可能状態で待機する。

ここで，問題を考える上で，重要な条件は次のとおりである。

① タスク A の方がタスク B より優先度が高い。

② タスク A と B の共有資源はない。

③ タスクの切替え時間は考慮しない。

④ 時間及び周期の単位はミリ秒とする。

これらの条件の下で，それぞれ実行を行った様子を示す。タスク A の方がタスク B より優先度が高いので，最初に実行されるのはタスク A である。様子を示した図のタスク内に示す分数は，例えば 2/3 であれば，タスクの最大実行時間 3 のうちの 2 の実行が終了していることを表す。したがって，実行の様子を示した図から，タスク B が周期内に処理を完了できるのは，（ア）となる。

ア：タスク A は周期の 4 ミリ秒内に処理を完了し，タスク B も周期の 8 ミリ秒内の 7 ミリ秒の時点で処理を完了できるので，正しい組合せである。

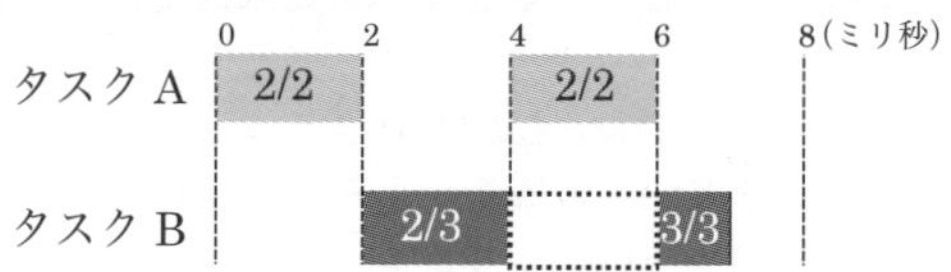

イ：タスクＡは周期の６ミリ秒内に処理を完了できるが，タスクＢは周期の９ミリ秒内で処理を完了できないので，この組合せは正しくない。

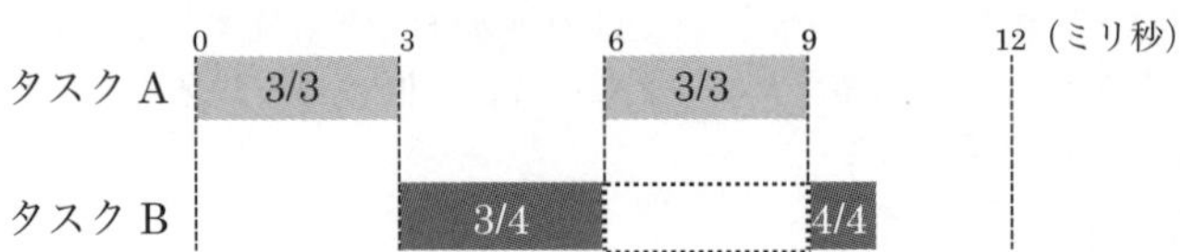

ウ：タスクＡは周期の５ミリ秒内にその処理を完了できるが，タスクＢは周期の13ミリ秒内で処理を完了できないので，この組合せは正しくない。

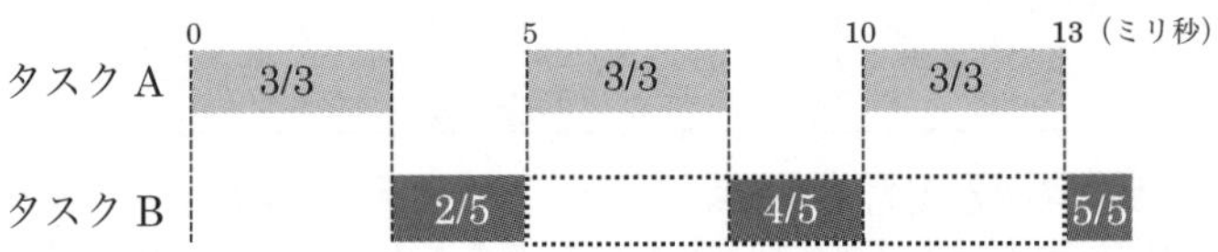

エ：タスクＡは周期の６ミリ秒内にその処理を完了できるが，タスクＢは周期の15ミリ秒内で処理を完了できないので，この組合せは正しくない。

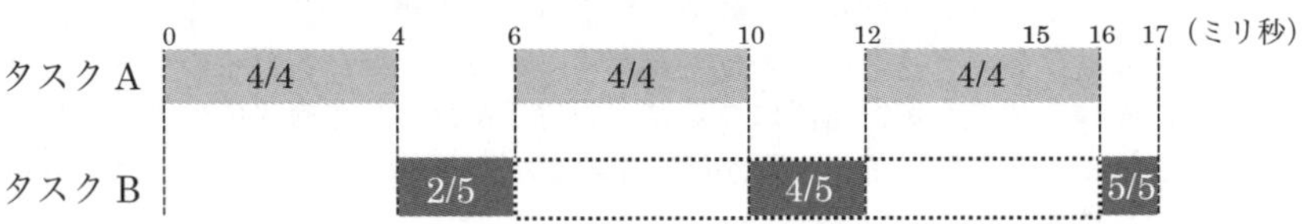

以上から，正しい組合せは（ア）だけなので，（ア）が正解である。

問18　イ

異なる命令形式の目的プログラムを生成する言語処理プログラム（R5秋-AP 問18）

「あるコンピュータ上で，当該コンピュータとは異なる命令形式のコンピュータで実行できる目的プログラムを生成する言語処理プログラム」は，クロスコンパイラなので，（イ）が正解である。例えば，マイクロコンピュータ用のプログラムを汎用コンピュータで開発するような場合に用いられる。なお，このような開発形態をクロス開発環境と呼び，動作させるコンピュータと同じコンピュータ上で開発する形態をセルフ開発と呼ぶ。

ア：エミュレーター……コンピュータ上で，異なる命令形式をもつ別の種類のコンピュータのプログラムをそのまま実行できるようにする機構で，通常はソフトウェアによって実現されている。

ウ：最適化コンパイラ……アウトプットである目的プログラム（オブジェクトモジュール）を，最適化した形式で作成できる機能をもったコンパイラのことである。なお，最適化とは，実行時間や使用メモリ量をできるだけ少なくするために，命令の並びや，処理方法などを工夫した目的プログラムを作成する機能である。

エ：プログラムジェネレーター……パラメタを指定するだけでプログラムを自動的に生成するもので，帳票（レポート）出力プログラムを生成する RPG（Report Program Generator）が代表例として挙げられる。

問19　エ

Linux カーネルの説明（R5 秋-AP 問 19）

Linux は Unix 系のオープンソースソフトウェアの OS で，次の三つの要素から構成されている。

①Linux カーネル：OS の中核となるプログラム群で，プロセス管理やメモリ管理，ファイル管理，デバイス管理，ネットワーク管理，入出力管理などの基本的な機能を提供する。

②シェル：OS のユーザーの指示をカーネルに伝えるためのインタフェース機能を提供する。カーネル（核）の周りに位置するという意味でシェル（外殻）と呼ばれる。

③アプリケーション：業務などで利用するプログラムで，定められた目的を果たす。

プロセス管理やメモリ管理などの，アプリケーションソフトウェアが動作するための基本機能は，Linux カーネルによって提供されるので，（エ）が適切な説明である。なお，カーネルは，Linux に限定される用語ではなく，一般的な OS においても，同様の意味で用いられる。

ア，イ：CUI（Character User Interface；キャラクタユーザーインタフェース）は，コマンド入力など文字によってプログラムを操作する手段，GUI（Graphical User Interface；グラフィカルユーザーインタフェース）は，画面上のアイコンをマウスでクリックするなど，文字入力以外の方法でプログラムを操作する手段で，いずれもシェルの機能である。

ウ：Web ブラウザ，ワープロソフト，表計算ソフトは，アプリケーションソフトウェアである。

問20　エ

FPGA の説明（R5 秋-AP 問 20）

FPGA（Field-Programmable Gate Array）は，論理回路を基板上に実装した後で，現場（field）の技術者が論理回路の構成を再プログラムすることができる（programmable）集積回路である。したがって，（エ）が正解である。FPGA を用いるメリットとして，専用の集積回路を一から開発するより，「コストを抑えることが可能で，開発期間も短縮できる」，「開発によるリスクが少ない」，「ユーザーの仕様に沿った変更に柔軟に対応できる」といったことが挙げられる。

ア：フラッシュメモリの説明である。フラッシュメモリは，開発当初は他の素子に比べて高価であったが，その後の普及によりコストが抑えられ，USB メモリやストレージに使われている。

イ：ASSP（Application Specific Standard Product）の説明である。通信や画像処理など特定用途向けの集積回路は，ASIC（Application Specific Integrated Circuit）と総称されるが，その多くは特定のユーザー向けに開発された専用の集積回路である。このため，ASIC の中で，特定のユーザー向けでない汎用集積回路を ASSP と呼び，区別することがある。

ウ：FPU（Floating Point Unit）の説明である。FPU は浮動小数点数の演算に特化した処理装置である。

問21　ウ

MOS トランジスタの説明（R5 秋-AP 問 21）

MOS トランジスタは，図に示すように，金属（Metal），絶縁体である二酸化シリコンの膜（Oxide film），半導体（Semiconductor）の 3 層からなり，電流の ON／OFF や増幅作用を実現する半導体素子である。金属の部分にゲート，半導体の一部の領域にソースとドレインの端子がある。ゲートに電圧を加えると，ゲートの周りに電界が発生し，半導体部分の性質が変化してドレインとソースの間に電流が流れる仕組みである。したがって，（ウ）が正解である。

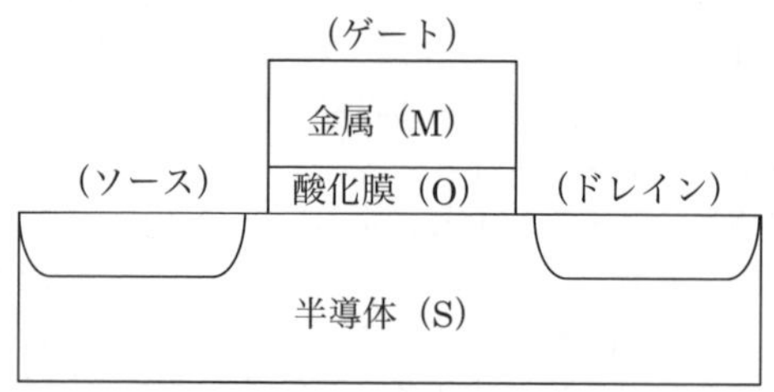

図　MOS トランジスタの構造

ア：発光ダイオード（LED）の説明である。pn 接合は，p 型半導体（正の電荷をもつ正孔が多い）と n 型半導体（負の電荷をもつ電子が多い）を接合したもので，電圧を加えると正孔と電子の再結合が行われ，その際に光を放出する。

イ：フォトダイオードの説明である。pn 接合部に光を当てると電流が流れる性質を利用して，身近な例では，テレビやエアコンのリモコンの受信部に用いられている。

エ：ツェナーダイオードの説明である。電圧を一定に保つシャントレギュレータや，外的な要因などによって電子回路に瞬間的に生じる非常に大きな電圧であるサージ電圧を吸収する保護回路などに利用されている。

問22 ウ

入力値変更操作後の論理回路の出力値（R5 秋-AP 問 22）

説明のため，次の図のように問題の論理回路の各素子に A～D と名前を付け，各素子の端子に 1～3 と番号を付ける。なお，例えば C2 とは，素子 C の端子 2 のことで，NOT 回路 C の出力端子を表すことにする。

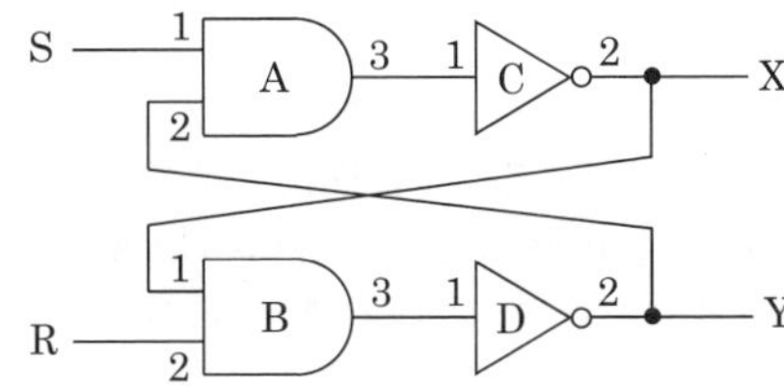

この問題のように，他の素子の出力結果が入力となっている回路図は，難解に思えるが，問題の条件として与えられている入力と出力の値を基に，順にトレースしていけばよい。今，S＝1，R＝1，X＝0，Y＝1 の状態から，S＝0 となった状態を考える。

素子 A は A1＝S＝0 と A2＝Y＝1 を入力とする AND 回路なので，出力 A3＝0 となり，素子 C で NOT 演算を行うと出力 C2＝X＝1 となる。そして，この C2＝X（＝1）が素子 B に伝えられる。素子 B は B2＝R＝1 と B1＝X＝1 を入力とする AND 回路なので B3＝1 となり，素子 D で NOT 演算を行うと出力 D2＝Y＝0 となる。その結果，D2＝Y が素子 A に伝えられるが，A1＝S＝0 と A2＝Y＝0 から素子 A の出力 A3＝0 のままで，素子 A→C→B→D→A のループ回路は安定状態（これ以上値は変化しない）にあり，S＝0，R＝1，X＝1，Y＝0 となる。

次に，この状態から S＝1 に変化させてみる。素子 A は A1＝S＝1 と A2＝Y＝0 が入力となるが，AND 回路の出力は A3＝0（C2＝X＝1）のままで，X の値に変化はないので B3 や D2 の値も変化しない。つまり，S＝0 にしても素子 A→C→B→D→A のループ回路の状態を変化させることはない。したがって，S＝1，R＝1，X＝1，Y＝0 となり，（ウ）が正解となる。

なお，この論理回路はセット・リセットフリップフロップ（SR フリップフロップ）と呼ばれる回路である。

問23　ア

本問の選択肢にある［AND記号］は論理積（AND），［NAND記号］は否定論理積（NAND），［OR記号］は論理和（OR），［XOR記号］は排他的論理和（XOR）の各素子を表す記号である。一方，問題の真理値表が示す 3 入力多数決回路は，三つの入力の中に二つ以上の 1 があれば，1 を出力する。

二つの入力 P，Q に対して論理積 P・Q をとり，その結果が 1 になったときは，P，Q の双方が 1 ということである。この性質を利用して，三つの入力 A，B，C のうち二つを組み合わせて論理積 A・B，B・C，C・A をとれば，二つの入力がともに 1 のものだけ結果が 1 になる。この A・B，B・C，C・A のうち，1 になるものが一つ以上ある場合に最終的な出力 Y が 1 になるようにすれば，3 入力多数決回路を実現することができる。そして，三つの入力のうち 1 になるものが一つ以上ある場合に 1 を出力するためには，三つの入力の論理和をとればよい。したがって，二つの入力がともに 1 であるときに 1 を出力する A・B，B・C，C・A の論理和（A・B＋B・C＋C・A）をとればよいので，（ア）が正解である。

与えられた回路図の出力 Y について，論理積を“・”，論理和を“＋”，排他的論理和を“⊕”，否定を“－”で表し，真理値表を作成すると次のようになる。作成された真理値表からも，（ア）が正解であることが分かる。

ア：Y＝A・B＋B・C＋C・A

入力			A・B	B・C	C・A	出力
A	B	C				Y
0	0	0	0	0	0	0
0	0	1	0	0	0	0
0	1	0	0	0	0	0
0	1	1	0	1	0	1
1	0	0	0	0	0	0
1	0	1	0	0	1	1
1	1	0	1	0	0	1
1	1	1	1	1	1	1

イ：$Y=A\oplus B+B\oplus C+C\oplus A$

入力			A⊕B	B⊕C	C⊕A	出力
A	B	C				Y
0	0	0	0	0	0	0
0	0	1	0	1	1	1
0	1	0	1	1	0	1
0	1	1	1	0	1	1
1	0	0	1	0	1	1
1	0	1	1	1	0	1
1	1	0	0	1	1	1
1	1	1	0	0	0	0

ウ：$X=(A+B)\cdot(B+C)\cdot(C+A)$，$Y=\overline{X}$ とする。

入力			A+B	B+C	C+A	X	出力
A	B	C					Y
0	0	0	0	0	0	0	1
0	0	1	0	1	1	0	1
0	1	0	1	1	0	0	1
0	1	1	1	1	1	1	0
1	0	0	1	0	1	0	1
1	0	1	1	1	1	1	0
1	1	0	1	1	1	1	0
1	1	1	1	1	1	1	0

エ：$X=(A\oplus B)\cdot(B\oplus C)\cdot(C\oplus A)$，$Y=\overline{X}$ とする。

入力			A⊕B	B⊕C	C⊕A	X	出力
A	B	C					Y
0	0	0	0	0	0	0	1
0	0	1	0	1	1	0	1
0	1	0	1	1	0	0	1
0	1	1	1	0	1	0	1
1	0	0	1	0	1	0	1
1	0	1	1	1	0	0	1
1	1	0	0	1	1	0	1
1	1	1	0	0	0	0	1

問24　ア

アイコンの習得性の説明（JIS X 9303-1）（R5 秋-AP 問 24）

JIS X 9303-1：2006（ユーザシステムインタフェース及びシンボル－アイコン及び機能－アイコン一般）の 4.用語 において，アイコンの“習得性(learnability)”は，「アイコンによって表現されたシステム機能が，それが理解された後に，どれだけ容易に思い出すことができるかを示す」と定義されている。したがって，(ア)が正しい。なお，アイコン（icon）は，「表示装置の画面上に表示されるグラフィック。コンピュータシステムの機能を表す」と定義されている。

その他は，次の用語の定義である。

イ：アイコンの“判読性（legibility)”

ウ：アイコンの“認識性（recognisability)”

エ：アイコンの“識別性（discriminability)”

問25　イ

バーチャルリアリティにおけるレンダリング（R5 秋-AP 問 25）

バーチャルの世界（仮想世界）においても，実際の世界（現実世界）での体験と実質的に同じ体験ができるように，必要な情報を定められた形式でコンピュータに記録することを，バーチャルリアリティにおけるモデリングという。そして，モデリングした仮想世界の情報をディスプレイに描画可能な画像に変換する処理をレンダリングという。したがって，(イ）が正解である。仮想世界を体験している人が姿勢や向きを変えると，その動きに応じて画像を変えるために，レンダリングはリアルタイムに行う必要がある。なお，レンダリングとは，数値データをディスプレイに描画可能な画像に変換する処理のことで，バーチャルリアリティだけに限定されるものではない。

ア：モーションキャプチャシステムの説明である。例えば，人の細かい動きをウェアラブルカメラやセンサーで計測し，位置や姿勢の情報に変換することによって，仮想世界の登場人物の動きとして再現することができる。

ウ：レジストレーション技術の説明である。例えば，仮想世界の登場人物が現実世界にある物体の背後に隠れるといった動きをする場面で使われる技術である。

エ：シミュレーションの説明である。現実世界では時間経過とともに物の移動などの変化が起きるが，これらの変化は物理法則などの法則で定式化できる。仮想世界のシミュレーションも，物理法則などを適用して現実世界と同様の変化を再現しようというものである。

問26　エ

ハッシュインデックスが適した検索処理（R5 秋-AP 問 26）

インデックスとは，データベースに格納されているレコードの検索を高速に行うための索引のことである。本で例えると，巻末にある索引のような役割を果たす。インデックスを設定していない場合の検索は，先頭から順に全てのレコードを読んで該当するレコードを探す。一方，インデックスを設定している場合の検索は，まずインデックスを読んで該当するレコードの格納場所を探し，直接そのレコードだけを読む。インデックスを設定するとレコードの検索が速くなる一方，レコードの挿入や更新ではインデックスも更新する必要があるため，処理が遅くなる。

B^+木インデックスは，B木インデックスの一種で，次の図のように格納場所に関する情報を木構造で管理する。キー値とレコードの格納場所はリーフ（木構造の葉の部分）に格納される。キー値は整列して配置されており，更にリーフをつなぐポインタをもつことから，順次アクセスが可能である。よって，等価検索だけでなく範囲検索にも適している。例えば，値が5以上9以下であれば，まず5を探し，そこから順に並んでいる7→9とたどればよいことになる。

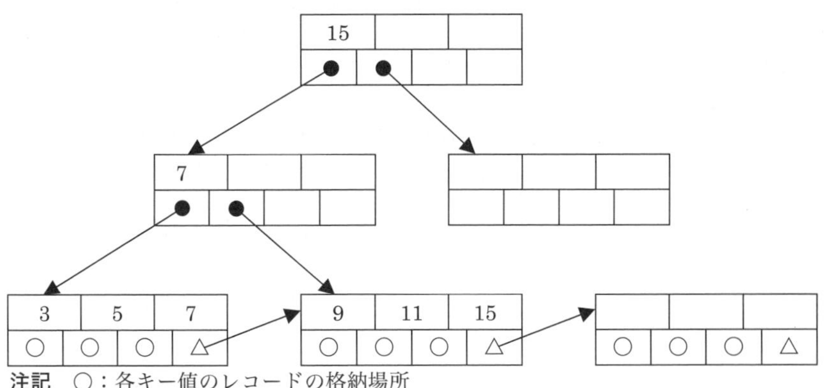

注記　○：各キー値のレコードの格納場所
　　　△：次のリーフの格納場所

ハッシュインデックスは，ハッシュ関数を使って検索に使うキー値からレコードの格納位置を求める。B^+木インデックスでは，目的のレコードの格納場所を得るのに数回のアクセスが必要であるが，ハッシュインデックスでは，ハッシュ関数によって格納場所を得ることができる。そのため，ユニーク列（値が一意に決まる列）に対する等価検索に適している。しかし，ハッシュインデックスは，検索のキー値からレコードの格納位置を求めるため，キー値が同じ場合は，格納場所が同じになるシノニムが発生する。この場合，同じになった格納場所をずらす必要があるため，物理的な理由から，レコードの読取りに時間がかかる。よって，同じキー値のレコードが多い場合の検索には適さない。また，不等号や範囲に対する検索やあいまい検索にも適さない。これらのことから，（エ）の利用者IDのようなユニーク列に対する等価検索には適しているが，（ア），（イ），（ウ）の検索には適していない。

ア：売上金額が1万円以上の売上を検索する不等号を用いた範囲検索である。この場合は，B+木インデックスの方が適している。

イ：売上年月日が今月の売上を検索するので，仮に今月が10月であるとすると，対象データは，10月1日から10月31日の間の売上データとなり，キー値の範囲指定が必要になる。また，キー値である売上年月日が同じデータが複数存在することが想定されるので，ハッシュインデックスは向いていない。

ウ：商品名が‘DB’で始まる売上を検索するので，あいまい検索である。よって，B+木インデックスの方が適している。なお，B+木インデックスは，‘DB%’（%は任意の文字列）の検索には適しているが，‘%DB’の検索には適していない。

問27　ア

関係モデルにおける外部キーの説明（R5秋-AP 問27）

関係モデルは，関係データベース（リレーショナルデータベース）の論理データモデルであり，2次元の表形式の関係（リレーション）を用いて表現される。関係の行をタプル，列を属性（アトリビューション）と呼ぶ。候補キーは，タプルを一意に識別できる属性，又は属性の組のうち極小のものである。つまり，候補キーは，主キーの候補になる属性である。そして，外部キーは，ある関係の候補キーを参照する属性，又は属性の組である。したがって，（ア）が正しい。なお，候補キーにおける極小とは，「必要最低限」や「余分なものを含まない」というような意味である。

例えば，次のような関係“社員”と“部門”があり，“社員番号”と“部門番号”がそれぞれの関係の主キーのとき，関係“部門”の“部門番号”は候補キーでもある。そして，関係“社員”の“所属部門”は，関係“部門”の候補キーである“部門番号”を参照する外部キーである。

関係“社員”

社員番号	氏名	携帯番号	所属部門
230152	佐藤○○	080xxxxxxx	10
230178	鈴木△△	080yyyyyyy	20
230188	高橋□□	090zzzzzzz	10
⋮	⋮	⋮	⋮

関係“部門”

部門番号	部門名
10	総務部
20	営業部
30	技術部
⋮	⋮

その他は，次の説明である。

イ：代理キー。関係“社員”では，“社員番号”と“携帯番号”が候補キーなので，“携帯番号”が該当する。

ウ：候補キー。関係“社員”では，“社員番号”と“携帯番号”が該当する。

エ：スーパーキー。関係“社員”では，“社員番号＋氏名”や“携帯番号＋所属部門”などの極小でないものも含まれる。

問28 ア

更新可能なビューを作成するSQL文（R5秋-AP 問28）

ビューは，実表から必要なデータを集めて一時的に作成される仮想（導出）表なので，その更新（追加，削除）には，実表とは違う制限が生じる。標準SQLでは，そのビューの作成に，次のものが含まれるとき基本的に読取り専用になり，更新できない。

・副問合せを利用したもの
・重複した値をなくすDISTINCTを指定したもの
・GROUP BYでグループ化したもの
・集合関数で集計した値を指定したもの
・算術式を使用したもの（この問題にはないが，例えば，価格に0.9を掛けた実売価格がビューに含まれるとする。実売価格を更新しようとした場合，原理的には元の価格を更新することはできるが，禁止している）

なお，このようなものが含まれていなくても，ビューの基となる基底表（実表）が更新不可の場合には，ビューも，当然，更新不可となる。また，従来は「複数の表を結合，合併したもの」も更新できなかったが，SQL99から条件が緩和され，複数の表を結合，合併したものであっても，更新対象の基底表の行と対応が付けば更新可能になっている。

（ア）は，商品単価が1,000円を超える商品を選んでいるだけなので，ビューに対する更新（追加，削除）は可能である。

イ：DISTINCTが指定されているため，更新できない。

ウ，エ：集合関数（SUM，AVG）で集計した値を指定しているので，更新できない。

問29 イ

SQL文を実行した結果得られる表の行数（R5秋-AP 問29）

SQLの相関副問合せとEXISTS句の使い方を問う問題である。

副問合せとは，SELECT文のWHERE条件の中に別のSELECT文を指定する方法である。特に，この問題の副問合せは，相関副問合せと呼ばれるもので，副問合せの中で外側の問合せ（SELECT文）で読み出した行の値を参照する。相関副問合せで使用されるEXISTS述語は，存在検査と呼ばれるが，この問題の場合，NOT EXISTS，すなわち存在していないことを確認している。以下，問題に示された表に沿ってSQLの意味を解説していく。

```
SELECT DISTINCT 製品番号 FROM 製品
    WHERE NOT EXISTS(SELECT 製品番号 FROM 在庫
        WHERE 在庫数 > 30 AND 製品.製品番号 = 在庫.製品番号)
```

まず，“製品”表の先頭の製品番号であるAB1805を選択し，副問合せのSELECT文を評価する。AB1805は“在庫”表に2件あり，在庫数が150で条件を満たす行があるので，NOT EXISTS は偽となる。次に“製品”表の製品番号である CC5001 を選択し同様の評価をすると，CC5001 も条件を満たす行があるので，NOT EXISTS は偽となる。続く MZ1000 は“在庫”表にはないので，NOT EXISTS は真となり，この行は選ばれる。次の XZ3000 は，“在庫”表に 2 件あるが，いずれも在庫数の条件を満たさないので，NOT EXISTS は真となり，この行も選ばれる。最後の ZZ9900 は，在庫数の条件を満たす行があるので，NOT EXISTS は偽となる。結局，選ばれるものは MZ1000 と XZ3000 の 2 行となり，（イ）が正しい。

問30　ア

障害発生後の DBMS 再立上げ時の復帰方法（R5 秋-AP 問 30）

データベースの障害が発生した場合，再立上げするときに，データの整合性がとれた状態に復旧する必要がある。このために，ロールフォワード（前進復帰）とロールバック（後退復帰）という方法が使用される。そして，システム障害時の回復時間を短縮する目的で，チェックポイントを活用することが一般的である。チェックポイントとは，データベースの更新性能を向上させるために，更新内容を主記憶のバッファ上に記録しておき，周期的に一括して書き込む手法，及び，そのタイミングのことであり，最新のチェックポイントまでは，データベースの更新内容が確定されている。この性質を利用すると，システム障害時に障害発生時刻から直近のチェックポイントまで戻れば，それ以前の更新はディスクへの書込みが終了しているため，回復対象から除外できるからである。

ロールフォワードでは，障害発生以前にコミットされたトランザクションに対して，その処理を完了させるために，チェックポイント時点のデータベースの内容に対して，ログファイルの更新後情報を使って，その後の更新内容を反映する。問題の図のトランザクションでは，T2 と T5 が対象になる。一方，ロールバックでは，障害発生時にコミットされていないトランザクションに対し，ログファイルの更新前情報を使って，データベースの内容をトランザクションの実行前の状態に戻す。図のトランザクションでは，T3，T4，T6 が該当する。しかし，問題の表からトランザクションの中で実行される処理内容を確認すると，T3 と T4 はデータベースに対して Read しか行っていない。つまり，データベースの内容を更新していないので，ロールバックの対象にはならない。したがって，（ア）が適切な組合せである。

なお，T1 はチェックポイント前にコミットされているので，回復処理の対象にはならない。

問31　ウ

LAN 上の伝送時間の計算（R5 秋-AP 問 31）

伝送時間を求める条件は，

①　100 M ビット／秒の LAN を使用

② 1件のレコード長が1,000バイト（＝1,000×8ビット）の電文を1,000件連続して伝送
③ LANの伝送効率は50%（＝0.5）

である。このため，伝送時間は，次の式によって求められる。

$$伝送時間 = 1{,}000 \times 8 \times 1{,}000 / (100 \times 10^6 \times 0.5)$$
$$= 10^3 \times 8 \times 10^3 \div (50 \times 10^6)$$
$$= 8 \times 10^6 \div (50 \times 10^6) = 0.16 \text{（秒）}$$

したがって，（ウ）が正しい。

問32 イ

NAPT機能をもつルータが書き換えるフィールド（R5秋-AP 問32）

NAPT（Network Address Port Translation）は，IPマスカレードとも呼ばれ，IPアドレスとポート番号を変換することで，複数のPCが一つのグローバルIPアドレスを共用して通信を行えるようにする機能である。プライベートIPアドレスを割り当てられたPCが，インターネット上のWebサーバにアクセスする際に，ルータでNAPT処理を行うときのIPヘッダー及びTCPヘッダーの情報は表のようになる。

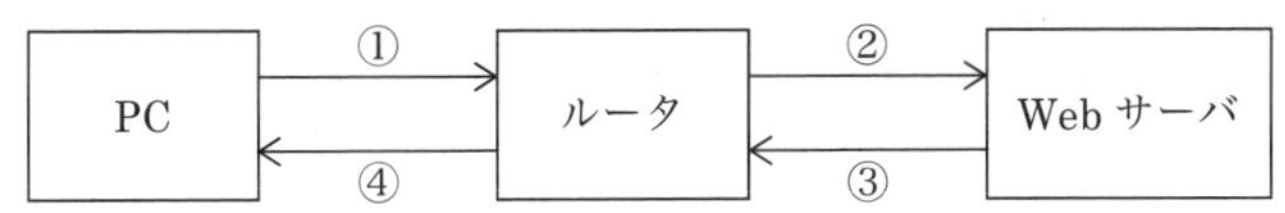

	IPヘッダー		TCPヘッダー	
	宛先IPアドレス	送信元IPアドレス	宛先ポート番号	送信元ポート番号
①	Webサーバ	PC	Webサーバの番号	PCが設定した番号
②	Webサーバ	ルータ	Webサーバの番号	ルータが管理する番号
③	ルータ	Webサーバ	ルータが管理する番号	Webサーバの番号
④	PC	Webサーバ	PCが設定した番号	Webサーバの番号

PCからWebサーバへの要求パケット（①，②）に対して，ルータは，IPヘッダーの送信元IPアドレスを，PCのプライベートIPアドレスからルータのWAN側インタフェースに割り当てられたグローバルIPアドレスに書き換える。さらに，TCPヘッダーの送信元ポート番号を，PCが割り当てたポート番号から，ルータが管理するポート番号に書き換えて，送信元のPCを識別できるようにする。そして，この問題で問われている，WebサーバからPCへの応答パケット（③，④）に対して，ルータは，宛先IPアドレスを，ルータのグローバルIPアドレスから元のPCのプライベートIPアドレスに書き換える。さらに，宛先ポート番号を，ルータが管理するポート番号から，PCが設定した元のポート番号に書き換

える。したがって，応答パケットに関してルータが書き換えるヘッダー情報は，宛先 IP アドレスと宛先ポート番号なので，（イ）が正しい。

問 33　イ

pingによる接続確認に使用するプロトコル（R5 秋-AP 問 33）

TCP/IP 環境において，ping によってホストなどの接続性を確認するときには，ICMP（Internet Control Message Protocol）のエコー要求／応答メッセージが使用される。したがって，（イ）が正しい。なお，ICMP は，IP パケットによるデータ転送でエラーが発生した場合，それを通知するためにも使用される。

その他の用語の意味は，次のとおりである。

ア：CHAP（Challenge Handshake Authentication Protocol）……PPP で使用される認証プロトコルの一つ。サーバがクライアントにチャレンジコードを送信すると，クライアントは，チャレンジコードと秘密のパスフレーズを連結したものからハッシュ関数によってチャレンジコードを求め，それをサーバに送信して認証を受けるためのプロトコル

ウ：SMTP（Simple Mail Transfer Protocol）……TCP/IP ネットワークにおいて，メールクライアントからメールサーバへのメール送信や，メールサーバ間でメールの送受信を行うためのプロトコル

エ：SNMP（Simple Network Management Protocol）……TCP/IP ネットワークにおいて，SNMP マネージャと SNMP エージェント間で，故障情報などのネットワーク管理に関する情報をやり取りするためのプロトコル

問 34　イ

ホストが属するサブネットワークのアドレス（R5 秋-AP 問 34）

サブネットワークのアドレスは，IP アドレスとサブネットマスクの論理積をとることによって導くことができる。172.30.123.45 と 255.255.252.0 をそれぞれビット表示すると，次のようになる。

ホストの IP アドレス　172.30.123.45：10101100 00011110 01111011 00101101
サブネットマスク　　　255.255.252.0：11111111 11111111 11111100 00000000

これらの論理積をとると，10101100 00011110 01111000 00000000 となり，10 進表現では，172.30.120.0 になる。したがって，（イ）が正解である。

問 35　エ

マルチキャストの使用例（R5 秋-AP 問 35）

マルチキャストは，複数のノード（ネットワーク上にある通信機器）をグループ化して，同じマルチキャストグループに所属するノードに対して同報通信する方式で，1 対多の通信を実現する。また，RIP-2（Routing Information Protocol version2）は，IPv4 ネットワークで用いられるルーティングプロトコルで，マル

チキャストを使用する。ルータは，宛先としてマルチキャスト IP アドレスの 224.0.0.9 を指定し，隣接するルータのグループに，経路の更新情報を送信する。RIP-2 に対応するルータは，この更新情報のパケットを受信し，自身がもつ経路情報を更新する。したがって，（エ）が正しい。なお，マルチキャスト IP アドレスは，クラス D の 224.0.0.0 ～ 239.255.255.255 の範囲を用いることが規定されている。

その他は，次のようにマルチキャストは使用されない。

ア：DHCP（Dynamic Host Configuration Protocol）による IP アドレス取得では，同一ネットワーク内の全てのノードへの通信を行うブロードキャストと，1 対 1 の通信であるユニキャストを使用し，マルチキャストは使用しない。

イ：ARP（Address Resolution Protocol）による MAC アドレス取得のリクエストには，ブロードキャストを使用する。また，その応答（リプライ）は，ユニキャストを使用する。なお，ARP は IP と同じネットワーク層のプロトコルであり，イーサネットフレーム（MAC フレーム）でカプセル化されて LAN 上を伝送される。

ウ：SMTP（Simple Mail Transfer Protocol）は，TCP（Transmission Control Protocol）上で動作するプロトコルであり，ユニキャストだけを使用する。メーリングリストにおいてメンバー全員に対して一斉送信するときには，各メンバーと 1 対 1 の TCP コネクションを確立した上で，SMTP でメールをそれぞれに送信する。なお，SMTP に限らず，コネクション型の TCP を使用する応用層プロトコルは，ユニキャストの通信だけを行う。マルチキャストやブロードキャストの通信は，DHCP のようにコネクションレス型の UDP を用いる。

問36 ウ

レインボーテーブル攻撃に該当するもの（R5 秋-AP 問 36）

レインボーテーブル攻撃は，不正に入手したパスワードのハッシュ値から，平文（ひらぶん）のパスワードをクラックする（解析する）手法の一種である。レインボーテーブルは，平文のパスワードとハッシュ値からなるブロックを順につないだ複数のチェーンによるテーブルである。レインボーテーブルを利用することによって，ハッシュ値を総当たりで探索する手法と比較して，少ない探索回数で効率的に平文のパスワードを特定することができる。したがって，レインボー攻撃に該当するのは，（ウ）である。

その他は，次の手法に関する記述である。

ア：パスワードリスト攻撃，あるいはリスト型攻撃と呼ばれる，不正ログイン攻撃の手法

イ：総当たり攻撃（ブルートフォース攻撃）と呼ばれる，不正ログイン攻撃の手法

エ：ソーシャルエンジニアリングと呼ばれる，パスワードの類推の手法

問37　ア

楕円曲線暗号の特徴（R5 秋-AP 問 37）

楕(だ)円曲線暗号は，公開鍵暗号方式の一つで，楕円曲線上の離散対数問題の困難性を利用した暗号である。RSA 暗号と比較したとき，短い鍵長で同程度の安全性を保証できる特徴がある。したがって，（ア）が正解である。

イ：楕円曲線暗号は共通鍵暗号方式ではなく，公開鍵暗号方式である。

ウ：時間的問題を考慮しなければ，総当たりによる解読は可能であり，「不可能なことが，数学的に証明されている」ということはない。

エ：楕円曲線暗号や RSA 暗号などの公開鍵暗号方式を，データを秘匿（暗号化）するために用いる場合，暗号化鍵は公開してもよいが，復号鍵は秘密にしておく必要がある。

問38　ウ

メールの第三者中継に該当するもの（R5 秋-AP 問 38）

メールの第三者中継とは，外部ネットワークから受信したメールの宛先が，メールサーバの管理するドメインとは異なるドメイン名をもったメールアドレスであった場合に，その異なるドメインにあるメールサーバに対してメールを中継することをいう。

具体的には，接続元 IP アドレスが社外で，受信者のメールアドレスのドメイン名も社外であるメールが該当する。この条件で，表中の選択肢を確認していくと，接続元 IP アドレスが社外（BBB.45.67.89）で，かつ受信者のメールアドレスのドメイン名も他社（a.b.e）となっている（ウ）を見つけることができる。したがって，（ウ）が正しい。この問題では，IP アドレスとドメイン名は詐称されていないという条件があるので，送受信者のメールアドレスのドメイン名だけに着目しても正解を見つけることができる。

なお，（ア）は自社から他社，（イ）は自社から自社，（エ）は他社から自社へのメールなので，第三者中継には該当しない。

問39　ア

コーディネーションセンターの機能とサービス対象の組合せ（R5 秋-AP 問 39）

JPCERT コーディネーションセンターが公開している“CSIRT ガイド（2021 年 11 月 30 日）”では，CSIRT（Computer Security Incident Response Team）を，機能とサービス対象によって六つに分類している。その内容を整理すると，次の表のようになる。したがって，コーディネーションセンターの機能とサービス対象の組合せとして，（ア）が適切である。

その他については，（イ）は分析センター，（ウ）はベンダーチーム，（エ）はインシデントレスポンスプロバイダーの機能とサービス対象の組合せである。

名称	機能	サービス対象
組織内 CSIRT	組織に関わるインシデントに対応する。	組織の従業員，システム，ネットワークなど
国際連携 CSIRT	国や地域を代表して，他の国や地域とのインシデント対応のための連絡窓口として活動する。	国や地域
コーディネーションセンター	インシデント対応において CSIRT 間の情報連携，調整を行う。	他の CSIRT
分析センター	インシデントの傾向分析やマルウェアの解析，侵入等の攻撃活動の痕跡の分析を行い，必要に応じて注意喚起を行う。	その CSIRT が属する組織又は国や地域
ベンダーチーム	自社製品の脆弱性に対応し，パッチの作成やアップデートの提供を行い，製品利用者への情報提供と注意喚起を行う。	自組織及び自社製品の利用者
インシデントレスポンスプロバイダー	組織内 CSIRT の機能又はその一部を，サービスプロバイダーとして有償で請け負う。	サービス提供契約を結んでいる顧客

問40 ア

情報を使用させず開示しない特性（JIS Q 27000）（R5 秋-AP 問 40）

JIS Q 27000：2019（情報セキュリティマネジメントシステム－用語）において，機密性（confidentiality）は，「認可されていない個人，エンティティ又はプロセスに対して，情報を使用させず，また，開示しない特性」と定義されている。したがって，（ア）が正しい。なお，“エンティティ”については，「情報セキュリティの文脈においては，情報を使用する組織及び人，情報を扱う設備，ソフトウェア及び物理的媒体などを意味する」と注記されている。

その他の用語は，次のように定義されている。

イ：真正性（authenticity）……エンティティは，それが主張するとおりのものであるという特性。

ウ：認証（authentication）……エンティティの主張する特性が正しいという保証の提供。

エ：否認防止（non-repudiation）……主張された事象，又は処置の発生，及びそれらを引き起こしたエンティティを証明する能力。

問41 イ

サイドチャネル攻撃に該当するもの（R5 秋-AP 問 41）

サイドチャネル攻撃とは，IC カードや IoT 機器などの外部から様々なデータを与え，内部の動作状態などを観測することで，内部に格納された暗号鍵などの秘密情報の取得を試みる攻撃のことをいう。このサイドチャネル攻撃には，次のような攻撃手法がある。
・タイミング攻撃……対象機器の処理時間を測定して，秘密情報の取得を試みる。
・電力攻撃……対象機器の処理に要する消費電力を測定して，秘密情報の取得を試みる。
・電磁波攻撃……対象機器から漏えいする電磁波を測定して，秘密情報の取得を試みる。
・フォールト攻撃……対象機器にエラーを発生させて，そのときのエラーメッセージから秘密情報の取得を試みる。

したがって，サイドチャネル攻撃のうち，電磁波攻撃を説明している（イ）が正しい。

なお，サイドチャネル（side channel）とは，正規の入出力経路ではないという意味である。暗号が組み込まれた製品を破壊したりして鍵を取り出す侵襲攻撃に対し，サイドチャネル攻撃は非侵襲攻撃と呼ばれる。

その他の記述が示すものは，次のとおりである。

ア：暗号解読手法の一つである，線形解読法の説明である。
ウ：暗号解読手法の一つである，差分解読法の説明である。
エ：暗号解読手法の一つである，総当たり攻撃（Brute-force Attack）の説明である。

問42　ウ

セキュアブートの説明　(R5 秋-AP 問 42)

セキュアブートとは，安全に（セキュア）PC を起動（ブート）することである。具体的には，PC の起動時に OS やドライバのデジタル署名を検証し，許可されていないものを実行しないようにすることで，OS 起動中のマルウェアの実行を防ぐ技術である。ウイルス対策ソフトが起動しているとマルウェアの実行や感染は防御されてしまうので，マルウェアの中にはルートキットを使って，ウイルス対策ソフトが起動する前，更には OS の起動が完了する前に自らを実行させようとするものがある。これを防ぐには，PC 起動時に実行するよう設定されているファイルであっても，許可されていないものは実行しないようにするが，そのための許可されているファイルかどうかの判定にはデジタル署名が有効である。したがって，（ウ）が正解である。

ア：BIOS パスワードは，パワーオンパスワードとも呼ばれ，PC の正当な利用者以外の不正な起動を防ぐ技術である。
イ：HDD や SSD のパスワードは ATA パスワードと呼ばれ，BIOS によってディスク装置に設定されるパスワードで，ディスク装置への不正なアクセスを防ぐ技術である。ATA パスワードを設定した PC に接続されているときにはディスク装置にアクセスできるが，他の PC に接続されているときにはパスワード入力が必要になる。
エ：マルウェア対策ソフト（ウイルス対策ソフト）の説明である。

問43 ア

ランサムウェア感染による被害の低減に効果があるもの（R5 秋-AP 問 43）

WORM（Write Once Read Many）機能を有するストレージでは，データの読出しは何度でも行うことができるが，書込みは一度だけ可能で，書き込まれたデータは，上書きや更新，削除ができず，そのまま保存される。PC がランサムウェアに感染すると，PC のストレージ上のデータが暗号化されて利用できなくなる被害が想定されるが，WORM 機能を有するストレージに重要なデータをバックアップすると，バックアップされたデータは暗号化できないので，ランサムウェア感染による被害の低減に効果がある。したがって，（ア）が正しい。

その他は，次のように効果がない。

イ：ストレージを RAID5 構成にしても，2 台以上のディスクにまたがるデータが暗号化されるとデータを復旧できないので，被害を低減することができない。

ウ：内蔵ストレージを増設して，重要なデータを常時レプリケーションしても，データが暗号化されると，レプリカ（複製）も暗号化された状態となって利用できないので，被害を低減することができない。

エ：ネットワーク上のストレージの共有フォルダをネットワークドライブに割り当てると，PC に感染したランサムウェアによって，バックアップされたデータも暗号化されて利用できなくなる可能性が高い。そのため，被害を低減できるとはいえない。

問44 ア

DKIM に関する記述（R5 秋-AP 問 44）

DKIM（DomainKeys Identified Mail）は，送信側のメールサーバで電子メールにデジタル署名を付与し，受信側のメールサーバでそのデジタル署名を検証して送信元ドメインの認証を行う仕組みである。したがって，（ア）が正しい。なお，このデジタル署名の検証によって，署名を行ったドメイン名の真正性だけでなく，署名対象のヘッダー及び本文の完全性も確認することができる。DKIM では，次の①～③の手順で認証が行われる。

①送信側では，デジタル署名を検証するための公開鍵などを含む DKIM レコードを，DNS の TXT レコードに格納して，署名を行うドメインの権威 DNS サーバにあらかじめ登録する。

②送信側のメールサーバが，電子メールにデジタル署名を付与し，DKIM-Signature ヘッダーに格納して送信する。

③受信側のメールサーバが，DKIM-Signature ヘッダーで指定されているドメインの権威 DNS サーバから DKIM レコードを取得し，デジタル署名を検証する。

その他については，（イ）は POP before SMTP，（ウ）は DMARC（Domain-based Message Authentication, Reporting & Conformance），（エ）は SPF（Sender Policy Framework）に関する記述である。

問45　エ

DNSSECについての記述（R5秋-AP 問45）

DNS（Domain Name System）サーバは，その役割からキャッシュサーバとコンテンツサーバ（権威DNSサーバ）に分類される。クライアントがDNS問合せを行う際には，まず，キャッシュサーバに問い合わせる。そして，キャッシュサーバが問合せのあった名前情報をキャッシュに保存していない場合には，更にコンテンツサーバに問い合わせて，名前情報を得るようにしている。しかし，正規のコンテンツサーバから応答が返される前に，悪意の第三者が偽の応答パケット（問合せパケットがもつ条件と一致するもの）を送信すれば，それを正規のコンテンツサーバからの応答とみなして，キャッシュに保存してしまう。すると，クライアントは，キャッシュサーバから偽のIPアドレスを受け取ることになり，偽のサーバに誘導されてしまうという危険性がある。そこで，DNSSECでは，公開鍵暗号方式によるデジタル署名を用いることによって，正当なコンテンツサーバからの応答であることをクライアントが検証できる仕組みを提供しようとしている。したがって，(エ)が正しい。なお，DNSSECに関するRFCには，RFC 4033（DNS Security Introduction and Requirements），RFC 4034（Resource Records for the DNS Security Extensions）などがある。

その他の記述が示すものは，次のとおりである。

ア：DNSサーバへの問合せ時の送信元ポート番号をランダムに選択することは，DNSキャッシュポイズニング攻撃の対策であり，DNSSECの説明には該当しない。

イ：この記述は，DNSリフレクション攻撃の対策であり，DNSSECの説明には該当しない。なお，再帰的な問合せとは，クライアントからキャッシュサーバに対する問合せのことである。

ウ：メッセージ認証は，メッセージの完全性を保証するだけなので，正当なDNSからの応答であることまでは保証されない。

問46　ウ

ソフトウェアの脆弱性を検出するテスト手法（R5秋-AP 問46）

検査対象のソフトウェア製品にファズ（fuzz）と呼ばれる問題を引き起こす可能性があるデータを大量に入力し，そのときの応答や挙動を監視することによって，ソフトウェアの脆(ぜい)弱性を検出するテスト手法のことをファジングと呼ぶ。したがって，(ウ)が正しい。例えば，あるソフトウェア製品に極端に長い文字列や通常用いないような制御コードなどを送り込み，予期せぬ異常動作や異常終了，再起動などが発生した場合，このソフトウェア製品の処理に何らかの問題がある可能性が高いと推測できる。そこで，ソフトウェア製品（又はその開発者）が想定していないデータを入力し，その挙動から脆弱性を見つけ出す検査手法（ファジング）が考えられた。

その他の用語の意味は，次のとおりである。

ア：限界値分析……ブラックボックステストの一つで，各グループの境界となる値を限界値と考え，この限界値を各同値グループの代表値としてテストを行う方法である。
イ：実験計画法……実験を効率よく行うためにデータをサンプリングし，結果を適切に解析することを目的とする方法で，農業試験のために考案されたものである。ソフトウェア分野では，テストケースを選定するために直交表を利用する手法が使われている。
エ：ロードテスト（負荷テスト）……ソフトウェアやハードウェア製品に負荷をかけた際，どこまで正常に動作するかなどを確認するためのテストである。

問 47 エ

開発環境上でソフトウェアを開発する手法（R5 秋-AP 問 47）

ローコード開発は，プログラムのコーディングをできるだけ行わずに，アプリケーションソフトウェアを開発する手法である。開発環境上で，用意された部品やテンプレートを GUI による操作で組み合わせたり，必要に応じて一部の処理のソースコードの変更や追加を行ったりする。したがって，（エ）が正しい。

その他の手法は次のとおりである。

ア：継続的インテグレーション（CI；Continuous Integration）は，開発者がソースコードをリポジトリへコミットすると，ビルドとテストが自動実行されるというプロセスを高頻度で繰り返す，アジャイル開発の実践手法である。
イ：ノーコード開発は，プログラムのコーディングを全く行わずに，アプリケーションソフトウェアを開発する手法である。開発環境上で，用意された部品やテンプレートを GUI による操作で組み合わせるなどする。ローコード開発と比較して，より簡単に開発を行える一方，カスタマイズの自由度は低い，という特徴がある。
ウ：プロトタイピングは，プロトタイプ（試作品）を用いる開発手法である。例えば，設計工程において，簡易的に動作する入力画面のサンプルコードを作成し，ユーザーレビューによって設計の品質を高める。

問 48 ア

リバースエンジニアリングで仕様書を作成し直す保守の分類（R5 秋-AP 問 48）

ソフトウェアの保守については，JIS X 0161:2008（ソフトウェア技術－ソフトウェアライフサイクルプロセス－保守）という規格があり，選択肢にある四つのタイプの保守について，それぞれ次のように定義している。

・適応保守（adaptive maintenance）……引渡し後，変化した又は変化している環境において，ソフトウェア製品を使用できるように保ち続けるために実施するソフトウェア製品の修正
・是正保守（corrective maintenance）……ソフトウェア製品の引渡し後に発見された問題を訂正するために行う受身の修正（reactive modification）

・完全化保守（perfective maintenance）……引渡し後のソフトウェア製品の潜在的な障害が，故障として現れる前に，検出し訂正するための修正
・予防保守（preventive maintenance）……引渡し後のソフトウェア製品の潜在的な障害が運用障害になる前に発見し，是正を行うための修正

この記述だと，完全化保守と予防保守の違いが分かりにくいが，完全化保守の注記には「完全化保守は，利用者のための改良，プログラム文書の改善を提供し，ソフトウェアの性能強化，保守性などのソフトウェア属性の改善に向けての記録を提供する」とある。

この注記から，ソースコードとの不整合を解消するためにプログラムの仕様書を作成し直すことは，ソフトウェア属性の改善に向けての記録を提供することに該当するので，（ア）の完全化保守に該当する。

問49　ア

アジャイルソフトウェア開発宣言における“別のことがら”（R5 秋-AP 問 49）

アジャイルソフトウェア開発宣言は，17 名のソフトウェア開発者が 2001 年に発表したもので，アジャイルソフトウェア開発の基本指針となっている。宣言は，次のとおりである。（引用元：https://agilemanifesto.org/iso/ja/manifesto.html）

> 私たちは，ソフトウェア開発の実践あるいは実践を手助けをする活動を通じて，よりよい開発方法を見つけだそうとしている。この活動を通して，私たちは以下の価値に至った。
>
> プロセスやツールよりも個人と対話を，
> 包括的なドキュメントよりも動くソフトウェアを，
> 契約交渉よりも顧客との協調を，
> 計画に従うことよりも変化への対応を，
>
> 価値とする。すなわち，左記のことがらに価値があることを認めながらも，私たちは右記のことがらにより価値をおく。
>
> （この宣言は，この注意書きも含めた形で全文を含めることを条件に自由にコピーしてよい。）

このように，個人と対話，動くソフトウェア，顧客との協調，変化への対応により価値をおくとしている。したがって，（ア）が正しい。なお，左記とは，各価値の「～よりも」の左側に記述されている内容，右記とは右側に記述されている内容のことである。

問50　ア

IDE の説明（R5 秋-AP 問 50）

IDE（Integrated Development Environment；統合開発環境）は，エディター，コンパイラ，リンカ，デバッガなどが一体となった開発ツールで，ソフトウ

ェア開発に必要なツールを一つの環境にまとめ，同じインタフェースで利用しやすくなるよう統合したものである。したがって，（ア）が正解である。

イ：デバッグに使われるJTAG（Joint Test Action Group）の説明である。JTAGを利用できるのは，バウンダリスキャンという動作に支障を与えない制御端子の機能をもつCPUに限られるが，現在では多くのCPUに備わっている。

ウ：製品の試作段階で，擬似的な実機環境を提供するICや部品などを搭載したボードの説明である。JTAGとの接続も容易である。

エ：タスクスケジューリングの仕組みなどを提供するソフトウェアは，OSのタスクスケジューラーである。

問51　エ

スコープ記述書に記述する項目（PMBOK®ガイド第7版）（R5秋-AP 問51）

PMBOK®（Project Management Body Of Knowledge）とは，プロジェクトマネジメントに関する知識を体系的にまとめたものである。最新のPMBOK®ガイド第7版では，プロジェクト・スコープを「(前略）プロダクト，サービス，所産を生み出すために実行する作業」とし，プロジェクト・スコープ記述書については，「プロジェクトのスコープ，主要な成果物，除外事項を記述した文書」と説明している。したがって（エ）のプロジェクトの除外事項が正解である。

ア：WBS（Work Breakdown Structure）は，プロジェクト・スコープ記述書に記載されたスコープを階層的に要素分解し詳細化したものである。

イ：コスト見積額は，プロジェクトの計画における見積りの情報を基に求められる項目で，プロジェクトマネジメント計画書に記述する項目である。

ウ：ステークホルダー分類は，ステークホルダーに関する情報を含むステークホルダー登録簿に記述する項目である。

問52　ウ

EVMを活用したパフォーマンス管理（R5秋-AP 問52）

EVM（Earned Value Management；アーンドバリューマネジメント）は，予算コストに換算した作業の出来高を基に，現時点での計画と実績を比較して進捗状況を客観的に把握し，将来の予測も行うプロジェクトマネジメント手法である。主な用語の意味とその計算式は次の表のとおりである。

用語	意味
PV（Planned Value；プランドバリュー）	計画されている作業の予算価値
EV（Earned Value；アーンドバリュー）	出来高（実施された作業の予算価値）
AC（Actual Costs；実コスト）	実施された作業に実際にかかったコスト

用語	計算式	計算結果の値が示す意味
SV（Schedule Variance；スケジュール差異）	EV−PV	正：計画よりも進んでいる。 **負：計画よりも遅れている。**
CV（Cost Variance；コスト差異）	EV−AC	正：計画したコスト内である。 負：計画したコストを超えている。
SPI（Schedule Performance Index；スケジュール効率指数）	EV／PV	1より大：計画よりも進んでいる。 1未満：計画よりも遅れている。
CPI（Cost Performance Index；コスト効率指数）	EV／AC	1より大：計画したコスト内である。 1未満：計画したコストを超えている。

問題文のEV−PVはスケジュール差異のSVを意味しており，EV−PVの値が負であるときはプロジェクトの進捗が計画よりも遅れていることになる。したがって，（ウ）が適切である。

ア：スケジュール効率はSPIで示される。EV−PVの値が負であるとき，SPIの値は1未満となるので計画よりも悪いことになる。

イ：プロジェクトの完了時期については，今後の対応策次第で早められる可能性もあるので，開発途中では断定できない。

エ：プロジェクトの進捗が計画よりも遅れていることを示すので，誤りである。

問53 ア

計画変更によるスケジュール短縮日数（R5秋-AP 問53）

図1の当初の計画で示された当初の作業スケジュールを，図2のように変更して実施した場合に短縮できる作業日数が問われている。当初の計画で所要日数9日の作業Eを，図2では作業E1，E2，E3の三つに分けて，E1とE2を並行して行い，両方の作業が終了してからE3を実行するように計画を変更している。この結果，次の図のように6日で終えることができ，作業Eの部分の日数を3日短縮することができる。

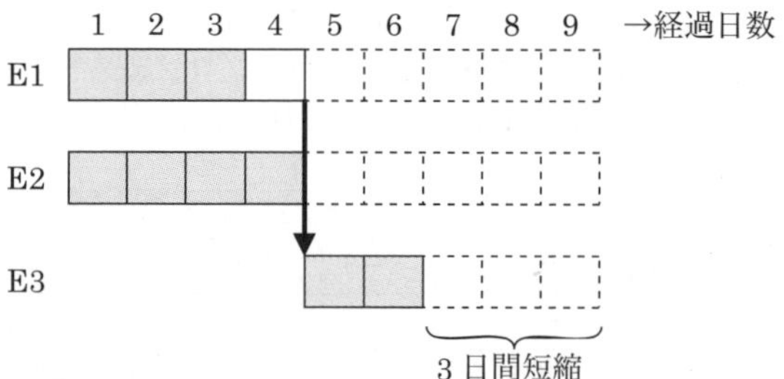

このように，一部の作業を3日短縮できることが分かったが，スケジュール全体でも3日短縮できるかどうか確認する必要がある。

まず，当初の計画の図 1 について全体の所要日数を求めると A→B→E→H→I が最も長く 28 日かかり，クリティカルパスとなる（A→C→F→H→I は 23 日，A→B→D→G は 27 日）。

変更後の計画の図 2 では，変更前に 9 日かかった作業 E が，作業 E1，E2，E3 に分けて 6 日で終えられるので，クリティカルパスが A→B→D→G に変わり，全体の所要日数も 27 日となる（A→C→F→H→I は 23 日，A→B→(E1,E2,E3)→H→I は 25 日）。これより，スケジュールは全体で 1 日短縮できることができるので，（ア）が正解である。

なお，この問題のように，順番に実行する予定の作業を並行して行うことで全体の所要日数を短縮する技法をファストトラッキングという。

問54　エ

コンティンジェンシー計画を作成するプロセス（R05 秋-AP 問 54）

プロジェクトマネジメントにおけるコンティンジェンシー計画（緊急時対応計画）とは，事件・事故・災害などの普段の企業活動では予測が難しい不測の事態が発生したときに発動する対応策を定めたものである。プロジェクトの目標の達成に影響のあるリスクの対策は「リスクへの対応」プロセスで決定する。これにはリスク発生時のコンティンジェンシー計画やその発動条件の規定も含まれる。したがって，（エ）が正解である。

ア：「リスクの管理」プロセスでは，コンティンジェンシー計画の発動条件の監視を含むリスクへの対応の有効性の評価を行う。コンティンジェンシー計画の作成は含まれない。

イ：「リスクの特定」プロセスでは，プロジェクトの目標の達成に影響のあるリスク及びその特性を決定するまでしか行わないため，コンティンジェンシー計画の作成は含まれない。

ウ：「リスクの評価」プロセスは，「リスクの特定」プロセスで特定した各リスクの発生確率やプロジェクトの目標の達成に与える影響を推定するプロセスであるため，コンティンジェンシー計画の作成は含まれない。

問55　ア

サービスマネジメントシステムにおける是正処置の説明（R05 秋-AP 問 55）

サービスマネジメントシステム（SMS）における是正処置とは，JIS Q 20000-1（情報技術－サービスマネジメント－第 1 部：サービスマネジメントシステム要求事項）で「検出された不適合又は他の望ましくない状況の原因を除去する，又は発生の起こりやすさを低減するための処置」と定義されている。したがって，（ア）が正解である。

イ：構成管理の説明である。構成管理では，「構成情報は，CI（構成品目）の変更の展開に伴って更新する必要がある」とされている。なお，構成品目（CI；Configuration Item）とは，サービスの提供のために管理する必要がある要素である。

ウ：継続的改善の説明である。継続的改善とは，「パフォーマンスを向上するために繰り返し行われる活動」と定義されている。また，継続的改善のプロセスで，「組織は，SMS 及びサービスの，適切性，妥当性及び有効性を継続的に改善しなければならない」とされている。

エ：インシデント管理の説明である。インシデントとは，「サービスに対する計画外の中断，サービスの品質の低下，又は顧客若しくは利用者へのサービスにまだ影響していない事象」と定義されている。インシデントについては，

a）記録し，分類する。
b）影響及び緊急度を考慮して，優先度付けをする。
c）必要であれば，エスカレーションする。
d）解決する。
e）終了する。

という一連の流れのインシデント管理を実施しなければならないとされている。

問 56 イ

許容されるサービスの停止時間の計算（R5 秋-AP 問 56）

SLA（サービスレベルアグリーメント）などで示される可用性は，期間中の全サービス時間に対するサービス提供時間の比率であり，次の式で求められる。

$$\text{可用性} = \frac{\text{サービス提供時間}}{\text{全サービス時間}} = \frac{\text{全サービス時間} - \text{サービスの停止時間}}{\text{全サービス時間}}$$

まず，全サービス時間を求める。計算対象となる月の日数が 30 日で，サービスは毎日 0 時から 24 時まで提供されるので，全体で 30×24（時間）となるが，計画停止を実施する月曜日が 4 回あり，この日は 0 時から 6 時までの 6 時間が計画停止となるので，全サービス時間は 30×24－4×6＝720－24＝696（時間）となる。

この条件でサービスの可用性が 99%（＝0.99）以上になるサービスの停止時間を求めると，次の式が成り立つ。

$$0.99 \leqq \frac{696\text{（時間）} - \text{サービスの停止時間}}{696\text{（時間）}}$$

この式の両辺に 696（時間）を掛けると，

0.99×696（時間）$\leqq$ 696（時間）－ サービスの停止時間
サービスの停止時間 $\leqq$ 696（時間）－ 0.99×696（時間）
（右辺）＝ 696×（1－0.99）＝ 696×0.01＝6.96（時間）
≒ 6（時間）……小数第 1 位切捨て

したがって，許容されるサービスの停止時間は最大 6 時間で，（イ）が正解と

なる。

問57 イ

フルバックアップ方式と差分バックアップ方式による運用（R5 秋-AP 問 57）

フルバックアップ方式はディスク全体の内容をテープなどに取得する方式で，差分バックアップ方式は直近のフルバックアップ以降に変更になった内容だけをテープなどに取得する方式である。障害から復旧するには，直近のフルバックアップのデータをディスクに復元（リストア）した後，変更内容の差分バックアップのデータを反映することになる。したがって，（イ）が適切な記述である。

ア：フルバックアップ方式での復旧は，フルバックアップの復元だけ行い，差分のデータ処理はない。一方，差分バックアップ方式は，フルバックアップの復元に加えて，変更になった差分のデータを反映する処理も必要なため，障害からの復旧時間は，フルバックアップ方式に比べて長い。

ウ：差分のデータだけでは復旧できないので，フルバックアップの取得が必須である。一般には，例えば，週末にフルバックアップを行い，それ以外の日は差分バックアップを行うといった運用となる。

エ：バックアップの対象となるデータ量はフルバックアップよりも差分バックアップの方が少なく，バックアップに要する時間も差分バックアップ方式の方が短い。

問58 ウ

システム監査人が作成する監査調書（R05 秋-AP 問 58）

監査調書とは，実施した監査手続，入手した監査証跡及び監査人が到達した結論の記録である。これは監査の結論を支える合理的な根拠とするために，適切に保管する必要がある。したがって，（ウ）が正解である。

ア：監査実施内容の適切性・再現性などを確保するために監査調書の作成は必要であるため誤りである。

イ：監査調書は監査人自身の行動記録ではなく，監査手続や監査証拠を含み，監査チーム内の他の監査人が容易に参照できるようにする必要があるため，誤りである。

エ：監査調書には，組織体の重要情報や機密情報が記載されていることから，未承認アクセスに対する防止対策，及びバックアップ対策を講じるなどして，適切に保管しておく必要があるため誤りである。

問59 ウ

起票された受注伝票に関する監査手続（R5 秋-AP 問 59）

「起票された受注伝票の入力が，漏れなく，かつ，重複することなく実施されていること」を確認するためには，販売管理システムからデータ内容をそのまま出力したプルーフリストと受注伝票との照合が実際に行われていることを確認する必要がある。そのためには，プルーフリストと受注伝票上で照合が行われたことを示す照合印の有無を確かめる必要があるので，(ウ) が監査手続として適切である。

ア：この記述は例外取引の妥当性を確認するための監査手続であり，受注伝票が漏れなく，重複することなく入力されていることを確かめるものではない。

イ，エ：テストデータ法と並行シミュレーション法は，システムが行うデータの処理が正しいことを確認するシステム監査技法であり，受注伝票が漏れなく，重複することなく入力されていることを確かめるものではない。

問60 イ

"内部統制の実施基準"における IT への対応 (R5 秋-AP 問 60)

金融庁の"財務報告に係る内部統制の評価及び監査に関する実施基準（令和元年)"は，米国で起きた企業の巨額の粉飾決算に対する SOX 法の制定を受けて，日本国内の上場企業に義務付けた内部統制報告書と監査のための基準で，内部統制の構築・運用に関するガイドラインとなっている。

この基準は令和 5 年に改訂され，新基準は令和 6 年から適用されるが，この問題の"IT への対応"に関して大きな変更はなく，「IT への対応とは，組織目標を達成するために予め適切な方針及び手続を定め，それを踏まえて，業務の実施において組織の内外の IT に対し適時かつ適切に対応すること」「IT への対応は，IT 環境への対応と IT の利用及び統制からなる」と説明されている。さらに，IT の統制については，「IT に対する統制活動は，全般統制と業務処理統制の二つからなり，……」と説明されており，（イ）の記述が適切である。

なお，全般統制とは「業務処理統制が有効に機能する環境を保証するための統制活動」で，システム開発・保守，運用・管理などが具体例として挙げられている。また，業務処理統制とは「業務を管理するシステムにおいて，承認された業務が全て正確に処理，記録されることを確保するために業務プロセスに組み込まれた統制活動」とされており，入力情報の完全性，正確性，正当性などの確保や，例外処理（エラー）の修正と再処理などが具体例として挙げられている。

ア：IT 環境とは，「組織が活動する上で必然的に関わる内外の IT の利用状況のこと」とされていて，企業内部に限られた範囲での利用状況ではない。

ウ：この基準では，統制活動を自動化した場合のメリット（迅速な処理，不注意による誤り防止など）が挙げられているが，デメリットとして「プログラムの不正な改ざんや不正な使用等があった場合に，プログラムに精通した者しか対応できず，不正等の適時の発見が困難になる」とも示されており，統制活動を自動化しているからといって，その統制活動が有効であるとは評価されない。

エ：この基準では「内部統制に IT を利用せず，専ら手作業によって内部統制が運用されている場合には，例えば，手作業による誤謬(びゅう)等を防止するための内部統制を，別途構築する必要等が生じ得ると考えられるが，そのことが直ちに内部統制の不備となるわけではないことに留意する」とされている。

問 61　イ

バックキャスティングの説明（R05 秋-AP 問 61）

バックキャスティングとは，未来のありたい姿を目標として設定し，現在に向かって遡る過程で予想される課題や解決策を検討することで，目標を達成するために現在から未来に向かってやるべきことを考える思考法である。したがって，（イ）が正解である。バックキャスティングの逆で，未来に向かって課題や解決策を検討する思考法をフォワードキャスティングと呼ぶ。

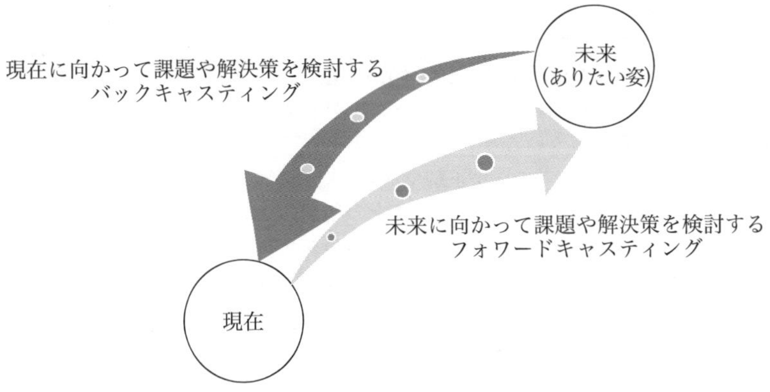

図　バックキャスティングとフォワードキャスティング

ア：アジャイル開発の説明である。事前に決めたプロジェクト要員の範囲内で，機能を優先順位付けし優先する機能から繰返し順次開発していく開発手法である。

ウ：ボトムアップの説明である。ボトム（下位）から上位に向かって意思伝達していく手法である。ボトムアップとは逆にトップ（上位）から下位に向かって意思伝達していく手法をトップダウンと呼ぶ。

エ：バックテストの説明である。バックテストは主に投資で使われる用語で，投資戦略を過去のデータに当てはめて，どの程度の利益が出るのかシミュレーションすることでその有効性を検証する手法である。

問 62　ア

ワントゥワンマーケティングを実現するソリューション（R5 秋-AP 問 62）

顧客に対するワントゥワンマーケティングを実現する統合的なソリューションとしては，CRM（Customer Relationship Management）ソリューションが最適である。CRM ソリューションでは，顧客満足度を高めることを目標として，顧客に対する情報管理を高度化し，企業内での情報の共有を図ることによってサービスの質を向上させ，顧客との関係性を管理するシステムの提供を行う。したがって，（ア）が正解である。

イ：HRM（Human Resource Management）ソリューションでは，人的資源，主に自社の従業員の人材育成や人事管理を行うシステムの提供を行う。

ウ：SCM（Supply Chain Management）ソリューションでは，自社を含む複数の会社間の物流システムを統合して管理するシステムの提供を行う。

エ：財務管理ソリューションでは，いわゆる会計システムの提供を行う。

問63 エ

SOAの説明（R5秋-AP 問63）

SOA（Service Oriented Architecture）とは，ネットワーク上に公開されている“サービス”と呼ばれるソフトウェア部品を組み合せることで，企業などの情報システムを構築していこうとする考え方や，それを実現させるためのアーキテクチャのことであり，（エ）が正解である。

なお，ビジネスプロセスとは，業務上の処理のことであり，コンポーネントウェアなどのソフトウェア部品を利用する他のシステム開発手法と比べて，部品の単位が業務処理（サービス）という，ある程度大きなまとまりであることが特徴とされている。

ア：BPR（Business Process Reengineering）の説明である。

イ：ERP（Enterprise Resource Planning）の説明である。

ウ：SLA（Service Level Agreement）の説明である。

問64 ウ

投資によるキャッシュアウトをいつ回収できるかを表す指標（R5秋-AP 問64）

キャッシュフローの累計額が投資額と等しくなるまでの期間を算出し，何年後に回収できるかを評価する指標は，PBP（Pay Back Period）である。したがって，（ウ）が正解である。PBPによって投資効果を評価する方法（回収期間法）はよく用いられるもので，回収期間の長短によって投資シナリオを評価する。この評価法によれば，早く回収できる方が良い計画になり，投資事案が複数あれば最も回収期間が短いシナリオを選択する。

ア：IRR（Internal Rate of Return；内部収益率）は，ある投資を行ったときに将来得られる収益を，投資金額の運用利回り（収益率）として表現したものである。（イ）の選択肢にあるNPVがゼロになるような割引率とも定義される。このIRRと投資の調達コスト（利率など）の比較によって，投資効率が評価できる。

イ：NPV（Net Present Value；正味現在価値）とは，投資対象の事業などが生み出すキャッシュフロー（すなわち将来予測される利益）の現在価値であるDCF（Discounted Cash Flow；割引キャッシュフロー）の総和から，初期投資額を引いた金額のことで，投資効果を評価するための指標である。これがプラスにならないと投資は利益をもたらさないことになる。

エ：ROI（Return On Investment；投資収益率）は情報戦略の投資対効果を評価する指標であり，投資額がどれだけの効果を生んでいるかという運用効率を示す指標でもある。利益額を分子に，投資額を分母にして算出する。

問65 ア

成果物が利害関係者の要件を満たしている証拠を得る検証手法（R05 秋-AP 問 65）

JIS X 0166:2021（システム及びソフトウェア技術－ライフサイクルプロセス－要求エンジニアリング）において，「成果物となる文書について要件（要求事項）への遵守度合いを検査するもの」は「インスペクション」である。したがって，（ア）が正解である。インスペクションは「要件（要求事項）への適合度合を確認するために該当する文書に違反項目がないかを検査する」と定義されている。

イ：テストは，「ある項目の運用性，支援可能性又は性能を，現実の又はシミュレーション制御条件の支配下で，定量的に検証する行為である」と定義されている。よって要件への遵守度合いを検査するものではない。

ウ：デモンストレーションは，「機能的なパフォーマンスを定性的に見せることであり，通常，あっても最小限の計測機器又はテスト機器を用いて行う」と定義されている。よって要件への遵守度合いを検査するものではない。

エ：分析（モデリング及びシミュレーションを含む）は，「理論的に適合していることを示すために，定義した条件下で解析データ及びシミュレーションを使用する。現実的な条件でテストすることが達成不可能である，又は費用対効果がない場合に用いる」と定義されている。よって要件への遵守度合いを検査するものではない。

問66 エ

ファウンドリーサービスの説明（R5 秋-AP 問 66）

ファウンドリーはいわゆる鋳物工場を指す言葉であるが，半導体メーカーにおいては半導体工場を指す。ファウンドリーサービスとは，半導体製品の製造を専門に行うサービスのことである。自社で製造設備をもたず半導体製品の企画や販売を専門に行うファブレス企業などからの製造委託を受けて半導体製品の製造を行う。したがって，（エ）が正解である。

なお，ファウンドリーサービスを行う半導体メーカーやファブレス企業のように水平分業をする形態に対して，半導体製品の企画，設計，製造，販売などを全て自社で行う企業を垂直統合型デバイスメーカー（IDM；Integrated Device Manufacturer）と呼んでいる。

ア：ライセンスビジネスの説明である。

イ：垂直統合型デバイスメーカー；IDM（Integrated Device Manufacturer）の説明である。

ウ：ファブ（製造設備）レス企業の説明である。

問67 ア

成長マトリクスの説明（R5 秋-AP 問 67）

H.I.アンゾフが提唱した成長マトリクスは，次の図のように，既存製品か新製品かという製品軸と既存市場か新市場かという市場軸の両軸でとらえ，事業成長戦略を，市場浸透戦略，市場開発戦略，製品開発戦略，多角化戦略の四つに類型化したものである。したがって，（ア）が正解である。

市場＼製品	現製品	新製品
現市場	市場浸透戦略	製品開発戦略
新市場	市場開発戦略	多角化戦略

イ：「コストで優位に立つかコスト以外で差別化するか，ターゲットを広くするか集中するかによって戦略を考える」のは，M.E.ポーターの基本戦略（差別化戦略・集中戦略）である。

ウ：「市場成長率が高いか低いか，相対的市場シェアが大きいか小さいかによって事業をとらえ，資源配分の戦略を考える」のは，BCG（ボストン・コンサルティング・グループ）の PPM（プロダクト・ポートフォリオ・マネジメント）である。

エ：「自社の内部環境の強みと弱み，取り巻く外部環境の機会と脅威を抽出し，取組方針を整理して戦略を考える」のは，SWOT 分析である。

問68 ウ

顧客からの同意を段階的に広げるマーケティング手法（R5 秋-AP 問 68）

パーミッションマーケティングとは，あらかじめ承認を受けた顧客に対してだけ，勧誘や販売をするというマーケティング手法である。例えば，顧客に対し，事前に商品情報の発信の同意を得てから，許可を得た相手に DM やメール配信を行う。これによって，商品やサービスに興味をもっている顧客を対象にできるため，より顧客の要求に合わせたマーケティングが展開できる。したがって，（ウ）が正解である。

ア：アフィリエイトマーケティングとは，バナー広告を複数の Web サイトに掲載し，広告によって売上が上がれば，売上に対する収益を Web サイトのオーナーとシェアするという方式のマーケティング手法である。

イ：差別型マーケティングとは，セグメントごとのニーズに合わせたマーケティング・ミックスを採用するマーケティング手法である。

エ：バイラルマーケティングとは，製品やサービスに関する「口コミ」を利用して，製品を告知したり顧客を獲得したりするマーケティング手法である。

問69 イ

人口統計的変数に分類される消費者特性（R5 秋-AP 問 69）

市場にあふれる顧客の数は多く，広範囲に分散しており，顧客のニーズも日々変化している。急速に変化する市場に対応するためには，効果的にマーケティングを行わなければならない。効果的な市場開拓を目的としたマーケティング手法の一つである STP マーケティングでは，年齢，性別，地域など，幾つかの条件を付けて市場全体をセグメントという単位に細分化し（セグメンテーション；Segmentation），自社の製品やサービスを踏まえ，ターゲットとなるセグメントを絞り込み（ターゲティング；Targeting），自社の製品やサービスをターゲットのニーズに適合させる（ポジショニング；Positioning）という三つのステップを踏む。

セグメンテーション変数とは，市場を細分化する際に用いる基準であり，地理的変数（Geographic Variables），人口統計的変数（Demographic Variables），心理的変数（Psychographic Variables），行動的変数（Behavioral Variables）の四つに分類される。それぞれの変数の例は次のとおりである。

表　セグメンテーション変数の分類

名称	例
地理的変数	国，州，地域，郡，都市規模，人口密度など
人口統計的変数	年齢，性別，所得，職業，宗教，人種，国籍など
心理的変数	社会階層，パーソナリティ，ライフスタイル，性格など
行動的変数	購買契機，使用頻度，ロイヤルティ，使用者状態など

職業は人口統計的変数となる。したがって，（イ）が正解である。

ア：社交性などの性格は，心理的変数である。

ウ：人口密度は，地理的変数である。

エ：製品の使用割合は，行動的変数である。

問70 ウ

オープンイノベーションの説明（R05 秋-AP 問 70）

オープンイノベーションとは，H.チェスブロウが提唱した概念で，企業内部と外部のアイディアを有機的に結合させ，価値創造することである。これは，主に自社が使用する特許を中心とした知的財産戦略が中心となるクローズドイノベーションと対比されるもので，自社と外部組織の技術やアイディアなどを組み合わせることで創出した価値を，更に外部組織へ提供する。したがって，（ウ）が正解である。

ア：「外部の企業に製品開発の一部を任せることで，短期間で市場へ製品を投入する」のは，OEM（Original Equipment Manufacturing）である。

イ：「顧客に提供する製品やサービスを自社で開発することで，新たな価値を創出する」のは，クローズドイノベーションである。

エ：「自社の業務の工程を見直すことで，生産性向上とコスト削減を実現する」のは，プロセスイノベーションである。

問71　エ

CPS（サイバーフィジカルシステム）を活用している事例（R5秋-AP 問71）

CPS（サイバーフィジカルシステム）とは，サイバー空間（コンピュータ上で再現した仮想空間）を使い，フィジカル（現実）で起こり得る事象を再現するシステムのことである。IoTの普及などによって，現実世界で起こる様々な事象のデータを集めやすくなってきており，これらのデータをCPS上で再現したり分析したりすることができるようになっている。したがって，（エ）が正解である。

ア：SDN（Software Defined Network）に代表されるソフトウェア定義の説明である。

イ：センサーで使用状況を検知するIoTの活用事例の説明である。

ウ：シンクライアントシステムの説明である。リモートワークの普及でシンクライアントシステムを導入する企業が増えてきている。

問72　イ

インターネットを介して単発の仕事を受託する働き方（R5秋-AP 問72）

インターネットを介して提示された単発の仕事でお金を稼ぐ働き方や，これらの仕事によって経済が回る仕組みをギグエコノミーと呼ぶ。したがって，（イ）が正解である。ギグ（gig）は，もともとライブハウスなどで演奏者が，1回限りのセッションを行うことを意味している。

インターネットが身近なものとなり，インターネットを介して容易に仕事を見つけることができるようになることで，従来のような正社員や派遣社員のような特定の会社に勤めてお金を稼ぐ働き方ではなく，単発の仕事をこなすことでお金を稼ぎやすくなってきており，このような自由な働き方をする人（ギグワーカー）が増えている。日本では，ギグワーカーに対する法的な保護の仕組みが確立できていないため，課題もある。

ア：APIエコノミーとは，インターネットを介して様々な企業が提供する機能（API；Application Programming Interface）をつなげることでAPIによる経済圏を形成していく考え方である。地図アプリのAPIを公開することで，タクシーの配車サービスと連携したり，ホテルの空室マッチングサービスと連携したりすることはAPIエコノミーの一例である。

ウ：シャドーエコノミーとは，政府が発表する経済統計に表れない経済活動のことである。非公式経済や地下経済などとも呼ばれるが，いわゆる違法ビジネスだけでなく，政府が把握できない経済活動（租税回避を目的とした経済活動など）もシャドーエコノミーに含まれる。

エ：トークンエコノミーとは，政府が発行する通貨や貨幣に代わる代替通貨を使った経済圏のことである。ブロックチェーン技術を使った仮想通貨を使った経済圏はトークンエコノミーの一例である。

問73 イ

AIを用いたマシンビジョンの目的（R05秋-AP 問73）

スマートファクトリーで使用されるAIを用いたマシンビジョンとは，産業機器に搭載されたカメラによって対象物を認識し，映し出された画像を処理し，処理結果に基づいて機器を動作させるシステムである。産業機器に人間の視覚をもたせ，AIが判別する機能を提供する。マシンビジョンは，カメラ，照明，ソフトウェアで構成され，従来，人間が実施していた目視検査を自動化し，検査効率を向上させることを目的とする。したがって，（イ）が正解である。

ア：VRゴーグルは現実ではない空間を見せるもので，VRゴーグルに作業プロセスを表示することは，作業効率を向上させることを目的とするものである。よって，記述はマシンビジョンの目的には該当しない。

ウ：クラウドに蓄積した入出荷データを用いて機械学習を行い，生産数の最適化を行うことは，需要予測を目的とするものである。よって，記述はマシンビジョンの目的には該当しない。

エ：設計変更内容を，AIを用いて吟味することは，製造現場に正確に伝達することを目的とするものである。よって，記述はマシンビジョンの目的には該当しない。

問74 エ

BCMにおいて考慮すべきレジリエンス（R5秋-AP 問74）

BCM（Business Continuity Management）は，組織への潜在的な脅威，及びそれが顕在化した場合に引き起こされる可能性がある事業活動への影響を特定し，主要なステークホルダーの利益，組織の評判，ブランド，及び価値創造の活動を保護する効果的な対応のための能力を備え，組織のレジリエンスを構築するための枠組みを提供する包括的なマネジメントプロセスのことである。

レジリエンスとは，企業や組織の事業が停止してしまうような事態に直面したときに，影響範囲を最小にして，通常と同じ品質・レベルで製品やサービスを提供し続けられる能力のことである。レジリエンスを高めるためには，インシデントの影響を受けにくくすることと，影響を受けた場合に速やかに復旧できることが必要になる。したがって，（エ）が正解である。

ア：コアコンピタンスの説明である。コアコンピタンスは，企業の競争上の強みであって，自社のサービスや製品を顧客が選択してくれるための原動力となる。コアコンピタンスの例としては，競合他社が模倣できないような，自社がもつ技術やスキルが考えられる。技術やスキルがコアコンピタンスとなるためには，模倣できないというだけではなく，代替がない，まれである，永続性があるなどの要素も必要である。長年の企業努力によって得られたコアコンピタンスであっても，市場環境の変化によって陳腐化してしまう可能性もある。継続的な投資や能力向上などによってコアコンピタンスを維持しなければならない。

イ：BCM においてはリスクを極小化することの検討が必要である。リスクを回避するということは，例えば，インターネットを経由する攻撃を受けないようにするために，インターネットと接続しないというように，リスクが生じる事象を排除することである。想定される全てのリスクを回避し，かつ事業を継続することは困難であると考えられる。

ウ：BCP（Business Continuity Plan；事業継続計画）の説明である。JIS Q 22301:2020 において，BCP は，「事業の中断・阻害に対応し，かつ，組織の事業継続目的と整合した，製品及びサービスの提供を再開し，復旧し，回復するように組織を導く文書化した情報」と定義されている。万一事業活動が中断した場合に，目標復旧時間内に重要な機能を再開させることを目的とし，業務中断に伴うリスクが最低限となるよう，事業継続について準備しておくことが重要である。

問 75　エ

コンティンジェンシー理論の特徴（R05 秋-AP 問 75）

リーダーシップ論のうち，F.E.フィードラーが提唱するコンティンジェンシー理論では，指示や命令を中心としたリーダーシップを「仕事中心型」，人間関係の配慮を中心としたリーダーシップを「人間関係中心型」に分類し，リーダーが統制しやすい状況の場合（メンバーがリーダーを信頼しており，仕事内容が明確で，リーダーの権限が強いような場合）は，「仕事中心型」のリーダーシップが有効であるとされる。また，リーダーが統制しにくい状況の場合にも，「仕事中心型」のリーダーシップが有効であるとされる。状況がどちらでもない中間的な場合は，「人間関係中心型」のリーダーシップが有効であるとされる。このように，リーダーシップの有効性は，リーダーがもつパーソナリティと，リーダーがどれだけ統制力や影響力を行使できるかという状況要因に依存する。したがって，（エ）が正解である。

ア：「優れたリーダーシップを発揮する，リーダー個人がもつ性格，知性，外観などの個人的資質の分析に焦点を当てている」のは，コンティンジェンシー理論ではなく，リーダーシップ特性論である。

イ：「リーダーシップのスタイルについて，目標達成能力と集団維持能力の二つの次元に焦点を当てている」のは，コンティンジェンシー理論ではなく，リーダーシップ類型論の三隅二不二の PM 理論である。

ウ：「リーダーシップの有効性は，部下の成熟（自律性）の度合いという状況要因に依存するとしている」のは，P.ハーシィと K.ブランチャードの SL 理論である。

問76 イ

発生した故障の要因を表現するのに適した図法（R5秋-AP 問76）

問題文の記述に適した図法は（イ）のパレート図である。パレート図はQC七つ道具の一つで，量の累計を多いものから順番に表示して重点的対策の対象を明らかにする。まず，横軸に項目ごとの棒グラフを量の多い順に並べ，次に縦軸に項目累計表示も加えて，その累計を線で結び，100％に至るまで表示したものである。在庫管理のABC分析などにも使用される。

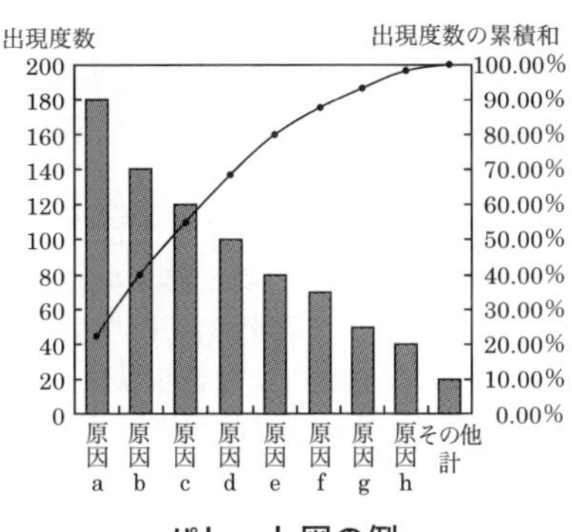

パレート図の例

ア：特性要因図は，QC 七つ道具の一つで，問題としている対象の特性（結果）を分析するのに，要因を魚の骨に似た形で表現する方法である。

ウ：マトリックス図は新QC七つ道具の一つで，問題としている対象全体を二次元的な配置図（マトリックス）として表現する方法である。行と列にそれぞれ大きな項目要素の分類を配置し，それら項目間の関連性などを交点に記入して全体観を得る。

エ：連関図は新QC七つ道具の一つで，幾つもの問題点とそれらの要因との間に想定される因果関係を矢印でつないで表現する図である。原因と結果，目的と手段などが複雑に絡み合う問題の全体を，明らかにするために用いられる。

問77 エ

固定資産の除却損の計算（R5秋-AP 問77）

取得原価30万円のPCを耐用期間中に償却すべき金額は，残存価額が0円ということなので30万円である。償却率0.250の定額法を採用しているので，1年の減価償却金額は30万円×0.250＝7.5万円となる。したがって，PCを丸2年間使用した結果の償却金額は15万円であり，この段階での簿価は，取得原価から償却金額を差し引き15万円となる。これを数式で表すと次のようになる。

30万円（取得原価）－15万円（償却金額）＝15万円（簿価）

廃棄処分する場合には，簿価（15万円）に廃棄費用（2万円）を加算した額が固定資産の除却損（17万円）となる。これを数式で表すと次のようになる。

15万円（簿価）＋2万円（廃棄費用）＝17万円（除却損）

したがって，（エ）が正解となる。

問78　エ

著作権法上適法である行為（R5秋-AP 問78）

著作権法第47条の3においては，「プログラムの著作物の複製物の所有者は，自ら当該著作物を電子計算機において実行するために必要と認められる限度において，当該著作物を複製することができる」と定められており，この趣旨に添っていれば，著作権者の許諾を得ずにプログラム（ソフトウェア）を改変し利用することは適法である。したがって，購入したプログラムを自分で利用する限度において改変することは認められるので，（エ）が正解である。

ア：海賊版を複製したプログラムはいわゆる違法コピーソフトウェアであるので，事前にそれと知りながら入手して業務で使用する行為は「侵害とみなす行為」（著作権法113条第2項）に該当し，著作権法に違反する。

イ：著作権法第49条（複製物の目的外使用等）では，法で認められた範囲外の複製は著作者複製権（第21条）を侵害すると定めている。ここで，著作権法上で複製が認められているのは，私的使用のための複製（第30条），学校その他の教育機関における複製等（第35条），プログラムの著作物の複製物の所有者による複製等（第47条の3）などであるが，社内教育用のプログラム複製はこれらの範囲外であり，著作権法に違反する。

ウ：法人の従業員（正社員，アルバイト，パート，派遣社員を含む）が職務上作成したソフトウェアの著作権は，特段の契約などがない限り当該法人に帰属するものとされているので，作成した担当者であっても独断で複製し，他社に貸与する行為は著作権法に違反する。

問79　ア

匿名加工情報取扱事業者が第三者提供する際の義務（R05秋-AP 問79）

個人情報保護法第2条第6項によると，「匿名加工情報」とは，個人情報の区分に応じて規定に定める措置を講じて特定の個人を識別することができないように個人情報を加工して得られる個人に関する情報であって，当該個人情報を復元することができないようにしたものをいう。同法第44条によると，匿名加工情報取扱事業者は，匿名加工情報を第三者に提供するときは，個人情報保護委員会規則で定めるところにより，あらかじめ，第三者に提供される匿名加工情報に含まれる個人に関する情報の項目及びその提供の方法について公表するとともに，当該第三者に対して，当該提供に係る情報が匿名加工情報である旨を明示しなければならない。したがって，（ア）が正解である。

イ：個人情報保護法には，「第三者へ提供した場合は，速やかに個人情報保護委員会へ提出した内容を報告しなければならない」という規定はない。

ウ：個人情報保護法には,「第三者への提供手段は，ハードコピーなどの物理的な媒体を用いることに限られる」という規定はない。サーバに格納するという提供手段も認められる。

エ：個人情報保護法には,「匿名加工情報であっても，第三者提供を行う際には事前に本人の承諾が必要である」という規定はない。匿名加工情報を第三者提供を行う際に，事前に本人の承諾は不要である。

問80 イ

企業と労働者の関係に関する記述（R5 秋-AP 問 80）

この問題では，請負契約，労働者派遣契約，出向に関わる契約のそれぞれにおいて，雇用関係や指揮命令関係がどうなるかという知識が問われている。

出向は法律用語ではなく，一般に一方の当事者（出向元）と雇用関係を一部残した労働者を，もう一方の当事者である相手先（出向先）の指揮命令の下に作業させる形態で，労働者と出向先との間でも雇用関係をもつ場合に用いられる。

労働者が出向元との雇用関係を解消して，出向先企業と新しく雇用契約を結ぶ場合を転籍出向，出向元と出向先の両者と雇用関係をもち出向する場合を在籍出向というが，どちらの場合も，出向先（企業 B）と出向する労働者（労働者 C）の間には指揮命令関係が生じる。したがって，（イ）が正解である。

ア：請負契約は民法第 632 条で定められている契約形態で，仕事の委託者に対して受託者が一定の報酬の下で仕事の完成を約束するものである。この場合の指揮命令関係は，受託した企業 A と労働者 C との間にある。

ウ，エ：労働者派遣契約は，一方の当事者（派遣元）がもう一方の当事者（派遣先）に対して労働者を派遣するものである。この場合，派遣される労働者 C は派遣元の企業 A と雇用関係があり，かつ派遣先の企業 B と指揮命令関係が生じる。派遣先と派遣労働者には雇用関係はなく，また出向とも異なっている。

●令和５年度秋期
午後問題 解答・解説

問1　電子メールのセキュリティ対策 (R5 秋-AP 午後問 1)

【解答例】

［設問1］ (1) 本文メールを誤送信すると，DPW も誤送信した相手に届いてしまう。
(2) DPW を，電話や携帯メールなど異なった手段で伝える。

［設問2］ (1) 1.6
(2) a：カ　b：オ　c：ウ　d：エ
(3) 暗号化と復号の処理速度が速いから

［設問3］ ア

【解説】

メールの運用における誤送信や盗聴による情報漏えいの対策として，S/MIME (Secure/Multipurpose Internet Mail Extensions) を利用するセキュリティ強化をテーマとする問題である。S/MIME は，電子署名（デジタル署名）によって送信者の真正性及びメール内容の完全性を確認し，メールの暗号化によってメールの機密性を保持する，メールのセキュリティメカニズムである。

設問1は，現行のメールの運用におけるリスクや改善策の考察問題であり，設問の主旨を的確に押さえれば，正解を導くことができる。設問2と設問3は，午前試験で出題されている，一般的な電子署名や暗号処理における鍵の使い方や特徴，証明書の検証方法を整理できていれば解答できる。基本的な知識の理解度によって差がつくと考えられる。

［設問1］

(1) 下線①によって発生するおそれのある，情報漏えいにつながる問題を 40 字以内で答える。下線①は，次の記述の中にある。

> L 主任は，現在の PPAP の運用状況を調査して，次の二つの問題点を洗い出した。
> (1) ①本文メールの宛先を確認せずに，本文メールと同じ宛先に対して PW メールを送信している従業員が多い。

また，現在運用している PPAP については，次のように記述されている。

> K 社では，添付ファイル圧縮サーバを利用して，最初に DPW（使い捨てのパスワード）で復元可能な ZIP ファイルを添付したメール（以下，本文メールという）を送信し，その後，ZIP ファイルを復元するための DPW を記載したメール（以下，PW メールという）を送信することによって，メールのセキュリティを確保する方式（以下，この方式を PPAP という）を運用している。

PPAP の運用において，本文メールの宛先を確認しない状況で，情報漏えいにつながるおそれのある問題としては，正しくない宛先へのメールの誤送信が考えられる。本文メールを誤送信すると，下線①の記述から，PW メールも同じ宛先に誤送信され，DPW が誤送信した相手に届いてしまうことになる。そして，誤送信されたメールの受信者が，PW メールに記載された DPW を使って，本文メールの添付ファイルを復元すると，情報漏えいにつながる。したがって，情報漏えいにつながるおそれのある問題としては，「本文メールを誤送信すると，DPW も誤送信した相手に届いてしまう」のように答えるとよい。

なお，PPAP は，「パスワード付き暗号化ファイルの後にパスワードを送る暗号化プロトコル」という日本語の説明文の下線部を頭文字として表現した用語である。

(2) 下線②について，盗聴による情報漏えいリスクを低減させる運用上の改善策を 30 字以内で答える。下線②を含む記述は，「(1)の問題点を改善しても，(2)の問題点が残ることから，②L 主任は(2)の問題点の改善策を考えた」である。(2)の問題点は次のように記述されている。

> (2) ほとんどの従業員が，PW メールを本文メールと同じメールシステムを使用して送信している。したがって，本文メールが通信経路上で何らかの手段によって盗聴された場合，PW メールも盗聴されるおそれがある。

(2)の問題点は，PW メールを本文メールと同じメールシステムで送信しているので，二つのメールが共に盗聴される可能性が高くなるというものである。同じメールシステムを使うと，本文メールと PW メールが同じ通信経路によって送受信されことになる。そのため，通信経路上のどこかで本文メールが盗聴された場合には，PW メールも同じように盗聴される可能性が高い。

本文メールと PW メールが共に盗聴されることを防ぐ改善策としては，DPW を本文メールとは異なる通信経路で伝達する手段を用いることが考えられる。具体的な手段として，電話や現状とは別のメールシステムとなる携帯メールなどがある。したがって，「DPW を，電話や携帯メールなど異なった手段で伝える」のように答えるとよい。なお，手段として電話を用いる場合，頻度が高いと業務が煩雑になることや，音声で伝える際の盗み聞きのリスクがあることなどを考慮する必要がある。

［設問２］

(1) 下線③が検知される手順を，表 1，2 中の手順の番号で答える。下線③を含む記述は，「・メールに電子署名を付加することによって，メーラによる電子署名の検証で，送信者を騙ったなりすましや③メール内容の改ざんが検知できる」である。

下線③の前にある「メーラによる電子署名の検証で」の記述のとおり，メール内容の改ざんは，電子署名に関わる表 1 の手順のうち，受信側の処理内容であるメール内容の検証時に検知される。そして，電子署名の検証手順の 1.4〜1.6 において電子署名から取り出したハッシュ値（手順 1.4）と，受信したメール内容から生成したハッシュ値（手順 1.5）を，比較して一致しないとき（手順 1.6）に改ざんが検知されることになる。したがって，検知される手順は「1.6」である。

(2) 空欄 a，b は次のように表 1 の中にある。

送信側		受信側	
手順	処理内容	手順	処理内容
1.1	ハッシュ関数 h によってメール内容のハッシュ値 x を生成する。	1.4	電子署名を [b] で復号してハッシュ値 x を取り出す。
1.2	ハッシュ値 x を [a] で暗号化して電子署名を行う。	1.5	ハッシュ関数 h によってメール内容のハッシュ値 y を生成する。

公開鍵暗号を用いる電子署名では，署名者の秘密鍵を用いて電子署名を生成し，署名者の公開鍵を用いて電子署名を検証する。S/MIME では，送信者が署名者である。したがって，空欄 a には「送信者の秘密鍵」（カ），空欄 b には「送信者の公開鍵」（オ）が入る。

なお，表 1 の処理内容は，RSA 署名アルゴリズムを用いる場合の処理である。RSA 署名では，署名対象データのハッシュ値を署名鍵（署名者の秘密鍵）で暗号化して電子署名を生成し，検証鍵（署名者の公開鍵）で電子署名を復号する。

空欄 c，d は次のように表 2 の中にある。

送信側		受信側	
手順	処理内容	手順	処理内容
2.1	送信者及び受信者が使用する共通鍵を生成し，④共通鍵でメール内容を暗号化する。	2.4	[d] で共通鍵を復号する。
2.2	[c] で共通鍵を暗号化する。	2.5	共通鍵でメール内容を復号する。

手順 2.1 のとおり，メール内容は，メール送信の都度生成される共通鍵で暗号化される。そして，その共通鍵を受信側と安全に共有するために，公開鍵暗号を用いて，共通鍵を受信者の公開鍵で暗号化して送信する。受信者は自身の秘密鍵で共通鍵を復号する。したがって，空欄 c には「受信者の公開鍵」（ウ），空欄 d には「受信者の秘密鍵」（エ）が入る。

S/MIME に限らず，TLS や IPsec，SSH などのセキュアプロトコルでは，メール内容やメッセージの暗号化を共通鍵暗号で行い，その共通鍵を共有する鍵交換を公開鍵暗号で行うという，ハイブリッド暗号方式が使われている。

(3) 下線④について，メール内容の暗号化に公開鍵暗号ではなく共通鍵暗号を利用する理由を 20 字以内で答える。下線④を含む記述は，「送信者及び受信者が使用する共通鍵を生成し，④共通鍵でメール内容を暗号化する」である。

電子データの暗号化は，共通鍵暗号でも公開鍵暗号でも可能である。暗号化処理に関する両者の違いとして，暗号化及び復号の処理時間の差が挙げられる。現在，一般に利用されている暗号アルゴリズムでは，同じ暗号強度の処理で比較した場合に，共通鍵暗号には公開鍵暗号よりも暗号化や復号の処理時間が速いという利点がある。そのため，セキュアプロトコルやファイルの暗号化などにおける電子データの暗号化では共通鍵暗号が利用されている。したがって，「暗号化と復号の処理速度が速いから」のように答えるとよい。

［設問３］

下線⑤について，電子証明書の正当性の検証に必要となる鍵の種類を選ぶ。下線⑤を含む記述は，「メーラは，⑤受信したメールに添付されている電子証明書の正当性について検証する」である。

S/MIME において，メールに添付される電子証明書（デジタル証明書）は，送信者のものである。受信側のメーラは，この電子証明書の正当性について検証したうえで，電子証明書から送信者の公開鍵を読み出して，送信者の電子署名を検証する。電子証明書の正当性についての検証は，電子証明書を発行した CA（Certification Authority；認証局）によって付与された，CA の電子署名を検証することで行われる。このとき，CA の電子署名の署名は CA の秘密鍵によって行なわれているので，検証に必要となる鍵は CA の公開鍵である。したがって，「CA の公開鍵」（ア）が正しい。

問２　バランススコアカードを用いたビジネス戦略策定　(R5 秋-AP 午後問 2)

【解答例】

［設問１］　(1)　全社レベルで統一されたビジネス戦略を描くこと

(2)　a：独占的に販売できる

(3)　b：コンテンツマーケティング

d：業務提携するサービス事業者

(4)　c：ウ

［設問２］　(1)　C，D，B，A

(2)　事例を登録する行動

(3)　顧客の真のニーズに合ったソリューションをタイムリーに提案できる。

［設問３］　e：15

【解説】

大手の事務機器販売会社におけるバランススコアカードを用いたビジネス戦略策定をテーマにした問題である。

これまでX社は複写機をはじめ様々な事務機器を顧客に提供してきたが，顧客の事業環境の急激な変化や市場の成熟によって利益率が低下傾向にある。そのため，ソリューションビジネスを拡大し，利益率を向上させるビジネス戦略を立案する必要がある。設問１では，バランススコアカード案の作成，ビジネス戦略の施策，バランススコアカードにおける重要成功要因・評価指標・アクションについて問われている。設問２では，SECI モデルの共同化・表出化・連結化・内面化のステップや，SECI モデルの活動を促進するための経営管理システムについて問われている。設問３は，財務分析指標から ROE を計算させる問題である。以上のように，本問は，バランススコアカードにおける四つの視点， SECI モデル，財務諸表分析などについて幅広い見識が求められる総合的な問題となっている。

バランススコアカード（BSC）とは，ハーバード・ビジネス・スクール教授であるロバート・S・キャプランとコンサルタント会社社長であるデビッド・ノートンが 1992年に「Harvard Business Review」誌上に発表した業績評価手法である。バランススコアカードは，「財務の視点」「顧客の視点」「業務プロセスの視点」「学習と成長の視点」という四つの視点から構成され，これらの視点から業績評価基準を設定することによって，短期的利益と長期的発展のバランス，全社目標と部門目標のバランス，あるいは株主・顧客・従業員などの利害関係者間のバランスを維持しながら企業変革を推進する。

［設問１］

(1)　バランススコアカード案の作成に当たり，各部門の中期経営計画策定担当者を集めた狙いが問われている。

そもそも，バランススコアカードは，「財務の視点」「顧客の視点」「業務プロセスの視点」「学習と成長の視点」という四つの視点から構成されているため，バランススコアカード案を作成するには，これら四つの視点について戦略目標，重要成功要因，評価指標，アクションを設定する必要がある。そのためには，これら四つの視点にかかる組織横断的な連携が重要となる。X 社の組織体制について見ると，問題文冒頭２段落目に，「X 社の組織体制には，経営企画室，人材開発本部，ソリューション企画本部（以下，S 企画本部という），営業本部などがある」と記述されており，「営業本部がビジネス戦略を立案し，S 企画本部が，IT 関連の商品やサービスを提供する企業（以下，サービス事業者という）と協業してソリューションを開発していた」という組織を横断した連携がとられていない実態が示されている。そこで，「X 社の経営陣は，全社レベルで統一され，各本部が組織を横断して連携するビジネス戦略が必要と考えた」と改善策が示されている。

以上から，「本文中の字句を用いて」という指示に従い，「全社レベルで統一されたビジネス戦略を描くこと」などと解答すればよい。

(2) ビジネス戦略の施策としてソリューション開発について問われている。

〔ビジネス戦略の施策〕の空欄 a の後には，「そのサービス事業者から適法に取得することによって他社との差別化を図る」という記述があり，表１には，空欄 a の後に「権利の取得を含めたサービス事業者との契約交渉」という記載がある。そこで，〔ソリューションビジネスの現状分析〕において「差別化」に関する記述を探す。すると，箇条書きの２番目に，「新しい商品やサービスを取り扱っても，すぐに競合他社から同じ商品やサービスが販売され，差別化できない」という記述が見つかる。この記述から，他社との差別化が図れない現状だからこそ，サービス事業者との業務提携に当たっては差別化を図ることができる権利を取得する必要があることが分かる。

以上から，「独占的に販売できる」などと解答すればよい。

(3) バランススコアカードに関する問題である。バランススコアカードは，戦略経営のためのマネジメント手法であり，企業や組織のビジョンと戦略を，具体的なアクションへと変換して計画・管理し，戦略の立案と実行を支援するとともに，戦略そのものも市場や環境の変化に合わせて柔軟に適合させる経営戦略立案・実行評価のためのフレームワークである。企業のビジョンと戦略を明確にすることによって，財務数値に表される業績だけではなく，財務以外の経営状況や経営品質から経営を評価し，バランスのとれた業績の評価を行うことができる。

・空欄 b：バランススコアカードの「顧客」の視点では，戦略を達成するために，顧客に対してどのように行動すべきかという視点から戦略を構築することがポイントである。表１の空欄 b が記載されている「戦略目標」には「ソリューションビジネスの市場認知度の向上」と記載されているので，その「戦略目標」を達成するための「アクション」を考えることとなる。また，「重要成功要因」には，「顧客に訴求できる魅力的な情報の発信」と記載されている。そこで，「ソリューションビジネスの市場認知度の向上」や「顧客に訴求できる魅力的な情報の発信」に関する記述を探す。すると，〔ビジネス戦略の施策〕の「(3) 営業活動」の箇条書きの 2 番目に，「X 社のソリューションの市場認知度を高めるために，ソリューション事例を顧客に訴求できる魅力的な情報として発信するなど，コンテンツマーケティングを行う」という記述が見つかる。この記述から，「アクション」として実施するものは，コンテンツマーケティングであることが分かる。

以上から，空欄 b には「コンテンツマーケティング」が入る。

・空欄 d：バランススコアカードの「業務プロセス」の視点では，株主と顧客を満足させるために，どのような業務プロセスに秀でることが求められているかという視点から戦略を構築することがポイントである。表 1 の空欄 d が記載されている「戦略目標」には「ソリューションの品ぞろえの増加」と記載されているので，その「戦略目標」を達成しているかを判断するための「評価指標」を考えることとなる。また，「重要成功要因」には「業務提携の拡大」と記載されており，「アクション」には「専任チームの編成」と記載されている。そこで，「ソリューションの品ぞろえの増加」「業務提携の拡大」「専任チームの編成」に関する記述を探す。すると，〔ビジネス戦略の施策〕の「(2) ソリューション開発」の箇条書きの 1 番目に，「顧客の事業環境の変化に対応してソリューションの品ぞろえを増やすため，専任チームを立ち上げ，多様な商品やサービスをもつサービス事業者との業務提携を拡大する」という記述が見つかる。この記述から，「評価指標」は，業務提携するサービス事業者であることが分かる。

以上から，空欄 d には「業務提携するサービス事業者」が入る。

(4) バランススコアカードに関する問題である。

表 1 の空欄 c が記載されている「戦略目標」には「顧客価値と利益率が高いソリューションの提案」と記載されているので，その「戦略目標」を達成するための「重要成功要因」を考えることとなる。また，「評価指標」には「提案件数」が記載されており，「アクション」には「ソリューションパターンに合わせた提案書の整理」と記載されている。そこで，「顧客価値と利益率が高いソリューションの提案」「提案件数」「ソリューションパターンに合わせた提案書の整理」に関する記述を探す。すると，〔ビジネス戦略の施策〕の「(3) 営業活動」の箇条書きの 1 番目に，「ソリューションパターンの提案を増やすことによって，顧客価値と利益率が高いソリューションの売上拡大を図る」という記述が見つかる。この記述から，「重要成功要因」は，ソリューションパターンを活用した営業活動であることが分かる。

以上から，空欄 c には（ウ）の「ソリューションパターンを活用した営業活動」が入る。

他の選択肢を確認してみる。

ア：「顧客への訪問回数を増やす営業活動」だけでは部分的な顧客満足度につながる可能性はあるが，「顧客価値と利益率が高いソリューションの提案」をする「戦略目標」を達成することはできない。

イ：「サービス事業者との協業によるソリューション開発」は，「ソリューションの品ぞろえの増加」には寄与しても，「顧客価値と利益率が高いソリューションの提案」をする「戦略目標」を達成することはできない。

エ：「利益率を重視した営業活動」だけでは顧客価値を生み出すことにはならず，「顧客価値と利益率が高いソリューションの提案」をする「戦略目標」を達成することはできない。

［設問２］

(1) SECI モデルに関する問題である。

野中郁次郎が提唱する SECI モデルによると，形式知と暗黙知の循環によって生み出される知識創造のプロセスには，次の四つのステップがある。

① 共同化（Socialization）

成功体験者と経験を共有するといった，暗黙知を共有化することであり，「暗黙知から暗黙知への転換」をする。

② 表出化（Externalization）

言語表現によって経験などの暗黙知を形式知に転換することであり，「暗黙知から形式知への転換」をする。

③ 連結化（Combination）

組織における形式知を分類し整理して統合することで，組織全体の新しい形式知を創造することであり，「形式知から形式知への転換」をする。

④ 内面化（Internalization）

連結化の結果として頭の中で理解した形式知を行動による学習を通じて身体で覚えることであり，「形式知から暗黙知への転換」をする。表２の内容を確認する。

A：「営業担当者は，ソリューションパターンを活用した営業活動の実経験を通じて，顧客の理解を深める」ことは，形式知を行動による学習を通じて身体で覚えることであるので，前記の「内面化」に該当する。

B：「S 企画本部は，ソリューション事例を体系化しソリューションパターンとして社内で共有し，顧客の真のニーズに基づく営業活動の展開に活用する」ことは，組織における形式知を分類し整理して統合することで組織全体の新しい形式知を創造することであるので，前記の「連結化」に該当する。

C：「営業本部において，ソリューション人材とソリューションの提案に必要な知識やスキルが乏しい営業担当者を組んで行動させることで，営業ノウハウを広める」ことは，成功体験者と経験を共有するといった，暗黙知を共有化することであるので，前記の「共同化」に該当する。

D：「営業本部では，ソリューション人材の営業活動の実績を，ソリューション事例として登録し，営業本部内及び S 企画本部と共有する」ことは，言語表現によって経験などの暗黙知を形式知に転換することであるので，前記の「表出化」に該当する。

以上から，SECI モデルの共同化，表出化，連結化，内面化のステップの順序は「C，D，B，A」となる。

(2) SECI モデルの活動を促進するための経営管理システムに関する問題である。下線③「ソリューション事例の登録数・参照数によって，その事例を登録した営業担当者にスコアが付与され，組織全体への貢献度を可視化する機能」は，営業担当者のどのような行動を促進できるかについて問われている。

まず，「ソリューション事例の登録数・参照数」に関する記述を探す。すると，〔ソリューションビジネスの現状分析〕の箇条書きの 5 番目に，「提案活動の参考になる過去のソリューション事例を，サーバに登録することにしている。しかし，営業担当者は，自らの経験を公開することが人事評価につながらないので登録に積極的でなく，現在は蓄積されている件数が少ない」という現状の問題点に関する記述が見つかる。

次に，「組織全体への貢献度を可視化する」に関する記述を探す。すると，〔ビジネス戦略の施策〕の「(1)人材開発」の箇条書きの 2 番目に，「人事評価制度を見直し，営業担当者は売上高の目標達成に加えて，ソリューション事例の登録数など，組織全体への営業力を高めることへの貢献度を評価する」という改善策に関する記述が見つかる。これらの記述から，「ソリューション事例の登録数・参照数によって，その事例を登録した営業担当者にスコアが付与され，組織全体への貢献度を可視化する機能」は，営業担当者が事例を登録する行動を促進するものであることが分かる。

以上から，「事例を登録する行動」などと解答すればよい。

(3) SECI モデルの活動を促進するための経営管理システムに関する問題である。

下線④「顧客のニーズ・課題及び予算を入力することで，該当するソリューションパターンとその適用事例を，瞬時に顧客に有効と考えられる順にピックアップする機能」は，営業担当者の提案活動において，どのような効果が期待できるかについて問われている。

まず，「ソリューション」に関する記述を探す。すると，〔ソリューションビジネスの現状分析〕の箇条書きの 3 番目に，「顧客満足度調査では，ソリューション提案を求めても期待するような提案が得られないとの回答もみられる」という現状の問題点に関する記述が見つかる。さらに，箇条書きの 5 番目に，「提案活動の参考になる過去のソリューション事例を，サーバに登録することにしている。…（略）…また，有益な情報があっても探すのに時間が掛かり，提案のタイミングを逸して失注している」という現状の問題点に関する記述が見つかる。

次に，「顧客のニーズ・課題及び予算」や「ソリューションパターン」に関する記述を探す。すると，〔ビジネス戦略の施策〕の「(2)ソリューション開発」の箇条書きの 2 番目に，「利益率の高いソリューション事例を抽出し，類似する顧客のニーズ・課題及び同規模の予算に適合するソリューションのパターン（以下，ソリューションパターンという）を整備する」という改善策に関する記述が見つかる。また，〔ビジネス戦略の施策〕の「(3)営業活動」の箇条書きの 1 番目に，「ソリューションパターンの提案を増やすことによって，顧客価値と利益率が高いソリューションの売上拡大を図る」という改善策に関する記述も見つかる。これらの記述から，「顧客のニーズ・課題及び予算を入力することで，該当するソリューションパターンとその適用事例を，瞬時に顧客に有効と考えられる順にピックアップする機能」は，営業担当者の提案活動において，顧客の真のニーズをタイムリーに提案できる効果が期待できることが分かる。

以上から，「顧客の真のニーズに合ったソリューションをタイムリーに提案できる」などと解答すればよい。

［設問３］

ROE（Return On Equity，自己資本当期純利益率）とは，調達資本を自己資本に限定して，当期純利益と比較することによって，自己資本がどれだけ効果的に利益を獲得したかを示す指標で，「ROE（%）＝当期純利益÷自己資本×100」という計算式によって求められる。

ROEの計算式を売上高及び総資本を介して展開すると，次のようになる。

$$\text{自己資本当期純利益率} = \frac{\text{当期純利益}}{\text{自己資本}}$$

$$= \frac{\text{当期純利益}}{\text{売上高}} \times \frac{\text{売上高}}{\text{総資本}} \times \frac{\text{総資本}}{\text{自己資本}}$$

＝売上高当期純利益率×総資本回転率÷自己資本比率…①

ここで，売上高当期純利益率とは，売上高に対する当期純利益の割合を示し，企業活動が株主の配当原資や資本の増加にどの程度結び付いたかを示す指標で，「売上高当期純利益率（%）＝当期純利益÷売上高×100」という計算式によって求められる。

また，総資本回転率とは，総資本の回収速度を示し，総資本の運用効率を示す指標で，「総資本回転率（回転）＝売上高÷総資本」という計算式によって求められる。

また，自己資本比率とは，企業が使用する総資本のうち，自己資本の占める割合がどの程度あるかを示し，資本構成から企業の安全性を見る指標で，「自己資本比率（%）＝自己資本÷総資本×100」という計算式によって求められる。

このように，ROEは，「売上高当期純利益率」，「総資本回転率」及び「自己資本比率」に分解できる。表4では，「売上高当期純利益率」は4.0 「総資本回転率」は1.5，「自己資本比率」は40であるので，前記①式にこれらを代入すると，次のようになる。

ROE＝4.0×1.5÷40＝0.15＝15%

以上から，空欄eには「15」が入る。

午後解答

問３　２分探索木 (R5 秋·AP 午後問 3)

【解答例】

［設問１］　ア：n

　　　　　イ：log n

［設問２］　(1)　ウ：h1 が 2 と等しい

　　　　　　　エ：height(t.left.right) − height(t.left.left)

　　　　　　　オ：h1 が-2 と等しい

　　　　　　　カ：height(t.right.left) − height(t.right.right)

　　　　　(2)

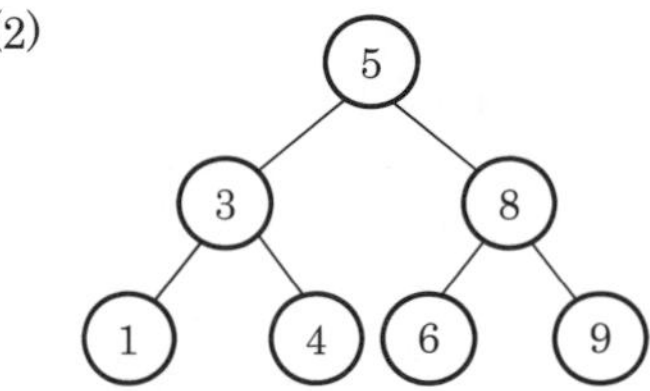

　　　　　(3)　キ：log n

【解説】

２分探索木のノードの探索に掛かる時間は，探索したいノードが２分探索木のどの深さの位置にあるかで異なる。最悪の場合は葉まで探索する必要があり，ノードの総数が同じでも２分探索木の高さが高ければ，キー値の比較回数は増える。このような木の高さによる違いを検証すると，最も探索の効率が良いのは，全ての葉の深さが等しい完全２分探索木であるが，本問では，探索の効率がなるべく良くなるように，各部分木の高さの差が０又は１になるような２分探索木（平衡２分探索木という）を構成して探索に利用する。２分探索木は頻出のテーマであるが，本問では，さらに必要に応じて各部分木の高さの差が０又は１になるような回転操作を行い，平衡２分探索木を構成するアルゴリズムを考える。

〔２分探索木〕

２分探索木とは，木に含まれる全てのノードがキー値をもち，各ノードＮが次の二つの条件を満たす２分木のことである。ここで，重複したキー値をもつノードは存在しないものとする。

- Ｎの左側の部分木にある全てのノードのキー値は，Ｎのキー値よりも小さい。
- Ｎの右側の部分木にある全てのノードのキー値は，Ｎのキー値よりも大きい。

図Ａに示す２分探索木の例を用いて説明を行う。図中の数字はキー値を表している。

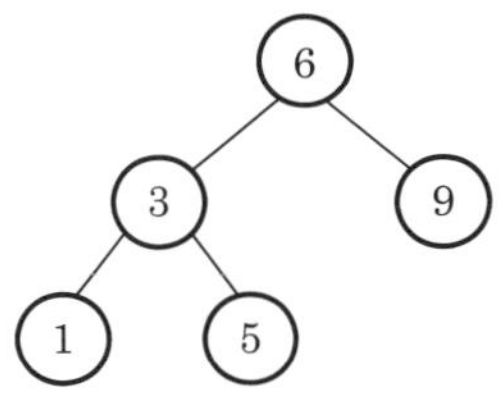

図Ａ　２分探索木の例（図１）

２分探索木をプログラムで表現するために，表Ａに示す構成要素からなるノードを表わす構造体 Node を定義する。

表Ａ　構造体 Node の構成要素

構成要素	説明
key	キー値
left	左側の子ノードへの参照
right	右側の子ノードへの参照

ノードのキー値が k である構造体 Node を新しく生成し，その構造体への参照を変数 p に代入する式を次のように書く。

p ← new Node(k)

新しく生成された時点で，各構成要素の初期値，key は k，left 及び right は NULL（参照するノードがないこと。以下，空のノードという）である。また，生成した p の各構成要素へのアクセスには“.”を用いて，例えば，キー値であれば p.key でアクセスする。

〔２分探索木におけるノードの探索・挿入〕

(1) 変数 t が参照するノードを根とする２分探索木からキー値が k であるノードを探索する手順と，探索処理を行う関数 search のプログラムの対応を図Ｂに示す。関数 search は，探索に成功した場合は見つかったノードへの参照を返し，失敗した場合は NULL を返す。

プログラム	手順

// t が参照するノードを根とする木から
// キー値が k であるノードを探索する
function search(t,k)	

if(t が NULL と等しい)	**t が空のノードであるかを調べる。**
return NULL	**t が空のノードであれば，探索失敗と判断して NULL を返し，探索を終了する。**
elseif(t.key が k と等しい)	**t のキー値 t.key と k を比較する。**
return t	**t.key = k の場合，探索成功と判断してノードへの参照である変数 t を返し，探索を終了する。**
elseif(t.key が k より大きい)	**t.key > k であるかどうかを判断する。**
return search(t.left,k)	**t.key > k の場合，t の左側の子ノード t.left を新たな t として関数 search を呼び出す。**
else // t.key が k より小さい場合 return search(t.right,k)	**t.key < k の場合，t の右側の子ノード t.right を新たな t として関数 search を呼び出す。**
endif endfunction	

図 B　キー値 k をもつノードの探索の手順と関数 search のプログラムの対応

(2) 変数 t が参照するノードを根とする 2 分探索木に，キー値が k であるノードを挿入する手順と，挿入処理を行う関数 insert のプログラムの対応を図 C に示す。関数 insert は，得られた木の根への参照を返す。ただし，キー値 k と同じキー値をもつノードが既に 2 分探索木中に存在するときは何もしない。

プログラム	手順

// t が参照するノードを根とする木に
// キー値が k であるノードを挿入する
function insert(t,k)	

if(t が NULL と等しい)	**t が空のノードであるかを調べる。**
t ← new Node(k)	**t が空のノードであれば，その位置にキー値 k のノードを追加する。**
elseif(t.key が k より大きい)	**t.key > k であるかどうかを判断する。**
t.left ← insert(t.left,k)	**t.key > k の場合，t の左側の子ノード t.left を新たな t として関数 insert を呼び出す。**
elseif(t.key が k より小さい)	**t.key < k であるかどうかを判断する。**
t.right ← insert(t.right,k)	**t.key < k の場合，t の右側の子ノード t.right を新たな t として関数 insert を呼び出す。**
endif	
return t	**得られた木の根への参照を返す。**
endfunction	

図 C　キー値 k をもつノードの挿入の手順と関数 insert のプログラムの対応

〔設問 1〕

関数 search を用いてノードの総数が n 個の 2 分探索木を探索するとき，葉まで探索しなければキー値 k をもつノードが見つからない場合，探索に掛かる時間が最も多くなり，その状態を最悪の場合と呼ぶ。本問では，探索に掛かる最悪の場合の時間計算量（以下，最悪時間計算量という）を，O 記法によって表す。

・空欄ア：図Ｄの例に示すように，葉を除く全てのノードについて左右どちらかだけ子ノードが存在する場合の最悪時間計算量を考える。ノードの総数がｎ個であれば，最悪の場合は葉まで探索を行うので，そのときの比較処理はｎ回行われる。したがって，O記法で表すと$O(n)$となるので，空欄アは「n」となる。

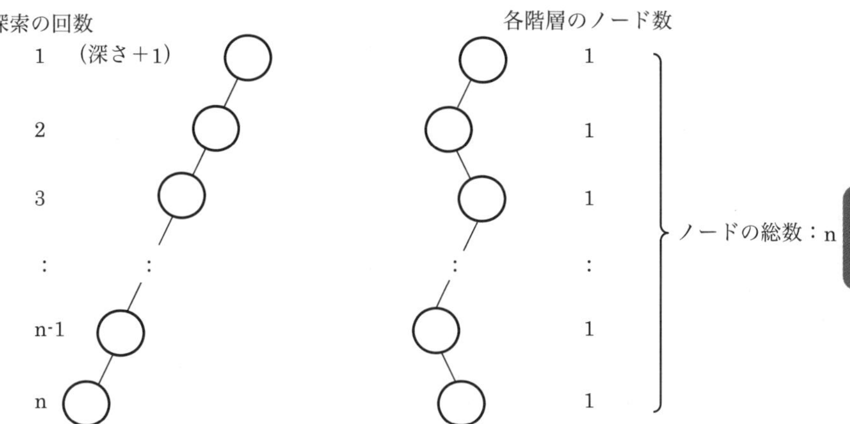

図Ｄ　葉を除く全てのノードについて左右どちらかだけ子ノードが存在する２分探索木の例

・空欄イ：図Ｅに示すように，葉を除く全てのノードに左右両方の子ノードが存在し，また，全ての葉の深さが等しい完全な２分探索木に対して探索を行う場合の最悪時間計算量を考える。

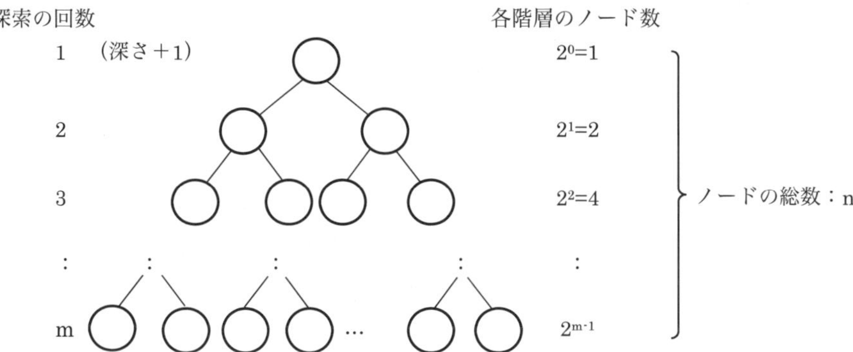

図Ｅ　全ての葉の深さが等しい完全な２分探索木

完全な2分探索木における探索の計算量が$O(\log n)$であるということを知っていた人も多いと思うが，この計算量は，次のように導くことができる。

最悪の場合は葉まで探索を行うときで，その比較処理の回数をmとする。このときの2分探索木の深さはm−1であり，各層に配置されるノードの数は，2^0，2^1，2^2，…，2^{m-1}となり，ノードの総数nは①のように求めることができる。そして，①の右辺は初校1（$=2^0$），公比2の等比数列になっているので，等比数列の和の公式を使って整理すると比較処理の回数mは②の式で表すことができる。

$$n=2^0+2^1+2^2+\cdots+2^{m-1}\cdots①$$

$$=1\times\frac{1-2^m}{1-2}=\frac{2^m-1}{2-1}=2^m-1$$

$n=2^m-1$を移項して整理すると，$2^m=n+1$　になる。
両辺に対して底2でlogをとると，$\log_2 2^m=\log_2(n+1)$である。$\log_2 2^m=m$なので，

$$m=\log_2(n+1)\cdots②$$

nが十分大きいときは，$\log_2(n+1)\fallingdotseq\log_2 n$と考えられる。$O$記法では定数倍を省略して表記するので，$\log_2 n=\frac{\log n}{\log 2}=\frac{1}{\log 2}\times\log n$の$\frac{1}{\log 2}$を省略して，$O(\log n)$と表記する。したがって，空欄イは，「$\log n$」となる。

［設問2］

〔回転操作を利用した平衡2分探索木の構成〕についての設問である。

設問1で検討した図Dと図Eの2分探索木では，ノードの総数nが大きくなればなるほど最悪時間計算量nと$\log n$の差が大きくなり，図Dのような2分探索木に対する探索の効率が落ちる。そこで，2分探索木を効率的に探索するためには，なるべく左右両方の子ノードが存在するように配置して，高さができるだけ低くなるように構成した木であることが望ましい。このような木を平衡2分探索木という。ノードの挿入を行った結果，いずれかの部分木の高さが増加してバランスが悪くなった2分探索木に対して，回転操作と呼ばれる変形を行い，平衡2分探索木に再構成する。

〔右回転と左回転〕

回転操作には，図Fのように2分探索木中のノードXとXの左側の子ノードYについて，XをYの右側の子に，元のYの右側の部分木をXの左側の部分木にする操作を右回転といい，逆の操作を左回転という。

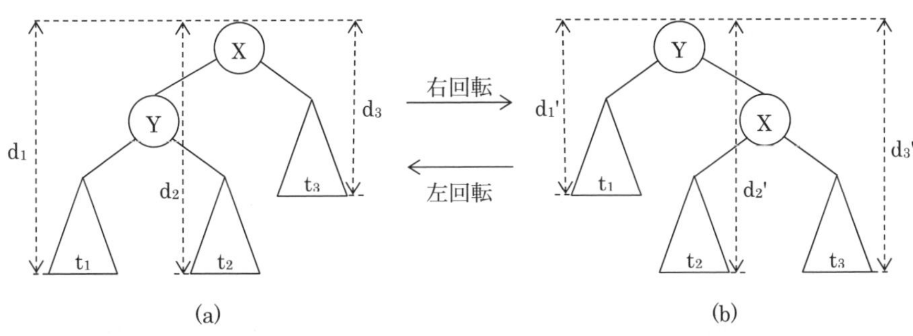

t_1〜t_3：部分木
(a)d_1〜d_3，(b)d_1'〜d_3'：根から最も深いノードまでの深さ
d_1'＝d_1－1，d_2'＝d_2，d_3'＝d_3＋1 が成り立つ。

図Ｆ　木の回転の様子（図４）

回転操作後も２分探索木の条件が維持されていることを，図Ａの２分探索木の例で示す。図Ａにおいて，キー値６のノード（以下，ノード６と表す）をノードX，ノード３をノードYとして，右回転した様子を図Gに示す。２分探索木中のノードX（ノード６）とXの左側の子ノードY（ノード３）について，X（ノード６）をY（ノード３）の右側の子に，元のYの右側の部分木（t_2，ノード５）をXの左側の部分木にする操作を行う。この結果，右回転を行っても２分探索木の条件を満たしていることが分かる。また，逆の操作（左回転）を行うと，元の２分探索木が得られることも分かる。

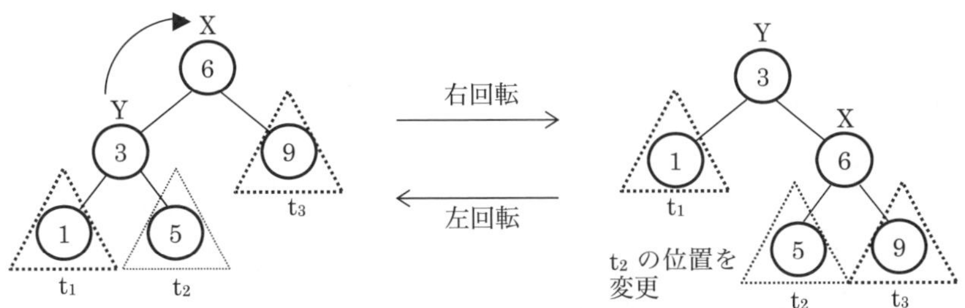

図Ｇ　図Ａの２分探索木を右回転した様子

右回転を行う関数rotateRと左回転を行う関数rotateLのプログラムの内容を，それぞれ図Hと図Iに示す。これらの関数は，回転した結果として得られた木の根への参照を返す。

```
// tが参照するノードを根とする木に対して
// 右回転を行う ❶
function rotateR(t)
❷  a ← t.left
❸  b ← a.right
❹  a.right ← t
❺  t.left ← b
❻  return a
endfunction
```

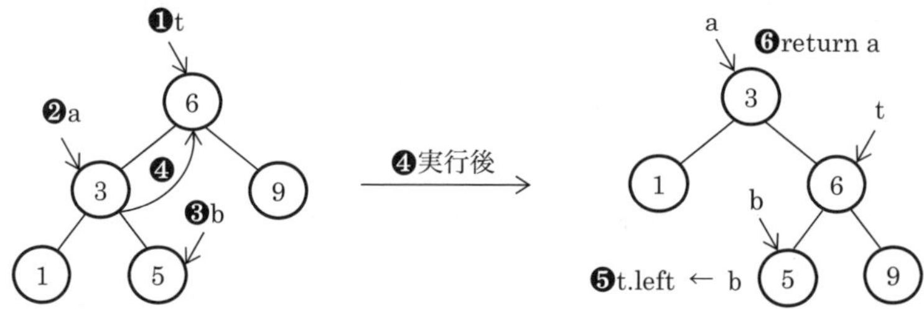

図H　右回転を行う関数 rotateR のプログラムと右回転の処理の対応

```
// tが参照するノードを根とする木に対して
// 左回転を行う ❶
function rotateL(t)
❷  a ← t.right
❸  b ← a.left
❹  a.left ← t
❺  t.right ← b
❻  return a
endfunction
```

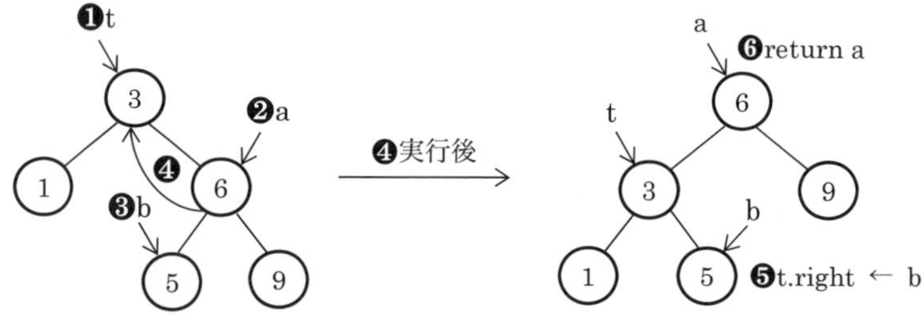

図I　左回転を行う関数 rotateL のプログラムと左回転の処理の対応

〔回転操作を利用した平衡2分探索木の構成を行う関数 balance〕

「全てのノードについて左右の部分木の高さの差が1以下」という条件（以下，条件 Bal という)。条件 Bal を満たす場合，全ての葉の深さが等しい完全な 2 分探索木にはならなくても，比較的左右均等にノードが配置された木になる。

条件 Bal を満たす 2 分探索木に対して関数 insert を用いてノードを挿入すると，ノードが挿入される位置によっては左右の部分木の高さの差が 2 になるノードが生じ，2 分探索木は条件 Bal を満たさなくなる。その場合，挿入したノードから根まで，親をたどった各ノード T に対して順に次の手順を適用し，条件 Bal を満たすように 2 分探索木を変形する。

条件 Bal を満たすように 2 分探索木を変形する手順

(1) T の左側の部分木の高さが T の右側の部分木の高さより 2 大きい場合

①T を根とする部分木に対して右回転を行う。

②ただし，T の左側の子ノード U について，U の右側の部分木の方が U の左側の部分木より高い場合は，①より先に U を根とする部分木に対して左回転を行う。

(2) T の右側の部分木の高さが T の左側の部分木の高さより 2 大きい場合

①T を根とする部分木に対して左回転を行う。

②ただし，T の右側の子ノード V について，V の左側の部分木の方が V の右側の部分木より高い場合は，①より先に V を根とする部分木に対して右回転を行う。

この手順(1)，(2)によって木を変形する関数 balance のプログラムについて，その内容を図 J に示す。手順の説明では，ノードの名称として大文字の T，U，V を用いているが，関数 balance のプログラムの中でノード T への参照は小文字の t で表す。また，U は t.left，V は t.right である。ここで，関数 height は，引数で与えられたノードを根とする木の高さを返す関数である。関数 balance は，変形の結果として得られた木の根への参照を返す。

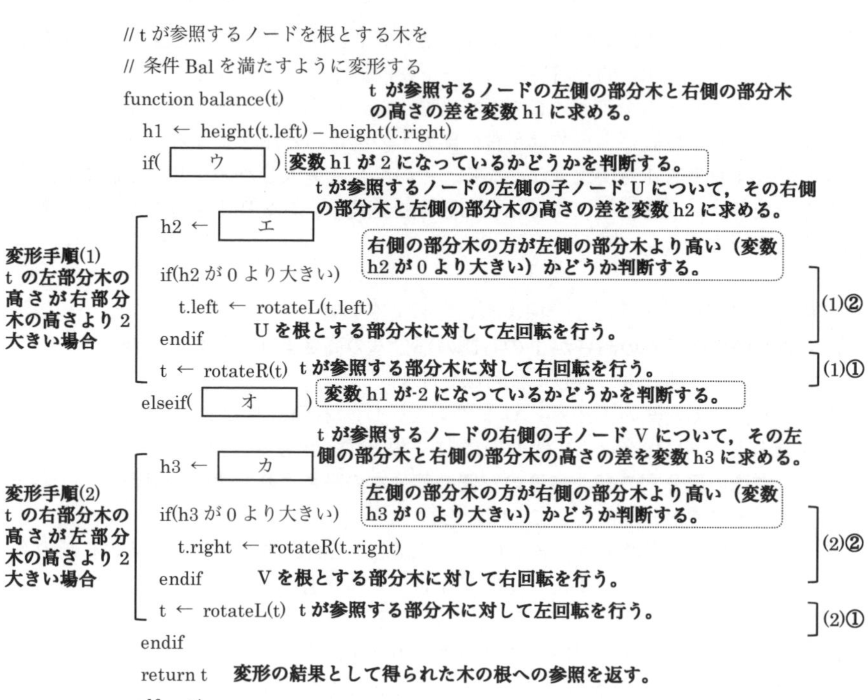

図 J　関数 balance のプログラムの内容

(1) 関数 balance のプログラムは，条件 Bal を満たす 2 分探索木に変形するために，変形手順(1)，(2)に従い，部分木の高さの差を調べながら，必要に応じて回転操作を行う。そのために用いられる変数 h1，h2，h3 の内容を，表 B に示す。

表 B　変数の内容

変数名	内容
h1	ノード T（t が参照するノード）の左側の部分木と右側の部分木の高さの差を格納する。
h2	ノード T の左側の子ノード U について，その右側の部分木と左側の部分木の高さの差を格納する。
h3	ノード T の右側の子ノード V について，その左側の部分木と右側の部分木の高さの差を格納する。

・空欄ウ：変形手順(1)に該当するかどうかを判断する部分である。直前で，ノード T（変数 t が参照するノード）の左側の部分木の高さと右側の部分木の高さの差（左部分木の高さ－右部分木の高さ）を変数 h1 に求めているので，この値が 2 大きいかどうかを判定するようにする。したがって，空欄ウの条件は，「h1 が 2 と等しい」などとなる。

・空欄エ：変形手順(1)に入り，(1)②にあるようにノードＴの左側の子ノードU(t.left で参照)について，Ｕの右側の部分木（t.left.right で参照）の方がＵの左側の部分木（t.left.left で参照）よりも高い場合は，(1)①より先にＵを根とする部分木に対して左回転を行う必要がある。このことから，変数 h2 にノードＵの右側の部分木と左側の部分木の高さの差を求め，次の if 文で h2 の値によって左回転を行うかどうかを判断する。次の if 文の条件が「h2 が０より大きい」となっており，真の場合に左回転を行っていることから，Ｕの右側の部分木の高さから左側の部分木の高さを引けばよいことが分かる。したがって，この部分では，引数で与えられたノードを根とする木の高さを返す関数 height を用いて，h2 ← height(t.left.right) － height(t.left.left)とするので，空欄エは「**height(t.left.right) － height(t.left.left)**」となる。

・空欄オ：変形手順(2)に該当するどうかを判断する部分である。空欄ウと同様に，変数 h1 の値を用いて判定を行う。手順(2)では右側の部分木の高さが左側の部分木の高さより２大きいかどうかを判定したい。変数 h1 に求められている左側の部分木の高さと右側の部分木の高さの差（左部分木の高さ－右部分木の高さ）が－2 となっている場合は，手順(2)を行う必要がある。したがって，空欄オの条件は，「**h1 が-2 と等しい**」などとなる。

・空欄カ：空欄エを参考に考える。変形手順(2)に入り，(2)②にあるようにノードＴの右側の子ノード V(t.right で参照)について，Ｖの左側の部分木（t.right.left で参照）の方がＶの右側の部分木（t.right.right で参照）よりも高い場合は，(2)①より先にＶを根とする部分木に対して右回転を行う必要がある。このことから，変数 h3 にノードＶの左側の部分木と右側の部分木の高さの差を求め，次の if 文で h3 の値によって右回転を行うかどうかを判断する。次の if 文の条件が「h3 が０より大きい」となっており，真の場合に右回転を行っていることから，Ｖの左側の部分木の高さから右側の部分木の高さを引けばよいことが分かる。したがって，この部分は，h3 ← height(t.right.left) － height(t.right.right)とするので，空欄カは「**height(t.right.left) － height(t.right.right)**」となる。

(2) 関数 balance を適用するように，関数 insert を修正した関数 insertB に関する問題である。関数 insertB のプログラムは，関数 insert と同様の処理によって２分探索木にノードを挿入した後に，関数 balance を呼出し，条件 Bal を満たすように必要に応じて２分探索木に変形を施すものである。

図Ａの２分探索木の根を参照する変数を r としたとき，insertB(insertB(r,4),8) を行うことで生成される２分探索木を考える。初めに insertB(r,4)を行い，図Ａの２分探索木にノード４を挿入する。次に，その結果として返された変数が参照するノードを根とする２分探索木にノード８の挿入を行う。insertB(insertB(r,4),8)を行ったときの処理の過程を図Ｋの①～④に示す。その結果，生成された２分探索木を図１に倣って表現すると，図Ｌのようになる。

①insertB(r,4)を行う。

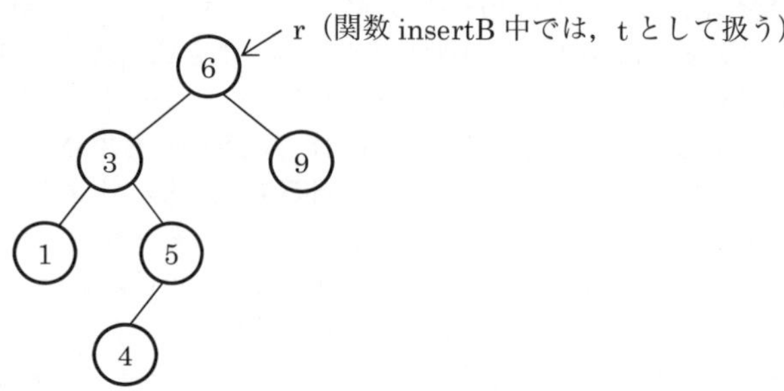

②ノード 4 を挿入した結果，ノード 6 の左側の部分木の高さ 3 が右側の部分木の高さ 1 より 2 大きくなり，条件 Bal を満たさなくなったので変形手順(1)によって変形を行う。ここで，①の挿入結果をみると，ノード 3 の右側の部分木の方が左側の部分木より高いので，先にノード 3 を根とする部分木に対して左回転を行う。次に，ノード 6 を根とする部分木に対して右回転を行い，変形の結果として得られた木の根への参照を t として返す。

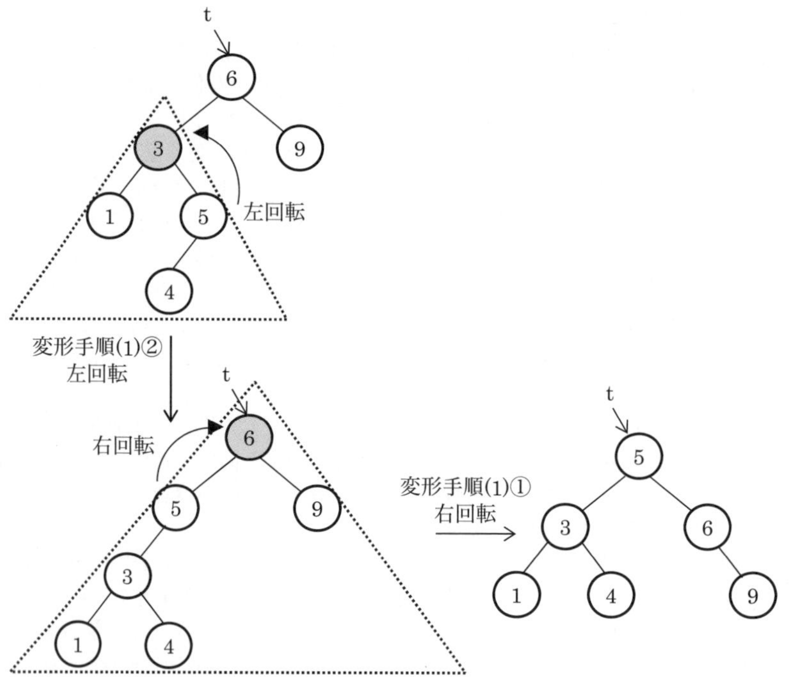

③insertB(t,8)を行う。

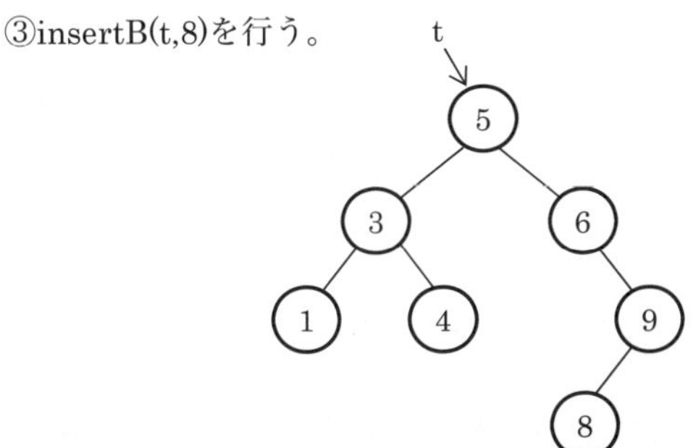

④ノード８を挿入した結果，ノード６の右側の部分木の高さ２が左側の部分木の高さ０より２大きくなり，条件Balを満たさなくなったので変形手順(2)によって変形を行う。ここで，③の挿入結果をみると，ノード９の左側の部分木の方が右側の部分木より高いので，先にノード９を根とする部分木に対して右回転を行う。次に，ノード６を根とする部分木に対して左回転を行い，変形の結果として得られた木の根への参照をｔとして返す。

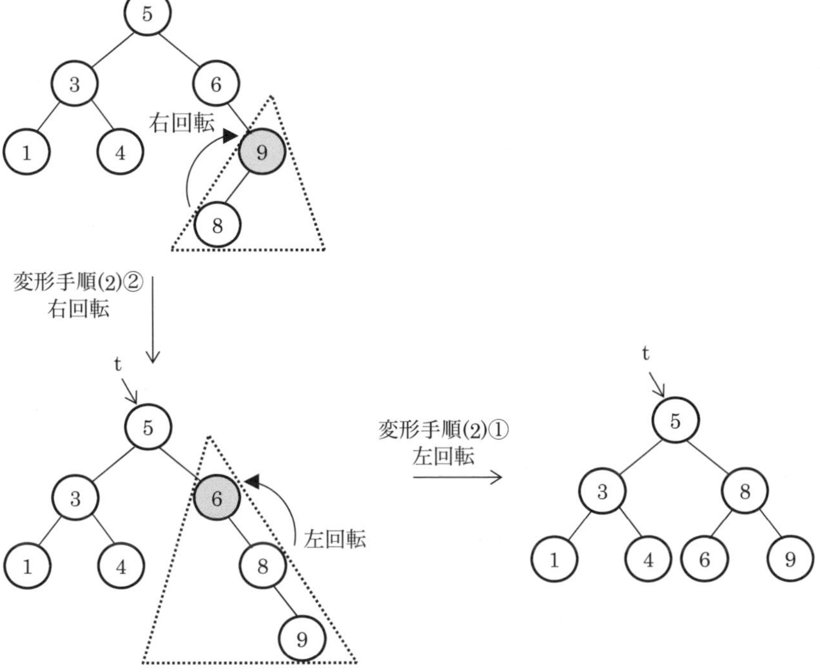

図K　insertB(insertB(r,4),8)を行ったときの処理の過程

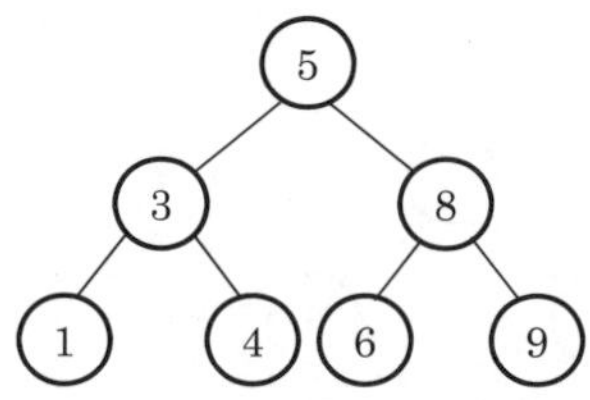

図L　生成された2分探索木

(3) 条件 Bal を満たすノードの総数が n 個の 2 分探索木に対して，関数 insertB を実行した場合の挿入に掛かる最悪時間計算量を考える。ノードの挿入を行う際，その挿入位置は葉まで調べた結果決定できるので，木の高さの数だけ探索が必要になる。条件 Bal を満たす 2 分探索木はどの部分木も高さの差が 0 又は 1 になっているので，挿入処理だけに掛かる最悪時間計算量は設問 1 空欄イの完全な 2 分探索木の最悪時間計算量のオーダと同じ O(log n)になる。ただし，関数 insertB では，ノードの挿入を行った後に，関数 balance を呼び出すので，この部分の時間計算量も考慮する必要がある。関数 balance では，条件 Bal を満たすかどうかを調べるために，変数 t が参照するノードの左右の部分木の高さの比較処理を 2，又は 3 回，すなわち，ノードの総数 n によらず定数回の比較処理を行う。この比較処理に掛かる時間計算量は定数回なので O (1)で表される。条件 Bal を満たすノードの総数が n 個の 2 分探索木に対して関数 insertB を実行した場合，挿入処理だけに掛かる O(log n)に比べると，関数 balance 内の比較処理に掛かる O (1)は無視することができるので，処理全体の最悪時間計算量は O(log n)で表される。したがって，空欄キは「log n」となる。

問４　システム統合の方式設計 (R5 秋-AP 午後問 4)

【解答例】

［設問１］ (1) a：販売システム　b：生産システム　c：会計システム
(2) d：出荷情報　e：週次　f：売上情報　g：月次

［設問２］ (1) 会社名：D 社　システム名：販売システム
(2) 受注（EDI），販売実績管理（月次），請求（EDI）

［設問３］ C 社の会計システムは SaaS なので，個別の会社向けの仕様変更が困難だから

【解説】

二つの会社の合併によるシステム統合の方式設計を問うシステムアーキテクチャの問題である。設問１と設問２は，基本的に問題文に書いてあることを基に，答えを見つけることができる。設問 3 は，オンプレミスのシステムと SaaS（Software as a Service）の特徴に関する知識がないと，解答が難しいと考えられる。

［設問１］

〔合併後のシステムアーキテクチャ〕について問われている。

(1) 図１及び表３中の空欄 a～c に入れる適切な字句を答える問題である。

図１の C 社システムは，在庫システム，生産システム，配送システム，［ c ］，D 社システムは，購買システム，［ a ］，［ b ］であり，これらの空欄にはシステム名が入ると考えられる。システム統合に向けての方針は，〔合併後のシステムの方針〕に記述がある。

・空欄 a，b：１番目の項目には，「重複するシステムのうち，販売システム，購買システム，配送システム及び会計システムは，両社どちらかのシステムを廃止し，もう一方のシステムを継続利用する」とあり，図 1 から，購買システムは D 社，配送システムは C 社のシステムが継続することになる。2 番目の項目には，「両社の生産方式は合併後も変更しないので，両社の生産システムを存続させた上で，極力修正を加えずに継続利用する」とあり，図１の［ a ］又は［ b ］のどちらかには，D 社の生産システムが入るはずである。ここで，図１の C 社の配送システムから［ a ］へ向かう矢印である記号（ウ）に注目し，表１の配送システムのシステム間連携の欄を参照すると，販売システムへの連携があることが分かる。したがって，空欄 a には「販売システム」が入り，残りの空欄 b には「生産システム」が入る。

なお，図１には［空欄 a：販売システム］から［空欄 b：生産システム］へ向けての実線の矢印があるが，表２の販売システムのシステム間連携の欄を参照すると，生産システムへの連携があることが分かり，この連携と合致しているので，これらは正しいと考えられる。

・空欄 c：３番目の項目には，「在庫システムは，C 社のシステムを存続させた上で，

極力修正を加えずに継続利用する」とあり，これは図1の左上に記載されている。4番目の項目には，「今後の保守の容易性やコストを考慮し，汎用機を用いたホスト系システムは廃止する」とあり，表1のC社の販売システムと，表2のD社の会計システムが廃止されることになる。D社の会計システムが廃止されると，C社の会計システムを残す必要があるが，図1には記載がない。したがって，C社システムの唯一の空欄である空欄cには「会計システム」が入る。なお，表1の配送システムのシステム間連携の欄に会計システムへの連携があるので，これも正しいと考えられる。

(2) 表3中の空欄d〜gに入れる適切な字句を答える問題である。

・空欄d：記号（ウ）は，連携元システムがC社の配送システム，連携先システムがD社の 空欄a：販売システム であるから，表1の配送システムを参照すると，連携先システムの項目に販売システムがあり，出荷情報を日次で連携している。したがって，空欄dには「出荷情報」が入る。

・空欄e：記号（オ）は，連携元システムがD社の 空欄b：生産システム ，連携先システムがC社の 空欄c：会計システム であるから，表2の生産システムを参照すると，連携先システムの項目に会計システムがあり，原価情報を週次で連携している。したがって，空欄eには「週次」が入る。

・空欄f：記号（カ）は，連携元システムがD社の 空欄a：販売システム で，連携先システムがC社の 空欄c：会計システム であるから，表2の販売システムを参照すると，連携先システムの項目に会計システムがあり，売上情報を日次で連携している。したがって，空欄fには「売上情報」が入る。

・空欄g：記号（キ）は，連携元システムがD社の購買システム，連携先システムがC社の 空欄c：会計システム であるから，表2の購買システムを参照すると，連携先システムの項目に会計システムがあり，買掛情報を月次で連携している。したがって，空欄gには「月次」が入る。

［設問2］

本文中の下線①について答える問題である。

本文中の下線①は，〔合併後のシステムの方針〕の「<u>①廃止するシステムの固有の機能については，処理の仕様を変更せず，継続利用するシステムに移植する</u>」である。

(1) 移植先は，どちらの会社のどのシステムか，会社名とシステム名を答えるためには，表1と表2を比較して，廃止するシステムの機能を全て調べる必要がある。

まずは，C社のシステムで廃止するシステムを調べる。C社の販売システムは，ホスト系システムであるので，〔合併後のシステムの方針〕の1番目の項目や4番目の項目から，D社の販売システムに統合した後，廃止することが分かる。C社の販売システムとD社の販売システムの共通している機能は，売上計上だけである。C社の販売システムに固有の機能は，受注（EDI），販売実績管理（月次），請求（EDI）であり，D社の販売システムに移植する必要がある。C社の購買システムは，〔合併後のシステムの方針〕の1番目の項目や図1から，D社の購買システムに統合した後，廃止することが分かるが，その機能はＤ社の購買システムと同じであり，移植する必要はない。

次に，Ｄ社のシステムで廃止するシステムを調べる。Ｄ社の配送システムは，〔合併後のシステムの方針〕の１番目の項目や図１から，Ｃ社の配送システムに統合した後，廃止することが分かるが，その機能はＣ社の配送システムと同じであり，移植する必要はない。Ｄ社の会計システムは，〔合併後のシステムの方針〕の１番目の項目や図１から，Ｃ社の会計システムに統合した後，廃止することが分かる。原価計算と一般財務会計処理は共通している機能であり，支払についても，Ｃ社の支払（振込，手形）は，Ｄ社の支払（振込）を含んでいるため，移植する必要はない。

以上から，Ｃ社の販売システムの機能を，Ｄ社の販売システムに移植することになり，他のシステムは移植する必要はない。したがって，解答は会社名が「Ｄ社」，システム名が「販売システム」となる。

(2) 移植する機能を，表１及び表２の主な機能の列に記載されている用語を用いて答える問題である。

前述したように，Ｃ社の販売システムに固有の機能を，Ｄ社の販売システムに移植する必要がある。Ｃ社の販売システムに固有の機能は，受注（EDI），販売実績管理（月次），請求（EDI）である。したがって，解答は「受注（EDI），販売実績管理（月次），請求（EDI）」となる。

［設問３］

本文中の下線②の指摘事項が挙がった適切な理由を，オンプレミスのシステムとの違いの観点から答える問題である。

オンプレミスのシステムは，システムのインフラ（サーバやネットワーク機器）を自前で調達して構成し，OS を導入して稼働させ，その上にアプリケーションを動作させて運用する。自社で保有し運用するシステムの利用形態であるため，アプリケーションの構成上の自由度が高いという特徴がある。

本文中の下線②は，〔合併後のシステムアーキテクチャのレビュー〕の「②Ｃ社の会計システムが SaaS を用いていることから，インタフェースがＤ社の各システムからデータを受け取り得る仕様を備えていることをあらかじめ調査すること」である。Ｄ社の各システムは，表２から，オンプレミスのシステムと分かる。オンプレミスのシステムは，自由度が高く，システム間のインタフェースにおいても自由な仕様のシステムを構築することができる。一方，Ｃ社の会計システムが用いる SaaS は，サービスの提供者によって，機能や API（Application Programming Interface）の仕様が決まっており，オンプレミスのシステムに比べて，アプリケーションの構成上の自由度が低い。そのため，Ｄ社のオンプレミスで稼働する各システムのインタフェースと，SaaS を用いるＣ社の会計システムとのインタフェースとが，合致してデータの受信が可能な仕様であるか（もしくはカスタマイズが可能であるか）を，事前に調査する必要がある。したがって，解答は「Ｃ社の会計システムは SaaS なので，個別の会社向けの仕様変更が困難だから」などとなる。

午後解答

問5　メールサーバの構築　(R5 秋･AP 午後問 5)

【解答例】

［設問1］　a：オ　b：エ
［設問2］　c：serv　<別解>www　d：w.x.y.z
［設問3］　(1) 設定項目：受信メールサーバ　設定内容：192.168.1.10
(2) エ
(3) N社のメールサーバを中継サーバとしてメールを送信する設定
［設問4］　e：192.168.0.0

【解説】

メールサーバの構築を題材とした問題であり，メール転送に関わる技術的な知識が問われている。具体的には，SMTPやHTTP，HTTPS通信で使用されるポート番号，DNSサーバに登録するリソースレコードの見方，メール受信時における設定内容，不正メールの中継を防止する対策などの問題が出題されている。一部，メール転送に関する専門知識が必要となる設問もあるが，全体としては標準レベルの問題といえる。

［設問1］

空欄a，bは，「FW1にNAPT（Network Address Port Translation）の設定と，インターネット上の機器から広報サーバにメールとWebの通信だけができるように，インターネットからFW1宛てに送信されたIPパケットのうち，［　a　］ポート番号が25，80，又は［　b　］のIPパケットだけを，広報サーバのIPアドレスに転送する設定を行う」という記述の中にある。

NAPTは，企業内ネットワークなどにあるPCがインターネットへアクセスする場合に使用されるだけではなく，インターネット側からDMZなどに設置されたサーバにアクセスする際にも用いられる技術である。例えば，この問題のように，インターネット側から広報サーバにアクセスする場合，FW1では，IPパケットの宛先ポート番号を見て，それがSMTPの25番やHTTPの80番ポートであれば，IPパケットの宛先IPアドレスを，FW1のIPアドレス（w.x.y.z）から広報サーバのIPアドレス（192.168.1.10）にアドレス変換を行って転送するようにする。したがって，空欄aには宛先の“オ”が入る。なお，この機能は，ポートフォワーディング（静的NAPT）と呼ばれる。

問題文の冒頭に「Webサーバ機能とメールサーバ機能を有する広報サーバを構築する」と記述されているので，宛先ポート番号としては25と80が使用されることが分かる。そして，Webサーバに対するアクセスについては，安全性を高めるためにHTTPをTLS（Transport Layer Security）によってカプセル化する，HTTP over TLS（HTTPS）が一般的に使用されているが，このHTTPSのwell known portとして443が割り当てられている。したがって，空欄bには443の“エ”が入る。

なお，解答群にある21（ア）はFTP（File Transfer Protocol）の制御コネクション用，22（イ）はSSH（Secure Shell)，23（ウ）はTELNETのwell known portである。

［設問２］

空欄c，dは，次の図２（DNSサーバに設定するゾーン情報（抜粋））にある。

@ORIGIN example.jp.	$TTL 86400	IN SOA	ns.example.jp. ※省略
	IN NS	※省略	
	IN MX	10 [c] .example.jp.	
www.example.jp.	IN CNAME	serv.example.jp.	
serv.example.jp.	IN A	[d]	

DNSサーバに設定するゾーン情報のうち，MX（Mail eXchange）レコードには，ドメイン名（example.jp）に対応するメールサーバ名を指定する。広報サーバは，Webサーバ兼メールサーバとして動作させるが，図２のゾーン情報を見ると，顧客がL社の広報サーバにアクセスする場合，Webサーバはwww.example.jp，メールサーバはserv.example.jpというように，名前によって区別していると考えられる。しかし，顧客が広報サーバにアクセスするためのIPアドレスはw.x.y.zの一つだけなので，別名を定義するCNAME（Canonical NAME）レコードによって，serv.example.jpの別名としてwww.example.jpを指定し，ホスト名に対するIPアドレスを指定するA（Address）レコードによって，serv.example.jpに対してw.x.y.zを指定している。したがって，空欄cには“serv”，空欄dには“w.x.y.z”が入る。

なお，前述のように，www.example.jpをserv.example.jpの別名として指定しているので，空欄cを“www”としても正解である。

［設問３］

(1) 下線①について，エラーの問題を修正するために変更したメールソフトウェアの設定項目を15字以内で答えるとともに，変更後の設定内容を図１，図２中の字句を用いて答える。なお，下線①を含む記述は，「Mさんは，設定の誤りに気づき，①メールの受信エラーの問題を修正してメールが受信できることを確認した後に，広報PCからメール送信のテストを行った」である。

下線①の前の段落には，「新ブランドプロジェクトルームの広報PCのメールソフトウェアに受信メールサーバとしてserv.example.jp，POP3のポート番号として110番ポートを設定し，メール受信のテストを行った」，「広報サーバのログを確認したところ，広報PCからのアクセスはログに記録されていなかった」と記述されているので，広報PCから広報サーバに接続できていなかったことが分かる。広報PCのメールソフトウェアに受信メールサーバとしてserv.example.jpを設定しているので，広報PCは，最初にserv.example.jpの名前解決を行うために，N社のDNSサーバに問合せを行う。問合せの結果，IPアドレスのw.x.y.zを得るので，広報PC

は FW1 に対して，POP3 のポート番号として設定されている 110 番ポートを宛先ポート番号としてアクセスする。しかし，FW1 では宛先ポート番号が 25，80，443 以外のものは、IP アドレスの 192.168.1.10 に変換しないので，広報 PC は広報サーバにアクセスできず，広報サーバのログにも広報 PC からのアクセスログに記録されない。

図 1 を見ると，広報 PC と広報サーバは，L 社新ブランドプロジェクトルームに設置されているので，受信メールサーバの名前ではなく，広報サーバの IP アドレス（192.168.1.10）を設定すれば，この IP アドレスによって広報 PC から広報サーバに直接アクセスできるようになる。つまり，設定の誤りは，受信メールサーバの名前を指定したことであり，これを IP アドレスに修正する。したがって，設定項目としては“受信メールサーバ”，設定内容としては“192.168.1.10”を答えるとよい。

(2) 下線②について，OP25B によって軽減できるサイバーセキュリティ上の脅威は何か，最も適切なものを解答群の中から選ぶ。なお，下線②を含む記述は，「調査の結果，他ドメインのメールアドレス宛てのメールが届かなかった事象は，N 社の②OP25B（Outbound Port 25 Blocking）と呼ばれる対策によるものであることが分かった」である。

OP25B は，「N 社からインターネット宛てに送信される宛先ポート番号が 25 の IP パケットのうち，N 社のメールサーバ以外から送信された IP パケットを遮断する対策」と説明されているように，ISP 管理下にある PC などが，ISP（N 社）のメールサーバを経由することなく，インターネット上にある任意のメールサーバに対して，直接 SMTP コネクションを確立しようとするアクセスを遮断するものである。ISP 管理下における接続環境では，接続の都度，ISP から IP アドレスの配布を受ける動的 IP アドレスを使用することが多く，こうした動的 IP アドレスは，送信元の確認が難しくなるという問題がある。OP25B が導入された背景には，スパムメールの送信者がこのことを利用して，ISP 管理外のネットワークへ直接，宛先ポート番号 25 への通信を行い，スパムメールを送信するようになったことがある。このように，OP25B によって軽減できるサイバーセキュリティ上の脅威としては，解答群の中では，(エ) の「スパムメールの送信に広報サーバが利用される」が該当する。したがって，解答は“エ”になる。

なお，解答群のうち，(ア)，(イ) は広報 PC がマルウェアなどに感染したときに見られる事象であり，(ウ) は広報サーバにおける脆弱性を悪用した攻撃の例である。

(3) 下線③について，広報サーバに行う設定を，図 1 中の機器名を用いて 35 字以内で答える。なお，下線③を含む記述は，「このセキュリティ対策に対応するため，③広報サーバに必要な設定を行い，インターネット上の他ドメインのメールアドレス宛てのメールも届くことを確認した」である。

OP25B の適用によって，L 社の広報サーバからインターネット側に対して直接メールを送信することができなくなる。そこで，広報サーバからインターネット宛てのメールを直接送信するのではなく，N 社のメールサーバを中継サーバとしてメールを送信するように設定すれば，N 社のメールサーバからインターネット上の他ドメイン宛てのメールが送信されるようになる。したがって，解答としては「N 社のメールサーバを中継サーバとしてメールを送信する設定」のように答えるとよい。

［設問４］

空欄 e は，「広報サーバが大量のメールを送信する踏み台サーバとして不正利用されないために，メールの送信を許可する接続元のネットワークアドレスとして［ e ］/24 を広報サーバに設定する対策を行った」という記述の中にある。

広報サーバを経由してメールの送信を行うメールクライアントは，図 1 中にある広報 PC に限られる。このため，広報サーバが大量のメールを送信する踏み台サーバとして不正利用されないようにするには，メールの送信を許可する接続元を，広報 PC が接続されているネットワークセグメントにある IP アドレスだけに限定すればよい。図 1 を見ると，広報 PC が接続されているネットワークを収容する FW のインタフェースの IP アドレスには 192.168.0.1 が割り当てられているが，空欄に続く「/24」からネットワークアドレス部は 24 ビットと分かるので，広報 PC が接続されているネットワークセグメントのネットワークアドレスは，FW の IP アドレスの下位 8 ビットを 0 にした 192.168.0.0/24 であると判断できる。したがって，空欄 e には “192.168.0.0” が入る。

問6　在庫管理システム

(R5 秋-AP 午後問 6)

【解答例】

［設問1］　a：↓

［設問2］　(1)　b：引当情報　c：引当予定

(2)　d：日

(3)　e：引当予定　f：在庫　g：入荷明細　h：入荷済数

［設問3］　i：OVER　j：ORDER BY

【解説】

ネットショップ企業のM社の在庫管理システムにおける，課題解決に向けた設計変更に関する問題である。

全て穴埋め問題であり，問題文をよく読めば前後の内容から解答できるものが多く，比較的平易な問題といえる。過去問題でも頻出している E-R 図や処理内容，SQL 文が中心であるため，落ち着いて確実に得点したい。なお，AP 試験では，おそらく初めてウィンドウ関数の構文が出題されたが，先に図 3 で構文の説明がされており，難しくはない。問題文中にも説明があるが，ウィンドウ関数は従来の GROUP BY 句では難しい特定の分析軸に対して，例えば月ごとに前後 1 か月を含めた移動平均を求めるなど推移的な集計操作をしたい場合に使用する。GROUP BY 句と違って，行ごとに集計値を返す。

［設問1］

図 1 及び図 2 における，倉庫エンティティと在庫推移状況エンティティ間の関連を示す矢印などを解答する問題である。

それぞれのエンティティをよく見ると，倉庫エンティティの主キーである倉庫コードが，在庫推移状況エンティティの主キーの一部になっていることが分かる。これは，在庫推移状況エンティティは一つの倉庫コードだけではデータを一意に特定できず，年，月，商品コードとの組合せで一意に定まるということであり，倉庫エンティティ 1 に対して在庫推移状況エンティティが多となる関連であることを示している。したがって，倉庫エンティティと在庫推移状況エンティティは 1 対多の関連であり，空欄 a は「↓」（下向きの 1 対多）となる。

［設問2］

〔在庫管理システム改修内容〕の図 2 及び表 2 に関する問題である。

新たに追加されるエンティティ名や属性名，処理内容に関する穴埋め問題であり，前後の問題文をよく読めば確実に点につなげられる問題である。

(1)　図 2 中の空欄 b，c の穴埋め

〔在庫管理システム改修内容〕にあるように，現状のシステムでは在庫以上の予約注文を受け付けた際に注文に応えられないという問題がある。その対策として，

表 1 の引当情報エンティティと引当予定エンティティを追加している。空欄 b，c 以外のエンティティ名は図 1 にもあることから，空欄 b，c には追加されたエンティティ名が入ると考えられる。そこで，表 1 の追加するエンティティの内容を確認すると，引当情報エンティティには予約注文を受けた商品の個数と入荷済となった商品の個数に関する属性が，引当予定エンティティには未入荷の引当済数の総数に関する属性が管理されていることが分かる。したがって，空欄 b は「引当情報」，空欄 c は「引当予定」である。

なお，表 2 の予約注文を受けたときの処理内容にも，追加したエンティティとその属性の情報があり，この内容からも解答を導くことができる。

(2) 図 2 中の空欄 d の穴埋め

図 1 と見比べると，空欄 d は改修によって在庫推移状況エンティティに追加された属性であることが分かる。そこで，〔在庫管理システム改修内容〕を確認すると，2 点目に「商品の仕入れの間隔や個数を調整する管理サイクルを短くするために，（中略）毎日の締めの在庫数と売上個数を在庫推移状況エンティティに記録する」とある。これは，現状月単位で管理しているデータを，日単位で管理するように変更するということである。これを実現するためには，在庫推移状況エンティティに月より細かな単位である“日”を追加する必要がある。また，追加した属性は在庫推移状況エンティティを一意にするキーとなるため，主キーの一部であり，主キーを示す実線を付ける。したがって，空欄 d は「日」である。

(3) 表 2 中の空欄 e〜h の穴埋め

空欄 e〜h は，表 2 の予約注文された商品が入荷したときの処理内容に関する空欄である。

- 空欄 e：処理内容に「未入荷引当済総数から入荷した商品の個数を引く」とあるので，空欄 e のエンティティは未入荷引当済総数の属性をもつことが分かる。したがって，空欄 e は「引当予定」である。
- 空欄 f：処理内容に「実在庫数と引当済総数に入荷した商品の個数を足す」とあるので，空欄 f のエンティティは実在庫数と引当済総数の属性をもつことが分かる。したがって，空欄 f は「在庫」である。
- 空欄 g：処理内容に「入荷した商品の個数を［ g ］エンティティの個数に設定」とあるので，空欄 g は入荷に関係するエンティティであることが分かる。入荷に関係するエンティティで個数を属性にもつエンティティは入荷明細エンティティであるため，空欄 g は「入荷明細」である。
- 空欄 h：処理内容に「入荷した商品の個数を（中略）引当情報エンティティの［ h ］に足す」とあるので，空欄 h は引当情報エンティティの入荷数に関する属性であることが分かる。引当情報エンティティの入荷数に関する属性は入荷済数であるため，空欄 h は「入荷済数」である。

［設問 3］

図 4 の SQL 文に関する問題である。

〔在庫の評価〕にある在庫回転日数を把握するため，倉庫コード，商品コードごとに，各年月日の 6 日前から当日までの平均在庫数及び売上個数で在庫回転日数を集計するよう，ウィンドウ関数を使用した図 4 の SQL 文を作成した。問題文にもあるように，ウィンドウ関数を使うと，複雑な集計を簡単に導出でき，可読性も高めることができる。

ウィンドウ関数の構文は，図 3 のとおりであり，「ウィンドウ関数名 OVER ウィンドウ指定」という形で使用する。ウィンドウ関数には，集合（計）関数の SUM 関数やAVG関数なども使用できるほか，汎用ウィンドウ関数として順位を出力するRANK関数や相対順位を示す CUME_DIST 関数なども使用できる。

・空欄 i：空欄 i は，AVG 関数や SUM 関数の後に続く字句である。また，空欄 i に続く期間定義は，FROM の後に続く WINDOW 句にあることが分かる。図 3 より，関数名とウィンドウ名の間には OVER が入ることから，空欄 i は「OVER」である。

・空欄 j：空欄 j は，ウィンドウ指定内の指定内容である。空欄 i と同様に，図 3 より，ウィンドウ指定には PARTITION BY 句，ORDER BY 句，ウィンドウ枠が指定できることが分かる。空欄 j に続く字句として SELECT で指定している年，月，日という列名があり，ASC という昇順に並べ替えるためのキーワードが含まれていることから，空欄 j はソートに関する字句であると考えられる。したがって，空欄 j は「ORDER BY」である。

問７　トマトの自動収穫を行うロボット　(R5 秋-AP 午後問 7)

【解答例】

［設問１］　(1) 収穫に適したトマトを検出していない場合
　　　　　(2) イ
［設問２］　(1) 収穫トレーに空き領域がない
　　　　　(2) トマトの個数
　　　　　(3) a：メイン
［設問３］　ウ
［設問４］　5.90（ミリ秒）

【解説】

トマトの自動収穫を行うロボットに関する組込みシステム開発の問題である。あらゆる業界において DX（Digital Transformation）化が叫ばれているが，PC やタブレット端末で作業ができるデスクトップ作業のデジタル化は，比較的容易である。しかしながら，実作業が伴うサービス業や製造業，農業などのデジタル化は，人の手足に代わるロボットが不可欠であり，最近では，RX（Robotics Transformation）と呼ばれる，ロボットを高度に活用した変革を指す用語も浸透し始めている。この問題も，DX や RX の時代の流れを受けてか，トマトの自動収穫を行うロボットがテーマとなっている。このようなロボットに関しては，センサーやアクチュエーターの知識が必要であり，この問題においても設問３で，PWM 方式を用いたサーボモーターの問題が，設問４では，超音波センサーの計算問題が出題されている。

なお，AP 試験の午後の問７（組込みシステム開発）の問題は，知識がなくても問題文を読めば解答できる傾向があり，点数を取りやすいとの評判もよく見かける。しかしながら，設問３のサーボモーターの問題は，PWM 方式に関する知識が必要であり，設問４の超音波の伝搬時間を求める計算問題は，超音波が反射して戻ってくるまでに収穫ロボットが移動する距離を考慮して答える必要があり，以前に比べると難しい問題が増加している。

［設問１］

収穫ロボットの状態遷移について問われている。

(1) 収穫終了位置まで移動したときに開始／終了状態への状態遷移が発生するのはどのような場合かを答える問題である。

状態遷移に関する問題は，問題文に解答の根拠となる記述が必ず明記してある。そこで，該当しそうな箇所を問題文から捜すと，〔収穫ロボットの動作概要〕の９番目の項目に「収穫終了位置で，収穫に適したトマトを検出していない場合は，収穫を終了し，待機位置へ移動する」とある。したがって，解答は「収穫に適したトマトを検出していない場合」などとなる。

(2) 設問で指定された事象が発生した場合における，発生する状態遷移を解答群の中から記号で答える問題である。

指定された事象は，「収穫終了位置で，収穫に適した2個のトマトを検出した。2個目のトマトの把持に失敗したとき，1 個目のトマトの収穫を開始した時点から 2 個目のトマトの把持に失敗して次の動作に移るまで」の状態遷移である。図3の状態遷移図を参照すると，設問文に「2 個目のトマトの把持に失敗したとき，1 個目のトマトの収穫を開始した時点から」とあるので，1 番目の状態は「収穫中」と考えられる。この時点で，1 個目のトマトの把持は成功しており，格納トレーにトマトを載せる必要があるので，次の状態は「積載中」に遷移する。「収穫に適した 2 個のトマトを検出した」とあるので，2個目のトマトの収穫を行う必要があるので，次の状態は「収穫中」となる。しかし，「2個目のトマトの把持に失敗した」ため，(1)で解説したように収穫終了位置で，収穫に適したトマトがないので，「開始／終了」に遷移すると考えられる。したがって，「収穫中状態→積載中状態→収穫中状態→開始／終了状態」が適切となり，解答は（イ）となる。

［設問2］

制御部のタスクについて問われている。

(1) 認識タスクから収穫トレーの空き領域の情報を受け取ったとき，メインタスクが開始／終了状態へ遷移する条件を答える問題である。

表 3 を参照すると，メインタスクの処理概要には，「収穫ロボットの状態管理を行う」としか記述がない。そこで，〔収穫ロボットの動作概要〕を参照すると，6番目の項目に「トマトを収穫トレーに載せた後，更に収穫に適したトマトが残っており，かつ，収穫トレーに空き領域が残っていれば，状態を積載中状態から収穫中状態に遷移させ，検出している全てのトマトを収穫するか収穫トレーの空き領域がなくなるまで収穫動作を繰り返す」とある。これによって，収穫トレーに空き領域がない場合に,収穫動作を終了して開始／終了状態へ遷移すると考えることができる。したがって，解答は「収穫トレーに空き領域がない」などとなる。

(2) 認識タスクがメインタスクに収穫に適したトマトを検出したことを通知するときに合わせて通知する必要がある情報を答える問題である。

(1)で参照した「トマトを収穫トレーに載せた後，更に収穫に適したトマトが残っており,・・・全てのトマトを収穫するか収穫トレーの空き領域がなくなるまで収穫動作を繰り返す」の記述を実現するには，収穫に適したトマトの残数の管理が不可欠である。よって，認識タスクがメインタスクに収穫に適したトマトを検出したことを通知するときに，検出したトマトの個数も通知する必要があると考えることができる。したがって，解答は「トマトの個数」となる。

(3) 表3中の空欄aに入れるタスク名を，表3中のタスク名で答える問題である。

該当する箇所は，認識タスクの処理概要にある「近接カメラで撮影した収穫トレーの画像から収穫トレーの空き領域の情報をアーム制御タスクと［　a　］タスクに通知する」である。(1)で解説したように，収穫ロボットの状態管理を行うメインタスクは，認識タスクから収穫トレーに空き領域がない情報を受け取ると，開始

／終了状態へ遷移するため，認識タスクからメインタスクへ通知が必要となる。したがって，空欄 a には「メイン」が入る。

［設問３］

アームの制御について問われている。

〔アームの関節部について〕には，「アームには，軸 1，軸 2，軸 3 の三つの回転軸があり，それぞれの回転軸にはサーボモーターが使用されている。サーボモーターは PWM 方式で，入力する制御パルスのデューティ比によって回転する角度を制御する」とある。なお，サーボモーターは，フィードバック制御を用いて，任意の状態（回転や角度）を安定して保つことができるモーターで，様々な種類がある。この問題のサーボモーターは，一般的なぐるぐる回転するタイプのモーターではなく，制御パルスで指定された回転角度（制御角）まで回転動作しその状態を保持することができるモーターであり，産業用ロボットのアームなどの関節の駆動によく使われている。このロボットのアームは，3 個の関節があり，それぞれに表 2 の仕様のサーボモーターが使われている。表 2 にあるように，制御パルスのサイクル（パルスの山と谷の 1 周期の時間の長さ）は，20 ミリ秒である。PWM（Pulse Width Modulation）とは，パルス幅変調と呼ばれ，パルスの周期を一定にしてパルスの山の部分の幅を変化させることで，目的とする制御（このサーボモーターの場合は角度）を行う方式である。ちなみに，パルスの 1 サイクルに対するパルスの山の部分の比率をデューティ比と呼ぶ。

さて，問題文に「サーボモーターは，制御パルス幅 1.0 ミリ秒の場合，制御角が−90 度（反時計回りに 90 度）に・・・」とあるように，1 サイクル（20 ミリ秒）のうち，制御パルス幅 1.0 ミリ秒（パルスの山の部分が 1.0 ミリ秒）の場合，制御角が−90 度（反時計回りに 90 度）になるように回転する。これが，最小値であるから，この角度がサーボモーターの原点（始点）となる。また，制御パルス幅 11.0 ミリ秒の場合，制御角が 90 度（時計回りに 90 度）になり，原点から見ると最大値の 180 度（最大角度）になる。

制御パルス幅の変化域は，原点の 1.0 ミリ秒（−90 度）から最大の 11.0 ミリ秒（＋90 度）の範囲であるから，パルス幅の変化域は，11.0 ミリ秒−1.0 ミリ秒＝10.0 ミリ秒となり，対応する原点からの角度は，0 度から 180 度となる（制御角の 0 度を中心に見ると±90 度の範囲となる。ここで，パルス幅の 1.0 ミリ秒に相当するサーボモーターの回転角度を求めると，180 度÷10.0 ミリ秒＝18 度となる。

次に，サーボモーターの制御角を 0 度（アームの軸の位置が真ん中）にするために，必要な制御パルスの幅を考える。制御パルス幅の変化域の中間となるパルス幅は，最大値と最小値の差分の半分，すなわち（11.0 ミリ秒−1.0 ミリ秒）÷2＝5.0 ミリ秒になる。パルス幅の 1.0 ミリ秒に相当する角度は 18 度であるから，原点からの角度は 5.0 ミリ秒×18 度＝90 度になる。制御角と原点からの角度は，90 度のオフセットがあるから，制御角は 90 度−90 度で 0 度になる。なお，実際には，制御パルス幅は 0 ミリ秒から始まらず，1.0 ミリ秒のオフセットがあることに注意したい。それを加味すると，5.0 ミリ秒に 1.0 ミリ秒を加えた値となる。よって，5.0 ミリ秒＋1.0 ミリ秒

＝6.0 ミリ秒が制御角の 0 度に相当する。言い換えると，次に示す式①のように，制御パルス幅から 1.0 ミリ秒を引いた値に 18 度を掛けることによって，原点からの角度を求めることができる。

原点からの角度＝（制御パルス幅－1.0（ミリ秒））×18（度）……式①

なお，制御角は，原点からの角度からオフセットの 90 度を引いた値となる。

さて，設問文は，「アームの制御について，アームの各関節部の軸に制御パルスが図 5 のように入力された場合，アームはどのような姿勢に変化するか。解答群の中から選び記号で答えよ」である。まずは，図 5 の最初の，1 サイクル（20 ミリ秒）に注目する。軸 1 は，制御パルス幅が 6 ミリ秒であるので，前述のようにサーボモーターの原点からの角度は 90 度で，制御角は 0 度である。また，2 サイクル目以降も制御パルス幅の変化がないので，制御角は同じである（ちなみに軸 2 も軸 3 も，2 サイクル目以降の制御パルス幅には変化がない）。

次に，軸 2 に注目すると，制御パルス幅は 10 ミリ秒である。式①に当てはめてみると，

原点からの角度＝（10（ミリ秒）－1.0（ミリ秒））×18（度）＝162（度）

となる。よって，アームの軸 2 の制御角は，オフセットを引いて 162 度－90 度＝72 度になる。

さらに，軸 3 に注目すると，制御パルス幅は 3 ミリ秒である。これも式①に当てはめてみると，

原点からの角度＝（3（ミリ秒）－1.0（ミリ秒））×18（度）＝36（度）

となる。よって，アームの軸 3 の制御角は，36 度－90 度＝－54 度になる。

以上から，アームの軸 1 の制御角は 0 度，軸 2 の制御角は 72 度，軸 3 の制御角は－54 度となり，解答は（ウ）となる。

［設問 4］

設問文に示された条件における，超音波センサーが超音波を出力してから検知に掛かった時間は最大何ミリ秒かが問われている。

設問文に示された条件は，「障害物の検知について，収穫ロボットが直進中に，超音波センサーが正面の障害物を検知して，移動を停止したとき，超音波センサーが超音波を出力してから検知に掛かった時間」である。収穫ロボットが静止していれば，検知に掛かる時間は，収穫ロボットと障害物の距離を往復する時間だけを答えれば良いが，「収穫ロボットが移動する距離を考慮して答えよ」とあるので，収穫ロボットが移動することを前提に考える必要がある。ここで，超音波を出してから，受けるまでの時間を x 秒として式を立てることにする。

収穫ロボットが直進中の速度は 50cm／秒であるから，x 秒間に収穫ロボットは，50cm／秒×x 秒＝0.5xm ほど障害物に近づくことになる（その分，超音波が伝搬する距離は短くなる）。

超音波センサーは，1m 以内の距離の障害物を検知する必要がある。収穫ロボット

が静止している場合，超音波が飛ぶ往復の距離は，1m×2（往復分）＝2m となる。設問文には「収穫ロボットが移動する距離を考慮して答えよ」とあるので，超音波センサーが超音波を出力したタイミングにおいて障害物から 1m 以上の距離があったとしても，直進するロボットが検知したタイミングにおいて 1m の距離になる場合を考える必要がある。すると，超音波が伝搬する距離は，2m に移動分を加えて，

超音波が伝搬する距離＝2＋0.5x（m）……式②

となる。また，x 秒で超音波は，340m／秒×x 秒の距離を伝搬するから，

超音波が伝搬する距離＝340x（m）……式③

となる。ここで，式②＝式③によって，

2＋0.5x（m）＝340x（m）

となり，これを整理して解くと，

2＝340x－0.5x

2＝339.5x

x＝2÷339.5≒0.005891（秒）＝5.891（ミリ秒）

となる。答えは，小数第 3 位を切り上げて小数第 2 位まで求めるので，「5.90（ミリ秒）」となる。

問８　スレッド処理

(R5 秋-AP 午後問 8)

【解答例】

［設問１］　a：イ　b：エ

［設問２］　(1) c：エ　d：ウ

(2) ア

［設問３］　(1) 処理 2，処理 7

(2) e：ウ

(3) 一定時間でタイムアウトする処理

(4) 460（ミリ秒）

【解説】

美容室チェーンを題材とした，スマートフォン向けのアプリケーションソフトウェア開発に関する問題である。具体的には，スマートフォン向けのアプリケーションの種類，プロセスやスレッドに関する処理の仕組み，ワーカースレッドに関する処理の特性，Java 言語における操作について設問で問われており，解答するに当たっては，スマートフォン向けアプリケーションソフトウェアの開発に関する基礎知識が求められる。日ごろからそのような開発に携わっている受験生にとっては，容易に解答できたと思われるが，逆にその経験のない受験生にとっては解答が難しかったと思われる。情報システム開発の問題も，時代の潮流を捉えて変化してきている傾向があり，受験生にとってもその対応が求められる。

［設問１］

本文中の空欄 a，b に入れる適切な字句を解答群の中から選ぶ。空欄 a，b の直前に，「アプリケーションの代表的な種類」とあるが，スマートフォン向けアプリケーションには，“ネイティブアプリケーション”と“Web アプリケーション”の 2 種類がある。それぞれの特徴は次のとおりである。

・ネイティブアプリケーション

アプリケーションストア（App Store や Google Play など）を経由して，スマートフォンにインストールして使用するアプリケーションであり，特定のプラットフォーム専用に開発されているため，カメラや GPS などのデバイスや OS の機能を最大限に活用することができる。

・Web アプリケーション

Web ブラウザ上で稼働するアプリケーションであり，インストールなしで利用できる。Web ブラウザ上で稼働するアプリケーションのため，スマートフォンの OS に依存せずに利用できるが，カメラ，GPS などのデバイスの利用が一部制限され，スマートフォンの独自機能をフルに活用したアプリケーションを作成することができない。

したがって，空欄 a が（イ）の「Web アプリケーション」，空欄 b が（エ）の「ネイティブアプリケーション」となる。

ア：Java アプレットとは，Java で開発されたアプレットのことであり，Web ページの一部として Web ブラウザ上で実行される。

ウ：コンソールアプリケーションとは，CUI（Character User Interface）であるコマンドプロンプトなどから実行されるものであり，GUI（Graphical User Interface）アプリケーションとは異なり，ウィンドウを作成せず実行される。

［設問２］

〔トップ画面の開発〕についての問題である。

(1) 本文中の空欄 c，d に入れる適切な字句を解答群の中から選ぶ。空欄 c，d の直前に，「エラーの原因を究明するために，スマートフォン上で動作する GUI アプリケーションにおける並行処理を行う仕組みに関して調査を行った。スマートフォンの OS 上で処理を実行する仕組みとして」とあるため，空欄 c，d にはスマートフォンの OS 上で処理を実行する仕組みが入ることが分かり，スレッドとプロセスが解答の候補となる。

・プロセス

独立したメモリ空間を割り当てられる実行単位であり，通常はアプリケーションの実行単位ごとに生成される。

・スレッド

プロセスの中における最小の実行単位であり，親プロセスに割り当てられた一つのメモリ空間をスレッド同士で共有する。

したがって，空欄 c が（エ）の「プロセス」，空欄 d が（ウ）の「スレッド」となる。

ア：イベントとは，キーボードやマウスによる入力など，プログラムが何らかの処理を開始するきっかけとなる事象のことである。

イ：ウィンドウとは，操作画面上でソフトウェアごとに表示される小さな画面のことである。

(2) 下線①について，ワーカースレッドで実行すべきではない処理を解答群の中から選ぶ。下線①の直前にも記述されているように，GUI アプリケーションの開発では，画面描画，画面操作などの画面ユーザーインタフェースに関する処理を行うメインスレッドと，メインスレッドと並行して比較的処理時間が長い処理を行うワーカースレッド（バックグラウンドスレッド）とを分けて実装することがある。また，下線①の直後に，「ワーカースレッドによる画面ユーザーインタフェースに関する処理は禁止されていることが分かった」とあり，画面ユーザーインタフェースに関する処理はメインスレッドで実装することとなる。ワーカースレッドで実行すべきではない処理つまり，画面ユーザーインタフェースに関する処理を解答群の中から選ぶと，（ア）の「サーバから取得した情報を画面に表示する処理」になる。また，（イ）～（エ）は，いずれも画面ユーザーインタフェースに関する処理ではない。したがって，（ア）が正解である。

［設問3］

〔おすすめの髪型機能の開発〕についての問題である。

(1) 本文中の下線②について，表1中の処理2〜処理7のうちメインスレッドで実行すべき処理だけを全て答える。設問2(2)とも関係するが，メインスレッドと並行してバックグランドで実行するワーカースレッドは，画面ユーザーインタフェースに関する処理は禁止されており，画面ユーザーインタフェースに関する処理はメインスレッドで実装する。したがって，画面に関する処理を解答すればよいこととなる。この点に着目して確認すると，処理2「画面に“処理中”のメッセージを表示する」，処理7「処理6で合成した写真を画面に表示する」とあり，「処理2，処理7」が正解となる。なお，処理3〜処理6は，いずれも画面ユーザーインタフェースに関する処理ではないので，ワーカースレッドで実行することが可能である。

(2) 本文中の空欄eに入れる適切な操作名を解答群の中から選ぶ。空欄eの直前には，「処理6の実行の開始条件は処理4と処理5が共に完了していることなので，二つのスレッドの完了を待ち合わせる」とある。解答群の中にある（イ）のforkは，子スレッドであるワーカースレッドを生成し，並行処理を実現する操作である。そして，（ウ）のjoinが，forkによって生成された複数のスレッドの実行終了を待ち合わせ，後続の処理の開始タイミングを制御する操作であることから，正解は（ウ）「join」となる。なお，javaには，forkとjoinをペアとしたFork/Joinフレームワークが導入されている。

ア：breakは繰り返し処理を途中で抜ける操作である。

エ：waitは呼び出されるまで処理を待機させる操作である。

(3) 本文中の下線③について，Cさんが追加した処理の内容を20字以内で答える。下線③の直前に，「通信環境の良い場所では正常に動作したが，通信環境が悪い場所ではサーバからの応答を待ち続けてしまう問題が発生した」とあり，この問題を解決する処理となる。サーバからの応答を待ち続けている間，スマートフォンの画面上では処理が継続した状態であり，利用者が処理の終了を待ち続けることになり，対応として不親切といえる。また，応答が一定時間を超える場合，現実的には応答を受け取れずに処理が終了しない可能性が高いので，一定時間でタイムアウトする処理を追加することが適切な対応といえる。したがって解答は，「一定時間でタイムアウトする処理」などとなる。

(4) おすすめの髪型機能を実行するために必要な処理時間を答える。ポイントとしては，処理の開始のタイミングと並行処理できる処理の処理時間のカウントである。処理1から処理7について時系列で図示すると次のとおりとなる。

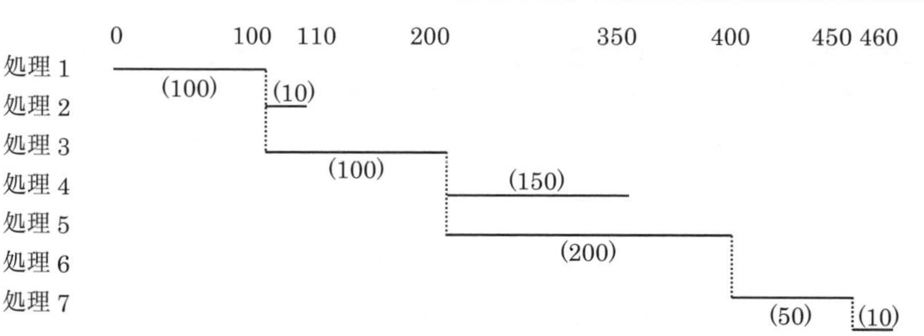

並行処理は，処理 2 と処理 3，処理 4 と処理 5 であり，また処理 6 については処理 4 と処理 5 が完了してから開始となる。したがって解答は，「460（ミリ秒）」となる。

問９　新たな金融サービスを提供するシステム開発プロジェクト （R5 秋-AP 午後問 9）

【解答例】

［設問１］　(1)　a：頻繁なスコープの変更を想定する
　　　　　　(2)　b：機械学習技術の習得の時間がない

［設問２］　(1)　c：Q（社）
　　　　　　　　理由：定着化と使用性の両方が最高点だから
　　　　　　(2)　イ（実現性を検証することが目的である。）
　　　　　　(3)　システム開発フェーズの回復力を確かめるため

［設問３］　(1)　マーケティング業務と開発プロジェクト参加の経験があるから
　　　　　　(2)　重要成功要因の指標の値
　　　　　　　　又は、顧客関係性の強化の達成状況

【解説】

本問は，新たな金融サービスを提供するシステム開発プロジェクトを題材とした，アジャイル型開発の問題である。アジャイル型開発では，ウォーターフォール型開発と違い，集中した権限のあるプロジェクトマネージャは存在しないという考え方もあるが，本問ではプロジェクトマネージャを任命し，その配下にプロダクトオーナーを配置するというプロジェクト体制である。アジャイル型開発ではシステム開発に先立ち，PoC（Proof of Concept）のフェーズを設けて実現性を検証することがあるが，その際も自社の状況を鑑みつつ，経験があるベンダーへの業務委託を検討する必要がある。本問は，このような業務委託を含めたアジャイル型開発に関する設問で構成されているが，“プロダクトバックログ”，“プロダクトオーナー”といったアジャイル型開発に特有な言葉が問題文に出現するため，アジャイル型開発の経験のない受験生にとっては取っ付き難い問題に感じられたと想定される。しかし，設問では基本的なことが問われているため，アジャイル型開発の経験のない受験生でも，問題文をよく読めば対応は可能である。

［設問１］

〔プロジェクトの立ち上げ〕について答える設問である。

(1)　本文中の空欄 a に入れる適切な字句を解答する。空欄 a の直後に，「アジャイル型開発アプローチを採用することにした」とあるため，アジャイル型開発アプローチを採用するに至った考慮点の一つが解答となる。アジャイル型開発は，開発途中に仕様変更があることを前提として，計画，設計，実装，テスト，リリースというサイクルを小さな規模で反復し，開発を進めていく手法である。このため，利用したい機能については短期開発によってタイムリーに利用できる。また，確定していない，あるいは変更の可能性が高い機能は，次回以降の反復を含めて開発できるため，要求の変化に柔軟に対応できるといった特徴がある。また，本プロジェクトは，PoC（Proof of Concept）のフェーズを設けて，新たなサービスの提供と新たな技術の採用の両面で実現性を検証するが，PoC とアジャイル型開発の相性は良く，昨今の AI 活用をはじめとした DX プロジェクトでは，この組合せで進めていることが多い。本プロジェクトにおいて，アジャイル型開発アプローチを採用するに至った考慮点について，空欄 a の直前に“PoC を実施する点”，“リリースまでに 6 か月しかない点”と 2 点については記述されているため，その他の考慮点についてアジャイル型開発の特徴にマッチしている点を探すと，プロジェクト憲章のスコープの部分に，「マーケティング部のステークホルダは新たな金融サービスについて多様な意見をもち，プロジェクト実行中はその影響を受けるので頻繁なスコープの変更を想定する」とあり，頻繁なスコープの変更への対応がマッチする。したがって解答は，「頻繁なスコープの変更を想定する」などとなる。

(2) 本文中の空欄 b に入れる適切な字句を解答する。空欄 b の直後に，「PoC とシステム開発の両フェーズで機械学習に関する技術支援をベンダーに業務委託することにした」とあるため，自社だけで実施せずに業務委託をするに至った考慮点の一つが解答となる。空欄 b の直前に“自社にリソースがない点”については記述されているため，他の考慮点が解答となるが，B 役員からの留意点の一つとして，「同業者から，自社だけで機械学習技術を習得しようとしたが，習得に 2 年掛かったという話も聞いたので，進め方には留意すること」と記述がある。また，プロジェクト憲章のマイルストーンの部分には，「本プロジェクト立ち上げ後 6 か月以内に，ファーストリリースする」とあり，短期間でプロジェクトを遂行していく必要がある。以上を踏まえると，もう一つの考慮点として解答は，「機械学習技術の習得の時間がない」などとなる。

［設問２］

〔ベンダーの選定〕について答える設問である。

(1) 本文中の空欄 c に入れる，選定したベンダーのアルファベット 1 字と選定した理由を解答する。表 2（ベンダー比較表）の評価項目の各点数を合計すると，P 社＝16 点，Q 社＝17 点，R 社＝17 点，S 社＝16 点であり，16 点と 17 点で拮抗しているといえる。ベンダーに技術支援を業務委託する場合，〔プロジェクトの立ち上げ〕に，B 役員の挙げた留意点として，「マーケティング部と情報システム部の従業員が，自分たちで使いこなせるレベルまで機械学習技術を習得する支援をしてもらうこと。また，新たな金融サービスの提供において，顧客の様々な年代層が容易に利用できるシステムの開発を支援できるベンダーを選定すること。なお，PoC では，技術面の検証業務を実施し，成果として検証結果をまとめたレポートを作成してもらうこと」とあるため，これらが評価のポイントとなる。前記の「自分たちで使いこなせるレベルまで機械学習技術を習得する支援をしてもらう」に当たる評価項目が“定着化”，「顧客の様々な年代層が容易に利用できるシステムの開発を支援できる」が“使用性”であり，双方ともに評価が 4 点であるのは Q 社である。評価点の合計でも比較的点数の高い 17 点であることから，Q 社を選定したと判断できる。したがって解答は，空欄 c は「Q（社）」，選定した理由は，「定着化と使用性の両方が最高点だから」などとなる。

(2) 本文中の下線①について，ベンダーへの業務委託の契約形態を準委任契約とすることとした，本プロジェクトにおける PoC の特性として考慮した点を解答群から選ぶ。情報システム開発における業務委託の契約形態には，準委任契約と請負契約があり，準委任契約は委託された作業を行う契約であり，請負契約にあるプログラム製造などの完成責任はない。本プロジェクトにおける業務委託について，〔プロジェクトの立ち上げ〕の空欄 b の直後に，「PoC とシステム開発の両フェーズで機械学習に関する技術支援をベンダーに業務委託することにした」とあり，“技術支援”が目的であることから，契約形態としては完成責任のない準委任契約が妥当であると考えられる。また，〔プロジェクトの立ち上げ〕のプロジェクト憲章のプロジェクトフェーズに，「システム開発に先立ち，新たなサービスの提供と新たな技術の採用の両面で実現性を検証する PoC のフェーズを設ける」とあるが，PoC は日本語では概念実証であるように，その目的は本格的なシステム開発に向けての“実現性の検証”であり，仕様書を基にしてシステムを完成させる作業ではないため，準委任契約が妥当であると考えられる。したがって，PoC の特性として考慮した点の解答は，「イ（実現性を検証することが目的である。)」となる。

(3) 本文中の下線②について，C 課長がベンダーに確認する目的を解答する。下線②の直前には，「システム開発フェーズの途中で，技術支援の範囲拡大や支援メンバーの増員を依頼した場合の対応までのリードタイムや増員の条件」とあり，確認した内容は，技術支援の範囲拡大や支援メンバーの増員についてであることから，想定していなかったリスクへの対応と考えられる。〔プロジェクトの立ち上げ〕の最終段落に，「C 課長は，PoC を実施しても，既知のリスクとして特定できない不確実性は残るので，プロジェクトが進むにつれて明らかになる未知のリスクへの対策として，プロジェクトの回復力（レジリエンス）を高める対策が必要と考えた」とある。想定していなかったリスクは未知のリスクであり，その対策が目的と考えれば，解答は，「システム開発フェーズの回復力を確かめるため」などとなる。なお，特定されたリスクへの対応費用はコンティンジェンシー予備，未知のリスクへの対応費用はマネジメント予備であり，この費用はマネジメント予備として計上しておく必要がある。

［設問３］

〔役割分担〕について答える設問である。

(1) 本文中の下線③について，D 主任がプロダクトオーナーに適任だと考えた理由を解答する。アジャイル型開発におけるプロダクトバックログとは，プロダクトに必要な機能や改善要素を優先順位付けして記述したものであり，またプロダクトオーナーはプロダクトバックログを管理しつつ，プロダクトの方向性を決定する責任者である。今回のプロジェクトにおいては，新たな金融サービスがプロダクトとなり，その方向性を決定することとなる。表１には，D 主任のスキルと経験について，「1 年前に競合企業から転職してきたマーケティング業務の専門家。CRM や会員向け

EC サイトのシステム開発プロジェクトに参加した経験がある。A 社の業務にはまだ精通していない」と記述があり，顧客関係性を強化する新たな金融サービスの確立に向けては，D 主任のマーケティング業務の専門家としての活躍がポイントとなる。したがって解答は，「マーケティング業務と開発プロジェクト参加の経験があるから」などとなる。

(2) 本文中の下線④について，測定するものを解答する。下線④の直前には，ステークホルダであるマーケティング部が，作成した MVP を試用するとあり，その MVP の試用で測定するものを解答することとなる。PoC の評価に関しては，〔プロジェクトの立ち上げ〕のプロジェクト憲章のプロジェクトフェーズに，「PoC フェーズの評価基準には，顧客関係性の強化の達成状況など，定量的な評価が可能な重要成功要因の指標を用いる」とあり，定量的な評価が可能な指標を用いる必要がある。したがって解答は，「重要成功要因の指標の値」であり，具体的には「顧客関係性の強化の達成状況」などとなる。

問 10　サービスレベル　(R5 秋-AP 午後問 10)

【解答例】

［設問１］　ウ

［設問２］　(1)　a：ア

(2)　表１のサービスレベル目標の達成には，内部供給者との目標の合意が必要だから

(3)　サービスの回復時間にはシステム開発課以外で実施する作業の時間も含まれるから

［設問３］　(1)　サービスデスク要員の体制が確保できないから

(2)　サービスデスクのサポート時間帯以外でも，利用者が疑問を解決できる。

【解説】

社内のシステム再構築におけるサービスレベルに関する内容となっている。利用者である販売部の販売活動時間や，新サービスのサービスデスクの対応時間などと比較しながら設問に対応する必要がある。さらに，社内における利害関係者とのサービスレベルの合意というプロセスの理由を，今回の再構築対応の全体像を意識しながら解答する必要がある。

［設問１］

本文中の下線①で G 課長が追加するように要求したサービスレベル項目について，解答群の中から選び，記号で解答する設問である。

下線①の前後を確認すると，「G 課長は，販売部の要求事項に関連する内容が欠けていることを指摘し，表１に①サービスレベル項目を追加するように要求した」と記載されている。販売部の要求項目に関連する内容を問題文中で探すと，冒頭の第３段落に「販売担当者は，納入先から（中略）……引き合いに関する情報を登録する作業を行う」，「次に，（中略）……何度もアクセスして情報を検索したり，情報を登録したりする作業があり，最後に表示される納期と価格の情報を取り込んだ納入先への提案に時間が掛かっている」と記載されている。さらに，「販売部が行う納入先への提案は販売部の重要な事業機能であるので，販売部は現サービスの改善を要求事項として情報システム部に提示していた」と記載されている。これらの記載から，引き合いに関する情報登録の円滑化や，納入先への提案の迅速化が要件となっていることが推察できる。引き合いに関する情報の登録処理の応答時間はサービスレベル項目として既に存在しているため，解答は（ウ）の「販売担当者が提案情報作成を新システムに要求してから納期と価格の情報が表示されるまでに要する時間」となる。

［設問２］

(1)　本文中の空欄 a に入れる字句を解答群の中から選ぶ設問である。

空欄 a の周辺の問題文を確認すると，「サービスデスクについてのサービスレベル目標の合意は，従来，サービス課とＹ社との間で［ a ］として文書化されている」と記載されている。サービス課とＹ社が異なる会社であることや，〔新サービスとサービスマネジメントの概要〕に「サービス課では，従来からサービスデスク機能をコールセンター会社のＹ社に委託しており」と記載されている。Ｙ社に委託しているのであれば，契約書が前提となっているため，解答は（ア）の「契約書」を選べばよい。

(2) 下線②でＦ君が，サービス課と内部供給者との間でサービスレベル項目と目標を合意することにした理由を解答する設問である。

〔サービスレベル項目と目標の設定〕には「情報システム部が情報システム部長の指示のもとで，販売部の要求事項と実現可能性を考慮しながらサービスレベル項目と目標の案を作成し，新サービスの利害関係者と十分にレビューを行って合意内容を決定することとなった」と記載されている。このことから，販売部とサービス課がSLAを締結するに当たり，サービス課としても新サービスの利害関係者（システム開発課とシステム運用課）とレビューをすることが必要となっていることが分かる。また，「販売部との合意の前に，新システムの開発及び運用を担うシステム開発課及びシステム運用課のメンバーと協力して SLA のサービスレベル項目と目標を作成することにした」との記載もある。以上から，「表１のサービスレベル目標の達成には，内部供給者との目標の合意が必要だから」などと解答すればよい。

(3) 下線③でサービスレベル目標を見直すべき理由を解答する設問である。

下線③周辺の問題文を確認すると，「表１項番４のサービスレベル目標を達成するためには，“③表２項番２のサービスレベル目標は見直す必要がある”という指摘を受けた」と記載されている。ここで表１項番４を確認すると，保守性に関するサービスレベル項目が「インシデント発生時のサービス回復時間」，サービスレベル目標が「8時間以内」と設定されていることが分かる。さらに，表２項番２では，サービスレベル項目に「システム開発課がサービス課からのインシデントの診断依頼を受け付けてからシステムを復旧するまでの時間」，サービスレベル目標が「8時間以内」となっている。表１の注釈には，サービス回復時間は「サービスデスクが受け付けてからサービスが回復するまでの経過時間のことである」と記載されている。そのため，表１項番４のサービスレベル目標を達成するためには，サービスデスク→サービス課→システム開発課→サービス課→サービスデスクまでの全工程を8時間以内で行うことになる。サービス課→システム開発課→サービス課のやり取りで8時間を守れたとしてもトータルとして8時間以内が守れない可能性があるということが分かる。以上から，「サービスの回復時間にはシステム開発課以外で実施する作業の時間も含まれるから」などと解答すればよい。

［設問３］

(1) 下線④で，Ｆ君が，問合せ件数を削減する対応が必要と考えた理由を解答する設問である。サービスデスク運用の観点から解答する必要がある。

午後解答

〔サービス提供者とサービス供給者との合意〕に「Y 社は，提示された問合せ件数に基づき作業負荷を見積もり，サービスデスク要員の体制を確保する」と記載されている。つまり，サービスデスクでは想定した問合せ件数が存在し，それらをもとに人員配置なども考えていることが分かる。そのため，その想定件数を遥かに超える件数が発生したときには，当然サービスデスクは SLA を遵守できなくなる可能性が高い。電話がとれないといった対処ができなくなることが想定される。したがって，「サービスデスク要員の体制が確保できないから」などと解答すればよい。

(2) 下線⑤の方策について，利用者にとっての利点を解答する設問である。

下線⑤を確認すると，「利用者が参照できる⑤FAQ を社内 Web システムに掲載することによって，新サービスの操作方法についてマニュアルで解決できない疑問が出た場合は，利用者自身で解決できるように準備を進めることにした」と記載されている。マニュアルで解決できない場合は，サービスデスク・サービス課に問合せをすることになるが，対応時間は表 1 から「E 社営業日の 9 時から 20 時まで」であることが分かる。これ以外の時間はサービスデスク・サービス課への問合せができない。このため，利用者自身が解決できるようになれば，問合せ件数削減が期待でき，サービスデスク・サービス課が稼働していない時間帯でも利用者が問合せをすることなく，自ら解決できることになる。したがって，「サービスデスクのサポート時間帯以外でも，利用者が疑問を解決できる」などと解答すればよい。

問 11　情報システムに係るコンティンジェンシー計画の実効性の監査　(R5 秋-AP 午後問 11)

【解答例】

［設問 1］　a：カ　b：イ　c：オ

［設問 2］　①　システム障害発生時の影響が拡大するリスク

　　　　　②　サイバー攻撃の脅威が増大するリスク

［設問 3］　d：サーバの処理能力を増強

　　　　　e：バックオフィス系サーバ

［設問 4］　f：ネットワークの切替えを含む必要な環境設定

［設問 5］　社内の業務とコミュニケーションに支障をきたす。

【解説】

通信販売事業者の通信販売管理システムに係るコンティンジェンシー計画の実効性についての監査がテーマである。

自然災害やシステム障害などの緊急事態において，被害を最小限に抑えて危機を速やかに脱するためのコンティンジェンシー計画は，システム障害発生時の影響の拡大，サイバー攻撃の脅威の増大などに伴い，その重要性が近年さらに増しており，その実効性に関する監査は重要な監査テーマの一つとなってきている。

本問は，予備調査結果から想定されるリスクと監査手続について答える問題が中心である。解答に当たっては，できるだけ問題文中に出てくる用語を使って答えるとよい。

［設問 1］

表 1 の監査手続中にある空欄 a～空欄 c に入れる最も適切な字句を解答群の中から選ぶ。

・空欄 a：表 1 項番 1 の項目「通販システムの構成」に関する「監査手続」の「　a　について，業務部門と合意していることを確かめる」という記述の中にある。

当該監査手続の「想定されるリスク」は，「ウォームスタンバイ方式なので，暫定復旧までに時間が掛かる」であることから，空欄 a は，システムが使用できなくなった時点から暫定復旧までに掛かる時間を意味していることが分かる。したがって，解答は，(カ) の「目標復旧時間」とすればよい。

・空欄 b：表 1 項番 2 の項目「CP の発動」に関する「監査手続」の「　b　が明確に定められていることを確かめる」という記述の中にある。

当該監査手続の「想定されるリスク」は，「危機事象発生時に CP 発動が遅れる」であることから，空欄 b は，CP の発動を迅速に行うためにあらかじめ定めておく判断基準を意味していることが分かる。したがって，解答は，(イ) の「CP 発動基準」とすればよい。

・空欄 c：表 1 項番 3 の項目「CP の訓練」に関する「監査手続」の「CP 訓練結果の

[c] があらかじめ定められていることを確かめる」という記述の中にある。

当該監査手続の「想定されるリスク」は，「CP 訓練の結果が適切に評価されず，潜在的な問題が発見されない」であることから，空欄 c は，CP 訓練の結果を適切に評価するためにあらかじめ定めておくものを意味していることが分かる。そうした用語を解答群の中から探すと，「評価項目」が該当する。したがって，解答は，（オ）の「評価項目」とすればよい。

［設問 2］

下線部①の「今回の監査の背景を踏まえると，ここ数年の当社を取り巻く状況から，CP のリスクシナリオの想定範囲が十分でなくなっている可能性もある。これについても想定されるリスクとして追加し，監査手続を検討すること」との X 氏の指摘に関して，監査手続の検討時に考慮すべきリスクを二つ答える。

そこで，まず「CP のリスクシナリオの想定範囲」について記載している箇所を，問題文から探すと，〔CP の概要〕に，「CP のリスクシナリオとしては，大規模自然災害，システム障害，サイバー攻撃（併せて以下，危機事象という）によって東センターが使用できなくなった事態を想定している」とある。

前記想定範囲が十分でなくなっている可能性として，どういったリスクが考えられるかを，「ここ数年の当社を取り巻く状況」から検討する必要がある。

「ここ数年の当社を取り巻く状況」について記載している箇所を問題文から探すと，問題文の 1 行目に「ここ数年は，通信販売需要の増加を追い風に顧客数及び売上が増え，順調に業績が拡大しているが，その一方で，システム障害発生時の影響の拡大，サイバー攻撃の脅威の増大など，事業継続に関わる新たなリスクが増加してきている」とある。このことから，①システム障害発生時の影響の拡大，及び②サイバー攻撃の脅威の増大が，CP を検討する際の新たなリスクとなっていることが分かる。

一方，現状の CP は，〔CP の概要〕に「CP は，5 年前に通販システムを構築した際に，情報システム部が策定したものである」とされており，さらに〔CP の訓練状況〕に「CP 策定以降の訓練結果では，大きな問題は見つかっておらず，CP の見直しは行われていない」とあるので，5 年前に策定されてから一度も見直しがされていないことが分かる。

以上のことから，現状の CP は，新たなリスクとなってきている①システム障害発生時の影響の拡大，及び②サイバー攻撃の脅威の増大については，考慮されておらず，CP のリスクシナリオの想定範囲が十分でなくなっている可能性があると考えられる。

したがって，解答としては，「システム障害発生時の影響が拡大するリスク」と「サイバー攻撃の脅威が増大するリスク」の二つを挙げればよい。

なお，その他に「CP のリスクシナリオの想定範囲」となっていないリスクとしては，例えば，「感染症による要員不足で，システムが運用できなくなる」リスクなども考えられる。しかし，そうしたリスクに関しては，問題文中に「ここ数年の当社を取り巻く状況」として記載がないので，解答としては適切でない。

［設問３］

X 氏から指摘されたリスクと監査手続として，その確認すべき具体的ポイントを説明した Y 氏の会話中にある空欄 d，空欄 e に入れる適切な字句を答える問題である。

空欄 d，空欄 e は，「監査手続で確認すべき具体的なポイントとしては，通販システムが稼働後に［ d ］していることを考慮して，［ e ］についても同様に必要な対応ができているか，ということでよいか」という記述の中にある。

この監査手続で想定しているリスクは，X 氏の指摘にある「CP の訓練に関連して，西センターでの復旧テストの実施時期がシステム稼働前であり，その後の変更状況を考慮すると，CP 発動時に暫定復旧後の通販システムで問題が発生するリスク」である。

そこで，通販システムについて，システム稼働後に，西センターでの復旧に影響を及ぼす変更がなされていないかを，問題文から探すと，〔通販システムの概要〕に「稼働後，通販システムの機能には大きな変更はないが，近年の取引量の増加に伴い，昨年通販システムサーバの処理能力を増強している」とある。

〔CP の概要〕において，東センターが使用できなくなった場合には，「西センターのバックオフィス系サーバを利用して通販システムを暫定復旧することを計画している」とされている。通販システムサーバの処理能力を増強した場合には，西センターのバックオフィス系サーバについても同様に処理能力の増強をしておかないと，バックオフィス系サーバを利用して通販システムを復旧させた場合に，処理能力不足によるシステム障害が発生する可能性がある。

したがって，解答としては，15 字以内で，空欄 d は「サーバの処理能力を増強」，空欄 e は「バックオフィス系サーバ」とすればよい。

ちなみに，〔CP の訓練状況〕にあるように，5 年前の通販システム稼働直前に実施した復旧テストでは，「バックオフィス系サーバで実際に通販システムを稼働させるのに必要最低限の処理能力が確保できていることを確認している」ものの，通販システム稼働後の CP の訓練は，「バックオフィス系サーバに必要なソフトウェアをセットアップし，副バックアップデータを使用したデータベースの復元訓練まで」にとどまっている。このことから，通販システムを稼働させるのに必要な最低限の処理能力が確保できていることについては，確認がなされていないことが分かる。

［設問４］

X 氏から指摘されたリスクに関して，そのリスクに対応する監査手続を説明した Y 氏の会話中にある空欄 f に入れる適切な字句を答える問題である。

空欄 f は，「［ f ］について，最低限机上での訓練を実施しなくて問題がないのかを確認する」という記述の中にある。

この監査手続で想定しているリスクは，X 氏の指摘にある「現在の CP の訓練内容について，CP 発動時に暫定復旧が円滑に実施できないリスク」である。

そこで，「現在の CP の訓練内容」を問題文中から探すと，〔CP の訓練状況〕に「通販システム稼働後の CP の訓練は，訓練計画に従いあらかじめ作成された訓練シナリオを基に，毎年実機訓練を実施している。具体的には，西センターで稼働中の社内システムが保守のために停止するタイミングで，バックオフィス系サーバに必要なソフトウェアをセットアップし，副バックアップデータを使用したデータベースの復元訓練まで行っている」とある。

一方，CP における復旧計画内容を確認すると，〔CP の概要〕に「東センターで危機事象が発生し，通販システムの早期復旧が困難と判断された場合には，CP を発動し，西センターのバックオフィス系サーバ上のシステム負荷の高い社内システムを停止する。その後，通販システムの業務アプリケーションやデータベースなどの必要なソフトウェアをセットアップし，副バックアップデータからデータベースを復元する。さらに，ネットワークの切替えを含む必要な環境設定を行い，通販システムを暫定復旧する計画になっている」とある。

以上のことから，CP における復旧手順とその訓練の実施状況を整理すると，次のようになる。

表 A　CP における復旧手順とその訓練の実施状況

手順 No	CP における復旧手順	訓練の実施状況
1	バックオフィス系サーバ上の社内システムを停止	実機訓練済
2	通販システムのソフトウェアをセットアップ	実機訓練済
3	副バックアップデータからデータベースを復元	実機訓練済
4	ネットワークの切替えを含む必要な環境設定	訓練未実施

表 A のとおり，手順 No.4 の「ネットワークの切替えを含む必要な環境設定」は，CP 上の復旧手順には挙げられているものの，実際の訓練は行われていない。このことが，X 氏の指摘した「現在の CP の訓練内容について，CP 発動時に暫定復旧が円滑に実施できないリスク」である。

したがって，解答としては，25 字以内で，「ネットワークの切替えを含む必要な環境設定」とすればよい。

［設問 5］

下線部②の「通販システムの暫定復旧計画において，バックオフィス系サーバの社内システムを停止することによる影響が懸念される」との X 氏の指摘に関して，懸念される影響内容を答える問題である。

そこで，「バックオフィス系サーバの社内システム」について記載している箇所を，問題文から探すと，〔通販システムの概要〕に，「バックオフィス系サーバは，通販システムの構築と同時に導入されたものである。緊急時の通販システムの待機系サーバであるとともに，通常時は人事給与システムと会計システムを稼働させるように設計された。Z 社が社内の業務とコミュニケーションを円滑化するために，ここ 2，3 年の間に新しく導入したワークフローシステムやグループウェアなどの社内業務支援システムもバックオフィス系サーバで稼働させている」とある。

バックオフィス系サーバの社内システムのうち，人事給与システムと会計システムは，通販システムの復旧計画策定の当初からバックオフィス系サーバ上で稼働させるように設計されたシステムである。一方，社内業務支援システムは，通販システムの復旧計画策定後に，バックオフィス系サーバで稼働させているシステムである。このことから，バックオフィス系サーバの社内システムを停止することによる影響のうち，社内業務支援システムを停止することの影響については，通販システムの復旧計画上，十分に検討がなされていない可能性がある。

社内業務支援システムは，「社内の業務とコミュニケーションを円滑化するために」稼働させたシステムなので，それを停止すると，社内の業務とコミュニケーションに支障をきたす懸念がある。

したがって，解答としては，25 字以内で，「社内の業務とコミュニケーションに支障をきたす」とすればよい。

●令和５年度秋期

午後問題　IPA 発表の解答例

問1

出題趣旨
電子メール（以下，メールという）の添付ファイルを使い捨てのパスワードで復元可能な圧縮ファイルに変換して送信する，PPAP と呼ばれるメール送信方式は，運用を誤ると情報漏えいリスクを高めてしまう。 本問では，PPAP の運用上の問題点を題材として，安全なメール送受信方式として S/MIME を取り上げ，公開鍵暗号，共通鍵暗号及び PKI の基本技術の理解を問う。

設問		解答例・解答の要点		備考
設問 1	(1)	本文メールを誤送信すると，DPW も誤送信した相手に届いてしまう。		
	(2)	DPW を，電話や携帯メールなど異なった手段で伝える。		
設問 2	(1)	1.6		
	(2)	a	カ	
		b	オ	
		c	ウ	
		d	エ	
	(3)	暗号化と復号の処理速度が速いから		
設問 3		ア		

採点講評
問 1 では，PPAP と呼ばれるメール送信方式を題材に，PPAP 方式の運用上の問題点及び代替策として S/MIME について出題した。全体として正答率は平均的であった。 設問 1(1)は，正答率がやや高かった。PPAP 方式の問題点については理解されていることがうかがえた。 設問 2(1)は，正答率が高かったが，(2)の正答率は平均的であった。S/MIME におけるメールへの電子署名の付加，及びメール内容の暗号化の方法は重要なので，その概要だけにとどまらず，どのような手順で，どの鍵が使われるかについてまで理解を深めてほしい。 設問 2(3)は，正答率が低かった。共通鍵暗号方式は暗号化や復号の処理が比較的簡単であるのに対し，公開鍵暗号方式は複雑な処理を必要とすることを理解して，正答を導き出してほしい。 設問 3 は，正答率がやや高かった。電子証明書の正当性は電子署名の真正性の検証によって確認でき，電子署名の真正性の検証には認証局（CA）の公開鍵が用いられることは理解されていることがうかがえた。

問2

出題趣旨
中期経営計画の策定に，バランススコアカードを採用する企業は多い。 本問では，市場の成熟化に伴い提案型営業への転換を図ろうとする事務機器販売会社を題材として，バランススコアカードによる営業戦略・重要成功要因・評価指標の策定，SECI モデルによる知識創造活動，及び財務諸表に基づく財務状況の評価に関する基本的な知識とその内容の理解を問う。

設問		解答例・解答の要点		備考
設問 1	(1)	全社レベルで統一されたビジネス戦略を描くこと		
	(2)	a	独占的に販売できる	
	(3)	b	コンテンツマーケティング	
		d	業務提携するサービス事業者	
	(4)	c	ウ	
設問 2	(1)	C，D，B，A		
	(2)	事例を登録する行動		
	(3)	顧客の真のニーズに合ったソリューションをタイムリーに提案できる。		
設問 3		e	15	

採点講評
問 2 では，事務機器販売会社の中期経営計画策定を題材に，バランススコアカードによるビジネス戦略の策定，SECI モデルによる知識創造活動について出題した。全体として正答率は平均的であった。 設問 1(2)は，正答率がやや低かった。ソリューションを開発し販売することだけを解答した受験者が散見された。競合他社から同じ商品やサービスが販売されることを防ぐ方法を解答してほしい。 設問 1(3)の d は，正答率がやや低かった。ソリューションやソリューションパターンと解答した受験者が散見された。バランススコアカードの構成要素である，戦略目標，重要成功要因，評価指標及びアクションの関係を正しく理解し，正答を導き出してほしい。 設問 2(1)は，正答率が低かった。個人が蓄積した知識や経験を組織全体で形式知化し，新たな知識を生み出す一連のサイクルについて，具体的な活動に照らし合わせて理解を深めてほしい。 設問 3 は，正答率が低かった。多くの企業が，収益性を測る指標である ROE を高めることを中期経営目標に掲げている。ROE の計算方法について正しく理解してほしい。

問3

出題趣旨
2分探索木は最も基本的かつ幅広く応用されているデータ構造であり，効率良く探索するための様々な方法が考案されている。 本問では，2分探索木の一種である平衡2分探索木のうちAVL木を題材として，木構造，再帰的アルゴリズム，計算量に関する理解を問う。

設問		解答例・解答の要点		備考
設問1		ア	n	
		イ	log n	
設問2	(1)	ウ	h1が2と等しい	
		エ	height(t.left.right) -height(t.left.left)	
		オ	h1が-2と等しい	
		カ	height(t.right.left) -height(t.right.right)	
	(2)	5 3　8 1　4　6　9		
	(3)	log n		

採点講評
問3では，2分探索木の一種である平衡2分探索木のうちAVL木を題材として，木構造，再帰的アルゴリズム，計算量について出題した。全体として正答率は平均的であった。 設問2(1)は，いずれも正答率がやや高かった。木構造を再帰的に表現する手法は一般的によく用いられており，是非理解を深めてほしい。 設問2(2)は正答率が低く，平衡木や2分探索木の条件を満たしていない誤った解答が散見された。プログラミングにおいて重要な，アルゴリズムを理解しその操作を机上で再現する能力を身につけるとともに，注意深く解答してほしい。 設問2(3)は，正答率が低かった。木構造を用いる場合，探索時の計算効率だけではなく，挿入時の計算効率も考慮することが重要である。

問4

出題趣旨
近年，事業拡大のために複数の企業が合併するケースが増えている。異なる企業が合併する際には，各々の企業で用いられてきた基幹システムをいかに速やかに統合していくかが，合併の効果を得る上で重要である。 本問では，中堅の家具製造販売業者の合併における基幹システム統合を題材として，システム統合に関する基本的な理解，及びその方式を設計する能力を問う。

<table>
<tr><th colspan="2">設問</th><th colspan="2">解答例・解答の要点</th><th>備考</th></tr>
<tr><td rowspan="7">設問 1</td><td rowspan="3">(1)</td><td>a</td><td>販売システム</td><td></td></tr>
<tr><td>b</td><td>生産システム</td><td></td></tr>
<tr><td>c</td><td>会計システム</td><td></td></tr>
<tr><td rowspan="4">(2)</td><td>d</td><td>出荷情報</td><td></td></tr>
<tr><td>e</td><td>週次</td><td></td></tr>
<tr><td>f</td><td>売上情報</td><td></td></tr>
<tr><td>g</td><td>月次</td><td></td></tr>
<tr><td rowspan="3">設問 2</td><td rowspan="2">(1)</td><td>会社名</td><td>D 社</td><td></td></tr>
<tr><td>システム名</td><td>販売システム</td><td></td></tr>
<tr><td>(2)</td><td colspan="2">受注（EDI），販売実績管理（月次），請求（EDI）</td><td></td></tr>
<tr><td colspan="2">設問 3</td><td colspan="2">C 社の会計システムは SaaS なので，個別の会社向けの仕様変更が困難だから</td><td></td></tr>
</table>

採点講評
問 4 では，中堅の家具製造販売業者の合併における基幹システム統合を題材として，システム統合の方式設計について出題した。全体として正答率は平均的であった。 設問 2 は，正答率が平均的であった。システム統合に伴って幾つかのシステムを廃止するとき，業務への影響を抑えるためには何の機能をどのシステムに残す必要があるか，業務の視点を忘れずに各機能の最適な配置を導き出してほしい。 設問 3 は，正答率が低かった。SaaS を PaaS や IaaS，自社システムの運用アウトソーシングサービスと混同していると思われる解答や，C 社の会計システムと C 社のオンプレミスのシステムが元々連携していたことを考慮していないと思われる解答が散見された。SaaS の特徴や制約をあらかじめ把握した上で，統合後だけではなく統合前のシステムの全体像も正しく理解し，注意深く解答してほしい。

問5

出題趣旨
昨今，電子メールやWebなどのインターネット技術を活用した，商品の広告やマーケティングは，企業の広報活動においてなくてはならない存在となった。 本問では，メールサーバの構築を題材として，DNSや電子メール技術に関する基本的な理解と，メールサーバ構築時におけるセキュリティ設計能力について問う。

<table>
<tr><th colspan="2">設問</th><th colspan="3">解答例・解答の要点</th><th>備考</th></tr>
<tr><td colspan="2" rowspan="2">設問 1</td><td>a</td><td colspan="2">オ</td><td></td></tr>
<tr><td>b</td><td colspan="2">エ</td><td></td></tr>
<tr><td colspan="2" rowspan="2">設問 2</td><td>c</td><td colspan="2">serv　又は　www</td><td></td></tr>
<tr><td>d</td><td colspan="2">w.x.y.z</td><td></td></tr>
<tr><td rowspan="4">設問 3</td><td rowspan="2">(1)</td><td colspan="2">設定項目</td><td>受信メールサーバ</td><td></td></tr>
<tr><td colspan="2">設定内容</td><td>192.168.1.10</td><td></td></tr>
<tr><td>(2)</td><td colspan="3">エ</td><td></td></tr>
<tr><td>(3)</td><td colspan="3">N社のメールサーバを中継サーバとしてメールを送信する設定</td><td></td></tr>
<tr><td colspan="2">設問 4</td><td>e</td><td colspan="2">192.168.0.0</td><td></td></tr>
</table>

採点講評
問5では，新ブランドの広報に用いるメールサーバの構築を題材に，DNSや電子メール技術について出題した。全体として正答率は平均的であった。 設問3(1)は，正答率が低かった。PCのメールソフトウェアの設定項目と設定内容を題材として，DNSサーバに登録されたFQDNとIPアドレスの対応関係やDNSが用いるポート番号について問うた。DNSはWebなどのインターネットに関する技術の基盤となるものであるので，是非理解しておいてほしい。 設問4は，正答率が低かった。広報サーバがメール送信を許可するネットワークアドレスを問うたが，端末のIPアドレスの解答が散見された。IPアドレスにおけるネットワーク部，ホスト部の考え方は，ネットワーク設計を行う上で基礎となるものであるので，是非理解しておいてほしい。

問6

出題趣旨
小売業界では，在庫の適正化が重要な経営課題となっている。 本問では，在庫管理システムの改修を題材として，データベース設計に関する基本的な理解について問うとともに，OLAP に役立つウィンドウ関数の理解，及び BNF から SQL 文を作成する能力を問う。

設問		解答例・解答の要点		備考
設問 1		a	↓	
設問 2	(1)	b	引当情報	
		c	引当予定	
	(2)	d	日	
	(3)	e	引当予定	
		f	在庫	
		g	入荷明細	
		h	入荷済数	
設問 3		i	OVER	
		j	ORDER BY	

採点講評
問 6 では，在庫管理システムの改修を題材に，データベース設計として，現状と改修後の E-R 図から追加するエンティティや属性，処理内容，及び OLAP に役立つウィンドウ関数の SQL 文について出題した。全体として正答率は高かった。 設問 3 の i は，正答率がやや低かった。“WINDOW” と誤って解答した受験者が散見された。BNF を正しく読み解き，正答を導き出してほしい。近年，データベースに蓄積されたデータの分析・活用がますます重要になっているので，ウィンドウ関数の利用方法は是非身につけてほしい。

問7

出題趣旨
近年，就農者の高齢化と労働力不足に対応するため，農作業用ロボットの実用化が進んでいる。 本問では，トマトの自動収穫を行うロボットを題材として，応用情報技術者に求められる，要求仕様への理解力，要求仕様に基づいてソフトウェアを設計する能力を問う。

設問		解答例・解答の要点		備考
設問 1	(1)	収穫に適したトマトを検出していない場合		
	(2)	イ		
設問 2	(1)	収穫トレーに空き領域がない		
	(2)	トマトの個数		
	(3)	a	メイン	
設問 3		ウ		
設問 4		5.90		

採点講評
問 7 では，トマトの自動収穫を行うロボットを題材に，要求仕様の理解，要求仕様に基づいたソフトウェア設計について出題した。全体として正答率は平均的であった。 設問 1(1)は，正答率がやや高かったが，“障害物を検知していない場合”や“管理者スマホから収穫開始の指示を受けた場合”とした解答が散見された。収穫ロボットの位置による状態遷移を正しく理解した上で解答してほしい。状態遷移とシステムの動作について正しく理解することは，組込みシステムのソフトウェア設計において重要であるので，是非理解を深めてほしい。 設問 2(2)は，正答率が低かった。“収穫トレーの空き領域の情報”とした解答が散見された。収穫ロボットの構成要素と各タスクの処理概要を整理することで，パラメータとして通知する必要がある情報を導き出してほしい。

問8

出題趣旨
昨今，スマートフォンの普及によって，顧客とのチャネル強化のためにスマートフォンアプリケーションソフトウェアが活用されている。 本問では，スマートフォンアプリケーションソフトウェアの開発を題材として，複数の処理を並行して行うためのマルチスレッド処理について，基本的な理解と設計能力を問う。

設問		解答例・解答の要点		備考
設問 1		a	イ	
		b	エ	
設問 2	(1)	c	エ	
		d	ウ	
	(2)	ア		
設問 3	(1)	処理 2，処理 7		
	(2)	e	ウ	
	(3)	一定時間でタイムアウトする処理		
	(4)	460（ミリ秒）		

採点講評
問 8 では，美容室の販売促進活動で用いるスマートフォンアプリケーションソフトウェアの開発を題材に，マルチスレッド処理について出題した。全体として正答率は平均的であった。 設問 3(1)は，正答率が低かった。スマートフォンアプリケーションをはじめとしたユーザの端末上で動作するアプリケーションを開発するには，各処理の処理内容を理解した上で適切なスレッドで処理を実行する設計が重要になるので，スレッドに関する理解を深めておいてほしい。 設問 3(2)は，正答率が低かった。二つのスレッドの完了を待ち合わせる join について問うた。昨今の高性能な CPU を搭載したスマートフォンや PC では，アプリケーションソフトウェアがマルチスレッドで処理を行うことは一般的であるので，スレッドの分岐や待合せ処理については，是非理解しておいてほしい。

午後解答

問9

出題趣旨
顧客との関係性強化を目的とする顧客接点のデジタル化に関するプロジェクトでは，社内にないスキルを活用する場合，自社で習得するか，他社に業務委託するか，どちらの方法を採用するか，プロジェクト完了後のことも考えて決定する必要がある。また，採用した方法に適合するように，プロジェクトメンバーやベンダーの役割分担を計画し，これに基づき調達範囲や契約形態を決める必要がある。 本問では，金融サービス業のプロジェクトを題材として，プロジェクトマネジメントの観点から，プロジェクトチームのマネジメントや調達マネジメントに関する知識と実践的な能力について問う。

設問		解答例・解答の要点		備考
設問 1	(1)	a	頻繁なスコープの変更を想定する	
	(2)	b	機械学習技術の習得の時間がない	
設問 2	(1)	c	Q	
		理由	定着化と使用性の両方が最高点だから	
	(2)	イ		
	(3)	システム開発フェーズの回復力を確かめるため		
設問 3	(1)	マーケティング業務と開発プロジェクト参加の経験があるから		
	(2)	・重要成功要因の指標の値 ・顧客関係性の強化の達成状況		

採点講評
問 9 では，金融サービス業のプロジェクトを題材として，プロジェクトマネジメントの観点からプロジェクトチームのマネジメントや調達マネジメントについて出題した。全体として正答率は平均的であった。 設問 1(2)は，正答率が平均的であった。顧客接点のデジタル化を実現するために機械学習技術を採用する局面で，自社だけで実施せず他社に技術支援を業務委託するという判断をした際の着眼点について問うた。プロジェクトにおける重要な決定の際には，他社の事例だけでなく，自社の現状を正確に把握する必要がある点について，是非理解を深めてほしい。 設問 2(1)は，正答率がやや高く，調達マネジメントにおけるベンダーの比較方法については，よく理解されていることがうかがえた。

問 10

出題趣旨
サービスレベル管理では，組織と顧客との間の SLA でサービスレベル目標を明確にすることが重要である。サービスレベル目標の達成には，組織とサービス提供に関与するサービス供給者との間で SLA と整合性が取れた合意が必要である。 本問では，新サービスの提供を題材として，SLA のサービスレベル目標の設定，SLA についての顧客との調整，サービス供給者との調整を通じて，サービスレベル管理の実務能力を問う。

設問		解答例・解答の要点		備考
設問 1		ウ		
設問 2	(1)	a	ア	
	(2)	表 1 のサービスレベル目標の達成には，内部供給者との目標の合意が必要だから		
	(3)	サービス回復時間にはシステム開発課以外で実施する作業の時間も含まれるから		
設問 3	(1)	サービスデスク要員の体制が確保できないから		
	(2)	サービスデスクのサポート時間帯以外でも，利用者が疑問を解決できる。		

採点講評
問 10 では，オフィス用セキュリティ機器製造販売会社における社内新サービスの提供を題材に，SLA のサービスレベル目標の設定，SLA についての顧客及びサービス供給者との調整を通じた，サービスレベル管理について出題した。全体として正答率はやや低かった。 設問 2(2)は，正答率がやや低かった。サービス課と内部供給者との間のサービスレベル項目及び目標の合意は，新サービスの利用者である販売部とサービス提供者であるサービス課との間のサービスレベル目標を達成するために必要であるということを理解してほしい。 設問 3(1)は，正答率がやや低かった。サービスデスクへの問合せ件数を削減する対応が必要と考えた理由を問うたが，“Y 社の体制を増強する”という解答が散見された。1 か月前に Y 社に件数を提示することになっていて，体制を増強することはできないことを本文から読み取り，正答を導き出してほしい。

午後解答

問 11

出題趣旨
情報システムに係るコンティンジェンシー計画については，計画策定後に定期的な訓練を実施することはもちろんのこと，システム環境などの変化に応じて適時にリスクを評価し，コンティンジェンシー計画の内容を見直すことで，その実効性を確保していくことが重要である。 本問では，通信販売管理システムに係るコンティンジェンシー計画を題材として，コンティンジェンシー計画の実効性に関するシステム監査におけるリスクの識別及び監査手続立案の能力を問う。

設問		解答例・解答の要点	備考
設問 1	a	カ	
	b	イ	
	c	オ	
設問 2	① ②	・システム障害発生時の影響が拡大するリスク ・サイバー攻撃の脅威が増大するリスク	
設問 3	d	サーバの処理能力を増強	
	e	バックオフィス系サーバ	
設問 4	f	ネットワークの切替えを含む必要な環境設定	
設問 5	社内の業務とコミュニケーションに支障をきたす。		

採点講評
問 11 では，通信販売管理システムを題材に，情報システムに係るコンティンジェンシー計画の実効性に関するシステム監査におけるリスクの識別及び監査手続について出題した。全体として正答率はやや低かった。 設問 2 は，正答率がやや低かった。“今回の監査の背景を踏まえると”という前提から監査を実施することになった経緯が記載されている箇所を読み取って，正答を導き出してほしい。 設問 4 は，正答率がやや低かった。机上では訓練が実施できない内容を解答しているケースも散見された。コンティンジェンシー計画発動時の手順と現在のコンティンジェンシー計画の訓練内容とを比較することで正答を導き出してほしい。

令和６年度春期試験
問題と解答・解説編

問題を解き，**解答・解説**でポイントを確認してください

★令和６年度春期試験の解説は2024年７月末からダウンロードできます（P.10 参照）。

★午後問題 IPA 発表の解答例は，IPA の HP をご確認ください。

https://www.ipa.go.jp/shiken/mondai-kaiotu/index.html

令和６年度　春期
応用情報技術者試験
午前　問題

試験時間	9:30 ～ 12:00（2 時間 30 分）

注意事項

1. 試験開始及び終了は，監督員の時計が基準です。監督員の指示に従ってください。
2. 試験開始の合図があるまで，問題冊子を開いて中を見てはいけません。
3. 答案用紙への受験番号などの記入は，試験開始の合図があってから始めてください。
4. 問題は，次の表に従って解答してください。

問題番号	問 1 ～ 問 80
選択方法	全問必須

5. 答案用紙の記入に当たっては，次の指示に従ってください。
 (1) 答案用紙は光学式読取り装置で読み取った上で採点しますので，B 又は HB の黒鉛筆で答案用紙のマークの記入方法のとおりマークしてください。マークの濃度がうすいなど，マークの記入方法のとおり正しくマークされていない場合は，読み取れないことがあります。特にシャープペンシルを使用する際には，マークの濃度に十分注意してください。訂正の場合は，あとが残らないように消しゴムできれいに消し，消しくずを残さないでください。
 (2) 受験番号欄に受験番号を，生年月日欄に受験票の生年月日を記入及びマークしてください。答案用紙のマークの記入方法のとおりマークされていない場合は，採点されないことがあります。生年月日欄については，受験票の生年月日を訂正した場合でも，訂正前の生年月日を記入及びマークしてください。
 (3) 解答は，次の例題にならって，解答欄に一つだけマークしてください。答案用紙のマークの記入方法のとおりマークされていない場合は，採点されません。

〔例題〕　春期の情報処理技術者試験が実施される月はどれか。

ア　2　　イ　3　　ウ　4　　エ　5

正しい答えは“ウ　4”ですから，次のようにマークしてください。

例題	㋐ ㋑ ● ㋓

注意事項は問題冊子の裏表紙に続きます。
こちら側から裏返して，必ず読んでください。

6.　退室可能時間中に退室する場合は，手を挙げて監督員に合図し，答案用紙が回収されてから静かに退室してください。

退室可能時間	10:30 ～ 11:50

7.　**問題に関する質問にはお答えできません**。文意どおり解釈してください。

8.　問題冊子の余白などは，適宜利用して構いません。ただし，問題冊子を切り離して利用することはできません。

9.　試験時間中，机上に置けるものは，次のものに限ります。

　なお，会場での貸出しは行っていません。

　受験票，黒鉛筆及びシャープペンシル（B 又は HB），鉛筆削り，消しゴム，定規，時計（時計型ウェアラブル端末は除く。アラームなど時計以外の機能は使用不可），ハンカチ，ポケットティッシュ，目薬

　これら以外は机上に置けません。使用もできません。

10. 試験終了後，この問題冊子は持ち帰ることができます。

11. 答案用紙は，いかなる場合でも提出してください。回収時に提出しない場合は，採点されません。

12. 試験時間中にトイレへ行きたくなったり，気分が悪くなったりした場合は，手を挙げて監督員に合図してください。

13. 午後の試験開始は 13:00 ですので，12:40 までに着席してください。

試験問題に記載されている会社名又は製品名は，それぞれ各社又は各組織の商標又は登録商標です。

なお，試験問題では，™ 及び ® を明記していません。

問題文中で共通に使用される表記ルール

各問題文中に注記がない限り，次の表記ルールが適用されているものとする。

1．論理回路

図記号	説明
	論理積素子（AND）
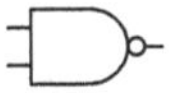	否定論理積素子（NAND）
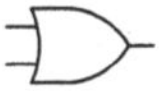	論理和素子（OR）
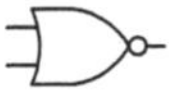	否定論理和素子（NOR）
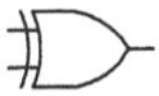	排他的論理和素子（XOR）
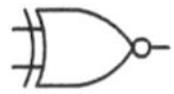	論理一致素子
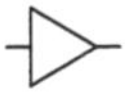	バッファ
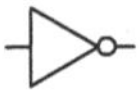	論理否定素子（NOT）
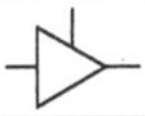	スリーステートバッファ
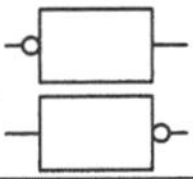	素子や回路の入力部又は出力部に示される○印は，論理状態の反転又は否定を表す。

2．回路記号

図記号	説明
	抵抗（R）
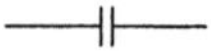	コンデンサ（C）
	ダイオード（D）
	トランジスタ（Tr）
	接地
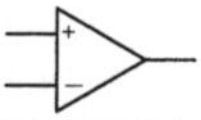 + −	演算増幅器

問１　複数の袋からそれぞれ白と赤の玉を幾つかずつ取り出すとき，ベイズの定理を利用して事後確率を求める場合はどれか。

ア　ある袋から取り出した二つの玉の色が同じと推定することができる確率を求める場合

イ　異なる袋から取り出した玉が同じ色であると推定することができる確率を求める場合

ウ　玉を一つ取り出すために，ある袋が選ばれると推定することができる確率を求める場合

エ　取り出した玉の色から，どの袋から取り出されたのかを推定するための確率を求める場合

問２　ATM（現金自動預払機）が 1 台ずつ設置してある二つの支店を統合し，統合後の支店には ATM を 1 台設置する。統合後の ATM の平均待ち時間を求める式はどれか。ここで，待ち時間は M／M／1 の待ち行列モデルに従い，平均待ち時間にはサービス時間を含まず，ATM を 1 台に統合しても十分に処理できるものとする。

〔条件〕

(1)　統合後の平均サービス時間：T_S

(2)　統合前の ATM の利用率：両支店とも ρ

(3)　統合後の利用者数：統合前の両支店の利用者数の合計

ア　$\frac{\rho}{1-\rho}\times T_S$　　イ　$\frac{\rho}{1-2\rho}\times T_S$　　ウ　$\frac{2\rho}{1-\rho}\times T_S$　　エ　$\frac{2\rho}{1-2\rho}\times T_S$

問３　AI におけるディープラーニングに関する記述として，最も適切なものはどれか。

ア　あるデータから結果を求める処理を，人間の脳神経回路のように多層の処理を重ねることによって，複雑な判断をできるようにする。

イ　大量のデータからまだ知られていない新たな規則や仮説を発見するために，想定値から大きく外れている例外事項を取り除きながら分析を繰り返す手法である。

ウ　多様なデータや大量のデータに対して，三段論法，統計的手法やパターン認識手法を組み合わせることによって，高度なデータ分析を行う手法である。

エ　知識がルールに従って表現されており，演繹（えき）手法を利用した推論によって有意な結論を導く手法である。

問４　符号長７ビット，情報ビット数４ビットのハミング符号による誤り訂正の方法を，次のとおりとする。

受信した７ビットの符号語 $x_1\ x_2\ x_3\ x_4\ x_5\ x_6\ x_7$（$x_k$＝ 0 又は 1）に対して

$$c_0 = x_1 + x_3 + x_5 + x_7$$
$$c_1 = x_2 + x_3 + x_6 + x_7$$
$$c_2 = x_4 + x_5 + x_6 + x_7$$

（いずれも mod 2 での計算）

を計算し，c_0，c_1，c_2 の中に少なくとも一つは 0 でないものがある場合には，

$i = c_0 + c_1 \times 2 + c_2 \times 4$

を求めて，左から i ビット目を反転することによって誤りを訂正する。

受信した符号語が 1000101 であった場合，誤り訂正後の符号語はどれか。

ア　1000001　　イ　1000101　　ウ　1001101　　エ　1010101

問5　正の整数Mに対して，次の二つの流れ図に示すアルゴリズムを実行したとき，結果xの値が等しくなるようにしたい。aに入れる条件として，適切なものはどれか。

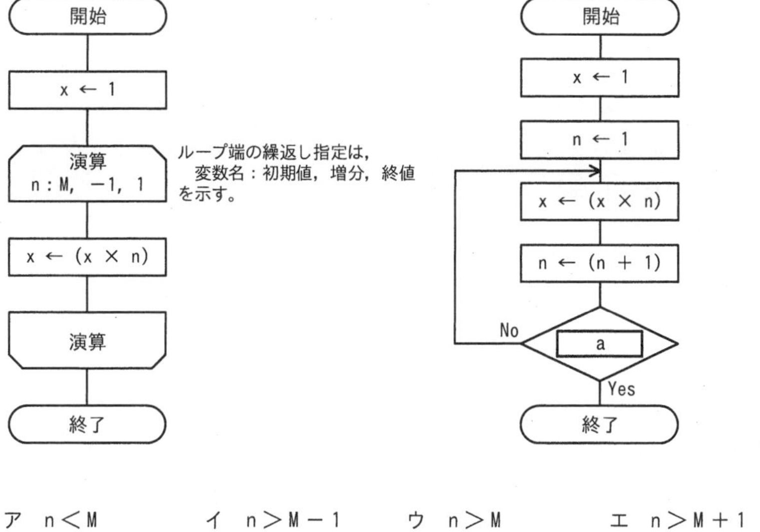

ア　n＜M　　イ　n＞M－1　　ウ　n＞M　　エ　n＞M＋1

問6　各ノードがもつデータを出力する再帰処理 f(ノード n)を定義した。この処理を，図の2分木の根（最上位のノード）から始めたときの出力はどれか。

〔f(ノード n)の定義〕

1. ノード n の右に子ノード r があれば，f(ノード r)を実行
2. ノード n の左に子ノード l があれば，f(ノード l)を実行
3. 再帰処理 f(ノード r)，f(ノード l)を未実行の子ノード，又は子ノードがなければ，ノード自身がもつデータを出力
4. 終了

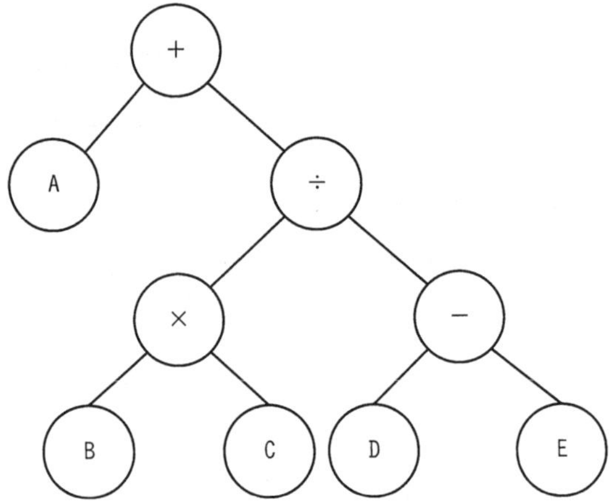

ア　+÷−ED×CBA　　　　イ　ABC×DE−÷+

ウ　E−D÷C×B+A　　　　エ　ED−CB×÷A+

問７　整列方法に関するアルゴリズムの記述のうち，バブルソートの記述はどれか。ここで，整列対象は重複のない 1 から 9 の数字がランダムに並んでいる数字列とする。

ア　数字列の最後の数字から最初の数字に向かって，隣り合う二つの数字を比較して小さい数字が前に来るよう数字を入れ替える操作を繰り返し行う。

イ　数字列の中からランダムに基準となる数を選び，基準より小さい数と大きい数の二つのグループに分け，それぞれのグループ内も同じ操作を繰り返し行う。

ウ　数字列をほぼ同じ長さの二つの数字列のグループに分割していき，分割できなくなった時点から，グループ内で数字が小さい順に並べる操作を繰り返し行う。

エ　未処理の数字列の中から最小値を探索し，未処理の数字列の最初の数字と入れ替える操作を繰り返し行う。

問8　同一メモリ空間で，転送元の開始アドレス，転送先の開始アドレス，方向フラグ及び転送語数をパラメータとして指定することによって，データをブロック転送できる機能をもつ CPU がある。図のようにアドレス 1001 から 1004 のデータをアドレス 1003 から 1006 に転送するとき，指定するパラメータとして適切なものはどれか。ここで，転送は開始アドレスから1語ずつ行われ，方向フラグに 0 を指定するとアドレスの昇順に，1 を指定するとアドレスの降順に転送を行うものとする。

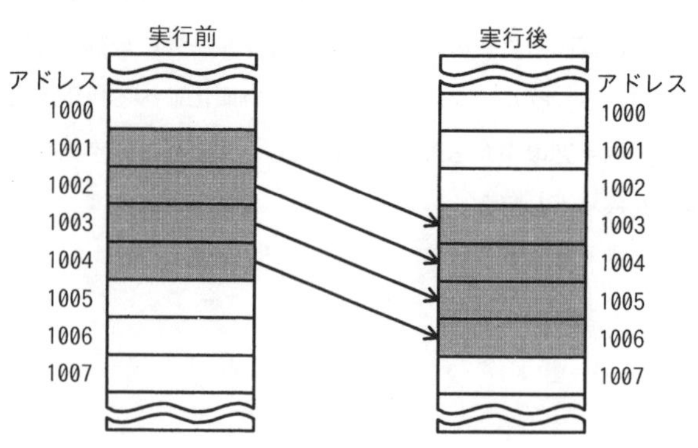

	転送元の開始アドレス	転送先の開始アドレス	方向フラグ	転送語数
ア	1001	1003	0	4
イ	1001	1003	1	4
ウ	1004	1006	0	4
エ	1004	1006	1	4

問9　量子ゲート方式の量子コンピュータの説明として，適切なものはどれか。

ア　演算は2進数で行われ，結果も2進数で出力される。

イ　特定のアルゴリズムによる演算だけができ，加算演算はできない。

ウ　複数の状態を同時に表現する量子ビットと，その重ね合わせを利用する。

エ　量子状態を変化させながら観測するので，100℃以上の高温で動作する。

問10　主記憶のアクセス時間が 60 ナノ秒，キャッシュメモリのアクセス時間が 10 ナノ秒であるシステムがある。キャッシュメモリを介して主記憶にアクセスする場合の実効アクセス時間が 15 ナノ秒であるとき，キャッシュメモリのヒット率は幾らか。

ア　0.1　　イ　0.17　　ウ　0.83　　エ　0.9

問11　15 M バイトのプログラムを圧縮して，フラッシュメモリに格納している。プログラムのサイズは圧縮によって元のサイズの 40 %になっている。フラッシュメモリから主記憶への転送速度が 20 M バイト／秒であり，1 M バイトに圧縮されたデータの展開に主記憶上で 0.03 秒が掛かるとき，このプログラムが主記憶に展開されるまでの時間は何秒か。ここで，フラッシュメモリから主記憶への転送と圧縮データの展開は同時には行われないものとする。

ア　0.48　　イ　0.75　　ウ　0.93　　エ　1.20

問12　システムの信頼性設計に関する記述のうち，適切なものはどれか。

ア　フェールセーフとは，利用者の誤操作によってシステムが異常終了してしまうことのないように，単純なミスを発生させないようにする設計方法である。
イ　フェールソフトとは，故障が発生した場合でも機能を縮退させることなく稼働を継続する概念である。
ウ　フォールトアボイダンスとは，システム構成要素の個々の品質を高めて故障が発生しないようにする概念である。
エ　フォールトトレランスとは，故障が生じてもシステムに重大な影響が出ないように，あらかじめ定められた安全状態にシステムを固定し，全体として安全が維持されるような設計方法である。

問13　オブジェクトストレージの記述として，最も適切なものはどれか。

ア　更新頻度の少ない非構造型データの格納に適しており，大容量で拡張性のあるストレージ空間を仮想的に実現することができる。

イ　高速のストレージ専用ネットワークを介して，複数のサーバからストレージを共有することによって，高速にデータを格納することができる。

ウ　サーバごとに割り当てられた専用ストレージであり，容量が不足したときにはストレージを追加することができる。

エ　複数のストレージを組み合わせることによって，仮想的な1台のストレージとして運用することができる。

問14　1台のCPUの性能を1とするとき，そのCPUをn台用いたマルチプロセッサの性能Pが，

$$P = \frac{n}{1+(n-1)a}$$

で表されるとする。ここで，aはオーバーヘッドを表す定数である。例えば，a＝0.1，n＝4とすると，P≒3なので，4台のCPUから成るマルチプロセッサの性能は約3になる。この式で表されるマルチプロセッサの性能には上限があり，nを幾ら大きくしてもPはある値以上には大きくならない。a＝0.1の場合，Pの上限は幾らか。

ア　5　　イ　10　　ウ　15　　エ　20

問15 コンピュータの性能評価には，シミュレーションを用いた方法，解析的な方法などがある。シミュレーションを用いた方法の特徴はどれか。

ア 解析的な方法よりも計算量が少なく，効率的に解が求まる。

イ 解析的な方法よりも，乱数を用いることで高精度の解が得られる。

ウ 解析的に解が求められないモデルに対しても，数値的に解が求まる。

エ 解析的に解が求められるモデルの検証には使用できない。

問16 ノンプリエンプティブ方式のタスクの状態遷移に関する記述として，適切なものはどれか。

ア OS は実行中のタスクの優先度を他のタスクよりも上げることによって，実行中のタスクが終了するまでタスクが切り替えられるのを防ぐ。

イ 実行中のタスクが自らの中断を OS に要求することによってだけ，OS は実行中のタスクを中断し，動作可能な他のタスクを実行中に切り替えることができる。

ウ 実行中のタスクが無限ループに陥っていることを OS が検知した場合，OS は実行中のタスクを終了させ，動作可能な他のタスクを実行中に切り替える。

エ 実行中のタスクより優先度が高い動作可能なタスクが実行待ち行列に追加された場合，OS は実行中のタスクを中断し，優先度が高い動作可能なタスクを実行中に切り替える。

問17　三つの資源 X～Z を占有して処理を行う四つのプロセス A～D がある。各プロセスは処理の進行に伴い，表中の数値の順に資源を占有し，実行終了時に三つの資源を一括して解放する。プロセス A と同時にもう一つプロセスを動かした場合に，デッドロックを起こす可能性があるプロセスはどれか。

プロセス	資源の占有順序		
	資源 X	資源 Y	資源 Z
A	1	2	3
B	1	2	3
C	2	3	1
D	3	2	1

ア　B，C，D　　イ　C，D　　ウ　C だけ　　エ　D だけ

問18　複数のクライアントから接続されるサーバがある。このサーバのタスクの多重度が 2 以下の場合，タスク処理時間は常に 4 秒である。このサーバに 1 秒間隔で 4 件の処理要求が到着した場合，全ての処理が終わるまでの時間はタスクの多重度が 1 のときと 2 のときとで，何秒の差があるか。

ア　6　　イ　7　　ウ　8　　エ　9

問19　プログラムを構成するモジュールや関数の実行回数，実行時間など，性能改善のための分析に役立つ情報を収集するツールはどれか。

ア　エミュレーター　　イ　シミュレーター
ウ　デバッガ　　エ　プロファイラ

問20　エアコンや電気自動車でエネルギー効率のよい制御や電力変換をするためにパワー半導体が用いられる。このパワー半導体の活用例の一つであるインバータの説明として，適切なものはどれか。

ア　直流電圧をより高い直流電圧に変換する。
イ　直流電圧をより低い直流電圧に変換する。
ウ　交流電力を直流電力に変換する。
エ　直流電力を交流電力に変換する。

問21　入力が A と B，出力が Y の論理回路を動作させたとき，図のタイムチャートが得られた。この論理回路として，適切なものはどれか。

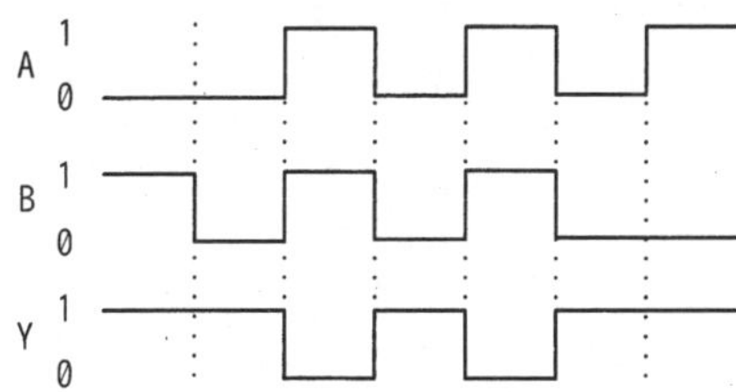

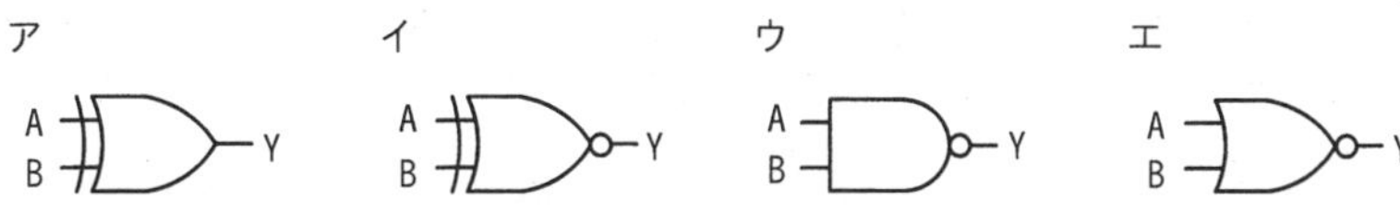

問22　次の方式で画素にメモリを割り当てる 640×480 のグラフィック LCD モジュールがある。始点（5, 4）から終点（9, 8）まで直線を描画するとき，直線上の x=7 の画素に割り当てられたメモリのアドレスの先頭は何番地か。ここで，画素の座標は（x, y）で表すものとする。

〔方式〕

・メモリは 0 番地から昇順に使用する。

・1 画素は 16 ビットとする。

・座標（0, 0）から座標（639, 479）までメモリを連続して割り当てる。

・各画素は，x=0 から x 軸の方向にメモリを割り当てていく。

・x=639 の次は x=0 とし，y を 1 増やす。

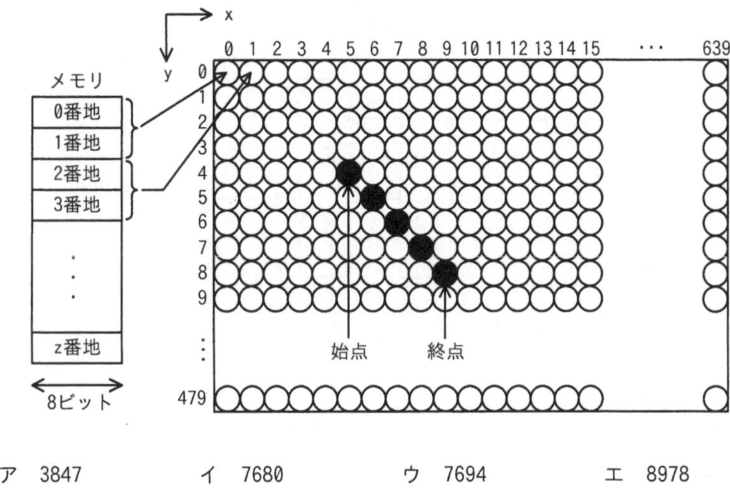

ア　3847　　　イ　7680　　　ウ　7694　　　エ　8978

問23　データセンターなどで採用されているサーバ，ネットワーク機器に対する直流給電の利点として，適切なものはどれか。

ア　交流から直流への変換，直流から交流への変換で生じる電力損失を低減できる。
イ　受電設備からCPUなどのLSIまで，同じ電圧のまま給電できる。
ウ　停電の危険がないので，電源バックアップ用のバッテリを不要にできる。
エ　トランスを用いて容易に昇圧，降圧ができる。

問24　ビットマップフォントよりも，アウトラインフォントの利用が適している場合はどれか。

ア　英数字だけでなく，漢字も表示する。
イ　各文字の幅を一定にして表示する。
ウ　画面上にできるだけ高速に表示する。
エ　文字を任意の倍率に拡大して表示する。

問25　ストアドプロシージャの利点はどれか。

ア　アプリケーションプログラムからネットワークを介して DBMS にアクセスする場合，両者間の通信量を減少させる。
イ　アプリケーションプログラムからの一連の要求を一括して処理することによって，DBMS内の実行計画の数を減少させる。
ウ　アプリケーションプログラムからの一連の要求を一括して処理することによって，DBMS内の必要バッファ数を減少させる。
エ　データが格納されているディスク装置への I/O 回数を減少させる。

問26　“部品”表及び“在庫”表に対し，SQL 文を実行して結果を得た。SQL 文の a に入れる字句はどれか。

部品

部品 ID	発注点
P01	100
P02	150
P03	100

在庫

部品 ID	倉庫 ID	在庫数
P01	W01	90
P01	W02	90
P02	W01	150

〔結果〕

部品 ID	発注要否
P01	不要
P02	不要
P03	必要

〔SQL 文〕

```
SELECT 部品.部品 ID AS 部品 ID,
    CASE WHEN 部品.発注点 > [    a    ]
        THEN N'必要' ELSE N'不要' END AS 発注要否
FROM 部品 LEFT OUTER JOIN 在庫
    ON 部品.部品 ID = 在庫.部品 ID
GROUP BY 部品.部品 ID, 部品.発注点
```

ア　COALESCE(MIN(在庫.在庫数), 0)

イ　COALESCE(MIN(在庫.在庫数), NULL)

ウ　COALESCE(SUM(在庫.在庫数), 0)

エ　COALESCE(SUM(在庫.在庫数), NULL)

問27　トランザクションＴはチェックポイント後にコミットしたが，その後にシステム障害が発生した。トランザクションＴの更新内容をその終了直後の状態にするために用いられる復旧技法はどれか。ここで，トランザクションはWALプロトコルに従い，チェックポイントの他に，トランザクションログを利用する。

ア　２相ロック
イ　シャドウページ
ウ　ロールバック
エ　ロールフォワード

問28　データウェアハウスのテーブル構成をスタースキーマとする場合，分析対象のトランザクションデータを格納するテーブルはどれか。

ア　サマリテーブル
イ　ディメンジョンテーブル
ウ　ファクトテーブル
エ　ルックアップテーブル

問29　ビッグデータの基盤技術として利用されるNoSQLに分類されるデータベースはどれか。

ア　関係データモデルをオブジェクト指向データモデルに拡張し，操作の定義や型の継承関係の定義を可能としたデータベース
イ　経営者の意思決定を支援するために，ある主題に基づくデータを現在の情報とともに過去の情報も蓄積したデータベース
ウ　様々な形式のデータを一つのキーに対応付けて管理するキーバリュー型データベース
エ　データ項目の名称，形式など，データそのものの特性を表すメタ情報を管理するデータベース

問30　CSMA/CD 方式の LAN に接続されたノードの送信動作として，適切なものはどれか。

ア　各ノードに論理的な順位付けを行い，送信権を順次受け渡し，これを受け取ったノードだけが送信を行う。

イ　各ノードは伝送媒体が使用中かどうかを調べ，使用中でなければ送信を行う。衝突を検出したらランダムな時間の経過後に再度送信を行う。

ウ　各ノードを環状に接続して，送信権を制御するための特殊なフレームを巡回させ，これを受け取ったノードだけが送信を行う。

エ　タイムスロットを割り当てられたノードだけが送信を行う。

問31　IP アドレス 208.77.188.166 は，どのアドレスに該当するか。

ア　グローバルアドレス　　　イ　プライベートアドレス

ウ　ブロードキャストアドレス　　　エ　マルチキャストアドレス

問32　ルータを冗長化するために用いられるプロトコルはどれか。

ア　PPP　　イ　RARP　　ウ　SNMP　　エ　VRRP

問33　ビット誤り率が0.0001%の回線を使って，1,500バイトのパケットを10,000個送信するとき，誤りが含まれるパケットの個数の期待値はおよそ幾らか。

ア　10　　イ　15　　ウ　80　　エ　120

問34 OpenFlow を使った SDN (Software-Defined Networking) の説明として，適切なものはどれか。

ア 単一の物理サーバ内の仮想サーバ同士が，外部のネットワーク機器を経由せずに，物理サーバ内部のソフトウェアで実現された仮想スイッチを経由して，通信する方式

イ データを転送するネットワーク機器とは分離したソフトウェアによって，ネットワーク機器を集中的に制御，管理するアーキテクチャ

ウ プロトコルの文法を形式言語を使って厳密に定義する，ISO で標準化された通信プロトコルの規格

エ ルータやスイッチの機器内部で動作するソフトウェアを，オープンソースソフトウェア (OSS) で実現する方式

問35 3D セキュア 2.0 (EMV 3-D セキュア) は，オンラインショッピングにおけるクレジットカード決済時に，不正取引を防止するための本人認証サービスである。3D セキュア 2.0 で利用される本人認証の特徴はどれか。

ア 利用者がカード会社による本人認証に用いるパスワードを忘れた場合でも，安全にパスワードを再発行することができる。

イ 利用者の過去の取引履歴や決済に用いているデバイスの情報から不正利用や高リスクと判断される場合に，カード会社が追加の本人認証を行う。

ウ 利用者の過去の取引履歴や決済に用いているデバイスの情報にかかわらず，カード会社がパスワードと生体認証を併用した本人認証を行う。

エ 利用者の過去の取引履歴や決済に用いているデバイスの情報に加えて，操作しているのが人間であることを確認した上で，カード会社が追加の本人認証を行う。

問36　企業のDMZ上で1台のDNSサーバを，インターネット公開用と，社内のPC及びサーバからの名前解決の問合せに対応する社内用とで共用している。このDNSサーバが，DNSキャッシュポイズニング攻撃による被害を受けた結果，直接引き起こされ得る現象はどれか。

ア　DNSサーバのハードディスク上に定義されているDNSサーバ名が書き換わり，インターネットからDNSサーバに接続できなくなる。
イ　DNSサーバのメモリ上にワームが常駐し，DNS参照元に対して不正プログラムを送り込む。
ウ　社内の利用者が，インターネット上の特定のWebサーバにアクセスしようとすると，本来とは異なるWebサーバに誘導される。
エ　社内の利用者間の電子メールについて，宛先メールアドレスが書き換えられ，送信ができなくなる。

問37　DNSSECで実現できることはどれか。

ア　DNSキャッシュサーバが得た応答の中のリソースレコードが，権威DNSサーバで管理されているものであり，改ざんされていないことの検証
イ　権威DNSサーバとDNSキャッシュサーバとの通信を暗号化することによる，ゾーン情報の漏えいの防止
ウ　長音“ー”と漢数字“一”などの似た文字をドメイン名に用いて，正規サイトのように見せかける攻撃の防止
エ　利用者のURLの入力誤りを悪用して，偽サイトに誘導する攻撃の検知

問38　公開鍵暗号方式を使った暗号通信をｎ人が相互に行う場合，全部で何個の異なる鍵が必要になるか。ここで，一組の公開鍵と秘密鍵は２個と数える。

ア　$n+1$　　イ　$2n$　　ウ　$\frac{n(n-1)}{2}$　　エ　n^2

問39　自社製品の脆(ぜい)弱性に起因するリスクに対応するための社内機能として，最も適切なものはどれか。

ア　CSIRT

イ　PSIRT

ウ　SOC

エ　WHOIS データベースの技術連絡担当

問40　JIS Q 31000:2019（リスクマネジメント－指針）において，リスク特定で考慮することが望ましいとされている事項はどれか。

ア　結果の性質及び大きさ

イ　残留リスクが許容可能かどうかの判断

ウ　資産及び組織の資源の性質及び価値

エ　事象の起こりやすさ及び結果

問41　WAF による防御が有効な攻撃として，最も適切なものはどれか。

ア　DNS サーバに対する DNS キャッシュポイズニング

イ　REST API サービスに対する API の脆(ぜい)弱性を狙った攻撃

ウ　SMTP サーバの第三者不正中継の脆弱性を悪用したフィッシングメールの配信

エ　電子メールサービスに対する大量，かつ，サイズの大きな電子メールの配信

問42　PC からサーバに対し，IPv6 を利用した通信を行う場合，ネットワーク層で暗号化を行うときに利用するものはどれか。

ア　IPsec　　イ　PPP　　ウ　SSH　　エ　TLS

問43　SPF (Sender Policy Framework) の仕組みはどれか。

ア　電子メールを受信するサーバが，電子メールに付与されているデジタル署名を使って，送信元ドメインの詐称がないことを確認する。

イ　電子メールを受信するサーバが，電子メールの送信元のドメイン情報と，電子メールを送信したサーバの IP アドレスから，送信元ドメインの詐称がないことを確認する。

ウ　電子メールを送信するサーバが，電子メールの宛先のドメインや送信者のメールアドレスを問わず，全ての電子メールをアーカイブする。

エ　電子メールを送信するサーバが，電子メールの送信者の上司からの承認が得られるまで，一時的に電子メールの送信を保留する。

問44　IC カードの耐タンパ性を高める対策はどれか。

ア　IC カードと IC カードリーダーとが非接触の状態で利用者を認証して，利用者の利便性を高めるようにする。

イ　故障に備えてあらかじめ作成した予備の IC カードを保管し，故障時に直ちに予備カードに交換して利用者が IC カードを使い続けられるようにする。

ウ　信号の読出し用プローブの取付けを検出すると IC チップ内の保存情報を消去する回路を設けて，IC チップ内の情報を容易には解析できないようにする。

エ　利用者認証に IC カードを利用している業務システムにおいて，退職者の IC カードは業務システム側で利用を停止して，他の利用者が利用できないようにする。

問45　オブジェクト指向におけるクラス間の関係のうち，適切なものはどれか。

ア　クラス間の関連は，二つのクラス間でだけ定義できる。

イ　サブクラスではスーパークラスの操作を再定義することができる。

ウ　サブクラスのインスタンスが，スーパークラスで定義されている操作を実行するときは，スーパークラスのインスタンスに操作を依頼する。

エ　二つのクラスに集約の関係があるときには，集約オブジェクトは部分となるオブジェクトと，属性及び操作を共有する。

問46　モジュール結合度に関する記述のうち，適切なものはどれか。

ア　あるモジュールが CALL 命令を使用せずに JUMP 命令でほかのモジュールを呼び出すとき，このモジュール間の関係は，外部結合である。

イ　実行する機能や論理を決定するために引数を受け渡すとき，このモジュール間の関係は，内容結合である。

ウ　大域的な単一のデータ項目を参照するモジュール間の関係は，制御結合である。

エ　大域的なデータを参照するモジュール間の関係は，共通結合である。

問47　ソフトウェア信頼度成長モデルの一つであって，テスト工程においてバグが収束したと判定する根拠の一つとして使用するゴンペルツ曲線はどれか。

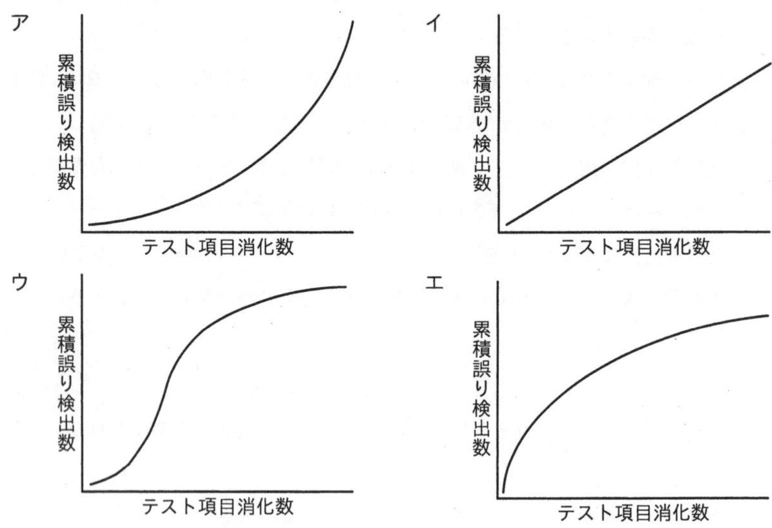

問48　リーンソフトウェア開発において，ソフトウェア開発のプロセスとプロセスの所要時間とを可視化し，ボトルネックや無駄がないかどうかを確認するのに用いるものはどれか。

ア　ストーリーカード
イ　スプリントバックログ
ウ　バーンダウンチャート
エ　バリューストリームマップ

問49　JIS X 33002:2017（プロセスアセスメント実施に対する要求事項）の説明として，適切なものはどれか。

ア　組織のプロセスを継続的に改善して品質を高めるための要求事項を規定している。

イ　組織プロセスの品質を客観的に診断するための要求事項を規定している。

ウ　プロジェクトの実施に重要で，かつ，影響を及ぼすプロジェクトマネジメントの概念及びプロセスに関する包括的な手引きを規定している。

エ　明確に定義された用語を使用し，ソフトウェアライフサイクルプロセスの共通枠組みを規定している。

問50　ドキュメンテーションジェネレーターの説明として，適切なものはどれか。

ア　HTML，CSS などのリソースを読み込んで，画面などに描画又は表示するソフトウェア

イ　ソースコード中にある，フォーマットに従って記述されたコメント文などから，プログラムのドキュメントを生成するソフトウェア

ウ　動的に Web ページを生成するために，文書のテンプレートと埋込み入力データを合成して出力するソフトウェア

エ　文書構造がマーク付けされたテキストファイルを読み込んで，印刷可能なドキュメントを組版するソフトウェア

問51　EVM で管理しているプロジェクトがある。図は，プロジェクトの開始から完了予定までの期間の半分が経過した時点での状況である。コスト効率，スケジュール効率がこのままで推移すると仮定した場合の見通しのうち，適切なものはどれか。

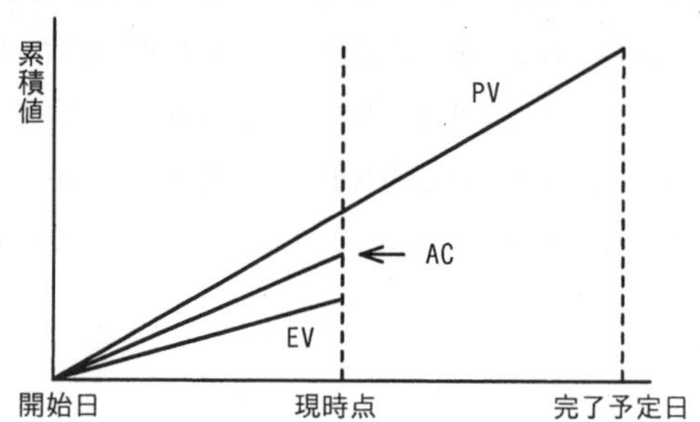

ア　計画に比べてコストは多くなり，プロジェクトの完了は遅くなる。

イ　計画に比べてコストは多くなり，プロジェクトの完了は早くなる。

ウ　計画に比べてコストは少なくなり，プロジェクトの完了は遅くなる。

エ　計画に比べてコストは少なくなり，プロジェクトの完了は早くなる。

問52　図のアローダイアグラムで表されるプロジェクトがある。結合点 5 の最早結合点時刻はプロジェクトの開始から第何日か。ここで，プロジェクトの開始日は 0 日目とする。

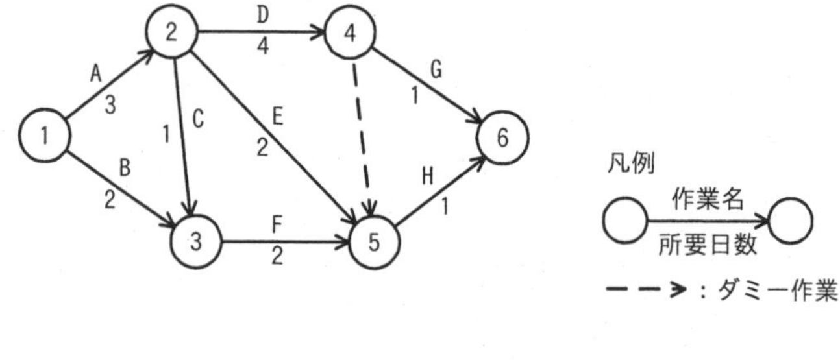

ア　4　　イ　5　　ウ　6　　エ　7

問53 JIS Q 21500:2018（プロジェクトマネジメントの手引）によれば，プロセス“リスクの管理”の目的はどれか。

ア 特定したリスクに適切な処置を行うためにリスクを測定して，その優先順位を定める。

イ 発生した場合に，プロジェクトの目標にプラス又はマイナスの影響を与えることがある潜在的リスク事象及びその特性を決定する。

ウ プロジェクトの目標への機会を高めて脅威を軽減するために，選択肢を作成して対策を決定する。

エ リスクへの対応を実行するかどうか及びそれが期待する効果を上げられるかどうかを明らかにし，プロジェクトの混乱を最小限にする。

問54　工場の生産能力を増強する方法として，新規システムを開発する案と既存システムを改修する案とを検討している。次の条件で，期待金額価値の高い案を採用するとき，採用すべき案と期待金額価値との組合せのうち，適切なものはどれか。ここで，期待金額価値は，収入と投資額との差で求める。

〔条件〕

・新規システムを開発する場合の投資額は100億円であって，既存システムを改修する場合の投資額は50億円である。
・需要が拡大する確率は70%であって，需要が縮小する確率は30%である。
・新規システムを開発した場合，需要が拡大したときは180億円の収入が見込まれ，需要が縮小したときは50億円の収入が見込まれる。
・既存システムを改修した場合，需要が拡大したときは120億円の収入が見込まれ，需要が縮小したときは40億円の収入が見込まれる。
・他の条件は考慮しない。

	採用すべき案	期待金額価値（億円）
ア	既存システムの改修	46
イ	既存システムの改修	96
ウ	新規システムの開発	41
エ	新規システムの開発	130

問55　SaaS (Software as a Service) による新規サービスを提供するに当たって，顧客への課金方式を検討している。課金方式①～④のうち，想定利用状況に基づいて最も高い利益が得られる課金方式を採用したときの，年間利益は何万円か。ここで，新規サービスの課金は月ごとに行い，各月の想定利用状況は同じとする。また，新規サービスの運用に掛かる費用は 1,050 万円／年とする。

〔課金方式〕

①月間のサービス利用時間による従量課金	4,000 円／時間
②月間のトランザクション件数による従量課金	700 円／件
③月末時点のディスク割当て量による従量課金	300 円／GB
④月末時点の利用者 ID 数による従量課金	1,600 円／ID

〔想定利用状況〕

・サービス利用時間	250 時間／月
・トランザクション件数	1,500 件／月
・月末時点のディスク割当て量	3,300 GB
・月末時点の利用者 ID 数	650 ID

ア　150　　イ　198　　ウ　210　　エ　260

問56　サービスマネジメントにおけるサービスレベル管理の活動はどれか。

ア　現在の資源の調整と最適化とを行い，将来の資源要件に関する予測を記載した計画を作成する。

イ　サービスの提供に必要な予算に応じて，適切な資金を確保する。

ウ　災害や障害などで事業が中断しても，要求されたサービス機能を合意された期間内に確実に復旧できるように，事業影響度の評価や復旧優先順位を明確にする。

エ　提供するサービス及びサービスレベル目標を決定し，サービス提供者が顧客との間で合意文書を交わす。

問57　温室効果ガスの排出量の算定基準であるGHGプロトコルでは，事業者の事業活動によって直接的，又は間接的に排出される温室効果ガスについて，スコープを三つに分けている。事業者X社がデータセンター事業者であるときの，スコープ1の例として，適切なものはどれか。

〔GHGプロトコルにおけるスコープの説明〕

スコープ1	温室効果ガスの直接排出。事業者が所有している，又は管理している排出源から発生する。
スコープ2	電気の使用に伴う温室効果ガスの間接排出。事業者が消費する購入電力の発電に伴う温室効果ガスの排出量を算定する。
スコープ3	その他の温室効果ガスの間接排出。事業者の活動に関連して生じるが，事業者が所有も管理もしていない排出源から発生する。

ア　X社が自社で管理するIT機器を使用するために購入した電力の，発電に伴う温室効果ガス

イ　X社が自社で管理するIT機器を廃棄処分するときに，産業廃棄物処理事業者が排出する温室効果ガス

ウ　X社が自社で管理する発電装置を稼働させることによって発生する温室効果ガス

エ　X社が提供するハウジングサービスを利用する企業が自社で管理するIT機器を使用するために購入した電力の，発電に伴う温室効果ガス

問58　システム監査基準（令和５年）が規定している監査調書の説明として，最も適切なものはどれか。

ア　監査の結論に至った過程を明らかにし，監査の結論を支える合理的な根拠とするための記録

イ　監査の目的に応じた適切な形式によって作成し，監査依頼者に提出する，監査の概要と監査の結論を記載した要約版の報告書

ウ　システム監査対象ごとに，具体的な監査スケジュールを定めた詳細計画

エ　システム監査の中長期における方針等を明らかにすることを目的として作成する文書

問59　システム監査基準（令和５年）によれば，システム監査において，監査人が一定の基準に基づいて総合的に点検・評価を行う対象とするものは，情報システムのマネジメント，コントロールと，あと一つはどれか。

ア　ガバナンス　　　　　　　　イ　コンプライアンス

ウ　サイバーレジリエンス　　　エ　モニタリング

問60　情報システムに対する統制をITに係る全般統制とITに係る業務処理統制に分けたとき，ITに係る業務処理統制に該当するものはどれか。

ア　サーバ室への入退室を制限・記録するための入退室管理システム

イ　システム開発業務を適切に委託するために定めた選定手続

ウ　販売管理システムにおける入力データの正当性チェック機能

エ　不正アクセスを防止するためのファイアウォールの運用管理

問61　エンタープライズアーキテクチャの参照モデルのうち，BRM（Business Reference Model）として提供されるものはどれか。

ア　アプリケーションサービスを機能的な観点から分類・体系化したサービスコンポーネント

イ　サービスコンポーネントを実際に活用するためのプラットフォームやテクノロジの標準仕様

ウ　参照モデルの中で最も業務に近い階層として提供される，業務分類に従った業務体系及びシステム体系と各種業務モデル

エ　組織間で共有される可能性の高い情報について，名称，定義及び各種属性を総体的に記述したモデル

問62　“デジタルガバナンス・コード2.0”の説明として，適切なものはどれか。

ア　企業の自主的な DX 推進を促すために，デジタル技術による社会変革を踏まえた経営ビジョン策定など経営者に求められる対応を，経済産業省がまとめたもの

イ　教育委員会に対して，教育情報セキュリティポリシーの基本理念や情報セキュリティ対策基準の記述例を，文部科学省がまとめたもの

ウ　全国どこでも誰もが便利で快適に暮らせる社会を目指し，自治体が重点的に取組むべき事項を，総務省がまとめたもの

エ　デジタル社会形成のために政府が迅速かつ重点的に実施すべき施策などを，デジタル庁がまとめたもの

問63　SOA の説明はどれか。

ア　会計，人事，製造，購買，在庫管理，販売などの企業の業務プロセスを一元管理することによって，業務の効率化や経営資源の全体最適を図る手法

イ　企業の業務プロセス，システム化要求などのニーズと，ソフトウェアパッケージの機能性がどれだけ適合し，どれだけかい離しているかを分析する手法

ウ　業務プロセスの問題点を洗い出して，目標設定，実行，チェック，修正行動のマネジメントサイクルを適用し，継続的な改善を図る手法

エ　利用者の視点から業務システムの機能を幾つかの独立した部品に分けることによって，業務プロセスとの対応付けや他ソフトウェアとの連携を容易にする手法

問64　IT 投資案件において，投資効果を PBP（Pay Back Period）で評価する。投資額が 500 のとき，期待できるキャッシュインの四つのシナリオ a～d のうち，効果が最も高いものはどれか。

a

年目	1	2	3	4	5
キャッシュイン	100	150	200	250	300

b

年目	1	2	3	4	5
キャッシュイン	100	200	300	200	100

c

年目	1	2	3	4	5
キャッシュイン	200	150	100	150	200

d

年目	1	2	3	4	5
キャッシュイン	300	200	100	50	50

ア　a　　　イ　b　　　ウ　c　　　エ　d

問65　EMS（Electronics Manufacturing Services）の説明として，適切なものはどれか。

ア　相手先ブランドで販売する電子機器の設計だけを受託し，製造は相手先で行う。

イ　外部から調達した電子機器に付加価値を加えて，自社ブランドで販売する。

ウ　自社ブランドで販売する電子機器のソフトウェア開発だけを外部に委託し，ハードウェアは自社で設計製造する。

エ　生産設備をもつ企業が，他社からの委託を受けて電子機器を製造する。

問66　組込み機器のハードウェアの製造を外部に委託する場合のコンティンジェンシープランの記述として，適切なものはどれか。

ア　実績のある外注先の利用によって，リスクの発生確率を低減する。

イ　製造品質が担保されていることを確認できるように委託先と契約する。

ウ　複数の会社の見積りを比較検討して，委託先を選定する。

エ　部品調達のリスクが顕在化したときに備えて，対処するための計画を策定する。

問67　PPM において，投資用の資金源として位置付けられる事業はどれか。

ア　市場成長率が高く，相対的市場占有率が高い事業

イ　市場成長率が高く，相対的市場占有率が低い事業

ウ　市場成長率が低く，相対的市場占有率が高い事業

エ　市場成長率が低く，相対的市場占有率が低い事業

問68　企業が属する業界の競争状態と収益構造を，“新規参入の脅威”，“供給者の支配力”，“買い手の交渉力”，“代替製品・サービスの脅威”，“既存競合者同士の敵対関係”の要素に分類して，分析するフレームワークはどれか。

ア　PEST 分析

イ　VRIO 分析

ウ　バリューチェーン分析

エ　ファイブフォース分析

問69　フィージビリティスタディの説明はどれか。

ア　企業が新規事業立ち上げや海外進出する際の検証，公共事業の採算性検証，情報システムの導入手段の検証など，実現性を調査・検証する投資前評価のこと

イ　技術革新，社会変動などに関する未来予測によく用いられ，専門家グループなどがもつ直観的意見や経験的判断を，反復型アンケートを使って組織的に集約・洗練して収束すること

ウ　集団（小グループ）によるアイディア発想法の一つで，会議の参加メンバー各自が自由奔放にアイディアを出し合い，互いの発想の異質さを利用して，連想を行うことによって，さらに多数のアイディアを生み出そうという集団思考法・発想法のこと

エ　商品が市場に投入されてから，次第に売れなくなり姿を消すまでのプロセスを，導入期，成長期，成熟（市場飽和）期，衰退期の4段階で表現して，その市場における製品の寿命を検討すること

問70　IoT 活用におけるデジタルツインの説明はどれか。

ア　インターネットを介して遠隔地に設置した 3D プリンターへ設計データを送り，短時間に製品を製作すること

イ　システムを正副の二重に用意し，災害や故障時にシステムの稼働の継続を保証すること

ウ　自宅の家電機器とインターネットでつながり，稼働監視や操作を遠隔で行うことができるウェアラブルデバイスのこと

エ　デジタル空間に現実世界と同等な世界を，様々なセンサーで収集したデータを用いて構築し，現実世界では実施できないようなシミュレーションを行うこと

問71　IoT を活用したビジネスモデルの事例のうち，マスカスタマイゼーションの事例はどれか。

ア　建機メーカーが，建設機械にエンジンの稼働状況が分かるセンサーと GPS を搭載して，機械の稼働場所と稼働状況を可視化する。これによって，盗難された機械にキーを入れても，遠隔操作によってエンジンが掛からないようにする。

イ　航空機メーカーが，エンジンに組み込まれたセンサーから稼働状況に関するデータを収集し，これを分析して，航空会社にエンジンの予防保守情報を提供する。

ウ　自動車メーカーが，稼働状況を把握するセンサーと，遠隔地からドアロックを解錠できる装置を自動車に搭載して，カーシェアサービスを提供する。

エ　眼鏡メーカーが，店内で顧客の顔の形状を 3D スキャナーによってデジタル化し，パターンの組み合わせで顧客に合ったフレーム形状を設計する。その後，工場に設計情報を送信し，パーツを組み合わせてフレームを効率的に製造する。

問72 IoT の技術として注目されている，エッジコンピューティングの説明として，最も適切なものはどれか。

ア 演算処理のリソースをセンサー端末の近傍に置くことによって，アプリケーション処理の低遅延化や通信トラフィックの最適化を行う。

イ 人体に装着して脈拍センサーなどで人体の状態を計測して解析を行う。

ウ ネットワークを介して複数のコンピュータを結ぶことによって，全体として処理能力が高いコンピュータシステムを作る。

エ 周りの環境から微小なエネルギーを収穫して，電力に変換する。

問73 ゲーム理論における“ナッシュ均衡”の説明はどれか。

ア 一部プレイヤーの受取が，そのまま残りのプレイヤーの支払となるような，各プレイヤーの利得（正負の支払）の総和がゼロとなる状態

イ 戦略を決定するに当たって，相手側の各戦略（行動）について，相手の結果が最大利得となる場合同士を比較して，その中で相手の利得を最小化する行動を選択している状態

ウ 戦略を決定するに当たって，自身の各戦略（行動）について，自身の結果が最小利得となる場合同士を比較して，その中で自身の利得を最大化する行動を選択している状態

エ 非協力ゲームのモデルであり，相手の行動に対して最適な行動をとる行動原理の中で，どのプレイヤーも自分だけが戦略を変更しても利得を増やせない戦略の組合せ状態

問74　分析対象としている問題に数多くの要因が関係し，それらが相互に絡み合っているとき，原因と結果，目的と手段といった関係を追求していくことによって，因果関係を明らかにし，解決の糸口をつかむための図はどれか。

ア　アローダイアグラム　　イ　パレート図

ウ　マトリックス図　　エ　連関図

問75　製品 X，Y を 1 台製造するのに必要な部品数は，表のとおりである。製品 1 台当たりの利益が X，Y ともに 1 万円のとき，利益は最大何万円になるか。ここで，部品 A は 120 個，部品 B は 60 個まで使えるものとする。

単位　個

部品＼製品	X	Y
A	3	2
B	1	2

ア　30　　イ　40　　ウ　45　　エ　60

問76　今年度の A 社の販売実績と費用（固定費，変動費）を表に示す。来年度，固定費が5%増加し，販売単価が 5%低下すると予測されるとき，今年度と同じ営業利益を確保するためには，最低何台を販売する必要があるか。

販売台数	2,500 台
販売単価	200 千円
固定費	150,000 千円
変動費	100 千円／台

ア　2,575　　イ　2,750　　ウ　2,778　　エ　2,862

問77　損益計算資料から求められる損益分岐点売上高は，何百万円か。

単位 百万円

売上高	500
材料費（変動費）	200
外注費（変動費）	100
製造固定費	100
総利益	100
販売固定費	80
利益	20

ア　225　　イ　300　　ウ　450　　エ　480

問78　特許法による保護の対象となるものはどれか。

ア　自然法則を利用した技術的思想の創作のうち高度なもの

イ　思想又は感情を創作的に表現したもの

ウ　物品の形状，模様，色彩など，視覚を通じて美感を起こさせるもの

エ　文字，図形，記号などの標章で，商品や役務について使用するもの

問79　不正競争防止法の不正競争行為に該当するものはどれか。

ア　A 社と競争関係になっていない B 社が，偶然に，A 社の社名に類似のドメイン名を取得した。

イ　ある地方だけで有名な和菓子に類似した商品名の飲料を，その和菓子が有名ではない地方で販売し，利益を取得した。

ウ　商標権のない商品名を用いたドメイン名を取得し，当該商品のコピー商品を販売し，利益を取得した。

エ　他社サービスと類似しているが，自社サービスに適しており，正当な利益を得る目的があると認められるドメインを取得し，それを利用した。

問80　個人情報のうち，個人情報保護法における要配慮個人情報に該当するものはどれか。

ア　個人情報の取得時に，本人が取扱いの配慮を申告することによって設定される情報

イ　個人に割り当てられた，運転免許証，クレジットカードなどの番号

ウ　生存する個人に関する，個人を特定するために用いられる勤務先や住所などの情報

エ　本人の病歴，犯罪の経歴など不当な差別や不利益を生じさせるおそれのある情報

令和６年度 春期
応用情報技術者試験
午後 問題

試験時間	13:00 ～ 15:30（2時間30分）

注意事項

1. 試験開始及び終了は，監督員の時計が基準です。監督員の指示に従ってください。
2. 試験開始の合図があるまで，問題冊子を開いて中を見てはいけません。
3. **答案用紙への受験番号などの記入は，試験開始の合図があってから始めてください。**
4. 問題は，次の表に従って解答してください。

問題番号	問１	問２～問 11
選択方法	必須	４問選択

5. 答案用紙の記入に当たっては，次の指示に従ってください。
   (1) B 又は HB の黒鉛筆又はシャープペンシルを使用してください。
   (2) **受験番号欄**に**受験番号**を，**生年月日欄**に**受験票の生年月日**を記入してください。正しく記入されていない場合は，採点されないことがあります。生年月日欄については，受験票の生年月日を訂正した場合でも，訂正前の生年月日を記入してください。
   (3) **選択した問題**については，右の例に従って，**選択欄**の**問題番号**を**○印**で囲んでください。○印がない場合は，採点されません。問 2～問 11 について，5 問以上○印で囲んだ場合は，はじめの 4 問について採点します。
   (4) 解答は，問題番号ごとに指定された枠内に記入してください。
   (5) 解答は，丁寧な字ではっきりと書いてください。読みにくい場合は，減点の対象になります。

〔問３，問４，問６，問８を選択した場合の例〕

注意事項は問題冊子の裏表紙に続きます。
こちら側から裏返して，必ず読んでください。

6. 退室可能時間中に退室する場合は，手を挙げて監督員に合図し，答案用紙が回収されてから静かに退室してください。

退室可能時間	13:40 ～ 15:20

7. **問題に関する質問にはお答えできません。**文意どおり解釈してください。
8. 問題冊子の余白などは，適宜利用して構いません。ただし，問題冊子を切り離して利用することはできません。
9. 試験時間中，机上に置けるものは，次のものに限ります。

   なお，会場での貸出しは行っていません。

   受験票，黒鉛筆及びシャープペンシル（B 又は HB），鉛筆削り，消しゴム，定規，時計（時計型ウェアラブル端末は除く。アラームなど時計以外の機能は使用不可），ハンカチ，ポケットティッシュ，目薬

   これら以外は机上に置けません。使用もできません。
10. 試験終了後，この問題冊子は持ち帰ることができます。
11. 答案用紙は，いかなる場合でも提出してください。回収時に提出しない場合は，採点されません。
12. 試験時間中にトイレへ行きたくなったり，気分が悪くなったりした場合は，手を挙げて監督員に合図してください。

〔問題一覧〕

●問１（必須）

問題番号	出題分野	テーマ
問１	情報セキュリティ	リモート環境のセキュリティ対策

●問２～問11（10問中４問選択）

問題番号	出題分野	テーマ
問２	経営戦略	物流業の事業計画
問３	プログラミング	グラフのノード間の最短経路を求めるアルゴリズム
問４	システムアーキテクチャ	CRM（Customer Relationship Management）システムの改修
問５	ネットワーク	クラウドサービスを活用した情報提供システムの構築
問６	データベース	人事評価システムの設計と実装
問７	組込みシステム開発	業務用ホットコーヒーマシン
問８	情報システム開発	ダッシュボードの設計
問９	プロジェクトマネジメント	IoT活用プロジェクトのマネジメント
問10	サービスマネジメント	テレワーク環境下のサービスマネジメント
問11	システム監査	支払管理システムの監査

擬似言語の記述形式（基本情報技術者試験，応用情報技術者試験用）

擬似言語を使用した問題では，各問題文中に注記がない限り，次の記述形式が適用されているものとする。

〔擬似言語の記述形式〕

記述形式	説明
○*手続名又は関数名*	手続又は関数を宣言する。
型名: *変数名*	変数を宣言する。
/* *注釈* */	注釈を記述する。
// *注釈*	
変数名 ← *式*	変数に*式*の値を代入する。
手続名又は関数名(*引数*, …)	手続又は関数を呼び出し，*引数*を受け渡す。

if (*条件式1*)
　処理1
elseif (*条件式2*)
　処理2
elseif (*条件式n*)
　処理n
else
　処理n + 1
endif
	選択処理を示す。
	　*条件式*を上から評価し，最初に真になった*条件式*に対応する*処理*を実行する。以降の*条件式*は評価せず，対応する*処理*も実行しない。どの*条件式*も真にならないときは，*処理n + 1*を実行する。
	　各*処理*は，0 以上の文の集まりである。
	　elseif と*処理*の組みは，複数記述することがあり，省略することもある。
	　else と*処理 n + 1* の組みは一つだけ記述し，省略することもある。

while (*条件式*)
　処理
endwhile
	前判定繰返し処理を示す。
	　*条件式*が真の間，*処理*を繰返し実行する。
	　*処理*は，0 以上の文の集まりである。

do 　*処理* while (*条件式*)	後判定繰返し処理を示す。 　*処理*を実行し，*条件式*が真の間，*処理*を繰返し実行する。 　*処理*は，0 以上の文の集まりである。

for (*制御記述*)
　処理
endfor
	繰返し処理を示す。
	　*制御記述*の内容に基づいて，*処理*を繰返し実行する。
	　*処理*は，0 以上の文の集まりである。

〔演算子と優先順位〕

演算子の種類		演算子	優先度
式		() .	高
単項演算子		not ＋ －	↑
二項演算子	乗除	mod × ÷	
	加減	＋ －	
	関係	≠ ≦ ≧ ＜ ＝ ＞	
	論理積	and	↓
	論理和	or	低

注記　演算子 . は，メンバ変数又はメソッドのアクセスを表す。
　　　演算子 mod は，剰余算を表す。

〔論理型の定数〕

true，false

〔配列〕

配列の要素は，“[” と “]” の間にアクセス対象要素の要素番号を指定することでアクセスする。なお，二次元配列の要素番号は，行番号，列番号の順に “,” で区切って指定する。

“{” は配列の内容の始まりを，“}” は配列の内容の終わりを表す。ただし，二次元配列において，内側の “{” と “}” に囲まれた部分は，1 行分の内容を表す。

〔未定義，未定義の値〕

変数に値が格納されていない状態を，“未定義” という。変数に “未定義の値” を代入すると，その変数は未定義になる。

次の問1は必須問題です。必ず解答してください。

問1　リモート環境のセキュリティ対策に関する次の記述を読んで，設問に答えよ。

Q社は，首都圏で複数の学習塾を経営する会社であり，各学習塾で対面授業を行っている。生徒及び生徒の保護者からはリモートでも受講が可能なハイブリッド型授業の導入要望があり，Q社の従業員からはテレワーク勤務の導入要望がある。

〔Q社の現状のネットワーク構成〕

Q社のネットワーク構成（抜粋）を図1に示す。

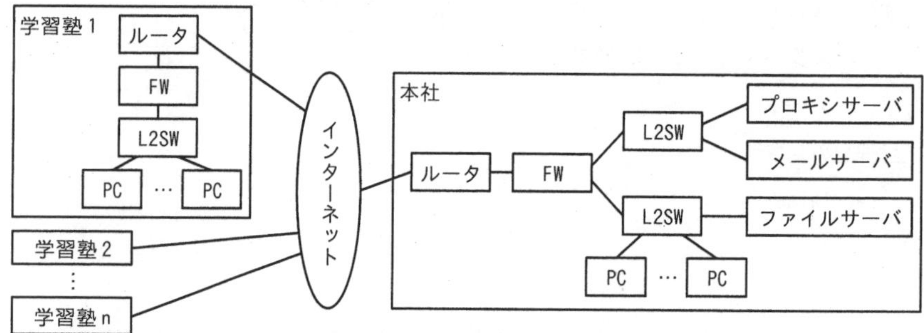

FW：ファイアウォール　　L2SW：レイヤー2スイッチ
注記　学習塾2～学習塾nは学習塾1と同様の構成である。

図1　Q社のネットワーク構成（抜粋）

〔Q社の現状のセキュリティ対策〕

Q社のセキュリティ対策は次のとおりである。

・パケットフィルタリングポリシーに従った通信だけをFWで許可し，その他の通信を遮断している。
・業務上必要なサイトのURL情報を基に，URLフィルタリングを行うソフトウェアをプロキシサーバに導入して，業務上不要なサイトへの接続を禁止している。
・PC及びサーバ機器には，外部媒体の使用ができない設定をした上で，マルウェア対策ソフトを導入して，マルウェア感染対策を行っている。
・PC，ネットワーク機器及びサーバ機器には，脆(ぜい)弱性に対応する修正プログラム（以下，セキュリティパッチという）を定期的に確認した後，適用する方法で，脆弱性対策を行っている。

〔Q 社の現状のセキュリティ対策に関する課題〕

・ネットワーク機器及びサーバ機器の EOL（End Of Life）時期が近づいており，機器の更新が必要である。
・セキュリティパッチが提供されているかの調査及び適用してよいかの判断に時間が掛かることがある。
・ルータと FW を利用した①境界型防御によるセキュリティ対策では，防御しきれない攻撃がある。
・セキュリティインシデントの発生を，迅速に検知する仕組みがない。

Q 社では，ハイブリッド型授業とテレワーク勤務が行えるリモート環境を実現し，Q 社のセキュリティに関する課題を解決する新たな環境を，クラウドサービスを利用して構築することになり，情報システム部の R 課長が担当することになった。

〔リモート環境の構築方針〕

R 課長は，境界型防御の環境に代えて，いかなる通信も信頼しないという［ a ］の考え方に基づくリモート環境を構築することにした。

R 課長は，リモート環境について次の構築方針を立てた。

・クラウドサービスへの移行に伴い，ネットワーク機器及びサーバ機器は廃棄し，今後の Q 社としての EOL 対応を不要とする。
・②課題となっている作業を不要にするために，クラウドサービスは SaaS 型を利用する。
・セキュリティインシデントの発生を迅速に検知する仕組みを導入する。
・従業員にモバイルルータとセキュリティ対策を実施したノート PC（以下，貸与 PC という）を貸与する。今後は，本社，学習塾及びテレワークでの全ての業務において，貸与 PC とモバイルルータを使用してクラウドサービスを利用する。
・貸与 PC から業務上不要なサイトへの接続は禁止とする。
・生徒は，自宅などの PC（以下，自宅 PC という）からクラウドサービスを利用してリモートでも授業を受講できる。

〔リモート環境構築案の検討〕

R 課長はリモート環境の構築方針を部下の S 君に説明し，構築する環境の検討を指示した。

S君はリモート環境構築案を検討した。

・リモート環境の構築には，T社クラウドサービスを利用する。
・貸与PCからWebサイトを閲覧する際は，③プロキシを経由する。
・貸与PCからインターネットを経由して接続するWeb会議，オンラインストレージ及び電子メール（以下，メールという）を利用することで，Q社の業務及びリモートでの授業を行う。
・貸与PCからT社クラウドサービスへのログインは，ログインを集約管理するクラウドサービスであるIDaaS（Identity as a Service）を利用する。従業員はIDとパスワードを用いてシングルサインオンで接続してクラウドサービスを利用する。
・④SIEM（Security Information and Event Management）の導入と，アラート発生時に対応する体制の構築を行う。
・貸与PCには，マルウェア対策ソフトを導入し，外部媒体が使用できない設定を行う。また，⑤紛失時の情報漏えいリスクを低減する対策をとる。
・生徒は，自宅PCからインターネット経由で，Web会議に接続して，リモートで授業を受講できる。

S君が検討したリモート環境構築案（抜粋）を図2に示す。

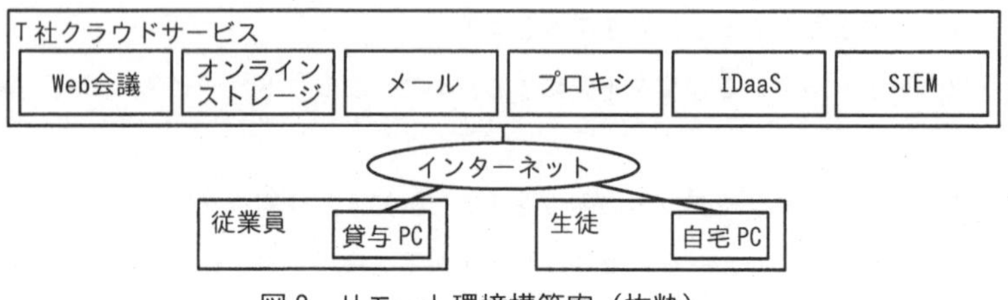

図2　リモート環境構築案（抜粋）

〔構築案への指摘と追加対策の検討〕

S君は検討した構築案についてR課長に説明した。すると，セキュリティ対策の不足に起因するセキュリティインシデントの発生を懸念したR課長は，"［　a　］では，クラウドサービスにアクセスする通信を信頼せずセキュリティ対策を行う必要があるので，エンドポイントである貸与PCと自宅PCに対する攻撃への対策及びクラウドサービスのユーザー認証を強化する対策が必要である。追加の対策を検討するように。”と指摘した。

R課長が懸念したセキュリティインシデント（抜粋）を表1に示す。

表1 R課長が懸念したセキュリティインシデント（抜粋）

項番	分類	セキュリティインシデント
1	貸与PC	ゼロデイ攻撃によるマルウェア感染
2		ファイルレスマルウェア攻撃によるマルウェア感染
3	自宅PC	マルウェア感染した自宅PCからWeb会議への不正アクセス
4	クラウドサービスのユーザー認証	不正ログインによる情報漏えい

S君は，R課長の指摘に対して，表1のセキュリティインシデントに対応した次の対策を追加することにした。

・項番1，2の対策として，貸与PCに⑥EDR（Endpoint Detection and Response）ソフトを導入する。

・項番3の対策として，T社クラウドサービスは不正アクセス及びマルウェア感染の対策がとられていることを確認した。

・項番4の対策として，知識情報であるIDとパスワードによる認証に加えて，所持情報である従業員のスマートフォンにインストールしたアプリケーションソフトウェアに送信されるワンタイムパスワードを組み合わせて認証を行う，［ b ］を採用する。

S君は，これらの対策を追加した構築案をR課長に報告し，構築案は了承された。

設問1 本文中の下線①について，防御できる攻撃を解答群の中から選び，記号で答えよ。

解答群

ア システム管理者による内部犯行

イ パケットフィルタリングのポリシーで許可していない通信による，内部ネットワークへの侵入

ウ 標的型メール攻撃での，添付ファイル開封による未知のマルウェア感染

エ ルータの脆弱性を利用した，インターネット接続の切断

設問２　〔リモート環境の構築方針〕について答えよ。

(1)　本文中の［　a　］に入れる適切な字句を 6 字で答えよ。

(2)　本文中の下線②について，課題となっている作業を 25 字以内で答えよ。

設問３　〔リモート環境構築案の検討〕について答えよ。

(1)　本文中の下線③で実現すべきセキュリティ対策を，本文中の字句を用いて 15 字以内で答えよ。

(2)　本文中の下線④を導入した目的を，〔Q 社の現状のセキュリティ対策に関する課題〕と〔リモート環境の構築方針〕とを考慮して 30 字以内で答えよ。

(3)　本文中の下線⑤について，対策として適切なものを解答群の中から全て選び，記号で答えよ。

解答群

ア　貸与 PC のストレージ全体を暗号化する。

イ　貸与 PC のモニターにのぞき見防止フィルムを貼付する。

ウ　リモートロック及びリモートワイプの機能を導入する。

設問４　〔構築案への指摘と追加対策の検討〕について答えよ。

(1)　本文中の下線⑥について，表 1 の項番 1，2 のセキュリティインシデントが発生した場合の EDR ソフトの動作として適切なものを解答群の中から選び，記号で答えよ。

解答群

ア　貸与 PC をネットワークから遮断し，不審なプロセスを終了する。

イ　登録された振る舞いを行うマルウェアの侵入を防御する。

ウ　登録した機密情報の外部へのデータ送信をブロックする。

エ　パターン情報に登録されているマルウェアの侵入を防御する。

(2)　本文中の［　b　］に入れる適切な字句を 5 字で答えよ。

次の問２～問 11 については４問を選択し，答案用紙の選択欄の問題番号を○印で囲んで解答してください。
なお，５問以上○印で囲んだ場合は，はじめの４問について採点します。

問２　物流業の事業計画に関する次の記述を読んで，設問に答えよ。

B 社は，運送業務及び倉庫保管業務を受託する中規模の物流事業者である。従業員数は約 100 名で，関東甲信越エリアを中心に事業を行っており，高速道路や幹線道路へのアクセスの良い立地に複数の営業所と倉庫を構えている。主に，地場のメーカーと販売店との間の配送などを中心に事業を行ってきたが，同業他社との競争が激しく，ここ数年は収益が悪化傾向にあり，このままでは経営は厳しくなる一方である。B 社の C 取締役は，この状況の打開に向けて，顧客への新たな価値の提供を目指すべく，経営企画部の D 部長に事業計画の立案を指示した。

〔B 社の環境分析〕

D 部長は，自社の事業の置かれている状況を把握するために，環境分析を実施する必要があると考えた。環境分析には，自社を取り巻く経営環境のうち，自社以外の要因をマクロ的視点とミクロ的視点で分析する外部環境分析と，自社の経営資源に関する要因を分析し，自社の特徴を洗い出す内部環境分析がある。D 部長は，経営企画部の E 課長に，外部環境分析から実施するよう指示した。E 課長は，まず，PEST 分析を行い，PEST 分析の結果として B 社の事業に影響する要因の概要を表１のように整理した。

表１　B 社の PEST 分析の結果

項番	要因	要因の概要
1	政治的要因	・［ a ］改正による総労働時間に関する規制の設定 ・運送・倉庫保管業は，以前は需給調整規制によって新規参入が困難であったが，近年，事業経営能力や安全確保能力のある事業者の参入が可能となり，参入障壁が低下 ・今後は，外国人労働者をドライバーとして採用できるように規制が緩和される見通し
2	経済的要因	・燃料費上昇によるコストの上昇 ・トラックによる運送の供給量に比べ，顧客からの運送に対する需要量の方が大きいことから，運送料が上昇することを顧客は一定の範囲で許容
3	社会的要因	・高齢化が進み退職するドライバーが増える一方で少子化の影響で若年層のドライバーのなり手は減少することから，より良い処遇を提供しなければドライバーの確保が困難 ・EC 市場の拡大に起因する運送需要の増加は今後も継続
4	技術的要因	・自動運転に必要な技術の急速な発展 ・SNS を活用した多様な購買方法の登場

次に，E 課長は，ファイブフォース分析を進めることにした。ファイブフォース分析の結果，B 社が受ける脅威の概要を表 2 のように整理した。

表 2　B 社のファイブフォース分析の結果

項番	脅威	脅威の概要
1	業界内の競争の脅威	運送・倉庫保管だけの物流サービスではコモディティ化して，過当競争となりがちであり，［ b ］競争が常に発生していることから脅威は大きい。
2	新規参入の脅威	以前と比べ参入障壁が低くなり，新規参入の脅威は大きい。
3	［ c ］サービスの脅威	・航空輸送や海上輸送といった手段があるが，現状では車両による陸送に代わるものではなく脅威は小さい。 ・車両の自動運転による配送やドローン配送の実証実験が行われているが，実用化はまだ先であり，現状の脅威は小さい。
4	売手の交渉力の脅威	［ d ］。
5	買手の交渉力の脅威	顧客の要望は多様化しており，対応できないと市場から排除される脅威は大きい。

E 課長は，①PEST 分析，ファイブフォース分析の順に分析し，その結果について検討した。PEST 分析の結果から，［ a ］が改正されたことによって，ドライバーを含む労働力の総量が減少することが懸念され，また，社会的要因によってドライバーのなり手が減ることを認識した。このことはファイブフォース分析の結果における売手の交渉力の脅威にも大きな影響を及ぼすことに気が付き，ドライバーの需要に対して供給が減ることから，［ d ］と考えた。

E 課長は，これらの外部環境分析の結果を踏まえると，［ b ］競争の渦中にあり，減収減益となっている現状において，②B 社が業界内において競争優位を確立するための分析が必要であると考えた。E 課長は，その分析を実施した結果，B 社は，好立地にある営業所と倉庫をもっているにもかかわらず，そのことを生かして，多様化する顧客の要望に応えられていないことが収益悪化の原因であると結論付けた。

E 課長は，必要な分析を終えてその結果を D 部長に報告した。

〔顧客情報の定性的分析〕

E 課長は，D 部長から，運送・倉庫保管だけの物流サービスから，③マーケットイン志向の物流サービスに転換していくことによって，顧客に新たな価値を提供できるのではないかとアドバイスを受けた。E 課長は，これまでの自社の顧客情報の分析は，受注履歴，契約金額などの数値を基に分析を行うことだけであり，数値だけでは捉えきれない顧客の要望を把握する分析を行っていなかったことに気が付いた。

E 課長は，顧客との接点が多いドライバーは，運送業務の過程で，顧客の事業に関して様々な気付きを得ているのではないかと考えた。そこで，ドライバーのもつ顧客の事業に関する気付きを把握するために調査を実施した。ドライバーからの回答には，顧客の事業に関する未知の情報，B 社に対する期待やクレーム，顧客に対する感想，相対する顧客社員への好悪の感情といった顧客の事業に関する情報とそれ以外の種々雑多な情報が混在していた。しかし，これまでは顧客情報として管理されていなかった様々な情報が含まれており，分析することで，顧客の要望を把握することができるのではないかと考えた。

ドライバーからの回答は，自由記述形式のテキストデータであり，テキストマイニングによる定性的分析を行うことができる。D 部長は，テキストマイニングによる分析を行うに当たり，④テキストデータを選別するよう，E 課長にアドバイスをした。E 課長は，選別したテキストデータの分析の結果，顧客の事業に関するキーワードとして，“コア業務”，“一括委託”といった単語が頻出しており，“コア業務”は“集中”との単語間の結びつきの強さがあり，複数の単語が同一文章中に共に出現することを意味する共起関係が強く表れていた。E 課長は，定性的分析の結果を D 部長に報告し，顧客への新たな価値の提供に向けた検討の了承を得た。

〔顧客への新たな価値の提供〕

B 社が顧客の業務を確認したところ，B 社倉庫から顧客の拠点に荷物が届いた後に，顧客はその荷物の検品やタグ付け，複数の荷物を一つに箱詰めすることといった作業を顧客社内で行うか，又は B 社とは異なる事業者へ委託しており，顧客にとって負担となっていた。B 社では，昨年，業務効率の向上を図るために営業所と倉庫内のレイアウト変更を実施し，新たな業務を行うことが可能なスペースを確保している。そこで，E 課長は，運送，倉庫保管といった従来の業務に加え，検品やタグ付け，箱詰めといった作業を行う流通加工業務を一括で受託して顧客に新たな価値を提供する 3PL（3rd Party Logistics）サービスが有効ではないかと考え，D 部長に提案した。D 部長は，3PL サービスを提供することで，B 社の既存顧客の要望を満たすとともに，新たな顧客の獲得につながる可能性もあると考え，E 課長の提案に賛同した。さらに，D 部長は，顧客が作業を委託している流通加工業者の一つである R 社において，流通加工業務の需要拡大に伴い施設の拡張を検討しているという話を聞いていた。そこで，B 社の営業所と倉庫を作業所として，B 社の運送・倉庫保管業務と R 社の流通加工業務とを組み合わせてサービスする業務提携を R 社と行うことで，B 社の 3PL サービスの提供が可能になるのではないかと考えた。D 部長は，E 課長に，R 社との業務提携の可能性があるかを調査するよう指示した。

E 課長は，顧客から R 社の紹介を受けて，業務提携の協議を行った。R 社との協議を行う中で E 課長は R 社の状況を次のように把握した。

・R 社は流通加工業務の需要拡大に伴い，社員や作業所を増やし事業を拡大してきたが，作業所の多くは手狭になってきていて，別の作業所を探さなくてはならない。
・流通加工業務は，荷物の受入れと発送をスムーズに行えることが重要であり，これが作業所の選定上の最優先事項である。
・希望する場所に作業所を自前でもつことは，作業所の土地の取得費や倉庫の建築費といった初期費用の負担が大きいので，回避したいと考えている。

E 課長は，B 社の事業の概要を説明した上で，業務提携が可能であるか検討してほしいと R 社に依頼した。後日，R 社から，⑤B 社のもつ経営資源は，R 社の事業を展開する上で魅力的なものであることから，是非とも業務提携を行いたいとの連絡があった。

E 課長は，R 社との業務提携による 3PL サービスの事業化案について D 部長に報告した。D 部長は，⑥E 課長の事業化案を実現することで，B 社の顧客の物流に関わる作業に対する要望を満たすことができる，さらに，B 社と R 社で業務提携することで顧客を紹介し合って，相互に新たな顧客の開拓につなげられると判断した。D 部長は，収益向上によってドライバーの処遇を改善することも含めて C 取締役の承諾を得て，E 課長に事業化案に基づき事業計画をまとめるよう指示した。

設問1　〔B 社の環境分析〕について答えよ。

(1)　表 1 及び本文中の［ a ］に入れる適切な法律名，表 2 及び本文中の［ b ］，表 2 中の［ c ］に入れる適切な字句をそれぞれ答えよ。

(2)　表 2 及び本文中の［ d ］に入れる最も適切なものを解答群の中から選

び，記号で答えよ。

解答群

ア　IT の活用による省力化の脅威が大きい

イ　運送料の値下げの要求による脅威が大きい

ウ　ドライバーの賃金上昇に伴う調達コスト増加の脅威が大きい

エ　陸送に代わる新たな輸送方法の脅威が大きい

(3)　本文中の下線①について，PEST 分析をファイブフォース分析よりも先に実施したのは，PEST 分析がどのような視点での分析であるからか。本文中の字句を用いて 6 字で答えよ。

(4)　本文中の下線②の分析は何か。本文中の字句を用いて 10 字以内で答えよ。

設問２　〔顧客情報の定性的分析〕について答えよ。

(1)　本文中の下線③のマーケットイン志向に該当する行動はどれか。最も適切なものを解答群の中から選び，記号で答えよ。

解答群

ア　既存市場向けの物流サービスを新たな市場に提供する。

イ　競合他社よりも相対的に低価格となる物流サービスを提供する。

ウ　自社が市場で優位性をもつ技術を活用した物流サービスを提供する。

エ　市場調査を行い，顧客ニーズを満たす物流サービスを提供する。

(2)　本文中の下線④でどのようにテキストデータを選別するのか。35 字以内で答えよ。

設問３　〔顧客への新たな価値の提供〕について答えよ。

(1)　本文中の下線⑤の B 社のもつ経営資源とは何か。本文中の字句を用いて 15 字以内で答えよ。

(2)　本文中の下線⑥について，E 課長の事業化案を実現することで，B 社の顧客の物流に関わる作業に対するどのような要望を満たすことができるか。選別したテキストデータの分析の結果の字句を用いて 30 字以内で答えよ。

問３　グラフのノード間の最短経路を求めるアルゴリズムに関する次の記述を読んで，設問に答えよ。

グラフ内の二つのノード間の最短経路を求めるアルゴリズムにダイクストラ法がある。このアルゴリズムは，車載ナビゲーションシステムなどに採用されている。

〔経路算定のモデル化〕

グラフは，有限個のノードの集合と，その中の二つのノードを結ぶエッジの集合とから成る数理モデルである。ダイクストラ法による最短経路の探索問題を考えるに当たり，本問では，エッジをどちらの方向にも行き来することができ，任意の二つのノード間に経路が存在するグラフを扱う。ここで，グラフを次のように定義する。

・ノードの個数をNとし，Nは2以上とする。ノードの番号（以下，ノード番号という）は，始点のノード番号を1とし，1から始まる連続した整数とする。ノードには，ノード番号に対応させて，V1，V2，V3，…，VNとラベルを付ける。

・二つのノードが他のノードを経由せずにエッジでつながっているとき，それらのノードは隣接するという。隣接するノード間のエッジには，ノード間の距離として正の数値を付ける。

・始点のノード（以下，始点という）とは別のノードを終点のノード（以下，終点という）として定める。始点からあるノードまでの経路の中から，経路に含まれるエッジに付けられた距離の和が最小の距離を最短距離という。始点から終点までの最短距離となる経路を最短経路という。

図1にノードが五つのグラフの例を示す。図1の例では，始点をV1のノードとし，終点をV5のノードとした場合の最短経路は，V1，V2，V3，V5のノードを順にたどる経路である。

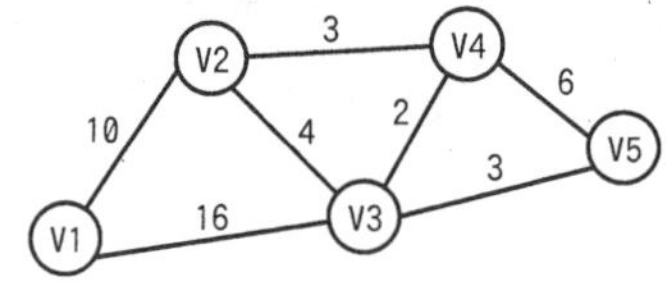

図1　ノードが五つのグラフの例

〔始点から終点までの最短距離を求める手順〕

ダイクストラ法による始点から終点までの最短距離の算出は次のように行う。

最初に，各ノードについて，始点からそのノードまでの距離（以下，始点ノード距離という）を作業用に導入して十分に大きい定数としておく。ただし，始点の始点ノード距離は0とする。この時点では，どのノードの最短距離も確定していない。

次に，終点の最短距離が確定するまで，①～③を繰り返す。ここで，始点との距離を算出する基準となるノードを更新起点ノードという。

① 最短距離が確定していないノードの中で，始点ノード距離が最小のノードを更新起点ノードとして選び，そのときの始点ノード距離の値で，当該更新起点ノードの最短距離を確定する。更新起点ノードを選ぶ際に，始点ノード距離が最小となるノードが複数ある場合は，その中の任意のノードを更新起点ノードとして選ぶ。

② 更新起点ノードが終点であれば，終了する。

③ ①で選択した更新起点ノードに隣接しており，かつ，最短距離が確定していない全てのノードについて，更新起点ノードを経由した場合の始点ノード距離を計算する。ここで計算した始点ノード距離が，そのノードの現在までの始点ノード距離よりも小さい場合には，そのノードの現在までの始点ノード距離を更新する。

〔図1の例における最短距離を求める手順と始点ノード距離〕

図1の例において，始点V1から終点V5までの経路に対して，上の①～③を繰返し適用する。そのとき，更新起点ノードを選ぶたびに，更新起点ノードの始点ノード距離，更新起点ノードと隣接するノードの始点ノード距離，及び最短距離が確定していないノードの始点ノード距離を計算した内容を表1に示す。

表1　図1の例における最短距離を求める手順と始点ノード距離

探索適用回数	更新起点ノード	最短距離が確定していない，更新起点ノードに隣接するノード	最短距離が確定していないノード
1回目	V1 <0>	V2 <10>, V3 <16>	V2 <10>, V3 <16>, V4 <INF>, V5 <INF>
2回目	V2 <10>	V3 <14>, V4 <13>	V3 <14>, V4 <13>, V5 <INF>
3回目	V4 <13>	V3 <14>, V5 <19>	V3 <14>, V5 <19>
4回目	V3 <14>	V5 < ア >	V5 < ア >
5回目	V5 < ア >	―	―

注記1　INFは，定数で十分大きい数を表す。
注記2　<>内の数値は，当該ノードの始点ノード距離を表す。

〔最短距離の算出プログラム〕

始点から終点までの最短距離を求める関数 distance のプログラムを図 2 に示す。配列の要素番号は 1 から始まるものとする。また，行頭の数字は行の番号を表す。

```
 1: ○整数型: distance()
 2:   整数型: N                 /* ノードの個数 */
 3:   整数型: INF               /* 十分大きい定数 */
 4:   整数型の二次元配列: edge  /* edge[m, n]には，ノード m からノード n への距離を格納
                                   二つのノードが隣接していない場合には INF を格納 */
 5:   整数型: GOAL              /* 終点のノード番号 */
 6:   整数型の配列: dist        /* 始点ノード距離。初期値は INF。要素番号がノード番号を表す。 */
 7:   整数型の配列: done        /* 初期値は 0。最短距離が確定したら 1 を入れる。
                                   要素番号がノード番号を表す。 */
 8:   整数型: curNode           /* 更新起点ノードのノード番号 */
 9:   整数型: minDist           /* 更新起点ノードを求める際に使用する一時変数 */
10:   整数型: k                 /* 要素番号 */
11:   dist[1] ← 0               /* 始点の始点ノード距離を 0 とする。 */
12:   while (true)
13:     minDist ← INF
14:     for (k を 1 から N まで 1 ずつ増やす)
15:       if (done[k]が 0 かつ [  イ  ] )
16:         minDist ← [  ウ  ]
17:         curNode ← k
18:       endif
19:     endfor
20:     done[curNode] ← 1
21:     if (curNode が GOAL と等しい)
22:       return dist[curNode]
23:     endif
24:     for (k を 1 から N まで 1 ずつ増やす)
25:       if ( [  エ  ] が dist[k] より小さい かつ done[k]が 0)
26:         dist[k] ← [  エ  ]
27:       endif
28:     endfor
29:   endwhile
```

図 2　関数 distance のプログラム

〔最短経路の出力〕

関数 distance を変更して，求めた最短距離となる最短経路を出力できるようにする。具体的には，まず，ノード番号 1～N を格納する配列 viaNode を使用するために，図 3 の変数宣言を図 2 の行 10 の直後に，図 4 のプログラムを図 2 の行 21 の直後に，それぞれ挿入する。さらに，各ノードの始点ノード距離を更新するたびに，直前に経由したノード番号を viaNode に格納する<u>①代入文を一つ</u>，図 2 のプログラムの行

［　オ　］の直後に挿入する。

このプログラムの変更によって，終点のノード番号を起点として［　カ　］たどることで，最短経路のノード番号を逆順に出力する。

```
整数型の配列: viaNode          /* 最短経路のノード番号を格納する。初期値は 0。 */
整数型: j                      /* 要素番号 */
```

図３　最短経路を出力するために関数 distance に挿入する変数宣言

```
j ← GOAL                       /* 終点のノード番号 */
GOAL を出力                    /* 終点のノード番号の出力 */
while (j が 1 より大きい)      /* 最短経路の出力 */
  viaNode[j]を出力
  j ← viaNode[j]
endwhile
```

図４　最短経路を出力するために関数 distance に挿入するプログラム

〔計算量の考察〕

関数 distance では，次の［　キ　］を選ぶために始点ノード距離を計算する回数は最大でも N 回である。また，［　キ　］を選ぶ回数は，一度選ばれると当該ノードの最短距離は確定するので，最大でも N 回である。よって，最悪の場合の計算量は，$O($［　ク　］$)$ である。

設問1　表1中の ア に入れる適切な字句を答えよ。

設問2　図2中の イ ～ エ に入れる適切な字句を答えよ。

設問3　〔最短経路の出力〕について答えよ。

(1)　本文中の下線①と オ について，挿入すべき代入文と オ に入れる行の番号を答えよ。行の番号については，最も小さい番号を答えること。ただし，図2中の現在の行の番号は図3及び図4の挿入によって変化しないものとする。

(2)　本文中の カ に入れる適切な字句を解答群の中から選び，記号で答えよ。

解答群

ア　viaNode に格納してあるノード番号を

イ　viaNode の要素番号を大きい方から

ウ　viaNode の要素番号を小さい方から

設問4　〔計算量の考察〕について答えよ。

(1)　本文中の キ に入れる適切な字句を，本文中の字句を用いて10字以内で答えよ。

(2)　本文中の ク に入れる適切な字句を答えよ。

問４　CRM（Customer Relationship Management）システムの改修に関する次の記述を読んで，設問に答えよ。

C 社は，住宅やビルなどのアルミサッシを製造，販売する中堅企業である。取引先の設計・施工会社のニーズにきめ細かく対応するために，自社で開発した CRM システム（以下，CRM システムという）を使用している。CRM システムは，データベースと Web アプリケーションプログラム（以下，Web アプリという）から成り，C 社の LAN 上にある PC から利用される。このたび，営業担当者が外出先からスマートフォンやノート PC を用いて CRM システムを利用できるようにするために，データベースは変更せずに Web アプリを改修することになった。

〔Web アプリの改修方針〕

Web アプリの改修方針を次に示す。

・必要以上の開発コストを掛けない。
・営業担当者が外出先で効率的に CRM システムを利用できるように，スマートフォンに最適化した画面を追加する。
・将来的に，CRM システム以外の社内システムとも連携できるように拡張性をもたせる。

〔Web アプリの実装方式の検討〕

これらの改修方針を受けて，図 1 の Web アプリを実装するシステムの構成案を検討した。

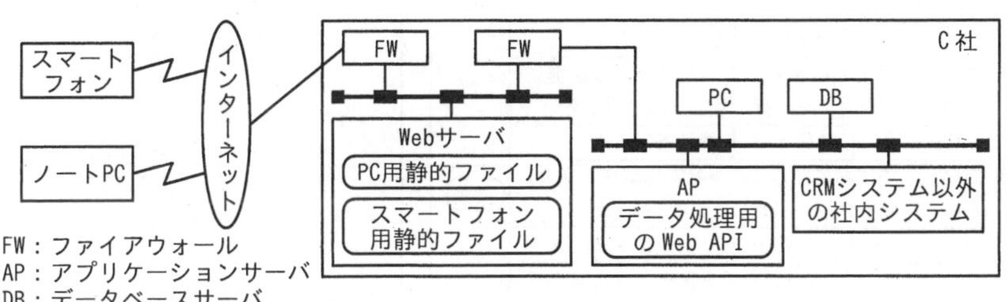

図 1　Web アプリを実装するシステムの構成案

検討したWebアプリの実装方式を次に示す。

- ・ユーザーインタフェースとデータ処理を分ける。ユーザーインタフェースは，Webサーバに HTML，Cascading Style Sheets（CSS），画像，スクリプトなどを静的なファイルとして配置する。データ処理は，AP が DB から取得したデータを JSON 形式のデータで返す Web API として実装する。
- ・ユーザーインタフェースとなる静的ファイルは，PC とスマートフォンそれぞれの Web ブラウザ用に個別に作成し，データ処理用の Web API は共用する。
- ・ユーザーインタフェースの表示速度を向上させるために，①静的ファイルを最適化する。

〔実現可能性の評価〕

〔Web アプリの実装方式の検討〕で示した方式の実現可能性を評価するために，プロトタイプを用いて多くのデータを扱う機能について検証した。その結果，スマートフォンの特定の画面において次の問題が発生した。

- ・扱うデータ量が増えるに連れて，レスポンスが著しく低下する。
- ・②スマートフォンの CPU 負荷が大きく，頻繁に使用するとバッテリの消耗が激しい。

そこで，これらの問題の原因を調べるために，Web アプリの処理を分析した。レスポンスの悪かった日誌一覧の表示画面を図 2 に，Web API からの応答データを図 3 に示す。

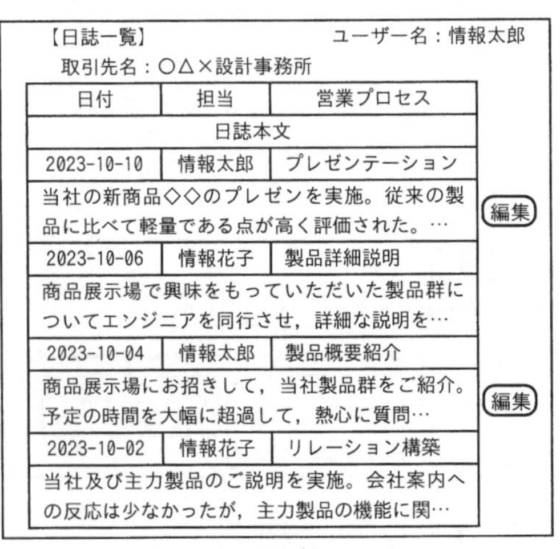

図 2　日誌一覧の表示画面

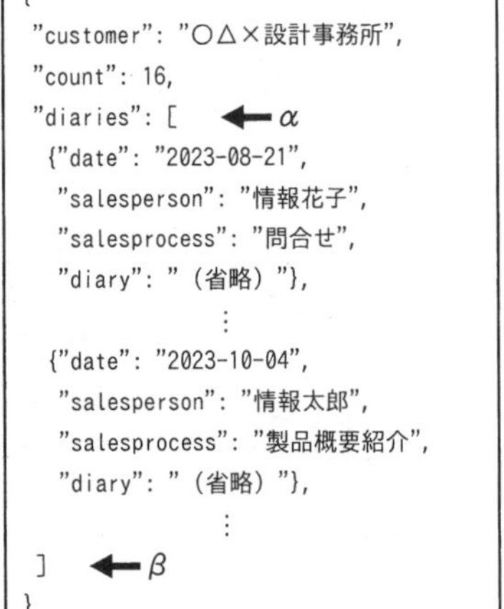

図 3　Web API からの応答データ

スマートフォンのWebブラウザから図２の画面をリクエストしてから描画されるまでの一連の処理について，処理ごとに所要時間を測定した結果を表１に示す。

表１　処理ごとに所要時間を測定した結果

No.	処理概要	所要時間（ミリ秒）
1	Webブラウザが画面に必要となる静的なファイルを全て受信する。	300
2	WebブラウザがWeb APIにリクエストして，図３の応答データを全て受信する。	800
3	Webブラウザ内で日誌のデータを日付の降順にソートして，画面に表示する最大件数である４件目までを抽出する。	1,200
4	日誌本文が42文字を超える場合，先頭から41文字に文字“…”を結合した42文字の文字列にする。	300
5	日誌一覧の表示を実行したユーザーが作成した日誌か否かを判断して，本人が作成した日誌には“編集”ボタンを表示する。	200
6	データをWebブラウザに描画する。	500

表１から，図３の応答データのスマートフォンへの転送処理と，Webブラウザ内でその応答データを加工する処理に多くの時間を要していることが判明した。

〔Webアプリの見直し〕

Webブラウザが画面をリクエストしてから描画されるまでの所要時間の目標値を３秒以内に設定して，それを達成するために，次の三つの方式を検討した。

① スマートフォンのユーザーインタフェースをアプリケーションプログラム（以下，スマホアプリという）として開発して，そのスマホアプリ内でWeb APIからの応答データを加工・描画する方式

② リクエストのあった応答データのうち，Webブラウザに描画するデータだけを返すWeb APIを開発して，スマートフォンのWebブラウザからそのWeb APIを利用する方式

③ ②で開発したWeb APIを①で開発したスマホアプリから利用する方式

各方式について，応答データを加工・描画するソフトウェア又はサーバと，その実現可能性を評価するために，設けた評価項目について整理した結果を表２に示す。各評価項目の評価点に対する重み付けは均一とし，また，将来的な拡張性については各

実装方法を設計するタイミングで検討することにした。

なお,〔実現可能性の評価〕においてプロトタイプを用いて検証した方式を方式Ⓟとする。

表2　整理した結果

方式	ソフトウェア／サーバ		評価項目			評価点合計
	データ描画	データ加工	レスポンス	開発コスト	CPU負荷	
Ⓟ	Webブラウザ	Webブラウザ	×	◎	×	3点
①	スマホアプリ	スマホアプリ	○	△	△	4点
②	Webブラウザ	AP	○	○	○	6点
③	スマホアプリ	AP	◎	×	○	5点

凡例　◎：とても優れている,　3点　○：優れている,　2点
△：あまり優れていない,1点　×：優れていない,0点

〔レスポンス時間の試算〕

表2の結果から,方式②について更に検討を進めることになり,そのレスポンスが実用上問題ないか,表1を基に所要時間を試算した。

表1中のNo.2の所要時間について考える。方式②のWeb APIからの応答データのサイズは,図3のデータのサイズの4分の1になり,サーバ側でのデータ転送には時間を要しないものと仮定すると,No.2の所要時間は［ a ］ミリ秒となる。

次に,No.3～No.5の処理時間について考える。No.3の処理はDBで,No.4とNo.5の処理はAPで行われる。処理時間は各機器のCPU処理能力だけに依存すると仮定する。各機器のCPU処理能力は,スマートフォンが10,000MIPS相当,DBが40,000MIPS相当,APが20,000MIPS相当の場合,No.3～No.5の処理時間の合計は［ b ］ミリ秒となる。

以上の試算の結果,方式②で十分なレスポンスが期待できることから,方式②を採用することにした。

〔システム構成の検討〕

方式②で開発したWeb APIの配置について検討した。図1のAP上に配置する案も検討したが,<u>③将来的な拡張性</u>を考慮した結果,図1のAPとは別に,スマートフォンやノートPCから呼び出されるWeb APIのためのAPを,新たに追加する構成にした。

このシステム構成を採用した結果，問題を解消し，さらに将来的な拡張性をもたせることができた。

設問１　本文中の下線①に該当するものを解答群の中から<u>全て</u>選び，記号で答えよ。

解答群

ア　HTML，CSS，スクリプトなどのコードに，パイプライン処理を有効にする設定を行う。

イ　HTML，CSS，スクリプトなどのコードに含まれる，余分な改行やコメントを削除する。

ウ　画像を，BMP や TIFF などの画像フォーマットにする。

エ　画像を，PNG や SVG などの画像フォーマットにする。

オ　全てのファイルをバイトコードに変換して圧縮する。

設問２　〔実現可能性の評価〕について答えよ。

(1)　本文中の下線②の要因として，最も適切なものを解答群の中から選び，記号で答えよ。

解答群

ア　JSON 形式の応答データを送受信する処理

イ　Web ブラウザに HTML，CSS，画像ファイルをレンダリングする処理

ウ　スマートフォンのメモリ上で日誌のデータを加工する処理

エ　日誌一覧の各担当がログインユーザーか否かを判別する処理

(2)　図 3 中の α と β の箇所にある“[”及び“]”で囲まれたデータはどのようなデータを表現するものか。データ形式に着目し，“日誌”という単語を用いて，15 字以内で答えよ。

設問３　表 2 中の方式②のレスポンスが，方式Ⓟに比べて優れていると評価した理由を二つ挙げ，それぞれ 30 字以内で答えよ。

設問４　本文中の［ａ］，［ｂ］に入れる適切な数値を答えよ。

設問５　本文中の下線③の拡張性とは何か。40 字以内で答えよ。

問5　クラウドサービスを活用した情報提供システムの構築に関する次の記述を読んで，設問に答えよ。

L 社は，国内の気象情報を様々な業種の顧客に提供する企業である。現在は，社外から購入した気象データを分析し，気象情報として提供している。今回，全国に設置する IoT 機器から気象データを収集し，S 社のクラウドサービス（以下，S 社クラウドという）で分析した結果を気象情報として提供する新しい気象情報システム（以下，新システムという）を構築することになった。新システムの設計を，L 社の情報システム部の M さんが担当することになった。

M さんは，新システムの構成と，新システムが備えるべき主な機能を検討した。新システムの構成案を図 1 に，新システムが備えるべき主な機能を表 1 に示す。情報提供先の PC，IoT 機器や L 社の保守用 PC から，S 社クラウド上に構築された新システムの各機能に対応するサーバにアクセスして，必要な機能を利用する。

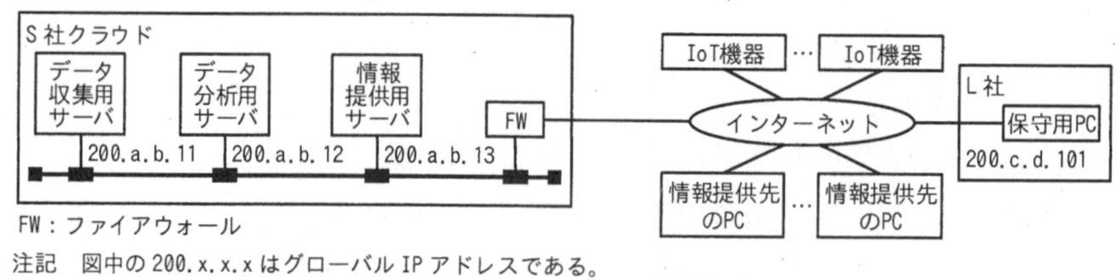

注記　図中の 200.x.x.x はグローバル IP アドレスである。

図 1　新システムの構成案

表 1　新システムが備えるべき主な機能

機能	機能の概要
データ収集機能	全国に設置した IoT 機器から気象データを受信し，データ収集用サーバのデータベースに蓄積する。データ収集用サーバにはデータ収集用の Web API（以下，データ収集 API という）があり，IoT 機器はデータ収集 API を利用して気象データを送信する。
データ分析機能	データ収集用サーバのデータベースに蓄積した気象データを定期的に処理して気象情報を作成し，情報提供用サーバに保存する。
情報提供機能	情報提供先からの要求に対して必要な気象情報を送信する。情報提供用サーバには情報提供用の Web API（以下，情報提供 API という）があり，情報提供先の PC 上のアプリケーションプログラム（以下，情報提供先アプリという）の情報提供 API を利用した要求に対して気象情報を送信する。

M さんが検討した新システムの構成について，情報システム部の N 部長は次の検討

を行うようにMさんに指示した。

・IoT 機器から送信される気象データの特徴を踏まえて，データ収集 API に用いる通信プロトコルを選定すること。
・新システムにインターネットからアクセス可能な機器の数を最小限にするように，S 社クラウド上の FW に設定する通信を許可するルール（以下，FW の許可ルールという）の設計を行うこと。
・将来，IoT 機器の数や情報提供先の数が増加した場合に備えて，各機能の処理遅延対策を行うこと。

〔データ収集 API に用いる通信プロトコルの検討〕

IoT 機器は全国に 10,000 台設置する計画であり，通信事業者の LPWA（Low Power Wide Area）サービスを用いて各 IoT 機器から 1 件当たり最大 500 バイトの気象データを，1 分ごとに①データ収集用サーバに送信する設計とした。気象データは，1 件当たりのデータ量は少ないが，IoT 機器からデータ収集用サーバへの通信回数が多く，データ収集用サーバへアクセスが集中するおそれがある。そこで，データ収集 API には，通信の都度 TCP コネクションを確立して通信を行う HTTP ではなく，②TCP 上で HTTP よりプロトコルヘッダサイズが小さく，多対 1 通信に対応するプロトコルを用いることにした。

〔FW の許可ルールの設計〕

M さんは，S 社クラウド上の FW の許可ルールの設計方針を検討した。

・IoT 機器からデータ収集用サーバへのアクセスや情報提供先アプリから情報提供用サーバへのアクセスに対しては，通信プロトコルの制限を行うが，インターネットの接続元 IP アドレスによる制限は行わない。
・L 社の保守用 PC から各サーバへのアクセスに対しては，各サーバにログインして更新プログラムの適用などの保守作業を行うために，SSH だけを許可する。
・各サーバからインターネットへのアクセスに対しては，ソフトウェアベンダーの Web サイトから更新プログラムをダウンロードするために，任意の Web サイトへの HTTPS だけを許可する。

Mさんが検討した，FWの許可ルールを表2に示す。

表2　FWの許可ルール

項番	アクセス経路	送信元	宛先	プロトコル/宛先ポート番号
1	インターネット→S社クラウド	any	200.a.b.11	省略
2		any	[a]	TCP/443
3	L社→S社クラウド	[b]	200.a.b.11	TCP/22
4		[b]	200.a.b.12	TCP/22
5		[b]	200.a.b.13	TCP/22
6	S社クラウド→インターネット	200.a.b.11	any	[c]
7		200.a.b.12	any	[c]
8		200.a.b.13	any	[c]

注記1　FWは，応答パケットを自動的に通過させる，ステートフルパケットインスペクション機能をもつ。
注記2　ルールは項番の小さい順に参照され，最初に該当したルールが適用される。

〔処理遅延対策の検討〕

Mさんは，IoT機器の数や情報提供先の数が現在の計画よりも増加した場合に，表1の各機能の処理にどのような処理遅延が発生するか確認した。

IoT機器の数が増加した場合，全国に設置したIoT機器からS社クラウドのFWを経由してデータ収集用サーバにアクセスする通信が増加する。また，情報提供先の数が増加した場合，情報提供先アプリからS社クラウドのFWを経由して情報提供用サーバにアクセスする通信が増加する。

特に［d］については，データ収集機能の通信と情報提供機能の通信の両方が経由することから，単位時間内に処理できる通信の量を表す［e］と，同時に処理できる接続元の数を表す［f］が，必要な性能を満たすよう管理することにした。

また，データ収集用サーバと情報提供用サーバの性能を超えた要求が発生して，データ収集APIと情報提供APIの両方に処理遅延が発生した場合の対策として，③スケールアウトによってシステムの処理性能を高めるために必要な機能を新システムで利用することにした。

Mさんは指示された内容の検討結果をN部長に説明し，了承されたので，新システムの設計及び構築を進めることになった。

設問1 〔データ収集APIに用いる通信プロトコルの検討〕について答えよ。

(1) 本文中の下線①について，全国のIoT機器からデータ収集用サーバに送信される1時間当たりの最大になる気象データ量を答えよ。答えはMバイト単位とし，小数第1位を四捨五入して整数で求めよ。ここで，1Mバイトは1,000kバイト，1kバイトは1,000バイトとする。

(2) 本文中の下線②について，適切な通信プロトコル名の略称を5字以内で答えよ。

設問2 〔FWの許可ルールの設計〕について答えよ。

(1) 表2中の[a]～[c]に入れる適切な字句を答えよ。

(2) L社の保守用PCを用いてデータ分析用サーバのOSやミドルウェアなどの更新ファイルをインターネットから取得して適用する場合，表2のどのルールによって許可されるか。表2の項番を全て答えよ。

設問3 〔処理遅延対策の検討〕について答えよ。

(1) 本文中の[d]に入れる適切な字句を，図1の構成要素名で答えよ。

(2) 本文中の[e]，[f]に入れる適切な字句を解答群の中から選び，記号で答えよ。

解答群

ア コネクション数	イ スケーラビリティ
ウ スループット	エ フィルタリングルール数
オ プロビジョニング	カ ポート数

(3) 本文中の下線③について，新システムに追加する機能の名称を解答群の中から選び，記号で答えよ。

解答群

ア IDS	イ NAS
ウ WAF	エ ロードバランサー

問６　人事評価システムの設計と実装に関する次の記述を読んで，設問に答えよ。

K 社は，人事評価システムを中小企業に提供する SaaS 事業者である。現在は，契約している会社ごとに仮想サーバを作成して，その中にデータベースを個別に作成している。現在のシステムの OS やフレームワークのサポート期限が迫ってきたのを機に，機能は変更せずにサーバリソース最適化を目的として，システムを再構築することにした。

〔人事評価システムの機能概要〕

人事評価システムの機能概要を表１に示す。

表１　人事評価システムの機能概要

機能名	概要
祝日管理	国民の祝日に加えて，創立記念日などの会社ごとの記念日を年月日で管理する。
入社	従業員が入社した際，従業員番号を割り振り，配属先の部署及び入社年月日を登録する。
評価者管理	部署の管理者を評価者として登録する。1 人の従業員が複数の部署を管理する場合がある。管理者の評価者は，評価時に個別に設定する。
目標設定	年度の始めに，その年度の目標を設定する。目標は複数設定することができ，重要度や達成までの期間などを考慮して重み付けする。
実績入力	年度の終わりに，その年度の実績を入力する。実績は，年度の始めに設定した目標に対して，実績内容や目標達成度を自己評価として記入する。
評価	年度の終わりに，管理者は評価対象の従業員が設定した目標とそれに対する実績を評価して，評価内容や達成度合を記入する。
退職	従業員の退職が決まると，その退職年月日と在籍期間を登録する。さらに，部署の管理者や人事部が対象の従業員にヒアリングした退職理由を登録する。
退職分析	人事部の管理者が自社及び自社と同じ業種の退職者について，在籍期間と退職理由を分析する。

〔単一データベース・単一スキーマ方式の検討〕

データベースのリソースを最適化するために，会社ごとに個別に作成していたデータベース及びスキーマを一つにまとめることを考える。検討した E-R 図を図１に示す。

なお，再構築するシステムでは，E-R 図のエンティティ名を表名に，属性名を列名にして，適切なデータ型で表定義した関係データベースによって，データを管理する。

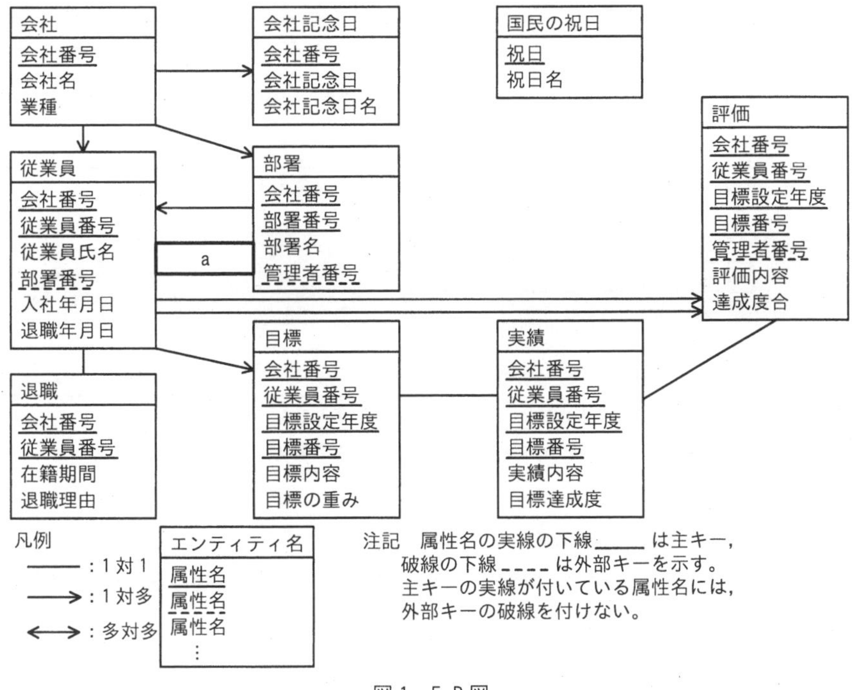

図１　E-R 図

図１を関係データベースに実装した際の SQL 文を考える。

(1)　指定された会社と年度における，国民の祝日と会社記念日の一覧を日付の昇順に出力する SQL 文を図２に示す。ここで“:会社番号”は指定された会社の会社番号を，“:年度開始日”，“:年度終了日”は，それぞれ指定された年度の開始日，終了日を表す埋込み変数である。

```
SELECT 祝日 AS 日付, 祝日名 AS 日付名
FROM 国民の祝日
WHERE 祝日 [          b          ]
UNION ALL
SELECT 会社記念日 AS 日付, 会社記念日名 AS 日付名
FROM 会社記念日
WHERE 会社番号 = :会社番号
  AND 会社記念日 [          b          ]
[    c    ] 日付
```

図２　国民の祝日と会社記念日の一覧を日付の昇順に出力する SQL 文

(2) 指定された管理者が評価する対象の従業員の一覧を部署番号，従業員番号の昇順に出力するSQL文を図3に示す。ここで“:会社番号”と“:管理者番号”は，それぞれ指定された管理者の会社番号と従業員番号を表す埋込み変数である。

```
SELECT DEP.部署番号, DEP.部署名, EMP.従業員番号, EMP.従業員氏名
FROM 従業員 EMP INNER JOIN 部署 DEP
  ON EMP.会社番号 = DEP.会社番号
     AND [          d          ]
     AND EMP.会社番号 = :会社番号
     AND DEP.管理者番号 = :管理者番号
[    c    ] DEP.部署番号, EMP.従業員番号
```

注記 [c] には，図2中の [c] と同じ字句が入る。

図3 従業員の一覧を部署番号，従業員番号の昇順に出力するSQL文

〔単一データベース・単一スキーマ方式のレビュー〕

検討した単一データベース・単一スキーマ方式のレビューを受けたところ，次の指摘とアドバイスを受けた。

・指摘

この検討案は，サーバリソース最適化を実現することができるが，SQLインジェクションの脆(ぜい)弱性が見つかってしまった場合，多くの情報が漏えいしてしまうおそれがある。

・アドバイス

データベースは一つのまま，システム全体で共有するデータだけを格納する共有用のスキーマと，①システム利用者の会社ごとのスキーマに分ける方式にするとよい。共有用のスキーマに作成した表は，会社ごとのスキーマに対象の表と同じ名前のビューを作成して照会できるようにすると，現在のシステムのSQL文への修正を少なくすることができる。

〔単一データベース・個別スキーマ方式の検討〕

〔単一データベース・単一スキーマ方式のレビュー〕のアドバイスを受け，複数のスキーマを作成して各スキーマに表とビューを配置する。検討したスキーマを整理した結果を表2に示す。

表２　スキーマを整理した結果

スキーマ種類	スキーマ名	配置する表	配置するビュー
共有用	PUB	会社，国民の祝日	－
個別会社用	Cxxx（xxx は任意の英数字）	会社記念日，従業員，部署，目標，実績，評価，退職	会社，国民の祝日

次に，ビューを作成する SQL 文について考える。

スキーマ C001 に国民の祝日ビューを作成する SQL 文を図４に示す。

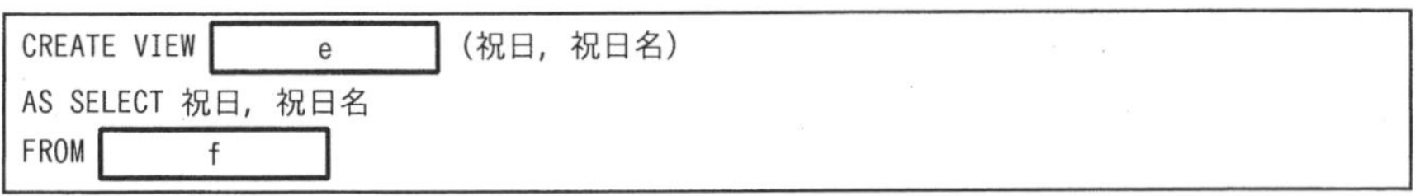

```
CREATE VIEW [    e    ] (祝日，祝日名)
AS SELECT 祝日，祝日名
FROM [    f    ]
```

図４　国民の祝日ビューを作成する SQL 文

〔単一データベース・個別スキーマ方式のレビュー〕

検討した単一データベース・個別スキーマ方式のレビューを受けたところ，次の指摘を受けた。

・システム利用者ごとに，利用するスキーマを指定するために，[g] 表に [h] 列を追加する必要がある。

・表２の表とビューの配置のままでは②利用できない機能があるので，③配置を一部見直す必要がある。

レビューで受けた指摘に全て対応することで，システムを再構築することができた。

設問１　〔単一データベース・単一スキーマ方式の検討〕について答えよ。

(1)　図１中の [a] に入れる適切なエンティティ間の関連を答え，E-R 図を完成させよ。

なお，エンティティ間の関連の表記は，図１の凡例に倣うこと。

(2)　図２中の [b]，図２及び図３中の [c] に入れる適切な字句を答えよ。

(3)　図３中の [d] に入れる適切な字句を答えよ。

設問2　本文中の下線①の方式にする利点は何か。20 字以内で答えよ。

設問3　図4中の［　e　］，［　f　］に入れる適切な字句を答えよ。

設問4　〔単一データベース・個別スキーマ方式のレビュー〕について答えよ。

(1)　本文中の［　g　］，［　h　］に入れる適切な字句を答えよ。

(2)　本文中の下線②の機能を，表1の機能名から答えよ。

(3)　本文中の下線③の見直した内容を，20 字以内で答えよ。

問７　業務用ホットコーヒーマシンに関する次の記述を読んで，設問に答えよ。

G 社は，業務用ホットコーヒーマシン（以下，コーヒーマシンという）を開発している。コーヒーマシンの外観を図 1 に，コーヒーマシンの内部構成を図 2 に，コーヒーマシンの主な構成要素を表 1 に，それぞれ示す。

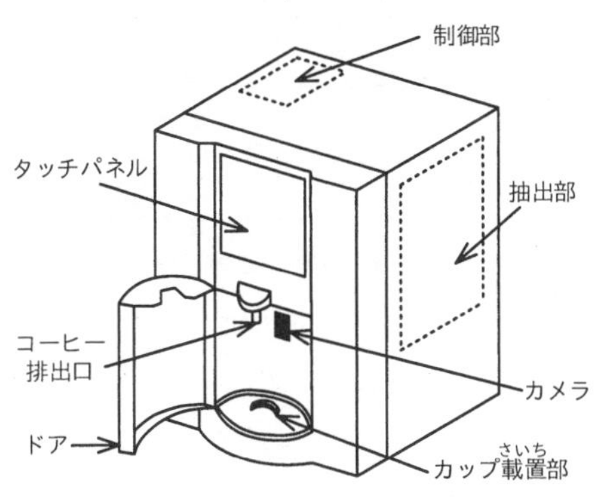

図１　コーヒーマシンの外観

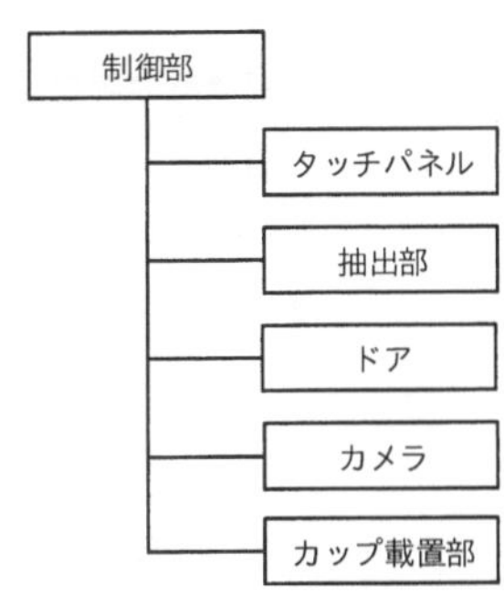

図２　コーヒーマシンの内部構成

表１　コーヒーマシンの主な構成要素

構成要素名	概要
制御部	・コーヒーマシン全体の制御及び状態管理を行う。また，カップの有無やサイズ，カップが空か否かを判定（以下，カップ判定という）するための画像認識を行う。
タッチパネル	・制御部から指示された画面を表示する。 ・利用者がタッチした座標情報を制御部に通知する。
抽出部	・制御部から指示された分量のコーヒーを抽出し，コーヒー排出口から排出する。
ドア	・開閉センサーをもち，開閉状態を 0/1 のデジタル信号で制御部に入力する。 ・ドアを閉じた状態でロックすることができるロック機構をもつ。ロック機構は，制御部からの指示でロック及びロック解除ができる。ロック及びロック解除に掛かる時間は無視できるほど小さいものとする。
カップ載置部	・コーヒー排出口から排出されたコーヒーを受けるカップを置く場所である。
カメラ	・カップ載置部を撮影するカメラで，制御部からの指示で撮影を行い，制御部と共有するメモリに画像データを書き出す。

〔カップ判定の仕様〕

カップ判定は，利用者がドアを閉じた時に，カメラでカップ載置部を複数回撮影して行う。カップ判定の結果一覧を，表２に示す。

表 2　カップ判定の結果一覧

結果	概要
カップなし	・カップ載置部に何も置かれていないことを示す。
空カップあり	・専用の紙カップが，空の状態でカップ載置部に置かれていることを示す。この結果には，カップのサイズ（大，中，小）が付加される。
カップあり	・専用の紙カップが空でない状態でカップ載置部に置かれていることを示す。
障害物あり	・専用の紙カップ以外の物がカップ載置部に置かれていることを示す。

〔ドアの開閉状態の判定仕様〕

ドアの開閉センサーは，ドアが完全に閉じているときは 0，それ以外は 1 を出力する。非常に短い間隔で 0 と 1 とを交互に出力することがあるので，制御部のソフトウェアは入力された値を 10 ミリ秒間隔で読み出し，4 回連続で同じ値が読み出されたらドアの開閉状態を確定する。

〔コーヒーマシンの動作概要〕

コーヒーマシンの動作概要を次に示す。

(1) 電源が入ると，初期化処理を行う。初期化処理が完了したら待機中となり，カップをカップ載置部に置くように促す画面をタッチパネルに表示する。
(2) 利用者がドアを開けて，購入したカップをカップ載置部に置く。
(3) 利用者がドアを閉じると，カップ判定を行う。
(4) カップ判定の結果が“空カップあり”となるので，カップのサイズを表す文字と，確認ボタンで構成される画面をタッチパネルに表示する。
(5) 利用者が確認ボタンにタッチすると， a し，カップのサイズに応じた分量のコーヒーを抽出してコーヒー排出口からカップに注ぎ込む。タッチパネルには，抽出中であることを示す画面を表示する。
(6) コーヒーの排出が終わると，ドアをロック解除し，タッチパネルにカップの引取りを促す画面を表示する。
(7) 利用者がドアを開け，カップを引き取る。
(8) 利用者がドアを閉じると，カップ判定を行う。
(9) カップ判定の結果が“カップなし”となるので，待機中に戻る。

ここで，カップ判定中に利用者がドアを開けた場合は，カップ判定を中止し，利用者がドアを閉じるのを待つ。また，確認ボタンがタッチされる前に，利用者がドアを開けた場合は，カップ判定の結果を破棄して，利用者がドアを閉じるのを待つ。

カップ判定の結果が“カップあり”又は“障害物あり”の場合，カップ判定の結果に応じた適切な画面をタッチパネルに表示する。

〔制御部のソフトウェア構成〕

制御部のソフトウェアは，リアルタイム OS を用いて実装する。制御部の主なタスクの処理概要を表 3 に示す。

表 3　制御部の主なタスクの処理概要

タスク名	処理概要
メイン	・コーヒーマシンの状態管理を行う。
カップ判定	・メインタスクから“判定”を受けると，カメラで複数回撮影を行い，得られた画像データを用いてカップ判定を行った後，結果を“判定結果”でメインタスクに通知する。判定に掛かる時間は，300 ミリ秒以上 500 ミリ秒以下である。 ・カップ判定中にメインタスクから“中止”を受けると，5 ミリ秒以内にカップ判定を中止して“中止完了”をメインタスクに通知する。カップ判定中以外で“中止”を受けたときは無視する。
抽出	・メインタスクから“抽出”を受けると，抽出部を起動して抽出を開始し，抽出部から抽出終了を受信するまで待つ。 ・抽出終了を受信すると，コーヒーの排出が終了したと判断し，抽出部を停止して“抽出完了”をメインタスクに通知する。
タッチパネル	・メインタスクから“画面表示”を受けると，指定された画面をタッチパネルに表示する。 ・利用者が確認ボタンに触れたことを検出すると，“確認”をメインタスクに通知する。
ドア	・開閉センサーの出力を 10 ミリ秒周期で読み出し，確定したドアの開閉状態を保持する。 ・確定したドアの開閉状態が変化したら，“ドア開”又は“ドア閉”をメインタスクに通知する。 ・メインタスクから“ロック”又は“ロック解除”を受けると，ロック機構を操作して，ドアをロック又はロック解除する。

設問 1　コーヒーマシンについて答えよ。

(1) 本文中の［ a ］に入れる，適切なコーヒーマシンの動作を答えよ。

(2) 開閉センサーの出力を読み出す周期を，周波数 32kHz のカウントダウンタイマー（以下，タイマーという）を用いて計っている。このタイマーは，あらかじめ設定された初期値からカウントダウンを行い，カウント値が 0 になったら，次のカウントダウンまでの間に初期値をリロードして動作を継続する。タイマーに設定する初期値は幾つか，整数で求めよ。ここで，$1k=10^3$ とする。

設問 2　制御部のタスクについて答えよ。

(1) カップ判定タスクは，メインタスク及びドアタスクよりも優先度を低くしている。その理由を 30 字以内で答えよ。

(2) メインタスクが抽出タスクに“抽出”を通知する際のパラメータとして，必要な情報を答えよ。

(3) 開閉センサーの出力と，ドアタスクの動作タイミングの例を図 3 に示す。図 3 中の，アの時点でドアタスクが保持しているドアの開閉状態が開状態であるとき，ドアタスクがメインタスクに“ドア開”及び“ドア閉”を通知するタイミングを，それぞれ，ア～テの記号で答えよ。

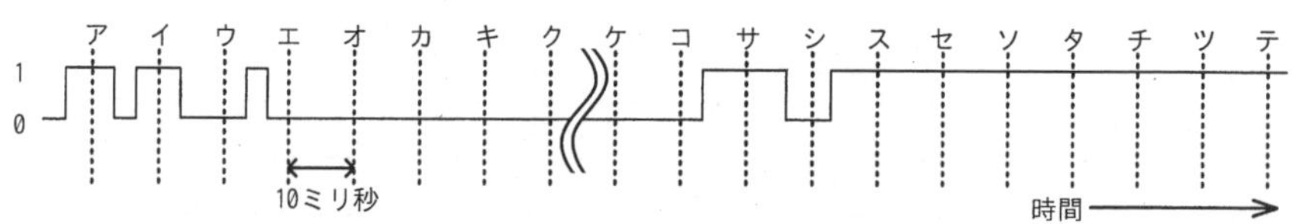

注記 1　実線は開閉センサーの出力の変化を示し，破線はドアタスクの動作タイミングを示す。
注記 2　クとケの間は，開閉センサーの出力は常に 0 である。

図 3　開閉センサーの出力と，ドアタスクの動作タイミングの例

設問 3　図 4 に示すメインタスクの状態遷移について答えよ。

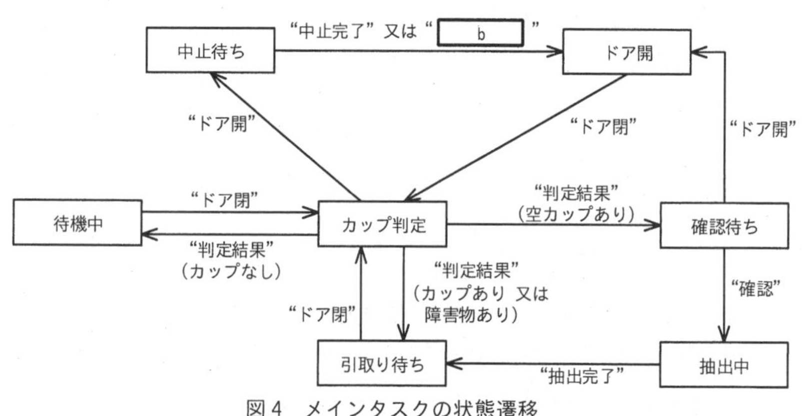

図 4　メインタスクの状態遷移

(1) メインタスクがドアタスクに通知を行うのは，何のメッセージを受けたときか。図 4 中のメッセージ名で<u>全て</u>答えよ。

(2) 図 4 中の［ b ］に入れる適切なメッセージ名を，表 3 中の字句で答えよ。

問８　ダッシュボードの設計に関する次の記述を読んで，設問に答えよ。

Y 社は，食品などを販売する店舗を経営する企業である。複数ある店舗では，商品の販売状況や在庫状況に合わせて，割引率を設定したり，店舗間で在庫の移動を行ったりしている。販売に関する情報は販売管理システムで管理しているが，状況をリアルタイムで監視するには不向きであった。そこで，販売状況をリアルタイムで監視できるシステム（以下，ダッシュボードという）を開発することにした。

Y 社では，商品ごとに商品分類を設定し，売上金額や販売数の集計に利用している。Y 社が扱う情報のデータモデル（抜粋）を図 1 に，ダッシュボードのイメージ（一部）を図 2 に示す。

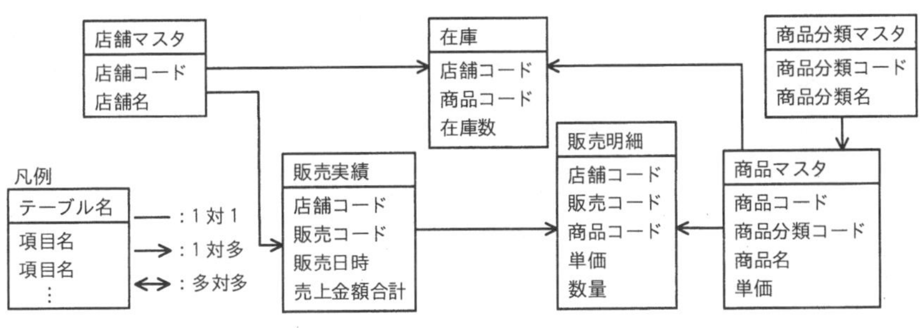

図１　データモデル（抜粋）

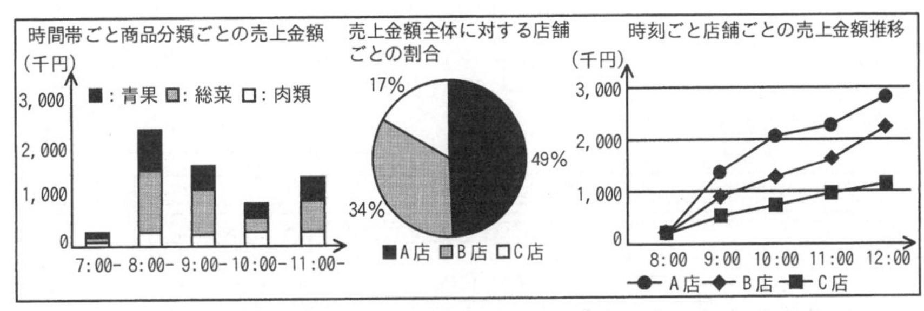

図２　ダッシュボードのイメージ（一部）

販売状況や在庫状況はデータベースで管理する。データベースに新たな販売実績が追加されたり，在庫数が更新されたりすると，その内容がダッシュボードに随時反映され，最新の情報が表示される。

Y 社は，ダッシュボードの開発を Z 社に依頼し，Z 社はその設計に取り掛かった。

〔ダッシュボードのクラスの設計〕

Z 社は，ダッシュボードのクラスの設計を行った。設計したクラス図を図 3 に，表示できるグラフの種類を表 1 に，主なクラスの説明を表 2 に示す。Controller クラスは，システム全体の挙動を制御するクラスである。View クラスは，画面にグラフを表示する機能をもつクラスである。グラフには複数の種類があるので，その種類ごとに，View クラスを [a] したクラスを作成する。Subject クラスは，データベースが更新されたことを View クラスのオブジェクトに通知するクラスである。図 1 のデータモデル中のテーブルのうち，ダッシュボードで監視したい情報に関するテーブルのそれぞれについて，Subject クラスを [a] したクラスを作成する。以下，View クラス，Subject クラスを [a] したクラスのオブジェクトを，それぞれ View オブジェクト，Subject オブジェクトという。

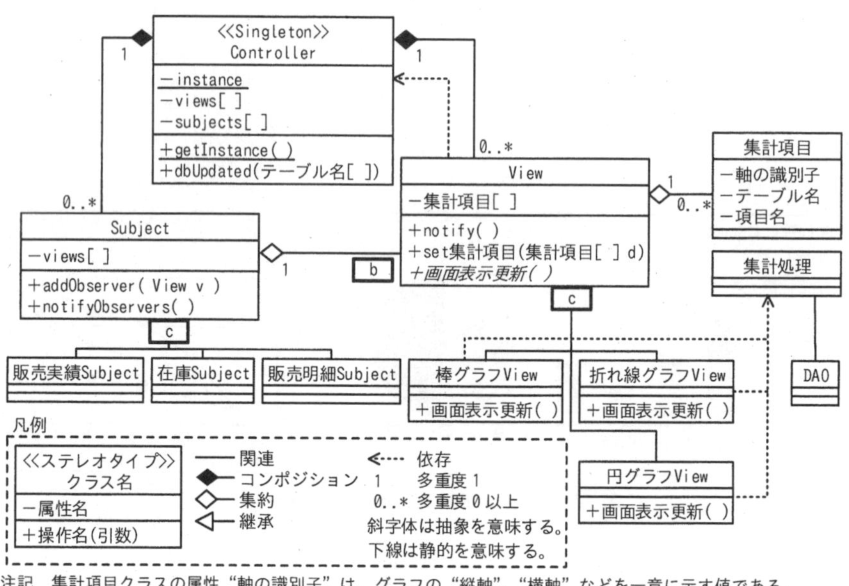

注記　集計項目クラスの属性“軸の識別子”は，グラフの“縦軸”，“横軸”などを一意に示す値である。

図 3　クラス図

表１　表示できるグラフの種類

種類	グラフの構成要素	説明
棒グラフ	横軸の項目，集計対象の項目，分類	横軸の項目について，任意の値の範囲で区切り，集計対象の項目の値を縦棒で表現する。縦棒の値は，分類ごとに色分けし，それらを積み上げて表示する。
円グラフ	集計対象の項目，分類	集計対象の項目について，分類ごとに集計して，その割合を扇形の面積で表現する。 扇形は分類ごとに色分けして表示する。
折れ線グラフ	横軸の項目，集計対象の項目，分類	横軸の項目について，任意の値の範囲で区切り，集計対象の項目の値の推移を折れ線で表現する。折れ線は分類ごとに分けて表示する。

表２　主なクラスの説明

クラス	説明
Controller	プログラムの流れを制御するクラス。データベースが更新されたときに，更新されたテーブル名の配列を引数にして，dbUpdated メソッドを呼び出す。
DAO	データベースにアクセスするためのクラス。
Subject	データの更新を View オブジェクトに通知するクラス。通知先は，addObserver メソッドで登録する。notifyObservers メソッドは，登録された全ての通知先の notify メソッドを呼び出す。
View	ダッシュボードに一つのグラフを表示するクラス。グラフの軸や集計対象の項目の情報を，集計項目オブジェクトの配列で保持している。notify メソッドは，画面表示更新メソッドを呼び出す。画面表示更新メソッドは，対象に関する集計を行い，画面の表示を更新する。
集計処理	グラフを表示する際に必要になる，各種の集計の処理を実装したクラス。

〔グラフの新規表示〕

例えば，“時間帯ごと商品分類ごとの売上金額”のグラフを新たに画面上に表示する場合を考える。グラフの種類は棒グラフなので，棒グラフ View クラスのオブジェクトを作成する。次に，①関係する Subject オブジェクトの addObserver メソッドを呼び出す。その後，画面の初期表示のために，画面表示更新メソッドを呼び出す。

〔グラフの表示内容更新〕

店舗で商品が販売されると，販売管理システムが，データベースにレコードを追加する。そのとき，ダッシュボードの Controller クラスに実装されている dbUpdated メソッドが呼び出されるように，システム間の連携が行われている。

Controller クラスは，dbUpdated メソッドが呼び出されると，更新されたテーブルに対応する Subject オブジェクトの notifyObservers メソッドを呼び出す。notifyObservers メソッドは，そのオブジェクトが属性としてもつ配列 views に格納されている全ての View オブジェクトの notify メソッドを呼び出す。notify メソッドは，画面表示更新メソッドを呼び出す。View クラスの画面表示更新メソッドは［ d ］メソッドなので，例えば，“時間帯ごと商品分類ごとの売上金額”の場合は［ e ］クラスに実装されたメソッドを呼び出す。

〔データのフィルタリング〕

Y 社からの追加の要求で，集計結果をフィルタリングする機能を追加することになった。例えば，“時間帯ごと商品分類ごとの売上金額”のグラフ上で，特定の商品分類の表示箇所をマウスでクリックしたときに，表示されている全てのグラフについて，指定した商品分類で絞り込んだ結果を表示したい。そこで，絞込条件を取り扱うクラスとして絞込条件クラスを導入し，次の改修を加えることで機能を実現することにした。

・絞込条件クラスは，属性として“テーブル名”，“項目名”，“絞込条件の値”をもつ。例えば，商品分類で絞り込む場合は，テーブル名に“商品マスタ”，項目名に“商品分類コード”，絞込条件の値に“商品分類コードの値”が入る。
・Controller クラスの属性に絞込条件クラスのオブジェクトを追加し，その属性に条件を設定するための setFilter メソッドを追加する。
・View オブジェクトが画面の表示を更新する際に，絞込条件のオブジェクトが引き渡されるようにするために，Subject クラスの notifyObservers メソッドと，View クラスの notify メソッドのそれぞれについて，呼出しの②仕様を変更する。
・集計処理クラスの処理で絞込条件を考慮して集計し，画面を更新する。

画面の操作が行われたら，View オブジェクトが絞込条件オブジェクトを生成し，Controller オブジェクトの setFilter メソッドを呼び出す。その後，全ての View オブジェクトの画面表示更新メソッドを呼び出すことで，機能を実現する。

〔過負荷の回避〕

設計レビューを実施したところ，次の点が指摘された。

・販売管理システムが，データベースに販売実績のレコードを連続で追加すると，ダッシュボードが過負荷になるおそれがある。

・一つの View オブジェクトは［ f ］ので，1 回の販売実績の登録で，表示の更新が複数回発生してしまう。

そこで，View クラスの属性に“更新フラグ”を追加し，notify メソッドでは画面表示更新メソッドを呼び出すのではなく，“更新フラグ”を立てるようにした。また，“更新フラグ”を立てる処理とは別に，定期的に画面表示更新メソッドを呼び出す仕組みを用意し，“更新フラグ”が立っている場合だけ画面の更新処理を実行してから“更新フラグ”を降ろすようにした。

設問１　本文中の［ a ］に入れる適切な字句を答えよ。

設問２　図3中の［ b ］，［ c ］に入れる適切なクラス間の関係又は多重度を答え，クラス図を完成させよ。なお，表記は図３の凡例に倣うこと。

設問３　本文中の下線①について，関係する Subject オブジェクトのクラス名を図３中から選び全て答えよ。

設問４　本文中の［ d ］，［ e ］に入れる適切な字句を答えよ。

設問５　本文中の下線②について，仕様変更の内容を 30 字以内で答えよ。

設問６　本文中の［ f ］に入れる適切な字句を，30 字以内で答えよ。

問9　IoT 活用プロジェクトのマネジメントに関する次の記述を読んで，設問に答えよ。

P 農業組合が管轄する地域では，いちご栽培が盛んである。いちごは繁殖率が低く，栽培技術の向上や天候不順への対応が必要である。P 農業組合員のいちご栽培農家は温度調節や給水などの栽培管理を長年の経験と勘に頼っていたので，一部の農家を除いて生産性が低い状態が続いていた。そこで，数年前に生産性向上を目指して W 社の IoT システムを導入した。IoT システムの主な機能は，次のとおりである。

・栽培ハウス（以下，ハウスという）内外に環境計測用センサー（以下，K センサーという），温度調節や給水などを行う装置，装置に無線で動作指示する制御機器（以下，S 機器という）を設置する。
・K センサーは，温度，湿度などの環境データを取得して S 機器に送信する。
・S 機器は，受信した環境データと，S 機器の動作指示を制御するパラメータ（以下，制御パラメータという）とを基に，装置に温度調節や給水などの動作指示をする。
・農家は，その日の天候及び P 農業組合内に設置されたデータベース（以下，DB という）サーバに蓄積された過去の環境データを参考にして，より良い栽培環境になるように，農家に配付されているタブレット端末を使って制御パラメータを変更できる。

〔SaaS を活用した IoT の効果向上〕

IoT システムの導入によって，ハウス内の温度や湿度などをコントロールできるようになった。しかし，大半の農家では，過去の環境データを分析して制御パラメータを最適に設定することが難しかったので，期待していたほどの効果は出ていなかった。そこで，P 農業組合の Q 組合長は A 社に支援を依頼した。A 社は，ICT を活用した農作物の生産性向上に資するデータ分析サービスを SaaS として提供する企業である。A 社の B 部長は，導入した IoT システムの効果を向上させるために，A 社の SaaS を活用して制御パラメータを自動的に変更するサービス（以下，本サービスという）の導入を提案しようと考えた。

A 社の SaaS は，実装された AI のデータ分析を最適化するためのパラメータ（以下，分析パラメータという）を参照し，過去と現在の環境データ，及び外部気象サービスが提供する予報データを統合して分析する。本サービスでは，この分析結果から最適な制御パラメータを算出してS機器に送信し，制御パラメータを変更する。

提案に先立って，B部長はQ組合長に，A社のSaaSにはW社のIoTシステムとの接続実績がなく，またA社にはいちご栽培でのデータ分析サービスの経験がないので，分析パラメータの種類の選定及び値の設定の際に，試行錯誤が予想されることを説明した。さらに，B部長は，本サービスの実現に不確かな要素は多いが，導入を試してみる価値が十分あると伝えた。Q組合長はこれらを理解した上で，本サービスの導入プロジェクト（以下，SaaS導入プロジェクトという）の立ち上げを決定し，Q組合長自身がプロジェクトオーナーに，B部長がプロジェクトマネージャになった。

B部長は，プロジェクトの目的を“農家が，本サービスを使っていちご栽培を改善し，より良い収穫を実現すること”にした。なお，SaaS導入プロジェクトが完了して本サービスが開始されるときの分析パラメータは，プロジェクト活動中にいちご栽培に適すると評価された設定値とする。本サービス開始後，農家は，タブレット端末から分析パラメータの設定をガイドする機能（以下，ガイド機能という）を使って設定値を変更できる。その際，P農業組合は，農家がガイド機能を活用できるようになる支援を行う。本サービスを導入したシステムの全体の概要を図1に示す。

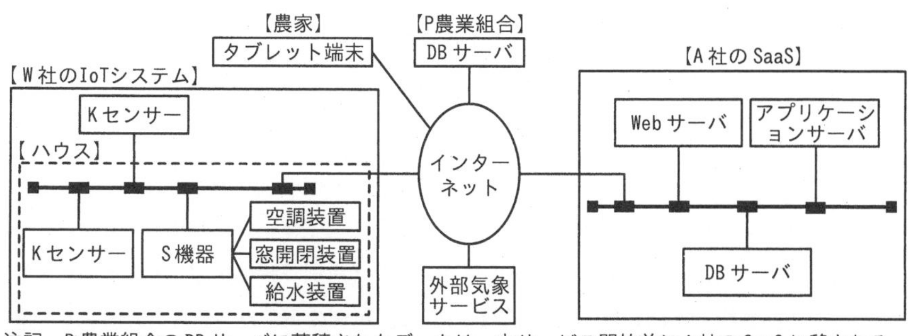

注記　P農業組合のDBサーバに蓄積されたデータは，本サービス開始前にA社のSaaSに移される。

図1　本サービスを導入したシステムの全体の概要

〔概念実証の実施〕

B部長は，①SaaS導入プロジェクトの立ち上げに先立って，概念実証（Proof of Concept 以下，PoCという）を実施することにした。PoCの実施メンバーには，A社からB部長のほかに，導入支援担当としてC氏が選任された。C氏は，IoTシステムとのデータ連携機能の開発経験があり，また様々なデータ分析の手法を熟知していた。

P 農業組合からは，いちご栽培の熟練者である R 氏が選任された。また，P 農業組合から W 社に，IoT システムと A 社の SaaS とのデータ連携に関する支援を依頼した。PoC の実施に当たって，P 農業組合がいちご栽培の独自情報を開示すること，A 社及び W 社が製品の重要情報を開示することから，3 者間で [a] を締結した。

PoC では，IoT システムが導入された農家で実際に栽培している環境の一部（以下，PoC 環境という）を使うことにした。A 社と W 社が協力して IoT システムと A 社の SaaS との簡易なデータ連携機能を開発し，P 農業組合内に設置された DB サーバに蓄積された過去の環境データを利用することにした。C 氏が分析パラメータの種類の選定と値の設定を担当し，R 氏が装置への動作指示の妥当性を評価することになった。

PoC は計画どおりに実施された。IoT システムと A 社の SaaS とのデータ連携は確認され，分析パラメータの種類の選定と値の設定に基づく動作指示も妥当であった。一方で，R 氏から，K センサーの種類を増やして糖度，形状，色づきなどの多様なデータを取得し，きめ細かく装置を動作させたいとの意見が出された。これに対して C 氏は，K センサーの種類を増やすとデータ連携機能の開発規模が増え，かつ，分析パラメータの種類の再選定が必要になると指摘した。

B 部長は，PoC によって得られた本サービスの実現性の検証結果に加え，導入コスト，導入スケジュールなどを提案書にまとめた。A 社内で承認を受けた後，B 部長は Q 組合長に A 社の SaaS 導入提案を行って了承され，準委任契約を締結して SaaS 導入プロジェクトが立ち上げられた。

〔SaaS 導入プロジェクトの計画〕

SaaS 導入プロジェクトには，PoC の実施メンバーに引き続き参加してもらい，A 社からの業務委託で W 社も参加することになった。現在の IoT システムに追加する K センサーの種類の選定は R 氏が中心になって進め，IoT システムと A 社の SaaS とのデータ連携機能の開発，及び分析パラメータの種類の選定と値の設定は C 氏がリーダーになって進める。さらに，P 農業組合の青年部からいちご栽培の経験がある 2 名が，利用者であるいちご栽培農家の視点で参加することになった。Q 組合長は，この 2 名に<u>②R 氏及び C 氏と協議しながら分析パラメータの値を設定するよう指示した</u>。

B 部長は，プロジェクトメンバーとともにプロジェクト計画の作成に着手し，プロジェクトのスコープを検討した。SaaS 導入プロジェクトには，二つの作業スコープがある。一つは，K センサーの種類の追加という W 社側の作業スコープである。もう一つは，K センサーの種類の追加に対応したデータ連携機能の開発及び分析パラメータの種類の選定と値の設定という A 社側の作業スコープである。この二つの作業スコープは密接に関連しており，W 社側の作業スコープの変更は A 社側の作業スコープに影響する。B 部長は，まず PoC の実施結果を基に，PoC 環境の規模から実際に栽培している環境の規模に拡張することを当初スコープにした。このスコープでサービスを開発し，開発したサービスをプロジェクトメンバー全員で検証，協議した上で，開発項目の追加候補を決めてスコープを変更する開発アプローチを採用することにした。

B 部長は，この開発アプローチでは適切にスコープをマネジメントしないと<u>③スコープクリープが発生するリスクがあると危惧した</u>。そこで，スコープクリープが発生するリスクへの対応として，［ b ］及び［ c ］のベースラインを基に次のスコープ管理のプロセスを設定した。

(1)　追加候補の開発項目を，スコープとして追加する価値があるか否かをプロジェクトメンバー全員で確認し，追加の可否を判断する。

(2)　追加候補の開発項目を加えたスコープがベースラインに収まれば追加する。

(3)　追加候補の開発項目を加えたスコープがベースラインに収まらず，スコープ内の他の開発項目の優先順位を下げられる場合は，優先順位を下げた開発項目をスコープから外し，追加候補の開発項目をスコープに追加する。

(4)　他の開発項目の優先順位を下げられない場合は，スコープが拡大してしまうので，プロジェクトの品質を確保するため［ b ］及び［ c ］のベースラインの変更をプロジェクトオーナーに報告し，変更可否を判断してもらう。

次に，B 部長は，本サービスは，K センサー，装置，S 機器などの多種多様の IoT 機器，及び A 社の SaaS で実現するシステムであることから，テスト項目数が多くなると予想し，テストで着目する点を明確にして効率よくテストを実施すべきだと考えた。PoC の実施環境，実施状況，及び実施結果を踏まえ，次のとおり着目する点を設定してテストを実施することにした。

(ⅰ)　利用規模を想定して，IoT 機器の接続やデータ連携に着目したテスト

(ⅱ)　同一ハウス内で動作する複数の装置の競合に着目したテスト

(ⅲ)　利用場所，利用シーンに着目したテスト

(ⅳ)　システムやデータの機密性，完全性，可用性に着目したテスト

本サービスをP農業組合へ導入したことをもってプロジェクトは完了するが，農家はいちごの栽培を続け，収穫によって導入効果を評価する。<u>④B 部長は，プロジェクトの完了時点では，プロジェクトの目的の実現に対する真の評価はできないと考えた</u>。そこで，B部長は，A社とP農業組合とで，これについて事前に合意することにした。

設問1　〔概念実証の実施〕について答えよ。

(1)　本文中の下線①について，B 部長が SaaS 導入プロジェクトの立ち上げに先立って PoC を実施することにした理由は何か。25 字以内で答えよ。

(2)　本文中の［ a ］に入れる適切な字句を，8 字以内で答えよ。

設問2　〔SaaS 導入プロジェクトの計画〕について答えよ。

(1)　本文中の下線②について，Q 組合長は，青年部の 2 名に本サービス開始後にどのような役割を期待して指示したのか。25 字以内で答えよ。

(2)　本文中の下線③について，B 部長が危惧したスコープクリープを発生させる要因は何か。35 字以内で答えよ。

(3)　本文中の［ b ］，［ c ］に入れる適切な字句を，それぞれ 8 字以内で答えよ。

(4)　本文中の(ⅰ)～(ⅳ)の各テストで着目する点に 1 対 1 で対応する検証内容として解答群のア～エがある。このうち(ⅰ)のテストで着目する点に対応する検証内容として適切なものを，解答群の中から選び，記号で答えよ。

解答群

ア　屋内屋外，温暖寒冷など様々な環境下での動作の検証

イ　最大台数の IoT 機器及び装置をつなげた状態での動作の検証

ウ　同一ハウス内の無線を使った同一タイミングでの複数装置の動作の検証

エ　無関係の外部者がシステムにアクセスできないことの検証

(5)　本文中の下線④について，B 部長が真の評価はできないと考えた理由は何か。30 字以内で答えよ。

問 10　テレワーク環境下のサービスマネジメントに関する次の記述を読んで，設問に答えよ。

E 社は，東京に本社があり，全国に 3 か所の営業所をもつ，従業員約 200 名の保険代理店である。E 社には，保険商品の販売や顧客サポートを行う営業部，入出金処理や伝票処理を行う経理部，情報システムの開発や運用を行う情報システム部などの部署がある。営業部の従業員（以下，営業員という）は，営業先に出向いて業務を行うことが多く，その際の顧客サポートの質の向上が課題となっている。

E 社の従業員には，ノート PC が一人 1 台貸与され，一部の営業員には，ノート PC とは別にタブレット端末が貸与されている。ノート PC やタブレット端末（以下，これらを社内デバイスという）では，本社内に設置しているサーバのアプリケーションソフトウェア（以下，業務アプリという）と，電子メール送受信やスケジュール管理を行うことができるグループウェア（以下，業務アプリとグループウェアを合わせて社内 IT 環境という）の利用が可能である。社内デバイスは，社外から社内 IT 環境へのネットワーク接続は行えない。

E 社の情報システム部には，開発課と運用課がある。開発課は，各部署が利用する社内 IT 環境の企画・開発を行う。運用課は，管理者の F 課長，運用業務の取りまとめを行う G 主任及び数名の運用担当者で構成され，サーバなどの IT 機器の管理だけでなく，次の IT サービスを提供している。

- 社内 IT 環境の運用
- 従業員からの問合せやインシデントの対応を受け付けるサービスデスク

〔社内 IT 環境とサービスマネジメントの概要〕

現在の社内 IT 環境とサービスマネジメントの概要を次に示す。

- 営業員は，社内 IT 環境から営業活動に必要なデータを，社内でタブレット端末にダウンロードし，営業先ではタブレット端末をスタンドアロンで使用している。
- 社内デバイスの OS を対象に，セキュリティ修正プログラムを含む OS バージョンのアップデート（以下，OS パッチという）を実施している。
- OS パッチを適用するには，社内デバイスのシステム設定で自動適用と手動適用のいずれか一方を設定する必要がある。現在は手動適用に設定している。

・OS パッチを適用すると，社内デバイスで業務アプリを正常に利用できなくなるおそれがある。そこで，OS パッチの展開管理に責任をもつ運用課は，OS パッチが公開されると，まず，開発課に OS パッチを適用した社内デバイスでテストを行い，業務アプリを正常に利用できることを確認するように依頼する。業務アプリを正常に利用できることを確認後，運用課から，従業員に社内デバイスを操作して OS パッチを手動適用するように依頼する。
・従業員からの問合せやインシデントに対応するために，従業員が使っている社内デバイスの操作が必要な場合がある。サービスデスクは，従業員が社内デバイスを利用している場所が本社のときは対面でサポートを行い，営業所のときは電話でサポートを行っている。ただし，サービスデスクでは，電話でのサポートは時間が掛かるという問題を抱えている。
・サービスデスクだけでインシデントをタイムリーに解決できない場合，開発課への［ a ］を行うことがある。

〔テレワーク環境の構築の計画〕

営業部の課題を解決するため，全ての営業員にタブレット端末を貸与し，社外からインターネットを介して社内 IT 環境に接続可能なテレワーク環境を，開発課が構築し，運用課が運用することになった。なお，テレワーク環境は，当初はタブレット端末だけの利用とするが，社会情勢の変化を受けて在宅勤務などで，ノート PC にも今後利用を拡大する予定である。

テレワーク環境では，サービスデスクは，社外でタブレット端末を使う営業員からの問合せやインシデントに，営業所の場合と同様に，電話によるサポートで対応する。

〔テレワーク環境の運用の準備〕

F 課長は，テレワーク環境の運用の準備に着手した。

テレワーク環境の利用開始直後は，営業員から問合せが多発することやインシデントの発生が想定された。F 課長は，テレワーク環境の利用開始から安定稼働になるまでの間は，開発課による初期サポートが必要と判断し，開発課に依頼して初期サポート窓口を開発課に設けることを計画した。ただし，開発課による初期サポートの実施中は，問合せ先及びインシデントの連絡先を営業員自身が判断し，テレワーク環境については初期サポート窓口に，その他についてはサービスデスクに対応を依頼することとなる。F 課長は，利用開始後のテレワーク環境に関する問合せとインシデントの対応が［ b ］ことを，テレワーク環境の安定稼働の条件と考えた。また，初期サポート窓口の設置は，テレワーク環境の利用開始後から 4 週間を目安とし，テレワーク環境に関する問合せとインシデントの対応が［ b ］ことを初期サポートの終了基準とし，終了基準を満たすまで，初期サポート窓口を継続する。

サービスデスクは本来，機能的に SPOC（Single Point Of Contact）とするのが望ましい。そこで，F 課長は，①SPOC を実現する時期の判断のために，テレワーク環境の問合せ対応に関して，初期サポートが終了するまでに開発課から［ c ］ことも初期サポートの終了基準として設けるべきであると考えた。F 課長は，これらの計画について営業部と開発課に説明して了承を得た。

次に，F 課長は，タブレット端末をもつ営業員が増え，また社外での利用機会が拡大すること，及び今後ノート PC を利用した在宅勤務が予定されていることから，社内デバイスの利用状況の管理を効率的に行う必要があると考えた。そこで，現状の人手による管理に代えて，社内デバイスの利用状況を統合的に管理することができるツール（以下，統合管理ツールという）を導入することにした。F 課長は，G 主任に統合管理ツールの調査を指示し，G 主任は，統合管理ツールの機能と概要を表 1 にまとめた。

表 1 統合管理ツールの機能と概要

項番	機能	概要
1	台帳管理	社内デバイスのハードウェア情報，OS 及び導入しているミドルウェアのバージョン情報を自動取得し，管理することができる。
2	操作ログ管理	社内デバイスへのログイン及びログアウト状況など社内デバイスの利用状況を把握することができる。
3	リモート操作	統合管理ツールから社内デバイスをリモートで操作したり，ロックして使用できないようにしたりすることができる。
4	パッチ適用	配信用サーバを構築することで，社内デバイスの OS に対して，OS パッチを自動的に展開することができる。

G 主任は，調査結果を F 課長に説明した。F 課長は，現在実施している OS パッチの手動適用では，従業員が OS パッチの適用のタイミングをコントロールできてしまう

ことから，OS パッチの適用に不確実さがあることを問題視していた。F 課長は，パッチ適用機能を使うことで，展開管理として OS パッチを確実に適用できると考えた。F 課長は，パッチ適用機能の実現には，テスト済みの OS パッチを配信用サーバに登録する手順の追加が必要となることを G 主任に指摘し，検討するように指示した。そこで，F 課長は，テレワーク環境の利用開始時点では，統合管理ツールのパッチ適用以外の機能を使用し，②現在，サービスデスクで行っているサポートの問題を解決することにした。

〔パッチ適用機能の使用〕

テレワーク環境の構築が完了し，営業員によるテレワーク環境の利用が開始された。初期サポート窓口での対応は，終了基準を満たして，計画どおり 4 週間で終了した。テレワーク環境はおおむね好評で，営業員のタブレット端末の利用頻度が上がり，タブレット端末による営業活動への効果が向上していた。一方で，以前から，営業部では，運用課からの指示がないにもかかわらず OS パッチを手動適用したり，指示したにもかかわらず手動適用を忘れたりして，社内デバイスで業務アプリを正常に利用できないというインシデントが発生しており，現在も営業活動に影響が出ていた。

この状況を受けて，F 課長は，“今後のインシデント発生を防止するという問題管理の視点から有効であるだけでなく，展開管理の視点からも有効である”と考えて，早期に③パッチ適用機能の使用を開始することにし，G 主任にその後の検討状況の報告を求めた。G 主任は，展開管理の手順の検討結果を報告し，F 課長は了承した。また，G 主任は，パッチ適用機能を実現するためには，現在，手動適用の運用をしている社内デバイスの設定を変更する準備作業が必要となることを報告した。報告を受けた F 課長は，準備が整い次第，パッチ適用機能を使用することを決定した。

設問 1　本文中の［ a ］に入れる適切な字句を解答群の中から選び，記号で答えよ。

解答群

ア　アセスメント　　イ　エスカレーション

ウ　ガバナンス　　エ　コミットメント

設問２　〔テレワーク環境の運用の準備〕について答えよ。

(1)　本文中の［ b ］に入れる内容を，15 字以内で答えよ。

(2)　本文中の下線①とすることのメリットは何か。営業員にとってのメリットを 25 字以内で答えよ。

(3)　本文中の［ c ］に入れる内容を，25 字以内で答えよ。

(4)　本文中の下線②の問題と解決方法は何か。問題を 25 字以内で答えよ。解決方法は表１中の機能に対応する項番の数字を答えよ。

設問３　本文中の下線③について，運用課が下線③の対策を採る理由を，展開管理の視点から 30 字以内で答えよ。

問 11　支払管理システムの監査に関する次の記述を読んで，設問に答えよ。

V 社は大手の製造会社であり，2 年前に 12 年間利用していた自社開発の債務管理システムから業務パッケージを利用した支払管理システムに移行した。そこで，内部監査室は，支払管理システムの運用状況に関するシステム監査を実施することにした。

〔支払管理システム及び関連システムの概要〕

支払管理システム及び関連システムの概要を図 1 に示す。

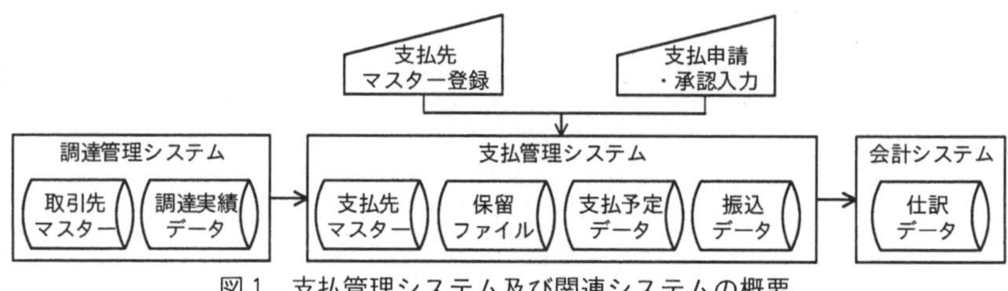

図 1　支払管理システム及び関連システムの概要

(1)　支払管理システムは業務パッケージの標準機能を利用し，約 1 年間で，企画，要件定義，業務パッケージ選定，設計，開発，テスト及びリリースの各段階を経て移行された。V 社では，規程類に適合しない機能を採用する場合は，対応策を含めて，リスク委員会の承認を受ける必要がある。

(2)　会計システムは業務パッケージである。

(3)　調達管理システムは，10 年前に構築した自社開発システムであり，各工場製造部の原料及び外注加工に関する見積依頼・発注・入荷・検収を管理している。検収入力で作成される調達実績データは，半月ごとに支払管理システムへ取り込まれる。

(4)　4 年前に実施された債務管理システムのシステム監査では，規程類に適合した機能が導入され，運用されていると結論付けられ，指摘事項はなかった。

(5)　昨年実施された調達管理システムの監査では，取引先別の調達実績データの合計額が支払管理システムの支払予定データの合計額と一致していないことが発見された。これについて，調達管理システムには問題はなく，支払管理システムの運用状況の詳細な調査が必要と結論付けられ，経理部で調査中とのことである。

〔支払管理システムの運用の概要〕

監査担当者が予備調査で把握した内容は，次のとおりである。

(1) 支払管理システムでは，業務パッケージの標準機能である利用者 ID 情報管理機能及びパスワード管理機能を利用している。承認された利用者 ID 申請書が情報システム部サポート担当に提出され，利用者 ID 情報が登録，変更，削除される。利用者 ID 情報には，利用者 ID，利用者名，部署名，各メニューの利用権限などが含まれ，登録・変更・削除履歴は利用者 ID 更新ログに記録される。業務パッケージのパスワードポリシーの一部には，規程類に適合するようにパスワードポリシーを適用できない箇所があった。

(2) 支払管理システムに関連するプロセスは，次のとおりである。

① 経費精算などは，支払管理システムに支払申請入力を行い，承認者が承認入力を行うことで支払予定データが生成される。支払予定データは修正できないので，支払額を減額したい場合は，減額の支払申請を入力する。

② 支払規程によると，支払金額が一定額を超過する場合には，事業本部長の承認及び担当役員の承認が必要になる。支払管理システムには，一つの申請に対し複数の承認者を設定する機能がないので，承認入力後に承認者から必要な上位者に経理部宛の CC を含む電子メールで承認を受ける手続としている。

③ 支払申請入力では，請求書・領収書などの証ひょう類を承認者に回付せず，申請者が入力後に経理部に送付する。経理部は，支払予定データについて一定額超過の承認メールを含む証ひょう類に不備がないかチェックする。経理部は，証ひょう類に不備のある支払予定データについて，未承認の状態に変更することができ，その場合は，申請者に電子メールで通知される。また，各工場管理部は調達管理システムの調達実績データについて，取引先からの請求書とチェックしている。

④ 調達実績データから支払予定データを生成するには支払先マスターに調達連携用の支払先（以下，調達用支払先という）を登録しておく必要がある。調達用支払先は，調達管理システムに関する支払業務以外では利用しない。

⑤ 支払管理システムでは，半月ごとの調達実績データの取込処理によって，支払予定データが生成される。取込処理の実行時にエラーがあった場合は，情報システム部でエラー対応を行う。一方，エラーではないが支払先マスターに調達用支払先が未登録などの場合は，保留ファイルに格納される。経理部は保留ファイルに対し，支払先マスター登録などの対応後に保留ファイルの更新処理を実行する一連の作業を行う。

⑥ 原料・外注加工費は半月ごとに支払が行われるので，調達管理システムでの検収入力が遅れ，次回の取込処理となってしまうと支払遅延となる。そこで，支払遅延とならないように工場製造部の申請に基づき，工場管理部は，当該取引先に対応した調達用支払先を利用して追加の支払申請入力を行う。また，次回の取込処理までに重複防止のための減額の支払申請入力が必要となる。

⑦ 経理部は，作業が完了した支払予定データに対して振込データ作成画面で対象範囲を指定して，銀行に送信する振込データを作成する。

〔監査手続の作成〕

監査担当者が，予備調査に基づき策定した監査手続案を表1に示す。

表1 監査手続案（抜粋）

項番	監査要点	監査手続
1	利用者IDは，適切に登録，変更，削除される。	・利用者ID申請書が適切に作成，承認され，利用者ID申請書の内容と利用者ID情報が一致しているか確かめる。
2	利用者IDのパスワードは，適切に設定される。	・利用者IDのパスワードポリシーが，V社のパスワードの規程類に準拠しているか確かめる。
3	支払予定データは，調達実績データによって適切に作成される。	・支払先マスターが正確に登録されるかどうか確かめる。 ・調達実績データの取込処理が漏れなく実行され，エラーが発生した場合は適切に対処されているか確かめる。
4	経費精算などの支払予定データは，適切に承認される。	・支払管理システムの承認権限が適切に付与されているか確かめる。 ・支払申請が未承認で残っていないか確かめる。
5	振込データは，適切に作成される。	・経理部が振込データの作成範囲に漏れがないことをチェックしているかを確かめる。

内部監査室長は，表１をレビューし，次のとおり監査担当者に指示した。

(1) 表１項番２の監査手続は，予備調査の結果を踏まえると不備が発見される可能性が高い。これに対応する追加手続として，[a]段階で[b]が行われていたかどうかについての監査手続を含めるべきである。

(2) 表１項番３の監査手続だけでは，監査要点を十分に評価できない。[c]に対する作業について評価する監査手続を追加すること。

(3) 表１項番４の監査手続だけでは，監査要点を十分に評価できない。支払金額が[d]の支払予定データについては，監査手続を追加すること。

(4) 表１項番５について，支払予定データに対して経理部の[e]が振込データ作成前に完了していることを確かめる監査手続を追加すること。

(5) 昨年度のシステム監査での発見事項については，表１の項番[f]で確かめている。その他，差異が発生する可能性のある次の二つの事象に関する監査要点及び監査手続を追加すること。

① 調達管理システムと異なる支払申請入力において，間違って[g]を利用してしまった。

② 支払遅延防止として追加の支払申請入力した後に，[h]を行わなかった。

設問１ 〔監査手続の作成〕の[a]～[d]に入れる適切な字句をそれぞれ10字以内で答えよ。

設問２ 〔監査手続の作成〕の[e]について，どのような作業を確かめるべきか，適切な字句を20字以内で答えよ。

設問３ 〔監査手続の作成〕の[f]に入れる最も適切な監査要点を表１の中から選び，表１の項番で答えよ。

設問４ 〔監査手続の作成〕の[g]，[h]に入れる適切な字句をそれぞれ10字以内で答えよ。

出題分析

出題傾向を知ることで，効率的に学習を進めることができます

- 午前問題出題分析で試験の傾向を知ることができるので，学習する際の強い味方になります。

応用情報技術者試験

令和５年度春期，令和５年度秋期，令和６年度春期に行われた応用情報技術者試験を分析し，問題番号順と，３回分を合わせた「午前の出題範囲」の出題範囲順にまとめた表を掲載します。

応用情報技術者試験を受験する際に，出題分析は重要な資料になります。

（1）午前問題出題分析

・問題番号順

（令和５年度春期，令和５年度秋期，令和６年度春期）

・午前の出題範囲順

（令和５年度春期，令和５年度秋期，令和６年度春期）

（2）午前の出題範囲

（3）午後問題　予想配点表

(1) 午前問題出題分析

・問題番号順

令和５年度春期　応用情報技術者試験

問	問　題　タ　イ　ト　ル	正解	分野	大	中	小	難易度
1	定義された関数と等しい式	ア	T	1	1	1	3
2	正規分布のグラフ	ア	T	1	1	2	2
3	機械学習の2クラス分類モデル評価方法で用いられるROC曲線	ア	T	1	1	3	4
4	ドップラー効果を応用したセンサーで測定できるもの	ウ	T	1	1	5	3
5	最適適合アルゴリズムのメモリ割当て時の処理時間	ウ	T	1	2	1	3
6	線形探索法の平均比較回数	エ	T	1	2	2	3
7	クイックソートによる分割	ア	T	1	2	2	4
8	シングルコアCPUの平均CPI	イ	T	2	3	1	2
9	命令実行に必要なサイクル数の計算	ウ	T	2	3	1	3
10	キャッシュメモリの書込み動作	イ	T	2	3	2	3
11	フラッシュメモリにおけるウェアレベリングの説明	ア	T	2	3	2	3
12	有機ELディスプレイの説明	ア	T	2	3	5	2
13	スケールインの説明	イ	T	2	4	2	3
14	CPUと磁気ディスクの使用率	イ	T	2	4	2	4
15	コンピュータシステムの信頼性を高める技術	エ	T	2	4	2	2
16	システムの稼働率の比較	エ	T	2	4	2	3
17	FIFOによるページ置換えアルゴリズム	ウ	T	2	5	1	2
18	仮想記憶方式に関する記述	ア	T	2	5	1	3
19	ハッシュ表の探索時間を示すグラフ	エ	T	2	5	3	2
20	コンテナ型仮想化環境のプラットフォームを提供するOSS	ア	T	2	5	5	3
21	NAND素子を用いた組合せ回路	イ	T	2	6	1	2
22	回路に信号を入力したときの出力電圧の波形	ア	T	2	6	1	3
23	車の自動運転に使われるセンサーLiDARの説明	エ	T	2	6	1	3
24	NFC（Near Field Communication）の説明	エ	T	2	6	1	2
25	コンピュータグラフィックスに関する記述	ウ	T	3	8	2	3
26	JSON形式で表現されるデータのデータベース格納方法	ウ	T	3	9	5	4
27	ストアドプロシージャ	エ	T	3	9	1	3
28	べき等（idempotent）な操作の説明	ア	T	3	9	3	4
29	UMLを用いて表した図のデータモデルの多重度	エ	T	3	9	1	3
30	SQL文のON DELETE句に指定する語句	ア	T	3	9	3	3
31	PLCの説明	イ	T	3	10	2	3
32	パケット送付個数の計算	ウ	T	3	10	1	3
33	イーサネットフレームに含まれる宛先情報の送出順序	ウ	T	3	10	3	3
34	ネットワーク層に属するプロトコル	エ	T	3	10	3	2
35	接続を維持したまま別の基地局経由の通信に切り替えること	イ	T	3	10	5	2
36	ボットネットにおいてC&Cサーバが担う役割	ア	T	3	11	1	2
37	セキュアOSのセキュリティ上の効果	ウ	T	3	11	5	3
38	デジタル署名の検証鍵と使用方法	ウ	T	3	11	1	2
39	政府情報システムのためのセキュリティ評価制度（ISMAP）	ウ	T	3	11	2	4
40	ソフトウェアの既知の脆弱性を一意に識別するために用いる情報	イ	T	3	11	3	3

・分野の「T」はテクノロジ系，「M」はマネジメント系，「S」はストラテジ系を表しています。

・大，中，小は，「午前の出題範囲」に対応しています。(2)午前の出題範囲をご確認ください。

問	問題タイトル	正解	分野	大	中	小	難易度
41	TPMに該当するもの	ア	T	3	11	4	3
42	デジタルフォレンジックスの手順に含まれるもの	イ	T	3	11	4	3
43	公衆無線LANのアクセスポイント設置におけるセキュリティ対策	エ	T	3	11	5	3
44	サブミッションポートを導入する目的	エ	T	3	11	5	4
45	特定のIPセグメントからだけアクセス許可するセキュリティ技術	エ	T	3	11	5	4
46	モジュール結合度が最も低い情報の受渡し方法	ウ	T	4	12	4	3
47	条件に従った決定表の動作指定部の設定	ウ	T	4	12	2	2
48	各スプリントで実施するスクラムイベントの順序	イ	T	4	13	1	3
49	特許を取得した特許権者から実施許諾が必要になる場合	イ	T	4	13	2	3
50	サーバプロビジョニングツールを使用する目的	エ	T	4	13	3	3
51	プロジェクトの立上げプロセスで作成する“プロジェクト憲章”	エ	M	5	14	2	4
52	クリティカルチェーン法でアクティビティの直後に設けるバッファ	ア	M	5	14	6	4
53	作業配分モデルにおける完了日数の算出	イ	M	5	14	6	3
54	デルファイ法の説明	エ	M	5	14	8	2
55	サービスマネジメントシステム（SMS）における継続的改善	エ	M	6	15	1	3
56	JIS Q 20000-1におけるレビュー実施時期に関する規定	イ	M	6	15	3	3
57	IaaSとPaaSへの移行で不要となるシステム運用作業	ウ	M	6	15	4	3
58	システム監査基準における予備調査	イ	M	6	16	1	2
59	監査手続の実施に際して利用する技法	ア	M	6	16	1	3
60	内部統制関係者の役割と責任	エ	M	6	16	2	4
61	ROIの説明	ア	S	7	17	1	3
62	カスタマーエクスペリエンスの説明	ア	S	7	17	2	4
63	ビッグデータの利活用を促す情報銀行の説明	ウ	S	7	17	4	3
64	システム要件定義プロセスにおけるトレーサビリティ	エ	S	7	18	2	3
65	RFIの説明	ア	S	7	18	3	3
66	ベンダーに見積りを依頼する際に必要なもの	エ	S	7	18	3	3
67	広告費を掛けて販売したときのROASの計算	ウ	S	8	19	2	3
68	バランススコアカードで使われる戦略マップの説明	イ	S	8	20	1	2
69	新規ビジネス立上げで実施するフィージビリティスタディ	イ	S	8	19	3	3
70	企業と大学との共同研究	ウ	S	8	20	1	3
71	エネルギーハーベスティングの説明	イ	S	8	21	1	3
72	アグリゲーションサービスに関する記述	ウ	S	8	21	3	3
73	IoTを活用し現実世界をリアルタイムに仮想空間で再現すること	エ	S	8	21	4	3
74	事業部制組織の特徴	ウ	S	9	22	1	2
75	デシジョンツリーによる利益増加額の期待値計算	ウ	S	9	22	2	3
76	製造原価の経費に算入する費用	ア	S	9	22	3	2
77	目標利益が得られる売上高の計算	エ	S	9	22	3	2
78	下請法で禁止されている行為	イ	S	9	23	3	3
79	労働者派遣法において派遣元事業主の講ずべき措置	エ	S	9	23	3	3
80	技術者倫理の遵守を妨げる集団思考の説明	エ	S	9	23	4	3

・問題番号順

令和５年度秋期　応用情報技術者試験

問	問題タイトル	正解	分野	大	中	小	難易度
1	2進数が表す整数の式	ウ	T	1	1	1	3
2	主成分分析の説明	エ	T	1	1	2	3
3	逆ポーランド表記法で表現されている式の計算	ア	T	1	2	7	2
4	パリティビットの付加で訂正できるビット数	ア	T	1	1	4	2
5	双方向リストの末尾の要素	ウ	T	1	2	1	3
6	整列に使ったアルゴリズム	ウ	T	1	2	2	2
7	JavaScriptの表記法を基にしたデータ記述の仕様	イ	T	1	2	4	3
8	異なる目的に適した複数の種類のコアを搭載したプロセッサ	ウ	T	2	3	1	4
9	パイプラインの性能を向上させる技法	ウ	T	2	3	1	3
10	フラッシュメモリの寿命を延ばす技術	ア	T	2	3	2	2
11	ユニファイドメモリ方式であるシステムの特徴	イ	T	2	3	5	3
12	SANにおけるサーバとストレージの接続形態	イ	T	2	4	1	3
13	性能向上にスケールアウトが適しているシステム	イ	T	2	4	1	3
14	IaCに関する記述	エ	T	2	4	1	4
15	フェールオーバーに要する時間を考慮した稼働率の計算	エ	T	2	4	2	3
16	ページアウトを伴わないページインだけの処理の割合	エ	T	2	5	1	3
17	タスクの最大実行時間と周期の組合せ	ア	T	2	5	1	3
18	異なる命令形式の目的プログラムを生成する言語処理プログラム	イ	T	2	5	4	2
19	Linuxカーネルの説明	エ	T	2	5	1	3
20	FPGAの説明	エ	T	2	6	1	3
21	MOSトランジスタの説明	ウ	T	2	6	1	3
22	入力値変更操作後の論理回路の出力値	ウ	T	2	6	1	3
23	3入力多数決回路の論理回路図	ア	T	2	6	1	3
24	アイコンの習得性の説明（JIS X 9303-1）	ア	T	3	7	1	3
25	バーチャルリアリティにおけるレンダリング	イ	T	3	8	2	3
26	ハッシュインデックスが適した検索処理	エ	T	3	9	2	3
27	関係モデルにおける外部キーの説明	ア	T	3	9	2	2
28	更新可能なビューを作成するSQL文	ア	T	3	9	3	3
29	SQL文を実行した結果得られる表の行数	イ	T	3	9	3	3
30	障害発生後のDBMS再立上げ時の復帰方法	ア	T	3	9	4	3
31	LAN上の伝送時間の計算	ウ	T	3	10	1	2
32	NAPT機能をもつルータが書き換えるフィールド	イ	T	3	10	2	3
33	pingによる接続確認に使用するプロトコル	イ	T	3	10	3	2
34	ホストが属するサブネットワークのアドレス	イ	T	3	10	3	2
35	マルチキャストの使用例	エ	T	3	10	3	3
36	レインボーテーブル攻撃に該当するもの	ウ	T	3	11	1	3
37	楕円曲線暗号の特徴	ア	T	3	11	1	2
38	メールの第三者中継に該当するもの	ウ	T	3	11	5	3
39	コーディネーションセンターの機能とサービス対象の組合せ	ア	T	3	11	2	4
40	情報を使用させず開示しない特性（JIS Q 27000）	ア	T	3	11	1	2

問	問題タイトル	正解	分野	大	中	小	難易度
41	サイドチャネル攻撃に該当するもの	イ	T	3	11	1	3
42	セキュアブートの説明	ウ	T	3	11	5	3
43	ランサムウェア感染による被害の低減に効果があるもの	ア	T	3	11	4	3
44	DKIM に関する記述	ア	T	3	11	5	4
45	DNSSEC についての記述	エ	T	3	11	5	3
46	ソフトウェアの脆弱性を検出するテスト手法	ウ	T	4	12	6	3
47	開発環境上でソフトウェアを開発する手法	エ	T	4	12	3	3
48	リバースエンジニアリングで仕様書を作成し直す保守の分類	ア	T	4	12	6	3
49	アジャイルソフトウェア開発宣言における“別のことがら”	ア	T	4	13	1	3
50	IDE の説明	ア	T	4	13	3	3
51	スコープ記述書に記述する項目（PMBOK®ガイド第 7 版）	エ	M	5	14	4	2
52	EVM を活用したパフォーマンス管理	ウ	M	5	14	7	3
53	計画変更によるスケジュール短縮日数	ア	M	5	14	6	3
54	コンティンジェンシー計画を作成するプロセス	エ	M	5	14	8	2
55	サービスマネジメントシステムにおける是正処置の説明	ア	M	6	15	3	3
56	許容されるサービスの停止時間の計算	イ	M	6	15	3	3
57	フルバックアップ方式と差分バックアップ方式による運用	イ	M	6	15	4	2
58	システム監査人が作成する監査調書	ウ	M	6	16	1	2
59	起票された受注伝票に関する監査手続	ウ	M	6	16	1	2
60	“内部統制の実施基準”における IT への対応	イ	M	6	16	2	3
61	バックキャスティングの説明	イ	S	7	17	1	3
62	ワントゥワンマーケティングを実現するソリューション	ア	S	7	17	3	2
63	SOA の説明	エ	S	7	17	3	2
64	投資によるキャッシュアウトをいつ回収できるかを表す指標	ウ	S	7	18	1	3
65	成果物が利害関係者の要件を満たしている証拠を得る検証手法	ア	S	7	18	2	3
66	ファウンドリーサービスの説明	エ	S	7	18	3	3
67	成長マトリクスの説明	ア	S	8	19	1	3
68	顧客からの同意を段階的に広げるマーケティング手法	ウ	S	8	19	2	4
69	人口統計的変数に分類される消費者特性	イ	S	8	19	2	4
70	オープンイノベーションの説明	ウ	S	8	20	1	2
71	CPS（サイバーフィジカルシステム）を活用している事例	エ	S	8	21	1	3
72	インターネットを介して単発の仕事を受託する働き方	イ	S	8	21	3	3
73	AI を用いたマシンビジョンの目的	イ	S	8	21	5	3
74	BCM において考慮すべきレジリエンス	エ	S	9	22	1	3
75	コンティンジェンシー理論の特徴	エ	S	9	22	1	3
76	発生した故障の要因を表現するのに適した図法	イ	S	9	22	2	2
77	固定資産の除却損の計算	エ	S	9	22	3	3
78	著作権法上適法である行為	エ	S	9	23	1	2
79	匿名加工情報取扱事業者が第三者提供する際の義務	ア	S	9	23	2	3
80	企業と労働者の関係に関する記述	イ	S	9	23	3	2

・問題番号順

令和６年度春期　応用情報技術者試験

問	問題タイトル	正解	分野	大	中	小	難易度
1	ベイズの定理を利用して事後確率を求める場合	エ	T	1	1	2	3
2	統合後の平均待ち時間を求める式	エ	T	1	1	2	4
3	AI におけるディープラーニングに関する記述	ア	T	1	1	3	2
4	ハミング符号による誤り訂正	エ	T	1	1	4	3
5	結果が等しくなる二つのアルゴリズム	ウ	T	1	2	2	2
6	再帰処理を２分木の根から始めたときの出力	エ	T	1	2	2	3
7	バブルソートに関するアルゴリズムの記述	ア	T	1	2	2	2
8	同一メモリ空間でブロック転送するときに指定するパラメータ	エ	T	1	2	2	2
9	量子ゲート方式の量子コンピュータの説明	ウ	T	2	3	1	3
10	キャッシュメモリのヒット率	エ	T	2	3	2	2
11	圧縮プログラムが主記憶に展開されるまでの時間	ア	T	2	3	2	4
12	システムの信頼性設計	ウ	T	2	4	1	2
13	オブジェクトストレージの記述	ア	T	2	4	1	3
14	マルチプロセッサの性能計算	イ	T	2	4	2	3
15	シミュレーションを用いた性能評価の特徴	ウ	T	2	4	2	3
16	ノンプリエンプティブ方式のタスクの状態遷移	イ	T	2	5	1	3
17	デッドロックを起こす可能性のあるプロセス	イ	T	2	5	1	2
18	サーバのタスク多重度の差による処理時間の計算	イ	T	2	5	1	3
19	プログラムを分析するための情報収集ツール	エ	T	2	5	4	3
20	パワー半導体の活用例であるインバータの説明	エ	T	2	6	1	3
21	タイムチャートが示す論理回路	ウ	T	2	6	1	2
22	グラフィック LCD モジュールの画素のメモリアドレス	ウ	T	2	6	1	2
23	サーバ，ネットワーク機器に対する直流給電の利点	ア	T	2	6	1	3
24	アウトラインフォントの利用が適している場合	エ	T	3	7	1	2
25	ストアドプロシージャの利点	ア	T	3	9	1	3
26	実行結果から SQL 文に入れる字句	ウ	T	3	9	3	4
27	データベースの復旧技法	エ	T	3	9	4	2
28	トランザクションデータを格納するスタースキーマのテーブル	ウ	T	3	9	5	3
29	NoSQL に分類されるデータベース	ウ	T	3	9	5	3
30	CSMA/CD 方式における LAN ノードの送信動作に関する記述	イ	T	3	10	2	2
31	IP アドレスが該当するもの	ア	T	3	10	3	3
32	ルータを冗長化するために用いられるプロトコル	エ	T	3	10	3	3
33	誤りが含まれるパケット個数の期待値	エ	T	3	10	2	2
34	OpenFlow を使った SDN の説明	イ	T	3	10	4	4
35	3D セキュア 2.0 で利用される本人認証の特徴	イ	T	3	11	1	3
36	DNS キャッシュポイズニング攻撃で起こる現象	ウ	T	3	11	1	3
37	DNSSEC で実現できること	ア	T	3	11	5	3
38	公開鍵暗号方式で異なる鍵の総数	イ	T	3	11	1	2
39	自社製品の脆弱性に起因するリスクに対応する社内機能	イ	T	3	11	2	3
40	リスク特定で考慮する事項（JIS Q 31000）	ウ	T	3	11	2	2

問	問題タイトル	正解	分野	大	中	小	難易度
41	WAF による防御が有効な攻撃	イ	T	3	11	1	3
42	ネットワーク層で暗号化を行うときに利用するもの	ア	T	3	11	5	2
43	SPF の仕組み	イ	T	3	11	5	3
44	IC カードの耐タンパ性を高める対策	ウ	T	3	11	3	3
45	オブジェクト指向におけるクラス間の関係	イ	T	4	12	4	2
46	モジュール結合度	エ	T	4	12	4	3
47	ゴンペルツ曲線	ウ	T	4	12	5	2
48	リーンソフトウェア開発でボトルネックや無駄の確認に用いるもの	エ	T	4	13	1	3
49	JIS X 33002（プロセスアセスメント実施）の説明	イ	T	4	13	1	3
50	ドキュメンテーションジェネレーターの説明	イ	T	4	13	3	3
51	EVM で管理しているプロジェクトの見通し	ア	M	5	14	7	4
52	アローダイアグラムにおける最早開始日の計算	エ	M	5	14	6	2
53	リスク管理の目的（JIS Q 21500）	エ	M	5	14	8	2
54	採用すべき案と期待金額価値の組合せ	ア	M	5	14	7	4
55	SaaS サービスで最も高い利益が得られる課金方式の年間利益	ウ	M	6	15	2	4
56	サービスレベル管理の活動	エ	M	6	15	3	3
57	データセンター事業者が排出する温室効果ガスのスコープの例	ウ	M	6	15	5	4
58	システム監査基準が規定している監査調書の説明	ア	M	6	16	1	2
59	システム監査基準において総合的に点検・評価を行う対象	ア	M	6	16	1	3
60	情報システムの全般統制と業務処理統制	ウ	M	6	16	2	3
61	EA の参照モデル BRM として提供されるもの	ウ	S	7	17	1	4
62	デジタルガバナンス・コード 2.0 の説明	ア	S	7	17	1	3
63	SOA の説明	エ	S	7	17	3	2
64	PBP（Pay Back Period）による投資効果評価	エ	S	7	18	1	4
65	EMS の説明	エ	S	7	18	3	3
66	ハードウェア製造の外部委託に対するコンティンジェンシープラン	エ	S	7	18	3	3
67	PPM で投資用の資金源として位置付けられる事業	ウ	S	8	19	1	2
68	業界の競争状態と収益構造を分析するフレームワーク	エ	S	8	19	1	3
69	フィージビリティスタディの説明	ア	S	8	19	3	3
70	IoT 活用におけるデジタルツインの説明	エ	S	8	21	4	3
71	マスカスタマイゼーションの事例	エ	S	8	21	1	3
72	IoT 技術のエッジコンピューティングの説明	ア	S	8	21	4	3
73	ゲーム理論におけるナッシュ均衡の説明	エ	S	9	22	2	3
74	因果関係を明らかにして解決の糸口をつかむための図	エ	S	9	22	2	2
75	製品製造における最大利益の計算	ウ	S	9	22	3	2
76	今年度と同じ営業利益を確保するために必要な販売数量	エ	S	9	22	3	2
77	損益分岐点売上高の計算	ウ	S	9	22	3	2
78	特許法の保護対象	ア	S	9	23	1	2
79	不正競争防止法の不正競争行為に該当するもの	ウ	S	9	23	1	2
80	要配慮個人情報に該当するもの	エ	S	9	23	2	2

・午前の出題範囲順

（令和５年度春期，令和５年度秋期，令和６年度春期）

期	問	問題タイトル	正解	分野	大	中	小	難易度
5年春	1	定義された関数と等しい式	ア	T	1	1	1	3
5年秋	1	2進数が表す整数の式	ウ	T	1	1	1	3
5年春	2	正規分布のグラフ	ア	T	1	1	2	2
5年秋	2	主成分分析の説明	エ	T	1	1	2	3
6年春	1	ベイズの定理を利用して事後確率を求める場合	エ	T	1	1	2	3
6年春	2	統合後の平均待ち時間を求める式	エ	T	1	1	2	4
5年春	3	機械学習の2クラス分類モデル評価方法で用いられるROC曲線	ア	T	1	1	3	4
6年春	3	AIにおけるディープラーニングに関する記述	ア	T	1	1	3	2
5年秋	4	パリティビットの付加で訂正できるビット数	ア	T	1	1	4	2
6年春	4	ハミング符号による誤り訂正	エ	T	1	1	4	3
5年春	4	ドップラー効果を応用したセンサーで測定できるもの	ウ	T	1	1	5	3
5年春	5	最適適合アルゴリズムのメモリ割当て時の処理時間	ウ	T	1	2	1	3
5年秋	5	双方向リストの末尾の要素	ウ	T	1	2	1	3
5年春	6	線形探索法の平均比較回数	エ	T	1	2	2	3
5年春	7	クイックソートによる分割	ア	T	1	2	2	4
5年秋	6	整列に使ったアルゴリズム	ウ	T	1	2	2	2
6年春	5	結果が等しくなる二つのアルゴリズム	ウ	T	1	2	2	2
6年春	6	再帰処理を2分木の根から始めたときの出力	エ	T	1	2	2	3
6年春	7	バブルソートに関するアルゴリズムの記述	ア	T	1	2	2	2
6年春	8	同一メモリ空間でブロック転送するときに指定するパラメータ	エ	T	1	2	2	2
5年秋	7	JavaScriptの表記法を基にしたデータ記述の仕様	イ	T	1	2	4	3
5年秋	3	逆ポーランド表記法で表現されている式の計算	ア	T	1	2	7	2
5年春	8	シングルコアCPUの平均CPI	イ	T	2	3	1	2
5年春	9	命令実行に必要なサイクル数の計算	ウ	T	2	3	1	3
5年秋	8	異なる目的に適した複数の種類のコアを搭載したプロセッサ	ウ	T	2	3	1	4
5年秋	9	パイプラインの性能を向上させる技法	ウ	T	2	3	1	3
6年春	9	量子ゲート方式の量子コンピュータの説明	ウ	T	2	3	1	3
5年春	10	キャッシュメモリの書込み動作	イ	T	2	3	2	3
5年春	11	フラッシュメモリにおけるウェアレベリングの説明	ア	T	2	3	2	3
5年秋	10	フラッシュメモリの寿命を延ばす技術	ア	T	2	3	2	2
6年春	10	キャッシュメモリのヒット率	エ	T	2	3	2	2
6年春	11	圧縮プログラムが主記憶に展開されるまでの時間	ア	T	2	3	2	4
5年春	12	有機ELディスプレイの説明	ア	T	2	3	5	2
5年秋	11	ユニファイドメモリ方式であるシステムの特徴	イ	T	2	3	5	3
5年秋	12	SANにおけるサーバとストレージの接続形態	イ	T	2	4	1	3
5年秋	13	性能向上にスケールアウトが適しているシステム	イ	T	2	4	1	3
5年秋	14	IaCに関する記述	エ	T	2	4	1	4
6年春	12	システムの信頼性設計	ウ	T	2	4	1	2
6年春	13	オブジェクトストレージの記述	ア	T	2	4	1	3
5年春	13	スケールインの説明	イ	T	2	4	2	3

期	問	問題タイトル	正解	分野	大	中	小	難易度
5年春	14	CPUと磁気ディスクの使用率	イ	T	2	4	2	4
5年春	15	コンピュータシステムの信頼性を高める技術	エ	T	2	4	2	2
5年春	16	システムの稼働率の比較	エ	T	2	4	2	3
5年秋	15	フェールオーバーに要する時間を考慮した稼働率の計算	エ	T	2	4	2	3
6年春	14	マルチプロセッサの性能計算	イ	T	2	4	2	3
6年春	15	シミュレーションを用いた性能評価の特徴	ウ	T	2	4	2	3
5年春	17	FIFOによるページ置換えアルゴリズム	ウ	T	2	5	1	2
5年春	18	仮想記憶方式に関する記述	ア	T	2	5	1	3
5年秋	16	ページアウトを伴わないページインだけの処理の割合	エ	T	2	5	1	3
5年秋	17	タスクの最大実行時間と周期の組合せ	ア	T	2	5	1	3
5年秋	19	Linuxカーネルの説明	エ	T	2	5	1	3
6年春	16	ノンプリエンプティブ方式のタスクの状態遷移	イ	T	2	5	1	3
6年春	17	デッドロックを起こす可能性のあるプロセス	イ	T	2	5	1	2
6年春	18	サーバのタスク多重度の差による処理時間の計算	イ	T	2	5	1	3
5年春	19	ハッシュ表の探索時間を示すグラフ	エ	T	2	5	3	2
5年秋	18	異なる命令形式の目的プログラムを生成する言語処理プログラム	イ	T	2	5	4	2
6年春	19	プログラムを分析するための情報収集ツール	エ	T	2	5	4	3
5年春	20	コンテナ型仮想化環境のプラットフォームを提供するOSS	ア	T	2	5	5	3
5年春	21	NAND素子を用いた組合せ回路	イ	T	2	6	1	2
5年春	22	回路に信号を入力したときの出力電圧の波形	ア	T	2	6	1	3
5年春	23	車の自動運転に使われるセンサーLiDARの説明	エ	T	2	6	1	3
5年春	24	NFC（Near Field Communication）の説明	エ	T	2	6	1	2
5年秋	20	FPGAの説明	エ	T	2	6	1	3
5年秋	21	MOSトランジスタの説明	ウ	T	2	6	1	3
5年秋	22	入力値変更操作後の論理回路の出力値	ウ	T	2	6	1	3
5年秋	23	3入力多数決回路の論理回路図	ア	T	2	6	1	3
6年春	20	パワー半導体の活用例であるインバータの説明	エ	T	2	6	1	3
6年春	21	タイムチャートが示す論理回路	ウ	T	2	6	1	2
6年春	22	グラフィックLCDモジュールの画素のメモリアドレス	ウ	T	2	6	1	2
6年春	23	サーバ，ネットワーク機器に対する直流給電の利点	ア	T	2	6	1	3
5年秋	24	アイコンの習得性の説明（JIS X 9303-1）	ア	T	3	7	1	3
6年春	24	アウトラインフォントの利用が適している場合	エ	T	3	7	1	2
5年春	25	コンピュータグラフィックスに関する記述	ウ	T	3	8	2	3
5年秋	25	バーチャルリアリティにおけるレンダリング	イ	T	3	8	2	3
5年春	27	ストアドプロシージャ	エ	T	3	9	1	3
5年春	29	UMLを用いて表した図のデータモデルの多重度	エ	T	3	9	1	3
6年春	25	ストアドプロシージャの利点	ア	T	3	9	1	3
5年秋	26	ハッシュインデックスが適した検索処理	エ	T	3	9	2	3
5年秋	27	関係モデルにおける外部キーの説明	ア	T	3	9	2	2
5年春	28	べき等（idempotent）な操作の説明	ア	T	3	9	3	4

期	問	問題タイトル	正解	分野	大	中	小	難易度
5年春	30	SQL文のON DELETE句に指定する語句	ア	T	3	9	3	3
5年秋	28	更新可能なビューを作成するSQL文	ア	T	3	9	3	3
5年秋	29	SQL文を実行した結果得られる表の行数	イ	T	3	9	3	3
6年春	26	実行結果からSQL文に入れる字句	ウ	T	3	9	3	4
5年秋	30	障害発生後のDBMS再立上げ時の復帰方法	ア	T	3	9	4	3
6年春	27	データベースの復旧技法	エ	T	3	9	4	2
5年春	26	JSON形式で表現されるデータのデータベース格納方法	ウ	T	3	9	5	4
6年春	28	トランザクションデータを格納するスタースキーマのテーブル	ウ	T	3	9	5	3
6年春	29	NoSQLに分類されるデータベース	ウ	T	3	9	5	3
5年春	32	パケット送付個数の計算	ウ	T	3	10	1	3
5年秋	31	LAN上の伝送時間の計算	ウ	T	3	10	1	2
5年春	31	PLCの説明	イ	T	3	10	2	3
5年秋	32	NAPT機能をもつルータが書き換えるフィールド	イ	T	3	10	2	3
6年春	30	CSMA/CD方式におけるLANノードの送信動作に関する記述	イ	T	3	10	2	2
6年春	33	誤りが含まれるパケット個数の期待値	エ	T	3	10	2	2
5年春	33	イーサネットフレームに含まれる宛先情報の送出順序	ウ	T	3	10	3	3
5年春	34	ネットワーク層に属するプロトコル	エ	T	3	10	3	2
5年秋	33	pingによる接続確認に使用するプロトコル	イ	T	3	10	3	2
5年秋	34	ホストが属するサブネットワークのアドレス	イ	T	3	10	3	2
5年秋	35	マルチキャストの使用例	エ	T	3	10	3	3
6年春	31	IPアドレスが該当するもの	ア	T	3	10	3	3
6年春	32	ルータを冗長化するために用いられるプロトコル	エ	T	3	10	3	3
6年春	34	OpenFlowを使ったSDNの説明	イ	T	3	10	4	4
5年春	35	接続を維持したまま別の基地局経由の通信に切り替えること	イ	T	3	10	5	2
5年春	36	ボットネットにおいてC&Cサーバが担う役割	ア	T	3	11	1	2
5年春	38	デジタル署名の検証鍵と使用方法	ウ	T	3	11	1	2
5年秋	36	レインボーテーブル攻撃に該当するもの	ウ	T	3	11	1	3
5年秋	37	楕円曲線暗号の特徴	ア	T	3	11	1	2
5年秋	40	情報を使用させず開示しない特性（JIS Q 27000）	ア	T	3	11	1	2
5年秋	41	サイドチャネル攻撃に該当するもの	イ	T	3	11	1	3
6年春	35	3Dセキュア2.0で利用される本人認証の特徴	イ	T	3	11	1	3
6年春	36	DNSキャッシュポイズニング攻撃で起こる現象	ウ	T	3	11	1	3
6年春	38	公開鍵暗号方式で異なる鍵の総数	イ	T	3	11	1	2
6年春	41	WAFによる防御が有効な攻撃	イ	T	3	11	1	3
5年春	39	政府情報システムのためのセキュリティ評価制度（ISMAP）	ウ	T	3	11	2	4
5年秋	39	コーディネーションセンターの機能とサービス対象の組合せ	ア	T	3	11	2	4
6年春	39	自社製品の脆弱性に起因するリスクに対応する社内機能	イ	T	3	11	2	3
6年春	40	リスク特定で考慮する事項（JIS Q 31000）	ウ	T	3	11	2	2
5年春	40	ソフトウェアの既知の脆弱性を一意に識別するために用いる情報	イ	T	3	11	3	3
6年春	44	ICカードの耐タンパ性を高める対策	ウ	T	3	11	3	3

期	問	問題タイトル	正解	分野	大	中	小	難易度
5年春	41	TPMに該当するもの	ア	T	3	11	4	3
5年春	42	デジタルフォレンジックスの手順に含まれるもの	イ	T	3	11	4	3
5年秋	43	ランサムウェア感染による被害の低減に効果があるもの	ア	T	3	11	4	3
5年春	37	セキュアOSのセキュリティ上の効果	ウ	T	3	11	5	3
5年春	43	公衆無線LANのアクセスポイント設置におけるセキュリティ対策	エ	T	3	11	5	3
5年春	44	サブミッションポートを導入する目的	エ	T	3	11	5	4
5年春	45	特定のIPセグメントからだけアクセス許可するセキュリティ技術	エ	T	3	11	5	4
5年秋	38	メールの第三者中継に該当するもの	ウ	T	3	11	5	3
5年秋	42	セキュアブートの説明	ウ	T	3	11	5	3
5年秋	44	DKIMに関する記述	ア	T	3	11	5	4
5年秋	45	DNSSECについての記述	エ	T	3	11	5	3
6年春	37	DNSSECで実現できること	ア	T	3	11	5	3
6年春	42	ネットワーク層で暗号化を行うときに利用するもの	ア	T	3	11	5	2
6年春	43	SPFの仕組み	イ	T	3	11	5	3
5年春	47	条件に従った決定表の動作指定部の設定	ウ	T	4	12	2	2
5年秋	47	開発環境上でソフトウェアを開発する手法	エ	T	4	12	3	3
5年春	46	モジュール結合度が最も低い情報の受渡し方法	ウ	T	4	12	4	3
6年春	45	オブジェクト指向におけるクラス間の関係	イ	T	4	12	4	2
6年春	46	モジュール結合度	エ	T	4	12	4	3
6年春	47	ゴンペルツ曲線	ウ	T	4	12	5	2
5年秋	46	ソフトウェアの脆弱性を検出するテスト手法	ウ	T	4	12	6	3
5年秋	48	リバースエンジニアリングで仕様書を作成し直す保守の分類	ア	T	4	12	6	3
5年春	48	各スプリントで実施するスクラムイベントの順序	イ	T	4	13	1	3
5年秋	49	アジャイルソフトウェア開発宣言における“別のことがら”	ア	T	4	13	1	3
6年春	48	リーンソフトウェア開発でボトルネックや無駄の確認に用いるもの	エ	T	4	13	1	3
6年春	49	JIS X 33002（プロセスアセスメント実施）の説明	イ	T	4	13	1	3
5年春	49	特許を取得した特許権者から実施許諾が必要になる場合	イ	T	4	13	2	3
5年春	50	サーバプロビジョニングツールを使用する目的	エ	T	4	13	3	3
5年秋	50	IDEの説明	ア	T	4	13	3	3
6年春	50	ドキュメンテーションジェネレーターの説明	イ	T	4	13	3	3
5年春	51	プロジェクトの立上げプロセスで作成する“プロジェクト憲章”	エ	M	5	14	2	4
5年秋	51	スコープ記述書に記述する項目（PMBOK®ガイド第7版）	エ	M	5	14	4	2
5年春	52	クリティカルチェーン法でアクティビティの直後に設けるバッファ	ア	M	5	14	6	4
5年春	53	作業配分モデルにおける完了日数の算出	イ	M	5	14	6	3
5年秋	53	計画変更によるスケジュール短縮日数	ア	M	5	14	6	3
6年春	52	アローダイアグラムにおける最早開始日の計算	エ	M	5	14	6	2
5年秋	52	EVMを活用したパフォーマンス管理	ウ	M	5	14	7	3
6年春	51	EVMで管理しているプロジェクトの見通し	ア	M	5	14	7	4
6年春	54	採用すべき案と期待金額価値の組合せ	ア	M	5	14	7	4
5年春	54	デルファイ法の説明	エ	M	5	14	8	2

期	問	問題タイトル	正解	分野	大	中	小	難易度
5年秋	54	コンティンジェンシー計画を作成するプロセス	エ	M	5	14	8	2
6年春	53	リスク管理の目的（JIS Q 21500）	エ	M	5	14	8	2
5年春	55	サービスマネジメントシステム（SMS）における継続的改善	エ	M	6	15	1	3
6年春	55	SaaSサービスで最も高い利益が得られる課金方式の年間利益	ウ	M	6	15	2	4
5年春	56	JIS Q 20000-1におけるレビュー実施時期に関する規定	イ	M	6	15	3	3
5年秋	55	サービスマネジメントシステムにおける是正処置の説明	ア	M	6	15	3	3
5年秋	56	許容されるサービスの停止時間の計算	イ	M	6	15	3	3
6年春	56	サービスレベル管理の活動	エ	M	6	15	3	3
5年春	57	IaaSとPaaSへの移行で不要となるシステム運用作業	ウ	M	6	15	4	3
5年秋	57	フルバックアップ方式と差分バックアップ方式による運用	イ	M	6	15	4	2
6年春	57	データセンター事業者が排出する温室効果ガスのスコープの例	ウ	M	6	15	5	4
5年春	58	システム監査基準における予備調査	イ	M	6	16	1	2
5年春	59	監査手続の実施に際して利用する技法	ア	M	6	16	1	3
5年秋	58	システム監査人が作成する監査調書	ウ	M	6	16	1	2
5年秋	59	起票された受注伝票に関する監査手続	ウ	M	6	16	1	2
6年春	58	システム監査基準が規定している監査調書の説明	ア	M	6	16	1	2
6年春	59	システム監査基準において総合的に点検・評価を行う対象	ア	M	6	16	1	3
5年春	60	内部統制関係者の役割と責任	エ	M	6	16	2	4
5年秋	60	“内部統制の実施基準”におけるITへの対応	イ	M	6	16	2	3
6年春	60	情報システムの全般統制と業務処理統制	ウ	M	6	16	2	3
5年春	61	ROIの説明	ア	S	7	17	1	3
5年秋	61	バックキャスティングの説明	イ	S	7	17	1	3
6年春	61	EAの参照モデルBRMとして提供されるもの	ウ	S	7	17	1	4
6年春	62	デジタルガバナンス・コード2.0の説明	ア	S	7	17	1	3
5年春	62	カスタマーエクスペリエンスの説明	ア	S	7	17	2	4
5年秋	62	ワントゥワンマーケティングを実現するソリューション	ア	S	7	17	3	2
5年秋	63	SOAの説明	エ	S	7	17	3	2
6年春	63	SOAの説明	エ	S	7	17	3	2
5年春	63	ビッグデータの利活用を促す情報銀行の説明	ウ	S	7	17	4	3
5年秋	64	投資によるキャッシュアウトをいつ回収できるかを表す指標	ウ	S	7	18	1	3
6年春	64	PBP（Pay Back Period）による投資効果評価	エ	S	7	18	1	4
5年春	64	システム要件定義プロセスにおけるトレーサビリティ	エ	S	7	18	2	3
5年秋	65	成果物が利害関係者の要件を満たしている証拠を得る検証手法	ア	S	7	18	2	3
5年春	65	RFIの説明	ア	S	7	18	3	3
5年春	66	ベンダーに見積りを依頼する際に必要なもの	エ	S	7	18	3	3
5年秋	66	ファウンドリーサービスの説明	エ	S	7	18	3	3
6年春	65	EMSの説明	エ	S	7	18	3	3
6年春	66	ハードウェア製造の外部委託に対するコンティンジェンシープラン	エ	S	7	18	3	3
5年秋	67	成長マトリクスの説明	ア	S	8	19	1	3
6年春	67	PPMで投資用の資金源として位置付けられる事業	ウ	S	8	19	1	2

期	問	問 題 タ イ ト ル	正解	分野	大	中	小	難易度
6年春	68	業界の競争状態と収益構造を分析するフレームワーク	エ	S	8	19	1	3
5年春	67	広告費を掛けて販売したときのROASの計算	ウ	S	8	19	2	3
5年秋	68	顧客からの同意を段階的に広げるマーケティング手法	ウ	S	8	19	2	4
5年秋	69	人口統計的変数に分類される消費者特性	イ	S	8	19	2	4
5年春	69	新規ビジネス立上げで実施するフィージビリティスタディ	イ	S	8	19	3	3
6年春	69	フィージビリティスタディの説明	ア	S	8	19	3	3
5年春	68	バランススコアカードで使われる戦略マップの説明	イ	S	8	20	1	2
5年春	70	企業と大学との共同研究	ウ	S	8	20	1	3
5年秋	70	オープンイノベーションの説明	ウ	S	8	20	1	2
5年春	71	エネルギーハーベスティングの説明	イ	S	8	21	1	3
5年秋	71	CPS（サイバーフィジカルシステム）を活用している事例	エ	S	8	21	1	3
6年春	71	マスカスタマイゼーションの事例	エ	S	8	21	1	3
5年春	72	アグリゲーションサービスに関する記述	ウ	S	8	21	3	3
5年秋	72	インターネットを介して単発の仕事を受託する働き方	イ	S	8	21	3	3
5年春	73	IoTを活用し現実世界をリアルタイムに仮想空間で再現すること	エ	S	8	21	4	3
6年春	70	IoT活用におけるデジタルツインの説明	エ	S	8	21	4	3
6年春	72	IoT技術のエッジコンピューティングの説明	ア	S	8	21	4	3
5年秋	73	AIを用いたマシンビジョンの目的	イ	S	8	21	5	3
5年春	74	事業部制組織の特徴	ウ	S	9	22	1	2
5年秋	74	BCMにおいて考慮すべきレジリエンス	エ	S	9	22	1	3
5年秋	75	コンティンジェンシー理論の特徴	エ	S	9	22	1	3
5年春	75	デシジョンツリーによる利益増加額の期待値計算	ウ	S	9	22	2	3
5年秋	76	発生した故障の要因を表現するのに適した図法	イ	S	9	22	2	2
6年春	73	ゲーム理論におけるナッシュ均衡の説明	エ	S	9	22	2	3
6年春	74	因果関係を明らかにして解決の糸口をつかむための図	エ	S	9	22	2	2
5年春	76	製造原価の経費に算入する費用	ア	S	9	22	3	2
5年春	77	目標利益が得られる売上高の計算	エ	S	9	22	3	2
5年秋	77	固定資産の除却損の計算	エ	S	9	22	3	3
6年春	75	製品製造における最大利益の計算	ウ	S	9	22	3	2
6年春	76	今年度と同じ営業利益を確保するために必要な販売数量	エ	S	9	22	3	2
6年春	77	損益分岐点売上高の計算	ウ	S	9	22	3	2
5年秋	78	著作権法上適法である行為	エ	S	9	23	1	2
6年春	78	特許法の保護対象	ア	S	9	23	1	2
6年春	79	不正競争防止法の不正競争行為に該当するもの	ウ	S	9	23	1	2
5年秋	79	匿名加工情報取扱事業者が第三者提供する際の義務	ア	S	9	23	2	3
6年春	80	要配慮個人情報に該当するもの	エ	S	9	23	2	2
5年春	78	下請法で禁止されている行為	イ	S	9	23	3	3
5年春	79	労働者派遣法において派遣元事業主の講ずべき措置	エ	S	9	23	3	3
5年秋	80	企業と労働者の関係に関する記述	イ	S	9	23	3	2
5年春	80	技術者倫理の遵守を妨げる集団思考の説明	エ	S	9	23	4	3

(2) 午前の出題範囲

IPA 発表の「午前の出題範囲」に準じています。

大分類	中分類	小分類	項　目　名
1	0	0	**基礎理論**
1	1	0	基礎理論
1	1	1	離散数学
1	1	2	応用数学
1	1	3	情報に関する理論
1	1	4	通信に関する理論
1	1	5	計測・制御に関する理論
1	2	0	アルゴリズムとプログラミング
1	2	1	データ構造
1	2	2	アルゴリズム
1	2	3	プログラミング
1	2	4	プログラム言語
1	2	5	その他の言語
2	0	0	**コンピュータシステム**
2	3	0	コンピュータ構成要素
2	3	1	プロセッサ
2	3	2	メモリ
2	3	3	バス
2	3	4	入出力デバイス
2	3	5	入出力装置
2	4	0	システム構成要素
2	4	1	システムの構成
2	4	2	システムの評価指標
2	5	0	ソフトウェア
2	5	1	オペレーティングシステム
2	5	2	ミドルウェア
2	5	3	ファイルシステム
2	5	4	開発ツール
2	5	5	オープンソースソフトウェア
2	6	0	ハードウェア
2	6	1	ハードウェア
3	0	0	**技術要素**
3	7	0	ユーザーインタフェース
3	7	1	ユーザーインタフェース技術
3	7	2	UX/UI デザイン
3	8	0	情報メディア
3	8	1	マルチメディア技術
3	8	2	マルチメディア応用
3	9	0	データベース
3	9	1	データベース方式
3	9	2	データベース設計
3	9	3	データ操作
3	9	4	トランザクション処理
3	9	5	データベース応用
3	10	0	ネットワーク
3	10	1	ネットワーク方式
3	10	2	データ通信と制御
3	10	3	通信プロトコル
3	10	4	ネットワーク管理
3	10	5	ネットワーク応用
3	11	0	セキュリティ
3	11	1	情報セキュリティ
3	11	2	情報セキュリティ管理
3	11	3	セキュリティ技術評価
3	11	4	情報セキュリティ対策
3	11	5	セキュリティ実装技術
4	0	0	**開発技術**
4	12	0	システム開発技術
4	12	1	システム要件定義・ソフトウェア要件定義
4	12	2	設計
4	12	3	実装・構築
4	12	4	統合・テスト
4	12	5	導入・受入れ支援
4	12	6	保守・廃棄
4	13	0	ソフトウェア開発管理技術
4	13	1	開発プロセス・手法
4	13	2	知的財産適用管理

大分類	中分類	小分類	項 目 名
4	13	3	開発環境管理
4	13	4	構成管理・変更管理
5	0	0	**プロジェクトマネジメント**
5	14	0	プロジェクトマネジメント
5	14	1	プロジェクトマネジメント
5	14	2	プロジェクトの統合
5	14	3	プロジェクトのステークホルダ
5	14	4	プロジェクトのスコープ
5	14	5	プロジェクトの資源
5	14	6	プロジェクトの時間
5	14	7	プロジェクトのコスト
5	14	8	プロジェクトのリスク
5	14	9	プロジェクトの品質
5	14	10	プロジェクトの調達
5	14	11	プロジェクトのコミュニケーション
6	0	0	**サービスマネジメント**
6	15	0	サービスマネジメント
6	15	1	サービスマネジメント
6	15	2	サービスマネジメントシステムの計画及び運用
6	15	3	パフォーマンス評価及び改善
6	15	4	サービスの運用
6	15	5	ファシリティマネジメント
6	16	0	システム監査
6	16	1	システム監査
6	16	2	内部統制
7	0	0	**システム戦略**
7	17	0	システム戦略
7	17	1	情報システム戦略
7	17	2	業務プロセス
7	17	3	ソリューションビジネス
7	17	4	システム活用促進・評価
7	18	0	システム企画
7	18	1	システム化計画
7	18	2	要件定義
7	18	3	調達計画・実施
8	0	0	**経営戦略**
8	19	0	経営戦略マネジメント
8	19	1	経営戦略手法
8	19	2	マーケティング
8	19	3	ビジネス戦略と目標・評価
8	19	4	経営管理システム
8	20	0	技術戦略マネジメント
8	20	1	技術開発戦略の立案
8	20	2	技術開発計画
8	21	0	ビジネスインダストリ
8	21	1	ビジネスシステム
8	21	2	エンジニアリングシステム
8	21	3	e-ビジネス
8	21	4	民生機器
8	21	5	産業機器
9	0	0	**企業と法務**
9	22	0	企業活動
9	22	1	経営・組織論
9	22	2	業務分析・データ利活用
9	22	3	会計・財務
9	23	0	法務
9	23	1	知的財産権
9	23	2	セキュリティ関連法規
9	23	3	労働関連・取引関連法規
9	23	4	その他の法律・ガイドライン・技術者倫理
9	23	5	標準化関連

(3) 午後問題　予想配点表

■令和５年度春期　応用情報技術者試験

午後の問題（問１は必須，問２～問 11 から４問選択）

問番号	設問	設問内容	小問数	小問点	配点	満点
問1	1	(1)	1	1.0	1.0	20.0
		(2)a	1	2.0	2.0	
	2	(1)	1	2.0	2.0	
		(2)	1	1.0	1.0	
	3	(1)	1	1.0	1.0	
		(2)b～d	3	2.0	6.0	
		(3)	1	2.0	2.0	
	4	(1)	1	2.0	2.0	
		(2)	1	3.0	3.0	
問2	1	(1)	1	1.0	1.0	20.0
		(2)	1	4.0	4.0	
		(3)a	1	1.0	1.0	
	2	(1)b	1	1.0	1.0	
		(2)	1	2.0	2.0	
		(3)可能となること①，②	2	2.0	4.0	
		メリット	1	2.0	2.0	
		(4)	1	5.0	5.0	
問3	1	ア，イ	2	2.0	4.0	20.0
	2	①～④	4	1.0	4.0	
	3	ウ～カ	4	1.0	4.0	
	4	キ～ケ	3	2.0	6.0	
	5		1	2.0	2.0	
問4	1	(1)a	1	1.0	1.0	20.0
		(2)b	1	2.0	2.0	
		(3)	1	2.0	2.0	
	2	c～f	4	1.0	4.0	
	3	(1)g，h	2	1.0	2.0	
		(2)	1	4.0	4.0	
		(3)	1	5.0	5.0	
問5	1	(1)	1	2.0	2.0	20.0
		(2)	1	2.0	2.0	
	2	(1)a	1	2.0	2.0	
		(2)	1	2.0	2.0	
	3	(1)b～d	3	2.0	6.0	
		(2)	1	3.0	3.0	
		(3)	1	3.0	3.0	
問6	1	(1)a，b	2	2.0	4.0	20.0
	2	(1)c～f	4	1.0	4.0	
		g～i	3	2.0	6.0	
		(2)	1	6.0	6.0	

IPA によって配点比率が公表されています。それに基づき，アイテックでは各設問の配点を予想し，配点表を作成しました。参考資料として利用してください。

問番号	設問	設問内容	小問数	小問点	配点	満点
問 7	1		1	3.0	3.0	20.0
	2	a	1	3.0	3.0	
	3	(1)b	1	3.0	3.0	
		(2)c〜e メッセージ名	3	1.0	3.0	
		c〜e メッセージの方向	3	1.0	3.0	
	4		1	5.0	5.0	
問 8	1		1	2.0	2.0	20.0
	2	a〜c	3	2.0	6.0	
	3		1	5.0	5.0	
	4	下線③，④	2	1.0	2.0	
	5		1	5.0	5.0	
問 9	1	(1)	1	2.0	2.0	20.0
		(2)	1	1.0	1.0	
		(3)	1	3.0	3.0	
	2	(1)	1	4.0	4.0	
		(2)	1	3.0	3.0	
		(3)	1	2.0	2.0	
	3	(1)a，b	2	1.0	2.0	
		(2)	1	3.0	3.0	
問 10	1	(1)	1	1.0	1.0	20.0
		(2)a	1	1.0	1.0	
	2	(1)b	1	2.0	2.0	
		(2)	1	3.0	3.0	
		(3)	1	4.0	4.0	
	3	(1)	1	2.0	2.0	
		(2)	1	4.0	4.0	
		(3)	1	1.0	1.0	
		(4)	1	2.0	2.0	
問 11	1	a	1	4.0	4.0	20.0
	2		1	2.0	2.0	
	3	d	1	1.0	1.0	
	4	e	1	1.0	1.0	
	5	f〜h	3	4.0	12.0	
					合計	100.0

■令和 5 年度秋期　応用情報技術者試験

午後の問題（問 1 は必須，問 2～問 11 から 4 問選択）

問番号	設問	設問内容	小問数	小問点	配点	満点
問 1	1	(1)	1	5.0	5.0	20.0
		(2)	1	4.0	4.0	
	2	(1)	1	3.0	3.0	
		(2)a～d	4	1.0	4.0	
		(3)	1	3.0	3.0	
	3		1	1.0	1.0	
問 2	1	(1)	1	3.0	3.0	20.0
		(2)a	1	2.0	2.0	
		(3)b，d	2	2.0	4.0	
		(4)c	1	1.0	1.0	
	2	(1)	1	2.0	2.0	
		(2)	1	2.0	2.0	
		(3)	1	4.0	4.0	
	3	e	1	2.0	2.0	
問 3	1	ア，イ	2	2.0	4.0	20.0
	2	(1)ウ～カ	4	2.0	8.0	
		(2)	1	5.0	5.0	
	3	キ	1	3.0	3.0	
問 4	1	(1)a～c	3	1.0	3.0	20.0
		(2)d～g	4	1.0	4.0	
	2	(1)会社名	1	2.0	2.0	
		システム名	1	2.0	2.0	
		(2)	1	4.0	4.0	
	3		1	5.0	5.0	
問 5	1	(1)a，b	2	1.0	2.0	20.0
	2	(2)c，d	2	2.0	4.0	
	3	(1)設定項目	1	3.0	3.0	
		設定内容	1	3.0	3.0	
		(2)	1	1.0	1.0	
		(3)	1	4.0	4.0	
	4	e	1	3.0	3.0	
問 6	1	a	1	2.0	2.0	20.0
	2	(1)b，c	2	2.0	4.0	
		(2)d	1	2.0	2.0	
		(3)e～h	4	2.0	8.0	
	3	i，j	2	2.0	4.0	

問番号	設問	設問内容	小問数	小問点	配点	満点
問 7	1	(1)	1	4.0	4.0	20.0
		(2)	1	2.0	2.0	
	2	(1)	1	4.0	4.0	
		(2)	1	2.0	2.0	
		(3)a	1	2.0	2.0	
	3		1	2.0	2.0	
	4		1	4.0	4.0	
問 8	1	a，b	2	1.0	2.0	20.0
	2	(1)c，d	2	1.0	2.0	
		(2)	1	2.0	2.0	
	3	(1)	1	4.0	4.0	
		(2)e	1	2.0	2.0	
		(3)	1	4.0	4.0	
		(4)	1	4.0	4.0	
問 9	1	(1)a	1	3.0	3.0	20.0
		(2)b	1	3.0	3.0	
	2	(1)c	1	1.0	1.0	
		理由	1	3.0	3.0	
		(2)	1	1.0	1.0	
		(3)	1	3.0	3.0	
	3	(1)	1	4.0	4.0	
		(2)	1	2.0	2.0	
問 10	1		1	1.0	1.0	20.0
	2	(1)a	1	1.0	1.0	
		(2)	1	5.0	5.0	
		(3)	1	5.0	5.0	
	3	(1)	1	3.0	3.0	
		(2)	1	5.0	5.0	
問 11	1	a～c	3	1.0	3.0	20.0
	2		2	3.0	6.0	
	3	d，e	2	2.0	4.0	
	4	f	1	3.0	3.0	
	5		1	4.0	4.0	
					合計	100.0

■令和６年度春期　応用情報技術者試験

午後の問題（問１は必須，問２～問11から４問選択）

問番号	設問	設問内容	小問数	小問点	配点	満点
問1	1		1	1.0	1.0	20.0
	2	(1)a	1	2.0	2.0	
		(2)	1	4.0	4.0	
	3	(1)	1	3.0	3.0	
		(2)	1	5.0	5.0	
		(3)	1	2.0	2.0	
	4	(1)	1	1.0	1.0	
		(2)b	1	2.0	2.0	
問2	1	(1)a，b，c	3	1.0	3.0	20.0
		(2)d	1	1.0	1.0	
		(3)	1	2.0	2.0	
		(4)	1	2.0	2.0	
	2	(1)	1	1.0	1.0	
		(2)	1	5.0	5.0	
	3	(1)	1	2.0	2.0	
		(2)	1	4.0	4.0	
問3	1	ア	1	2.0	2.0	20.0
	2	イ～エ	3	2.0	6.0	
	3	(1)代入文	1	4.0	4.0	
		オ	1	2.0	2.0	
		(2)カ	1	1.0	1.0	
	4	(1)キ	1	2.0	2.0	
		(2)ク	1	3.0	3.0	
問4	1		1	2.0	2.0	20.0
	2	(1)	1	1.0	1.0	
		(2)	1	2.0	2.0	
	3		2	3.0	6.0	
	4	a，b	2	2.0	4.0	
	5		1	5.0	5.0	
問5	1	(1)	1	4.0	4.0	20.0
		(2)	1	2.0	2.0	
	2	(1)a～c	3	2.0	6.0	
		(2)	1	3.0	3.0	
	3	(1)d	1	2.0	2.0	
		(2)e，f	2	1.0	2.0	
		(3)	1	1.0	1.0	
問6	1	(1)a	1	2.0	2.0	20.0
		(2)b，c	2	2.0	4.0	
		(3)d	1	2.0	2.0	
	2		1	3.0	3.0	
	3	e，f	2	1.0	2.0	
	4	(1)g，h	2	1.0	2.0	
		(2)	1	2.0	2.0	
		(3)	1	3.0	3.0	

問番号	設問	設問内容	小問数	小問点	配点	満点
問 7	1	(1)a	1	2.0	2.0	20.0
		(2)	1	4.0	4.0	
	2	(1)	1	4.0	4.0	
		(2)	1	2.0	2.0	
		(3)ドア開，ドア閉	2	2.0	4.0	
	3	(1)	1	2.0	2.0	
		(2)b	1	2.0	2.0	
問 8	1	a	1	2.0	2.0	20.0
	2	b，c	2	2.0	4.0	
	3		1	2.0	2.0	
	4	d，e	2	2.0	4.0	
	5		1	4.0	4.0	
	6	f	1	4.0	4.0	
問 9	1	(1)	1	3.0	3.0	20.0
		(2)a	1	2.0	2.0	
	2	(1)	1	3.0	3.0	
		(2)	1	4.0	4.0	
		(3)b，c	2	2.0	4.0	
		(4)	1	1.0	1.0	
		(5)	1	3.0	3.0	
問 10	1	a	1	1.0	1.0	20.0
	2	(1)b	1	2.0	2.0	
		(2)	1	4.0	4.0	
		(3)c	1	4.0	4.0	
		(4)問題	1	3.0	3.0	
		解決方法	1	1.0	1.0	
	3		1	5.0	5.0	
問 11	1	a～d	4	2.0	8.0	20.0
	2	e	1	5.0	5.0	
	3	f	1	3.0	3.0	
	4	g，h	2	2.0	4.0	
					合計	100.0

パスワード後半：SOk1

総仕上げ問題集

第3部

実力診断テスト

★解答用紙と解答・解説はダウンロードコンテンツです。アクセス方法は P.10 をご覧ください。

応用情報技術者
午前の問題

注意事項

1．解答時間は，**2時間30分**です（標準時間）。

2．答案用紙（マークシート）の右上の所定の欄に**受験者番号**，**氏名**，**団体名**及び**送付先コード**などが記載されています。答案用紙が自分のものであることを確認してください。

3．**問1～問80**の問題は，**全問必須**です。

4．解答は，ア～エの中から一つ選んでください。
次の例にならって，答案用紙の所定の欄に記入してください。
(例題)
問1　日本の首都は次のうちどれか。
ア 東 京　　イ 大 阪　　ウ 名古屋　　エ 仙 台
正しい答えは「ア　東　京」ですから，答案用紙には，

のように，該当する欄を鉛筆で黒くマークしてください。

5．解答の記入に当たっては，次の点に注意してください。
(1)　濃度B又はHBの鉛筆又はシャープペンシルを使用してください。
(2)　解答を修正する場合や解答以外に印をつけた場合には，「消しゴム」であとが残らないようにきれいに消してください。

6．電卓は使用できません。

7．問題冊子の余白などは，適宜利用して構いません。ただし，問題冊子を切り離して利用することはできません。

これらの指示に従わない場合には採点されませんので，注意してください。

指示があるまで開いてはいけません。

問題文中で共通に使用される表記ルール

各問題文中に注記がない限り，次の表記ルールが適用されているものとする。

1. 論理回路

図記号	説明
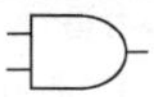	論理積素子（AND）
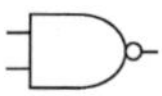	否定論理積素子（NAND）
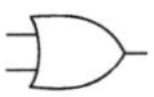	論理和素子（OR）
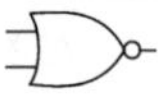	否定論理和素子（NOR）
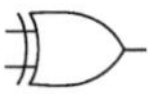	排他的論理和素子（XOR）
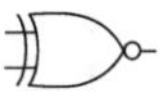	論理一致素子
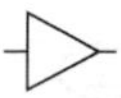	バッファ
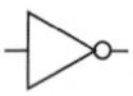	論理否定素子（NOT）
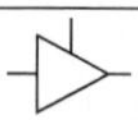	スリーステートバッファ
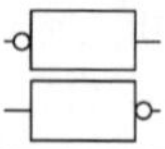	素子や回路の入力部又は出力部に示される○印は，論理状態の反転又は否定を表す。

2. 回路記号

図記号	説明
—\/\/\/—	抵抗（R）
—▷|—	ダイオード（D）
⏚	接地

問1　10 進数の－85 を，負の数を 2 の補数で表現する 2 進数に変換し，8 ビットのレジスタに記憶する。これを右に 3 ビット算術シフトして得られる結果を 10 進数に変換した値はどれか。

(821562)

ア　－121　　イ　－11　　ウ　21　　エ　245

問2　集合 A, B, C に対して，$\overline{A} \cap \overline{B \cup C}$ が空集合であるとき，包含関係として適切なものはどれか。ここで，∪は和集合，∩は積集合，$\overline{X}$ は X の補集合，また，$X \subseteq Y$ は X が Y の部分集合であることを表す。

(822326)

ア　$(B \cap C) \subseteq A$　　イ　$(B \cap \overline{C}) \subseteq A$

ウ　$(\overline{B} \cap C) \subseteq A$　　エ　$(\overline{B} \cap \overline{C}) \subseteq A$

問3　AI のディープラーニングに関する記述として，最も適切なものはどれか。

(822460)

ア　多層のニューラルネットワークを使用する。

イ　プロダクション・ルールに従って知識を記述する。

ウ　ベイジアンネットワークを使用する。

エ　ロジスティック回帰分析を使用する。

問4　誤り制御に用いられるハミング符号について，符号長7ビット，情報ビット数4ビットのハミング符号とし，情報ビット x1x2x3x4 に対して，

(x1＋x2＋x3＋p1) mod 2＝0

(x1＋x2＋x4＋p2) mod 2＝0

(x2＋x3＋x4＋p3) mod 2＝0

を満たす冗長ビット p1p2p3 を付加した符号語 x1x2x3x4p1p2p3 について考える。

この方式で符号化されたハミング符号 1011101 には，1ビットの誤りがある。誤りを訂正したハミング符号はどれか。

(823756)

ア　0011101　　イ　1001101　　ウ　1010101　　エ　1111101

問5　五つの数の並び（5，1，3，4，2）を，ある整列アルゴリズムに従って昇順に並べ替えたところ，数の入替えは次のとおり行われた。この整列アルゴリズムはどれか。

(820090)

（1，5，3，4，2）

（1，3，5，4，2）

（1，3，4，5，2）

（1，2，3，4，5）

ア　クイックソート　　イ　選択ソート

ウ　挿入ソート　　エ　バブルソート

問6　次のような構造をもった線形リストにおいて，要素の個数が増えるとそれに応じて処理量も増えるものはどれか。

(713570)

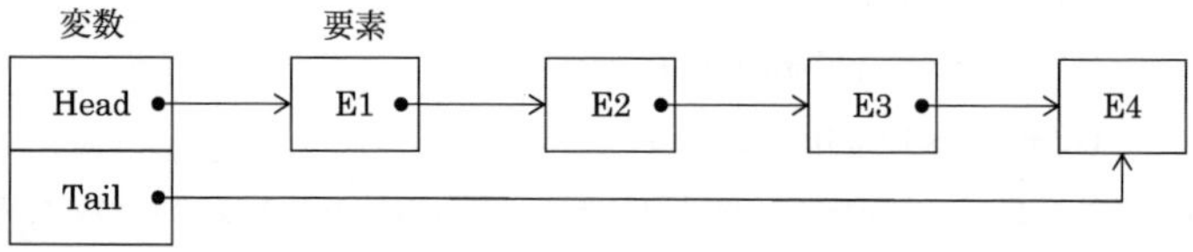

変数　要素

Head → E1 → E2 → E3 → E4
Tail → E4

ア　最後尾の要素の削除

イ　最後尾への要素の追加

ウ　先頭の要素の削除

エ　先頭への要素の追加

問7　プログラムの構造に関する次の説明と名称の，正しい組合せはどれか。

(711312)

a　自分自身を参照するプログラム

b　一度ロードすれば，再ロードをしなくても複数のタスクで実行可能なプログラム。ただし，一時には一つのタスクしかプログラムを利用できない。

c　一度ロードすれば，複数のタスクで共有可能なプログラム。手続部は共有し，データ部はタスクごとに確保する。

	a	b	c
ア	シリアリリユーザブル	リエントラント	リカーシブ
イ	リエントラント	リカーシブ	シリアリリユーザブル
ウ	リエントラント	シリアリリユーザブル	リカーシブ
エ	リカーシブ	シリアリリユーザブル	リエントラント

問8　CPU の命令レジスタの役割はどれか。

(811413)

ア　演算を行うために，メモリから読み出したデータを保持する。

イ　条件付き分岐命令を実行するために，演算結果の状態を保持する。

ウ　命令のデコードを行うために，メモリから読み出した命令を保持する。

エ　命令を読み出すために，次の命令が格納されたアドレスを保持する。

問9　1 次キャッシュ，2 次キャッシュ，及びメインメモリから構成される主記憶をもつコンピュータがある。1 次キャッシュ，2 次キャッシュ，メインメモリからの平均読取り時間が，それぞれ 50 ナノ秒，100 ナノ秒，1 マイクロ秒であるとき，このコンピュータにおける主記憶からの平均読取り時間は，およそ何ナノ秒か。なお，キャッシュのヒット率は，1 次キャッシュが 90%，2 次キャッシュが 50%であるとする。

(830451)

ア　100　　イ　145　　ウ　155　　エ　380

問 10　図のように，プロセッサごとにキャッシュメモリをもつマルチプロセッサ構成のシステムにおけるコヒーレンシに関する記述として，最も適切なものはどれか。

(821270)

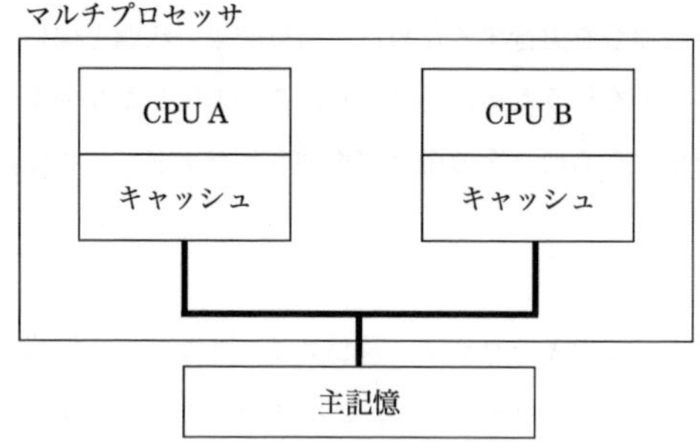

ア　ライトスルー方式のキャッシュメモリでは，一方の CPU がメモリに書込みを行うと，もう一方の CPU のキャッシュメモリとの間でコヒーレンシが保てなくなる。

イ　ライトスルー方式のキャッシュメモリでは，一方の CPU がメモリに書込みを行った後に，もう一方の CPU が同じアドレスのデータを主記憶から読み取ると，キャッシュメモリのコヒーレンシが保てなくなる。

ウ　ライトバック方式のキャッシュメモリでは，一方の CPU がキャッシュメモリから主記憶への書込みを行った後に，もう一方の CPU が同じアドレスのデータを主記憶から読み取ると，キャッシュメモリのコヒーレンシが保てなくなる。

エ　ライトバック方式のキャッシュメモリでは，一方の CPU が主記憶からデータの読込みを行った後に，もう一方の CPU が同じアドレスのデータを主記憶から読み取ると，キャッシュメモリのコヒーレンシが保てなくなる。

問 11　1 台当たりの容量が 100G バイトのディスク装置を用いて，実効容量 500G バイトの RAID5 のディスクアレイを構成する場合の，最小構成時のディスク装置台数は幾つか。

(714557)

ア　5　　イ　6　　ウ　10　　エ　12

問 12　代表的な仮想化方式には，ハイパーバイザー型，ホスト型，コンテナ型がある。ハイパーバイザー型の説明として，最も適切なものはどれか。

(823757)

ア　サーバの OS を兼ねる仮想化ソフトによって，それぞれ個別の OS が動作する仮想環境を複数作成する。
イ　サーバ上に作成した独立した仮想環境上で，それぞれ異なる PC のアプリケーションプログラムを実行し，画面情報をそれぞれの PC に応答する。
ウ　サーバの OS 上で動作する仮想化ソフトによって，個別の OS なしにアプリケーションプログラムが動作できる独立した複数の仮想環境を作成する。
エ　サーバの OS 上で動作する仮想化ソフトによって，それぞれ個別の OS が動作する複数の仮想環境を作成する。

問 13　仮想マシンを，動作中のまま他の物理サーバに移動して継続的に動作させる操作はどれか。

(822329)

ア　フェールオーバ　　イ　ホットスペア
ウ　ホットスワップ　　エ　ライブマイグレーション

問 14　A 社の Web サイトでは，現状のピーク時間帯（11:00～12:00）にサーバが処理するトランザクション数が 36,000 件あり，毎年，20%のトランザクション数の伸びが予想されている。こうした状況から，Web サイトのサーバ機器を複数の CPU を搭載できる新機種へ更新することを計画しており，次の条件で新機種に求められる性能を見積もるとき，サーバに搭載すべき最小の CPU 数は幾つか。

〔見積りの条件〕

- 3 年後のピーク時間帯のトランザクション数の予想値を基に見積りを行う。
- サーバが処理するトランザクションは各 CPU に均等に割り振られる。
- 各 CPU が処理すべき TPS (Transaction Per Second) が 4 未満になるようにする。
- OS のオーバーヘッドなどの処理は無視できる。
- トランザクションはピーク時間帯の中で均等に発生する。

(823758)

ア　3　　イ　4　　ウ　5　　エ　6

問 15　名古屋に本社を置くある企業では，本社と大阪支社，本社と東京支社との間をそれぞれ独立した通信回線で接続しており，それぞれの通信回線の稼働率は，本社と大阪支社間が 0.9，本社と東京支社間が 0.8 である。東京支社と大阪支社の間に稼働率 0.7 の通信回線を新設し，既存の通信回線に障害が起きたときの迂回通信路を確保することを計画している。この通信回線を新設すると，本社と東京支社との間で通信ができる確率は現状に比べてどれだけ向上するか。

(822080)

ア　0.126　　イ　0.156　　ウ　0.63　　エ　0.926

問 16　サーバの性能を向上させるためのスケールアップとスケールアウトの特徴を比較した場合，スケールアップの特徴はどれか。なお，追加・交換するサーバはいずれも1台であり，表中の大・小は，スケールアップとスケールアウトを比較した場合の一般的な相対評価の結果である。

(822210)

	サーバ購入コスト	ソフトウェア費用	維持管理コスト
ア	小	小	大
イ	小	大	小
ウ	大	小	小
エ	大	大	大

問17 図は，RTOSを用いたシステムにおいて，優先度の異なるタスクA，タスクBの動作を示したものである。両タスクは，共通の資源をRTOSが提供するセマフォ機能を用いて排他的に使用する。①～④は，各タスクがRTOSのカーネルに対するセマフォ操作のために発行するシステムコールであり，矢印の位置が発行したタイミングを示す。②と③に入るセマフォ操作の組合せとして適切なものはどれか。

(823747)

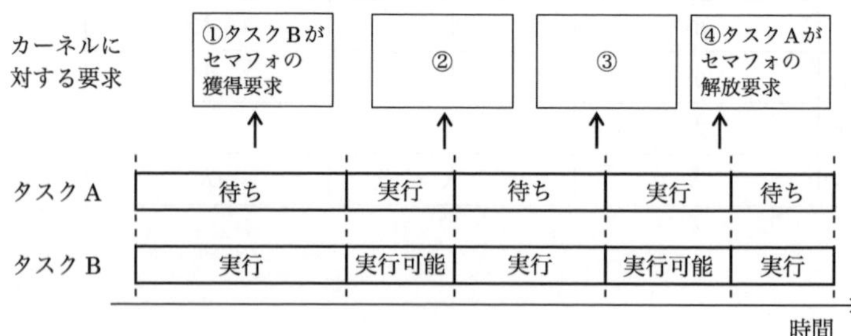

注記 タスクAの優先度は，タスクBの優先度よりも高い。

	②	③
ア	タスクAがセマフォの獲得要求	タスクBがセマフォの解放要求
イ	タスクAがセマフォの獲得要求	タスクBがセマフォの獲得要求
ウ	タスクBがセマフォの解放要求	タスクBがセマフォの解放要求
エ	タスクBがセマフォの解放要求	タスクBがセマフォの獲得要求

問18 主記憶が四つの固定区画に分割されており，それぞれの大きさはアドレスの小さい方から順に100kバイト，400kバイト，300kバイト，200kバイトである。この主記憶に，全ての区画が空きである状態から，大きさが250kバイト，200kバイト，50kバイトのプログラムを順番に割り当てた時点で，使用できない領域は何kバイト生じているか。なお，主記憶の区画に対するプログラムの割当ては，ファーストフィット方式で行われるものとする。

(821955)

ア 100　　イ 150　　ウ 200　　エ 300

問19　スラッシングの説明として適切なものはどれか。

(822082)

ア　仮想記憶方式における仮想アドレスから実アドレスへの変換操作

イ　仮想記憶方式におけるページングの多発によってスループットが低下する現象

ウ　動的な獲得と解放を繰り返すことで生じたメモリ領域の断片化した状態

エ　動的に獲得されたメモリ領域が，使用済みになっても解放されない状態

問20　デジタルシグナルプロセッサ（DSP）に関する記述のうち，最も適切なものはどれか。

(790733)

ア　A/D変換，D/A変換機能を内蔵し，アナログ信号を処理するのに適している。

イ　積和演算を高速に行う高速乗算器をもち，音声処理，画像処理などに使われることが多い。

ウ　デジタル信号に含まれるノイズをカットする，専用プロセッサの一つである。

エ　浮動小数点演算機能を内蔵し，マイクロプロセッサ（MPU）の演算処理能力を補う。

問21　16進数12345678をビッグエンディアンで4バイトのメモリに配置したものはどれか。

(821022)

ア

0	+1	+2	+3
12	34	56	78

イ

0	+1	+2	+3
56	78	12	34

ウ

0	+1	+2	+3
78	56	34	12

エ

0	+1	+2	+3
87	65	43	21

問 22　図の回路は，マイコンの出力ポートに接続されたスリーステートバッファ制御による LED 点灯回路である。スリーステートバッファは，制御信号が High レベルのとき，入力信号と同じレベルの信号を出力し，制御信号が Low レベルのときは，出力が高インピーダンス状態になり信号は遮断される。また，トランジスタ（NPN 型）は，ベース(B)の電圧が High レベルになったときにコレクタ（C）からエミッタ（E）へ向けて電流が流れる。この回路において，LED が点灯するのは，出力ポートの信号 A，B の出力がそれぞれどの状態のときか。

(823380)

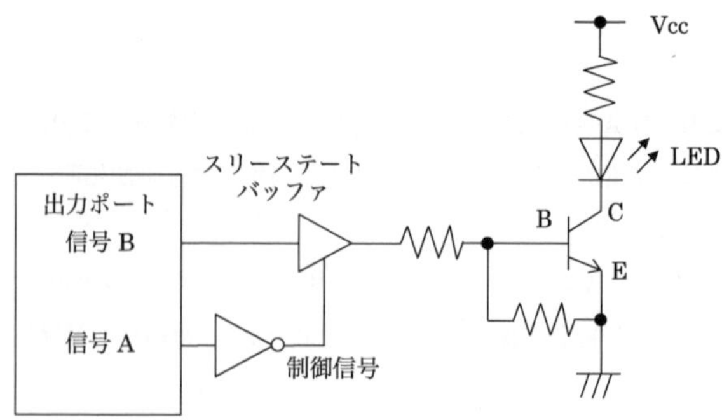

ア　信号 A から High レベル，信号 B から High レベルを出力する。

イ　信号 A から High レベル，信号 B から Low レベルを出力する。

ウ　信号 A から Low レベル，信号 B から High レベルを出力する。

エ　信号 A から Low レベル，信号 B から Low レベルを出力する。

問 23　0～3V のアナログ電圧を出力する 8 ビットの D/A 変換器がある。データとして 2 進数で 0000 0000 を与えたときの出力電圧は 0V，1000 0000 を与えたときの出力電圧は 1.5V である。データとして 16 進数で E0 を与えたときの出力電圧は何 V か。

(823746)

ア　1.875　　　イ　2.25　　　ウ　2.625　　　エ　2.635

問 24　ユニバーサルデザインの 7 原則の一つである“使う上で自由度が高いこと”に該当するものはどれか。

(830171)

ア　画像や図などの非テキストコンテンツに，代替テキストを付けて読上げができる。

イ　高齢者や子ども向けに 50 音順のキーボードも使うことができる。

ウ　操作を間違えた場合に“Undo”で処理を取り消すことができる。

エ　ヘルプボタンをクリックすると，操作方法の説明ウィンドウが表示される。

問 25　コンピュータグラフィックス技術のレイトレーシングの説明として，適切なものはどれか。

(810727)

ア　光源から物体表面での反射・屈折を繰り返し，最終的に視点に入ってくる光線を計算することで，立体映像を生成する。

イ　図形を描画する際に，境界に生じるギザギザを目立たなくする。

ウ　動画像が滑らかに変化するように，変化前後の画像からその中間の画像を作り出す。

エ　物体表面に当たった光の相互反射を計算し，各面の光のエネルギーを算出する。

問26 三つのエンティティ“商品”，“受注”，“顧客”の間に，次のE-R図で表される関連がある。ここで，X→Yは，XとYが1対多の関連であることを表す。

このとき，“商品”，“受注”，“顧客”の各表のデータ項目として，正しいものはどれか。ここで，下線部は主キーを，点線部は外部キーを表す。

(713250)

ア　受注（受注番号，受注年月日）
　　商品（商品コード，商品名，受注番号）
　　顧客（顧客コード，顧客名，受注番号）

イ　受注（受注番号，受注年月日，顧客コード）
　　商品（商品コード，商品名）
　　顧客（顧客コード，顧客名，受注番号）

ウ　受注（受注番号，受注年月日，顧客コード）
　　商品（商品コード，商品名，受注番号）
　　顧客（顧客コード，顧客名）

エ　受注（受注番号，受注年月日，商品コード，顧客コード）
　　商品（商品コード，商品名）
　　顧客（顧客コード，顧客名）

問 27　“貸出記録”表を第３正規形に正規化したものはどれか。ここで，下線部は主キーを表す。なお，書籍の貸出に際して貸出番号が採番され，書籍５冊までの貸出を受けることができる。また，同一の書籍が複数存在することはないものとする。

(821025)

貸出記録（貸出番号，書籍番号，貸出日，会員番号，書籍名，著者名）

ア　貸出（貸出番号，貸出日，会員番号）
　　貸出明細（貸出番号，書籍番号）
　　書籍（書籍番号，書籍名，著者名）

イ　貸出（貸出番号，貸出日，会員番号）
　　貸出明細（貸出番号，書籍番号，著者名）
　　書籍（書籍番号，書籍名）

ウ　貸出（貸出番号，会員番号）
　　貸出明細（貸出番号，書籍番号，貸出日）
　　書籍（書籍番号，書籍名，著者名）

エ　貸出（貸出番号，会員番号）
　　貸出明細（貸出番号，書籍番号，貸出日，書籍名，著者名）

問 28　DBMS をシステム障害発生後に再立上げするとき，システム障害が発生する直前のチェックポイントより前に処理を開始し，システム障害が発生した時点で処理中（コミット未済）のトランザクションに対する復旧方法として，適切なものはどれか。

(823148)

ア　更新後ログを使用したロールバック処理を行う。

イ　更新後ログを使用したロールフォワード処理を行う。

ウ　更新前ログを使用したロールバック処理を行う。

エ　更新前ログを使用したロールフォワード処理を行う。

問 29　CAP 定理は，分散システムに求められる三つの特性について，二つまでしか同時に満たすことができないとしている。この三つの特性の組合せとして，適切なものはどれか。

(823759)

ア　一貫性，可用性，信頼性　　　　イ　一貫性，可用性，分断耐性

ウ　一貫性，信頼性，分断耐性　　　エ　可用性，信頼性，分断耐性

問 30　多様なデータをそのままの形式や構造で格納し，ビッグデータのデータ貯蔵場所として利用されるものはどれか。

(823111)

ア　データウェアハウス　　　　イ　データマート

ウ　データレイク　　　　　　　エ　リポジトリ

問 31　16k ビット／秒の音声符号化を行う VoIP 通信において，1 パケットに含まれる音声ペイロードが 10 バイトだった場合，パケット生成周期は何ミリ秒か。

(822606)

ア　5　　　イ　10　　　ウ　16　　　エ　20

問 32　イーサネットのL2スイッチに関する記述として，適切なものはどれか。

(823748)

ア　経路制御テーブルを参照して，宛先の IP アドレスが示すネットワークに最も近い経路に向けてパケットを転送する。

イ　自動的な学習によって MAC アドレステーブルに登録された情報を参照して，フレームを特定のポートだけに中継する。

ウ　ソフトウェアや遠隔からの指示によって，ポート間の物理的な配線の接続や切断，切替えを行う。

エ　伝送路上の搬送波を検知して，搬送波がないときには，全てのポートからフレームを送出する。

問 33　TCP/IP ネットワークにおける ARP の機能として，適切なものはどれか。

(811658)

ア　IP アドレスから MAC アドレスを求める。

イ　IP パケットが通信先の IP アドレスに到達するかどうかを調べる。

ウ　ドメイン名とホスト名から IP アドレスを求める。

エ　プライベート IP アドレスとグローバル IP アドレスを相互に変換する。

問 34　ネットワークアドレスが 192.168.10.80，サブネットマスクが 255.255.255.240 のネットワークについて，適切なものはどれか。

(823760)

ア　CIDR 表記では，192.168.10.80/27 になる。

イ　内部の機器に対して，192.168.10.90 という IP アドレスを割り当てることができる。

ウ　内部の機器に対して，割り当てることができる IP アドレスは最大 30 個である。

エ　ホスト部は 28 ビットである。

問 35　LAN においてブロードキャストストームが発生した場合の解決方法として適切なものはどれか。

(822608)

ア　LAN スイッチによって，コリジョンドメインを分割する。

イ　ping コマンドによって，送信先への経路が正常であることを確認する。

ウ　STP プロトコルを利用して，伝送路のループをなくす。

エ　プロトコルを TCP から UDP に変更することで，通信の負荷を削減する。

問 36　Web サーバに接続するクライアントに対して，PKI を利用した TLS クライアント認証を行う。このために必要な事前作業はどれか。

(821789)

ア　Web サーバのサーバ証明書と秘密鍵を，Web サーバにインストールする。

イ　クライアント証明書と秘密鍵を，クライアント端末にインストールする。

ウ　クライアント端末利用者の利用者 ID と仮パスワードを，Web サーバに登録する。

エ　事前共有秘密鍵を，クライアント端末と Web サーバの双方に設定する。

問37　電子メールに添付されたワープロ文書ファイルなどを介して感染するEmotetに関する記述として，適切なものはどれか。

(823132)

ア　暗号化のためのCPU処理時間やエラーメッセージなどが解析され，内部の機密情報を窃取される。

イ　キーボードから入力されたキーストロークが記録され，パスワードなどの情報を窃取される。

ウ　不正なサイトに誘導され，偽のWebページによってIDやパスワードなどが窃取される。

エ　メールアカウントやアドレス帳の情報が窃取され，感染を広げるなりすましメールが送信される。

問38　OCSP（Online Certificate Status Protocol）を利用したサーバ証明書の確認に関する記述として，適切なものはどれか。

(822094)

ア　サーバ証明書が失効していないかどうかを確認するために，ブラウザがVA（Validation Authority）からCRLをダウンロードする。

イ　サーバ証明書が失効していないかどうかを確認するために，ブラウザがVA（Validation Authority）に問い合わせる。

ウ　サーバ証明書が信頼できる認証局から発行されていることを確認するために，ブラウザがVA（Validation Authority）に問い合わせる。

エ　サーバ証明書の有効期限が超過していないかどうかを確認するために，ブラウザがVA（Validation Authority）に問い合わせる。

問 39 セキュリティ攻撃に関連する記述のうち，適切なものはどれか。

(821156)

ア サイドチャネル攻撃は，不正なプログラムなどを，ユーザーに気が付かれないようにダウンロードさせる攻撃である。

イ ドライブバイダウンロードは，Web ページ上に不正なボタンを配置し，ユーザーを不正サイトへ誘導する手法である。

ウ フットプリンティングは，攻撃目標の機器などに対して，攻撃を行う前の下調べのためにアクセスする行為である。

エ ルートキット（rootkit）は，暗号処理時にハードウェアから発生する電磁波などを観測し，暗号の解析に利用する手法である。

問 40 ランサムウェアに関する記述として，適切なものはどれか。

(822092)

ア 暗号化によって自身のコードを変化させて，マルウェア対策ソフトウェアに検知されにくくする。

イ 感染した PC での利用者のキーボード操作を記録して，パスワードやクレジットカード番号のような秘密情報を窃取する。

ウ 感染した PC に格納されたファイルを暗号化によって使用できないようにして，その解除の対価として金銭を要求する。

エ 侵入したサーバなどに設置される不正なプログラムやツール群で，プロセスやファイルの存在を隠ぺいする。

問41　スミッシング（smishing）の手口はどれか。

(822995)

ア　PC に侵入したマルウェアが利用者のキーボード操作を記録して，入力された情報を窃取する。

イ　携帯端末に SMS（ショートメッセージサービス）のメッセージを送信して，メッセージ中の URL をクリックした受信者を罠（わな）サイトに誘導する。

ウ　検索サイトにおける順位付けの方法を考慮した Web ページを作成し，上位に表示させた検索結果をクリックした利用者を罠サイトに誘導する。

エ　送信元 IP アドレスを偽装したパケットを送信して，IP アドレスに基づく通信のフィルタリングを突破する。

問42　CSIRT の説明として，最も適切なものはどれか。

(823749)

ア　IP アドレスの割当て方針の決定や DNS ルートサーバの運用監視など，インターネットのリソース管理を世界規模で行う。

イ　社外秘情報のような，会社にとって重要な情報を扱うことが多いため，構成メンバーは社員だけに限定する必要がある。

ウ　情報セキュリティインシデントに関する報告を受け取り，技術的な支援，組織内の調整や統制によって，被害の最小化と迅速な復旧を実現する。

エ　情報セキュリティインシデントにつながる予兆の検知活動や，インシデント収束後の再発防止策の立案に重点を置いた活動を行う。

問43　情報システムのセキュリティコントロールを予防，検知，復旧の三つに分けた場合，予防に該当するものはどれか。

(771792)

ア　公開サーバへの IDS 導入

イ　データセンターのコンティンジェンシープラン策定

ウ　データのバックアップ

エ　データベースのアクセスコントロールリストの設定

問44　ペネトレーションテストに関する説明はどれか。

(840539)

ア　サーバやネットワーク機器などに対して，適切にパッチが適用されているか，適切な設定で運用されているかなどを検査する。

イ　サーバやネットワークシステムに対して，実際の攻撃手法を使って侵入できるかどうかを検査する。

ウ　PC 向けソフトウェアなどに対して脆弱性を発現させやすいデータやファイルを送り込み，脆弱性の有無を検査する。

エ　人手あるいはツールを用いて，ソフトウェアのソースコードに作り込んでしまった脆弱性を検査する。

問45　複数のシステムやサービスの間で利用され，認証や認可に関する情報を交換するための Web サービスの仕様はどれか。

(823750)

ア　DKIM　　イ　SAML　　ウ　SMTP-AUTH　　エ　SPF

問46　モジュールの独立性を，モジュール強度とモジュール結合度によって評価する。このときのモジュール強度及び，モジュール結合度に関する記述として，適切なものはどれか。

(822470)

ア　モジュールの独立性を高めるためには，モジュール間の関連性に着目したモジュール強度を強くする。

イ　モジュールの独立性を高めるためには，モジュール間の関連性に着目したモジュール結合度を弱くする。

ウ　モジュールの独立性を高めるためには，モジュールを構成する命令（各行）の関連性に着目したモジュール強度を弱くする。

エ　モジュールの独立性を高めるためには，モジュールを構成する命令（各行）の関連性に着目したモジュール結合度を強くする。

問47　ホワイトボックステストに関する記述として，最も適切なものはどれか。

(714435)

ア　下位のモジュールの代替となるスタブを利用してテストを実施する。

イ　正常データと誤りデータのクラスを設定して，それぞれのクラスからの代表データをテストデータとする。

ウ　正しい入力データの範囲の境界値をテストデータとする。

エ　プログラムの判定条件を網羅するテストケースを設定する。

問48　利用者部門からの要望によって，稼働中の業務システムの画面レイアウトの変更を行った。この保守を何と呼ぶか。

(823273)

ア　完全化保守　　イ　是正保守　　ウ　適応保守　　エ　予防保守

問 49　アジャイル型の開発手法のうち，「コミュニケーション」，「シンプル」，「フィードバック」，「勇気」，「尊重」という五つの価値を原則としてソフトウェア開発を進めていくものはどれか。

(823112)

ア　エクストリームプログラミング　　　イ　スクラム
ウ　フィーチャ駆動型開発　　　エ　リーンソフトウェア開発

問 50　CMMI（Capability Maturity Model Integration）に関する記述として，適切なものはどれか。

(810301)

ア　想定されるコード行数に，必要とされる要員能力やシステムの信頼性を補正係数として掛け合わせて，開発に必要な工数を見積もる方法である。
イ　ソフトウェア開発に限らず，ハードウェアも含めた製品開発プロジェクトのプロセス及び開発組織の成熟度を評価するためのモデルである。
ウ　ソフトウェア開発のプロセスモデルの一つで，少人数の開発チームであっても，ユーザーを巻き込みながら，短い期間でシステムを完成させる開発手法である。
エ　ソフトウェアを中心としたシステム開発組織が，開発作業やそれに伴う取引を滞りなく進めるために，共通の枠組みを取り決めたものである。

問 51　PMO の役割の説明として，適切なものはどれか。

(820407)

ア　企業の経営戦略に基づいて，ビジネスモデルや情報技術を活用した基本戦略を策定する。

イ　情報システム開発に必要となる要件を定義し，それを実現するためのアーキテクチャの設計，情報システムの開発を中心的に行う。

ウ　プロジェクト計画を立案し，必要となる要員や資源を確保して，計画した予算，納期，品質の達成について責任をもってプロジェクトを成功裏に導く。

エ　プロジェクトマネジメントの能力と品質を向上させ，個々のプロジェクトが円滑に実施されるよう支援する。

問 52　JIS Q 21500:2018（プロジェクトマネジメントの手引）では，プロジェクトマネジメントに関連するプロセスを，実施時期によって，立ち上げ，計画，実行，管理，終結という五つのフェーズに分類している。資源を対象とする次のプロセスのうち，立ち上げフェーズに実施されるものはどれか。

(823761)

ア　資源の見積り

イ　プロジェクト組織の定義

ウ　プロジェクトチームの開発

エ　プロジェクトチームの編成

問 53　A～C の三つのアクティビティからなる作業について，依存関係，作業日数をプレシデンスダイアグラムによって表現すると図のようになった。この作業を完了させるために必要な日数は最小で何日か。

(823762)

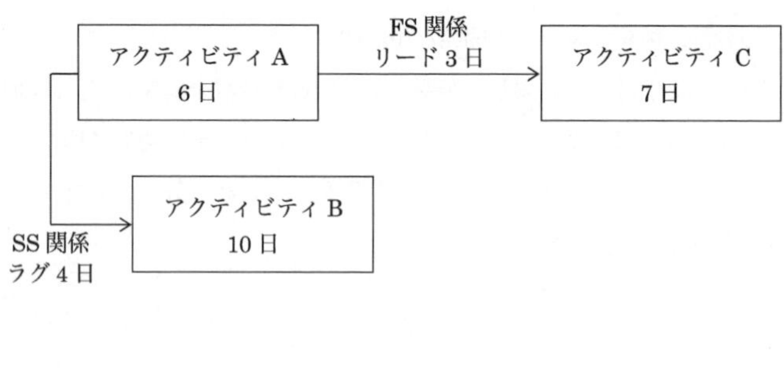

ア　11 日　　イ　13 日　　ウ　14 日　　エ　16 日

問 54　a〜d のリスク対応と該当するリスク対応戦略の組合せとして，最も適切なものはどれか。

(823751)

a　水害が発生した場合に備え，水没を避けるために安全な高台にデータセンターを移設する。

b　大規模な災害の発生によるシステムの長時間停止に備えて，損害保険に加入する。

c　ノート PC を紛失した場合に備えて，指紋認証の機能と PC 内に保存するデータを暗号化するソフトを導入する。

d　不正アクセスがあっても Web サーバの被害にとどまるので，公開 Web サーバの LAN 上の配置は現状の DMZ のままとする。

	a	b	c	d
ア	リスク移転	リスク低減	リスク保有	リスク回避
イ	リスク回避	リスク移転	リスク低減	リスク保有
ウ	リスク低減	リスク保有	リスク回避	リスク移転
エ	リスク保有	リスク回避	リスク移転	リスク低減

問 55　IT サービスマネジメントにおけるインシデントの説明はどれか。

(822872)

ア　検出された不適合又は他の望ましくない状況の原因を除去する，又は再発の起こりやすさを低減させるための処置

イ　根本原因が特定されているか，又はサービスへの影響を低減若しくは除去する方法がある問題

ウ　サービスに対する計画外の中断，サービスの品質の低下，又は顧客若しくは利用者へのサービスにまだ影響していない事象

エ　資産の破壊，暴露，改ざん，無効化，盗用，又は認可されていないアクセス若しくは使用の試み

問56 ディザスタリカバリにおける，RPO（Recovery Point Objective）の説明として，適切なものはどれか。

(751477)

ア　災害が発生してから，システムを復旧させて動作再開するまでの目標時間

イ　災害発生前に遡って，どの時点のデータから復旧すればよいかの目標時点

ウ　災害発生時に，システムを復旧再開させるためのバックアップサイトの場所

エ　バックアップサイトのデータベースと同期処理を行う時間の間隔

問57 月曜日から土曜日までの週6日稼働するシステムにおいて，稼働日には毎回データベースのフルバックアップを取得している。このバックアップの運用を，フルバックアップの取得は毎週土曜日だけにし，月曜日から金曜日については，差分バックアップを取得するように変更する。この運用変更による処理時間の変化に関する記述として，適切なものはどれか。なお，データベースへのデータの追加・変更・削除は，ほぼ一定の少ない頻度で発生し，バックアップ及びリストアに要する時間は，対象のデータ量に比例するものとする。また，バックアップ及びリストアの処理時間については，週の中間に当たる**水曜日に行われることを想定**して考えるものとする。

(821798)

ア　データベースのバックアップ処理時間は変更前に比べて短くなるが，媒体障害からの復旧処理時間は長くなる。

イ　データベースのバックアップ処理時間は変更前に比べて長くなるが，媒体障害からの復旧処理時間は短くなる。

ウ　データベースのバックアップ処理時間，媒体障害からの復旧処理時間ともに，変更前に比べて長くなる。

エ　データベースのバックアップ処理時間，媒体障害からの復旧処理時間ともに，変更前に比べて短くなる。

問 58　システム運用のセキュリティに関して，“情報セキュリティ管理基準”に基づいて監査を実施した。指摘事項に該当するものどれか。

(822348)

ア　イベントを記録して証拠を作成するために，イベントログにはシステムへのアクセスの成功及び失敗した試みの記録を含めている。

イ　イベントを記録して証拠を作成するために，イベントログには侵入検知システムの作動及び停止を含めている。

ウ　認可されていないソフトウェアの使用を防止するために，アプリケーションのブラックリスト化を行っている。

エ　マルウェア検出のために，ネットワーク経由で入手した全てのファイルに対する使用前のスキャンを行っている。

問 59　監査証拠の入手と評価に関する記述のうち，システム監査基準（令和 5 年）に照らして，最も適切なものはどれか。

(823755)

ア　アジャイル手法を用いたシステム開発プロジェクトにおいては，管理用ドキュメントとしての体裁が整っていなくとも監査証拠として利用できる場合がある。

イ　外部委託業務に対する監査では，委託先が自ら実施した内部監査の報告書を入手することで，現地調査を省略できる。

ウ　監査手続の実施に際して利用する代表的な技法には，クリティカルパス法，プレシデンスダイアグラム法，ファンクションポイント法などがある。

エ　十分かつ適切な監査証拠を入手するために，監査対象の実態を把握するための監査手続を本調査の最初の時点で実施する。

問 60　売上管理業務における内部統制に関する記述のうち，適切なものはどれか。

(821969)

ア　営業部門の売上報告に基づき，経理部門が検収書を確認して売上を入力する。

イ　営業部門の担当者が回収条件を承認した後，その売上を入力する。

ウ　営業部門の担当者が値引き金額を決定及び承認した後，その売上を入力する。

エ　得意先マスターに登録されていない顧客に対する売上を入力する。

問 61　エンタープライズアーキテクチャの四つのアーキテクチャとその成果物の例の組合せとして，適切なものはどれか。

(821308)

	ビジネスアーキテクチャ	データアーキテクチャ	アプリケーションアーキテクチャ	テクノロジアーキテクチャ
ア	UML クラス図	機能情報関連図（DFD）	CRUD 分析図	ソフトウェア構成図
イ	機能情報関連図（DFD）	実体関連図（E-R 図）	情報システム関連図	ネットワーク構成図
ウ	業務流れ図（WFA）	ソフトウェア構成図	機能構成図（DMM）	実体関連図（E-R 図）
エ	情報システム関連図	UML クラス図	機能情報関連図（DFD）	ハードウェア構成図

問 62　RPA（Robotic Process Automation）の説明として，適切なものはどれか。

(822740)

ア　インターネットから地図情報や交通情報などを取得して，車の自動運転のために利用する。

イ　営業業務の効率化のために，営業活動に関わる顧客情報や商談情報などを一元管理して利用する。

ウ　社員が PC を操作して繰り返し行っている定型的な作業を，ソフトウェアによって自動化する。

エ　生産ロボット及び制御システムを導入して，工場の製造プロセスを自動化する。

問 63　他社のデータセンターが所有・運用する IT 基盤を使用して，自社専用のクラウド環境を構築する利用形態はどれか。

(822350)

ア　オンプレミス　　イ　ハイブリッドクラウド

ウ　パブリッククラウド　　エ　プライベートクラウド

問 64　サービスプロバイダにおけるサービスパイプラインの説明はどれか。

(822220)

ア　サービスプロバイダが，現時点で顧客に提供しているサービスの一覧

イ　サービスプロバイダが提供を予定している，計画あるいは準備段階のサービスの一覧

ウ　サービスプロバイダと顧客の間で締結する，サービスレベルに関する合意書

エ　ユーザーが，サービスプロバイダに対してサービスの変更を提案あるいは要求するために作成する文書

問 65　要件定義に関する記述のうち，最も適切なものはどれか。

(821309)

ア　システムの再構築における要件定義の場合，現行システムと同じ機能については「今と同じ」とだけ記述しておき，リバースエンジニアリングの手法を活用して設計書を作成するとよい。

イ　要件定義工程の遅れが全体のシステム開発スケジュールに影響を与えないように，ステークホルダの合意が得られない事項は継続検討として，スケジュール通りに開発工程を進める。

ウ　要件定義の一部を外部のソフトウェア開発会社などに委託し，その支援を受けながら実施する場合であっても，要件定義工程で作成した成果物に対する責任は発注者が負うべきである。

エ　要件定義の段階でシステムの性能や運用形態などが不明確であり，応答時間や障害復旧時間などの目標の数値化は困難なので，その重要性や影響度などについて文書化しておく。

問 66　半導体のファウンドリ企業の説明として適切なものはどれか。

(823763)

ア　製品の企画，開発，設計を行い，製造は他社に委託する。

イ　他社からの委託によって，製品の製造を行う。

ウ　他社からの委託によって，製品の設計を行う。

エ　他社ブランド製品の開発から製造までを一貫して行う。

問 67　競争優位のための戦略を立案する，バリューチェーン分析に関する記述はどれか。

(821037)

ア　既存競合者同士の敵対関係，新規参入の脅威，代替製品・サービスの脅威，売り手の交渉力，買い手の支配力の五つを分析する。

イ　自社の製品やサービスといったプロダクトの位置付けを，市場成長率と相対的市場シェアの観点で分析する。

ウ　自社のビジネスプロセスを五つの主活動と四つの支援活動に分類して，各活動のコストと付加価値，強みと弱みを分析する。

エ　他社が容易にまねすることのできない，自社がもつノウハウや技術，プロセス，製品などの強みを分析する。

問 68　企業が商品の売上の一部を社会貢献に結びつくような団体に寄付するなどして，企業のイメージアップを図るマーケティング手法はどれか。

(823753)

ア　コーズリレーテッドマーケティング

イ　ターゲットマーケティング

ウ　バイラルマーケティング

エ　リレーションシップマーケティング

問 69　Web マーケティング部門で設定する KGI と KPI の適切な組合せはどれか。

(822741)

	KGI	KPI
ア	Web サイトの売上金額	Web サイトの運用コスト
イ	Web サイトの売上金額	Web サイトへの訪問者数
ウ	Web サイトの運用コスト	Web サイトの売上金額
エ	Web サイトへの訪問者数	Web サイトの売上金額

問 70　技術開発における“死の谷”の説明として，適切なものはどれか。

(820533)

ア　売上と費用が等しくなり，利益も損失も出ない状況

イ　技術の進歩の過程で成熟期を迎えると進歩が停滞気味になる状況

ウ　工業製品の故障発生傾向で，安定期の偶発故障期間で故障率が低くなる状況

エ　資金の不足などによって研究開発を進めることができず，事業化に結び付けることが困難な状況

問 71　製品の製造方式の一つである BTO に関する説明のうち，適切なものはどれか。

(703733)

ア　かんばんといわれる生産指示に基づいて，製品を製造する方法である。

イ　顧客の個々の注文に基づいて，製品を製造する方法である。

ウ　自社で生産しきれない部品を，下請会社などに製造委託する方法である。

エ　利用する部品の生産を，コストの安い海外で行う方法である。

問 72　生産管理システムの手法の一つである MRP（資材所要量計画）の作業手順において，①～④に入れる適切な字句の組合せはどれか。なお，一連の作業は，部品構成表，在庫状況表，基準日程表の情報を基に，社内の発注方針に従って行われる。

(823752)

〔作業手順〕

大日程計画→［①］→［②］→［③］→［④］→手配指示

	①	②	③	④
ア	正味所要量計算	発注量計算	総所要量計算	手配計画
イ	総所要量計算	正味所要量計算	発注量計算	手配計画
ウ	手配計画	発注量計算	正味所要量計算	総所要量計算
エ	発注量計算	正味所要量計算	総所要量計算	手配計画

問 73　e-ビジネスに関する記述のうち，適切なものはどれか。

(822222)

ア　成功報酬型広告では，実際に広告が閲覧されたかどうかに関わらず，あらかじめ定められた報酬を得ることができる。

イ　フリーミアムとは，全てのサービスを利用者に無料で提供して，広告によって収益を得るビジネスモデルである。

ウ　マネタイズとは，もともと有料で提供していたサービスを，広告収入モデルに移行して無料化することである。

エ　リスティング広告とは，検索サービスによって検索されたキーワードに関連する広告を表示する検索連動型の広告である。

問 74　組織のリスクマネジメントとしての BCP の説明として，適切なものはどれか。

(821577)

ア　災害や事故などの緊急事態に遭遇しても，限られた経営資源で最低限の事業活動を継続し，必要とされる復旧時間以内に事業活動を再開するために，事前に策定しておく活動計画である。

イ　事業継続において事故や災害などのリスクが顕在化することを想定し，リスクによって被る損失を最小限にとどめるために，事前に作成しておく対応策，対応手順である。

ウ　想定外の事態の発生による業務の停止もしくは中断によって事業が受ける影響の度合いについて分析・評価し，影響度の評価結果を基に，業務停止から復旧までの目標時間を導くことである。

エ　組織の基幹業務を担う情報システムに対して，災害などの対策と復旧計画を立案することによって，災害が発生しても情報システムの機能提供を継続できるようにすることである。

問 75　PM 理論では，P 機能（Performance function）の大小と，M 機能（Maintenance function）の大小によって，リーダーを次の四つのタイプに類型化している。メンバーからの信頼度は高いが，目標の達成が困難なリーダーは，どのタイプに類型化されるか。

(822479)

〔リーダーの類型〕
- pm 型：P 機能，M 機能ともに小さい
- pM 型：P 機能は小さいが，M 機能は大きい
- PM 型：P 機能と M 機能がともに大きい
- Pm 型：P 機能は大きいが，M 機能は小さい

ア　pm 型　　イ　pM 型　　ウ　PM 型　　エ　Pm 型

問 76　デルファイ法を適用することによって期待できる効果として，最も適切なものはどれか。

(821808)

ア　新たなアイディアの基になる多様な意見を収集することができる。
イ　技術革新や社会変動に対する確度の高い未来予測を行うことができる。
ウ　対象の重複がなく，かつ抜けや漏れがない分析を行うことができる。
エ　大量のデータを基にして，新たな関係性を発見することができる。

問 77　製品 A を製造するためには，40 万円の固定費と製品 1 個当たり 300 円の変動費が必要である。製品 A を 1 個 700 円で販売し，440 万円の利益を確保するために必要な販売数量は幾つか。

(823754)

ア　4,800 個　　イ　10,000 個　　ウ　12,000 個　　エ　16,000 個

問78　ライセンス方式の一つである，クリエイティブコモンズライセンスに関する記述はどれか。

(821304)

ア　権利者が改変，営利目的利用，ライセンス継承の可否を指定する。

イ　制作者が著作物であるソフトウェアに対する全ての知的財産権を放棄する。

ウ　ソースコードの公開を原則に，利用者に使用，複製，改変，再配布の自由を認める。

エ　一つの著作物に複数のライセンスを設定し，利用者が選択する。

問79　迷惑メール対策として制定された“特定電子メールの送信の適正化等に関する法律”（特定電子メール法）に関する記述のうち，適切なものはどれか。

(821578)

ア　事前に受信者からの許諾を得ていない特定電子メールの件名に，“未許諾広告※”の文字列を含めなくてはならない。

イ　事前に受信者からの許諾を得ていない特定電子メールの本文中には，受信拒否のためのオプトアウト手続を明記しなくてはならない。

ウ　特定電子メールの対象は，送信者が営利目的の法人であるものに限られ，NPOなどの非営利法人や個人が送信するものは対象外である。

エ　特定電子メールを送信するためには，オプトイン方式によって受信者からの事前の承諾が必要である。

問80　A社はソフトウェア開発について，B社と請負契約を結んでB社に開発作業を依頼した。そして，B社はその一部の作業について，自社と派遣契約を結んだC社の社員Dに担当させた。特に取決めがない場合，このソフトウェア開発作業の中で，C社の社員Dが作成したプログラムの著作権の帰属先はどこになるか。

(865269)

ア　A社　　　イ　B社　　　ウ　C社　　　エ　C社の社員D

応用情報技術者
午後の問題

注意事項

1．解答時間は，**2時間30分**です（標準時間）。

2．答案用紙の受験者番号欄に，**受験者番号**，**氏名**をていねいに記入してください。

3．**問1は必須問題です。問2～問11からは4問選択してください。**
選択した問題については，次の例に従って，答案用紙の問題選択欄の問題番号を○印で囲んでください。
〔問1（必須問題），問3，問5，問9，問10を選択した場合の例〕

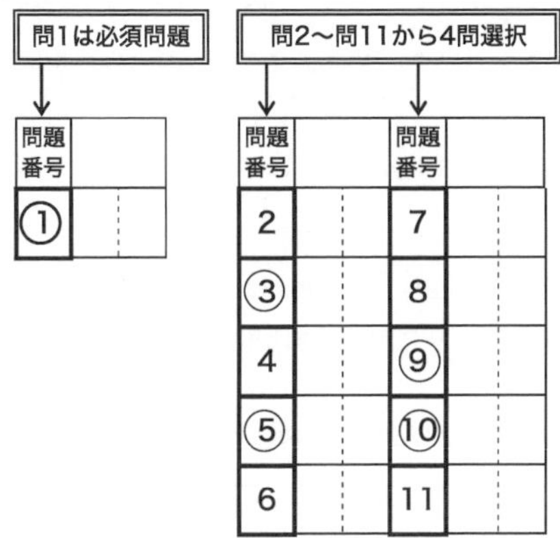

○印がない場合は，採点の対象になりません。問2～問11について，5問以上○印で囲んだ場合は，はじめの4問について採点します。

4．答案用紙の備考欄は採点に使用しますので，記入しないでください。

5．答案用紙の解答欄に解答を記入する際には，問題番号をよく確かめてから記入してください。

6．解答は，はっきりした字できれいに記入してください。読みにくい場合は，減点の対象となりますので，注意してください。

7．電卓は使用できません。

8．問題冊子の余白などは，適宜利用して構いません。ただし，問題冊子を切り離して利用することはできません。

これらの指示に従わない場合には採点されませんので，注意してください。

指示があるまで開いてはいけません。

次の**問1**は必須問題です。必ず解答してください。

問1 Webサイトのセキュリティ対策に関する次の記述を読んで，設問に答えよ。

(823735)

観光施設を運営するM社のWebサイト（以下，Mサイトという）の機能は，これまで，観光情報の発信や施設の予約などの限られたものであった。M社のシステム課では，先月から，農産加工物や工芸品のネット販売，会員登録，周辺施設のWebサイトとの連携機能を追加するMサイトの更改を開始している。この更改に伴い，システム課のXさんは，Mサイトのセキュリティに関して，次の点を確認することになった。

・Webアプリケーション（以下，Webアプリという）の典型的な脆(ぜい)弱性に対する対策が考慮されること

・利用者の認証機能が適切に実装されること

〔Webアプリの典型的な脆弱性に対する対策〕

Xさんが整理したWebアプリにおける典型的な脆弱性を，表1に示す。

表1 Webアプリにおける典型的な脆弱性（抜粋）

項番	脆弱性の名称	脆弱性を悪用する手口の例
1	不適切な入力確認	フォームの入力データに細工したパラメータを指定して，Webアプリの制御フローやデータフローを改ざんする。
2	a	“../”を含むパラメータ文字列によってファイルパスを指定して，Webアプリが意図しないファイルにアクセスする。
3	SQLインジェクション	細工したパラメータを用いてWebアプリの意図しないSQL文を構成させて，データベースを不正に操作する。
4	CSRF	ログインした利用者の端末から，偽装したHTTPリクエストを送信させてWebアプリに不正な処理を実行させる。
5	b	攻撃用のWebサイトの画面に標的サイトの画面を重ねて表示して，標的サイトに対して不正な処理を実行させる。

注記 CSRF：クロスサイトリクエストフォージェリ

Xさんは，設計レビューにおいて，それぞれの脆弱性に対する対策が，適切に設計内容に反映されているかどうかを確認することとした。

例えば，表1の項番3の脆弱性に対する対策としては，SQL文の組立てにおいて静

的プレースホルダを使用することが推奨されている。静的プレースホルダを使用すると，[c]という理由からSQLインジェクション脆弱性が生じない。

また，表1の項番4の脆弱性に対しては，①重要な処理の実行を要求するページのHTMLに，秘密の情報であるトークンを埋め込み，Webアプリではその値が正しい場合だけ処理を実行することが推奨されている。

〔テストと運用の検討〕

続いて，テスト工程について検討した。セキュリティテストでは，典型的な脆弱性に対する対策が適切に実装されていることを確認する。Xさんが整理したセキュリティテストの手法を，表2に示す。

表2　セキュリティテストの手法

分類	説明
動的テスト	・ツールを用いる手法では，検査コードを含むリクエストをWebサーバへ送信し，レスポンスを解析して脆弱性の有無を自動的に判定する。 ・専門家が行う手法では，Mサイトの要件に基づいて作成した検査用リクエストを送信し，レスポンス及び画面出力結果を判定する。 ・総合テスト工程で実施する。
静的テスト	・ツールを用いる手法では，Webアプリのソースコードを自動的に解析し，セキュアコーディングの実装の漏れや誤りを検出する。 ・専門家が行う手法では，Mサイトの要件に基づいて作成したテスト項目を目視で検査する。 ・実装工程又は単体テスト工程で実施する。

Xさんは当初，動的テストだけの実施を想定していたが，②ツールを用いるテスト手法の効率が高いことと，静的テスト及び動的テストの実施時期の観点から，ツールを用いる静的テストの利点を活かすことを考えた。そこで，各テスト手法の特長を考慮して，手法を組み合わせる計画を立てた。Mサイトの要件に基づく専門家が行うテストの実施については，ツールのベンダーと協議することとした。

次に，Mサイトの更改後の運用フェーズについて検討した。今回の更改では，新たに複数のOSS（オープンソースソフトウェア）を導入する。最近は，OSSの脆弱性を悪用する攻撃や，ライブラリに悪意のあるコードが混入するといった脅威が増えている。そこで，③日本で使用されているソフトウェアなどの脆弱性関連情報とその対策情報を提供するサイトを活用した脆弱性管理の手順を検討することとした。

〔利用者の認証機能〕

世の中では，[d]メールを送信するなどの手口によって，正規の Web サイトを模倣した偽の Web サイトに誘導し，利用者が入力したアカウント情報やクレジットカード情報を窃取する[d]攻撃による被害が発生している。

この攻撃に限らず，認証機能の脆弱性を突く不正アクセス事案が多く見られる。例えば，ログイン試行攻撃に対する対策として，図 1 に示すアカウントロック機能の仕様を想定する。

・ログイン処理において，同一のユーザーID の連続したログイン失敗が設定した回数を超えた場合に，当該ユーザーID のログイン処理を設定した時間禁止する。

図 1　アカウントロック機能の仕様

図 1 の仕様のアカウントロック機能は，典型的な手口のログイン試行攻撃に対して有効であるが，例えば，④パスワードリスト攻撃に対しては効果がないといえる。そのため，特に決済処理を行う Web サイトにおいては，多要素認証に対応することが求められている。X さんが検討した利用者認証方式を表 3 に示す。

表 3　利用者認証方式（抜粋）

項番	方式	説明
1	パスワード認証	利用者がユーザーID とパスワードを入力して認証する。
2	ワンタイムパスワード認証	スマホアプリが表示する，1 分おきに変化する数字列を入力する。
3	TLS クライアント認証	利用者の端末に導入するクライアント証明書を用いて認証する。
4	SMS 認証	スマートフォンに SMS で送信された確認番号を入力する。
5	秘密の質問	複数の秘密の質問に対して，利用者が事前に登録した答えを入力する。
6	[e] 認証	（設問のため省略）

Xさんは，⑤表3の項番1のパスワード認証を必須とし，項番2〜5の認証を組み合わせる多要素認証を選択可能とする方針案を，システム課の会議で報告した。また，実装について，Mサイトの機能として自社開発する方法と，IDaaSなどの外部サービスと連携する方法を比較検討することにした。

さらに，多要素認証と項番6の［　e　］認証を組み合わせ，普段と異なるアクセスのときだけ多要素認証を実施し，それ以外のときにはパスワード認証だけを実施するようにすると，利用者の利便性に配慮したセキュリティ強化が可能になる。Xさんは，この点についてシステム課内で協議することとした。

その後システム課では，Xさんの検討と報告の内容を加味して，Mサイト更改の設計作業を進めた。

設問1　〔Webアプリの典型的な脆弱性に対する対策〕について答えよ。

(1) 表1中の［　a　］，［　b　］に入れる適切な字句を解答群の中から選び，記号で答えよ。

解答群

ア　OSコマンドインジェクション　　イ　クリックジャッキング
ウ　クリプトジャッキング　　エ　クロスサイトスクリプティング
オ　ディレクトリトラバーサル　　カ　認可制御の欠落

(2) 本文中の［　c　］に入れる適切な字句を解答群の中から選び，記号で答えよ。

解答群

ア　Webサイトが受信するパラメータ中のスクリプトが無効化される
イ　攻撃者は細工したパラメータをWebサイトへ送信できなくなる
ウ　細工したパラメータによってSQLの構文が変化することがない
エ　データベースアカウントには制限された権限が割り当てられる

(3) 本文中の下線①について，Webアプリでは，トークンの値が正しい場合にどのようなことを確認できるか。25字以内で答えよ。

設問2　〔テストと運用の検討〕について答えよ。

(1)　本文中の下線②について，静的テスト及び動的テストの実施時期の観点から，静的テストにはどのような利点があるか。20字以内で答えよ。

(2)　本文中の下線③について，日本で使用されているソフトウェアなどの脆弱性関連情報とその対策情報を提供するポータルサイトを解答群の中から選び，記号で答えよ。

解答群

ア　CVE　　イ　HSTS　　ウ　JVN　　エ　NISC

設問3　〔利用者の認証機能〕について答えよ。

(1)　本文中の［ d ］に入れる適切な字句を6字で答えよ。

(2)　本文中の下線④について，効果がないといえる理由を30字以内で答えよ。

(3)　本文中の下線⑤について，表3の項番2～5の認証のうち，多要素認証を実現できる方式を全て選び，番号で答えよ。

(4)　表3中及び本文中の［ e ］に入れる適切な字句を8字以内で答えよ。

> 次の**問2～問11**については**4問を選択**し，**答案用紙の選択欄の問題番号を○印で囲んで解答**してください。
> なお，5問以上○印で囲んだ場合は，**はじめの4問**について採点します。

問2　事業戦略の策定に関する次の記述を読んで，設問に答えよ。

(823736)

A社は，国内でERPシステムの開発・販売を行う企業である。A社のERPシステムは国内で高く評価されており，多数の企業が導入している。

A社は，会計システム分野でまず高い評価を得て，地位を確立した後，会計システムをさらに発展させる形でERPシステムを開発した。こうした経緯もあり，現在でもA社の会計システムだけを利用している顧客も多い。

A社の株主構成に関しては創業者である社長が100%の株式を保有している。優良企業であるA社には出資したいという申し出がこれまで多数寄せられたが，自らの経営理念の実現の妨げになるという理由で社長が全て断っていた。また，A社は無借金経営で，人材育成や従業員の福利厚生にも力を入れている。

〔A社の特徴〕

A社のERPシステムはクラウドで利用することができ，資金力のない中小企業にとっても利用しやすいものになっている。導入を検討している企業に対し，A社の担当者が入念なヒアリングを行い，システムをカスタマイズしている。導入後のサポートも充実しており，操作などに関して分からないことがあれば，電話やメールなどで質問することができる。メールマガジンも定期的に配信されており，アップデート情報だけでなく，経営コンサルタントが執筆したコラムも提供されている。

〔ERPシステムの販売促進〕

多数の税理士が彼らの顧客に対してA社のERPシステムを紹介し，導入してもらうことによって，A社はこれまで順調に売上を伸ばしてきた。A社の社長はさらに売上を増加させることができれば，システムの価格を下げることが可能となり，価格競争力を強化できるだけでなく，「ITによって中小企業をサポートする」というA社の経営理念を実現できると考えた。

そこで，インターネットや顧客情報を活用した販売促進を検討することにした。

(1) インターネット

多数の人が利用するインターネットでは，ターゲットを絞り込んだ上で広告を出すことが重要となる。そこで，「ERP」，「情報一元管理」，「業務効率化」などのキーワードに対応した［ a ］広告を試験的に導入することとした。

さらに自社のホームページもリニューアルし，システム導入事例を多数掲載し，業種別に事例の検索もできるようにした。

(2) 顧客情報

これまで蓄積されてきた顧客情報を活用し，顧客企業に別の企業を紹介してもらうだけでなく，［ b ］こととした。

〔事業多角化〕

ビジネスにおける AI の活用が注目される状況で，A 社は事業の多角化の一環として AI 関連事業への参入を検討した。AI 関連事業には多数の業者の参入が予想されることから，できる限り早期に参入することが望ましい。しかし，A 社には AI に通じた人材がいないという問題に直面した。

そこで A 社は AI 関連のスタートアップ企業の B 社を買収することを検討した。B 社は AI に関する研究で著名な研究者 C 氏が設立し，社長を務める企業である。AI が注目を集めるようになると，C 氏は研究活動の傍ら A 社を含む多数の企業の依頼を受けて AI に関するコンサルティング業務を行うようになった。コンサルティング業務が順調に拡大する過程で C 氏は B 社を設立した。C 氏の抜群の知名度によって優秀な学生が B 社に集まり，AI 関連の研修事業も開始した。研修は入門的なコースから本格的な AI 人材を育成するための長期のコースまで幅広いメニューが用意され，多様な用途に対応しており，好評である。B 社は順調に成長し，業界で認められるようになった。しかし，経営の専門家でない C 氏は B 社をどのように運営していけばよいか考えあぐねていた。そこに A 社から買収の提案を受け，「IT によって中小企業をサポートする」という A 社の経営理念に共感した C 氏は，A 社の買収提案を受け入れることにした。

買収の対価に関しては，堅実経営で手元資金が潤沢な A 社が現金で支払うことを C 氏に提案し，住宅ローンと子どもの教育費の問題を抱えていた C 氏は同意した。買収成立後A社はB社に役員を派遣することになった。

設問1　〔ERPシステムの販売促進〕について答えよ。

(1) 本文中の [a] に入れる適切な字句を解答群の中から選び，記号で答えよ。

解答群

ア　SNS　　　イ　アフィリエイト

ウ　バナー　　　エ　リスティング

(2) 本文中の [b] に入れる適切な内容を40字以内で答えよ。

設問2　〔事業多角化〕について答えよ。

(1) A社はビジネスにおけるAIの活用が注目されるという機会に直面しているが，AIに通じた人材がいないという弱みを有しているといえる。このように自社の強み・弱み・機会・脅威を把握した上で経営戦略を検討するフレームワークは何か。解答群の中から選び，記号で答えよ。

解答群

ア　SWOT分析　　　イ　バランススコアカード

ウ　バリューチェーン分析　　　エ　ファイブフォース分析

(2) A社は事業の多角化を目指しているが，これと関連してアンゾフの成長マトリクスというフレームワークが知られている。

表1　アンゾフの成長マトリクス

		製品	
		既存	新規
市場	既存	[c]	[d]
	新規	[e]	[f]

表1中の [c] ～ [f] に入れる適切な字句を解答群の中から選び，記号で答えよ。

解答群

ア　市場開拓戦略　　　　イ　市場浸透戦略

ウ　製品開発戦略　　　　エ　多角化戦略

(3) A社はAIに通じた人材を自社で育成するのではなく，B社を買収することにした理由を20字以内で答えよ。

(4) A社とB社の事業分野は異なり，A社によるB社の買収は [g] の経済を追求しているといえる。[g] に当てはまる字句を2字で答えよ。

(5) 買収の対価が現金でなくA社の株式であった場合にはA社の経営にどのような影響が生じるか，30字以内で答えよ。

(6) B社を買収することによって，AIに関するコンサルティング業務が可能になること以外にどのようなメリットがA社に生じると考えられるか，30字以内で答えよ。

(7) A社がB社に関して合併ではなく買収を選択した理由を20字以内で答えよ。

(8) A社がB社を買収したのは，設備などではなく [h] を獲得することが目的であったと考えられる。[h] に入れる適切な字句を解答群の中から選び，記号で答えよ。

解答群

ア　固定資産　　　　イ　知的資産

ウ　遊休資産　　　　エ　流動資産

問3　トポロジカルソートに関する次の記述を読んで，設問に答えよ。

(823737)

閉路（サイクル）を含まない有向グラフが与えられたとき，矢印（アーク）の向きと大小関係が一致するように，それぞれ異なった整数をノードに割り当てることをトポロジカルソート，割り当てられた値をトポロジカルソート値（以下，ソート値）という。具体的にはノードaからノードbへのアークが存在するとき，x<yとなるように，ノードa，bにそれぞれ，ソート値x，yを割り当てる。図1の有向グラフに対するトポロジカルソートの実行結果の例を図2に示す。図2においては，ノードの中の数字がソート値である。なお，ノードの数がNである有向グラフでは，それぞれのノードに，1～Nのノード番号を付ける。図1，図2では，ノードの左上の数字がノード番号（1～6）を表す。

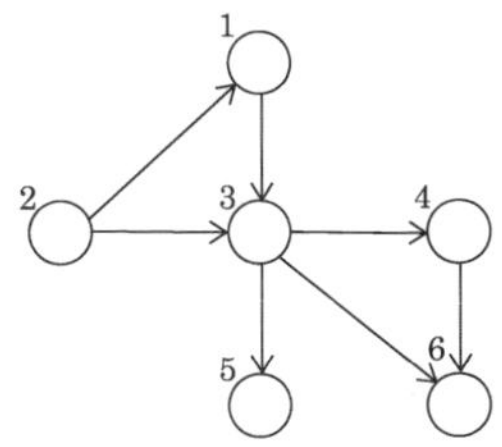

図1　有向グラフの例

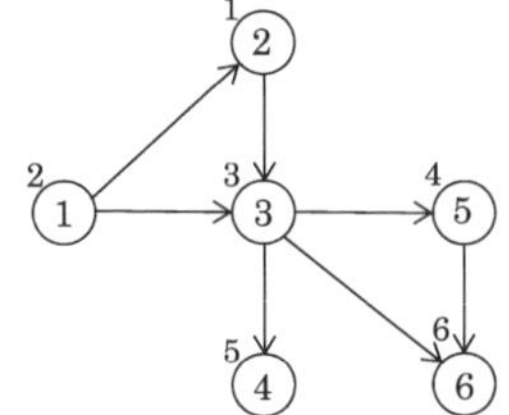

図2　トポロジカルソートの実行結果の例

また，ノード番号iのノードからノード番号jのノードへのアークについては，図3に示すような隣接行列を準備して，アークの存在有無を表す。

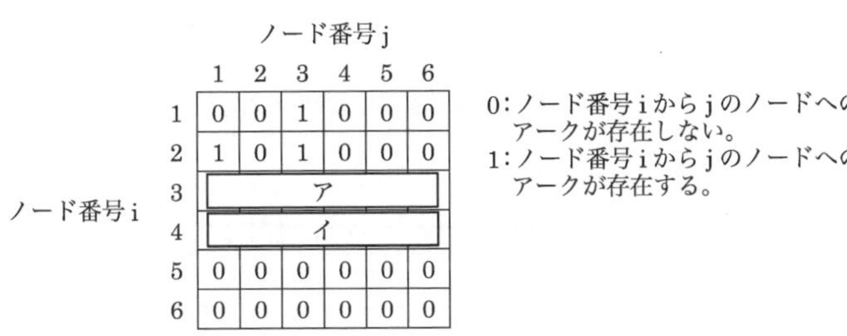

ノード番号j

ノード番号i	1	2	3	4	5	6
1	0	0	1	0	0	0
2	1	0	1	0	0	0
3	ア					
4	イ					
5	0	0	0	0	0	0
6	0	0	0	0	0	0

0:ノード番号iからjのノードへのアークが存在しない。
1:ノード番号iからjのノードへのアークが存在する。

図3　図1の有向グラフの隣接行列

〔トポロジカルソートのアルゴリズム〕

ノードの数がNである有向グラフのノードに対して，深さ優先探索でアークをたどり，行き着いたところから探索経路を戻りながらノードにソート値を設定していく処理を，開始ノードを変えて繰り返し行うことによって，トポロジカルソートを実現する。

トポロジカルソートは，次の(1)～(4)の手順で行う。

(1) ソート値をNとする。

(2) ノード番号1～Nまで,「そのノード番号のノードに対する処理の実行状況を判定し，処理済みであればノード番号を一つ進め，まだ処理していなければ(3)に進む」処理を繰り返す。

(3) ノード番号iのノードからのアークが存在し，かつアークの先のノードに対する処理をまだ実行していなければ(3-1)に，そうでなければ(3-2)に進む。

(3-1)そのノードをノード番号iのノードとして(3)を行う。

(3-2)ノード番号iのノードにソート値を設定し，ソート値を更新（1減算）する。

ノード番号iのノードに戻るべき探索経路中のノードがあるときには，そのノードに戻って(3)を，そうでないときは(2)に戻る。

(4) 全てのノードに対する処理が実行済みになると，トポロジカルソートは終了する。

〔トポロジカルソートのプログラム〕

プログラムで使用する変数，定数及び配列の一部を表1に示す。なお，配列の添字は全て1から始まり，要素の初期値は全て0とする。また，表1の配列及び変数は大域変数とする。

表1　プログラムで使用する変数，定数及び配列の一部

名称	種類	内容
value	変数	ソート値を格納する。
N	定数	与えられた有向グラフのノードの数を表す。
YET	定数	ノードに対する処理をまだ実行していないことを表す。
RUN	定数	ノードに対する処理を実行中であることを表す。
SET	定数	ノードに対する処理が実行済みであることを表す。

表１　プログラムで使用する変数，定数及び配列の一部（続き）

名称	種類	内容
ad[m][n]	配列	隣接行列を表す2次元配列である。ノード番号 m のノードからノード番号 n のノードへのアークの有無がプログラムの実行に先立ち格納されている。有：1，無：0
status[k]	配列	ノード番号 k のノードについて，処理の実行状況を格納する配列である。未実行：YET，実行中：RUN，実行済み：SET
sorted[k]	配列	トポロジカルソートの結果を格納する配列である。ノード番号 k のノードのソート値を sorted[k]に格納する。

トポロジカルソートを行うメインプログラムを図4に，ソート値の設定を行う関数 sort のプログラムを図5に示す。関数 sort では，〔トポロジカルソートのアルゴリズム〕の手順に加えて，有向グラフに閉路が含まれる場合，トポロジカルソートを行うことができない旨のメッセージを出力して停止するようにしている。

```
function main()
  value ← [ ウ ]
  for (i を 1 から N まで 1 ずつ増やす)     //ノードの処理状況の初期設定（未実行）
    status[i] ← YET
  endfor
  for (i を 1 から N まで 1 ずつ増やす)     //トポロジカルソートを行う。
    if (status[i]が [ エ ] )
      sort(i)
    endif
  endfor
endfunction
```

図4　メインプログラム

```
function sort(i)
  status[i] ← RUN          //ノード番号 i のノードに対する処理状況を実行中に
  for (j を 1 から N まで 1 ずつ増やす)
    if ( [ オ ] )
      if (status[j]が YET と等しい)
        sort( [ カ ] )
      elseif (status[j]が RUN と等しい)
        "閉路があり，トポロジカルソートを行うことができません"を出力して停止
      endif
    endif
  endfor
  [ キ ]
  value ← value − 1        //ソート値を 1 減算する。
  status[i] ← SET          //ノード番号 i のノードに対する処理状況を実行済みに
endfunction
```

図5　関数 sort のプログラム

〔トポロジカルソートのプログラムの実行経過の考察〕

(1) 図6の有向グラフ1に対して，トポロジカルソートのプログラムを実行すると，関数 sort は [ク] 回呼び出され，呼び出されるときに与えられる引数の値を実行順序に従ってカンマで区切って記述すると [ケ] となる。また，このときの実行結果である配列 sorted の内容を，先頭の要素から順にカンマで区切って記述すると [コ] となる。

(2) 図7の閉路を含む有向グラフ2に対して，トポロジカルソートのプログラムを実行した場合，プログラムは“閉路があり，トポロジカルソートを行うことができません”を出力して停止する。この停止時点での変数 i の値は [サ] である。

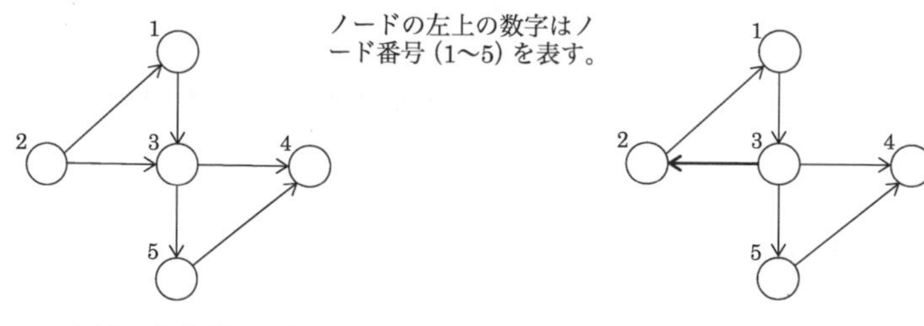

図6　有向グラフ1　　　**図7　有向グラフ2**

設問1　図3中の [ア]，[イ] に入れる適切な隣接配列の要素の値を答えよ。例えば，ノード番号1のノードからのアークであれば，{0, 0, 1, 0, 0, 0} である。

設問2　図4中の [ウ]，[エ] に入れる適切な字句を答えよ。

設問3　図5中の [オ] 〜 [キ] に入れる適切な字句を答えよ。

設問4　本文中の [ク] 〜 [サ] に入れる適切な数値又は値を答えよ。

問4　データ活用に関するプロジェクトの次の記述を読んで，設問に答えよ。

(823738)

D 社は歴史のある地方銀行である。地域金融の担い手として，店舗や ATM 等を通じて，地元の企業や個人のお客様の多様なニーズに応える金融サービスを提供している。しかし，金融業界の競争が激化することに伴い，近年は再編や業務提携が進んでおり，総合力の強化が必要となってきている。インターネットバンキングやスマートフォンのアプリケーションプログラム（以下，スマホアプリという）などによるチャネル拡張，電子マネー決済などによる決済手段の多様化も進んでいる。お客様の新たなニーズに応える迅速なサービス提供や利便性の向上が求められている。

D 社では，チャネル拡張や決済手段の多様化への対応を進めているが，インターネットバンキングやスマホアプリに不慣れなお客様へのチャネルとして ATM でのサービス拡張にも力を入れている。ATM は 24 時間利用が可能で，様々な取引サービスを提供している。ATM において，お客様の利便性の向上，稼働率向上を目指し，操作データや稼働データを分析する，データ活用のプロジェクトに取り組むことにした。分析に必要となる ATM のデータをデータセンター側に集信し，分析用データとして保管するまでの検討を情報システム部の H さんが担当することになった。

〔データ容量の試算〕

H さんは，ATM から集信するデータの整理を，サービス企画部，運用部，開発ベンダーの協力を得て行った。整理できたデータは，各 ATM が 0 時を過ぎたタイミングで前日分のデータとしてファイルを作成し，伝送時のネットワーク負荷を下げるため，ファイルは圧縮して集信ファイルとすることとした。ATM は圧縮された集信ファイルをデータセンター側の集信サーバへ伝送する。集信サーバは，各 ATM から伝送された集信ファイルを，受信後，解凍してから分析用データとして保存することとした。検証した結果，圧縮後の量の元の量に対する割合であるファイル圧縮率は 60%となった。

集信ファイルデータ量，ATM 台数，保存期間を図 1 に示す。データ容量の試算に当たり，ATM 台数は，将来的な増減はないことを前提とする。また，保存期間を超えた古いデータは都度，削除する前提として，H さんは，①保存が必要となるデータ容量を試算した。

・ATM1台当たりの集信ファイルデータ量（1日）　平均12Mバイト
・ATM台数　500台
・保存期間　3年間

図1　データ容量

〔データ保存について〕

Hさんは，ATMから集信した分析用データを保存するストレージについて検討を行った。ファイルサーバ方式，ネットワークストレージ方式，クラウドサービス利用によるストレージ候補の特徴は表1のとおりである。

表1　ストレージ候補の特徴

候補	特徴
ファイルサーバ方式	ネットワーク上でのファイル保管，共有のため，サーバ専用機，ソフトウェアを使ってD社データセンターに構築。 メリットは次のとおり。 ・自社に合わせて機能をカスタマイズできる。 ・高度なセキュリティ対策が可能。
ネットワークストレージ方式(NAS)	ネットワーク上でのファイル保管，共有に特化したHDD機器をD社データセンターに導入。 メリットは次のとおり。 ・導入が容易である。 ・運用負荷が小さい。
ネットワークストレージ方式 （ a ）	ネットワーク上でのファイル保管，共有のため，ファイバチャネルなどでストレージ専用のネットワークをD社データセンターに構築。 メリットは次のとおり。 ・高速で信頼性の高い通信が可能。 ・既存のネットワークに影響を与えない。
クラウドサービス利用	クラウド上でファイル保管，共有を行うファイルサーバ機能をサービスとして利用。 メリットは次のとおり。 ・インターネットなどを利用し，どこからでも使える。 ・運用負荷が小さい。

分析用データは，ATMの取引情報等が含まれるため，D社の重要な情報資産として，情報セキュリティ対策が必要である。許可された者だけが情報にアクセスできるようにする［ b ］，情報が正確で完全である状態を保持する完全性，許可された者が必要なときにアクセスできる［ c ］への対策が求められる。Hさんは，いずれのストレージ候補でも情報セキュリティ要件は満たされることを確認した。

分析用データは，分析で利用されるため，データの読込み処理が中心である。また，分析は，D 社の情報システム部のメンバーによる利用に限定されることから，導入，運用においてメリットの高いネットワークストレージ方式（NAS）に決定した。

また，複数台のハードディスクを組み合わせることで仮想的な 1 台のハードディスクとして運用し，冗長性を向上させる技術を採用した。具体的には，3 台のハードディスクにそれぞれ冗長性をもたせながらデータの書込み，読込み性能の向上も図れる［ d ］を採用した。

〔集信方法について〕

次に，H さんは，集信ファイルの集信方法について検討した。

ATM が提供する各種取引サービスはデータセンターにある取引サーバと通信を行う。各 ATM は，それぞれ専用線でデータセンターと接続している。集信サーバは，取引サーバと同じデータセンターに設置することにした。集信サーバを追加する D 社のシステム構成図を，図 2 に示す。

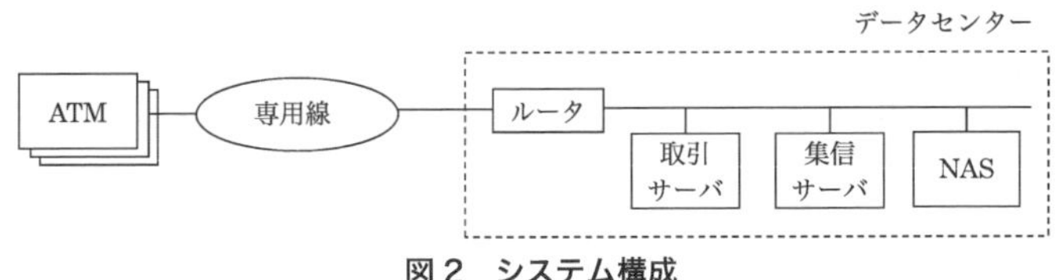

図 2　システム構成

ATM とルータの間は，平均 10M ビット／秒の速度でデータを伝送できる。データセンター内の各機器は平均 500M ビット／秒の速度でデータを伝送できる。集信ファイルの伝送以外のネットワーク負荷は無視できるとした場合，1 台の ATM からだけ 12M バイトの集信ファイルを集信サーバへ伝送した場合，伝送を開始してから完了するまでの時間は［ e ］秒となる。また，500 台の ATM から 12M バイトの集信ファイルを一斉に伝送した場合，各 ATM のデータが均等に伝送されるものとすると，伝送を開始してから全データの伝送が完了するまでの時間は［ f ］秒となる。同時に伝送開始する ATM 台数を［ g ］台以下とすると，伝送を開始してから完了するまでの時間が［ e ］秒となる。

H さんは，②ある影響を避けるため，ATM は集信ファイルが作成できるとすぐに集信サーバへの伝送を開始するのではなく，［ g ］台より少ない台数でグループを設定し，それぞれのグループは伝送開始時間を分単位でずらすこととした。

設問1　〔データ容量の試算〕について，本文中の下線①の試算したデータ容量が何Tバイトであるか，小数第1位を四捨五入して，整数で答えよ。1年間は365日，1Tバイトは1,000Gバイト，1Gバイトは1,000Mバイトとする。

設問2　〔データ保存について〕について答えよ。

(1)　表1中の［a］に入れる適切な字句を，英字3字で答えよ。

(2)　本文中の［b］～［d］に入れる適切な字句を答えよ。［d］は番号も含めて，答えよ。

設問3　〔集信方法について〕について答えよ。

(1)　本文中の［e］，［f］に入れる適切な数値を答えよ。小数第2位を四捨五入し，答えは小数第1位まで求めよ。

(2)　本文中の［g］に入れる適切な数値を整数で答えよ。

(3)　本文中の下線②のHさんが考えたある影響とは何か。30字以内で答えよ。

問5　仮想デスクトップ環境の導入に関する次の記述を読んで，設問に答えよ。

(823739)

Q 社は，社員約 400 名の，東京に本社，全国 3 か所に支店を置く中堅金融系企業である。Q 社は昨今の社会情勢を鑑みてテレワーク環境を積極的に導入している。現在 Q 社で使用しているテレワークシステムは，社員の自宅から SIM カードを搭載したテレワーク用 PC を使用し，Q 社データセンター内にある VPN 専用装置へ VPN 接続した後に，RDP over HTTPS にて社内に設置している社員自身の PC へリモート接続を行う形式となっている。Q 社においては顧客情報漏えいを防ぐことを目的として，インターネット環境へ直接接続要件のある事務用 PC と Q 社イントラ内で顧客情報を取り扱うため，クローズド利用が前提となる営業用 PC とで用途を分けて運用している。事務業務だけを行う社員へは事務用 PC だけが，営業業務を行う社員には営業用 PC と事務用 PC が，それぞれ配布されて業務が遂行されており，テレワーク環境においても営業用テレワーク PC と事務用テレワーク PC がそれぞれ配布され，本社，支店の全社員がテレワークシステムにおいて出社時と同等の業務が可能である。事務用 PC では Q 社データセンターの内部サーバエリアに設置されているファイルサーバへの通信と，R 社が提供する SaaS 型のメール／チャット／オフィスアプリをインターネット経由で使用している。テレワーク環境においてはパンデミックなど有事を見越し，全社員がリモートとなった場合を想定してインフラが設計されている。

ある日，Q 社で使用している VPN 専用装置のハードウェアのサポート終了が発表された。この発表を受けてシステム部門では，システム運用費の削減を目指し，テレワークシステムを根本的に見直すことを決定した。ネットワークの設計に関しては，システム部門管理責任者である，Q 社のシステム部の U 課長の管理の下，V 主任が担当することになった。

テレワークシステム更改前のネットワーク構成を図 1 に示す。

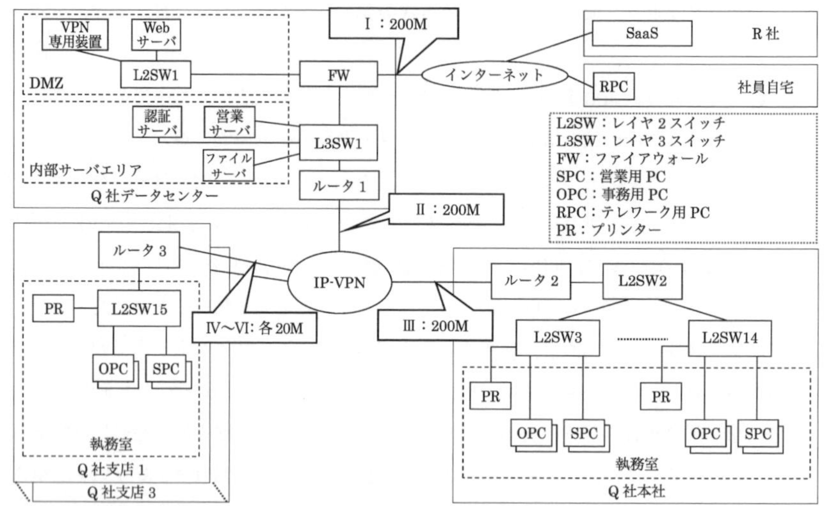

注記 1　I〜VIはそれぞれの拠点での契約帯域を示し，単位はビット／秒である。
注記 2　本社の L2SW は 1 台につき 48Port あり，合計 13 台で構成している。
注記 3　本社の PC は営業用 200 台，事務用 300 台の合計 500 台。支店の PC は 1 支店当たり営業用 20 台，事務用 20 台の合計 40 台である。
注記 4　PC は営業用，事務用とセグメントに分かれており，各拠点ルータにおいてセグメント間通信は制限している。
注記 5　内部サーバエリアのサーバにおいては，ファイルサーバは事務用 PC からだけアクセス可能。営業サーバは営業用 PC からだけアクセス可能となるようにサーバ側でのアクセス制御を実施している。

図 1　テレワークシステム更改前のネットワーク構成

〔Q 社ネットワークの詳細設計〕

・本社，支店ともに IEEE 802.1Q のセグメント分割を可能とする VLAN 機能を使用し，営業用 PC と事務用 PC の分離を実現している。IEEE 802.1Q では識別番号である VLAN ID をイーサネットフレームのヘッダー部に記述して，グループを判断している。

・各拠点の回線帯域（図 1 中 I 〜VI）は拠点内に設置されている PC1 台当たりの通信量を基に，通信キャリアの提供メニューから選択して契約している。通信量算出の目安となる指標は表 1 のとおりとなる。

表1　PC1台当たりの通信量の指標

通信用途	最大通信量（ビット／秒）
テレワーク通信（※RDP）	150k
営業業務通信	100k
事務業務通信	100k
その他制御通信 （認証／VPN／その他）	50k

・通信キャリアの回線帯域メニューは，1G，500M，300M，200M，100M，50M，30M，20M，10M，5M，2M，1M（いずれも単位はビット／秒）である。各拠点の端末台数から算出される最低利用帯域に一番適切なメニューを選択している。

・①インターネットとQ社間の通信は，テレワーク通信及びR社SaaSとの通信（PC1台当たりの事務業務通信量100kビット／秒のうち50kビット／秒），また，表1の「その他制御通信」に含まれるテレワークによるVPN用やQ社顧客からのWebサーバ向け通信（全体で50Mビット／秒）から構成されており，これらの利用帯域を算出し回線帯域メニューを選択している。

・インターネットとQ社間の通信は，Q社データセンターに設置されているFWにて必要な通信だけを許可する制御を行っている。

・Webサーバと営業サーバ間，営業用PCと営業サーバ間の通信については，ブラウザは使用しないが，営業用アプリの通信としてウェルノウンポート番号443のプロトコルを使用しての暗号化された通信が行われている。また，営業業務遂行においては営業用PCと営業サーバ間の通信接続性が必須となるという特徴がある。

・ファイルサーバへのアクセスは事務用PCからだけ許可されており，通信としてはファイル共有プロトコルであるCIFSが使用されている。

〔テレワークシステムの見直し案について〕

テレワークシステムについてはR社が提供するクラウド型仮想デスクトップ（以下，VDIという）を採用することとした。VDIへの接続はSIM搭載PCからインターネット経由でR社クラウドへRDP over HTTPSにてアクセスし，VDIへログインする方式となり，社内にPCを置いておかずとも業務を行える環境が実現できる。VDIへ移行後も顧客情報漏えい防止の観点から営業用VDI環境と事務用VDI環境を分けることとし，テレワーク用PCについても引き続き営業用と事務用とで分けることとなった。本社や支店へ出社して業務を行う場合はテレワーク用 PC を自宅から運搬し，本社や支店にて SIM 経由でインターネットへ接続し，VDI へログインする形となる。営業用 VDI についてはR社クラウド環境とQ社データセンター間の IP-VPN が使用不可となると営業業務が行えなくなる。営業業務の継続性については，障害発生時でも営業部門の業務量として，通常時の 50%以上継続できるよう，システム全体を設計する必要がある。

テレワークシステム更改後のネットワーク構成を図 2 に示す。

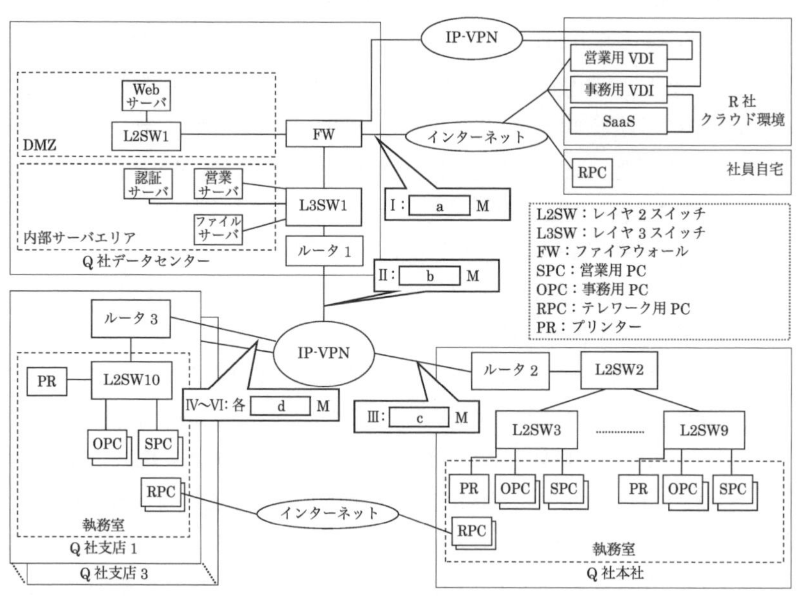

注記 1　Ⅰ〜Ⅵはそれぞれの拠点での契約帯域を示し，単位はビット／秒である。
注記 2　本社の L2SW は 1 台につき 48Port あり，合計 8 台で構成している。
注記 3　本社の PC は営業用 100 台，事務用 150 台の合計 250 台。支店の PC は 1 支店当たり営業用 10 台，事務用 10 台の合計 20 台である。
注記 4　PC は営業用，事務用とセグメントに分かれており，各拠点ルータにおいてセグメント間通信は制限している。
注記 5　内部サーバエリアのサーバにおいては，ファイルサーバは事務用 PC からだけアクセス可能。営業サーバは営業用 PC からだけアクセス可能となるようにサーバ側でのアクセス制御を実施している。

図2　テレワークシステム更改後のネットワーク構成

〔テレワークシステム更改後の詳細設計〕

・VDI 環境から Q 社データセンターに設置されている営業サーバ，ファイルサーバ，各拠点のプリンターへのアクセスは，R 社クラウド環境と Q 社を結ぶ IP-VPN 回線を新設し接続できるようにする。
・FW は環境更改に合わせ表 2 のように通信制御定義を行い，設定を実施する。

表2　テレワークシステム更改後の FW 通信制御定義

項番	送信元	送信先	プロトコル	アクション
1	インターネット	Web サーバ	HTTPS	許可
2	Web サーバ	営業サーバ	e	許可
3	営業用 VDI (※IP-VPN 経由)	営業サーバ	HTTPS	許可
4	事務用 VDI (※IP-VPN 経由)	f	CIFS	許可
5	事務用 VDI	各拠点プリンター	LPR	許可
6	g	R 社 SaaS	指定なし	許可

・図 2 のインターネット接続回線の I においては VPN 用途が削減されるため，R 社 SaaS 事務用通信と，Q 社顧客と Web サーバ間通信だけの考慮となる。Q 社顧客と Web サーバ間の通信は 5M ビット／秒の利用を想定して算出する。
・事務用 VDI から R 社 SaaS のオフィスアプリ利用は R 社クラウド環境内での直接通信連携となり，インターネットは経由しない。

VDI の導入によってテレワークシステム更改後は本社や支店に常設しておく PC は必須でなくなるが，②U 課長から有事の際も業務を縮退で継続できることを目的として，常設の営業用 PC の半数は撤去せず残すよう，計画の指示が出た。

設問 1　〔Q 社ネットワークの詳細設計〕の下線①について，テレワークシステム更改前の Q 社データセンターに設けられているインターネット回線の必要最低帯域を，表 1 の内容を指標とし，M ビット／秒で答えよ。

設問2　図 2 中の［　a　］～［　d　］に入れる適切なキャリア契約帯域を解答群の中から選び，記号で答えよ。

解答群

ア　5	イ　10	ウ　20	エ　30
オ　50	カ　100	キ　200	

設問3　〔テレワークシステム更改後の詳細設計〕について答えよ。

(1) ［　e　］～［　g　］に入れる適切な字句を解答群の中から選び，記号で答えよ。

解答群

ア　HTTPS	イ　NTP	ウ　OPC
エ　RPC	オ　SaaS	カ　SFTP
キ　SPC	ク　Web サーバ	ケ　ファイルサーバ

(2) 下線②について，U 課長が有事を想定して常設の営業用 PC を半分残す判断をした理由を，VDI における通信経路と営業業務の特徴を踏まえ 60 字以内で答えよ。

問6　オンラインチケット販売システムのデータベース設計に関する次の記述を読んで，設問に答えよ。

(823740)

著名人の講演を運営する会社のG社は，オンラインチケット販売システム（以下，チケット販売システムという）を構築してインターネットでのチケットの申込みを受け付けている。G社ではチケット販売システムを刷新することになった。

〔チケット販売システムの概要〕

チケット販売システムは，空席管理機能とチケット販売機能で構成される。オンラインチケット販売時には，空席管理機能で空席を確認した後に座席を確保し，チケット販売機能でチケット情報を保持する。

〔チケット販売業務の概要〕

1. 講演の概要
 (1) 会場と座席
  ・会場には，一意な会場番号を付与して，都道府県，住所などを設定する。
  ・座席には，会場ごとに一意な座席番号を付与して，席種（‘S’，‘A’，‘B’など）を設定する。
 (2) 講演と席種料金
  ・講演には，一意な講演番号を付与する。講演開催には，講演日時（開催日，開演時刻）ごとに，開場時刻，会場番号，販売開始日を設定する。
  ・席種料金には，講演の席種ごとに料金を設定する。
 (3) 座席状況
  ・座席状況には，講演開催ごとの全ての座席の状況をもつ。販売開始時には，空席フラグは'TRUE'とする。座席の購入が確定したら，空席フラグを'FALSE'にする。なお，空席フラグのデータ型は文字列とする。
 (4) チケット
  ・チケットには，購入したチケットに対して講演ごとの座席番号を登録する。
2. チケットの購入
 (1) チケットを購入するためには，会員登録をする必要がある。

(2) 会員は，チケットの検索を行って，チケット情報一覧を表示する。チケット情報は，講演名・講演日・開演時刻の昇順，料金の降順に出力される。

(3) 会員は，チケット情報一覧から，空席のある講演の席種を選択する。その後，枚数を指定し，空席の座席番号を希望枚数分指定する。

(4) 会員は，決済を行い，決済が成立すれば購入が確定する。なお，決済に関する部分は，以降の問題文には記載していない。

〔チケット販売システムのE-R図〕

チケット販売システムのE-R図は，図1のとおりである。

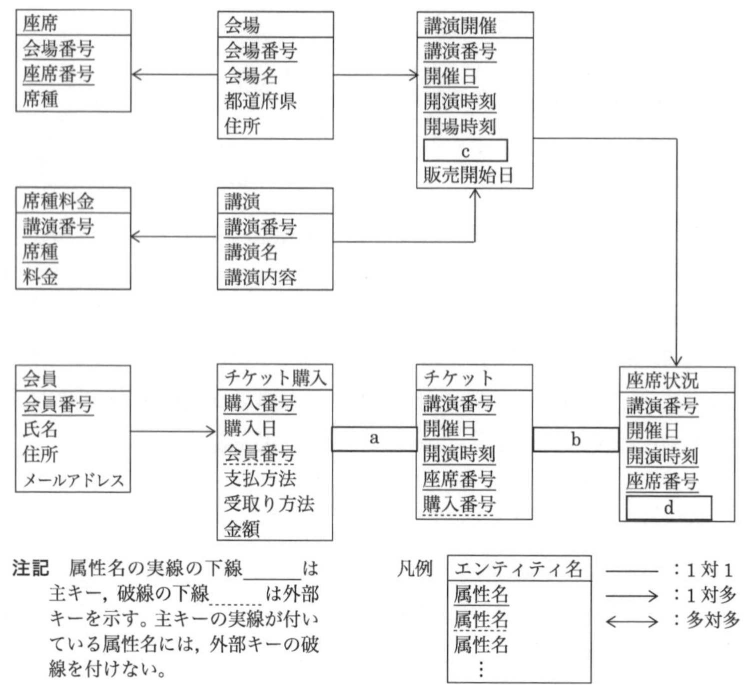

図1　チケット販売システムのE-R図（抜粋）

〔RDBMSの主な仕様〕

チケット販売システムに用いている RDBMS のトランザクションの排他制御の内

容は，次のとおりである。

ロックは行単位で掛ける。共有ロックを掛けている間は，他のトランザクションからの対象行の参照は可能であり，変更は共有ロックの解放待ちとなり，参照終了時に解放する。専有ロックを掛けている間は，他のトランザクションからの対象行の参照，変更は専有ロックの解放待ちとなり，トランザクション終了時に解放する。排他制御の設定方法は表1のとおりである。ただし，データ参照時にFOR UPDATE句を指定すると，対象行に専有ロックを掛け，トランザクション終了時に解放する。

表1　排他制御の設定方法

設定	データ参照時に共有ロックを掛け，参照終了時に解放する。 データ変更時に専有ロックを掛け，トランザクション終了時に解放する。

〔空席数が多い順番で出力するSQL文の設計〕

空席管理機能において，講演ごと席種ごとに空席数が多い順番で画面に出力したいという要望があった。この内容を画面に出力するSQL文を図2に示す。

```
SELECT 講演開催.講演番号, 講演開催.開催日, 講演開催.開演時刻, 座席.席種, [    e    ]
AS 空席数
FROM 座席状況 INNER JOIN 講演開催
    ON [              f              ]
    AND 座席状況.開催日 = 講演開催.開催日 AND 座席状況.開演時刻 = 講演開催.開演時刻
    INNER JOIN 会場 ON 会場.会場番号 = 講演開催.会場番号
    INNER JOIN 座席 ON 会場.会場番号 = 座席.会場番号
WHERE [           g           ]
[   h   ] 講演開催.講演番号, 講演開催.開催日, 講演開催.開演時刻, 座席.席種
ORDER BY 空席数 [   i   ]
```

図2　空席数が多い順番で出力するSQL文

〔チケット販売処理の設計〕

空席管理機能の空席確認，チケット購入の処理の見直しを行った。ある会員が複数のチケットを購入することを想定して，チケットの販売処理について検討した。その概要を図3に示す。

① トランザクションを開始する。
② 座席状況から空席フラグが'TRUE'かを確認する。(SELECT 文：共有ロック)
座席状況の空席フラグが'TRUE'のときは，処理③に移動する。
座席状況の空席フラグが'FALSE'のときは，トランザクションをロールバックして終了する。
③ チケット購入とチケットにデータを挿入する。(INSERT 文)
④ 座席情報の空席フラグを'FALSE'に更新する。(UPDATE 文)
⑤ コミットしてトランザクションを終了する。

図３ チケット販売のトランザクション処理

図３のトランザクション処理について，レビューを行った。レビューでの指摘内容を図４に示す。

複数の会員が，同時に同一講演の同一座席のチケットを購入しようとした場合，トランザクションAで処理［あ］を行い，空席フラグが［い］のとき，処理③以降が実行される。一方，トランザクションAが処理［あ］を行った後に，トランザクションBが処理［あ］を実行すると，空席フラグが［い］のため，処理③以降が実行される。そのため，同一講演の同一座席で二重予約を行おうとする。二重予約を行おうとする原因は，図３の処理②においてSELECT文を実行すると，［う］が掛かり，SELECT文が終了したときにロックが［え］されるためである。

図４ レビューでの指摘内容

設問１ 図１中の［a］～［d］に入れる適切なエンティティ間の関連及び属性名を答え，E-R図を完成させよ。

なお，エンティティ間の関連及び属性名の表記は，図１の凡例及び注記に倣うこと。

設問２ 図２中の［e］～［i］に入れる適切な字句を答えよ。

設問３ 〔チケット販売処理の設計〕のレビューでの指摘内容について答えよ。

(1) 図４中の［あ］に入れる適切な処理番号を図３中から答えよ。また，図４中の［い］～［え］に入れる適切な字句を答えよ。

(2) レビューの指摘内容について，二重予約が起きないようにするための対策を，具体的なSQL文の内容を含めて35字以内で答えよ。

問7　デジタル聴診器の設計に関する次の記述を読んで，設問に答えよ。

(823741)

S社は，デジタル聴診器を開発している会社である。開発するデジタル聴診器（以下，新聴診器という）は，ソフトウェアでの信号処理によって，入力された音を八つの周波数帯（以下，それぞれを帯域という）に分割し，帯域ごとの音量設定ができる。また，聴診音を録音し，後で再生する機能が付いている。さらに，高周波数の音と低周波数の音を聞き分けるための周波数モード機能があり，スイッチで切り替えることができる。高周波数モードの場合は帯域5～8の音量を帯域1～4の音量よりも大きくし，低周波数モードの場合はその逆を行う。アナログの聴診器では，聴診面を変えることで高周波数の音と低周波数の音を聞き分けるが，新聴診器ではスイッチで切り替えることができるので，より効率良く聴診できる。入力された音の帯域への分割及び新聴診器の外観を図1に示す。

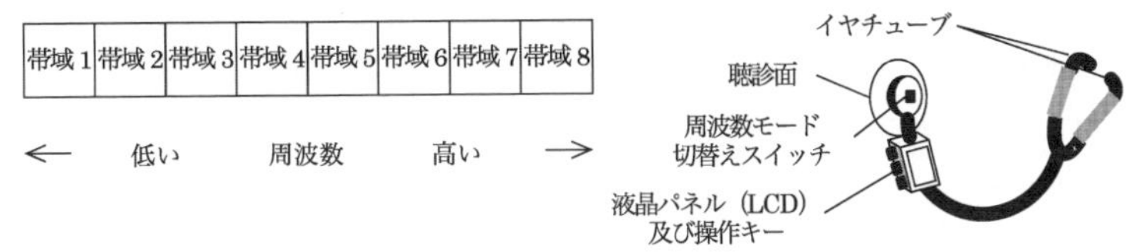

図1　入力された音の帯域への分割及び新聴診器の外観

利用者は，新聴診器のLCDの表示を確認しながら，キー操作で，帯域ごとの音量設定に必要な各種パラメータ（音量パラメータなど）を変更する。

〔新聴診器のハードウェア構成〕

新聴診器のハードウェア構成を図2に，新聴診器のハードウェア構成要素を表1に示す。

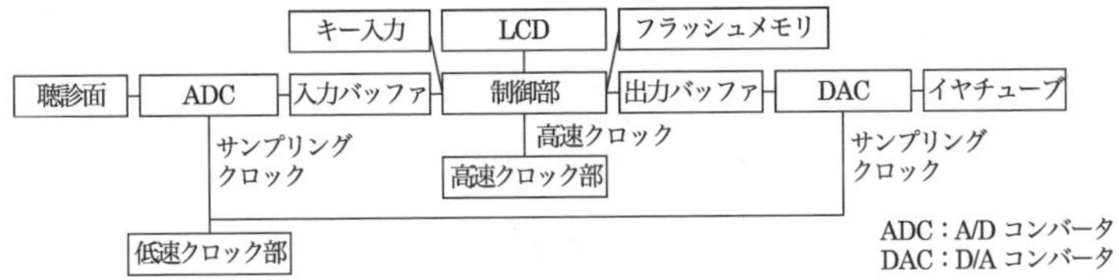

図2　新聴診器のハードウェア構成

表１　新聴診器のハードウェア構成要素

構成要素	説明
低速クロック部	・ADC及びDACに48kHzのサンプリングクロックを供給する。
高速クロック部	・制御部に高速クロックを供給する。高速クロックの周波数は f_0 又はその整数倍で，ソフトウェアによって決定することができる。
ADC	・聴診面から入力されたアナログ信号を，1秒間に48,000回サンプリングし，16ビットの符号付き整数のデータに変換して入力バッファに書き込む。128サンプルのデータ（以下，聴診音データという）を1フレームとして書き込み，書込みが完了したことを制御部に通知する。この通知を受信完了通知という。
制御部	・受信完了通知を受けると1フレーム分の聴診音データを処理して出力バッファとフラッシュメモリに書き込む。演算は全て整数演算であり，浮動小数点演算は使用しない。フラッシュメモリには，聴診1回分の聴診音データを一つのファイルとして保存する。再生時には，フラッシュメモリから読み出した聴診音データを出力バッファに書き込む。
DAC	・出力バッファに書き込まれた16ビットの符号付き整数のデータをアナログ信号に変換する。

〔ADC，DAC及び入出力バッファ〕

①入力バッファ及び出力バッファは，それぞれ四つのブロックで構成されている。一つのブロックには1フレーム分の聴診音データを格納できる。

ADC及びDACは，入力バッファ及び出力バッファの同じブロック番号のブロックにアクセスする。制御部は，ADCによるデータの書込みが完了したブロックにアクセスする。ADC，DAC及び制御部は，ブロック4にアクセスした後，ブロック1のアクセスに戻る。

バッファの使用例を図3に示す。(1)ADC及びDACがブロック2にアクセスするとき，制御部はブロック4にアクセスする。次に，(2)ADC及びDACがブロック3にアクセスするとき，制御部はブロック1にアクセスする。

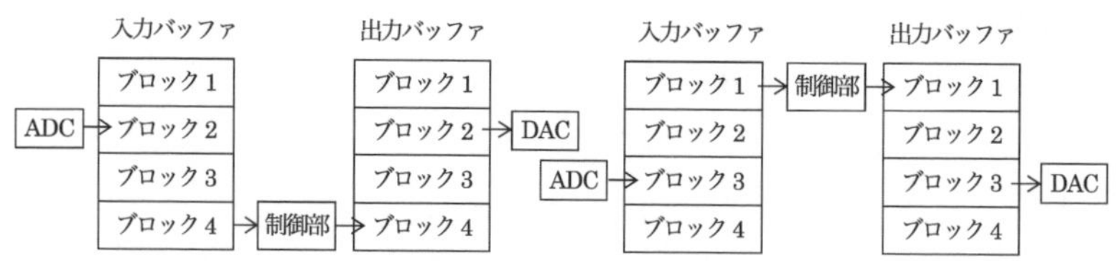

図３　バッファの使用例

聴診面からのアナログ信号がADCで処理されてから，イヤチューブから出力されるまでの時間は［ a ］ミリ秒になる。

〔最適な高速クロックの周波数の決定〕

新聴診器の消費電力をできるだけ抑えたい。新聴診器では，消費電力は供給される高速クロックの周波数に比例し，ソフトウェアの実行時間（以下，実行時間という）は高速クロックの周波数に反比例することが分かっている。

聴診時の制御部のソフトウェアの主な処理内容は，①信号処理，②合成，③出力である。制御部が受信完了通知を受けると，次の処理を行う。

① サンプリングした聴診音データから一つの帯域を抽出し，帯域に割り当てられた音量パラメータを乗じる。さらに，周波数モードに対応したパラメータを乗じる。これを八つの帯域に対して行う。

② ①で得られたそれぞれの帯域のデジタル信号を合成して一つのデジタル信号にする。

③ 合成されたデジタル信号について，出力バッファとフラッシュメモリに書き込む。

最適なクロック周波数を決定するために，高速クロックの周波数を用いて，①～③の実行時間を計測した。1 フレーム分の聴診音データを処理するとき，①の一つの帯域の最大実行時間を Tf，②の最大実行時間を Ts，③の最大実行時間を To としたとき，1 フレーム分の聴診音データを処理する最大実行時間 Td は，[b] で表すことができる。

受信完了通知から次の受信完了通知までの時間を Tframe とし，高速クロックとして周波数 f_0 のクロックを供給したときの各処理の実行時間を表 2 に示す。②①～③の全ての処理が Tframe 内に完了し，かつ，消費電力が最も抑えられる周波数について，表 2 を基に決定する。

表 2　高速クロックとして周波数 f_0 のクロックを供給したときの各処理の実行時間

処理	実行時間
①の一つの帯域の処理	Tf＝0.35×Tframe
②の処理	Ts＝0.15×Tframe
③の処理	To＝0.45×Tframe

〔制御部のソフトウェア構成〕

制御部の組込みソフトウェアには，リアルタイム OS を使用する。また，ADC，DAC

及び入出力バッファの操作にはドライバ関数を使用する。制御部で使用するドライバ関数を表 3 に，制御部の主なタスクの一覧を表 4 に示す。

表 3　制御部で使用するドライバ関数 [1)]

関数名	処理内容
聴診音データ変換開始	ADC 停止の指示があるまで次の動作を繰り返す。 ・聴診面から入力されたアナログ信号を聴診音データに変換し，入力バッファに格納する。 ・1 フレーム分の書込みが完了すると，受信完了通知を送信する。
聴診音データ取得	・入力バッファ内の 1 フレーム分の聴診音データを返す。
聴診音データ変換停止	・聴診音データの ADC を停止する。
聴診音データ格納	・聴診音データを出力バッファに格納する。
聴診音データ出力開始	DAC 停止の指示があるまで次の動作を繰り返す。 ・出力バッファ内の聴診音データをアナログ信号に変換し，イヤチューブに出力する。 ・1 フレーム分のデータ変換が完了すると，データ変換完了通知を送信する。
聴診音データ出力停止	・聴診音データの DAC を停止する。

注 [1)]　デバイスドライバ又は関数ドライバともいう。

表 4　制御部の主なタスクの一覧

タスク名	処理内容	
メイン	・新聴診器全体を制御する。 ・キー入力に応じて，聴診音入力タスク，聴診音出力タスク，聴診音再生タスクに指示を行う。 ・表示タスクに表示情報を送信する。	
聴診音入力	開始時	・聴診音データ変換開始関数を呼び出す。
	処理中	・ [c] を受信した場合 　－ [d] 関数を呼び出し，取得した聴診音データをファイル管理タスクに送信する。 　－ ③メインタスクに通知する。
	停止時	・ [e] 関数を呼び出す。
聴診音出力	開始時	・聴診音データ出力開始関数を呼び出す。
	処理中	・メインタスクからの指示を受けた場合 　－聴診音データ取得関数を呼び出す。 　－聴診音データ格納関数を呼び出す。
	停止時	・聴診音データ出力停止関数を呼び出す。
聴診音再生	開始時	・ ③メインタスクに通知する。 ・ファイル管理タスクから，1 フレーム分の聴診音データを取得する。 ・聴診音データ格納関数を呼び出す。 ・ [f] 関数を呼び出す。

表４　制御部の主なタスクの一覧（続き）

タスク名	処理内容	
聴診音再生	処理中	・データ変換完了通知を受信した場合 － ③メインタスクに通知する。 － ファイル管理タスクから［　g　］。 － 聴診音データ格納関数を呼び出す。
	停止時	・聴診音データ出力停止関数を呼び出す。
ファイル管理	・フラッシュメモリへの入出力を行う。	
表示	・メインタスクから受け取った表示情報を，LCD に表示する。	

設問１　〔ADC，DAC 及び入出力バッファ〕について答えよ。

(1) 本文中の下線①について，入力バッファと出力バッファは同じサイズである。バッファのサイズは何バイトか。適切な数値を整数で答えよ。

(2) 本文中の［　a　］に入れる適切な数値を答えよ。答えは小数第 2 位を四捨五入して，小数第 1 位まで求めよ。ここで，ADC の変換時間，DAC の変換時間，ADC から入力バッファへの書込み時間，及び出力バッファから DAC への読込み時間は無視できるものとする。

設問２　〔最適な高速クロックの周波数の決定〕について答えよ。

(1) 本文中の［　b　］に入れる適切な式について，解答群の中から選び，記号で答えよ。

解答群

ア　8×(Tf＋Ts)＋To　　　イ　8×(Tf＋Ts＋To)

ウ　8×Tf＋Ts＋To　　　エ　Tf＋8×(Ts＋To)

オ　Tf＋Ts＋To

(2) 本文中の下線②について，決定した高速クロックの周波数は f_0 の何倍か。適切な数値を整数で答えよ。

設問３　〔制御部のソフトウェア構成〕について答えよ。

(1) 表 4 中の［　c　］～［　f　］に入れる適切な字句を答えよ。

(2) 表 4 中の［　g　］に入れる処理内容を，25 字以内で具体的に答えよ。

(3) 表 4 中に三つある下線③で，通知を受け取ったメインタスクが行う共通の処理の内容を，20 字以内で答えよ。

問8 営業支援システムの開発に関する次の記述を読んで，設問に答えよ。

(823742)

O社は，企業から依頼された要件定義のコンサルティング，システム開発，運用保守を請け負う中堅のシステム開発会社である。現在P社の営業支援システムの機能開発や運用保守を受託しており，今回新たに機能追加の依頼を受けた。

〔営業支援システム及び追加機能の概要〕

営業支援システムは，P社の営業担当者が日々行う営業活動の効率化，可視化を目的として，1年前に導入されたシステムである。システムの主な機能として，顧客情報管理，顧客セグメント分析，営業活動記録，スケジュール管理，見積り管理，ワークフロー管理などを提供している。営業支援システムは，P社内にある業務端末からの利用に加え，インターネットを経由して社外の端末やスマートフォンからも利用でき，24時間365日稼働している。

システムの機能追加に関しては，まず営業担当者の効率化に関係する機能を優先的に実装し，続いて蓄積されたデータを分析し，より高度な営業戦略を策定するための機能を実装する段階的な導入計画となっている。今年度は特にデータ分析に関する機能の実装を予定しており，最初に売上予測機能を追加する。

売上予測機能は，営業担当者が登録しているお客様ごとの提案案件の情報を基に，月別，業種・業態別，エリア別，案件種類別，提案規模別，受注確度別などの様々な分析軸を組み合わせて，年度当初に計画した目標金額に対する達成状況や，自社の強み，弱みの分析を行う機能である。

〔O社の開発体制〕

O社は，昨年度まで開発部門と運用保守部門に分かれて受託業務に対応していた。しかし，近年のソフトウェア開発の短納期化に加え，より効率的なシステム開発，運用保守を行うために，今年度からDevOpsを導入し，開発部門と運用保守部門を統合した。

DevOpsとは，新しい機能を迅速にリリースしたい開発部門と，十分なテストを行い，品質を高めてユーザーに機能を提供したい運用保守部門との間の目標のずれを解消し，新しい機能を高い品質で迅速にリリースするための開発手法である。体制的なアプローチとしては，開発部門と運用保守部門の枠組みをなくして統合し，一つのプロジェクトで開発から運用保守までの全てを通して対応できる体制とする。従来は，開発部門が仕様書の作成とコーディング，単体テスト，結合テストを実施し，運用保守部門が仕様書を基に統合テスト，セキュリティ試験を行い，その後，機能のリリースを実施していた。DevOps 導入後は，プロジェクトメンバーは開発と運用保守の両方を対応することとなる。

DevOps を実現するためには，プロジェクトメンバーの作業負担を軽減し，機能提供を迅速に行うために，開発・運用プロセスの自動化を積極的に行う。プロジェクトメンバーがコーディングしたソースコードを定期的に［ a ］にチェックインし，ソースコードのビルドやテストを自動化する［ b ］インテグレーションや，リリースからデプロイを自動化する［ b ］デプロイなどを取り入れている。

DevOps では，これらの自動化された仕組みを短期間で繰り返し行うことで早期にバグを発見でき，品質を高めながら迅速な機能提供を実現する。表 1 に，開発プロセスのステップを示す。DevOps におけるソフトウェア開発に当たっては，ソフトウェアを開発しやすい単位に分割して短いサイクルで開発する［ c ］との親和性が高いことから，O 社でも採用している。

表 1　開発プロセスのステップ

	ステップの概要
チェックイン	コーディングした最新ソースコードを［ a ］に登録する
ビルド	［ a ］に登録された最新ソースコードから実行ファイルを作成する
テスト	ビルドされた実行ファイルに対し，単体テスト，統合テストを実施する
リリース	統合テストに合格した実行ファイルを，テスト用の運用環境に適用する
デプロイ	全てのテストに合格した実行ファイルや，実行ファイルを動作させるために必要となる環境設定，セキュリティパッチなどを，利用者がアクセスする本番環境に適用する

〔開発ツールの概要〕

O 社では，DevOps の導入に当たって，［ b ］インテグレーションを実現するために開発ツール（以下，A ツールという）を導入することとした。ツールのワークフローは，タスクの追加や削除を自由に編集することができる。図 1 は，O 社で作成した A ツールのワークフローである。

開発者は，随時 [a] にソースコードをチェックインする。Aツールは1日1回決まった時間に最新のソースコードを読み込み，O社コーディング規約とのチェック，ソースコードのビルド，単体テスト，統合テストを実施する。全てのテストに合格すると，合格したコードを運用環境にリリースする。また，ワークフローの各ステップの結果は，電子メールで開発者にフィードバックされる。

また，運用環境の最新のリリースについては，1週間ごとに専任の担当者によるセキュリティ試験を受け，この試験に合格したリリースが [b] デプロイのツール（以下，Bツールという）によってデプロイされ，機能提供される。図2はBツールのワークフローである。

これらの開発ツール及びワークフローは，P社の営業支援システムの追加機能開発で試行運用を開始した。

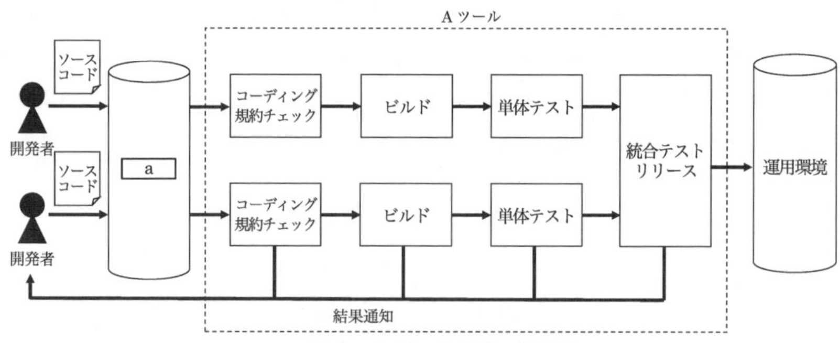

図1　Aツールのワークフロー

Bツール
セキュリティ
試験
専任の
試験担当者
運用環境
デプロイ
本番環境

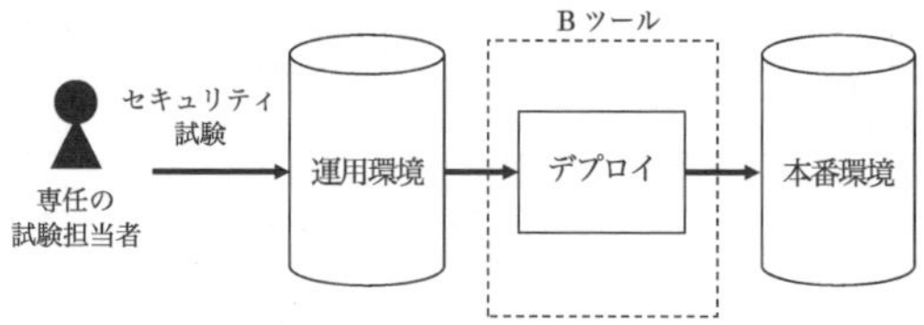

図2　Bツールのワークフロー

〔セキュリティ試験の概要〕

運用環境に適用された最新リリースについて，専任の担当者がセキュリティ試験を実施する。実施する試験内容は，サーバなどの環境を試験するプラットフォーム診断と，作成したプログラムを試験するアプリケーション診断に分類される。

プラットフォーム診断は，脆(ぜい)弱性検査ツールを使ってポートスキャンやアクセス権チェックを実施する。アプリケーション診断は，専任の担当者が手動で画面入力を行い，脆弱性をチェックする。表2は，アプリケーション診断の診断内容の例である。

表2　アプリケーション診断の診断内容の例

診断観点	診断内容
SQL インジェクション，OS コマンドインジェクションなど	[d]
クロスサイトリクエストフォージェリ，強制ブラウジングなど	[e]
ディレクトリトラバーサルなど	パラメータにファイル名や絶対パス表示のファイル名の指定がないことを確認する。

〔追加機能開発時に発生した問題と対処策の検討〕

追加機能開発のリーダーとなったQ主任は，追加機能開発で試行運用を開始した開発ツール及びワークフローについて，運用開始後1か月経過したときに，プロジェクトメンバーで振返りを実施した。このとき，次の問題点が指摘された。

（指摘事項）［ b ］インテグレーションのツール実行タイミングが毎日20時に設定されているが，毎朝9時15分から10時に実施するプロジェクトメンバー間の進捗状況や問題点の共有の場であるデイリースクラムまでにエラー状況の確認が難しくなる。そのため，開発工程の最小単位であるスプリントの進捗管理ができない。また，エラー発生時の対処が翌日となるため，スプリント計画に遅れが生じる場合がある。

Q主任は，指摘された問題点について対策を検討し，実行タイミングの見直しを実施することとした。プロジェクトメンバーにヒアリングを実施したところ，ソースコードの多くは，3時間程度でテストコードとセットで更新が完了していることが分かった。これを踏まえて，Q主任は<u>①Aツールの実行タイミングを13時，16時，19時</u>

の3回に設定変更した。

〔体制面の課題〕

DevOps を導入したことで短期開発が実現できるようになったが，運用を進める中で体制面の課題が顕在化してきた。

作成されたリリースは，1 週間ごとに専任の担当者によるセキュリティ試験を経てデプロイされ，機能提供される。この試験は多岐にわたる試験項目を全て手動で実施するため非常に時間と手間が掛かる工程であり，セキュリティ試験自体がボトルネックとなって早期機能提供の妨げになる可能性があることが分かった。しかし，P 社の営業支援システムでは，②取り扱う情報と利用形態の観点からセキュリティの確保は非常に重要である。

そこで，Q 主任はセキュリティ試験の負荷の低減とセキュリティの確保を両立するために，③セキュリティ試験ツールを開発ツールと併用することで対応することとした。このセキュリティ試験ツールは，ソースコードの脆弱性検査や API 操作を擬似的に実施できるブラックボックステストツールである。

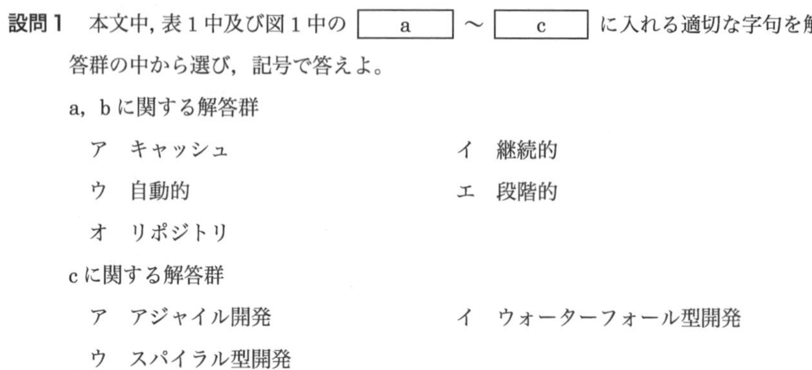

設問 1　本文中，表 1 中及び図 1 中の [a] ～ [c] に入れる適切な字句を解答群の中から選び，記号で答えよ。

a，b に関する解答群

ア　キャッシュ　　　イ　継続的

ウ　自動的　　　エ　段階的

オ　リポジトリ

c に関する解答群

ア　アジャイル開発　　　イ　ウォーターフォール型開発

ウ　スパイラル型開発

設問 2　本文中の下線①について，Q 主任が実行タイミングを 3 回に分割した理由を 30 字以内で答えよ。

設問3　表2中の［　d　］，［　e　］に入れる適切な診断内容を解答群の中から選び，記号で答えよ。

解答群

ア　画面のソースコードに，直接パスワードが埋め込まれているなどの脆弱性がないことを確認する。

イ　攻撃に使用される特殊文字が無効化されていることを確認する。

ウ　仕様と異なる遷移元画面からのアクセスがエラーとなることを確認する。

エ　セッションIDがGETメソッドでやり取りされていることを確認する。

オ　ログイン画面で，ID，パスワードの他に画像を用いた認証方式を採用していることを確認する。

設問4　〔体制面の課題〕について答えよ。

(1)　本文中の下線②について，セキュリティの確保が非常に重要である理由を，取り扱う情報と利用形態を踏まえて30字以内で答えよ。

(2)　本文中の下線③について，Q主任がどのように開発ツールを併用しようと考えたか，〔開発ツールの概要〕を参考に，30字以内で答えよ。

問9　チャットボットシステム導入プロジェクトに関する次の記述を読んで，設問に答えよ。

(823743)

U社は，首都圏を中心にテレビショッピングにて商品を販売している企業である。EC サイトも設けており，インターネット経由での受注と併せて，コールセンターでの問合せ対応や受注も受けている。U社は中高年層をターゲットに衣類，バッグ，靴，宝石をはじめ，家電なども扱っている。年商は5億円であるが，インターネットをあまり活用したくない顧客層に人気があり，増収増益が続いている状態である。

U社の強みはコールセンターでの電話対応である。U社の社是は「どんな質問にも丁寧に答え，お客様に納得いただく」を掲げており，この社是に基づき従業員教育をしたため，スキルの高いオペレーターが質の高い対応を行っている。

しかし，深夜のテレビショッピングが多く放映されるようになり，コールセンターへの架電時間も深夜が多くなってきた。既存のオペレーターはパートタイマーが多く，深夜に対応できる者が少ない。また在宅での対応も考えたが，「勤務場所が自宅になるのは構わないが，深夜に電話対応することは難しい」という反応が大半であった。そこでU社は，コールセンター内にチャットボットシステムを導入し，音声認識から自動で回答内容をオペレーターの画面に表示し，回答を円滑にすることで，限られたオペレーターで対応できるような仕組みを構築しようと考えた。これを実現するために，システム導入に関しては，機能が保証された上で十分な運用テストを実施した。U社には二つの意識があり，一つは品質を高めること，もう一つはコストの増加を可能な限り避けたいというものであった。そこでコールセンターのチャットボットシステム導入に実績があるV社に依頼することとした。

〔コールセンターの概要〕

コールセンターにかかってくる電話の内容と割合は表1のとおりである。

表1　電話の内容と割合など

内容	割合	備考
放映中の商品に関する問合せ	20%	色，大きさなどの問合せがほとんどである。
放映中の商品の購入	20%	対応内容は非常に簡素である。
販売済み商品に関する問合せ	55%	販売済み商品は2,000点以上あり全てに対応している。
その他	5%	配達の遅れに関する問合せなどがある。

U社は表1よりチャットボットシステム導入に対して，効果があると思われる一つの架電内容に対処するようV社に伝え，要件定義が始まった。

〔プロジェクト計画作成〕

プロジェクトマネージャ（PM）には，以前からU社の導入責任者やコールセンター責任者，V社の開発部長と親交があり，円滑にプロジェクトを進めることができる人材であるO氏が任命された。O氏は早速プロジェクト計画書の作成に着手した。今回のチャットボットシステム導入はプロジェクトの開始から10か月以内で導入を完了することがU社から示された。O氏は対応範囲の明確化が重要となるプロジェクトであることを再認識し，［　a　］をするべきと考え，図1のようにWBSの作成に着手した。

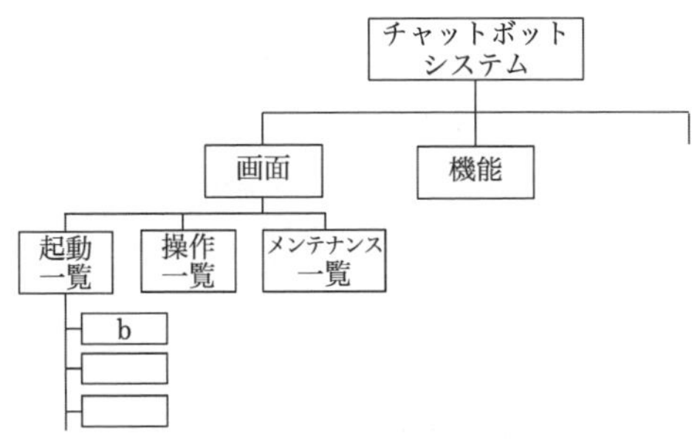

図1　O氏が作成したWBS（一部）

図1のように，O氏は作業者がどのような作業を行うかを明確化するよう，WBSを1人が1週間から10日でできる作業を目安にして最小単位（［　c　］）まで分けたうえでメンバーに示した。このようなWBSに則って作業を進め，［　d　］を行うために表2のガントチャートを作成した。

表2　O 氏が作成したスケジュール

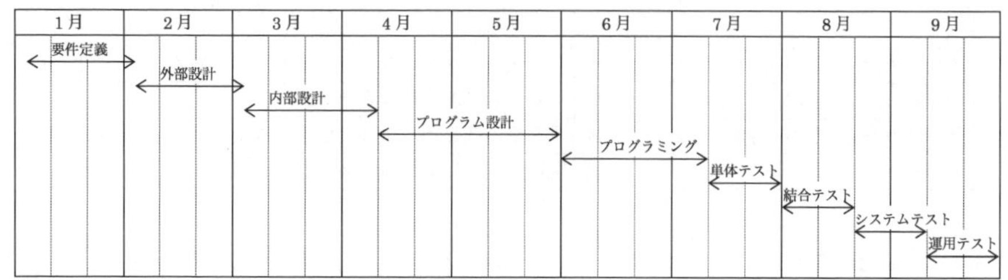

また，プロジェクトの実行中に大きな仕様変更があることも考慮し，変更委員会（以下，CCB という）を立ち上げることとした。これは，大きな仕様変更があってから体制を構築すると納期に間に合わないという経験が O 氏にはあったからである。O 氏は以前の反省から次のような流れで CCB に仕様変更内容を提示し，総合的な判断で対応可否を決めるよう考えた。CCB 参加者は U 社の導入責任者，コールセンター責任者，V 社の開発部長，経理部長，O 氏である。

CCB の運用は次のとおりである。

①担当者が仕様変更内容を開発チームリーダーに伝える。

②開発チームリーダーが CCB の判断が必要であるとした場合，CCB の窓口担当者へ口頭で事実を報告し，招集を依頼する。

③招集時に仕様変更内容の資料を紙で提出し，CCB の判断を仰ぐ。

④CCB が仕様変更が必要であると判断した場合は，O 氏が仕様変更に対応することによるスコープ・コスト・スケジュールの再計画を立てる。

⑤必要に応じてリスクを抽出し，リスク計画に問題がないかを確認する。

〔仕様変更の発生〕

外部設計も終盤に差し掛かったころ，大きなスコープの変更要望が発生した。一つの架電内容への対応だけではなく，表 1 の他の内容でも簡素に対応できるものは可能な限り自動に近い形で実現するという方針が改めて打ち出された。そこで担当者は，CCB の運用ルールに従って変更依頼を発出し，CCB が承認した上で O 氏がコストとスケジュールを見直した。

コスト見積りには次の表 3 のファンクション数の算出表を活用した。

表3　ファンクション数の算出表

機能	複雑度			合計
	易	中	難	
外部入力	□×3	□×4	□×5	
外部出力	□×4	□×5	□×6	
内部論理ファイル	□×7	□×8	□×10	
外部インタフェースファイル	□×5	□×7	□×10	
外部照会	□×4	□×5	□×7	

注記　□は機能の数を示す　1ファンクション当たり1人時であり，1人時は8千円である。

今回の仕様変更にて，対応として，次の表4の2案を検討した。

表4　2案の機能数比較

機能	案1			案2		
	複雑度			複雑度		
	易	中	難	易	中	難
外部入力	0	0	0	0	0	0
外部出力	0	2	0	4	0	0
内部論理ファイル	0	3	0	0	0	2
外部インタフェースファイル	0	0	0	0	0	0
外部照会	3	0	0	0	0	1
対応難易度	○				○	

表3と表4を活用してファンクションポイントを算定し，コストを明確にした上で，U社の意向に沿うような案を選定し，U社に追加で請求することとした。

また，スケジュールについても変更を考えた。今回の仕様変更の影響を受けてもサービス開始時期を守るため，外部設計期間を延長し，それ以外の工程は順次ずらすことにした。システムテストと運用テスト期間を重複させることで当初のサービス予定を遵守するスケジュール案を策定した。

表５　変更したスケジュール案

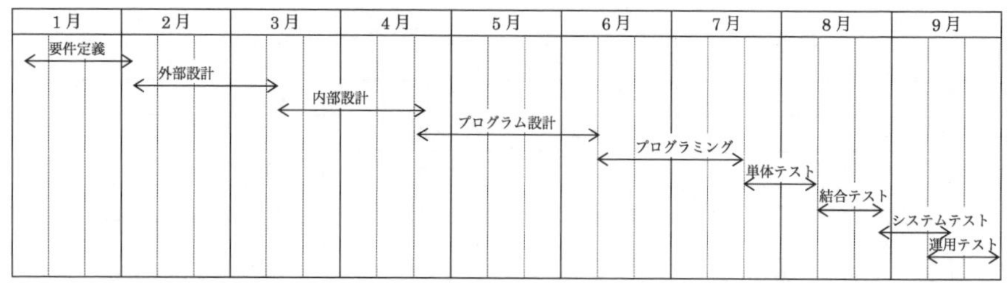

しかし，O氏はある点に気づきファストトラッキングを活用して，表５のスケジュールを再度見直すこととした。再度見直したスケジュールにて，引き続きプロジェクトを進めることとなった。

設問１　〔プロジェクト計画書の作成〕について本文中及び図１の［ a ］～［ d ］に入れる適切な字句を解答群の中から選び，記号で答えよ。

ア　画面一覧表（全画面分）　　イ　機能一覧表（全機能分）
ウ　クラッシング　　エ　コスト管理
オ　スケジュール管理　　カ　スコープ管理
キ　入力画面の作成（1画面分）　　ク　モジュール分解図の作成（1プログラム分）
ケ　リスク管理　　コ　ワークパッケージ

設問２　〔仕様変更の発生〕にある変更管理上の問題点について，CCBにて円滑に結論が出ないことや誤った判断をしてしまう可能性がある。その問題点を運用面，体制面それぞれ20字以内で答えよ。

設問３　〔仕様変更の発生〕について答えよ。

(1)　案1，案2それぞれの追加となるコストを～千円という単位でそれぞれ答えよ。

(2)　案1，案2のどちらの案を採用すべきか。また，採用した理由を20字以内で答えよ。

設問４　仕様変更した場合のスケジュールについて，表５のスケジュールを再度見直すこととなった理由を30字以内で答えよ。

問 10　システムの構成管理に関する次の記述を読んで，設問に答えよ。

(823744)

大手コンサルティング会社傘下のソフトウェア開発会社であるＪ社（社員数 30 名）と，バックオフィス業務（総務関連業務や財務会計業務）を担う会社であるＫ社（社員数 150 名）の会社合併が行われ，Ｌ社としてスタートすることになった。合併後，グループ傘下の各企業の情報システムとバックオフィス業務は，順次Ｌ社に移管する予定である。

会社合併は 2023 年 8 月の夏季休暇時に行うこととなった。合併後も，Ｊ社は現在の事務所をそのまま利用し，Ｋ社はＪ社と同じビルの別フロアに入居する予定である。Ｊ社は開発中の案件のリリースが迫っており，システムテストやユーザーテストなど重要なプロセスが合併・移転によって影響を受けないようにしたい。

Ｋ社の情報システムとネットワークは，グループ外の SI 業者にほぼ全て委託していたため，Ｋ社内に全体を把握している者がいない状況である。また，バックオフィス業務で利用しているサーバなどは，いったんＫ社のフロアに保管し，後日Ｊ社のサーバルームに移設することとした。

〔合併前のＪ社及びＫ社のネットワーク構成とシステム構成〕

グループ傘下の企業は IP-VPN で構成されるイントラネットに接続している。合併前のネットワーク及びシステム構成は，図 1 のとおりである。

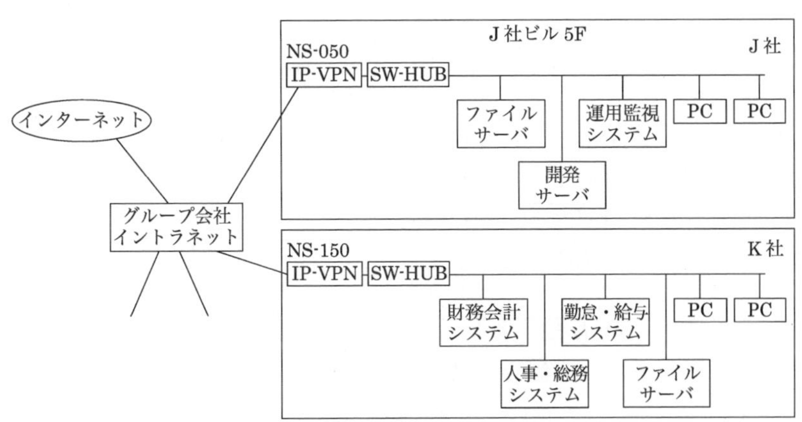

図 1　合併前のネットワーク構成

合併の際には，なるべく現状のシステム構成をそのまま移転し，後日重複するシステムなどの統廃合や，サーバルームへの移設などを実施する予定である。

表１にＪ社の構成管理表，表２にＫ社の構成管理表を示す。

表１　Ｊ社の構成管理表（2023.4.1 付け）

No.	部門	機器の種類	機器の型番	台数	OS	ソフト	セキュリティソフト	ハードウェア保守期限	備考
001	全社	IP-VPN 装置	NS-050	1	専用（Ver2.1）	専用	―	2029/3	50 人程度の利用を想定
002	全社	SW-HUB	HUB001	1	専用（Ver3.2）	専用	―	2026/3	50 人程度の利用を想定
003	全社	ファイルサーバ	PC-SV025	1	WindowsServer 2019	―	VS1 (Ver5.2)	2025/3	
004	開発部	開発サーバ	PC-SV025	1	WindowsServer 2016	開発ツール	VS1 (Ver5.2)	2025/3	
005	開発部	監視サーバ	PC-SV025	1	WindowsServer 2016	運用監視 AP	VS1 (Ver5.2)	2025/3	
006	開発部	PC	PC-DT011	30	Windows10 (22H2)	Microsoft365	VS1 (Ver5.2)	2024/8	OS 保守期限 2025/10/14
007	開発部	PC	PC-NT008	2	Windows10 (22H2)	Microsoft365	VS1 (Ver5.2)	2024/8	OS 保守期限 2025/10/14
008	開発部	プリンタ	PR-PA1	1	専用（Ver13.2）	―	―	2025/5	
009	全社	イントラネット回線	1GB 閉域網	1	―	―	―	―	グループ共通

表２　Ｋ社の構成管理表（2021.12.4 付け）

No.	部門	機器の種類	機器の型番	台数	OS	ソフト	セキュリティソフト	ハードウェア保守期限	備考
001	全社	IP-VPN 装置	NS-150	1	専用（Ver2.1）	専用	―	2029/3	150 人程度の利用を想定
002	全社	SW-HUB	HUB002	1	専用（Ver3.2）	専用	―	2026/3	200 人程度の利用を想定
003	全社	ファイルサーバ	PC-SV022	1	WindowsServer 2012	―	なし	2022/10	OS 保守期限 2023/10/10
004	経理部	PC	PC-DT011	88	Windows10 (21H2)	Microsoft365	VS1 (Ver5.2)	2025/3	OS 保守期限 2023/6/13
005	経理部	PC	PC-NT008	62	Windows10 (21H2)	Microsoft365	VS1 (Ver5.2)	2025/6	OS 保守期限 2023/6/13
006	経理部	財務会計サーバ	PCS-DT5	1	WindowsServer 2012	財務会計ソフト（Ver3.5）	―	2023/12	OS 保守期限 2023/10/10
007	経理部	USB ハードディスク	U-HDD01	1	専用（Ver1.5）	バックアップ，暗号化ソフト	―	―	
008	総務部	勤怠・給与サーバ	PCS-DT5	1	WindowsServer 2016	勤怠・給与ソフト (Ver1.4)	―	2024/2	OS 保守期限 2027/1/12
009	全社	プリンタ	PR-PA1	3	専用（Ver13.2）	―	―	2025/5	
010	全社	イントラネット回線	5GB 閉域網	1	―	―	―	―	グループ共通

表２「Ｋ社の構成管理表」をよく見ると作成日が 2021.12.4 付けとなっており，内容が更新されていない可能性がある。

また，構成管理表としてはＪ社もＫ社も同一のフォーマットを利用しているが，機器の構成を管理する上で不足している項目があった。今回の見直しにおいて［　a　］や［　b　］といった項目を，フォーマットに追加することを検討している。

〔移転後のＪ社及びＫ社のネットワーク構成〕

Ｊ社及びＫ社の構成管理表を確認しながら移転計画を進めていく中で，移転後のネットワーク構成を図２のようにまとめた。なるべく移転の影響を少なくするために，現状のまま移設する計画である。①しかし，図２の移転後のネットワーク構成図では，イントラネット回線の容量不足の他にもう一つ重大な問題があることが判明した。

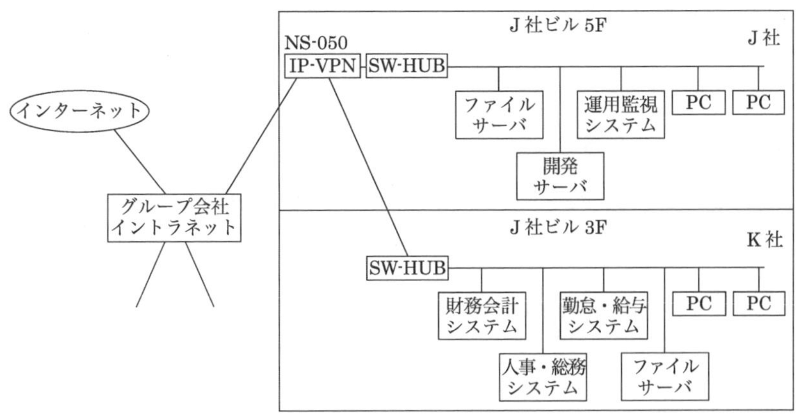

図２　移転後のネットワーク構成図

〔Ｋ社の移転対応〕

移転に際して，サーバ機器類は，一般の引っ越し車両とは別に専用の運搬車を使って配送することにした。また，各種サーバのシステム及びデータは，USB タイプのモバイルハードディスクにバックアップした。

そして，老朽化したサーバのハードウェアが配送時に故障するといったリスクがあるので，イントラネット内に［　c　］の準備をすることにした。

移転が終わりサーバ類の動作確認をしたところ，ファイルサーバが起動しなくなった。そこで，事前の準備どおり［　c　］でファイルサーバを暫定的に構築することとした。暫定構築は問題なく完了し，移転後の業務影響はなかったが，②ファイルサーバには根本的な課題が残っているため，改めて対応を検討することにした。

〔システム更新計画の立案〕

K 社の移転が無事完了した後，合併後の L 社として，システムの統合やシステムの更新を進めることになった。旧 K 社の構成管理表も再調査を実施し，幾つかの不明点や記録ミスが明らかになった。

表 3　旧 K 社の構成管理表（2023.8.20 付け）

No.	部門	機器の種類	機器の型番	台数	OS	ソフト	セキュリティソフト	ハードウェア保守期限	備考
001	全社	SW-HUB	HUB002	1	専用（Ver3.2）	専用	―	2026/3	200 人程度の利用を想定
002	経理部	PC	PC-DT011	88	Windows10 (21H2)	Microsoft365	VS1 (Ver5.1)	2025/3	OS 保守期限 2026/6/13
003	経理部	PC	PC-NT008	62	Windows10 (21H2)	Microsoft365	VS1 (Ver5.1)	2025/6	OS 保守期限 2026/6/13
004	経理部	財務会計サーバ	PCS-DT5	1	WindowsServer 2012	財務会計ソフト（Ver3.5）	なし	2023/12	OS 保守期限 2023/10/10
005	経理部	USB ハードディスク	U-HDD01	1	専用（Ver1.5）	バックアップ，暗号化ソフト	―	―	
006	総務部	勤怠・給与サーバ	PCS-DT5	1	WindowsServer 2016	勤怠・給与ソフト（Ver1.4）	VS1 (Ver5.1)	2024/2	OS 保守期限 2027/1/12
007	全社	プリンタ	PR-PA1	3	専用（Ver13.2）	―	―	2025/5	

表 3 は旧 K 社の構成管理表の最新版である。システムの統合やシステムの更新課題としては様々なものがあるが，L 社として，③緊急に対応を実施すべき問題のあるシステムがある。このシステム最優先として，システム更新の計画を立案することになった。また，PC の OS については既に保守期限が切れているが，④最新バージョンにアップデートする前に確認すべきことがあるので，すぐにはアップデートしないことにした。

設問 1　〔合併前の J 社及び K 社のネットワーク構成とシステム構成〕中の［　a　］，［　b　］に入れる適切な字句を解答群の中から選び，記号で答えよ。

解答群

ア　OS のバージョン　　　イ　機器の購入価格

ウ　機器の製造年月日　　　エ　機器のハードウェア保守期限

オ　機器の保守契約の有無や保守契約期限

設問2　〔移転後のＪ社及びＫ社のネットワーク構成〕中の下線①について，重大な問題とは何か。30字以内で答えよ。

設問3　〔Ｋ社の移転対応〕について答えよ。

(1)　本文中の［　c　］に入れる最も適切な字句を解答群の中から選び，記号で答えよ。

解答群

ア　アプリケーションサーバ　　イ　仮想サーバ
ウ　監視サーバ　　エ　ファイルサーバ
オ　レンタルサーバ

(2)　本文中の下線②について，根本的な課題とは何か。40字以内で答えよ。

設問4　〔システム更新計画の立案〕について答えよ。

(1)　本文中の下線③について，問題のあるシステムを表3「旧Ｋ社の構成管理表(2023.8.20付け)」のNo.を用いて答えよ。また，その理由を30字以内で答えよ。

(2)　本文中の下線④について，確認する事項と**関係ないもの**を解答群の中から選び，記号で答えよ。

解答群

ア　CPUの型番とメモリ容量
イ　新OSにて利用するアプリケーションの正常稼働
ウ　ハードディスクの残容量
エ　保存しているデータのバックアップの有無
オ　ログインIDとパスワード

問 11　契約管理システムの監査に関する次の記述を読んで，設問に答えよ。

(823745)

製造業のＥ社では，電子部品を製造しており，電気機器メーカや自動車メーカが主な取引先である。Ｅ社は，独自の高い技術を保有しているため，取引先からの契約後に仕様を決定してから生産を行う特注品での販売がビジネス形態となっている。

Ｅ社の組織形態は事業部制を敷いている。主な取引先別に事業部が構成されており，取引先との契約は，各事業部の自主性を尊重し，各事業部の判断に任せている。また，Ｅ社では契約管理の効率化を目論み，数年前から契約管理システムを導入して運用している。今年度のシステム監査の対象にこの契約管理システムが選定され，契約管理システムに関連するコントロールの運用状況について，Ｅ社 監査部でシステム監査を実施することとなった。監査部には，システム監査チームと業務監査チームの二つのチームがあり，今回のシステム監査は，システム監査チームで行う。

〔予備調査の概要〕

監査部が予備調査で入手した情報は，次のとおりである。

(1) 契約管理システムの概要

① Ｅ社の基幹システムは，契約管理システム，原価管理システム，購買管理システムで構成されており，取引先との契約では契約管理システムを利用している。

② 契約管理データには，契約 ID，案件名，案件作成申請者，案件作成申請日，案件作成承認者，案件作成承認日，案件受注承認者，案件受注承認日，受注金額，案件完了予定日，入金予定日，入金額，入金日，進捗ステータスがある。

③ 契約管理システムでは，案件別に申請を行うため，契約 ID によって一意に管理されている。また，進捗ステータスは，“引合い”，“受注済”，“失注”，“入金済”の四つであり，完了後も履歴として管理されている。

④ 契約管理システムのデータは，事業部コードによって事業部別に管理されており，他の事業部のデータを参照することはできない。

⑤ 引合いがあった時点で案件の担当者（以下，案件担当者という）は，契約管理システムで案件作成を行った後に申請を行い，事業部長が案件の承認を行い，進捗ステータスは“引合い”となる。

⑥ 取引先に見積書を提出した後，案件担当者は案件を受注できた段階で，受注金

額，案件完了予定日を入力して受注申請を行う。そして，事業部長が受注承認を行い，進捗ステータスは“受注済”となる。また，残念ながら受注できずに失注となった場合には，当該案件の進捗ステータスを“失注”として完了となる。

⑦　事業部長が受注承認を行った後，取引先との契約書が自動生成される。契約書作成においては，E 社の契約に関する基本条文が記載されている契約基本条文フォーマットを読み込み，案件名，取引先名などの案件情報を取得して作成される。なお，案件によっては契約の条文を契約基本条文から変更，追記する場合があるが，各事業部の判断で行いシステム上でも修正が可能である。

⑧　製造作業が完了して取引先に納品したタイミングで，案件担当者は取引先に請求を行い，入金があった後，案件担当者は入金額を入力して当該案件の進捗ステータスを“入金済”として完了となる。なお，受注金額と入金額が一致しない場合はエラーとなり，処理は実行できない。

⑨　案件作成承認者，案件受注承認者は共に事業部長である。“承認者標準設定ボタン”を押下することによって，事業部コードを基にして人事管理システムとデータ連携を行い，自動的に該当の事業部長を設定することが可能である。

⑩　事業部長が出張などで不在になる際には，“承認者一時変更ボタン”を押下することによって，一時的に承認者の変更をシステム上で実行することができる。また，承認者を事業部長に戻す際は，“承認者標準設定ボタン”を改めて押下することによって，人事管理システムとデータ連携を行い，事業部長が設定される。なお，承認者の設定，変更については全て承認者設定変更履歴として記録されており，設定変更日時，変更前承認者，変更後承認者を画面で表示することができる。

⑪　契約管理システムで管理されている契約申請データは，契約一覧として出力することができる。なお，出力対象のデータは該当の事業部に限定されている。

⑫　契約管理システムは会計システムと連携しており，進捗ステータスが“受注済”となった段階で受注金額から仕訳データが自動生成される。そして，“入金済”となった段階で入金額から仕訳データが自動生成され，会計システムに反映される。

⑬　受注金額が変更となった場合，案件担当者は変更申請を行い事業部長が変更申請の承認を行う。その際，仕訳データも自動生成されて会計システムにも反映さ

れる。

(2) その他，予備調査の段階で契約管理システムに関連して確認できたこと

① E社では取引先への見積書を提出する前に，事業部長を意思決定者とした受注判定会議を実施し，実施内容について議事録を作成することが規定されている。事業部長は，取引先，仕様を含めた契約内容，見積金額などを確認して最終決定を行う。また，見積書の作成は文書ファイルで作成しており，電子ファイルで保存している。

② 契約基本条文は，法務室が作成している。契約基本条文フォーマットについても契約管理システム上で法務室が作成し，必要に応じて見直した際には更新も行っている。なお，E社では，契約管理システムに反映する前に法務室長の承認をとることが，規定されている。

③ 承認者の変更については，事前に社長の承認が必要であることがE社で規定されている。承認者の変更承認については電子決裁システムで行っており，対象となる事業部長氏名，被権限委譲者，変更理由，変更期間，承認復帰日を記載する必要がある。なお，決裁ごとに決裁文書を電子文書として出力することが可能である。

④ 急に案件が発足し，見積書の作成作業を急ぎで実施するときは，契約管理システムで案件作成を行うことを案件担当者が失念することがある。場合によっては，受注した段階で案件担当者がシステム上で案件作成を行い，案件作成承認と案件受注承認を同時に行うこともある。

⑤ 会計システムにおいて，契約管理システムの受注金額は売掛金として計上される。また，取引先から入金された入金額によって売掛金の消込処理を行っている。

⑥ 経理部は会計システムを基にして財務諸表を作成しており，月次決算によって財政状況の確認を行っている。また，経理部は，必要に応じて売上情報を含めた財務データの修正を会計システム上で行うことが可能である。

〔監査手続の検討〕

予備調査結果に基づいて，監査部の担当者（以下，監査担当者という）は，表1のとおりに監査手続を策定した。

表１　監査手続

項番	監査要点	監査手続
1	意思決定者が案件の内容を適切に判断しているか。	事業部別に契約一覧を出力し，ステータスが“受注済”の全ての案件について，受注判定会議の議事録を確認し，意思決定者が受注判断を行っていることを確かめる。
2	完了した案件について，取引先から入金漏れがないことを常に確認できているか。	事業部別に契約一覧を出力し，入金予定日を過ぎている案件で入金されていない案件がないことを確かめる。
3	承認者の権限委譲が適切になされているか。	承認者設定変更履歴と該当する承認者変更に関する決裁文書を確認して，設定変更日時，被権限委譲者が適切であることを確かめる。
4	取引先との契約書が適切に設定されているか。	契約管理システム上の契約基本条文フォーマットの内容について法務室長が承認していることを，法務室の議事録によって確認する。
5	仕訳データが適切に生成され，会計システムに反映されているか。	①　自動生成された仕訳データと契約一覧の該当案件の受注金額，入金額が一致していることを確かめる。 ②　自動生成された仕訳データが会計システムで受信されていることを，会計システムの送受信ログファイルによって確認する。
6	受注予定案件にリスクはないか。	受注予定案件にリスクがあるか，進捗ステータスが“引合い”の案件の中からサンプリングして確認する。

監査部長は表１をレビューし，次のとおりに監査担当者に指摘した。

(1)　項番 1 の監査手続では ①意思決定すべき全ての案件を確認することができないため，見直しが必要である。

(2)　項番 3 の監査手続は不十分である。［　a　］タイミングでも適時に設定していることを確かめる必要がある。また，人事管理システムとのデータ連携による設定については，システム連携のテスト結果を確認しておいた方がいい。

(3)　項番 4 については，②根本的に統制上の問題があると考えており，法務室に伝える必要がある。

(4)　項番 5 については，会計システムとの連携に関して 2 点ある。

・会計システムと連携する仕訳データの自動生成について，意思決定者である事業部長が［　b　］については承認しているが，［　c　］については承認していないため，適切な財務諸表の作成に影響がある可能性がある。［　b　］と［　c　］が一致しない場合には，処理を実行できないようシステム上のコントロールが整備されているが，［　b　］を変更しているケースもあり，その確認の機会が失われていると考える。

・必要に応じて経理部は，売上情報を含めた財務データの修正を会計システム上で行うことが可能である点についてだが，契約管理システムが稼働していない，あるいはシステム連携に不具合があるといったタイミングにおいて，自動生成された仕訳データを基にして月次決算を行うことができないケースが想定される。このように会計システム上で売上情報に関する財務データを修正すると，契約管理システム上の売上情報に関するデータとの整合性が図られなくなるが，そういうケースがあったかを確認したい。やり方として，契約一覧の進捗ステータスが“[d]”の案件の[b]の合計が，会計システムの[e]に一致していること。もしくは，進捗ステータスが“[d]”の案件と“[f]”の案件の[b]の合計から，進捗ステータスが“[f]”の案件の[c]の合計を引いた値が，[e]に一致していることを確かめたい。

(5) 項番6については，今回のシステム監査を機に，受注予定リストを抽出してくれれば監査部の別のチームで実施するが，<u>③進捗ステータスが“引合い”の案件がその時点の受注予定案件の全てとは思えない</u>ので，これに関しても統制の見直しが必要だと考えている。

設問 1　〔監査手続の検討〕の(1)において，監査部長が下線①と指摘した理由を 30 字以内で答えよ。

設問 2　〔監査手続の検討〕の(2)の［ a ］に入れる適切な字句を 15 字以内で答えよ。

設問 3　〔監査手続の検討〕の(3)において，監査部長が下線②と指摘した理由を 40 字以内で答えよ。

設問 4　〔監査手続の検討〕の(4)の［ b ］～［ f ］に入れる最も適切な字句を解答群の中から選び，記号で答えよ。

解答群

ア　売掛金　　イ　失注　　ウ　受注金額　　エ　受注済
オ　入金額　　カ　入金済　　キ　引合い

設問 5　〔監査手続の検討〕の(5)において，監査部長が下線③と考えた理由を 30 字以内で答えよ。

＜応用情報技術者　午前の問題　内容と解答一覧＞

☆1 問 1.25 点，100 点満点

番号	問　題　内　容	答
問 1	2 進数の算術シフト	イ
問 2	集合の包含関係	エ
問 3	AI のディープラーニング	ア
問 4	ハミング符号による誤り訂正	イ
問 5	整列技法	ウ
問 6	線形リスト	ア
問 7	プログラム構造	エ
問 8	命令レジスタの役割	ウ
問 9	キャッシュの平均読取り時間	ア
問 10	キャッシュメモリのコヒーレンシ	ア

番号	問　題　内　容	答
問 21	ビッグエンディアンによるメモリの配置	ア
問 22	スリーステートバッファ制御による LED 点灯回路	ウ
問 23	D/A 変換器の出力電圧	ウ
問 24	ユニバーサルデザインの 7 原則	イ
問 25	レイトレーシング	ア
問 26	E-R 図が示す表構成	エ
問 27	第 3 正規形	ア
問 28	システム障害発生後のトランザクションの復旧方法	ウ
問 29	CAP 定理における三つの特性の組合せ	イ
問 30	多様なデータをそのままの形式や構造で格納する貯蔵場所	ウ

番号	問　題　内　容	答
問 11	RAID5 構成の最小ディスク装置台数	イ
問 12	ハイパーバイザー型仮想化方式の説明	ア
問 13	仮想マシンを別の物理サーバへ移動させる操作	エ
問 14	サーバ機器に搭載する CPU 台数	ウ
問 15	迂回回線増設によって向上する稼働率	ア
問 16	スケールアップの特徴	ウ
問 17	セマフォとタスクの状態遷移	ア
問 18	ファーストフィット方式による主記憶の割当て	エ
問 19	スラッシングの説明	イ
問 20	デジタルシグナルプロセッサ	イ

番号	問　題　内　容	答
問 31	VoIP におけるパケット生成周期	ア
問 32	イーサネットの L2 スイッチ	イ
問 33	TCP/IP ネットワークにおける ARP	ア
問 34	ネットワークアドレスとサブネットマスク	イ
問 35	ブロードキャストストームの解消方法	ウ
問 36	PKI による TLS クライアント認証のための事前作業	イ
問 37	Emotet に感染した場合の影響	エ
問 38	OCSP を利用したサーバ証明書の確認	イ
問 39	セキュリティ攻撃に関連する記述	ウ
問 40	ランサムウェア	ウ

番号	問　題　内　容	答
問 41	スミッシングの手口	イ
問 42	CSIRT の説明	ウ
問 43	情報システムのセキュリティコントロール	エ
問 44	ペネトレーションテスト	イ
問 45	ドメイン間で認証情報などを伝送・交換する Web サービス	イ
問 46	モジュール強度とモジュール結合度	イ
問 47	ホワイトボックステスト	エ
問 48	保守のタイプ	ア
問 49	五つの価値を原則とするアジャイル開発手法	ア
問 50	CMMI	イ

番号	問　題　内　容	答
問 61	EA のアーキテクチャと成果物	イ
問 62	RPA の説明	ウ
問 63	自社専用クラウド環境の名称	エ
問 64	サービスパイプライン	イ
問 65	要件定義の留意点	ウ
問 66	半導体のファウンドリ企業の説明	イ
問 67	バリューチェーン分析	ウ
問 68	社会貢献によって企業のイメージアップを図るマーケティング手法	ア
問 69	Web マーケティング部門で設定する KGI と KPI	イ
問 70	技術開発における“死の谷”の説明	エ

番号	問　題　内　容	答
問 51	PMO の役割	エ
問 52	資源を対象とするプロジェクトマネジメントプロセス	エ
問 53	プレシデンスダイアグラムにおける作業完了日数	ウ
問 54	リスク対応とリスク対応戦略の組合せ	イ
問 55	IT サービスマネジメントにおけるインシデント	ウ
問 56	ディザスタリカバリにおける RPO	イ
問 57	データバックアップ	ア
問 58	システム運用のセキュリティに関する監査の指摘事項	ウ
問 59	監査証拠の入手と評価	ア
問 60	売上管理業務の内部統制	ア

番号	問　題　内　容	答
問 71	BTO の説明	イ
問 72	MRP の作業手順	イ
問 73	e-ビジネス	エ
問 74	組織のリスクマネジメントとしての BCP	ア
問 75	PM 理論によって類型化されたリーダーのタイプ	イ
問 76	デルファイ法の適用によって期待できる効果	イ
問 77	利益を確保するために必要な販売数量	ウ
問 78	CC ライセンス	ア
問 79	特定電子メール法	エ
問 80	著作権の帰属	イ

＜応用情報技術者　午後の問題　解答例＞

問１　Web サイトのセキュリティ対策

(823735)
■公 23AAPP1

【解答例】

［設問１］ (1) a：オ　b：イ

(2) c：ウ

(3) HTTP リクエストが偽装されていないこと

［設問２］ (1) 脆弱性を早期に検出して対処できる。

(2) ウ

［設問３］ (1) d：フィッシング

(2) 同一のユーザーID のログイン失敗が連続しないから

(3) 2，3，4（完答）

(4) e：リスクベース

問２　事業戦略の策定

(823736)
■公 23AAPP2

【解答例】

［設問１］ (1) a：エ

(2) b：会計システムだけを利用している顧客に対し，それ以外のシステムを販売する。

［設問２］ (1) ア

(2) c：イ　d：ウ　e：ア　f：エ（完答）

(3) 自社で育成すると時間を要するから

(4) g：範囲

(5) C 氏が A 社の株主となり経営に関与する可能性が生じる。

(6) 自社の ERP システムに AI 技術を導入することが可能となる。
（又は，B 社の顧客に対して A 社の ERP システムを販売できる。）

(7) B 社がブランドを確立しているから

(8) h：イ

問３　トポロジカルソート

(823737)
■公 23AAPP3

【解答例】

［設問１］ ア：{0，0，0，1，1，1}　イ：{0，0，0，0，0，1}

［設問２］　ウ：N　エ：YETと等しい

［設問３］　オ：ad[i][j]が1と等しい　カ：j　キ：sorted[i] ← value

［設問４］　ク：5（回）　ケ：1，3，4，5，2　コ：2，1，3，5，4　サ：2

問4　データ活用に関するプロジェクト

(823738)
■公 23AAPP4

【解答例】

［設問１］　11（Tバイト）

［設問２］　(1)　a：SAN

(2)　b：機密性　c：可用性　d：RAID5

［設問３］　(1)　e：9.6（秒）　f：96.0（秒）

(2)　g：50（台）

(3)　ATMが提供する各種取引サービスの通信の遅延

問5　仮想デスクトップ環境の導入

(823739)
■公 23AAPP5

【解答例】

［設問１］　161（Mビット／秒）

［設問２］　a：ウ　b：オ　c：オ　d：ア

［設問３］　(1)　e：ア　f：ケ　g：ウ

(2)　R社クラウド環境とQ社データセンター間のIP-VPNが使用不可となると営業業務が行えなくなるから

問6　オンラインチケット販売システムのデータベース設計

(823740)
■公 23AAPP6

【解答例】

［設問１］　a：⟶　b：――――　c：会場番号　d：空席フラグ

［設問２］　e：COUNT(*)（非NULLが保証されている列名でも正解）

f：座席状況.講演番号 = 講演開催.講演番号

（又は，講演開催.講演番号 = 座席状況.講演番号）

g：座席状況.空席フラグ = 'TRUE'（又は，空席フラグ = 'TRUE'）

h：GROUP BY　i：DESC

［設問３］　(1)　あ：②　い：'TRUE'

う：共有ロック　え：解放

(2) 処理②の SELECT 文に FOR UPDATE 句を追加する。

問7　デジタル聴診器の設計

(823741)
■公 23AAPP7

【解答例】

［設問1］ (1) 1,024（バイト）

(2) a：10.7

［設問2］ (1) b：ウ

(2) 4（倍）

［設問3］ (1) c：受信完了通知　　d：聴診音データ取得

e：聴診音データ変換停止　　f：聴診音データ出力開始

(2) g：次の1フレーム分の聴診音データを取得する

(3) 表示タスクに表示情報を送信する。

問8　営業支援システムの開発

(823742)
■公 23AAPP8

【解答例】

［設問1］ a：オ　b：イ　c：ア

［設問2］ エラーを早期に検出し，スプリント計画の遅れをなくすため

［設問3］ d：イ　e：ウ

［設問4］ (1) 顧客情報を扱い，社外からアクセスするシステムであるため

(2) セキュリティ試験ツールを A ツールのワークフローに組み込む。

問9　チャットボットシステム導入プロジェクト

(823743)
■公 23AAPP9

【解答例】

［設問1］ a：カ　b：キ　c：コ　d：オ

［設問2］ 運用面：招集時に仕様変更内容の資料を提出している。

体制面：O 氏が CCB に参加していること

［設問3］ (1) 案1：368 千円

案2：344 千円

(2) 採用すべき案：案2

理由：追加コストが少なくて済むから

［設問4］ システムテスト完了後に運用テストを実施させ品質を高めるため

問 10　システムの構成管理

(823744)
■公 23AAPP10

【解答例】

［設問１］　a：ア　b：オ（順不同）

［設問２］　J 社の IP-VPN 装置では能力が不足する可能性が高い。

［設問３］　(1)　c：イ

(2)　OS の保守期限の前に，サーバのハードウェアの保守が切れてしまう。

［設問４］　(1)　問題のあるシステム No.：004

理由：サーバのハードウェアや OS の保守期限が迫っているから

(2)　オ

問 11　契約管理システムの監査

(823745)
■公 23AAPP11

【解答例】

［設問１］　“入金済”，“失注”の案件についても確認する必要があるから

［設問２］　a：承認者を事業部長に戻す

［設問３］　事業部の判断で，契約の条文をシステム上で修正可能であるから

［設問４］　b：ウ　c：オ　d：エ　e：ア　f：カ

［設問５］　案件が発足時に，案件作成を失念することがあるから

問番号	設問番号	配点	小計
問1	［設問1］	(1) a，b：1点×2，(2) c：2点，(3) 3点	1問解答 20点
	［設問2］	(1) 3点，(2) 1点	
	［設問3］	(1) d：2点，(2) 3点，(3) 2点（完答），(4) e：2点	
問2	［設問1］	(1) a：2点，(2) b：2点	4問 解答 80点 (1問 20点)
	［設問2］	(1) 2点，(2) c～f：2点（完答），(3) 2点，(4) g：2点 (5) 2点，(6) 2点，(7) 2点，(8) h：2点	
問3	［設問1］	ア，イ：1点×2	
	［設問2］	ウ，エ：2点×2	
	［設問3］	オ～キ：2点×3	
	［設問4］	ク：1点，ケ：3点，コ，サ：2点×2	
問4	［設問1］	3点	
	［設問2］	(1) a：2点，(2) b～d：2点×3	
	［設問3］	(1) e，f：2点×2，(2) g：2点，(3) 3点	
問5	［設問1］	2点	
	［設問2］	a～d：2点×4	
	［設問3］	(1) e～g：2点×3，(2) 4点	
問6	［設問1］	a～d：1点×4	
	［設問2］	e～i：2点×5	
	［設問3］	(1) あ～え：1点×4，(2) 2点	
問7	［設問1］	(1) 2点，(2) a：3点	
	［設問2］	(1) b：2点，(2) 3点	
	［設問3］	(1) c～f：1点×4，(2) g：3点，(3) 3点	
問8	［設問1］	a，b：2点×2，c：1点	
	［設問2］	3点	
	［設問3］	d，e：2点×2	
	［設問4］	(1) 4点，(2) 4点	
問9	［設問1］	a～d：1点×4	
	［設問2］	運用面：2点，体制面：2点	
	［設問3］	(1) 案1：2点，案2：2点，(2) 採用すべき案：2点，理由：2点	
	［設問4］	4点	
問10	［設問1］	a，b：2点×2（順不同）	
	［設問2］	3点	
	［設問3］	(1) c：2点，(2) 4点	
	［設問4］	(1) 問題のあるシステム№：2点，理由：3点，(2) 2点	
問11	［設問1］	2点	
	［設問2］	a：3点	
	［設問3］	2点	
	［設問4］	b～f：2点×5	
	［設問5］	3点	
		合　計	100点

■執　筆

アイテック IT 人材教育研究部
石川　英樹
小口　達夫
多賀　康之
長谷　和幸
山本　森樹

安部　晃生
久保　幸夫
長嶋　　仁
北條　　武
森脇慎一郎
大熊　伸幸
桑原美恵子
古山　文義
森中　祐治

2024 秋　応用情報技術者　総仕上げ問題集

編著■アイテック IT 人材教育研究部
制作■山浦菜穂子　　西本あおい
DTP・印刷■株式会社ワコー

発行日　2024 年 6 月 17 日　第 1 版　第 1 刷
発行人　土元　克則
発行所　株式会社アイテック
〒143-0006　東京都大田区平和島 6-1-1　センタービル
電話　03-6877-6312
https://www.itec.co.jp/

ISBN 978-4-86575-319-6 C3004 ¥2700E